# NON-LEAGUE FOOTBALL TABLES 1889-2016

EDITOR
Michael Robinson

# FOREWORD

In selecting the Leagues to be included in this fourteenth edition of Non-League Football Tables we have again chosen those forming the pinnacle of the Non-League Football Pyramid, i.e. The Football Conference and it's three direct feeders, the Southern League, Isthmian League and Northern Premier League.

In addition we have once more included the briefly-lived Football Alliance which became, effectively, the 2nd Division of the Football League in 1892 and this edition also includes tables for the Spartan South Midlands League and the Eastern Counties League.

Furthermore, as league sponsors change frequently, we have not used sponsored names (eg. Rymans League) other than in an indicative way on the cover and in the contents page.

We are indebted to Mick Blakeman for providing tables for the new Leagues included in this edition of the book.

British Library Cataloguing in Publication Data
A catalogue record for this book is available from the British Library

ISBN: 978-1-86223-333-1

Copyright © 2016   Soccer Books Limited,  72 St. Peters Avenue,
Cleethorpes, DN35 8HU, United Kingdom   (01472 696226)

All rights are reserved. No part of this publication may be reproduced, stored into a retrieval system or transmitted, in any form or by any means, electronic, mechanical, photocopying, recording, or otherwise, without the prior written permission of Soccer Books Limited.

Printed in the UK by Ashford Colour Press Ltd

# CONTENTS

Football Alliance 1889-1892 .......................................... Page 4

Southern League 1894-2016 (current sponsors Evo-Stik) ............ Pages 4-46

Football Conference 1979-2016 (current sponsors Vanarama) ....... Pages 46-59

Isthmian League 1905-2016 (current sponsors Ryman) ............ Pages 60-94

Northern Premier League 1968-2016 (current sponsors Evo-Stik) ... Pages 94-113

Eastern Counties League 1935-2016 ........................... Pages 114-136

Spartan South Midlands League 1997-2016 .................... Pages 137-149

## FOOTBALL ALLIANCE

### 1889-90

| | | | | | | |
|---|---|---|---|---|---|---|
| Sheffield Wednesday | 22 | 15 | 2 | 5 | 70 39 | 32 |
| Bootle | 22 | 13 | 2 | 7 | 66 39 | 28 |
| Sunderland Albion | 21 | 12 | 2 | 7 | 64 39 | 28 |
| Grimsby Town | 22 | 12 | 2 | 8 | 58 47 | 26 |
| Crewe Alexandra | 22 | 11 | 2 | 9 | 68 59 | 24 |
| Darwen | 22 | 10 | 2 | 10 | 70 75 | 22 |
| Birmingham St George | 21 | 9 | 3 | 9 | 62 49 | 21 |
| Newton Heath | 22 | 9 | 2 | 11 | 40 44 | 20 |
| Walsall Town Swifts | 22 | 8 | 3 | 11 | 44 59 | 19 |
| Small Heath | 22 | 6 | 5 | 11 | 44 67 | 17 |
| Nottingham Forest | 22 | 6 | 5 | 11 | 31 62 | 17 |
| Long Eaton Rangers | 22 | 4 | 2 | 16 | 35 73 | 10 |

Sunderland Albion record includes 2 points awarded when Birmingham St George refused to fulfil a fixture which the Alliance committee had ordered to be replayed.

### 1890-91

| | | | | | | |
|---|---|---|---|---|---|---|
| Stoke | 22 | 13 | 7 | 2 | 57 39 | 33 |
| Sunderland Albion | 22 | 12 | 6 | 4 | 69 28 | 30 |
| Grimsby Town | 22 | 11 | 5 | 6 | 43 27 | 27 |
| Birmingham St George | 22 | 12 | 2 | 8 | 64 62 | 26 |
| Nottingham Forest | 22 | 9 | 7 | 6 | 66 39 | 23 |
| Darwen | 22 | 10 | 3 | 9 | 64 59 | 23 |
| Walsall Town Swifts | 22 | 9 | 3 | 10 | 34 61 | 21 |
| Crewe Alexandra | 22 | 8 | 4 | 10 | 59 67 | 20 |
| Newton Heath | 22 | 7 | 3 | 12 | 37 55 | 17 |
| Small Heath | 22 | 7 | 2 | 13 | 58 66 | 16 |
| Bootle | 22 | 3 | 7 | 12 | 40 61 | 13 |
| Sheffield Wednesday | 22 | 4 | 5 | 13 | 39 66 | 13 |

Nottingham Forest had 2 points deducted.

### 1891-92

| | | | | | | |
|---|---|---|---|---|---|---|
| Nottingham Forest | 22 | 14 | 5 | 3 | 59 22 | 33 |
| Newton Heath | 22 | 12 | 7 | 3 | 69 33 | 31 |
| Small Heath | 22 | 12 | 5 | 5 | 53 36 | 29 |
| Sheffield Wednesday | 22 | 12 | 4 | 6 | 65 35 | 28 |
| Burton Swifts | 22 | 12 | 2 | 8 | 54 52 | 26 |
| Crewe Alexandra | 22 | 7 | 4 | 11 | 44 49 | 18 |
| Ardwick | 22 | 6 | 6 | 10 | 39 51 | 18 |
| Bootle | 22 | 8 | 2 | 12 | 42 64 | 18 |
| Lincoln City | 22 | 6 | 5 | 11 | 37 65 | 17 |
| Grimsby Town | 22 | 6 | 6 | 10 | 40 39 | 16 |
| Walsall Town Swifts | 22 | 6 | 3 | 13 | 33 59 | 15 |
| Birmingham St George | 22 | 5 | 3 | 14 | 34 64 | 11 |

Grimsby Town and Birmingham St. George both had 2 points deducted.

## SOUTHERN LEAGUE

### 1894-95

**First Division**

| | | | | | | |
|---|---|---|---|---|---|---|
| Millwall Athletic | 16 | 12 | 4 | 0 | 68 19 | 28 |
| Luton Town | 16 | 9 | 4 | 3 | 36 22 | 22 |
| Southampton St Mary's | 16 | 9 | 2 | 5 | 34 25 | 20 |
| Ilford | 16 | 6 | 3 | 7 | 26 40 | 15 |
| Reading | 16 | 6 | 2 | 8 | 33 38 | 14 |
| Chatham | 16 | 4 | 5 | 7 | 22 25 | 13 |
| Royal Ordnance Factories | 16 | 3 | 6 | 7 | 20 30 | 12 |
| Clapton | 16 | 5 | 1 | 10 | 22 38 | 11 |
| Swindon Town | 16 | 4 | 1 | 11 | 24 48 | 9 |

**Second Division**

| | | | | | | |
|---|---|---|---|---|---|---|
| New Brompton | 12 | 11 | 0 | 1 | 57 10 | 22 |
| Sheppey United | 12 | 6 | 1 | 5 | 25 23 | 13 |
| Old St Stephen's | 12 | 6 | 0 | 6 | 26 26 | 12 |
| Uxbridge | 12 | 4 | 3 | 5 | 14 20 | 11 |
| Bromley | 12 | 4 | 1 | 7 | 23 30 | 9 |
| Chesham | 12 | 3 | 3 | 6 | 20 42 | 9 |
| Maidenhead | 12 | 2 | 4 | 6 | 19 33 | 8 |

### 1895-96

**First Division**

| | | | | | | |
|---|---|---|---|---|---|---|
| Millwall Athletic | 18 | 16 | 1 | 1 | 75 16 | 33 |
| Luton Town | 18 | 13 | 1 | 4 | 68 14 | 27 |
| Southampton St Mary's | 18 | 12 | 0 | 6 | 44 23 | 24 |
| Reading | 18 | 11 | 1 | 6 | 45 38 | 23 |
| Chatham | 18 | 9 | 2 | 7 | 43 45 | 20 |
| New Brompton | 18 | 7 | 4 | 7 | 30 37 | 18 |
| Swindon Town | 18 | 6 | 4 | 8 | 38 41 | 16 |
| Clapton | 18 | 4 | 2 | 12 | 30 67 | 10 |
| Royal Ordnance Factories | 18 | 3 | 3 | 12 | 23 44 | 9 |
| Ilford | 18 | 0 | 0 | 18 | 10 81 | 0 |

**Second Division**

| | | | | | | |
|---|---|---|---|---|---|---|
| Wolverton L & NW Railway | 16 | 13 | 1 | 2 | 43 10 | 27 |
| Sheppey United | 16 | 11 | 3 | 2 | 60 19 | 25 |
| 1st Scots Guards | 16 | 8 | 5 | 3 | 37 22 | 21 |
| Uxbridge | 16 | 9 | 1 | 6 | 28 23 | 19 |
| Old St Stephen's | 16 | 6 | 3 | 7 | 34 21 | 15 |
| Guildford | 16 | 7 | 1 | 8 | 29 41 | 15 |
| Maidenhead | 16 | 4 | 1 | 11 | 20 49 | 9 |
| Chesham | 16 | 2 | 3 | 11 | 15 48 | 7 |
| Bromley | 16 | 2 | 2 | 12 | 16 49 | 6 |

### 1896-97

**First Division**

| | | | | | | |
|---|---|---|---|---|---|---|
| Southampton St Mary's | 20 | 15 | 5 | 0 | 63 18 | 35 |
| Millwall Athletic | 20 | 13 | 5 | 2 | 63 24 | 31 |
| Chatham | 20 | 13 | 1 | 6 | 54 29 | 27 |
| Tottenham Hotspur | 20 | 9 | 4 | 7 | 43 29 | 22 |
| Gravesend United | 20 | 9 | 4 | 7 | 35 34 | 22 |
| Swindon Town | 20 | 8 | 3 | 9 | 33 37 | 19 |
| Reading | 20 | 8 | 3 | 9 | 31 49 | 19 |
| New Brompton | 20 | 7 | 2 | 11 | 32 42 | 16 |
| Northfleet | 20 | 5 | 4 | 11 | 24 46 | 14 |
| Sheppey United | 20 | 5 | 1 | 14 | 34 47 | 11 |
| Wolverton L & NW Railway | 20 | 2 | 0 | 18 | 17 74 | 4 |

**Second Division**

| | | | | | | |
|---|---|---|---|---|---|---|
| Dartford | 24 | 16 | 4 | 4 | 83 19 | 36 |
| Royal Engineers Training Battalion | 24 | 11 | 9 | 4 | 49 37 | 31 |
| Freemantle | 24 | 12 | 4 | 8 | 58 40 | 28 |
| Uxbridge | 24 | 11 | 5 | 8 | 62 37 | 27 |
| Wycombe Wanderers | 24 | 10 | 6 | 8 | 37 54 | 26 |
| Chesham | 24 | 11 | 3 | 10 | 41 55 | 25 |
| Southall | 24 | 9 | 6 | 9 | 55 52 | 24 |
| 1st Scot Guards | 24 | 9 | 6 | 9 | 49 50 | 24 |
| West Herts | 24 | 11 | 1 | 12 | 41 49 | 23 |
| Warmley (Bristol) | 24 | 10 | 2 | 12 | 44 43 | 22 |
| Old St Stephen's | 24 | 5 | 7 | 12 | 36 52 | 17 |
| Maidenhead | 24 | 4 | 8 | 12 | 33 64 | 16 |
| 1st Coldstream Guards | 24 | 3 | 6 | 15 | 30 66 | 12 |

# Southern League 1897-1901

## 1897-98

### First Division

| Team | P | W | D | L | F | A | Pts |
|---|---|---|---|---|---|---|---|
| Southampton | 22 | 18 | 1 | 3 | 53 | 18 | 37 |
| Bristol City | 22 | 13 | 7 | 2 | 67 | 33 | 33 |
| Tottenham Hotspur | 22 | 12 | 4 | 6 | 52 | 31 | 28 |
| Chatham | 22 | 12 | 4 | 6 | 50 | 34 | 28 |
| Reading | 22 | 8 | 7 | 7 | 39 | 31 | 23 |
| New Brompton | 22 | 9 | 4 | 9 | 37 | 37 | 22 |
| Sheppey United | 22 | 10 | 1 | 11 | 40 | 49 | 21 |
| Gravesend United | 22 | 7 | 6 | 9 | 28 | 39 | 20 |
| Millwall Athletic | 22 | 8 | 2 | 12 | 48 | 45 | 18 |
| Swindon Town | 22 | 7 | 2 | 13 | 36 | 48 | 16 |
| Northfleet | 22 | 4 | 3 | 15 | 29 | 60 | 11 |
| Wolverton L & NW Railway | 22 | 3 | 1 | 18 | 28 | 82 | 7 |

### Second Division

| Team | P | W | D | L | F | A | Pts |
|---|---|---|---|---|---|---|---|
| Royal Artillery (Portsmouth) | 22 | 19 | 1 | 2 | 75 | 22 | 39 |
| Warmley (Bristol) | 22 | 19 | 0 | 3 | 108 | 15 | 38 |
| West Herts | 22 | 11 | 6 | 5 | 50 | 48 | 28 |
| Uxbridge | 22 | 11 | 2 | 9 | 39 | 57 | 24 |
| St Albans | 22 | 9 | 5 | 8 | 47 | 41 | 23 |
| Dartford | 22 | 11 | 0 | 11 | 68 | 55 | 22 |
| Southall | 22 | 8 | 2 | 12 | 49 | 61 | 18 |
| Chesham | 22 | 8 | 2 | 12 | 38 | 48 | 18 |
| Olsd St Stephen's | 22 | 7 | 2 | 13 | 47 | 66 | 16 |
| Wycombe Wanderers | 22 | 7 | 2 | 13 | 37 | 55 | 16 |
| Maidenhead | 22 | 4 | 4 | 14 | 27 | 81 | 12 |
| Royal Engineers Training Battalion | 22 | 4 | 2 | 16 | 26 | 62 | 10 |

## 1898-99

### First Division

| Team | P | W | D | L | F | A | Pts |
|---|---|---|---|---|---|---|---|
| Southampton | 24 | 15 | 5 | 4 | 54 | 24 | 35 |
| Bristol City | 24 | 15 | 3 | 6 | 55 | 33 | 33 |
| Millwall Athletic | 24 | 12 | 6 | 6 | 59 | 35 | 30 |
| Chatham | 24 | 10 | 8 | 6 | 32 | 23 | 28 |
| Reading | 24 | 9 | 8 | 7 | 31 | 24 | 26 |
| New Brompton | 24 | 10 | 5 | 9 | 38 | 30 | 25 |
| Tottenham Hotspur | 24 | 10 | 4 | 10 | 40 | 36 | 24 |
| Bedminster | 24 | 10 | 4 | 10 | 35 | 39 | 24 |
| Swindon Town | 24 | 9 | 5 | 10 | 43 | 49 | 23 |
| Brighton United | 24 | 9 | 2 | 13 | 37 | 48 | 20 |
| Gravesend United | 24 | 7 | 5 | 12 | 42 | 52 | 19 |
| Sheppey United | 24 | 5 | 3 | 16 | 23 | 53 | 13 |
| Royal Artillery (Portsmouth) | 24 | 4 | 4 | 16 | 17 | 60 | 12 |

### Second Division – London Section

| Team | P | W | D | L | F | A | Pts |
|---|---|---|---|---|---|---|---|
| Thames Ironworks | 22 | 19 | 1 | 2 | 64 | 16 | 39 |
| Wolverton L & NW Railway | 22 | 13 | 4 | 5 | 88 | 43 | 30 |
| Watford | 22 | 14 | 2 | 6 | 62 | 35 | 30 |
| Brentford | 22 | 11 | 3 | 8 | 59 | 39 | 25 |
| Wycombe Wanderers | 22 | 10 | 2 | 10 | 55 | 57 | 22 |
| Southall | 22 | 11 | 0 | 11 | 44 | 55 | 22 |
| Chesham | 22 | 9 | 2 | 11 | 45 | 62 | 20 |
| St Albans | 22 | 8 | 3 | 11 | 45 | 59 | 19 |
| Shepherds Bush | 22 | 7 | 3 | 12 | 37 | 53 | 17 |
| Fulham | 22 | 6 | 4 | 12 | 36 | 44 | 16 |
| Uxbridge | 22 | 7 | 2 | 13 | 29 | 48 | 16 |
| Maidenhead | 22 | 3 | 2 | 17 | 33 | 86 | 8 |

### Second Division – South West Section

| Team | P | W | D | L | F | A | Pts |
|---|---|---|---|---|---|---|---|
| Cowes | 10 | 10 | 0 | 0 | 58 | 8 | 20 |
| Ryde | 10 | 7 | 0 | 3 | 30 | 11 | 14 |
| Freemantle | 10 | 4 | 1 | 5 | 18 | 31 | 9 |
| Sandown | 10 | 4 | 0 | 6 | 20 | 29 | 8 |
| Eastleigh | 10 | 2 | 1 | 7 | 17 | 37 | 5 |
| Andover | 10 | 2 | 0 | 8 | 14 | 41 | 4 |

## 1899-1900

### First Division

| Team | P | W | D | L | F | A | Pts |
|---|---|---|---|---|---|---|---|
| Tottenham Hotspur | 28 | 20 | 4 | 4 | 67 | 26 | 44 |
| Portsmouth | 28 | 20 | 1 | 7 | 58 | 27 | 41 |
| Southampton | 28 | 17 | 1 | 10 | 70 | 33 | 35 |
| Reading | 28 | 15 | 2 | 11 | 41 | 28 | 32 |
| Swindon Town | 28 | 15 | 2 | 11 | 50 | 42 | 32 |
| Bedminster | 28 | 13 | 2 | 13 | 44 | 45 | 28 |
| Millwall Athletic | 28 | 12 | 3 | 13 | 36 | 37 | 27 |
| Queens Park Rangers | 28 | 12 | 2 | 14 | 49 | 57 | 26 |
| Bristol City | 28 | 9 | 7 | 12 | 43 | 47 | 25 |
| Bristol Rovers | 28 | 11 | 3 | 14 | 46 | 55 | 25 |
| New Brompton | 28 | 9 | 6 | 13 | 39 | 49 | 24 |
| Gravesend United | 28 | 10 | 4 | 14 | 38 | 58 | 24 |
| Chatham | 28 | 10 | 3 | 15 | 38 | 58 | 23 |
| Thames Ironworks | 28 | 8 | 5 | 15 | 30 | 45 | 21 |
| Sheppey United | 28 | 3 | 7 | 18 | 24 | 66 | 13 |

Cowes resigned and disbanded in December 1899 and their record was deleted when it stood as: 13 3 1 9 17 43 7
Brighton United resigned and disbanded in February 1900 and their record at the time was deleted: 22 3 3 16 22 56 9

### Second Division

| Team | P | W | D | L | F | A | Pts |
|---|---|---|---|---|---|---|---|
| Watford | 20 | 14 | 2 | 4 | 57 | 25 | 30 |
| Fulham | 20 | 10 | 4 | 6 | 44 | 23 | 24 |
| Chesham Town | 20 | 11 | 2 | 7 | 43 | 37 | 24 |
| Wolverton L & NW Railway | 20 | 9 | 6 | 5 | 46 | 36 | 24 |
| Grays United | 20 | 8 | 6 | 6 | 63 | 29 | 22 |
| Shepherds Bush | 20 | 9 | 4 | 7 | 45 | 37 | 22 |
| Dartford | 20 | 8 | 3 | 9 | 36 | 44 | 19 |
| Wycombe Wanderers | 20 | 8 | 3 | 9 | 35 | 50 | 19 |
| Brentford | 20 | 5 | 7 | 8 | 31 | 48 | 17 |
| Southall | 20 | 6 | 3 | 11 | 21 | 44 | 15 |
| Maidenhead | 20 | 1 | 2 | 17 | 16 | 64 | 4 |

## 1900-01

### First Division

| Team | P | W | D | L | F | A | Pts |
|---|---|---|---|---|---|---|---|
| Southampton | 28 | 18 | 5 | 5 | 58 | 26 | 41 |
| Bristol City | 28 | 17 | 5 | 6 | 54 | 27 | 39 |
| Portsmouth | 28 | 17 | 4 | 7 | 56 | 32 | 38 |
| Millwall Athletic | 28 | 17 | 2 | 9 | 55 | 32 | 36 |
| Tottenham Hotspur | 28 | 16 | 4 | 8 | 55 | 33 | 36 |
| West Ham United | 28 | 14 | 5 | 9 | 40 | 28 | 33 |
| Bristol Rovers | 28 | 14 | 4 | 10 | 46 | 35 | 32 |
| Queens Park Rangers | 28 | 11 | 4 | 13 | 43 | 48 | 26 |
| Reading | 28 | 8 | 8 | 12 | 24 | 25 | 24 |
| Luton Town | 28 | 11 | 2 | 15 | 43 | 49 | 24 |
| Kettering | 28 | 7 | 9 | 12 | 33 | 46 | 23 |
| New Brompton | 28 | 7 | 5 | 16 | 34 | 51 | 19 |
| Gravesend United | 28 | 6 | 7 | 15 | 32 | 85 | 19 |
| Watford | 28 | 6 | 4 | 18 | 24 | 52 | 16 |
| Swindon Town | 28 | 3 | 8 | 17 | 19 | 47 | 14 |

Chatham resigned and disbanded in December 1900 and their record was deleted when it stood as: 10 1 2 7 6 32 4

### Second Division

| Team | P | W | D | L | F | A | Pts |
|---|---|---|---|---|---|---|---|
| Brentford | 16 | 14 | 2 | 0 | 63 | 11 | 30 |
| Grays United | 16 | 12 | 2 | 2 | 62 | 12 | 26 |
| Sheppey United | 16 | 8 | 1 | 7 | 44 | 26 | 17 |
| Shepherds Bush | 16 | 8 | 1 | 7 | 30 | 30 | 17 |
| Fulham | 16 | 8 | 0 | 8 | 38 | 26 | 16 |
| Chesham Town | 16 | 5 | 1 | 10 | 26 | 39 | 11 |
| Maidenhead | 16 | 4 | 1 | 11 | 21 | 49 | 9 |
| Wycombe Wanderers | 16 | 4 | 1 | 11 | 23 | 68 | 9 |
| Southall | 16 | 4 | 1 | 11 | 22 | 68 | 9 |

## 1901-02

### First Division

| | P | W | D | L | F | A | Pts |
|---|---|---|---|---|---|---|---|
| Portsmouth | 30 | 20 | 7 | 3 | 67 | 24 | 47 |
| Tottenham Hotspur | 30 | 18 | 6 | 6 | 61 | 22 | 42 |
| Southampton | 30 | 18 | 6 | 6 | 71 | 28 | 42 |
| West Ham United | 30 | 17 | 6 | 7 | 45 | 28 | 40 |
| Reading | 30 | 16 | 7 | 7 | 57 | 24 | 39 |
| Millwall Athletic | 30 | 13 | 6 | 11 | 48 | 31 | 32 |
| Luton Town | 30 | 11 | 10 | 9 | 31 | 35 | 32 |
| Kettering | 30 | 12 | 5 | 13 | 44 | 39 | 29 |
| Bristol Rovers | 30 | 12 | 5 | 13 | 43 | 39 | 29 |
| New Brompton | 30 | 10 | 7 | 13 | 39 | 38 | 27 |
| Northampton | 30 | 11 | 5 | 14 | 53 | 64 | 27 |
| Queens Park Rangers | 30 | 8 | 7 | 15 | 34 | 56 | 23 |
| Watford | 30 | 9 | 4 | 17 | 36 | 60 | 22 |
| Wellingborough | 30 | 9 | 4 | 17 | 34 | 75 | 22 |
| Brentford | 30 | 7 | 6 | 17 | 34 | 61 | 20 |
| Swindon Town | 30 | 2 | 3 | 25 | 17 | 93 | 7 |

### Second Division

| | P | W | D | L | F | A | Pts |
|---|---|---|---|---|---|---|---|
| Fulham | 16 | 13 | 0 | 3 | 51 | 19 | 26 |
| Grays United | 16 | 12 | 1 | 3 | 49 | 14 | 25 |
| Brighton & Hove Albion | 16 | 11 | 0 | 5 | 34 | 17 | 22 |
| Wycombe Wanderers | 16 | 7 | 3 | 6 | 36 | 30 | 17 |
| West Hampstead | 16 | 6 | 4 | 6 | 39 | 29 | 16 |
| Shepherds Bush | 16 | 6 | 1 | 9 | 31 | 31 | 13 |
| Southall | 16 | 5 | 2 | 9 | 28 | 52 | 12 |
| Maidenhead | 16 | 3 | 1 | 12 | 23 | 59 | 7 |
| Chesham Town | 16 | 2 | 2 | 12 | 24 | 64 | 6 |

## 1902-03

### First Division

| | P | W | D | L | F | A | Pts |
|---|---|---|---|---|---|---|---|
| Southampton | 30 | 20 | 8 | 2 | 83 | 20 | 48 |
| Reading | 30 | 19 | 7 | 4 | 72 | 30 | 45 |
| Portsmouth | 30 | 17 | 7 | 6 | 69 | 32 | 41 |
| Tottenham Hotspur | 30 | 14 | 7 | 9 | 47 | 31 | 35 |
| Bristol Rovers | 30 | 13 | 8 | 9 | 46 | 34 | 34 |
| New Brompton | 30 | 11 | 11 | 8 | 37 | 35 | 33 |
| Millwall Athletic | 30 | 14 | 3 | 13 | 52 | 37 | 31 |
| Northampton Town | 30 | 12 | 6 | 12 | 39 | 48 | 30 |
| Queens Park Rangers | 30 | 11 | 6 | 13 | 34 | 42 | 28 |
| West Ham United | 30 | 9 | 10 | 11 | 35 | 49 | 28 |
| Luton Town | 30 | 10 | 7 | 13 | 43 | 44 | 27 |
| Swindon Town | 30 | 10 | 7 | 13 | 38 | 46 | 27 |
| Kettering | 30 | 8 | 11 | 11 | 33 | 40 | 27 |
| Wellingborough | 30 | 11 | 3 | 16 | 36 | 56 | 25 |
| Watford | 30 | 6 | 4 | 20 | 35 | 87 | 16 |
| Brentford | 30 | 2 | 1 | 27 | 16 | 84 | 5 |

### Second Division

| | P | W | D | L | F | A | Pts |
|---|---|---|---|---|---|---|---|
| Fulham | 10 | 7 | 1 | 2 | 27 | 7 | 15 |
| Brighton & Hove Albion | 10 | 7 | 1 | 2 | 34 | 11 | 15 |
| Grays United | 10 | 7 | 0 | 3 | 28 | 12 | 14 |
| Wycombe Wanderers | 10 | 3 | 3 | 4 | 13 | 19 | 9 |
| Chesham Town | 10 | 2 | 1 | 7 | 9 | 37 | 5 |
| Southall | 10 | 1 | 0 | 9 | 10 | 35 | 2 |

## 1903-04

### First Division

| | P | W | D | L | F | A | Pts |
|---|---|---|---|---|---|---|---|
| Southampton | 34 | 22 | 6 | 6 | 75 | 30 | 50 |
| Tottenham Hotspur | 34 | 16 | 11 | 7 | 54 | 37 | 43 |
| Bristol Rovers | 34 | 17 | 8 | 9 | 66 | 42 | 42 |
| Portsmouth | 34 | 17 | 8 | 9 | 41 | 38 | 42 |
| Queens Park Rangers | 34 | 15 | 11 | 8 | 53 | 37 | 41 |
| Reading | 34 | 14 | 13 | 7 | 48 | 35 | 41 |
| Millwall | 34 | 16 | 8 | 10 | 64 | 42 | 40 |
| Luton Town | 34 | 14 | 12 | 8 | 38 | 33 | 40 |
| Plymouth Argyle | 34 | 13 | 10 | 11 | 44 | 34 | 36 |
| Swindon Town | 34 | 10 | 11 | 13 | 30 | 42 | 31 |
| Fulham | 34 | 9 | 12 | 13 | 33 | 34 | 30 |
| West Ham United | 34 | 10 | 7 | 17 | 38 | 43 | 27 |
| Brentford | 34 | 9 | 9 | 16 | 34 | 48 | 27 |
| Wellingborough | 34 | 11 | 5 | 18 | 44 | 63 | 27 |
| Northampton Town | 34 | 10 | 7 | 17 | 36 | 69 | 27 |
| New Brompton | 34 | 6 | 13 | 15 | 26 | 43 | 25 |
| Brighton & Hove Albion | 34 | 6 | 12 | 16 | 45 | 79 | 24 |
| Kettering | 34 | 6 | 7 | 21 | 30 | 78 | 19 |

### Second Division

| | P | W | D | L | F | A | Pts |
|---|---|---|---|---|---|---|---|
| Watford | 20 | 18 | 2 | 0 | 70 | 15 | 38 |
| Portsmouth Reserves | 20 | 15 | 2 | 3 | 85 | 25 | 32 |
| Millwall Reserves | 20 | 9 | 4 | 7 | 35 | 39 | 22 |
| Southampton Reserves | 20 | 9 | 3 | 8 | 59 | 35 | 21 |
| Grays United | 20 | 9 | 3 | 8 | 25 | 55 | 21 |
| Fulham Reserves | 20 | 8 | 4 | 8 | 40 | 34 | 20 |
| Swindon Town Reserves | 20 | 8 | 3 | 9 | 50 | 44 | 19 |
| Reading Reserves | 20 | 8 | 2 | 10 | 43 | 42 | 18 |
| Wycombe Wanderers | 20 | 5 | 5 | 10 | 29 | 64 | 15 |
| Southall | 20 | 4 | 2 | 14 | 25 | 62 | 10 |
| Chesham Town | 20 | 1 | 2 | 17 | 19 | 65 | 4 |

## 1904-05

### First Division

| | P | W | D | L | F | A | Pts |
|---|---|---|---|---|---|---|---|
| Bristol Rovers | 34 | 20 | 8 | 6 | 74 | 36 | 48 |
| Reading | 34 | 18 | 7 | 9 | 57 | 38 | 43 |
| Southampton | 34 | 18 | 7 | 9 | 54 | 40 | 43 |
| Plymouth Argyle | 34 | 18 | 5 | 11 | 57 | 39 | 41 |
| Tottenham Hotspur | 34 | 15 | 8 | 11 | 53 | 34 | 38 |
| Fulham | 34 | 14 | 10 | 10 | 46 | 34 | 38 |
| Queens Park Rangers | 34 | 14 | 8 | 12 | 51 | 46 | 36 |
| Portsmouth | 34 | 16 | 4 | 14 | 61 | 56 | 36 |
| New Brompton | 34 | 11 | 11 | 12 | 40 | 41 | 33 |
| West Ham United | 34 | 12 | 8 | 14 | 48 | 42 | 32 |
| Brighton & Hove Albion | 34 | 13 | 6 | 15 | 44 | 45 | 32 |
| Northampton Town | 34 | 12 | 8 | 14 | 43 | 54 | 32 |
| Watford | 34 | 14 | 3 | 17 | 41 | 44 | 31 |
| Brentford | 34 | 10 | 9 | 15 | 33 | 38 | 29 |
| Millwall | 34 | 11 | 7 | 16 | 38 | 47 | 29 |
| Swindon Town | 34 | 12 | 5 | 17 | 41 | 59 | 29 |
| Luton Town | 34 | 12 | 3 | 19 | 45 | 54 | 27 |
| Wellingborough | 34 | 5 | 3 | 26 | 25 | 104 | 13 |

### Second Division

| | P | W | D | L | F | A | Pts |
|---|---|---|---|---|---|---|---|
| Fulham Reserves | 22 | 16 | 4 | 2 | 78 | 25 | 36 |
| Portsmouth Reserves | 22 | 14 | 2 | 6 | 75 | 28 | 30 |
| Swindon Town Reserves | 22 | 12 | 3 | 7 | 54 | 47 | 27 |
| Grays United | 22 | 11 | 3 | 8 | 61 | 40 | 25 |
| Southampton Reserves | 22 | 10 | 5 | 7 | 52 | 35 | 25 |
| Brighton & Hove Albion | 22 | 9 | 3 | 10 | 48 | 49 | 21 |
| West Ham United Reserves | 22 | 8 | 5 | 9 | 45 | 47 | 21 |
| Clapton Orient | 22 | 7 | 7 | 8 | 47 | 56 | 21 |
| Watford Reserves | 22 | 5 | 6 | 11 | 30 | 62 | 16 |
| Southall | 22 | 7 | 2 | 13 | 31 | 66 | 16 |
| Wycombe Wanderers | 22 | 6 | 2 | 14 | 37 | 70 | 14 |
| Reading Reserves | 22 | 4 | 4 | 14 | 24 | 57 | 12 |

# Southern League 1905-1908

## 1905-06

### First Division

| | | | | | | | |
|---|---|---|---|---|---|---|---|
| Fulham | 34 | 19 | 12 | 3 | 44 | 15 | 50 |
| Southampton | 34 | 19 | 7 | 8 | 58 | 39 | 45 |
| Portsmouth | 34 | 17 | 9 | 8 | 61 | 35 | 43 |
| Luton Town | 34 | 17 | 7 | 10 | 64 | 40 | 41 |
| Tottenham Hotspur | 34 | 16 | 7 | 11 | 46 | 29 | 39 |
| Plymouth Argyle | 34 | 16 | 7 | 11 | 52 | 33 | 39 |
| Norwich City | 34 | 13 | 10 | 11 | 46 | 38 | 36 |
| Bristol Rovers | 34 | 15 | 5 | 14 | 56 | 56 | 35 |
| Brentford | 34 | 14 | 7 | 13 | 43 | 52 | 35 |
| Reading | 34 | 12 | 9 | 13 | 53 | 46 | 33 |
| West Ham United | 34 | 14 | 5 | 15 | 42 | 39 | 33 |
| Millwall | 34 | 11 | 11 | 12 | 38 | 41 | 33 |
| Queens Park Rangers | 34 | 12 | 7 | 15 | 58 | 44 | 31 |
| Watford | 34 | 8 | 10 | 16 | 38 | 57 | 26 |
| Swindon Town | 34 | 8 | 9 | 17 | 31 | 52 | 25 |
| Brighton & Hove Albion | 34 | 9 | 7 | 18 | 30 | 55 | 25 |
| New Brompton | 34 | 7 | 8 | 19 | 20 | 62 | 22 |
| Northampton Town | 34 | 8 | 5 | 21 | 32 | 79 | 21 |

### Second Division

| | | | | | | | |
|---|---|---|---|---|---|---|---|
| Southend United | 22 | 14 | 5 | 3 | 58 | 23 | 33 |
| West Ham United Reserves | 22 | 14 | 3 | 5 | 64 | 30 | 31 |
| Portsmouth Reserves | 22 | 11 | 6 | 5 | 53 | 24 | 28 |
| Fulham Reserves | 22 | 11 | 4 | 7 | 47 | 32 | 26 |
| Hastings & St Leonards | 21 | 10 | 4 | 7 | 46 | 31 | 24 |
| Tunbridge Wells Rangers | 22 | 10 | 1 | 11 | 46 | 36 | 21 |
| Salisbury City | 22 | 9 | 2 | 11 | 40 | 42 | 20 |
| Southampton Reserves | 22 | 8 | 2 | 12 | 37 | 56 | 18 |
| Swindon Town Reserves | 22 | 7 | 3 | 12 | 35 | 43 | 17 |
| Reading Reserves | 22 | 6 | 4 | 12 | 32 | 47 | 16 |
| Royal Engineers (Aldershot) | 21 | 5 | 4 | 12 | 27 | 58 | 14 |
| Wycombe Wanderers | 22 | 4 | 6 | 12 | 28 | 68 | 14 |

The match between Tunbridge Wells Rangers and Royal Engineers (Aldershot) was not completed.

### Second Division

| | | | | | | | |
|---|---|---|---|---|---|---|---|
| Crystal Palace | 24 | 19 | 4 | 1 | 66 | 14 | 42 |
| Leyton | 24 | 16 | 6 | 2 | 61 | 18 | 38 |
| Portsmouth Reserves | 24 | 12 | 8 | 4 | 52 | 24 | 32 |
| Fulham Reserves | 24 | 11 | 6 | 7 | 52 | 39 | 28 |
| Southampton Reserves | 24 | 7 | 9 | 8 | 39 | 41 | 23 |
| Southern United | 24 | 8 | 7 | 9 | 45 | 49 | 23 |
| St Leonard's United | 24 | 9 | 4 | 11 | 54 | 50 | 22 |
| Watford Reserves | 24 | 8 | 5 | 11 | 43 | 47 | 21 |
| West Ham United Reserves | 24 | 7 | 5 | 12 | 46 | 48 | 19 |
| Grays United | 24 | 8 | 3 | 13 | 24 | 77 | 19 |
| Reading Reserves | 24 | 6 | 5 | 13 | 36 | 49 | 15 |
| Swindon Town Reserves | 24 | 5 | 5 | 14 | 36 | 51 | 15 |
| Wycombe Wanderers | 24 | 5 | 3 | 16 | 36 | 83 | 13 |

## 1906-07

### First Division

| | | | | | | | |
|---|---|---|---|---|---|---|---|
| Fulham | 38 | 20 | 13 | 5 | 58 | 32 | 53 |
| Portsmouth | 38 | 22 | 7 | 9 | 64 | 36 | 51 |
| Brighton & Hove Albion | 38 | 18 | 9 | 11 | 53 | 43 | 45 |
| Luton Town | 38 | 18 | 9 | 11 | 52 | 52 | 45 |
| West Ham United | 38 | 15 | 14 | 9 | 60 | 41 | 44 |
| Tottenham Hotspur | 38 | 17 | 9 | 12 | 63 | 45 | 43 |
| Millwall | 38 | 18 | 6 | 14 | 71 | 50 | 42 |
| Norwich City | 38 | 15 | 12 | 11 | 57 | 48 | 42 |
| Watford | 38 | 13 | 16 | 9 | 46 | 43 | 42 |
| Brentford | 38 | 17 | 8 | 13 | 57 | 56 | 42 |
| Southampton | 38 | 13 | 9 | 16 | 49 | 56 | 35 |
| Reading | 38 | 14 | 6 | 18 | 57 | 47 | 34 |
| Leyton | 38 | 11 | 12 | 15 | 38 | 60 | 34 |
| Bristol Rovers | 38 | 12 | 9 | 17 | 55 | 54 | 33 |
| Plymouth Argyle | 38 | 10 | 13 | 15 | 43 | 50 | 33 |
| New Brompton | 38 | 12 | 9 | 17 | 47 | 59 | 33 |
| Swindon Town | 38 | 11 | 11 | 16 | 43 | 54 | 33 |
| Queens Park Rangers | 38 | 11 | 10 | 17 | 47 | 55 | 32 |
| Crystal Palace | 38 | 8 | 9 | 21 | 46 | 66 | 25 |
| Northampton Town | 38 | 5 | 9 | 24 | 29 | 88 | 19 |

## 1907-08

### First Division

| | | | | | | | |
|---|---|---|---|---|---|---|---|
| Queens Park Rangers | 38 | 21 | 9 | 8 | 82 | 57 | 51 |
| Plymouth Argyle | 38 | 19 | 11 | 8 | 50 | 31 | 49 |
| Millwall | 38 | 19 | 8 | 11 | 49 | 32 | 46 |
| Crystal Palace | 38 | 17 | 10 | 11 | 54 | 51 | 44 |
| Swindon Town | 38 | 16 | 10 | 12 | 55 | 40 | 42 |
| Bristol Rovers | 38 | 16 | 10 | 12 | 59 | 56 | 42 |
| Tottenham Hotspur | 38 | 17 | 7 | 14 | 59 | 48 | 41 |
| Northampton Town | 38 | 15 | 11 | 12 | 50 | 41 | 41 |
| Portsmouth | 38 | 17 | 6 | 15 | 63 | 52 | 40 |
| West Ham United | 38 | 15 | 10 | 13 | 47 | 48 | 40 |
| Southampton | 38 | 16 | 6 | 16 | 51 | 60 | 38 |
| Reading | 38 | 15 | 6 | 17 | 55 | 50 | 36 |
| Bradford Park Avenue | 38 | 12 | 12 | 14 | 53 | 54 | 36 |
| Watford | 38 | 12 | 10 | 16 | 47 | 49 | 34 |
| Brentford | 38 | 14 | 5 | 19 | 49 | 52 | 33 |
| Norwich City | 38 | 12 | 9 | 17 | 46 | 49 | 33 |
| Brighton & Hove Albion | 38 | 12 | 8 | 18 | 46 | 59 | 32 |
| Luton Town | 38 | 12 | 6 | 20 | 33 | 56 | 30 |
| Leyton | 38 | 8 | 11 | 19 | 51 | 73 | 27 |
| New Brompton | 38 | 9 | 7 | 22 | 44 | 75 | 25 |

### Second Division

| | | | | | | | |
|---|---|---|---|---|---|---|---|
| Southend | 18 | 13 | 3 | 2 | 47 | 16 | 29 |
| Portsmouth Reserves | 18 | 10 | 5 | 3 | 39 | 22 | 25 |
| Croydon Common | 18 | 10 | 3 | 5 | 35 | 25 | 23 |
| Hastings & St Leonard's | 18 | 10 | 2 | 6 | 43 | 29 | 22 |
| Southampton Reserves | 18 | 7 | 4 | 7 | 54 | 46 | 18 |
| Tunbridge Wells Rangers | 18 | 7 | 3 | 8 | 42 | 38 | 17 |
| Salisbury City | 18 | 6 | 4 | 8 | 35 | 46 | 16 |
| Swindon Town Reserves | 18 | 5 | 5 | 8 | 36 | 40 | 15 |
| Brighton & Hove Albion Reserves | 18 | 4 | 4 | 10 | 34 | 47 | 12 |
| Wycombe Wanderers | 18 | 1 | 1 | 16 | 16 | 72 | 3 |

## 1908-09

**First Division**

| Team | P | W | D | L | F | A | Pts |
|---|---|---|---|---|---|---|---|
| Northampton Town | 40 | 25 | 5 | 10 | 90 | 45 | 55 |
| Swindon Town | 40 | 22 | 5 | 13 | 96 | 55 | 49 |
| Southampton | 40 | 19 | 10 | 11 | 67 | 58 | 48 |
| Portsmouth | 40 | 18 | 10 | 12 | 68 | 60 | 46 |
| Bristol Rovers | 40 | 17 | 9 | 14 | 60 | 63 | 43 |
| Exeter City | 40 | 18 | 6 | 16 | 56 | 65 | 42 |
| New Brompton | 40 | 17 | 7 | 16 | 48 | 59 | 41 |
| Reading | 40 | 11 | 18 | 11 | 60 | 57 | 40 |
| Luton Town | 40 | 17 | 6 | 17 | 59 | 60 | 40 |
| Plymouth Argyle | 40 | 15 | 10 | 15 | 46 | 47 | 40 |
| Millwall | 40 | 16 | 6 | 18 | 59 | 61 | 38 |
| Southend United | 40 | 14 | 10 | 16 | 52 | 54 | 38 |
| Leyton | 40 | 15 | 8 | 17 | 52 | 55 | 38 |
| Watford | 40 | 14 | 9 | 17 | 51 | 64 | 37 |
| Queens Park Rangers | 40 | 12 | 12 | 16 | 52 | 50 | 36 |
| Crystal Palace | 40 | 12 | 12 | 16 | 62 | 62 | 36 |
| West Ham United | 40 | 16 | 4 | 20 | 56 | 60 | 36 |
| Brighton & Hove Albion | 40 | 14 | 7 | 19 | 60 | 61 | 35 |
| Norwich City | 40 | 12 | 11 | 17 | 59 | 75 | 35 |
| Coventry City | 40 | 15 | 4 | 21 | 64 | 91 | 34 |
| Brentford | 40 | 13 | 7 | 20 | 59 | 74 | 33 |

**Second Division**

| Team | P | W | D | L | F | A | Pts |
|---|---|---|---|---|---|---|---|
| Croydon Common | 12 | 10 | 0 | 2 | 67 | 14 | 20 |
| Hastings & St Leonard's | 12 | 8 | 1 | 3 | 42 | 18 | 17 |
| Depot Battalion Royal Engineers | 12 | 8 | 1 | 3 | 23 | 22 | 17 |
| 2nd Grenadier Guards | 12 | 5 | 0 | 7 | 21 | 33 | 10 |
| South Farnborough Athletic | 12 | 2 | 4 | 6 | 20 | 39 | 8 |
| Salisbury City | 12 | 3 | 1 | 8 | 24 | 36 | 7 |
| Chesham Town | 12 | 2 | 1 | 9 | 17 | 52 | 5 |

## 1909-10

**First Division**

| Team | P | W | D | L | F | A | Pts |
|---|---|---|---|---|---|---|---|
| Brighton & Hove Albion | 42 | 23 | 13 | 6 | 69 | 28 | 59 |
| Swindon Town | 42 | 22 | 10 | 10 | 92 | 46 | 54 |
| Queens Park Rangers | 42 | 19 | 13 | 10 | 56 | 47 | 51 |
| Northampton Town | 42 | 22 | 4 | 16 | 90 | 44 | 48 |
| Southampton | 42 | 16 | 16 | 10 | 64 | 55 | 48 |
| Portsmouth | 42 | 20 | 7 | 15 | 70 | 63 | 47 |
| Crystal Palace | 42 | 20 | 6 | 16 | 69 | 50 | 46 |
| Coventry City | 42 | 19 | 8 | 15 | 71 | 60 | 46 |
| West Ham United | 42 | 15 | 15 | 12 | 69 | 56 | 45 |
| Leyton | 42 | 16 | 11 | 15 | 60 | 46 | 43 |
| Plymouth Argyle | 42 | 16 | 11 | 15 | 61 | 54 | 43 |
| New Brompton | 42 | 19 | 5 | 18 | 76 | 74 | 43 |
| Bristol Rovers | 42 | 16 | 10 | 16 | 37 | 48 | 42 |
| Brentford | 42 | 16 | 9 | 17 | 50 | 58 | 41 |
| Luton Town | 42 | 15 | 11 | 16 | 72 | 92 | 41 |
| Millwall | 42 | 15 | 7 | 20 | 45 | 59 | 37 |
| Norwich City | 42 | 13 | 9 | 20 | 59 | 78 | 35 |
| Exeter City | 42 | 14 | 6 | 22 | 60 | 69 | 34 |
| Watford | 42 | 10 | 13 | 19 | 51 | 76 | 33 |
| Southend United | 42 | 12 | 9 | 21 | 51 | 90 | 33 |
| Croydon Common | 42 | 13 | 5 | 24 | 52 | 96 | 31 |
| Reading | 42 | 7 | 10 | 25 | 38 | 73 | 24 |

**Second Division – Section A**

| Team | P | W | D | L | F | A | Pts |
|---|---|---|---|---|---|---|---|
| Stoke | 10 | 10 | 0 | 0 | 48 | 9 | 20 |
| Ton Pentre | 10 | 4 | 2 | 4 | 17 | 21 | 10 |
| Merthyr Town | 9 | 4 | 1 | 4 | 16 | 21 | 9 |
| Salisbury City | 8 | 2 | 1 | 5 | 7 | 18 | 5 |
| Burton United | 6 | 2 | 0 | 4 | 8 | 21 | 4 |
| Aberdare | 7 | 1 | 0 | 6 | 6 | 11 | 2 |

**Second Division – Section B**

| Team | P | W | D | L | F | A | Pts |
|---|---|---|---|---|---|---|---|
| Hastings & St Leonard's | 9 | 6 | 3 | 0 | 26 | 11 | 15 |
| Kettering | 10 | 6 | 0 | 4 | 34 | 19 | 12 |
| Chesham Town | 10 | 5 | 2 | 3 | 25 | 25 | 12 |
| Peterborough City | 10 | 4 | 2 | 4 | 16 | 23 | 10 |
| South Farnborough Athletic | 10 | 4 | 1 | 5 | 23 | 19 | 9 |
| Romford | 9 | 0 | 0 | 9 | 7 | 33 | 0 |

## 1910-11

**First Divison**

| Team | P | W | D | L | F | A | Pts |
|---|---|---|---|---|---|---|---|
| Swindon Town | 38 | 24 | 5 | 9 | 80 | 31 | 53 |
| Northampton Town | 38 | 18 | 12 | 8 | 54 | 27 | 48 |
| Brighton & Hove Albion | 38 | 20 | 8 | 10 | 58 | 35 | 48 |
| Crystal Palace | 38 | 17 | 13 | 8 | 55 | 48 | 47 |
| West Ham United | 38 | 17 | 11 | 10 | 63 | 46 | 45 |
| Queens Park Rangers | 38 | 13 | 14 | 11 | 52 | 41 | 40 |
| Leyton | 38 | 16 | 8 | 14 | 57 | 52 | 40 |
| Plymouth Argyle | 38 | 15 | 9 | 14 | 54 | 55 | 39 |
| Luton Town | 38 | 15 | 8 | 15 | 67 | 63 | 38 |
| Norwich City | 38 | 15 | 8 | 15 | 46 | 48 | 38 |
| Coventry City | 38 | 16 | 6 | 16 | 65 | 68 | 38 |
| Brentford | 38 | 14 | 9 | 15 | 41 | 42 | 37 |
| Exeter City | 38 | 14 | 9 | 15 | 51 | 53 | 37 |
| Watford | 38 | 13 | 9 | 16 | 49 | 65 | 35 |
| Millwall | 38 | 11 | 9 | 18 | 42 | 54 | 31 |
| Bristol Rovers | 38 | 10 | 10 | 18 | 42 | 55 | 30 |
| Southampton | 38 | 11 | 8 | 19 | 42 | 67 | 30 |
| New Brompton | 38 | 11 | 8 | 19 | 34 | 65 | 30 |
| Southend United | 38 | 10 | 9 | 19 | 47 | 64 | 29 |
| Portsmouth | 38 | 8 | 11 | 19 | 34 | 53 | 27 |

**Second Division**

| Team | P | W | D | L | F | A | Pts |
|---|---|---|---|---|---|---|---|
| Reading | 22 | 16 | 3 | 3 | 55 | 11 | 35 |
| Stoke | 22 | 17 | 1 | 4 | 72 | 21 | 35 |
| Merthyr Town | 22 | 15 | 3 | 4 | 52 | 22 | 33 |
| Cardiff City | 22 | 12 | 4 | 6 | 48 | 29 | 28 |
| Croydon Common | 22 | 11 | 3 | 8 | 61 | 26 | 25 |
| Treharris | 22 | 10 | 3 | 9 | 38 | 31 | 23 |
| Aberdare | 22 | 9 | 5 | 8 | 38 | 33 | 23 |
| Ton Pentre | 22 | 10 | 3 | 9 | 44 | 40 | 23 |
| Walsall | 22 | 7 | 4 | 11 | 37 | 41 | 18 |
| Kettering | 22 | 6 | 1 | 15 | 34 | 68 | 13 |
| Chesham Town | 22 | 1 | 3 | 18 | 16 | 93 | 5 |
| Salisbury City | 22 | 0 | 3 | 19 | 16 | 92 | 3 |

## 1911-12

**First Division**

| Team | P | W | D | L | F | A | Pts |
|---|---|---|---|---|---|---|---|
| Queens Park Rangers | 38 | 21 | 11 | 6 | 59 | 35 | 53 |
| Plymouth Argyle | 38 | 23 | 6 | 9 | 63 | 31 | 52 |
| Northampton Town | 38 | 22 | 7 | 9 | 82 | 41 | 51 |
| Swindon Town | 38 | 21 | 6 | 11 | 82 | 50 | 48 |
| Brighton & Hove Albion | 38 | 19 | 9 | 10 | 73 | 35 | 47 |
| Coventry City | 38 | 17 | 8 | 13 | 66 | 54 | 42 |
| Crystal Palace | 38 | 15 | 10 | 13 | 70 | 46 | 40 |
| Millwall | 38 | 15 | 10 | 13 | 60 | 57 | 40 |
| Watford | 38 | 13 | 10 | 15 | 56 | 68 | 36 |
| Stoke | 38 | 13 | 10 | 15 | 51 | 63 | 36 |
| Reading | 38 | 11 | 14 | 13 | 43 | 69 | 36 |
| Norwich City | 38 | 10 | 14 | 14 | 40 | 60 | 34 |
| West Ham United | 38 | 13 | 7 | 18 | 64 | 69 | 33 |
| Brentford | 38 | 12 | 9 | 17 | 60 | 65 | 33 |
| Exeter City | 38 | 11 | 11 | 16 | 48 | 62 | 33 |
| Southampton | 38 | 10 | 11 | 17 | 46 | 63 | 31 |
| Bristol Rovers | 38 | 9 | 13 | 16 | 41 | 62 | 31 |
| New Brompton | 38 | 11 | 9 | 18 | 35 | 72 | 31 |
| Luton Town | 38 | 9 | 10 | 19 | 49 | 61 | 28 |
| Leyton | 38 | 7 | 11 | 20 | 27 | 62 | 25 |

# Southern League 1912-1915

## Second Division

| | P | W | D | L | F | A | Pts |
|---|---|---|---|---|---|---|---|
| Merthyr Town | 26 | 19 | 3 | 4 | 60 | 14 | 41 |
| Portsmouth | 26 | 19 | 3 | 4 | 73 | 20 | 41 |
| Cardiff City | 26 | 15 | 4 | 7 | 55 | 26 | 34 |
| Southend United | 26 | 16 | 1 | 9 | 73 | 24 | 33 |
| Pontypridd | 26 | 13 | 6 | 7 | 39 | 24 | 32 |
| Ton Pentre | 26 | 12 | 3 | 11 | 56 | 45 | 27 |
| Walsall | 26 | 13 | 1 | 11 | 44 | 41 | 27 |
| Treharris | 26 | 11 | 5 | 10 | 44 | 47 | 27 |
| Aberdare | 26 | 10 | 3 | 13 | 39 | 44 | 23 |
| Kettering | 26 | 11 | 0 | 15 | 37 | 62 | 22 |
| Croydon Common | 26 | 8 | 2 | 15 | 43 | 45 | 18 |
| Mardy | 26 | 6 | 6 | 12 | 37 | 51 | 18 |
| Cwm Albion | 26 | 5 | 1 | 16 | 27 | 70 | 11 |
| Chesham Town | 26 | 1 | 0 | 25 | 18 | 131 | 2 |

## 1912-13

### First Division

| | P | W | D | L | F | A | Pts |
|---|---|---|---|---|---|---|---|
| Plymouth Argyle | 38 | 22 | 6 | 10 | 78 | 36 | 50 |
| Swindon Town | 38 | 20 | 8 | 10 | 66 | 41 | 48 |
| West Ham United | 38 | 18 | 12 | 8 | 66 | 46 | 48 |
| Queens Park Rangers | 38 | 18 | 10 | 10 | 46 | 36 | 46 |
| Crystal Palace | 38 | 17 | 11 | 10 | 55 | 36 | 45 |
| Millwall | 38 | 19 | 7 | 12 | 62 | 43 | 45 |
| Exeter City | 38 | 18 | 8 | 12 | 48 | 44 | 44 |
| Reading | 38 | 17 | 8 | 13 | 59 | 55 | 42 |
| Brighton & Hove Albion | 38 | 13 | 12 | 13 | 49 | 47 | 38 |
| Northampton Town | 38 | 12 | 12 | 14 | 61 | 48 | 36 |
| Portsmouth | 38 | 14 | 8 | 16 | 41 | 49 | 36 |
| Merthyr Town | 38 | 12 | 12 | 14 | 43 | 61 | 36 |
| Coventry City | 38 | 13 | 8 | 17 | 53 | 59 | 34 |
| Watford | 38 | 12 | 10 | 16 | 43 | 50 | 34 |
| Gillingham | 38 | 12 | 10 | 16 | 36 | 53 | 34 |
| Bristol Rovers | 38 | 12 | 9 | 17 | 55 | 65 | 33 |
| Southampton | 38 | 10 | 11 | 17 | 40 | 72 | 31 |
| Norwich City | 38 | 10 | 9 | 19 | 39 | 50 | 29 |
| Brentford | 38 | 11 | 5 | 22 | 42 | 55 | 27 |
| Stoke | 38 | 10 | 4 | 24 | 39 | 75 | 24 |

### Second Division

| | P | W | D | L | F | A | Pts |
|---|---|---|---|---|---|---|---|
| Cardiff City | 24 | 18 | 5 | 1 | 54 | 15 | 41 |
| Southend United | 24 | 14 | 6 | 4 | 43 | 23 | 34 |
| Swansea Town | 24 | 12 | 7 | 5 | 29 | 23 | 31 |
| Croydon Common | 24 | 13 | 4 | 7 | 51 | 29 | 30 |
| Luton Town | 24 | 13 | 4 | 7 | 52 | 39 | 30 |
| Llanelly | 24 | 9 | 6 | 9 | 33 | 39 | 24 |
| Pontypridd | 24 | 6 | 11 | 7 | 30 | 28 | 23 |
| Mid Rhondda | 24 | 9 | 4 | 11 | 33 | 31 | 22 |
| Aberdare | 24 | 8 | 6 | 10 | 38 | 40 | 22 |
| Newport County | 24 | 7 | 5 | 12 | 29 | 36 | 19 |
| Mardy | 24 | 6 | 3 | 15 | 38 | 38 | 15 |
| Treharris | 24 | 5 | 2 | 17 | 18 | 60 | 12 |
| Ton Pentre | 24 | 3 | 3 | 18 | 22 | 69 | 9 |

## 1913-14

### First Division

| | P | W | D | L | F | A | Pts |
|---|---|---|---|---|---|---|---|
| Swindon Town | 38 | 21 | 8 | 9 | 81 | 41 | 50 |
| Crystal Palace | 38 | 17 | 16 | 5 | 60 | 32 | 50 |
| Northampton Town | 38 | 14 | 19 | 5 | 50 | 37 | 47 |
| Reading | 38 | 17 | 10 | 11 | 43 | 36 | 44 |
| Plymouth Argyle | 38 | 15 | 13 | 10 | 46 | 42 | 43 |
| West Ham United | 38 | 15 | 12 | 11 | 61 | 60 | 42 |
| Brighton & Hove Albion | 38 | 15 | 12 | 11 | 43 | 45 | 42 |
| Queens Park Rangers | 38 | 16 | 9 | 13 | 45 | 43 | 41 |
| Portsmouth | 38 | 14 | 12 | 12 | 57 | 48 | 40 |
| Cardiff City | 38 | 13 | 12 | 13 | 46 | 42 | 38 |
| Southampton | 38 | 15 | 7 | 16 | 55 | 54 | 37 |
| Exeter City | 38 | 10 | 16 | 12 | 39 | 38 | 36 |
| Gillingham | 38 | 13 | 9 | 16 | 48 | 49 | 35 |
| Norwich City | 38 | 9 | 17 | 12 | 49 | 51 | 35 |
| Millwall | 38 | 11 | 12 | 15 | 51 | 56 | 34 |
| Southend United | 38 | 10 | 12 | 16 | 41 | 66 | 32 |
| Bristol Rovers | 38 | 10 | 11 | 17 | 46 | 67 | 31 |
| Watford | 38 | 10 | 9 | 19 | 50 | 56 | 29 |
| Merthyr Town | 38 | 9 | 10 | 19 | 38 | 61 | 28 |
| Coventry City | 38 | 6 | 14 | 18 | 43 | 68 | 26 |

### Second Division

| | P | W | D | L | F | A | Pts |
|---|---|---|---|---|---|---|---|
| Croydon Common | 30 | 23 | 5 | 2 | 76 | 14 | 51 |
| Luton Town | 30 | 24 | 3 | 3 | 92 | 22 | 51 |
| Brentford | 30 | 20 | 4 | 6 | 80 | 18 | 44 |
| Swansea Town | 30 | 20 | 4 | 6 | 66 | 23 | 44 |
| Stoke | 30 | 19 | 2 | 9 | 71 | 34 | 40 |
| Newport County | 30 | 14 | 8 | 8 | 49 | 38 | 36 |
| Mid Rhondda | 30 | 13 | 7 | 10 | 55 | 37 | 33 |
| Pontypridd | 30 | 14 | 5 | 11 | 43 | 38 | 33 |
| Llanelly | 30 | 12 | 4 | 14 | 45 | 39 | 28 |
| Barry | 30 | 9 | 8 | 13 | 44 | 70 | 26 |
| Abertillery | 30 | 8 | 4 | 18 | 44 | 57 | 20 |
| Ton Pentre | 30 | 8 | 4 | 18 | 33 | 61 | 20 |
| Mardy | 30 | 6 | 6 | 18 | 30 | 60 | 18 |
| Caerphilly | 30 | 4 | 7 | 19 | 21 | 103 | 15 |
| Aberdare | 30 | 4 | 5 | 21 | 33 | 87 | 13 |
| Treharris | 30 | 2 | 4 | 24 | 19 | 106 | 8 |

## 1914-15

### First Division

| | P | W | D | L | F | A | Pts |
|---|---|---|---|---|---|---|---|
| Watford | 38 | 22 | 8 | 8 | 67 | 47 | 52 |
| Reading | 38 | 21 | 7 | 10 | 68 | 43 | 49 |
| Cardiff City | 38 | 22 | 4 | 12 | 72 | 38 | 48 |
| West Ham United | 38 | 18 | 9 | 11 | 58 | 47 | 45 |
| Northampton Town | 38 | 16 | 11 | 11 | 56 | 52 | 43 |
| Southampton | 38 | 19 | 5 | 14 | 78 | 74 | 43 |
| Portsmouth | 38 | 16 | 10 | 12 | 54 | 42 | 42 |
| Millwall | 38 | 16 | 10 | 12 | 51 | 51 | 42 |
| Swindon Town | 38 | 15 | 11 | 12 | 77 | 59 | 41 |
| Brighton & Hove Albion | 38 | 16 | 7 | 15 | 46 | 47 | 39 |
| Exeter City | 38 | 15 | 8 | 15 | 50 | 41 | 38 |
| Queens Park Rangers | 38 | 13 | 12 | 13 | 55 | 56 | 38 |
| Norwich City | 38 | 11 | 14 | 13 | 53 | 56 | 36 |
| Luton Town | 38 | 13 | 8 | 17 | 61 | 73 | 34 |
| Crystal Palace | 38 | 13 | 8 | 17 | 47 | 61 | 34 |
| Bristol Rovers | 38 | 14 | 3 | 21 | 53 | 75 | 31 |
| Plymouth Argyle | 38 | 8 | 14 | 16 | 51 | 61 | 30 |
| Southend United | 38 | 10 | 8 | 20 | 44 | 64 | 28 |
| Croydon Common | 38 | 9 | 9 | 20 | 47 | 63 | 27 |
| Gillingham | 38 | 6 | 8 | 24 | 44 | 82 | 20 |

## Second Division

| | | | | | | | |
|---|---|---|---|---|---|---|---|
| Stoke | 24 | 17 | 4 | 3 | 62 | 15 | 38 |
| Stalybridge Celtic | 24 | 17 | 3 | 4 | 47 | 22 | 37 |
| Merthyr Town | 24 | 15 | 5 | 4 | 46 | 20 | 35 |
| Swansea Town | 24 | 16 | 1 | 7 | 48 | 21 | 33 |
| Coventry City | 24 | 13 | 2 | 9 | 56 | 33 | 28 |
| Ton Pentre | 24 | 11 | 6 | 7 | 42 | 43 | 28 |
| Brentford | 24 | 8 | 7 | 9 | 35 | 45 | 23 |
| Llanelly | 24 | 10 | 1 | 13 | 39 | 32 | 21 |
| Barry | 24 | 6 | 5 | 13 | 30 | 35 | 17 |
| Newport County | 24 | 7 | 3 | 14 | 27 | 42 | 17 |
| Pontypridd | 24 | 5 | 6 | 13 | 31 | 58 | 16 |
| Mid Rhondda | 24 | 3 | 6 | 15 | 17 | 40 | 12 |
| Ebbw Vale | 24 | 3 | 1 | 20 | 23 | 88 | 7 |

## 1919-20

### First Division

| | | | | | | | |
|---|---|---|---|---|---|---|---|
| Portsmouth | 42 | 23 | 12 | 7 | 73 | 27 | 58 |
| Watford | 42 | 26 | 6 | 10 | 69 | 42 | 58 |
| Crystal Palace | 42 | 22 | 12 | 8 | 69 | 43 | 56 |
| Cardiff City | 42 | 18 | 17 | 7 | 70 | 43 | 53 |
| Plymouth Argyle | 42 | 20 | 10 | 12 | 57 | 29 | 50 |
| Queens Park Rangers | 42 | 18 | 10 | 14 | 62 | 50 | 46 |
| Reading | 42 | 16 | 13 | 13 | 51 | 43 | 45 |
| Southampton | 42 | 18 | 8 | 16 | 72 | 63 | 44 |
| Swansea Town | 42 | 16 | 11 | 15 | 53 | 45 | 43 |
| Exeter City | 42 | 17 | 9 | 16 | 57 | 51 | 43 |
| Southend United | 42 | 13 | 17 | 12 | 46 | 48 | 43 |
| Norwich City | 42 | 15 | 11 | 16 | 64 | 57 | 41 |
| Swindon Town | 42 | 17 | 7 | 18 | 65 | 68 | 41 |
| Millwall | 42 | 14 | 12 | 16 | 52 | 55 | 40 |
| Brentford | 42 | 15 | 10 | 17 | 52 | 59 | 40 |
| Brighton & Hove Albion | 42 | 14 | 8 | 20 | 60 | 72 | 36 |
| Bristol Rovers | 42 | 11 | 13 | 18 | 61 | 78 | 35 |
| Newport County | 42 | 13 | 7 | 22 | 45 | 70 | 33 |
| Northampton Town | 42 | 12 | 9 | 21 | 64 | 103 | 33 |
| Luton Town | 42 | 10 | 10 | 22 | 51 | 76 | 30 |
| Merthyr Town | 42 | 9 | 11 | 22 | 47 | 78 | 29 |
| Gillingham | 42 | 10 | 7 | 25 | 34 | 74 | 27 |

### Second Division

| | | | | | | | |
|---|---|---|---|---|---|---|---|
| Mid Rhondda | 20 | 17 | 3 | 0 | 79 | 10 | 37 |
| Ton Pentre | 20 | 12 | 7 | 1 | 50 | 14 | 31 |
| Llanelly | 20 | 10 | 5 | 5 | 47 | 30 | 25 |
| Pontypridd | 20 | 10 | 3 | 7 | 33 | 29 | 23 |
| Ebbw Vale | 20 | 7 | 7 | 6 | 38 | 40 | 21 |
| Barry | 20 | 7 | 5 | 8 | 32 | 27 | 19 |
| Mardy | 20 | 7 | 5 | 8 | 29 | 30 | 19 |
| Abertillery | 20 | 6 | 5 | 9 | 29 | 40 | 17 |
| Porth Athletic | 20 | 4 | 4 | 12 | 30 | 74 | 12 |
| Aberaman Athletic | 20 | 4 | 3 | 13 | 28 | 48 | 11 |
| Caerphilly | 20 | 1 | 3 | 16 | 20 | 74 | 5 |

## 1920-21

### English Section

| | | | | | | | |
|---|---|---|---|---|---|---|---|
| Brighton & Hove Albion Reserves | 24 | 16 | 3 | 5 | 65 | 29 | 35 |
| Portsmouth Reserves | 24 | 13 | 7 | 4 | 44 | 20 | 33 |
| Millwall Reserves | 24 | 12 | 4 | 8 | 46 | 24 | 28 |
| Southampton Reserves | 24 | 10 | 7 | 7 | 53 | 35 | 27 |
| Boscombe | 24 | 10 | 6 | 8 | 25 | 40 | 26 |
| Reading Reserves | 24 | 11 | 3 | 10 | 41 | 34 | 25 |
| Luton Town Reserves | 24 | 8 | 8 | 8 | 38 | 35 | 24 |
| Charlton Athletic | 24 | 8 | 8 | 8 | 41 | 41 | 24 |
| Watford Reserves | 24 | 9 | 4 | 11 | 43 | 45 | 22 |
| Norwich City Reserves | 24 | 7 | 7 | 10 | 31 | 39 | 21 |
| Gillingham Reserves | 24 | 6 | 5 | 13 | 32 | 47 | 17 |
| Chatham | 24 | 5 | 6 | 13 | 24 | 47 | 16 |
| Thornycrofts | 24 | 4 | 6 | 14 | 29 | 74 | 14 |

### Welsh Section

| | | | | | | | |
|---|---|---|---|---|---|---|---|
| Barry | 20 | 13 | 4 | 3 | 35 | 12 | 30 |
| Aberdare Athletic | 20 | 12 | 3 | 5 | 29 | 23 | 27 |
| Ebbw Vale | 20 | 10 | 5 | 5 | 34 | 23 | 25 |
| Pontypridd | 20 | 10 | 3 | 7 | 34 | 23 | 23 |
| Mid Rhondda | 20 | 10 | 3 | 7 | 26 | 18 | 23 |
| Abertillery Town | 20 | 8 | 5 | 7 | 35 | 24 | 21 |
| Ton Pentre | 20 | 7 | 5 | 8 | 32 | 34 | 19 |
| Aberaman Athletic | 20 | 5 | 7 | 8 | 30 | 33 | 17 |
| Llanelly | 20 | 7 | 2 | 11 | 28 | 46 | 16 |
| Mardy | 20 | 2 | 6 | 12 | 18 | 39 | 10 |
| Porth Athletic | 20 | 3 | 3 | 14 | 28 | 54 | 9 |

## 1921-22

### English Section

| | | | | | | | |
|---|---|---|---|---|---|---|---|
| Plymouth Argyle Reserves | 36 | 22 | 5 | 9 | 91 | 38 | 49 |
| Bristol City Reserves | 36 | 18 | 8 | 10 | 73 | 50 | 44 |
| Portsmouth Reserves | 36 | 17 | 10 | 9 | 63 | 41 | 44 |
| Southampton Reserves | 36 | 19 | 5 | 12 | 70 | 47 | 43 |
| Gillingham Reserves | 36 | 17 | 9 | 10 | 65 | 47 | 43 |
| Charlton Athletic Reserves | 36 | 18 | 6 | 12 | 69 | 54 | 42 |
| Boscombe | 36 | 17 | 5 | 14 | 38 | 55 | 39 |
| Luton Town Reserves | 36 | 17 | 4 | 15 | 50 | 54 | 38 |
| Watford Reserves | 36 | 15 | 7 | 14 | 65 | 53 | 37 |
| Brighton & Hove Albion Reserves | 36 | 12 | 13 | 11 | 60 | 52 | 37 |
| Bath City | 36 | 16 | 5 | 15 | 55 | 53 | 37 |
| Swindon Town Reserves | 36 | 14 | 7 | 15 | 59 | 46 | 35 |
| Bristol Rovers Reserves | 36 | 13 | 7 | 16 | 50 | 82 | 33 |
| Millwall Reserves | 36 | 13 | 4 | 19 | 49 | 53 | 30 |
| Reading Reserves | 36 | 11 | 7 | 18 | 46 | 59 | 29 |
| Exeter City Reserves | 36 | 10 | 9 | 17 | 42 | 63 | 29 |
| Guildford United | 36 | 11 | 6 | 19 | 44 | 56 | 28 |
| Norwich City Reserves | 36 | 10 | 6 | 20 | 47 | 86 | 26 |
| Southend United Reserves | 36 | 9 | 3 | 24 | 47 | 92 | 21 |

### Welsh Section

| | | | | | | | |
|---|---|---|---|---|---|---|---|
| Ebbw Vale | 16 | 11 | 3 | 2 | 33 | 11 | 25 |
| Ton Pentre | 16 | 9 | 4 | 3 | 35 | 14 | 22 |
| Aberaman Athletic | 16 | 7 | 5 | 4 | 25 | 19 | 19 |
| Porth Athletic | 16 | 6 | 6 | 4 | 31 | 20 | 18 |
| Pontypridd | 16 | 7 | 4 | 5 | 28 | 19 | 18 |
| Swansea Town Reserves | 16 | 7 | 4 | 5 | 24 | 17 | 18 |
| Barry | 16 | 3 | 3 | 10 | 14 | 35 | 9 |
| Abertillery Town | 16 | 3 | 2 | 11 | 21 | 45 | 8 |
| Mardy | 16 | 2 | 3 | 11 | 14 | 43 | 7 |

## 1922-23

### English Section

| | | | | | | | |
|---|---|---|---|---|---|---|---|
| Bristol City Reserves | 38 | 24 | 5 | 9 | 84 | 39 | 53 |
| Boscombe | 38 | 22 | 7 | 9 | 67 | 34 | 51 |
| Portsmouth Reserves | 38 | 23 | 3 | 12 | 93 | 51 | 49 |
| Bristol Rovers Reserves | 38 | 20 | 8 | 10 | 59 | 41 | 48 |
| Plymouth Argyle Reserves | 38 | 20 | 7 | 11 | 74 | 41 | 47 |
| Torquay United | 38 | 18 | 8 | 12 | 63 | 38 | 44 |
| Brighton & Hove Albion Reserves | 38 | 20 | 3 | 15 | 95 | 60 | 43 |
| Luton Town Reserves | 38 | 16 | 11 | 11 | 67 | 56 | 43 |
| Southend United Reserves | 38 | 18 | 6 | 14 | 69 | 68 | 42 |
| Southampton Reserves | 38 | 18 | 5 | 15 | 65 | 54 | 41 |
| Millwall Reserves | 38 | 15 | 10 | 13 | 61 | 55 | 40 |
| Coventry City Reserves | 38 | 15 | 8 | 15 | 56 | 61 | 38 |
| Guildford United | 38 | 15 | 7 | 16 | 65 | 59 | 37 |
| Swindon Town Reserves | 38 | 13 | 6 | 19 | 54 | 73 | 32 |
| Bath City | 38 | 10 | 8 | 20 | 44 | 71 | 28 |
| Watford Reserves | 38 | 11 | 6 | 21 | 34 | 79 | 28 |
| Yeovil & Petters United | 38 | 10 | 6 | 22 | 56 | 104 | 26 |
| Norwich City Reserves | 38 | 9 | 7 | 22 | 42 | 68 | 25 |
| Exeter City Reserves | 38 | 10 | 5 | 23 | 43 | 81 | 25 |
| Reading Reserves | 38 | 7 | 6 | 25 | 43 | 95 | 20 |

# Southern League 1923-1926

### Welsh Section

| | | | | | | |
|---|---|---|---|---|---|---|
| Ebbw Vale | 12 | 6 | 5 | 1 | 22 | 15 | 17 |
| Aberaman Athletic | 12 | 7 | 2 | 3 | 30 | 19 | 16 |
| Swansea Town Reserves | 12 | 6 | 2 | 4 | 25 | 14 | 14 |
| Pontypridd | 12 | 6 | 2 | 4 | 18 | 18 | 14 |
| Barry | 12 | 4 | 3 | 5 | 15 | 11 | 11 |
| Bridgend Town | 12 | 4 | 2 | 6 | 15 | 21 | 10 |
| Porth Athletic | 12 | 0 | 2 | 10 | 18 | 24 | 2 |

## 1923-24

### Eastern Section

| | | | | | | |
|---|---|---|---|---|---|---|
| Peterborough & Fletton United | 30 | 20 | 2 | 8 | 54 | 31 | 42 |
| Leicester City Reserves | 30 | 19 | 3 | 8 | 72 | 30 | 41 |
| Southampton Reserves | 30 | 18 | 5 | 7 | 60 | 36 | 41 |
| Millwall Reserves | 30 | 18 | 3 | 9 | 56 | 38 | 39 |
| Portsmouth Reserves | 30 | 16 | 2 | 12 | 66 | 37 | 34 |
| Brighton & Hove Albion Reserves | 30 | 13 | 7 | 10 | 55 | 42 | 33 |
| Norwich City Reserves | 30 | 13 | 6 | 11 | 46 | 34 | 32 |
| Folkestone | 30 | 12 | 5 | 13 | 61 | 51 | 29 |
| Coventry City Reserves | 30 | 10 | 8 | 12 | 39 | 4 | 28 |
| Watford Reserves | 30 | 11 | 6 | 13 | 36 | 48 | 28 |
| Reading Reserves | 30 | 11 | 6 | 13 | 32 | 43 | 28 |
| Northampton Town Reserves | 30 | 9 | 10 | 11 | 32 | 47 | 28 |
| Luton Town Reserves | 30 | 10 | 7 | 13 | 40 | 49 | 27 |
| Guildford United | 30 | 7 | 5 | 18 | 38 | 72 | 19 |
| Kettering | 30 | 5 | 8 | 17 | 30 | 67 | 18 |
| Bournemouth Reserves | 30 | 4 | 5 | 21 | 40 | 85 | 13 |

### Western Section

| | | | | | | |
|---|---|---|---|---|---|---|
| Yeovil & Petters United | 34 | 25 | 3 | 6 | 71 | 30 | 53 |
| Plymouth Argyle Reserves | 34 | 21 | 5 | 8 | 74 | 37 | 47 |
| Pontypridd | 34 | 19 | 8 | 7 | 81 | 44 | 46 |
| Torquay United | 34 | 19 | 7 | 8 | 59 | 25 | 45 |
| Bristol City Reserves | 34 | 17 | 9 | 8 | 63 | 39 | 43 |
| Swansea Town Reserves | 34 | 19 | 5 | 10 | 62 | 38 | 43 |
| Bristol Rovers Reserves | 34 | 17 | 6 | 11 | 69 | 43 | 40 |
| Cardiff City Reserves | 34 | 15 | 4 | 15 | 55 | 31 | 34 |
| Exeter City Reserves | 34 | 11 | 11 | 12 | 48 | 47 | 33 |
| Weymouth | 34 | 15 | 3 | 16 | 48 | 60 | 33 |
| Llanelly | 34 | 14 | 5 | 15 | 47 | 62 | 33 |
| Swindon Town Reserves | 34 | 11 | 6 | 17 | 36 | 60 | 28 |
| Bridgend Town | 34 | 11 | 5 | 18 | 57 | 72 | 27 |
| Newport County Reserves | 34 | 10 | 7 | 17 | 57 | 79 | 27 |
| Ebbw Vale | 34 | 8 | 8 | 18 | 38 | 62 | 24 |
| Bath City | 34 | 6 | 9 | 19 | 32 | 71 | 21 |
| Barry | 34 | 6 | 7 | 21 | 36 | 74 | 19 |
| Aberaman Athletic | 34 | 6 | 4 | 24 | 41 | 87 | 16 |

## 1924-25

### Eastern Section

| | | | | | | |
|---|---|---|---|---|---|---|
| Southampton Reserves | 32 | 17 | 10 | 5 | 65 | 30 | 44 |
| Kettering Town | 32 | 17 | 6 | 9 | 67 | 39 | 40 |
| Brighton & Hove Albion Reserves | 32 | 15 | 10 | 7 | 68 | 42 | 40 |
| Millwall Reserves | 32 | 15 | 10 | 7 | 65 | 48 | 40 |
| Peterborough & Fletton United | 32 | 15 | 9 | 8 | 56 | 29 | 39 |
| Bournemouth Reserves | 32 | 15 | 9 | 8 | 66 | 48 | 39 |
| Leicester City Reserves | 32 | 15 | 7 | 10 | 61 | 45 | 37 |
| Portsmouth Reserves | 32 | 15 | 7 | 10 | 51 | 40 | 37 |
| Folkestone | 32 | 13 | 11 | 8 | 55 | 46 | 37 |
| Norwich City Reserves | 32 | 13 | 8 | 11 | 65 | 58 | 34 |
| Coventry City Reserves | 32 | 12 | 9 | 11 | 51 | 41 | 33 |
| Luton Town Reserves | 32 | 15 | 2 | 15 | 48 | 63 | 32 |
| Northampton Town Reserves | 32 | 10 | 5 | 17 | 38 | 59 | 25 |
| Watford Reserves | 32 | 7 | 7 | 18 | 44 | 71 | 21 |
| Nuneaton Town | 32 | 8 | 2 | 22 | 37 | 62 | 18 |
| Reading Reserves | 32 | 8 | 1 | 23 | 38 | 87 | 17 |
| Guildford United | 32 | 4 | 3 | 25 | 40 | 107 | 11 |

### Western Section

| | | | | | | |
|---|---|---|---|---|---|---|
| Swansea Town Reserves | 38 | 25 | 4 | 9 | 73 | 26 | 54 |
| Plymouth Argyle Reserves | 38 | 22 | 10 | 6 | 97 | 35 | 54 |
| Pontypridd | 38 | 24 | 4 | 10 | 81 | 39 | 52 |
| Bridgend Town | 38 | 20 | 11 | 7 | 74 | 52 | 51 |
| Mid Rhondda United | 38 | 21 | 6 | 11 | 79 | 48 | 48 |
| Weymouth | 38 | 21 | 4 | 13 | 77 | 50 | 46 |
| Cardiff City Reserves | 38 | 18 | 6 | 14 | 56 | 44 | 42 |
| Newport County Reserves | 38 | 17 | 8 | 13 | 71 | 60 | 42 |
| Swindon Town Reserves | 38 | 17 | 8 | 13 | 48 | 46 | 42 |
| Bristol City Reserves | 38 | 18 | 5 | 15 | 51 | 43 | 41 |
| Yeovil & Petters United | 38 | 15 | 10 | 13 | 49 | 50 | 40 |
| Exeter City Reserves | 38 | 16 | 6 | 16 | 78 | 55 | 38 |
| Taunton United | 38 | 15 | 6 | 17 | 55 | 51 | 36 |
| Bristol Rovers Reserves | 38 | 13 | 6 | 19 | 45 | 50 | 32 |
| Torquay United | 38 | 9 | 11 | 18 | 41 | 73 | 29 |
| Llanelly | 38 | 6 | 12 | 20 | 49 | 94 | 24 |
| Ebbw Vale | 38 | 9 | 6 | 23 | 40 | 91 | 24 |
| Bath City | 38 | 8 | 8 | 22 | 28 | 85 | 24 |
| Barry | 38 | 8 | 6 | 24 | 38 | 82 | 22 |
| Aberaman Athletic | 38 | 6 | 7 | 25 | 39 | 95 | 19 |

## 1925-26

### Eastern Section

| | | | | | | |
|---|---|---|---|---|---|---|
| Millwall Reserves | 34 | 24 | 6 | 4 | 106 | 37 | 54 |
| Leicester City Reserves | 34 | 23 | 2 | 9 | 105 | 60 | 48 |
| Brighton & Hove Albion Reserves | 34 | 21 | 4 | 9 | 105 | 69 | 46 |
| Kettering Town | 34 | 19 | 5 | 10 | 98 | 68 | 43 |
| Peterborough & Fletton United | 34 | 19 | 3 | 12 | 76 | 62 | 41 |
| Portsmouth Reserves | 34 | 17 | 5 | 12 | 76 | 67 | 39 |
| Norwich City Reserves | 34 | 17 | 4 | 13 | 85 | 90 | 38 |
| Bournemouth Reserves | 34 | 15 | 7 | 12 | 76 | 67 | 37 |
| Southampton Reserves | 34 | 14 | 7 | 13 | 65 | 72 | 35 |
| Fulham Reserves | 34 | 13 | 6 | 15 | 86 | 77 | 32 |
| Grays Thurrock United | 34 | 13 | 5 | 16 | 63 | 77 | 31 |
| Guildford United | 34 | 11 | 8 | 15 | 71 | 87 | 30 |
| Watford Reserves | 34 | 12 | 2 | 20 | 62 | 94 | 26 |
| Luton Town Reserves | 34 | 11 | 3 | 20 | 70 | 78 | 25 |
| Folkestone | 34 | 9 | 6 | 19 | 67 | 93 | 24 |
| Reading Reserves | 34 | 10 | 3 | 21 | 58 | 84 | 23 |
| Coventry City Reserves | 34 | 9 | 5 | 20 | 54 | 93 | 23 |
| Nuneaton Town | 34 | 7 | 3 | 24 | 61 | 113 | 17 |

### Western Section

| | | | | | | |
|---|---|---|---|---|---|---|
| Plymouth Argyle Reserves | 26 | 20 | 1 | 5 | 67 | 31 | 41 |
| Bristol City Reserves | 26 | 16 | 4 | 6 | 48 | 28 | 36 |
| Bristol Rovers Reserves | 26 | 13 | 4 | 9 | 51 | 35 | 30 |
| Swindon Town Reserves | 26 | 13 | 4 | 9 | 57 | 40 | 30 |
| Ebbw Vale | 26 | 13 | 3 | 10 | 60 | 46 | 29 |
| Torquay United | 26 | 12 | 5 | 9 | 59 | 46 | 29 |
| Yeovil & Petters United | 26 | 9 | 8 | 9 | 43 | 48 | 26 |
| Mid-Rhondda United | 26 | 12 | 1 | 13 | 47 | 49 | 25 |
| Weymouth | 26 | 10 | 3 | 13 | 64 | 60 | 23 |
| Exeter City Reserves | 26 | 8 | 5 | 13 | 40 | 49 | 21 |
| Barry | 26 | 8 | 4 | 14 | 47 | 55 | 20 |
| Taunton United | 26 | 9 | 2 | 15 | 44 | 60 | 20 |
| Pontypridd | 26 | 7 | 5 | 14 | 44 | 77 | 19 |
| Bath City | 26 | 7 | 1 | 18 | 38 | 86 | 15 |

## 1926-27

### Eastern Section

| Team | P | W | D | L | F | A | Pts |
|---|---|---|---|---|---|---|---|
| Brighton & Hove Albion Reserves | 32 | 21 | 6 | 5 | 86 | 47 | 48 |
| Peterborough & Fletton United | 32 | 18 | 9 | 5 | 80 | 39 | 45 |
| Portsmouth Reserves | 32 | 19 | 6 | 7 | 95 | 65 | 44 |
| Kettering Town | 32 | 15 | 10 | 7 | 66 | 41 | 40 |
| Millwall Reserves | 32 | 16 | 5 | 11 | 67 | 56 | 37 |
| Bournemouth Reserves | 32 | 14 | 6 | 12 | 69 | 64 | 34 |
| Norwich City Reserves | 32 | 14 | 5 | 13 | 79 | 74 | 33 |
| Dartford | 32 | 13 | 7 | 12 | 60 | 71 | 33 |
| Reading Reserves | 32 | 12 | 8 | 12 | 75 | 79 | 32 |
| Luton Town Reserves | 32 | 10 | 11 | 11 | 75 | 70 | 1 |
| Leicester City Reserves | 32 | 12 | 5 | 15 | 94 | 72 | 29 |
| Watford Reserves | 32 | 10 | 8 | 14 | 74 | 84 | 28 |
| Southampton Reserves | 32 | 10 | 6 | 16 | 57 | 77 | 26 |
| Poole | 32 | 9 | 6 | 17 | 55 | 86 | 24 |
| Grays Thurrock United | 32 | 10 | 3 | 19 | 49 | 66 | 23 |
| Guildford United | 32 | 6 | 7 | 19 | 57 | 106 | 19 |
| Folkestone | 32 | 7 | 4 | 21 | 57 | 98 | 18 |

### Western Section

| Team | P | W | D | L | F | A | Pts |
|---|---|---|---|---|---|---|---|
| Torquay United | 26 | 17 | 4 | 5 | 63 | 30 | 38 |
| Bristol City Reserves | 26 | 14 | 10 | 2 | 77 | 37 | 38 |
| Plymouth Argyle Reserves | 26 | 15 | 4 | 7 | 56 | 38 | 34 |
| Ebbw Vale | 26 | 14 | 2 | 10 | 67 | 45 | 30 |
| Bristol Rovers Reserves | 26 | 12 | 4 | 10 | 51 | 43 | 28 |
| Swindon Town Reserves | 26 | 11 | 5 | 10 | 60 | 57 | 27 |
| Barry | 26 | 11 | 4 | 11 | 65 | 50 | 26 |
| Exeter City Reserves | 26 | 10 | 6 | 10 | 62 | 49 | 26 |
| Weymouth | 26 | 12 | 2 | 12 | 48 | 65 | 26 |
| Newport County Reserves | 26 | 9 | 6 | 11 | 57 | 53 | 24 |
| Bath City | 26 | 7 | 9 | 10 | 44 | 52 | 23 |
| Yeovil & Petters United | 26 | 9 | 5 | 12 | 49 | 66 | 23 |
| Taunton United | 26 | 4 | 4 | 18 | 36 | 83 | 12 |
| Mid Rhondda United | 26 | 2 | 5 | 19 | 22 | 89 | 9 |

## 1927-28

### Eastern Section

| Team | P | W | D | L | F | A | Pts |
|---|---|---|---|---|---|---|---|
| Kettering Town | 34 | 23 | 6 | 5 | 90 | 39 | 52 |
| Peterborough & Fletton United | 34 | 21 | 3 | 10 | 73 | 43 | 45 |
| Northfleet United | 34 | 17 | 7 | 10 | 83 | 54 | 41 |
| Brighton & Hove Albion Reserves | 34 | 20 | 0 | 14 | 90 | 63 | 40 |
| Norwich City Reserves | 34 | 17 | 6 | 11 | 69 | 69 | 40 |
| Southampton Reserves | 34 | 16 | 7 | 11 | 92 | 70 | 39 |
| Aldershot Town | 34 | 17 | 5 | 12 | 85 | 66 | 39 |
| Sittingbourne | 34 | 16 | 5 | 13 | 64 | 70 | 37 |
| Millwall Reserves | 34 | 15 | 6 | 13 | 66 | 59 | 36 |
| Poole | 34 | 15 | 5 | 14 | 69 | 84 | 35 |
| Folkestone | 34 | 12 | 6 | 16 | 71 | 91 | 30 |
| Guildford City | 34 | 12 | 5 | 17 | 65 | 89 | 29 |
| Dartford | 34 | 12 | 4 | 18 | 46 | 49 | 28 |
| Gillingham Reserves | 34 | 10 | 7 | 17 | 72 | 84 | 27 |
| Sheppey United | 34 | 11 | 3 | 20 | 57 | 87 | 25 |
| Chatham | 34 | 10 | 4 | 20 | 49 | 70 | 24 |
| Grays Thurrock United | 34 | 10 | 3 | 21 | 48 | 88 | 23 |
| Bournemouth Reserves | 34 | 9 | 4 | 21 | 48 | 62 | 22 |

### Western Section

| Team | P | W | D | L | F | A | Pts |
|---|---|---|---|---|---|---|---|
| Bristol City Reserves | 30 | 20 | 3 | 7 | 95 | 51 | 43 |
| Exeter City Reserves | 30 | 18 | 4 | 8 | 104 | 56 | 40 |
| Bristol Rovers Reserves | 30 | 16 | 3 | 11 | 80 | 64 | 35 |
| Plymouth Argyle Reserves | 30 | 16 | 2 | 12 | 88 | 53 | 34 |
| Newport County Reserves | 30 | 13 | 8 | 9 | 99 | 70 | 34 |
| Ebbw Vale | 30 | 15 | 3 | 12 | 67 | 74 | 33 |
| Swindon Town Reserves | 30 | 13 | 4 | 13 | 80 | 74 | 30 |
| Aberdare & Aberaman | 30 | 12 | 6 | 12 | 62 | 68 | 30 |
| Yeovil & Petters United | 30 | 11 | 7 | 12 | 64 | 57 | 29 |
| Torquay United Reserves | 30 | 11 | 6 | 13 | 51 | 67 | 28 |
| Bath City | 30 | 12 | 3 | 15 | 64 | 68 | 27 |
| Taunton Town | 30 | 11 | 5 | 14 | 60 | 65 | 27 |
| Weymouth | 30 | 10 | 6 | 14 | 50 | 83 | 26 |
| Merthyr Town Reserves | 30 | 9 | 4 | 17 | 50 | 77 | 22 |
| Barry | 30 | 8 | 6 | 16 | 45 | 87 | 22 |
| Mid Rhondda United | 30 | 7 | 6 | 17 | 36 | 81 | 20 |

## 1928-29

### Eastern Section

| Team | P | W | D | L | F | A | Pts |
|---|---|---|---|---|---|---|---|
| Kettering Town | 36 | 24 | 4 | 8 | 96 | 46 | 52 |
| Peterborough & Fletton United | 36 | 21 | 5 | 10 | 86 | 44 | 47 |
| Brighton & Hove Albion Reserves | 36 | 19 | 9 | 8 | 91 | 56 | 47 |
| Millwall Reserves | 36 | 21 | 4 | 11 | 90 | 67 | 46 |
| Bournemouth Reserves | 36 | 20 | 5 | 11 | 82 | 58 | 45 |
| Aldershot Town | 36 | 18 | 5 | 13 | 68 | 52 | 41 |
| Sheppey United | 36 | 17 | 7 | 12 | 58 | 58 | 41 |
| Folkestone | 36 | 17 | 6 | 13 | 83 | 80 | 40 |
| Northfleet United | 36 | 17 | 4 | 15 | 87 | 65 | 38 |
| Gillingham Reserves | 36 | 15 | 8 | 13 | 68 | 70 | 38 |
| Guildford City | 36 | 13 | 11 | 12 | 85 | 78 | 37 |
| Southampton Reserves | 36 | 14 | 6 | 16 | 86 | 79 | 34 |
| Poole | 36 | 13 | 8 | 15 | 62 | 66 | 34 |
| Thames Association | 36 | 13 | 5 | 18 | 67 | 74 | 31 |
| Dartford | 36 | 10 | 6 | 20 | 55 | 106 | 26 |
| Chatham | 36 | 8 | 8 | 20 | 47 | 81 | 24 |
| Sittingbourne | 36 | 11 | 1 | 24 | 59 | 98 | 23 |
| Norwich City Reserves | 36 | 8 | 6 | 22 | 48 | 96 | 22 |
| Grays Thurrock United | 36 | 6 | 6 | 24 | 47 | 91 | 18 |

### Western Section

| Team | P | W | D | L | F | A | Pts |
|---|---|---|---|---|---|---|---|
| Plymouth Argyle Reserves | 26 | 15 | 6 | 5 | 69 | 27 | 36 |
| Newport County Reserves | 26 | 15 | 2 | 9 | 64 | 58 | 32 |
| Bristol Rovers Reserves | 26 | 14 | 3 | 9 | 54 | 45 | 31 |
| Bristol City Reserves | 26 | 14 | 2 | 10 | 70 | 46 | 30 |
| Torquay United Reserves | 26 | 13 | 4 | 9 | 52 | 42 | 30 |
| Bath City | 26 | 13 | 4 | 9 | 43 | 59 | 30 |
| Exeter City Reserves | 26 | 11 | 6 | 9 | 69 | 53 | 28 |
| Lovells Athletic | 26 | 11 | 6 | 9 | 54 | 48 | 28 |
| Swindon Town Reserves | 26 | 11 | 5 | 10 | 68 | 74 | 27 |
| Yeovil & Petters United | 26 | 11 | 2 | 13 | 49 | 57 | 24 |
| Taunton Town | 26 | 9 | 5 | 12 | 58 | 66 | 23 |
| Ebbw Vale | 26 | 9 | 5 | 12 | 56 | 66 | 23 |
| Barry | 26 | 6 | 3 | 17 | 38 | 66 | 15 |
| Merthyr Town Reserves | 26 | 3 | 1 | 22 | 37 | 92 | 7 |

# Southern League 1929-1934

## 1929-30

### Eastern Section

| | | | | | | | |
|---|---|---|---|---|---|---|---|
| Aldershot Town | 32 | 21 | 6 | 5 | 84 | 39 | 48 |
| Millwall Reserves | 32 | 21 | 3 | 8 | 75 | 56 | 45 |
| Thames Association | 32 | 17 | 6 | 9 | 80 | 60 | 40 |
| Peterborough & Fletton United | 32 | 18 | 3 | 11 | 66 | 39 | 39 |
| Northampton Town Reserves | 32 | 17 | 4 | 11 | 86 | 60 | 38 |
| Southampton Reserves | 32 | 14 | 7 | 11 | 73 | 62 | 35 |
| Sheppey United | 32 | 15 | 5 | 12 | 76 | 69 | 35 |
| Kettering Town | 32 | 13 | 7 | 12 | 70 | 69 | 33 |
| Dartford | 32 | 14 | 5 | 13 | 57 | 59 | 33 |
| Norwich City Reserves | 32 | 14 | 3 | 15 | 69 | 69 | 31 |
| Guildford City | 32 | 13 | 2 | 17 | 65 | 97 | 28 |
| Bournemouth Reserves | 32 | 10 | 7 | 15 | 59 | 63 | 27 |
| Brighton & Hove Albion Reserves | 32 | 12 | 2 | 18 | 56 | 79 | 26 |
| Folkestone | 32 | 13 | 0 | 19 | 56 | 82 | 26 |
| Sittingbourne | 32 | 10 | 5 | 17 | 55 | 59 | 25 |
| Northfleet United | 32 | 6 | 7 | 19 | 53 | 77 | 19 |
| Grays Thurrock United | 32 | 7 | 2 | 23 | 54 | 101 | 16 |

### Western Section

| | | | | | | | |
|---|---|---|---|---|---|---|---|
| Bath City | 28 | 16 | 6 | 6 | 85 | 52 | 38 |
| Bristol Rovers Reserves | 28 | 16 | 4 | 8 | 66 | 50 | 36 |
| Taunton Town | 28 | 14 | 7 | 7 | 50 | 40 | 35 |
| Barry | 28 | 15 | 3 | 10 | 65 | 55 | 33 |
| Yeovil & Petters United | 28 | 12 | 7 | 9 | 63 | 47 | 31 |
| Plymouth Argyle Reserves | 28 | 14 | 3 | 11 | 68 | 52 | 31 |
| Newport County Reserves | 28 | 13 | 4 | 11 | 68 | 76 | 30 |
| Lovells Athletic | 28 | 13 | 2 | 13 | 59 | 57 | 28 |
| Exeter City Reserves | 28 | 11 | 6 | 11 | 49 | 54 | 28 |
| Bristol City Reserves | 28 | 11 | 5 | 12 | 59 | 63 | 27 |
| Swindon Town Reserves | 28 | 10 | 6 | 12 | 69 | 67 | 26 |
| Torquay United Reserves | 28 | 10 | 6 | 12 | 76 | 77 | 26 |
| Llanelly | 28 | 10 | 4 | 14 | 55 | 52 | 24 |
| Ebbw Vale | 28 | 5 | 6 | 17 | 52 | 97 | 16 |
| Merthyr Town Reserves | 28 | 5 | 1 | 22 | 48 | 93 | 11 |

## 1930-31

### Eastern Section

| | | | | | | | |
|---|---|---|---|---|---|---|---|
| Dartford | 16 | 9 | 5 | 2 | 39 | 18 | 23 |
| Aldershot Town | 16 | 10 | 3 | 3 | 50 | 28 | 23 |
| Norwich City Reserves | 16 | 9 | 1 | 6 | 47 | 38 | 19 |
| Peterborough & Fletton United | 16 | 6 | 5 | 5 | 35 | 29 | 17 |
| Thames Association Reserves | 16 | 7 | 2 | 7 | 38 | 31 | 16 |
| Millwall Reserves | 16 | 7 | 0 | 9 | 47 | 40 | 14 |
| Folkestone | 16 | 4 | 3 | 9 | 31 | 46 | 11 |
| Guildford City | 16 | 5 | 1 | 10 | 28 | 53 | 11 |
| Sheppey United | 16 | 4 | 2 | 10 | 31 | 63 | 10 |

### Western Section

| | | | | | | | |
|---|---|---|---|---|---|---|---|
| Exeter City Reserves | 22 | 15 | 2 | 5 | 59 | 28 | 32 |
| Llanelly | 22 | 10 | 8 | 4 | 72 | 39 | 28 |
| Merthyr Town | 22 | 12 | 3 | 7 | 62 | 49 | 27 |
| Plymouth Argyle Reserves | 22 | 12 | 2 | 8 | 55 | 34 | 26 |
| Bath City | 22 | 10 | 6 | 6 | 47 | 39 | 26 |
| Torquay United Reserves | 22 | 9 | 5 | 8 | 66 | 49 | 23 |
| Swindon Town Reserves | 22 | 7 | 7 | 8 | 48 | 52 | 21 |
| Bristol Rovers Reserves | 22 | 7 | 6 | 9 | 58 | 64 | 20 |
| Barry | 22 | 7 | 5 | 10 | 29 | 39 | 19 |
| Taunton Town | 22 | 5 | 7 | 10 | 36 | 62 | 17 |
| Newport County Reserves | 22 | 6 | 2 | 14 | 36 | 66 | 14 |
| Ebbw Vale | 22 | 5 | 1 | 16 | 32 | 79 | 11 |

## 1931-32

### Eastern Section

| | | | | | | | |
|---|---|---|---|---|---|---|---|
| Dartford | 18 | 12 | 3 | 3 | 53 | 18 | 27 |
| Folkestone | 18 | 12 | 2 | 4 | 58 | 27 | 26 |
| Guildford City | 18 | 11 | 1 | 6 | 33 | 24 | 23 |
| Norwich City Reserves | 18 | 9 | 2 | 7 | 46 | 33 | 20 |
| Millwall Reserves | 18 | 9 | 2 | 7 | 41 | 39 | 20 |
| Tunbridge Wells Rangers | 18 | 7 | 5 | 6 | 23 | 25 | 19 |
| Bournemouth Reserves | 18 | 6 | 4 | 8 | 43 | 61 | 16 |
| Peterborough & Fletton United | 18 | 4 | 5 | 9 | 28 | 29 | 13 |
| Aldershot Town | 18 | 3 | 5 | 10 | 17 | 30 | 11 |
| Sheppey United | 18 | 2 | 1 | 15 | 16 | 72 | 5 |

### Western Section

| | | | | | | | |
|---|---|---|---|---|---|---|---|
| Yeovil & Petters United | 24 | 16 | 4 | 4 | 65 | 31 | 36 |
| Plymouth Argyle Reserves | 24 | 15 | 5 | 4 | 81 | 31 | 35 |
| Bath City | 24 | 12 | 7 | 5 | 50 | 33 | 31 |
| Llanelly | 24 | 12 | 4 | 8 | 65 | 46 | 28 |
| Taunton Town | 24 | 13 | 2 | 9 | 53 | 58 | 28 |
| Newport County Reserves | 24 | 10 | 6 | 8 | 70 | 51 | 26 |
| Exeter City Reserves | 24 | 9 | 7 | 8 | 59 | 43 | 25 |
| Merthyr Town | 24 | 9 | 4 | 11 | 66 | 73 | 22 |
| Bristol Rovers Reserves | 24 | 8 | 4 | 12 | 54 | 47 | 20 |
| Swindon Town Reserves | 24 | 8 | 4 | 12 | 54 | 95 | 20 |
| Barry | 24 | 7 | 3 | 14 | 58 | 76 | 17 |
| Torquay United Reserves | 24 | 5 | 6 | 13 | 43 | 66 | 16 |
| Ebbw Vale | 24 | 3 | 2 | 19 | 34 | 102 | 8 |

## 1932-33

### Eastern Section

| | | | | | | | |
|---|---|---|---|---|---|---|---|
| Norwich City Reserves | 14 | 9 | 2 | 3 | 34 | 22 | 20 |
| Dartford | 14 | 8 | 2 | 4 | 26 | 23 | 18 |
| Folkestone | 14 | 7 | 1 | 6 | 35 | 32 | 15 |
| Bournemouth Reserves | 14 | 5 | 4 | 5 | 36 | 33 | 14 |
| Tunbridge Wells Rangers | 14 | 5 | 2 | 7 | 23 | 24 | 12 |
| Guildford City | 14 | 5 | 2 | 7 | 22 | 28 | 12 |
| Millwall Reserves | 14 | 5 | 1 | 8 | 27 | 31 | 11 |
| Aldershot Reserves | 14 | 3 | 4 | 7 | 24 | 34 | 10 |

### Western Section

| | | | | | | | |
|---|---|---|---|---|---|---|---|
| Bath City | 20 | 13 | 4 | 3 | 62 | 34 | 30 |
| Exeter City Reserves | 20 | 12 | 3 | 5 | 62 | 46 | 27 |
| Torquay United Reserves | 20 | 12 | 1 | 7 | 56 | 37 | 25 |
| Plymouth Argyle Reserves | 20 | 11 | 2 | 7 | 68 | 38 | 24 |
| Yeovil & Petters United | 20 | 11 | 2 | 7 | 59 | 44 | 24 |
| Llanelly | 20 | 10 | 2 | 8 | 53 | 33 | 22 |
| Bristol Rovers Reserves | 20 | 7 | 3 | 10 | 53 | 65 | 17 |
| Newport County Reserves | 20 | 6 | 4 | 10 | 42 | 55 | 16 |
| Merthyr Tydfil | 20 | 7 | 1 | 12 | 39 | 58 | 15 |
| Barry | 20 | 3 | 4 | 13 | 30 | 72 | 10 |
| Taunton Town | 20 | 4 | 2 | 14 | 21 | 63 | 10 |

## 1933-34

### Eastern Section

| | | | | | | | |
|---|---|---|---|---|---|---|---|
| Norwich City Reserves | 16 | 9 | 4 | 3 | 41 | 15 | 22 |
| Margate | 16 | 8 | 3 | 5 | 23 | 20 | 19 |
| Millwall Reserves | 16 | 7 | 4 | 5 | 28 | 28 | 18 |
| Clapton Orient Reserves | 16 | 8 | 1 | 7 | 33 | 34 | 17 |
| Bournemouth Reserves | 16 | 6 | 3 | 7 | 28 | 30 | 15 |
| Tunbridge Wells Rangers | 16 | 6 | 2 | 8 | 25 | 36 | 14 |
| Folkestone | 16 | 5 | 3 | 8 | 26 | 26 | 13 |
| Guildford City | 16 | 5 | 3 | 8 | 27 | 33 | 13 |
| Dartford | 16 | 4 | 5 | 7 | 15 | 24 | 13 |

# Southern League 1934-1937

## 1934-35

### Western Section

| | P | W | D | L | F | A | Pts |
|---|---|---|---|---|---|---|---|
| Plymouth Argyle Reserves | 20 | 13 | 6 | 1 | 62 | 22 | 32 |
| Bristol Rovers Reserves | 20 | 14 | 3 | 3 | 56 | 27 | 31 |
| Bath City | 20 | 11 | 3 | 6 | 43 | 25 | 25 |
| Torquay United Reserves | 20 | 9 | 4 | 7 | 54 | 36 | 22 |
| Yeovil & Petters United | 20 | 10 | 1 | 9 | 35 | 39 | 21 |
| Exeter City Reserves | 20 | 8 | 3 | 9 | 54 | 47 | 19 |
| Merthyr Town | 20 | 8 | 2 | 10 | 39 | 50 | 18 |
| Llanelly | 20 | 8 | 1 | 11 | 25 | 39 | 17 |
| Barry | 20 | 4 | 5 | 11 | 37 | 64 | 13 |
| Newport County Reserves | 20 | 4 | 3 | 13 | 36 | 54 | 11 |
| Taunton Town | 20 | 5 | 1 | 14 | 27 | 65 | 11 |

### Central Section

| | P | W | D | L | F | A | Pts |
|---|---|---|---|---|---|---|---|
| Plymouth Argyle Reserves | 18 | 16 | 1 | 1 | 47 | 14 | 33 |
| Clapton Orient Reserves | 18 | 9 | 3 | 6 | 35 | 25 | 21 |
| Norwich City Reserves | 18 | 8 | 4 | 6 | 41 | 27 | 20 |
| Yeovil & Petters United | 18 | 7 | 4 | 7 | 34 | 38 | 18 |
| Bath City | 18 | 7 | 3 | 8 | 31 | 36 | 17 |
| Dartford | 18 | 6 | 4 | 8 | 28 | 26 | 16 |
| Tunbridge Wells Rangers | 18 | 7 | 1 | 10 | 26 | 37 | 15 |
| Llanelly | 18 | 6 | 2 | 10 | 28 | 39 | 14 |
| Folkestone | 18 | 6 | 1 | 11 | 30 | 41 | 13 |
| Guildford City | 18 | 6 | 1 | 11 | 28 | 45 | 13 |

## 1935-36

### Eastern Section

| | P | W | D | L | F | A | Pts |
|---|---|---|---|---|---|---|---|
| Margate | 18 | 13 | 2 | 3 | 49 | 16 | 28 |
| Folkestone | 18 | 11 | 3 | 4 | 46 | 23 | 25 |
| Dartford | 18 | 9 | 3 | 6 | 47 | 25 | 21 |
| Tunbridge Wells Rangers | 18 | 9 | 1 | 8 | 26 | 41 | 19 |
| Clapton Orient Reserves | 18 | 7 | 4 | 7 | 39 | 31 | 18 |
| Millwall Reserves | 18 | 7 | 3 | 8 | 42 | 39 | 17 |
| Norwich City Reserves | 18 | 8 | 0 | 10 | 39 | 38 | 16 |
| Guildford City | 18 | 6 | 3 | 9 | 32 | 52 | 15 |
| Aldershot Reserves | 18 | 6 | 1 | 11 | 24 | 45 | 13 |
| Bournemouth Reserves | 18 | 3 | 2 | 13 | 25 | 59 | 8 |

### Western Section

| | P | W | D | L | F | A | Pts |
|---|---|---|---|---|---|---|---|
| Plymouth Argyle Reserves | 16 | 12 | 3 | 1 | 51 | 18 | 27 |
| Bristol Rovers Reserves | 16 | 8 | 3 | 5 | 35 | 30 | 19 |
| Newport County Reserves | 16 | 8 | 3 | 5 | 29 | 30 | 19 |
| Torquay United Reserves | 16 | 7 | 1 | 8 | 25 | 28 | 15 |
| Bath City | 16 | 5 | 5 | 6 | 18 | 26 | 15 |
| Cheltenham Town | 16 | 6 | 2 | 8 | 32 | 28 | 14 |
| Yeovil & Petters United | 16 | 5 | 3 | 8 | 31 | 35 | 13 |
| Barry | 16 | 5 | 2 | 9 | 29 | 41 | 12 |
| Exeter City Reserves | 16 | 4 | 2 | 10 | 24 | 38 | 10 |

### Central Section

| | P | W | D | L | F | A | Pts |
|---|---|---|---|---|---|---|---|
| Margate | 20 | 14 | 3 | 3 | 57 | 18 | 31 |
| Bristol Rovers Reserves | 20 | 13 | 1 | 6 | 51 | 37 | 27 |
| Plymouth Argyle Reserves | 20 | 12 | 2 | 6 | 53 | 32 | 26 |
| Aldershot Reserves | 20 | 9 | 4 | 7 | 37 | 37 | 22 |
| Folkestone | 20 | 9 | 3 | 8 | 51 | 36 | 21 |
| Tunbridge Wells Rangers | 20 | 7 | 4 | 9 | 40 | 41 | 18 |
| Dartford | 20 | 7 | 3 | 10 | 34 | 42 | 17 |
| Guildford City | 20 | 7 | 3 | 10 | 33 | 47 | 17 |
| Cheltenham Town | 20 | 5 | 5 | 10 | 32 | 45 | 15 |
| Bath City | 20 | 5 | 5 | 10 | 34 | 52 | 15 |
| Yeovil & Petters United | 20 | 3 | 5 | 12 | 40 | 75 | 11 |

## 1936-37

| | P | W | D | L | F | A | Pts |
|---|---|---|---|---|---|---|---|
| Ipswich Town | 30 | 19 | 8 | 3 | 68 | 35 | 46 |
| Norwich City Reserves | 30 | 18 | 5 | 7 | 70 | 35 | 41 |
| Folkestone | 30 | 17 | 4 | 9 | 71 | 62 | 38 |
| Margate | 30 | 15 | 4 | 11 | 64 | 49 | 34 |
| Guildford City | 30 | 15 | 4 | 11 | 54 | 60 | 34 |
| Bath City | 30 | 14 | 5 | 11 | 65 | 55 | 33 |
| Yeovil & Petters United | 30 | 15 | 3 | 12 | 77 | 69 | 33 |
| Plymouth Argyle Reserves | 30 | 11 | 8 | 11 | 64 | 58 | 30 |
| Newport County Reserves | 30 | 11 | 8 | 11 | 72 | 68 | 30 |
| Barry | 30 | 12 | 4 | 14 | 58 | 72 | 28 |
| Cheltenham Town | 30 | 10 | 4 | 16 | 61 | 70 | 24 |
| Dartford | 30 | 9 | 5 | 16 | 41 | 55 | 23 |
| Exeter City Reserves | 30 | 8 | 7 | 15 | 57 | 78 | 23 |
| Tunbridge Wells Rangers | 30 | 8 | 6 | 16 | 62 | 64 | 22 |
| Torquay United Reserves | 30 | 8 | 5 | 17 | 46 | 76 | 21 |
| Aldershot Reserves | 30 | 7 | 6 | 17 | 47 | 74 | 20 |

### Midweek Section

| | P | W | D | L | F | A | Pts |
|---|---|---|---|---|---|---|---|
| Margate | 18 | 12 | 1 | 5 | 48 | 24 | 25 |
| Bath City | 18 | 10 | 5 | 3 | 38 | 28 | 25 |
| Norwich City Reserves | 18 | 9 | 5 | 4 | 44 | 27 | 23 |
| Folkestone | 18 | 7 | 6 | 5 | 32 | 36 | 20 |
| Millwall Reserves | 18 | 8 | 3 | 7 | 44 | 47 | 19 |
| Portsmouth Reserves | 18 | 6 | 5 | 7 | 40 | 27 | 17 |
| Tunbridge Wells Rangers | 18 | 5 | 4 | 9 | 30 | 41 | 14 |
| Aldershot Reserves | 18 | 6 | 2 | 10 | 20 | 30 | 14 |
| Guildford City | 18 | 3 | 6 | 9 | 24 | 36 | 12 |
| Dartford | 18 | 4 | 3 | 11 | 19 | 43 | 11 |

# Southern League 1937-1948

## 1937-38

| | | | | | | | |
|---|---|---|---|---|---|---|---|
| Guildford City | 34 | 22 | 5 | 7 | 94 | 60 | 49 |
| Plymouth Argyle Reserves | 34 | 18 | 9 | 7 | 98 | 58 | 45 |
| Ipswich Town | 34 | 19 | 6 | 9 | 89 | 54 | 44 |
| Yeovil & Petters United | 34 | 14 | 14 | 6 | 72 | 45 | 42 |
| Norwich City Reserves | 34 | 15 | 11 | 8 | 77 | 55 | 41 |
| Colchester United | 34 | 15 | 8 | 11 | 90 | 58 | 38 |
| Bristol Rovers Reserves | 34 | 14 | 8 | 12 | 63 | 62 | 36 |
| Swindon Town Reserves | 34 | 14 | 7 | 13 | 70 | 76 | 35 |
| Tunbridge Wells Rangers | 34 | 14 | 6 | 14 | 68 | 74 | 34 |
| Aldershot Reserves | 34 | 10 | 12 | 12 | 42 | 55 | 32 |
| Cheltenham Town | 34 | 13 | 5 | 16 | 72 | 68 | 31 |
| Exeter City Reserves | 34 | 13 | 5 | 16 | 71 | 75 | 31 |
| Dartford | 34 | 9 | 11 | 14 | 51 | 70 | 29 |
| Bath City | 34 | 9 | 9 | 16 | 45 | 65 | 27 |
| Folkestone | 34 | 10 | 6 | 18 | 58 | 82 | 26 |
| Newport County Reserves | 34 | 10 | 6 | 18 | 56 | 86 | 26 |
| Barry | 34 | 8 | 7 | 19 | 50 | 88 | 23 |
| Torquay United Reserves | 34 | 8 | 7 | 19 | 46 | 81 | 23 |

**Midweek Section**

| | | | | | | | |
|---|---|---|---|---|---|---|---|
| Millwall Reserves | 18 | 13 | 3 | 2 | 59 | 21 | 29 |
| Colchester United | 18 | 13 | 1 | 4 | 42 | 23 | 27 |
| Aldershot Reserves | 18 | 11 | 3 | 4 | 38 | 29 | 25 |
| Norwich City Reserves | 18 | 9 | 1 | 8 | 45 | 39 | 19 |
| Portsmouth Reserves | 18 | 5 | 5 | 8 | 31 | 30 | 15 |
| Dartford | 18 | 6 | 3 | 9 | 32 | 35 | 15 |
| Folkestone | 18 | 6 | 3 | 9 | 34 | 38 | 15 |
| Tunbridge Wells Rangers | 18 | 5 | 4 | 9 | 28 | 36 | 14 |
| Bath City | 18 | 5 | 3 | 10 | 27 | 45 | 13 |
| Guildford City | 18 | 4 | 0 | 14 | 21 | 61 | 8 |

## 1938-39

| | | | | | | | |
|---|---|---|---|---|---|---|---|
| Colchester United | 44 | 31 | 5 | 8 | 110 | 37 | 67 |
| Guildford City | 44 | 30 | 6 | 8 | 126 | 52 | 66 |
| Gillingham | 44 | 29 | 6 | 9 | 104 | 57 | 64 |
| Plymouth Argyle Reserves | 44 | 26 | 5 | 13 | 128 | 63 | 57 |
| Yeovil & Petters United | 44 | 22 | 10 | 12 | 85 | 70 | 54 |
| Arsenal Reserves | 44 | 21 | 9 | 14 | 92 | 57 | 51 |
| Cardiff City Reserves | 44 | 24 | 3 | 17 | 105 | 73 | 51 |
| Tunbridge Wells Rangers | 44 | 22 | 6 | 16 | 93 | 76 | 50 |
| Norwich City Reserves | 44 | 23 | 4 | 17 | 86 | 76 | 50 |
| Chelmsford City | 44 | 18 | 8 | 18 | 74 | 73 | 44 |
| Bath City | 44 | 16 | 12 | 16 | 58 | 74 | 44 |
| Barry | 44 | 18 | 7 | 19 | 76 | 90 | 43 |
| Cheltenham Town | 44 | 16 | 9 | 19 | 76 | 105 | 41 |
| Ipswich Town Reserves | 44 | 14 | 12 | 18 | 64 | 76 | 40 |
| Worcester City | 44 | 13 | 14 | 17 | 72 | 90 | 40 |
| Folkestone | 44 | 16 | 6 | 22 | 74 | 85 | 38 |
| Newport County Reserves | 44 | 13 | 10 | 21 | 74 | 108 | 36 |
| Exeter City Reserves | 44 | 12 | 9 | 23 | 51 | 107 | 33 |
| Torquay United Reserves | 44 | 12 | 8 | 24 | 53 | 89 | 32 |
| Swindon Town Reserves | 44 | 11 | 9 | 24 | 66 | 101 | 31 |
| Aldershot Reserves | 44 | 12 | 6 | 26 | 69 | 92 | 30 |
| Bristol Rovers Reserves | 44 | 9 | 11 | 24 | 66 | 85 | 29 |
| Dartford | 44 | 8 | 5 | 31 | 53 | 119 | 21 |

**Midweek Section**

| | | | | | | | |
|---|---|---|---|---|---|---|---|
| Tunbridge Wells Rangers | 16 | 8 | 7 | 1 | 37 | 18 | 23 |
| Colchester United | 16 | 9 | 2 | 5 | 36 | 21 | 20 |
| Norwich City Reserves | 16 | 7 | 4 | 5 | 40 | 26 | 18 |
| Millwall Reserves | 16 | 7 | 4 | 5 | 33 | 23 | 18 |
| Portsmouth Reserves | 16 | 5 | 4 | 7 | 21 | 29 | 14 |
| Guildford City | 16 | 4 | 6 | 6 | 24 | 39 | 14 |
| Aldershot Reserves | 16 | 4 | 5 | 7 | 22 | 25 | 13 |
| Folkestone | 16 | 4 | 5 | 7 | 24 | 35 | 13 |
| Dartford | 16 | 4 | 3 | 9 | 24 | 45 | 11 |

## 1939-40

**Eastern Section**

| | | | | | | | |
|---|---|---|---|---|---|---|---|
| Chelmsford City | 7 | 5 | 0 | 2 | 29 | 9 | 10 |
| Guildford City | 8 | 4 | 1 | 3 | 26 | 13 | 9 |
| Tunbridge Wells Rangers | 7 | 2 | 3 | 2 | 21 | 16 | 7 |
| Dartford | 7 | 2 | 1 | 4 | 17 | 30 | 5 |
| Norwich City Reserves | 7 | 2 | 1 | 4 | 9 | 34 | 5 |

**Western Section**

| | | | | | | | |
|---|---|---|---|---|---|---|---|
| Lovells Athletic | 14 | 11 | 1 | 2 | 53 | 22 | 23 |
| Worcester City | 14 | 9 | 2 | 3 | 55 | 30 | 20 |
| Hereford United | 14 | 8 | 0 | 6 | 45 | 31 | 16 |
| Yeovil & Petters United | 14 | 7 | 2 | 5 | 30 | 24 | 16 |
| Gloucester City | 14 | 5 | 0 | 9 | 35 | 49 | 10 |
| Barry | 14 | 4 | 1 | 9 | 35 | 54 | 9 |
| Cheltenham Town | 13 | 3 | 2 | 8 | 21 | 38 | 8 |
| Bath City | 13 | 3 | 2 | 8 | 21 | 41 | 8 |

## 1945-46

| | | | | | | | |
|---|---|---|---|---|---|---|---|
| Chelmsford City | 18 | 15 | 1 | 2 | 66 | 23 | 34 |
| Hereford United | 20 | 13 | 3 | 4 | 59 | 31 | 29 |
| Bath City | 20 | 12 | 2 | 6 | 62 | 32 | 26 |
| Cheltenham Town | 18 | 9 | 1 | 8 | 35 | 54 | 22 |
| Barry Town | 20 | 8 | 4 | 8 | 42 | 42 | 20 |
| Yeovil & Petters United | 18 | 7 | 1 | 10 | 57 | 52 | 18 |
| Worcester City | 20 | 8 | 2 | 10 | 60 | 58 | 18 |
| Colchester United | 20 | 7 | 3 | 10 | 29 | 47 | 17 |
| Bedford Town | 16 | 4 | 1 | 11 | 30 | 49 | 15 |
| Swindon Town Reserves | 18 | 4 | 3 | 11 | 36 | 65 | 14 |
| Cardiff City Reserves | 20 | 4 | 5 | 11 | 39 | 60 | 13 |

## 1946-47

| | | | | | | | |
|---|---|---|---|---|---|---|---|
| Gillingham | 31 | 20 | 6 | 5 | 103 | 45 | 47 |
| Guildford City | 32 | 21 | 4 | 7 | 86 | 39 | 46 |
| Merthyr Tydfil | 31 | 21 | 2 | 8 | 104 | 37 | 45 |
| Yeovil Town | 32 | 19 | 6 | 7 | 100 | 49 | 44 |
| Chelmsford City | 31 | 17 | 3 | 11 | 90 | 60 | 38 |
| Gravesend & Northfleet | 32 | 17 | 4 | 11 | 82 | 58 | 38 |
| Barry Town | 30 | 14 | 6 | 10 | 89 | 61 | 36 |
| Colchester United | 31 | 15 | 4 | 12 | 65 | 60 | 35 |
| Cheltenham Town | 31 | 14 | 3 | 14 | 68 | 75 | 32 |
| Millwall | 24 | 8 | 5 | 11 | 59 | 57 | 29 |
| Dartford | 32 | 10 | 5 | 17 | 71 | 100 | 25 |
| Bedford Town | 32 | 8 | 8 | 16 | 63 | 98 | 24 |
| Hereford United | 32 | 8 | 7 | 17 | 37 | 85 | 23 |
| Worcester City | 31 | 8 | 5 | 18 | 55 | 90 | 22 |
| Exeter City Reserves | 32 | 10 | 2 | 20 | 69 | 126 | 22 |
| Bath City | 32 | 7 | 7 | 18 | 52 | 93 | 21 |
| Gloucester City | 32 | 8 | 1 | 23 | 57 | 120 | 17 |

## 1947-48

| | | | | | | | |
|---|---|---|---|---|---|---|---|
| Merthyr Tydfil | 34 | 23 | 7 | 4 | 84 | 38 | 53 |
| Gillingham | 34 | 21 | 5 | 8 | 81 | 43 | 47 |
| Worcester City | 34 | 21 | 3 | 10 | 74 | 45 | 45 |
| Colchester United | 34 | 17 | 10 | 7 | 88 | 41 | 44 |
| Hereford United | 34 | 16 | 10 | 8 | 77 | 53 | 42 |
| Lovells Athletic | 34 | 17 | 6 | 11 | 74 | 50 | 40 |
| Exeter City Reserves | 34 | 15 | 7 | 12 | 65 | 57 | 37 |
| Yeovil Town | 34 | 12 | 11 | 11 | 56 | 50 | 35 |
| Chelmsford City | 34 | 14 | 7 | 13 | 62 | 58 | 35 |
| Cheltenham Town | 34 | 13 | 9 | 12 | 71 | 71 | 35 |
| Bath City | 34 | 12 | 8 | 14 | 55 | 62 | 32 |
| Barry Town | 34 | 10 | 9 | 15 | 60 | 70 | 29 |
| Gravesend & Northfleet | 34 | 11 | 6 | 17 | 52 | 81 | 28 |
| Guildford City | 34 | 11 | 4 | 19 | 69 | 74 | 26 |
| Dartford | 34 | 10 | 6 | 18 | 35 | 62 | 26 |
| Gloucester City | 34 | 8 | 6 | 20 | 45 | 78 | 22 |
| Torquay United Reserves | 34 | 6 | 9 | 19 | 43 | 95 | 21 |
| Bedford Town | 34 | 6 | 3 | 25 | 41 | 104 | 15 |

## 1948-49

| | P | W | D | L | F | A | Pts |
|---|---|---|---|---|---|---|---|
| Gillingham | 42 | 26 | 10 | 6 | 104 | 48 | 62 |
| Chelmsford City | 42 | 27 | 7 | 8 | 115 | 64 | 61 |
| Merthyr Tydfil | 42 | 26 | 8 | 8 | 133 | 54 | 60 |
| Colchester United | 42 | 21 | 10 | 11 | 94 | 61 | 52 |
| Worcester City | 42 | 22 | 7 | 13 | 87 | 56 | 51 |
| Dartford | 42 | 21 | 9 | 12 | 73 | 53 | 51 |
| Gravesend & Northfleet | 42 | 20 | 9 | 13 | 60 | 46 | 49 |
| Yeovil Town | 42 | 19 | 9 | 14 | 90 | 53 | 47 |
| Cheltenham Town | 42 | 19 | 9 | 14 | 71 | 64 | 47 |
| Kidderminster Harriers | 42 | 19 | 6 | 17 | 77 | 96 | 44 |
| Exeter City Reserves | 42 | 18 | 7 | 17 | 83 | 73 | 43 |
| Hereford United | 42 | 17 | 6 | 19 | 83 | 84 | 40 |
| Bath City | 42 | 15 | 8 | 19 | 72 | 87 | 38 |
| Hastings United | 42 | 14 | 10 | 18 | 69 | 93 | 38 |
| Torquay United Reserves | 42 | 15 | 7 | 20 | 73 | 93 | 37 |
| Lovells Athletic | 42 | 14 | 8 | 20 | 73 | 74 | 36 |
| Guildford City | 42 | 12 | 12 | 18 | 58 | 85 | 36 |
| Gloucester City | 42 | 12 | 10 | 20 | 78 | 100 | 34 |
| Barry Town | 42 | 12 | 10 | 20 | 55 | 95 | 34 |
| Tonbridge | 42 | 9 | 7 | 26 | 54 | 105 | 25 |
| Chingford Town | 42 | 6 | 9 | 27 | 43 | 94 | 21 |
| Bedford Town | 42 | 5 | 8 | 29 | 32 | 101 | 18 |

## 1949-50

| | P | W | D | L | F | A | Pts |
|---|---|---|---|---|---|---|---|
| Merthyr Tydfil | 46 | 34 | 3 | 9 | 143 | 62 | 71 |
| Colchester United | 46 | 31 | 9 | 6 | 109 | 51 | 71 |
| Yeovil Town | 46 | 29 | 7 | 10 | 104 | 45 | 65 |
| Chelmsford City | 46 | 26 | 9 | 11 | 121 | 64 | 61 |
| Gillingham | 46 | 23 | 9 | 14 | 93 | 61 | 55 |
| Dartford | 46 | 20 | 9 | 17 | 70 | 65 | 49 |
| Worcester City | 46 | 21 | 7 | 18 | 85 | 80 | 49 |
| Guildford City | 46 | 18 | 11 | 17 | 79 | 73 | 47 |
| Weymouth | 46 | 19 | 9 | 18 | 80 | 82 | 47 |
| Barry Town | 46 | 18 | 10 | 18 | 78 | 72 | 46 |
| Exeter City Reserves | 46 | 16 | 14 | 16 | 73 | 83 | 46 |
| Lovells Athletic | 46 | 17 | 10 | 19 | 86 | 78 | 44 |
| Tonbridge | 46 | 16 | 12 | 18 | 65 | 76 | 44 |
| Hastings United | 46 | 17 | 8 | 21 | 92 | 140 | 42 |
| Gravesend & Northfleet | 46 | 16 | 9 | 21 | 88 | 82 | 41 |
| Torquay United Reserves | 46 | 14 | 12 | 20 | 80 | 89 | 40 |
| Bath City | 46 | 16 | 7 | 23 | 61 | 78 | 39 |
| Gloucester City | 46 | 14 | 11 | 21 | 72 | 101 | 39 |
| Hereford United | 46 | 15 | 8 | 23 | 74 | 76 | 38 |
| Cheltenham Town | 46 | 13 | 11 | 22 | 75 | 96 | 37 |
| Headington United | 46 | 15 | 7 | 24 | 72 | 97 | 37 |
| Bedford Town | 46 | 12 | 11 | 23 | 63 | 79 | 35 |
| Kidderminster Harriers | 46 | 12 | 11 | 23 | 65 | 108 | 35 |
| Chingford Town | 46 | 10 | 6 | 30 | 61 | 151 | 26 |

## 1950-51

| | P | W | D | L | F | A | Pts |
|---|---|---|---|---|---|---|---|
| Merthyr Tydfil | 44 | 29 | 8 | 7 | 156 | 66 | 66 |
| Hereford United | 44 | 27 | 7 | 10 | 110 | 69 | 61 |
| Guildford City | 44 | 23 | 8 | 13 | 88 | 60 | 54 |
| Chelmsford City | 44 | 21 | 12 | 11 | 84 | 58 | 54 |
| Llanelly | 44 | 19 | 13 | 12 | 89 | 73 | 51 |
| Cheltenham Town | 44 | 21 | 8 | 15 | 91 | 61 | 50 |
| Headington United | 44 | 18 | 11 | 15 | 84 | 83 | 47 |
| Torquay United Reserves | 44 | 20 | 6 | 18 | 93 | 79 | 46 |
| Exeter City Reserves | 44 | 16 | 12 | 16 | 90 | 94 | 44 |
| Weymouth | 44 | 16 | 12 | 16 | 82 | 88 | 44 |
| Tonbridge | 44 | 16 | 12 | 16 | 79 | 87 | 44 |
| Gloucester City | 44 | 16 | 11 | 17 | 81 | 76 | 43 |
| Yeovil Town | 44 | 13 | 15 | 16 | 72 | 72 | 41 |
| Worcester City | 44 | 15 | 11 | 18 | 69 | 78 | 41 |
| Bath City | 44 | 15 | 10 | 19 | 66 | 73 | 40 |
| Dartford | 44 | 14 | 11 | 19 | 61 | 70 | 39 |
| Bedford Town | 44 | 15 | 9 | 20 | 64 | 94 | 39 |
| Gravesend & Northfleet | 44 | 12 | 14 | 18 | 65 | 83 | 38 |
| Kettering Town | 44 | 13 | 11 | 20 | 87 | 87 | 37 |
| Lovells Athletic | 44 | 12 | 13 | 19 | 81 | 93 | 37 |
| Kidderminster Harriers | 44 | 13 | 9 | 22 | 58 | 103 | 35 |
| Barry Town | 44 | 13 | 7 | 24 | 54 | 104 | 33 |
| Hastings United | 44 | 11 | 6 | 27 | 91 | 143 | 28 |

## 1951-52

| | P | W | D | L | F | A | Pts |
|---|---|---|---|---|---|---|---|
| Merthyr Tydfil | 42 | 27 | 6 | 9 | 128 | 60 | 60 |
| Weymouth | 42 | 22 | 13 | 7 | 81 | 42 | 57 |
| Kidderminster Harriers | 42 | 22 | 10 | 10 | 70 | 40 | 54 |
| Guildford City | 42 | 18 | 16 | 8 | 66 | 47 | 52 |
| Hereford United | 42 | 21 | 9 | 12 | 80 | 59 | 51 |
| Worcester City | 42 | 23 | 4 | 15 | 86 | 73 | 50 |
| Kettering Town | 42 | 18 | 10 | 14 | 83 | 56 | 46 |
| Lovells Athletic | 42 | 18 | 10 | 14 | 87 | 68 | 46 |
| Gloucester City | 42 | 19 | 8 | 15 | 68 | 55 | 46 |
| Bath City | 42 | 19 | 6 | 17 | 75 | 67 | 44 |
| Headington United | 42 | 16 | 11 | 15 | 55 | 53 | 43 |
| Bedford Town | 42 | 16 | 10 | 16 | 75 | 64 | 42 |
| Barry Town | 42 | 18 | 6 | 18 | 84 | 89 | 42 |
| Chelmsford City | 42 | 15 | 10 | 17 | 67 | 80 | 40 |
| Dartford | 42 | 15 | 9 | 18 | 63 | 65 | 39 |
| Tonbridge | 42 | 15 | 6 | 21 | 63 | 84 | 36 |
| Yeovil Town | 42 | 12 | 11 | 19 | 56 | 76 | 35 |
| Cheltenham Town | 42 | 15 | 4 | 23 | 59 | 85 | 34 |
| Exeter City Reserves | 42 | 13 | 7 | 22 | 76 | 106 | 33 |
| Llanelly | 42 | 13 | 6 | 23 | 70 | 111 | 32 |
| Gravesend & Northfleet | 42 | 12 | 7 | 23 | 68 | 88 | 31 |
| Hastings United | 42 | 3 | 5 | 34 | 41 | 131 | 11 |

## 1952-53

| | P | W | D | L | F | A | Pts |
|---|---|---|---|---|---|---|---|
| Headington United | 42 | 23 | 12 | 7 | 93 | 50 | 58 |
| Merthyr Tydfil | 42 | 25 | 8 | 9 | 117 | 66 | 58 |
| Bedford Town | 42 | 24 | 8 | 10 | 91 | 61 | 56 |
| Kettering Town | 42 | 23 | 8 | 11 | 88 | 50 | 54 |
| Bath City | 42 | 22 | 10 | 10 | 71 | 46 | 54 |
| Worcester City | 42 | 20 | 11 | 11 | 100 | 66 | 51 |
| Llanelly | 42 | 21 | 9 | 12 | 95 | 72 | 51 |
| Barry Town | 42 | 22 | 3 | 17 | 89 | 69 | 47 |
| Gravesend & Northfleet | 42 | 19 | 7 | 16 | 83 | 76 | 45 |
| Gloucester City | 42 | 17 | 9 | 16 | 50 | 78 | 43 |
| Guildford City | 42 | 17 | 8 | 17 | 64 | 60 | 42 |
| Hastings United | 42 | 18 | 5 | 19 | 75 | 66 | 41 |
| Cheltenham Town | 42 | 15 | 11 | 16 | 70 | 89 | 41 |
| Weymouth | 42 | 15 | 10 | 17 | 70 | 75 | 40 |
| Hereford United | 42 | 17 | 5 | 20 | 76 | 73 | 39 |
| Tonbridge | 42 | 12 | 9 | 21 | 62 | 88 | 33 |
| Lovells Athletic | 42 | 12 | 8 | 22 | 68 | 81 | 32 |
| Yeovil Town | 42 | 11 | 10 | 21 | 75 | 99 | 32 |
| Chelmsford City | 42 | 12 | 7 | 23 | 58 | 92 | 31 |
| Exeter City Reserves | 42 | 13 | 4 | 25 | 71 | 94 | 30 |
| Kidderminster Harriers | 42 | 12 | 5 | 25 | 54 | 85 | 29 |
| Dartford | 42 | 6 | 5 | 31 | 40 | 121 | 17 |

# Southern League 1953-1959

## 1953-54

| Team | P | W | D | L | F | A | Pts |
|---|---|---|---|---|---|---|---|
| Merthyr Tydfil | 42 | 27 | 8 | 7 | 97 | 55 | 62 |
| Headington United | 42 | 22 | 9 | 11 | 68 | 43 | 53 |
| Yeovil Town | 42 | 20 | 8 | 14 | 87 | 76 | 48 |
| Bath City | 42 | 17 | 12 | 13 | 73 | 67 | 46 |
| Kidderminster Harriers | 42 | 18 | 9 | 15 | 62 | 59 | 45 |
| Weymouth | 42 | 18 | 8 | 16 | 83 | 72 | 44 |
| Barry Town | 42 | 17 | 9 | 16 | 108 | 91 | 43 |
| Bedford Town | 42 | 19 | 5 | 18 | 80 | 84 | 43 |
| Gloucester City | 42 | 16 | 11 | 15 | 69 | 77 | 43 |
| Hastings United | 42 | 16 | 10 | 16 | 73 | 67 | 42 |
| Kettering Town | 42 | 15 | 12 | 15 | 65 | 63 | 42 |
| Hereford United | 42 | 16 | 9 | 17 | 66 | 62 | 41 |
| Llanelly | 42 | 16 | 9 | 17 | 80 | 85 | 41 |
| Guildford City | 42 | 15 | 11 | 16 | 56 | 60 | 41 |
| Gravesend & Northfleet | 42 | 16 | 8 | 18 | 76 | 77 | 40 |
| Worcester City | 42 | 17 | 6 | 19 | 66 | 71 | 40 |
| Lovells Athletic | 42 | 14 | 11 | 17 | 62 | 60 | 39 |
| Tonbridge | 42 | 15 | 9 | 18 | 85 | 91 | 39 |
| Chelmsford City | 42 | 14 | 10 | 18 | 67 | 71 | 38 |
| Exeter City Reserves | 42 | 11 | 13 | 18 | 61 | 72 | 35 |
| Cheltenham Town | 42 | 11 | 12 | 19 | 56 | 83 | 34 |
| Dartford | 42 | 6 | 13 | 23 | 42 | 89 | 25 |

## 1954-55

| Team | P | W | D | L | F | A | Pts |
|---|---|---|---|---|---|---|---|
| Yeovil Town | 42 | 23 | 9 | 10 | 105 | 66 | 55 |
| Weymouth | 42 | 24 | 7 | 11 | 105 | 84 | 55 |
| Hastings United | 42 | 21 | 9 | 12 | 94 | 60 | 51 |
| Cheltenham Town | 42 | 21 | 8 | 13 | 85 | 72 | 50 |
| Guildford City | 42 | 20 | 8 | 14 | 72 | 59 | 48 |
| Worcester City | 42 | 19 | 10 | 13 | 80 | 73 | 48 |
| Barry Town | 42 | 16 | 15 | 11 | 82 | 87 | 47 |
| Gloucester City | 42 | 16 | 13 | 13 | 66 | 54 | 45 |
| Bath City | 42 | 18 | 9 | 15 | 73 | 80 | 45 |
| Headington Town | 42 | 18 | 7 | 17 | 82 | 62 | 43 |
| Kidderminster Harriers | 42 | 18 | 7 | 17 | 84 | 86 | 43 |
| Merthyr Tydfil | 42 | 17 | 8 | 17 | 97 | 94 | 42 |
| Exeter City Reserves | 42 | 19 | 4 | 19 | 67 | 78 | 42 |
| Lovells Athletic | 42 | 15 | 11 | 16 | 71 | 68 | 41 |
| Kettering Town | 42 | 15 | 11 | 16 | 70 | 69 | 41 |
| Hereford United | 42 | 17 | 5 | 20 | 91 | 72 | 39 |
| Llanelly | 42 | 16 | 7 | 19 | 78 | 81 | 39 |
| Bedford Town | 42 | 16 | 3 | 23 | 75 | 103 | 35 |
| Tonbridge | 42 | 11 | 8 | 23 | 68 | 91 | 30 |
| Dartford | 42 | 9 | 12 | 21 | 55 | 76 | 30 |
| Chelmsford City | 42 | 11 | 6 | 25 | 73 | 111 | 28 |
| Gravesend & Northfleet | 42 | 9 | 9 | 24 | 62 | 97 | 27 |

## 1955-56

| Team | P | W | D | L | F | A | Pts |
|---|---|---|---|---|---|---|---|
| Guildford City | 42 | 26 | 8 | 8 | 74 | 34 | 60 |
| Cheltenham Town | 42 | 25 | 6 | 11 | 82 | 53 | 56 |
| Yeovil Town | 42 | 23 | 9 | 10 | 98 | 55 | 55 |
| Bedford Town | 42 | 21 | 9 | 12 | 99 | 69 | 51 |
| Dartford | 42 | 20 | 9 | 13 | 78 | 62 | 49 |
| Weymouth | 42 | 19 | 10 | 13 | 83 | 63 | 48 |
| Gloucester City | 42 | 19 | 9 | 14 | 72 | 60 | 47 |
| Lovells Athletic | 42 | 19 | 9 | 14 | 91 | 78 | 47 |
| Chelmsford City | 42 | 18 | 10 | 14 | 67 | 55 | 46 |
| Kettering Town | 42 | 16 | 11 | 15 | 105 | 86 | 43 |
| Exeter City Reserves | 42 | 17 | 9 | 16 | 75 | 76 | 43 |
| Gravesend & Northfleet | 42 | 17 | 8 | 17 | 79 | 75 | 42 |
| Hereford United | 42 | 17 | 7 | 18 | 90 | 90 | 41 |
| Hastings United | 42 | 15 | 10 | 17 | 90 | 76 | 40 |
| Headington United | 42 | 17 | 6 | 19 | 82 | 86 | 40 |
| Kidderminster Harriers | 42 | 14 | 7 | 21 | 86 | 108 | 35 |
| Llanelly | 42 | 14 | 6 | 22 | 64 | 98 | 34 |
| Barry Town | 42 | 11 | 11 | 20 | 91 | 108 | 33 |
| Worcester City | 42 | 12 | 9 | 21 | 66 | 83 | 33 |
| Tonbridge | 42 | 11 | 11 | 20 | 53 | 74 | 33 |
| Merthyr Tydfil | 42 | 7 | 10 | 25 | 52 | 127 | 24 |
| Bath City | 42 | 7 | 10 | 25 | 43 | 107 | 24 |

## 1956-57

| Team | P | W | D | L | F | A | Pts |
|---|---|---|---|---|---|---|---|
| Kettering Town | 42 | 28 | 10 | 4 | 106 | 47 | 66 |
| Bedford Town | 42 | 25 | 8 | 9 | 89 | 52 | 58 |
| Weymouth | 42 | 22 | 10 | 10 | 92 | 71 | 54 |
| Cheltenham Town | 42 | 19 | 15 | 8 | 73 | 46 | 53 |
| Gravesend & Northfleet | 42 | 21 | 11 | 10 | 74 | 58 | 53 |
| Lovells Athletic | 42 | 21 | 7 | 14 | 99 | 84 | 49 |
| Guildford City | 42 | 18 | 11 | 13 | 68 | 49 | 47 |
| Hereford United | 42 | 19 | 8 | 15 | 96 | 60 | 46 |
| Headington United | 42 | 19 | 7 | 16 | 64 | 61 | 45 |
| Gloucester City | 42 | 18 | 8 | 16 | 74 | 72 | 44 |
| Hastings United | 42 | 17 | 9 | 16 | 70 | 58 | 43 |
| Worcester City | 42 | 16 | 10 | 16 | 81 | 80 | 42 |
| Dartford | 42 | 16 | 10 | 16 | 79 | 88 | 42 |
| Chelmsford City | 42 | 16 | 9 | 17 | 73 | 85 | 41 |
| Tonbridge | 42 | 14 | 12 | 16 | 74 | 65 | 40 |
| Yeovil Town | 42 | 14 | 11 | 17 | 83 | 85 | 39 |
| Bath City | 42 | 15 | 8 | 19 | 56 | 78 | 38 |
| Exeter City Reserves | 42 | 10 | 10 | 22 | 52 | 89 | 30 |
| Merthyr Tydfil | 42 | 9 | 11 | 22 | 72 | 95 | 29 |
| Barry Town | 42 | 6 | 11 | 25 | 39 | 84 | 23 |
| Kidderminster Harriers | 42 | 7 | 10 | 25 | 60 | 83 | 20 |
| Llanelly | 42 | 5 | 8 | 29 | 39 | 123 | 18 |

## 1957-58

| Team | P | W | D | L | F | A | Pts |
|---|---|---|---|---|---|---|---|
| Gravesend & Northfleet | 42 | 27 | 5 | 10 | 109 | 71 | 59 |
| Bedford Town | 42 | 25 | 7 | 10 | 112 | 64 | 57 |
| Chelmsford City | 42 | 24 | 9 | 9 | 93 | 57 | 57 |
| Weymouth | 42 | 25 | 5 | 12 | 90 | 61 | 55 |
| Worcester City | 42 | 23 | 7 | 12 | 95 | 59 | 53 |
| Cheltenham Town | 42 | 21 | 10 | 11 | 115 | 66 | 52 |
| Hereford United | 42 | 21 | 6 | 15 | 79 | 56 | 48 |
| Kettering Town | 42 | 18 | 9 | 15 | 99 | 76 | 45 |
| Headington United | 42 | 18 | 7 | 17 | 90 | 83 | 43 |
| Poole Town | 42 | 17 | 9 | 16 | 82 | 81 | 43 |
| Hasting United | 42 | 13 | 15 | 14 | 78 | 77 | 41 |
| Gloucester City | 42 | 17 | 7 | 18 | 70 | 70 | 41 |
| Yeovil Town | 42 | 16 | 9 | 17 | 70 | 84 | 41 |
| Dartford | 42 | 14 | 9 | 19 | 66 | 92 | 37 |
| Lovells Athletic | 42 | 15 | 6 | 21 | 60 | 83 | 36 |
| Bath City | 42 | 13 | 9 | 20 | 65 | 64 | 35 |
| Guildford City | 42 | 12 | 10 | 20 | 58 | 92 | 34 |
| Tonbridge | 42 | 13 | 7 | 22 | 77 | 100 | 33 |
| Exeter City Reserves | 42 | 12 | 8 | 22 | 60 | 94 | 32 |
| Barry Town | 42 | 11 | 9 | 22 | 72 | 101 | 31 |
| Kidderminster Harriers | 42 | 10 | 10 | 22 | 60 | 101 | 30 |
| Merthyr Tydfil | 42 | 9 | 3 | 30 | 69 | 137 | 21 |

## 1958-59

### North-Western Zone

| Team | P | W | D | L | F | A | Pts |
|---|---|---|---|---|---|---|---|
| Hereford United | 34 | 22 | 5 | 7 | 80 | 37 | 49 |
| Kettering Town | 34 | 20 | 7 | 7 | 83 | 63 | 47 |
| Boston United | 34 | 18 | 8 | 8 | 73 | 47 | 44 |
| Cheltenham Town | 34 | 20 | 4 | 10 | 65 | 47 | 44 |
| Worcester City | 34 | 19 | 4 | 11 | 74 | 47 | 42 |
| Bath City | 34 | 17 | 5 | 12 | 89 | 62 | 39 |
| Wellington Town | 34 | 15 | 9 | 10 | 74 | 58 | 39 |
| Nuneaton Borough | 34 | 17 | 5 | 12 | 76 | 66 | 39 |
| Wisbech Town | 34 | 16 | 5 | 13 | 77 | 54 | 37 |
| Headington United | 34 | 16 | 3 | 15 | 76 | 61 | 35 |
| Barry Town | 34 | 15 | 5 | 14 | 64 | 67 | 35 |
| Merthyr Tydfil | 34 | 16 | 3 | 15 | 54 | 59 | 35 |
| Gloucester City | 34 | 12 | 6 | 16 | 50 | 65 | 30 |
| Corby Town | 34 | 10 | 8 | 16 | 59 | 79 | 28 |
| Lovells Athletic | 34 | 10 | 3 | 21 | 51 | 70 | 23 |
| Rugby Town | 34 | 7 | 6 | 21 | 45 | 93 | 20 |
| Kidderminster Harriers | 34 | 7 | 3 | 24 | 42 | 94 | 17 |
| Burton Albion | 34 | 3 | 3 | 28 | 41 | 104 | 9 |

## South-Eastern Zone

| | P | W | D | L | F | A | Pts |
|---|---|---|---|---|---|---|---|
| Bedford Town | 32 | 21 | 6 | 5 | 90 | 41 | 48 |
| Gravesend & Northfleet | 32 | 21 | 2 | 9 | 79 | 54 | 44 |
| Dartford | 32 | 20 | 3 | 9 | 77 | 41 | 43 |
| Yeovil Town | 32 | 17 | 8 | 7 | 60 | 41 | 42 |
| Weymouth | 32 | 13 | 11 | 8 | 61 | 43 | 37 |
| Chelmsford City | 32 | 12 | 12 | 8 | 74 | 53 | 36 |
| King's Lynn | 32 | 14 | 5 | 13 | 70 | 63 | 33 |
| Poole Town | 32 | 12 | 8 | 12 | 60 | 65 | 32 |
| Cambridge City | 32 | 12 | 7 | 13 | 61 | 54 | 31 |
| Hastings United | 32 | 13 | 5 | 14 | 60 | 59 | 31 |
| Tonbridge | 32 | 14 | 3 | 15 | 51 | 59 | 31 |
| Cambridge United | 32 | 11 | 8 | 13 | 55 | 77 | 30 |
| Trowbridge Town | 32 | 12 | 4 | 16 | 53 | 75 | 28 |
| Exeter City Reserves | 32 | 7 | 12 | 13 | 47 | 71 | 26 |
| Guildford City | 11 | 7 | 6 | 19 | 45 | 67 | 20 |
| Clacton Town | 32 | 6 | 7 | 19 | 44 | 81 | 19 |
| Yiewsley | 32 | 3 | 7 | 22 | 36 | 78 | 13 |

## 1959-60

### Premier Division

| | P | W | D | L | F | A | Pts |
|---|---|---|---|---|---|---|---|
| Bath City | 42 | 32 | 3 | 7 | 116 | 50 | 67 |
| Headington United | 42 | 23 | 8 | 11 | 78 | 61 | 54 |
| Weymouth | 42 | 22 | 9 | 11 | 93 | 69 | 53 |
| Cheltenham Town | 42 | 21 | 6 | 15 | 82 | 68 | 48 |
| Cambridge City | 42 | 18 | 11 | 13 | 81 | 72 | 47 |
| Chelmsford Town | 42 | 19 | 7 | 16 | 90 | 70 | 45 |
| Bedford Town | 42 | 21 | 3 | 18 | 97 | 85 | 45 |
| King's Lynn | 42 | 17 | 11 | 14 | 89 | 78 | 45 |
| Boston United | 42 | 17 | 10 | 15 | 83 | 80 | 44 |
| Wisbech Town | 42 | 17 | 10 | 15 | 81 | 84 | 44 |
| Yeovil Town | 42 | 17 | 8 | 17 | 81 | 73 | 42 |
| Hereford United | 42 | 15 | 12 | 15 | 70 | 74 | 42 |
| Tonbridge | 42 | 16 | 8 | 18 | 79 | 73 | 40 |
| Hastings United | 42 | 16 | 8 | 18 | 63 | 77 | 40 |
| Wellington Town | 42 | 13 | 11 | 18 | 63 | 78 | 37 |
| Dartford | 42 | 15 | 7 | 20 | 64 | 82 | 37 |
| Gravesend & Northfleet | 42 | 14 | 8 | 20 | 69 | 84 | 36 |
| Worcester City | 42 | 13 | 10 | 19 | 72 | 89 | 36 |
| Nuneaton Borough | 42 | 11 | 11 | 20 | 64 | 78 | 33 |
| Barry Town | 42 | 14 | 5 | 23 | 78 | 103 | 33 |
| Poole Town | 42 | 10 | 8 | 24 | 69 | 96 | 28 |
| Kettering Town | 42 | 9 | 10 | 23 | 60 | 90 | 28 |

### First Division

| | P | W | D | L | F | A | Pts |
|---|---|---|---|---|---|---|---|
| Clacton Town | 42 | 27 | 5 | 10 | 106 | 69 | 59 |
| Romford | 42 | 21 | 11 | 10 | 65 | 40 | 53 |
| Folkestone Town | 42 | 23 | 5 | 14 | 93 | 71 | 51 |
| Exeter City Reserves | 42 | 23 | 3 | 16 | 85 | 62 | 49 |
| Guildford City | 42 | 19 | 9 | 14 | 79 | 56 | 47 |
| Sittingbourne | 42 | 20 | 7 | 15 | 66 | 55 | 47 |
| Margate | 42 | 20 | 6 | 16 | 88 | 77 | 46 |
| Trowbridge Town | 42 | 18 | 9 | 15 | 90 | 78 | 45 |
| Cambridge United | 42 | 18 | 9 | 15 | 71 | 72 | 45 |
| Yiewsley | 42 | 17 | 10 | 15 | 83 | 69 | 44 |
| Bexleyheath & Welling | 42 | 16 | 11 | 15 | 85 | 77 | 43 |
| Merthyr Tydfil | 42 | 16 | 10 | 16 | 63 | 65 | 42 |
| Ramsgate Athletic | 42 | 16 | 8 | 18 | 83 | 84 | 40 |
| Ashford Town | 42 | 14 | 12 | 16 | 61 | 70 | 40 |
| Tunbridge Wells United | 42 | 17 | 5 | 20 | 77 | 73 | 39 |
| Hinckley Athletic | 42 | 14 | 8 | 20 | 62 | 75 | 36 |
| Gloucester City | 42 | 13 | 9 | 20 | 56 | 84 | 35 |
| Dover | 42 | 14 | 6 | 22 | 59 | 85 | 34 |
| Kidderminster Harriers | 42 | 14 | 6 | 22 | 59 | 97 | 34 |
| Corby Town | 42 | 15 | 3 | 24 | 75 | 91 | 33 |
| Burton Albion | 42 | 11 | 10 | 21 | 52 | 79 | 32 |
| Rugby Town | 42 | 10 | 11 | 21 | 67 | 91 | 31 |

## 1960-61

### Premier Division

| | P | W | D | L | F | A | Pts |
|---|---|---|---|---|---|---|---|
| Oxford United | 42 | 27 | 10 | 5 | 104 | 43 | 64 |
| Chelmsford City | 42 | 23 | 11 | 8 | 91 | 55 | 57 |
| Yeovil Town | 42 | 23 | 9 | 10 | 109 | 54 | 55 |
| Hereford United | 42 | 21 | 10 | 11 | 83 | 67 | 52 |
| Weymouth | 42 | 21 | 9 | 12 | 78 | 63 | 51 |
| Bath City | 42 | 18 | 14 | 10 | 74 | 52 | 50 |
| Cambridge City | 42 | 16 | 12 | 14 | 101 | 71 | 44 |
| Wellington Town | 42 | 17 | 9 | 16 | 66 | 68 | 43 |
| Bedford Town | 42 | 18 | 7 | 17 | 94 | 97 | 43 |
| Folkestone Town | 42 | 18 | 7 | 17 | 75 | 86 | 43 |
| King's Lynn | 42 | 13 | 16 | 13 | 68 | 66 | 42 |
| Worcester City | 42 | 15 | 11 | 16 | 69 | 69 | 41 |
| Clacton Town | 42 | 15 | 11 | 16 | 82 | 83 | 41 |
| Romford | 42 | 13 | 15 | 14 | 66 | 69 | 41 |
| Guildford City | 42 | 14 | 11 | 17 | 65 | 62 | 39 |
| Tonbridge | 42 | 16 | 6 | 20 | 79 | 85 | 38 |
| Cheltenham Town | 42 | 15 | 7 | 20 | 81 | 81 | 37 |
| Gravesend & Northfleet | 42 | 15 | 7 | 20 | 75 | 101 | 37 |
| Dartford | 42 | 13 | 11 | 18 | 57 | 90 | 37 |
| Hastings United | 42 | 8 | 9 | 25 | 60 | 100 | 25 |
| Wisbech Town | 42 | 9 | 6 | 27 | 58 | 112 | 24 |
| Boston United | 42 | 6 | 8 | 28 | 62 | 123 | 20 |

Oxford United were previously known as Headington United.

### First Division

| | P | W | D | L | F | A | Pts |
|---|---|---|---|---|---|---|---|
| Kettering Town | 40 | 26 | 7 | 7 | 100 | 55 | 59 |
| Cambridge United | 40 | 25 | 5 | 10 | 100 | 53 | 55 |
| Bexleyheath & Welling | 40 | 22 | 8 | 10 | 93 | 46 | 52 |
| Merthyr Tydfil | 40 | 23 | 6 | 11 | 88 | 65 | 52 |
| Sittingbourne | 40 | 21 | 10 | 9 | 77 | 63 | 52 |
| Hinckley Athletic | 40 | 17 | 13 | 10 | 74 | 59 | 47 |
| Ramsgate Athletic | 40 | 19 | 7 | 14 | 77 | 56 | 45 |
| Rugby Town | 40 | 18 | 9 | 13 | 89 | 71 | 45 |
| Corby Town | 40 | 16 | 10 | 14 | 82 | 73 | 42 |
| Poole Town | 40 | 18 | 5 | 17 | 71 | 65 | 41 |
| Barry Town | 40 | 16 | 9 | 15 | 65 | 74 | 41 |
| Yiewsley | 40 | 17 | 7 | 16 | 65 | 76 | 41 |
| Trowbridge Town | 40 | 14 | 10 | 16 | 71 | 73 | 38 |
| Ashford Town | 40 | 14 | 8 | 18 | 61 | 67 | 36 |
| Margate | 40 | 11 | 12 | 17 | 62 | 75 | 34 |
| Dover | 40 | 12 | 7 | 21 | 67 | 74 | 31 |
| Canterbury City | 40 | 10 | 10 | 20 | 52 | 75 | 30 |
| Nuneaton Borough | 40 | 11 | 7 | 22 | 60 | 91 | 29 |
| Burton Albion | 40 | 12 | 4 | 24 | 63 | 85 | 28 |
| Tunbridge Wells United | 40 | 8 | 5 | 27 | 56 | 115 | 21 |
| Gloucester City | 40 | 7 | 7 | 26 | 40 | 102 | 21 |

## 1961-62

### Premier Division

| | P | W | D | L | F | A | Pts |
|---|---|---|---|---|---|---|---|
| Oxford United | 42 | 28 | 5 | 9 | 118 | 46 | 61 |
| Bath City | 42 | 25 | 7 | 10 | 102 | 70 | 57 |
| Guildford City | 42 | 24 | 8 | 10 | 79 | 49 | 56 |
| Yeovil Town | 42 | 23 | 8 | 11 | 93 | 59 | 54 |
| Chelmsford City | 42 | 19 | 12 | 11 | 74 | 60 | 50 |
| Weymouth | 42 | 20 | 7 | 15 | 80 | 64 | 47 |
| Kettering Town | 42 | 21 | 5 | 16 | 90 | 84 | 47 |
| Hereford United | 42 | 21 | 2 | 19 | 81 | 68 | 44 |
| Cambridge City | 42 | 18 | 8 | 16 | 70 | 71 | 44 |
| Bexleyheath & Welling | 42 | 19 | 5 | 18 | 69 | 75 | 43 |
| Romford | 42 | 15 | 9 | 18 | 63 | 70 | 39 |
| Cambridge United | 42 | 13 | 12 | 17 | 76 | 78 | 38 |
| Wellington Town | 42 | 14 | 10 | 18 | 78 | 78 | 38 |
| Gravesend & Northfleet | 42 | 17 | 4 | 21 | 59 | 92 | 38 |
| Bedford Town | 42 | 16 | 5 | 21 | 73 | 79 | 37 |
| Worcester City | 42 | 15 | 7 | 20 | 51 | 64 | 37 |
| Merthyr Tydfil | 42 | 13 | 11 | 18 | 62 | 80 | 37 |
| Clacton Town | 42 | 13 | 10 | 19 | 74 | 91 | 36 |
| Tonbridge | 42 | 10 | 14 | 18 | 71 | 92 | 34 |
| King's Lynn | 42 | 12 | 8 | 22 | 59 | 74 | 32 |
| Folkestone Town | 42 | 12 | 6 | 24 | 64 | 103 | 30 |
| Cheltenham | 42 | 9 | 7 | 26 | 48 | 86 | 25 |

# Southern League 1962-1964

## First Division

| Team | P | W | D | L | F | A | Pts |
|---|---|---|---|---|---|---|---|
| Wisbech Town | 38 | 21 | 11 | 6 | 76 | 42 | 53 |
| Poole Town | 38 | 23 | 6 | 9 | 81 | 47 | 52 |
| Dartford | 38 | 21 | 8 | 9 | 89 | 50 | 50 |
| Rugby Town | 38 | 20 | 9 | 9 | 82 | 49 | 49 |
| Margate | 38 | 20 | 6 | 12 | 73 | 55 | 46 |
| Corby Town | 38 | 19 | 6 | 13 | 82 | 60 | 44 |
| Sittingbourne | 38 | 16 | 12 | 10 | 69 | 51 | 44 |
| Dover | 38 | 19 | 6 | 13 | 66 | 55 | 44 |
| Yiewsley | 38 | 18 | 6 | 14 | 64 | 51 | 42 |
| Barry Town | 38 | 14 | 11 | 13 | 55 | 51 | 39 |
| Ashford Town | 38 | 14 | 11 | 13 | 66 | 70 | 39 |
| Hinckley Athletic | 38 | 15 | 8 | 15 | 75 | 65 | 38 |
| Burton Albion | 38 | 16 | 5 | 17 | 70 | 79 | 37 |
| Nuneaton Borough | 38 | 12 | 12 | 14 | 63 | 69 | 36 |
| Tunbridge Wells United | 38 | 12 | 7 | 19 | 60 | 85 | 31 |
| Canterbury City | 38 | 11 | 8 | 19 | 60 | 82 | 30 |
| Ramsgate Athletic | 38 | 10 | 9 | 19 | 48 | 70 | 29 |
| Trowbridge Town | 38 | 9 | 9 | 20 | 45 | 69 | 27 |
| Gloucester City | 38 | 6 | 4 | 28 | 46 | 104 | 16 |
| Hastings United | 38 | 5 | 4 | 29 | 45 | 115 | 14 |

## 1962-63

### Premier Division

| Team | P | W | D | L | F | A | Pts |
|---|---|---|---|---|---|---|---|
| Cambridge City | 40 | 25 | 6 | 9 | 99 | 64 | 56 |
| Cambridge United | 40 | 23 | 7 | 10 | 74 | 50 | 53 |
| Weymouth | 40 | 20 | 11 | 9 | 82 | 43 | 51 |
| Guildford City | 40 | 20 | 11 | 9 | 70 | 50 | 51 |
| Kettering Town | 40 | 22 | 7 | 11 | 66 | 49 | 51 |
| Wellington Town | 40 | 19 | 9 | 12 | 71 | 49 | 47 |
| Dartford | 40 | 19 | 9 | 12 | 61 | 54 | 47 |
| Chelmsford City | 40 | 18 | 10 | 12 | 63 | 50 | 46 |
| Bedford Town | 40 | 18 | 8 | 14 | 61 | 45 | 44 |
| Bath City | 40 | 18 | 6 | 16 | 58 | 56 | 42 |
| Yeovil Town | 40 | 15 | 10 | 15 | 64 | 54 | 40 |
| Romford | 40 | 14 | 11 | 15 | 73 | 68 | 39 |
| Bexleyheath & Welling | 40 | 13 | 11 | 16 | 55 | 63 | 37 |
| Hereford United | 40 | 14 | 7 | 19 | 56 | 66 | 35 |
| Merthyr Tydfil | 40 | 15 | 4 | 21 | 54 | 71 | 34 |
| Rugby Town | 40 | 14 | 5 | 21 | 65 | 76 | 33 |
| Wisbech Town | 40 | 15 | 3 | 22 | 64 | 84 | 33 |
| Worcester City | 40 | 12 | 9 | 19 | 47 | 65 | 33 |
| Poole Town | 40 | 10 | 12 | 18 | 54 | 66 | 32 |
| Gravesend & Northfleet | 40 | 10 | 3 | 27 | 62 | 91 | 23 |
| Clacton Town | 40 | 3 | 7 | 30 | 50 | 135 | 13 |

### First Division

| Team | P | W | D | L | F | A | Pts |
|---|---|---|---|---|---|---|---|
| Margate | 38 | 21 | 13 | 4 | 86 | 47 | 55 |
| Hinckley Athletic | 38 | 22 | 9 | 7 | 66 | 38 | 53 |
| Hastings United | 38 | 22 | 8 | 8 | 86 | 36 | 52 |
| Nuneaton Borough | 38 | 21 | 10 | 7 | 82 | 41 | 52 |
| Tonbridge | 38 | 22 | 8 | 8 | 81 | 51 | 52 |
| Dover | 38 | 22 | 7 | 9 | 78 | 56 | 51 |
| Corby Town | 38 | 19 | 8 | 11 | 79 | 50 | 46 |
| King's Lynn | 38 | 19 | 7 | 15 | 76 | 66 | 45 |
| Cheltenham Town | 38 | 18 | 7 | 13 | 83 | 52 | 43 |
| Folkestone Town | 38 | 15 | 10 | 13 | 79 | 57 | 40 |
| Canterbury City | 38 | 14 | 8 | 16 | 42 | 56 | 36 |
| Yiewsley | 38 | 11 | 10 | 17 | 63 | 71 | 32 |
| Ramsgate Athletic | 38 | 12 | 7 | 19 | 58 | 82 | 31 |
| Trowbridge Town | 38 | 11 | 9 | 18 | 50 | 81 | 31 |
| Burton Albion | 38 | 10 | 10 | 18 | 48 | 76 | 30 |
| Gloucester City | 38 | 9 | 11 | 18 | 42 | 78 | 29 |
| Sittingbourne | 38 | 12 | 3 | 23 | 56 | 75 | 27 |
| Ashford Town | 38 | 9 | 6 | 23 | 58 | 76 | 24 |
| Barry Town | 38 | 6 | 5 | 27 | 35 | 75 | 17 |
| Tunbridge Wells United | 38 | 6 | 2 | 30 | 43 | 118 | 14 |

## 1963-64

### Premier Division

| Team | P | W | D | L | F | A | Pts |
|---|---|---|---|---|---|---|---|
| Yeovil Town | 42 | 29 | 5 | 8 | 93 | 36 | 63 |
| Chelmsford City | 42 | 26 | 7 | 9 | 99 | 55 | 59 |
| Bath City | 42 | 24 | 9 | 9 | 88 | 51 | 57 |
| Guildford City | 42 | 21 | 9 | 12 | 90 | 55 | 51 |
| Romford | 42 | 20 | 9 | 13 | 71 | 58 | 49 |
| Hastings United | 42 | 20 | 8 | 14 | 75 | 61 | 48 |
| Weymouth | 42 | 20 | 7 | 15 | 65 | 53 | 47 |
| Bedford Town | 42 | 19 | 9 | 14 | 71 | 68 | 47 |
| Cambridge United | 42 | 17 | 9 | 16 | 92 | 77 | 43 |
| Cambridge City | 42 | 17 | 9 | 16 | 76 | 70 | 43 |
| Wisbech Town | 42 | 17 | 8 | 17 | 64 | 68 | 42 |
| Bexley United | 42 | 16 | 10 | 16 | 70 | 77 | 42 |
| Dartford | 42 | 16 | 8 | 18 | 56 | 71 | 40 |
| Worcester City | 42 | 12 | 15 | 15 | 70 | 74 | 39 |
| Nuneaton Borough | 42 | 15 | 8 | 19 | 58 | 61 | 38 |
| Rugby Town | 42 | 15 | 8 | 19 | 68 | 86 | 38 |
| Margate | 42 | 12 | 13 | 17 | 68 | 81 | 37 |
| Wellington Town | 42 | 12 | 9 | 21 | 73 | 85 | 33 |
| Merthyr Tydfil | 42 | 12 | 8 | 22 | 69 | 108 | 32 |
| Hereford United | 42 | 12 | 7 | 23 | 58 | 86 | 31 |
| Kettering Town | 42 | 10 | 5 | 27 | 49 | 89 | 25 |
| Hinckley Athletic | 42 | 7 | 6 | 29 | 51 | 104 | 20 |

### First Division

| Team | P | W | D | L | F | A | Pts |
|---|---|---|---|---|---|---|---|
| Folkstone Town | 42 | 28 | 7 | 7 | 82 | 38 | 63 |
| King's Lynn | 42 | 28 | 5 | 9 | 94 | 44 | 61 |
| Cheltenham Town | 42 | 25 | 10 | 7 | 92 | 49 | 60 |
| Tonbridge | 42 | 24 | 11 | 7 | 98 | 54 | 59 |
| Corby town | 42 | 24 | 7 | 11 | 114 | 56 | 55 |
| Stevenage Town | 42 | 21 | 6 | 15 | 70 | 59 | 48 |
| Ashford Town | 42 | 19 | 9 | 14 | 73 | 57 | 47 |
| Burton Albion | 42 | 19 | 8 | 15 | 76 | 70 | 46 |
| Poole Town | 42 | 17 | 11 | 14 | 75 | 61 | 45 |
| Dover | 42 | 18 | 9 | 15 | 86 | 75 | 45 |
| Canterbury City | 42 | 16 | 12 | 14 | 66 | 66 | 44 |
| Crawley Town | 42 | 20 | 2 | 20 | 81 | 71 | 42 |
| Trowbridge Town | 42 | 16 | 9 | 17 | 71 | 78 | 41 |
| Clacton Town | 42 | 19 | 1 | 22 | 76 | 88 | 39 |
| Gloucester City | 42 | 17 | 4 | 21 | 88 | 89 | 38 |
| Yiewsley | 42 | 15 | 8 | 19 | 63 | 77 | 38 |
| Sittingbourne | 42 | 15 | 8 | 19 | 52 | 70 | 38 |
| Ramsgate Athletic | 42 | 13 | 9 | 20 | 57 | 55 | 35 |
| Tunbridge Wells Rangers | 42 | 10 | 8 | 24 | 47 | 89 | 28 |
| Gravesend & Northfleet | 42 | 7 | 9 | 26 | 43 | 96 | 23 |
| Deal Town | 42 | 5 | 7 | 30 | 48 | 106 | 17 |
| Barry Town | 42 | 3 | 6 | 33 | 33 | 137 | 12 |

# Southern League 1964-1967

## 1964-65 Premier Division

| | | | | | | | |
|---|---|---|---|---|---|---|---|
| Weymouth | 42 | 24 | 8 | 10 | 99 | 50 | 56 |
| Guildford City | 42 | 21 | 12 | 9 | 73 | 49 | 54 |
| Worcester City | 42 | 22 | 6 | 14 | 100 | 62 | 50 |
| Yeovil Town | 42 | 18 | 14 | 10 | 76 | 55 | 50 |
| Chelmsford City | 42 | 21 | 8 | 13 | 86 | 77 | 50 |
| Margate | 42 | 20 | 9 | 13 | 88 | 79 | 49 |
| Dartford | 42 | 17 | 11 | 14 | 74 | 64 | 45 |
| Nuneaton Borough | 42 | 19 | 7 | 16 | 57 | 55 | 45 |
| Cambridge United | 42 | 16 | 11 | 15 | 78 | 66 | 43 |
| Bedford Town | 42 | 17 | 9 | 16 | 66 | 70 | 43 |
| Cambridge City | 42 | 16 | 9 | 17 | 72 | 69 | 41 |
| Cheltenham Town | 42 | 15 | 11 | 16 | 72 | 78 | 41 |
| Folkestone Town | 42 | 17 | 7 | 18 | 72 | 79 | 41 |
| Romford | 42 | 17 | 7 | 18 | 61 | 70 | 41 |
| King's Lynn | 42 | 13 | 13 | 16 | 56 | 79 | 39 |
| Tonbridge | 42 | 10 | 16 | 16 | 66 | 75 | 36 |
| Wellington Town | 42 | 13 | 10 | 19 | 63 | 78 | 36 |
| Rugby Town | 42 | 15 | 6 | 21 | 71 | 98 | 36 |
| Wisbech Town | 42 | 14 | 6 | 22 | 75 | 91 | 34 |
| Bexley United | 42 | 14 | 5 | 23 | 67 | 74 | 33 |
| Hastings United | 42 | 9 | 14 | 19 | 58 | 86 | 32 |
| Bath City | 42 | 13 | 3 | 26 | 60 | 86 | 29 |

### First Division

| | | | | | | | |
|---|---|---|---|---|---|---|---|
| Hereford United | 42 | 34 | 4 | 4 | 124 | 39 | 72 |
| Wimbledon | 42 | 24 | 13 | 5 | 108 | 52 | 61 |
| Poole Town | 42 | 26 | 6 | 10 | 92 | 56 | 58 |
| Corby Town | 42 | 24 | 7 | 11 | 88 | 55 | 55 |
| Stevenage Town | 42 | 19 | 13 | 10 | 83 | 43 | 51 |
| Hillingdon Borough | 42 | 21 | 7 | 14 | 105 | 63 | 49 |
| Crawley Town | 42 | 22 | 5 | 15 | 83 | 52 | 49 |
| Merthyr Tydfil | 42 | 20 | 9 | 13 | 75 | 59 | 49 |
| Gloucester City | 42 | 19 | 10 | 13 | 68 | 65 | 48 |
| Burton Albion | 42 | 20 | 7 | 15 | 83 | 75 | 47 |
| Canterbury City | 42 | 13 | 16 | 13 | 73 | 53 | 42 |
| Kettering Town | 42 | 14 | 13 | 15 | 74 | 64 | 41 |
| Ramsgate Athletic | 42 | 16 | 8 | 18 | 51 | 59 | 40 |
| Dover | 42 | 14 | 10 | 18 | 54 | 59 | 38 |
| Hinckley Athletic | 42 | 13 | 9 | 20 | 56 | 81 | 35 |
| Trowbridge Town | 42 | 13 | 5 | 24 | 68 | 106 | 31 |
| Ashford Town | 42 | 11 | 8 | 23 | 60 | 98 | 30 |
| Barry Town | 42 | 11 | 7 | 24 | 47 | 103 | 29 |
| Deal Town | 42 | 7 | 13 | 22 | 61 | 127 | 27 |
| Tunbridge Wells Rangers | 42 | 10 | 6 | 26 | 51 | 107 | 26 |
| Gravesend & Northfleet | 42 | 9 | 7 | 26 | 57 | 101 | 25 |
| Sittingbourne | 42 | 8 | 5 | 29 | 58 | 103 | 21 |

## 1965-66 Premier Division

| | | | | | | | |
|---|---|---|---|---|---|---|---|
| Weymouth | 42 | 22 | 13 | 7 | 70 | 35 | 57 |
| Chelmsford City | 42 | 21 | 12 | 9 | 74 | 50 | 54 |
| Hereford United | 42 | 21 | 10 | 11 | 81 | 49 | 52 |
| Bedford Town | 42 | 23 | 6 | 13 | 80 | 57 | 52 |
| Wimbledon | 42 | 20 | 10 | 12 | 80 | 47 | 50 |
| Cambridge City | 42 | 19 | 11 | 12 | 67 | 52 | 49 |
| Romford | 42 | 21 | 7 | 14 | 87 | 72 | 49 |
| Worcester City | 42 | 20 | 8 | 14 | 69 | 54 | 48 |
| Yeovil Town | 42 | 17 | 11 | 14 | 91 | 70 | 45 |
| Cambridge United | 42 | 18 | 9 | 15 | 72 | 64 | 45 |
| King's Lynn | 42 | 18 | 7 | 17 | 75 | 72 | 43 |
| Corby Town | 42 | 16 | 9 | 17 | 66 | 73 | 41 |
| Wellington Town | 42 | 13 | 13 | 16 | 65 | 70 | 39 |
| Nuneaton Borough | 42 | 15 | 8 | 19 | 60 | 74 | 38 |
| Folkestone Town | 42 | 14 | 9 | 19 | 53 | 75 | 37 |
| Guildford City | 42 | 14 | 8 | 20 | 70 | 84 | 36 |
| Poole Town | 42 | 14 | 7 | 21 | 61 | 75 | 35 |
| Cheltenham Town | 42 | 13 | 9 | 20 | 69 | 99 | 35 |
| Dartford | 42 | 13 | 7 | 22 | 62 | 69 | 33 |
| Rugby Town | 42 | 11 | 10 | 21 | 67 | 95 | 32 |
| Tonbridge | 42 | 11 | 6 | 25 | 63 | 101 | 28 |
| Margate | 42 | 8 | 10 | 24 | 66 | 111 | 26 |

### First Division

| | | | | | | | |
|---|---|---|---|---|---|---|---|
| Barnet | 46 | 30 | 9 | 7 | 114 | 49 | 69 |
| Hillingdon Borough | 46 | 27 | 10 | 9 | 101 | 46 | 64 |
| Burton Albion | 46 | 28 | 8 | 10 | 121 | 60 | 64 |
| Bath City | 46 | 25 | 13 | 8 | 88 | 50 | 63 |
| Hastings United | 46 | 25 | 10 | 11 | 104 | 59 | 60 |
| Wisbech Town | 46 | 25 | 9 | 12 | 98 | 54 | 59 |
| Canterbury City | 46 | 25 | 8 | 13 | 89 | 66 | 58 |
| Stevenage Town | 46 | 23 | 9 | 14 | 86 | 49 | 55 |
| Kettering Town | 46 | 22 | 9 | 15 | 77 | 74 | 53 |
| Merthyr Tydfil | 46 | 22 | 6 | 18 | 95 | 68 | 50 |
| Dunstable Town | 46 | 15 | 14 | 17 | 76 | 72 | 44 |
| Crawley Town | 46 | 17 | 10 | 19 | 72 | 71 | 44 |
| Bexley United | 46 | 20 | 4 | 22 | 65 | 71 | 44 |
| Trowbridge Town | 46 | 16 | 11 | 19 | 79 | 81 | 43 |
| Dover | 46 | 17 | 8 | 21 | 59 | 62 | 42 |
| Barry Town | 46 | 16 | 10 | 20 | 72 | 94 | 42 |
| Gravesend & Northfleet | 46 | 16 | 9 | 21 | 84 | 86 | 41 |
| Gloucester City | 46 | 14 | 12 | 20 | 75 | 98 | 40 |
| Sittingbourne | 46 | 11 | 12 | 23 | 77 | 121 | 34 |
| Ramsgate Athletic | 46 | 9 | 15 | 22 | 35 | 76 | 33 |
| Hinckley Athletic | 46 | 10 | 12 | 24 | 59 | 93 | 32 |
| Tunbridge Wells Rangers | 46 | 12 | 8 | 26 | 47 | 88 | 32 |
| Ashford Town | 46 | 9 | 10 | 27 | 44 | 92 | 28 |
| Deal Town | 46 | 3 | 4 | 39 | 29 | 165 | 10 |

## 1966-67

### Premier Division

| | | | | | | | |
|---|---|---|---|---|---|---|---|
| Romford | 42 | 22 | 8 | 12 | 80 | 60 | 52 |
| Nuneaton Borough | 42 | 21 | 9 | 12 | 82 | 54 | 51 |
| Weymouth | 42 | 18 | 14 | 10 | 64 | 40 | 50 |
| Wimbledon | 42 | 19 | 11 | 12 | 88 | 60 | 49 |
| Barnet | 42 | 18 | 13 | 11 | 86 | 66 | 49 |
| Guildford City | 42 | 19 | 10 | 13 | 65 | 51 | 48 |
| Wellington Town | 42 | 20 | 7 | 15 | 70 | 67 | 47 |
| Cambridge United | 42 | 16 | 13 | 13 | 75 | 67 | 45 |
| Chelmsford City | 42 | 15 | 15 | 12 | 66 | 59 | 45 |
| Hereford United | 42 | 16 | 12 | 14 | 79 | 61 | 44 |
| King's Lynn | 42 | 15 | 14 | 13 | 78 | 72 | 44 |
| Cambridge City | 42 | 15 | 13 | 14 | 66 | 70 | 43 |
| Cheltenham Town | 42 | 16 | 11 | 15 | 60 | 71 | 43 |
| Yeovil Town | 42 | 14 | 14 | 14 | 66 | 72 | 42 |
| Burton Albion | 42 | 17 | 5 | 20 | 63 | 71 | 39 |
| Corby Town | 42 | 15 | 9 | 18 | 60 | 75 | 39 |
| Poole Town | 42 | 14 | 11 | 17 | 52 | 65 | 39 |
| Hillingdon Borough | 42 | 11 | 13 | 18 | 49 | 70 | 35 |
| Bath City | 42 | 11 | 12 | 19 | 51 | 74 | 34 |
| Worcester City | 42 | 11 | 8 | 23 | 59 | 79 | 30 |
| Bedford Town | 42 | 8 | 13 | 21 | 54 | 72 | 29 |
| Folkestone Town | 42 | 6 | 15 | 21 | 44 | 81 | 27 |

# Southern League 1967-1969

### First Division

| | | | | | | | |
|---|---|---|---|---|---|---|---|
| Dover | 46 | 29 | 12 | 5 | 92 | 35 | 70 |
| Margate | 46 | 31 | 7 | 8 | 127 | 54 | 69 |
| Stevenage Town | 46 | 29 | 8 | 9 | 90 | 32 | 66 |
| Hastings United | 46 | 25 | 16 | 5 | 89 | 45 | 66 |
| Kettering Town | 46 | 27 | 9 | 10 | 105 | 62 | 63 |
| Crawley Town | 46 | 26 | 8 | 12 | 81 | 48 | 60 |
| Ramsgate Athletic | 46 | 23 | 8 | 15 | 79 | 62 | 54 |
| Dartford | 46 | 19 | 15 | 12 | 92 | 67 | 53 |
| Tonbridge | 46 | 21 | 10 | 15 | 91 | 69 | 52 |
| Trowbridge Town | 46 | 20 | 12 | 14 | 73 | 60 | 52 |
| Ashford Town | 46 | 18 | 8 | 20 | 74 | 68 | 44 |
| Merthyr Tydfil | 46 | 17 | 9 | 20 | 81 | 71 | 43 |
| Gloucester City | 46 | 18 | 6 | 22 | 69 | 83 | 42 |
| Canterbury City | 46 | 17 | 8 | 21 | 57 | 75 | 42 |
| Wisbech Town | 46 | 16 | 9 | 21 | 87 | 93 | 41 |
| Bexley United | 46 | 13 | 15 | 18 | 53 | 69 | 41 |
| Banbury United | 46 | 13 | 14 | 19 | 88 | 100 | 40 |
| Rugby Town | 46 | 15 | 7 | 24 | 57 | 77 | 37 |
| Dunstable Town | 46 | 14 | 6 | 26 | 55 | 87 | 34 |
| Barry Town | 46 | 11 | 11 | 24 | 62 | 89 | 33 |
| Gravesend & Northfleet | 46 | 11 | 9 | 26 | 63 | 106 | 31 |
| Hinckley Athletic | 46 | 10 | 8 | 28 | 44 | 100 | 28 |
| Tunbridge Wells Rangers | 46 | 4 | 15 | 27 | 31 | 96 | 23 |
| Sittingbourne | 46 | 5 | 10 | 31 | 44 | 136 | 20 |

## 1967-68

### Premier Division

| | | | | | | | |
|---|---|---|---|---|---|---|---|
| Chelmsford City | 42 | 25 | 7 | 10 | 85 | 50 | 57 |
| Wimbledon | 42 | 24 | 7 | 11 | 85 | 47 | 55 |
| Cambridge United | 42 | 20 | 13 | 9 | 73 | 42 | 53 |
| Cheltenham Town | 42 | 23 | 7 | 12 | 97 | 67 | 53 |
| Guildford City | 42 | 18 | 13 | 11 | 56 | 43 | 49 |
| Romford | 42 | 20 | 8 | 14 | 72 | 60 | 48 |
| Barnet | 42 | 20 | 8 | 14 | 81 | 71 | 48 |
| Margate | 42 | 19 | 8 | 15 | 80 | 71 | 46 |
| Wellington Town | 42 | 16 | 13 | 13 | 70 | 66 | 45 |
| Hillingdon Borough | 42 | 18 | 9 | 155 | 53 | 54 | 45 |
| King's Lynn | 42 | 18 | 8 | 16 | 66 | 57 | 44 |
| Yeovil Town | 42 | 16 | 12 | 14 | 45 | 43 | 44 |
| Weymouth | 42 | 17 | 8 | 17 | 65 | 62 | 42 |
| Hereford United | 42 | 17 | 7 | 18 | 58 | 62 | 41 |
| Nuneaton Borough | 42 | 13 | 14 | 15 | 62 | 64 | 40 |
| Dover | 42 | 17 | 6 | 19 | 54 | 56 | 40 |
| Poole Town | 42 | 13 | 10 | 19 | 55 | 74 | 36 |
| Stevenage Town | 42 | 13 | 9 | 20 | 57 | 75 | 35 |
| Burton Albion | 42 | 14 | 6 | 22 | 51 | 73 | 34 |
| Corby Town | 42 | 7 | 13 | 22 | 40 | 77 | 27 |
| Cambridge City | 42 | 10 | 6 | 26 | 51 | 81 | 26 |
| Hastings United | 42 | 4 | 8 | 30 | 33 | 94 | 16 |

### First Division

| | | | | | | | |
|---|---|---|---|---|---|---|---|
| Worcester City | 42 | 23 | 14 | 5 | 92 | 35 | 60 |
| Kettering Town | 42 | 24 | 10 | 8 | 88 | 40 | 58 |
| Bedford Town | 42 | 24 | 7 | 11 | 101 | 40 | 55 |
| Rugby Town | 42 | 20 | 15 | 7 | 72 | 44 | 55 |
| Dartford | 42 | 23 | 9 | 10 | 70 | 48 | 55 |
| Bath City | 42 | 21 | 12 | 9 | 78 | 51 | 54 |
| Banbury United | 42 | 22 | 9 | 11 | 79 | 59 | 53 |
| Ramsgate Athletic | 42 | 17 | 7 | 8 | 70 | 37 | 51 |
| Merthyr Tydfil | 42 | 18 | 13 | 11 | 80 | 66 | 49 |
| Tonbridge | 42 | 18 | 9 | 15 | 76 | 71 | 45 |
| Canterbury City | 42 | 16 | 11 | 15 | 66 | 63 | 43 |
| Ashford Town | 42 | 18 | 6 | 18 | 73 | 78 | 42 |
| Brentwood Town | 42 | 16 | 9 | 17 | 63 | 73 | 41 |
| Bexley United | 42 | 12 | 13 | 17 | 56 | 64 | 37 |
| Trowbridge Town | 42 | 12 | 11 | 19 | 64 | 70 | 35 |
| Gloucester City | 42 | 12 | 9 | 21 | 54 | 68 | 33 |
| Wisbech Town | 42 | 11 | 10 | 21 | 43 | 78 | 32 |
| Crawley Town | 42 | 10 | 8 | 24 | 54 | 85 | 28 |
| Folkestone Town | 42 | 10 | 7 | 25 | 49 | 80 | 27 |
| Dunstable Town | 42 | 8 | 10 | 24 | 44 | 94 | 26 |
| Barry Town | 42 | 7 | 12 | 23 | 36 | 81 | 26 |
| Gravesend & Northfleet | 42 | 6 | 7 | 29 | 28 | 112 | 19 |

## 1968-69

### Premier Division

| | | | | | | | |
|---|---|---|---|---|---|---|---|
| Cambridge United | 42 | 27 | 5 | 10 | 72 | 39 | 59 |
| Hillingdon Borough | 42 | 24 | 10 | 8 | 68 | 47 | 58 |
| Wimbledon | 42 | 21 | 12 | 9 | 66 | 48 | 54 |
| King's Lynn | 42 | 20 | 9 | 13 | 68 | 60 | 49 |
| Worcester City | 42 | 19 | 11 | 12 | 53 | 47 | 49 |
| Romford | 42 | 18 | 12 | 12 | 58 | 52 | 48 |
| Weymouth | 42 | 16 | 15 | 11 | 52 | 41 | 47 |
| Yeovil Town | 42 | 16 | 13 | 13 | 52 | 50 | 45 |
| Kettering Town | 42 | 18 | 8 | 16 | 51 | 55 | 44 |
| Dover | 42 | 17 | 9 | 16 | 66 | 61 | 43 |
| Nuneaton Borough | 42 | 17 | 7 | 18 | 74 | 58 | 41 |
| Barnet | 42 | 15 | 10 | 17 | 72 | 66 | 40 |
| Chelmsford City | 42 | 17 | 6 | 19 | 56 | 58 | 40 |
| Hereford United | 42 | 15 | 9 | 18 | 66 | 62 | 39 |
| Telford United | 42 | 14 | 10 | 18 | 62 | 61 | 38 |
| Poole Town | 42 | 16 | 6 | 20 | 75 | 76 | 38 |
| Burton Albion | 42 | 16 | 5 | 21 | 55 | 71 | 37 |
| Margate | 42 | 14 | 7 | 21 | 79 | 90 | 35 |
| Cheltenham Town | 42 | 15 | 5 | 22 | 55 | 64 | 35 |
| Bedford Town | 42 | 11 | 12 | 19 | 46 | 63 | 34 |
| Rugby Town | 42 | 10 | 6 | 26 | 38 | 83 | 26 |
| Guildford City | 42 | 7 | 11 | 24 | 41 | 73 | 25 |

### First Division

| | | | | | | | |
|---|---|---|---|---|---|---|---|
| Brentwood Town | 42 | 26 | 12 | 4 | 44 | 37 | 64 |
| Bath City | 42 | 26 | 10 | 6 | 96 | 40 | 62 |
| Gloucester City | 42 | 25 | 9 | 8 | 100 | 53 | 59 |
| Crawley Town | 42 | 21 | 13 | 8 | 65 | 32 | 55 |
| Corby Town | 42 | 22 | 6 | 14 | 81 | 65 | 50 |
| Dartford | 42 | 20 | 8 | 14 | 79 | 51 | 48 |
| Ramsgate Athletic | 42 | 19 | 9 | 14 | 72 | 57 | 47 |
| Salisbury | 42 | 20 | 6 | 16 | 69 | 52 | 46 |
| Cambridge City | 42 | 18 | 10 | 14 | 73 | 63 | 46 |
| Banbury United | 42 | 16 | 12 | 14 | 67 | 72 | 44 |
| Trowbridge Town | 42 | 15 | 8 | 19 | 70 | 60 | 44 |
| Folkestone Town | 42 | 19 | 5 | 18 | 53 | 59 | 43 |
| Canterbury City | 42 | 17 | 7 | 18 | 67 | 63 | 41 |
| Ashford Town | 42 | 16 | 8 | 18 | 72 | 73 | 40 |
| Bexley United | 42 | 15 | 9 | 18 | 62 | 75 | 39 |
| Hastings United | 42 | 15 | 9 | 18 | 58 | 69 | 39 |
| Wisbech Town | 42 | 11 | 13 | 18 | 57 | 70 | 35 |
| Dunstable Town | 42 | 14 | 6 | 22 | 73 | 99 | 34 |
| Merthyr Tydfil | 42 | 10 | 7 | 25 | 49 | 101 | 27 |
| Barry Town | 42 | 8 | 10 | 24 | 39 | 78 | 26 |
| Gravesend & Northfleet | 42 | 8 | 9 | 25 | 51 | 79 | 25 |
| Tonbridge | 42 | 2 | 6 | 34 | 36 | 137 | 10 |

## 1969-70  Premier Division

| | P | W | D | L | F | A | Pts |
|---|---|---|---|---|---|---|---|
| Cambridge United | 42 | 26 | 6 | 10 | 86 | 49 | 58 |
| Yeovil Town | 42 | 25 | 7 | 10 | 78 | 48 | 57 |
| Chelmsford City | 42 | 20 | 11 | 11 | 76 | 58 | 51 |
| Weymouth | 42 | 18 | 14 | 10 | 59 | 37 | 50 |
| Wimbledon | 42 | 19 | 12 | 11 | 64 | 52 | 50 |
| Hillingdon Borough | 42 | 19 | 12 | 11 | 56 | 50 | 50 |
| Barnet | 42 | 16 | 15 | 11 | 71 | 54 | 47 |
| Telford United | 42 | 18 | 10 | 14 | 61 | 62 | 46 |
| Brentwood Town | 42 | 16 | 13 | 13 | 61 | 38 | 45 |
| Hereford United | 42 | 18 | 9 | 15 | 74 | 65 | 45 |
| Bath City | 42 | 18 | 8 | 16 | 63 | 55 | 44 |
| King's Lynn | 42 | 16 | 11 | 15 | 72 | 68 | 43 |
| Margate | 42 | 17 | 8 | 17 | 70 | 64 | 42 |
| Dover | 42 | 15 | 10 | 17 | 51 | 50 | 40 |
| Kettering Town | 42 | 18 | 3 | 21 | 64 | 75 | 39 |
| Worcester City | 42 | 14 | 10 | 18 | 35 | 44 | 38 |
| Romford | 42 | 13 | 11 | 18 | 50 | 62 | 37 |
| Poole Town | 42 | 8 | 19 | 15 | 48 | 57 | 35 |
| Gloucester City | 42 | 12 | 9 | 21 | 53 | 73 | 33 |
| Nuneaton Borough | 42 | 11 | 10 | 21 | 52 | 74 | 32 |
| Crawley Town | 42 | 6 | 15 | 21 | 53 | 101 | 27 |
| Burton Albion | 42 | 3 | 9 | 30 | 24 | 82 | 15 |

### First Division

| | P | W | D | L | F | A | Pts |
|---|---|---|---|---|---|---|---|
| Bedford Town | 42 | 26 | 9 | 7 | 93 | 37 | 61 |
| Cambridge City | 42 | 26 | 8 | 8 | 104 | 43 | 60 |
| Dartford | 42 | 24 | 11 | 7 | 33 | 46 | 58 |
| Ashford Town | 42 | 19 | 15 | 8 | 71 | 43 | 53 |
| Rugby Town | 42 | 20 | 10 | 12 | 82 | 66 | 50 |
| Trowbridge Town | 42 | 20 | 8 | 14 | 72 | 65 | 48 |
| Hastings United | 42 | 18 | 11 | 13 | 67 | 51 | 47 |
| Guildford City | 42 | 19 | 9 | 14 | 68 | 58 | 47 |
| Banbury United | 42 | 19 | 8 | 15 | 86 | 72 | 46 |
| Cheltenham Town | 42 | 20 | 5 | 17 | 78 | 81 | 45 |
| Canterbury City | 42 | 15 | 13 | 14 | 61 | 57 | 43 |
| Corby Town | 42 | 14 | 15 | 13 | 58 | 53 | 43 |
| Folkestone Town | 42 | 19 | 5 | 18 | 57 | 55 | 43 |
| Ramsgate Athletic | 42 | 14 | 13 | 15 | 53 | 57 | 41 |
| Salisbury | 42 | 13 | 13 | 16 | 48 | 53 | 39 |
| Gravesend & Northfleet | 42 | 13 | 11 | 18 | 62 | 71 | 37 |
| Bexley United | 42 | 10 | 11 | 21 | 58 | 76 | 31 |
| Dunstable Town | 42 | 11 | 9 | 22 | 52 | 82 | 31 |
| Merthyr Tydfil | 42 | 9 | 11 | 22 | 40 | 80 | 29 |
| Barry Town | 42 | 11 | 6 | 25 | 39 | 76 | 28 |
| Wisbech Town | 42 | 8 | 9 | 25 | 58 | 116 | 25 |
| Tonbridge | 42 | 4 | 10 | 28 | 46 | 101 | 18 |

## 1970-71  Premier Division

| | P | W | D | L | F | A | Pts |
|---|---|---|---|---|---|---|---|
| Yeovil Town | 42 | 25 | 7 | 10 | 66 | 31 | 57 |
| Cambridge City | 42 | 22 | 11 | 9 | 67 | 38 | 55 |
| Romford | 42 | 23 | 9 | 10 | 63 | 42 | 55 |
| Hereford United | 42 | 23 | 8 | 11 | 71 | 53 | 54 |
| Chelmsford City | 42 | 20 | 11 | 11 | 61 | 32 | 51 |
| Barnet | 42 | 18 | 14 | 10 | 69 | 49 | 50 |
| Bedford Town | 42 | 20 | 10 | 12 | 62 | 46 | 50 |
| Wimbledon | 42 | 20 | 8 | 14 | 72 | 54 | 48 |
| Worcester City | 42 | 20 | 8 | 14 | 61 | 46 | 48 |
| Weymouth | 42 | 14 | 16 | 12 | 64 | 48 | 44 |
| Dartford | 42 | 15 | 12 | 15 | 53 | 51 | 42 |
| Dover | 42 | 16 | 9 | 17 | 64 | 63 | 41 |
| Margate | 42 | 15 | 10 | 17 | 64 | 70 | 40 |
| Hillingdon Borough | 42 | 17 | 6 | 19 | 61 | 68 | 40 |
| Bath City | 42 | 13 | 12 | 17 | 48 | 68 | 38 |
| Nuneaton Borough | 42 | 12 | 12 | 18 | 43 | 66 | 36 |
| Telford United | 42 | 13 | 8 | 21 | 64 | 70 | 34 |
| Poole Town | 42 | 14 | 6 | 22 | 57 | 75 | 34 |
| King's Lynn | 42 | 11 | 7 | 24 | 44 | 67 | 29 |
| Ashford Town | 42 | 8 | 13 | 21 | 52 | 86 | 29 |
| Kettering Town | 42 | 8 | 11 | 23 | 48 | 84 | 27 |
| Gloucester City | 42 | 6 | 10 | 26 | 34 | 81 | 21 |

### First Division

| | P | W | D | L | F | A | Pts |
|---|---|---|---|---|---|---|---|
| Guildford City | 38 | 22 | 10 | 6 | 76 | 36 | 54 |
| Merthyr Tydfil | 38 | 19 | 12 | 7 | 52 | 33 | 50 |
| Gravesend & Northfleet | 38 | 19 | 10 | 9 | 74 | 42 | 48 |
| Folkestone | 38 | 20 | 8 | 10 | 83 | 53 | 48 |
| Burton Albion | 38 | 19 | 10 | 9 | 56 | 37 | 48 |
| Rugby Town | 38 | 17 | 14 | 7 | 58 | 40 | 48 |
| Ramsgate Athletic | 38 | 20 | 5 | 13 | 83 | 54 | 45 |
| Trowbridge Town | 38 | 19 | 7 | 12 | 78 | 55 | 45 |
| Bexley United | 38 | 17 | 11 | 10 | 57 | 45 | 45 |
| Crawley Town | 38 | 15 | 11 | 12 | 84 | 68 | 41 |
| Hastings United | 38 | 13 | 12 | 13 | 51 | 50 | 38 |
| Banbury United | 38 | 13 | 11 | 14 | 58 | 53 | 37 |
| Corby Town | 38 | 14 | 8 | 16 | 57 | 60 | 36 |
| Salisbury | 38 | 13 | 7 | 18 | 56 | 60 | 33 |
| Cheltenham Town | 38 | 8 | 15 | 15 | 44 | 58 | 31 |
| Stevenage Athletic | 38 | 12 | 7 | 19 | 55 | 79 | 21 |
| Tonbridge | 38 | 8 | 8 | 22 | 48 | 83 | 24 |
| Barry Town | 38 | 9 | 6 | 23 | 35 | 82 | 24 |
| Dunstable Town | 38 | 8 | 4 | 26 | 32 | 81 | 20 |
| Canterbury City | 38 | 5 | 4 | 29 | 37 | 105 | 14 |

## 1971-72

### Premier Division

| | P | W | D | L | F | A | Pts |
|---|---|---|---|---|---|---|---|
| Chelmsford City | 42 | 28 | 6 | 8 | 109 | 46 | 62 |
| Hereford United | 42 | 24 | 12 | 6 | 68 | 30 | 60 |
| Dover | 42 | 20 | 11 | 11 | 67 | 45 | 51 |
| Barnet | 42 | 21 | 7 | 14 | 80 | 57 | 49 |
| Dartford | 42 | 20 | 8 | 14 | 75 | 68 | 48 |
| Weymouth | 42 | 21 | 5 | 16 | 69 | 43 | 47 |
| Yeovil Town | 42 | 18 | 11 | 13 | 67 | 51 | 47 |
| Hillingdon Borough | 42 | 20 | 6 | 16 | 64 | 58 | 46 |
| Margate | 42 | 19 | 8 | 15 | 74 | 68 | 46 |
| Wimbledon | 42 | 19 | 7 | 16 | 75 | 64 | 45 |
| Romford | 42 | 16 | 13 | 13 | 54 | 49 | 45 |
| Guildford City | 42 | 20 | 5 | 17 | 71 | 65 | 45 |
| Telford United | 42 | 18 | 7 | 17 | 83 | 68 | 43 |
| Nuneaton Borough | 42 | 16 | 10 | 16 | 46 | 47 | 42 |
| Bedford Town | 42 | 16 | 9 | 17 | 59 | 66 | 41 |
| Worcester City | 42 | 17 | 7 | 18 | 46 | 57 | 41 |
| Cambridge City | 42 | 12 | 14 | 16 | 68 | 71 | 38 |
| Folkestone | 42 | 14 | 7 | 21 | 58 | 64 | 35 |
| Poole Town | 42 | 9 | 11 | 22 | 43 | 72 | 29 |
| Bath City | 42 | 11 | 4 | 27 | 45 | 86 | 26 |
| Merthyr Tydfil | 42 | 7 | 8 | 27 | 29 | 93 | 22 |
| Gravesend & Northfleet | 42 | 5 | 6 | 31 | 30 | 110 | 16 |

### First Division (North)

| | P | W | D | L | F | A | Pts |
|---|---|---|---|---|---|---|---|
| Kettering Town | 34 | 23 | 6 | 5 | 70 | 27 | 52 |
| Burton Albion | 34 | 18 | 13 | 3 | 58 | 27 | 49 |
| Cheltenham Town | 34 | 20 | 4 | 10 | 72 | 51 | 44 |
| Rugby Town | 34 | 18 | 7 | 9 | 52 | 36 | 43 |
| Wellingborough Town | 34 | 15 | 10 | 9 | 73 | 44 | 40 |
| Stourbridge | 34 | 13 | 14 | 7 | 59 | 42 | 40 |
| King's Lynn | 34 | 14 | 11 | 9 | 62 | 45 | 39 |
| Corby Town | 34 | 15 | 9 | 10 | 47 | 35 | 39 |
| Ilkeston Town | 34 | 14 | 11 | 9 | 44 | 38 | 39 |
| Banbury United | 34 | 14 | 5 | 15 | 54 | 46 | 33 |
| Bury Town | 34 | 14 | 5 | 15 | 47 | 44 | 33 |
| Wealdstone | 34 | 14 | 5 | 15 | 51 | 58 | 33 |
| Lockheed Leamington | 34 | 15 | 3 | 16 | 41 | 52 | 33 |
| Gloucester City | 34 | 8 | 8 | 18 | 46 | 61 | 24 |
| Stevenage Athletic | 34 | 8 | 8 | 18 | 41 | 69 | 24 |
| Bletchley | 34 | 7 | 7 | 20 | 36 | 70 | 21 |
| Dunstable Town | 34 | 5 | 7 | 22 | 29 | 75 | 17 |
| Barry Town | 34 | 1 | 7 | 26 | 22 | 84 | 9 |

# Southern League 1972-1974

## First Division (South)

| | P | W | D | L | F | A | Pts |
|---|---|---|---|---|---|---|---|
| Waterlooville | 30 | 15 | 9 | 6 | 40 | 22 | 39 |
| Ramsgate Athletic | 30 | 14 | 11 | 5 | 42 | 27 | 39 |
| Maidstone United | 30 | 14 | 10 | 6 | 48 | 28 | 38 |
| Crawley Town | 30 | 15 | 5 | 10 | 67 | 55 | 35 |
| Metropolitan Police | 30 | 15 | 3 | 12 | 48 | 41 | 33 |
| Tonbridge | 30 | 12 | 9 | 9 | 37 | 34 | 33 |
| Bexley United | 30 | 14 | 4 | 12 | 52 | 46 | 32 |
| Basingstoke Town | 30 | 14 | 4 | 12 | 37 | 36 | 32 |
| Andover | 30 | 11 | 9 | 10 | 32 | 34 | 31 |
| Ashford Town | 30 | 12 | 4 | 14 | 43 | 48 | 28 |
| Salisbury | 30 | 10 | 7 | 13 | 45 | 44 | 27 |
| Winchester City | 30 | 10 | 7 | 13 | 40 | 47 | 27 |
| Hastings United | 30 | 10 | 7 | 13 | 28 | 42 | 27 |
| Trowbridge Town | 30 | 8 | 7 | 15 | 41 | 49 | 23 |
| Canterbury City | 30 | 7 | 8 | 15 | 39 | 56 | 22 |
| Woodford Town | 30 | 4 | 6 | 20 | 22 | 52 | 14 |

## First Division (South)

| | P | W | D | L | F | A | Pts |
|---|---|---|---|---|---|---|---|
| Maidstone United | 42 | 25 | 12 | 5 | 90 | 38 | 62 |
| Tonbridge | 42 | 26 | 7 | 9 | 70 | 44 | 59 |
| Ashford Town | 42 | 24 | 7 | 11 | 90 | 40 | 55 |
| Bideford | 42 | 19 | 14 | 9 | 70 | 43 | 52 |
| Minehead | 42 | 20 | 12 | 10 | 65 | 47 | 52 |
| Gravesend & Northfleet | 42 | 22 | 7 | 13 | 81 | 55 | 51 |
| Bath City | 42 | 18 | 11 | 13 | 56 | 54 | 47 |
| Wealdstone | 42 | 16 | 12 | 14 | 81 | 61 | 44 |
| Bletchley Town | 42 | 14 | 13 | 15 | 54 | 51 | 41 |
| Hastings United | 42 | 14 | 13 | 15 | 53 | 53 | 41 |
| Andover | 42 | 15 | 11 | 16 | 62 | 70 | 41 |
| Canterbury City | 42 | 14 | 12 | 16 | 51 | 59 | 40 |
| Basingstoke Town | 42 | 14 | 12 | 16 | 48 | 57 | 40 |
| Crawley Town | 42 | 14 | 11 | 17 | 59 | 76 | 39 |
| Metropolitan Police | 42 | 15 | 8 | 19 | 82 | 75 | 38 |
| Trowbridge Town | 42 | 15 | 8 | 19 | 65 | 77 | 38 |
| Bexley United | 42 | 12 | 14 | 16 | 54 | 64 | 38 |
| Salisbury | 42 | 14 | 10 | 18 | 49 | 60 | 38 |
| Bognor Regis Town | 42 | 12 | 9 | 21 | 41 | 66 | 33 |
| Dorchester Town | 42 | 10 | 12 | 20 | 47 | 73 | 32 |
| Winchester City | 42 | 7 | 11 | 24 | 41 | 79 | 25 |
| Dunstable Town | 42 | 4 | 10 | 28 | 38 | 105 | 18 |

## 1972-73

### Premier Division

| | P | W | D | L | F | A | Pts |
|---|---|---|---|---|---|---|---|
| Kettering Town | 42 | 20 | 17 | 5 | 74 | 44 | 57 |
| Yeovil Town | 42 | 21 | 14 | 7 | 67 | 61 | 56 |
| Dover | 42 | 23 | 9 | 10 | 61 | 68 | 55 |
| Chelmsford City | 42 | 23 | 7 | 12 | 75 | 43 | 53 |
| Worcester City | 42 | 20 | 13 | 9 | 68 | 47 | 53 |
| Weymouth | 42 | 20 | 12 | 10 | 72 | 51 | 52 |
| Margate | 42 | 17 | 15 | 10 | 80 | 60 | 49 |
| Bedford Town | 42 | 16 | 15 | 11 | 43 | 36 | 47 |
| Nuneaton Borough | 42 | 16 | 14 | 12 | 51 | 41 | 46 |
| Telford United | 42 | 12 | 20 | 10 | 57 | 47 | 44 |
| Cambridge City | 42 | 14 | 15 | 13 | 64 | 53 | 43 |
| Wimbledon | 42 | 14 | 14 | 14 | 50 | 50 | 42 |
| Barnet | 42 | 15 | 11 | 16 | 60 | 59 | 41 |
| Romford | 42 | 17 | 5 | 20 | 51 | 65 | 39 |
| Hillingdon Borough | 42 | 16 | 6 | 20 | 52 | 58 | 38 |
| Dartford | 42 | 12 | 11 | 19 | 49 | 63 | 35 |
| Folkestone | 42 | 11 | 11 | 20 | 41 | 72 | 33 |
| Guildford City | 42 | 10 | 11 | 21 | 59 | 84 | 31 |
| Ramsgate | 42 | 9 | 13 | 20 | 35 | 61 | 31 |
| Poole Town | 42 | 10 | 10 | 22 | 50 | 88 | 30 |
| Burton Albion | 42 | 9 | 7 | 26 | 43 | 81 | 25 |
| Waterlooville | 42 | 4 | 16 | 22 | 33 | 63 | 24 |

### First Division (North)

| | P | W | D | L | F | A | Pts |
|---|---|---|---|---|---|---|---|
| Grantham | 42 | 29 | 8 | 5 | 113 | 41 | 66 |
| Atherstone Town | 42 | 23 | 11 | 8 | 82 | 48 | 57 |
| Cheltenham Town | 42 | 24 | 8 | 10 | 87 | 47 | 56 |
| Rugby Town | 42 | 20 | 10 | 12 | 60 | 47 | 50 |
| Kidderminster Harriers | 42 | 19 | 12 | 11 | 67 | 56 | 50 |
| Merthyr Tydfil | 42 | 17 | 12 | 13 | 51 | 40 | 46 |
| Corby Town | 42 | 14 | 16 | 12 | 62 | 56 | 44 |
| Stourbridge | 42 | 16 | 11 | 15 | 70 | 64 | 43 |
| Gloucester City | 42 | 18 | 7 | 17 | 55 | 64 | 43 |
| Bromsgrove Rovers | 42 | 17 | 8 | 17 | 63 | 54 | 42 |
| Redditch United | 42 | 18 | 6 | 18 | 58 | 59 | 42 |
| Banbury United | 42 | 18 | 5 | 19 | 60 | 53 | 41 |
| Wellingborough Town | 42 | 17 | 7 | 18 | 58 | 71 | 41 |
| King's Lynn | 42 | 14 | 12 | 16 | 45 | 49 | 40 |
| Lockheed Leamington | 42 | 13 | 12 | 17 | 51 | 58 | 38 |
| Enderby Town | 42 | 12 | 14 | 16 | 50 | 61 | 38 |
| Stevenage Athletic | 42 | 12 | 13 | 17 | 50 | 63 | 37 |
| Tamworth | 42 | 14 | 8 | 20 | 45 | 65 | 36 |
| Bury Town | 42 | 13 | 9 | 20 | 52 | 69 | 35 |
| Barry Town | 42 | 11 | 10 | 21 | 45 | 71 | 32 |
| Ilkeston Town | 42 | 9 | 6 | 27 | 35 | 68 | 24 |
| Bedworth United | 42 | 10 | 3 | 29 | 42 | 94 | 23 |

## 1973-74

### Premier Division

| | P | W | D | L | F | A | Pts |
|---|---|---|---|---|---|---|---|
| Dartford | 42 | 22 | 13 | 7 | 67 | 37 | 57 |
| Grantham | 42 | 18 | 13 | 11 | 70 | 49 | 49 |
| Chelmsford City | 42 | 19 | 10 | 13 | 62 | 49 | 48 |
| Kettering Town | 42 | 16 | 16 | 10 | 62 | 51 | 48 |
| Maidstone United | 42 | 16 | 14 | 12 | 54 | 43 | 46 |
| Yeovil Town | 42 | 13 | 20 | 9 | 45 | 39 | 46 |
| Weymouth | 42 | 19 | 7 | 16 | 60 | 41 | 45 |
| Barnet | 42 | 18 | 9 | 15 | 55 | 46 | 45 |
| Nuneaton Borough | 42 | 13 | 19 | 10 | 54 | 47 | 45 |
| Cambridge City | 42 | 15 | 12 | 15 | 45 | 54 | 42 |
| Atherstone Town | 42 | 16 | 9 | 17 | 61 | 59 | 41 |
| Wimbledon | 42 | 15 | 11 | 16 | 50 | 56 | 41 |
| Telford United | 42 | 12 | 16 | 14 | 51 | 57 | 40 |
| Dover | 42 | 11 | 17 | 14 | 41 | 46 | 39 |
| Tonbridge | 42 | 12 | 15 | 15 | 38 | 45 | 39 |
| Romford | 42 | 11 | 17 | 14 | 39 | 52 | 39 |
| Margate | 42 | 15 | 8 | 19 | 56 | 63 | 38 |
| Guildford City | 42 | 13 | 11 | 18 | 48 | 67 | 37 |
| Worcester City | 42 | 11 | 14 | 17 | 53 | 67 | 36 |
| Bedford Town | 42 | 11 | 14 | 17 | 38 | 51 | 36 |
| Folkestone | 42 | 11 | 12 | 19 | 56 | 65 | 34 |
| Hillingdon Borough | 42 | 9 | 15 | 18 | 44 | 65 | 33 |

### First Division (North)

| | P | W | D | L | F | A | Pts |
|---|---|---|---|---|---|---|---|
| Stourbridge | 42 | 29 | 11 | 2 | 103 | 36 | 69 |
| Burton Albion | 42 | 27 | 9 | 6 | 88 | 32 | 63 |
| Cheltenham Town | 42 | 24 | 8 | 10 | 75 | 51 | 56 |
| AP Leamington | 42 | 21 | 12 | 9 | 82 | 45 | 54 |
| Enderby Town | 42 | 19 | 14 | 9 | 60 | 36 | 52 |
| Witney Town | 42 | 20 | 10 | 12 | 69 | 55 | 50 |
| Stevenage Athletic | 42 | 19 | 11 | 12 | 65 | 46 | 49 |
| Banbury United | 42 | 19 | 11 | 12 | 69 | 57 | 49 |
| King's Lynn | 42 | 19 | 10 | 13 | 65 | 50 | 48 |
| Kidderminster Harriers | 42 | 15 | 14 | 13 | 67 | 53 | 44 |
| Merthyr Tydfil | 42 | 16 | 12 | 14 | 70 | 61 | 44 |
| Redditch United | 42 | 14 | 11 | 17 | 56 | 73 | 39 |
| Bromsgrove Rovers | 42 | 14 | 10 | 18 | 54 | 61 | 38 |
| Bedworth United | 42 | 14 | 10 | 18 | 50 | 77 | 38 |
| Tamworth | 42 | 13 | 11 | 18 | 42 | 51 | 37 |
| Corby Town | 42 | 12 | 11 | 19 | 40 | 57 | 35 |
| Bletchley Town | 42 | 10 | 15 | 17 | 47 | 71 | 35 |
| Barry Town | 42 | 10 | 8 | 24 | 53 | 85 | 29 |
| Bury Town | 42 | 10 | 6 | 26 | 57 | 84 | 26 |
| Gloucester City | 42 | 10 | 6 | 26 | 52 | 81 | 26 |
| Wellingborough Town | 42 | 7 | 9 | 26 | 42 | 87 | 23 |
| Dunstable Town | 42 | 5 | 11 | 26 | 26 | 83 | 21 |

## First Division (South)

| | | | | | | | |
|---|---|---|---|---|---|---|---|
| Wealdstone | 38 | 26 | 7 | 5 | 75 | 35 | 59 |
| Bath City | 38 | 20 | 8 | 10 | 55 | 34 | 48 |
| Waterlooville | 38 | 16 | 15 | 7 | 55 | 38 | 47 |
| Minehead | 38 | 16 | 15 | 7 | 69 | 52 | 47 |
| Bideford | 38 | 17 | 12 | 9 | 61 | 51 | 46 |
| Poole Town | 38 | 18 | 9 | 11 | 67 | 47 | 45 |
| Bexley United | 38 | 18 | 7 | 13 | 50 | 42 | 43 |
| Hastings United | 38 | 16 | 9 | 13 | 45 | 36 | 41 |
| Basingstoke Town | 38 | 14 | 11 | 13 | 55 | 44 | 39 |
| Gravesend & Northfleet | 38 | 13 | 13 | 12 | 58 | 52 | 39 |
| Bognor Regis Town | 38 | 13 | 12 | 13 | 48 | 54 | 38 |
| Ashford Town | 38 | 14 | 8 | 16 | 41 | 42 | 36 |
| Ramsgate | 38 | 13 | 9 | 16 | 46 | 44 | 35 |
| Dorchester Town | 38 | 10 | 13 | 15 | 40 | 48 | 33 |
| Canterbury City | 38 | 9 | 12 | 17 | 37 | 46 | 30 |
| Trowbridge Town | 38 | 8 | 14 | 16 | 44 | 61 | 30 |
| Salisbury | 38 | 10 | 9 | 19 | 40 | 60 | 29 |
| Metropolitan Police | 38 | 9 | 11 | 18 | 37 | 61 | 29 |
| Andover | 38 | 11 | 3 | 24 | 38 | 70 | 25 |
| Crawley Town | 38 | 6 | 9 | 23 | 35 | 79 | 21 |

## First Division (South)

| | | | | | | | |
|---|---|---|---|---|---|---|---|
| Gravesend & Northfleet | 38 | 24 | 12 | 2 | 70 | 30 | 60 |
| Hillingdon Borough | 38 | 22 | 8 | 8 | 87 | 45 | 52 |
| Minehead | 38 | 21 | 9 | 8 | 74 | 33 | 51 |
| Ramsgate | 38 | 19 | 11 | 8 | 70 | 37 | 49 |
| Bexley United | 38 | 19 | 7 | 12 | 61 | 44 | 45 |
| Waterlooville | 38 | 17 | 11 | 10 | 67 | 49 | 45 |
| Ashford Town | 38 | 16 | 12 | 10 | 64 | 55 | 44 |
| Basingstoke Town | 38 | 16 | 11 | 11 | 64 | 50 | 43 |
| Canterbury City | 38 | 16 | 9 | 13 | 54 | 43 | 41 |
| Hastings United | 38 | 13 | 14 | 11 | 54 | 45 | 40 |
| Poole Town | 38 | 11 | 13 | 14 | 50 | 60 | 35 |
| Metropolitan Police | 38 | 11 | 13 | 14 | 54 | 66 | 35 |
| Folkestone & Shepway | 38 | 10 | 14 | 14 | 53 | 57 | 34 |
| Andover | 38 | 12 | 8 | 18 | 52 | 71 | 32 |
| Bognor Regis Town | 38 | 10 | 11 | 17 | 49 | 64 | 31 |
| Salisbury | 38 | 9 | 11 | 18 | 45 | 66 | 29 |
| Trowbridge Town | 38 | 10 | 9 | 19 | 48 | 76 | 29 |
| Bideford | 38 | 10 | 8 | 20 | 40 | 71 | 28 |
| Dorchester Town | 38 | 8 | 10 | 20 | 40 | 63 | 26 |
| Crawley Town | 38 | 3 | 5 | 30 | 31 | 102 | 11 |

## 1974-75
### Premier Division

| | | | | | | | |
|---|---|---|---|---|---|---|---|
| Wimbledon | 42 | 25 | 7 | 10 | 63 | 33 | 57 |
| Nuneaton Borough | 42 | 23 | 8 | 11 | 56 | 37 | 54 |
| Yeovil Town | 42 | 21 | 9 | 12 | 64 | 34 | 51 |
| Kettering Town | 42 | 20 | 10 | 12 | 73 | 41 | 50 |
| Burton Albion | 42 | 18 | 13 | 11 | 54 | 48 | 49 |
| Bath City | 42 | 20 | 8 | 14 | 63 | 50 | 48 |
| Margate | 42 | 17 | 12 | 13 | 64 | 64 | 46 |
| Wealdstone | 42 | 17 | 11 | 14 | 62 | 61 | 45 |
| Telford United | 42 | 16 | 13 | 13 | 55 | 56 | 45 |
| Chelmsford City | 42 | 16 | 12 | 14 | 62 | 51 | 44 |
| Grantham | 42 | 16 | 11 | 15 | 70 | 62 | 43 |
| Dover | 42 | 15 | 13 | 14 | 43 | 53 | 43 |
| Maidstone United | 42 | 15 | 12 | 15 | 52 | 50 | 42 |
| Atherstone Town | 42 | 14 | 14 | 14 | 48 | 53 | 42 |
| Weymouth | 42 | 13 | 13 | 16 | 66 | 58 | 39 |
| Stourbridge | 42 | 13 | 12 | 17 | 56 | 70 | 38 |
| Cambridge | 42 | 11 | 14 | 17 | 51 | 56 | 36 |
| Tonbridge | 42 | 11 | 12 | 19 | 44 | 66 | 34 |
| Romford | 42 | 10 | 13 | 19 | 46 | 62 | 33 |
| Dartford | 42 | 9 | 13 | 20 | 52 | 70 | 31 |
| Barnet | 42 | 10 | 9 | 23 | 44 | 76 | 29 |
| Guildford & Dorking United | 42 | 10 | 5 | 27 | 45 | 82 | 25 |

### First Division (North)

| | | | | | | | |
|---|---|---|---|---|---|---|---|
| Bedford Town | 42 | 28 | 9 | 5 | 85 | 33 | 65 |
| Dunstable Town | 42 | 25 | 8 | 9 | 105 | 61 | 58 |
| AP Leamington | 42 | 25 | 7 | 10 | 68 | 48 | 57 |
| Redditch United | 42 | 22 | 12 | 8 | 76 | 40 | 56 |
| Worcester City | 42 | 24 | 8 | 10 | 84 | 50 | 56 |
| Cheltenham Town | 42 | 21 | 9 | 12 | 72 | 53 | 51 |
| Tamworth | 42 | 21 | 8 | 13 | 74 | 53 | 50 |
| King's Lynn | 42 | 19 | 10 | 13 | 71 | 64 | 48 |
| Enderby Town | 42 | 17 | 12 | 13 | 61 | 48 | 46 |
| Banbury United | 42 | 18 | 10 | 14 | 52 | 51 | 46 |
| Stevenage Athletic | 42 | 16 | 13 | 13 | 62 | 48 | 45 |
| Bromsgrove Rovers | 42 | 18 | 9 | 15 | 63 | 52 | 45 |
| Merthyr Tydfil | 42 | 11 | 15 | 16 | 53 | 64 | 37 |
| Witney Town | 42 | 16 | 4 | 22 | 57 | 76 | 36 |
| Corby Town | 42 | 11 | 13 | 18 | 60 | 57 | 35 |
| Kidderminster Harriers | 42 | 12 | 11 | 19 | 50 | 66 | 35 |
| Gloucester City | 42 | 13 | 8 | 21 | 55 | 75 | 34 |
| Wellingborough Town | 42 | 9 | 13 | 20 | 42 | 61 | 31 |
| Barry Town | 42 | 10 | 10 | 22 | 49 | 73 | 30 |
| Bedworth United | 42 | 9 | 9 | 24 | 60 | 91 | 27 |
| Milton Keynes City | 42 | 7 | 5 | 30 | 48 | 100 | 19 |
| Bury Town | 42 | 5 | 7 | 30 | 36 | 119 | 17 |

## 1975-76
### Premier Division

| | | | | | | | |
|---|---|---|---|---|---|---|---|
| Wimbledon | 42 | 26 | 10 | 6 | 74 | 29 | 62 |
| Yeovil Town | 42 | 21 | 12 | 9 | 68 | 35 | 54 |
| Atherstone Town | 42 | 18 | 15 | 9 | 56 | 55 | 51 |
| Maidstone United | 42 | 17 | 16 | 9 | 52 | 39 | 50 |
| Nuneaton Borough | 42 | 16 | 18 | 8 | 41 | 33 | 50 |
| Gravesend & Northfleet | 42 | 16 | 18 | 8 | 49 | 47 | 50 |
| Grantham | 42 | 15 | 14 | 13 | 56 | 47 | 44 |
| Dunstable Town | 42 | 17 | 9 | 16 | 52 | 43 | 43 |
| Bedford Town | 42 | 13 | 17 | 12 | 55 | 51 | 43 |
| Burton Albion | 42 | 17 | 9 | 16 | 52 | 53 | 43 |
| Margate | 42 | 15 | 12 | 15 | 62 | 60 | 42 |
| Hillingdon Borough | 42 | 13 | 14 | 15 | 61 | 54 | 40 |
| Telford United | 42 | 14 | 12 | 16 | 54 | 51 | 40 |
| Chelmsford City | 42 | 13 | 14 | 15 | 52 | 57 | 40 |
| Kettering Town | 42 | 11 | 17 | 14 | 48 | 52 | 39 |
| Bath City | 42 | 11 | 16 | 15 | 62 | 57 | 38 |
| Weymouth | 42 | 13 | 9 | 20 | 51 | 67 | 35 |
| Dover | 42 | 8 | 18 | 16 | 51 | 60 | 34 |
| Wealdstone | 42 | 12 | 9 | 21 | 61 | 82 | 33 |
| Tonbridge AFC | 42 | 11 | 11 | 20 | 45 | 70 | 33 |
| Cambridge City | 42 | 8 | 15 | 19 | 41 | 67 | 31 |
| Stourbridge | 42 | 10 | 9 | 23 | 38 | 72 | 29 |

### First Division (North)

| | | | | | | | |
|---|---|---|---|---|---|---|---|
| Redditch United | 42 | 29 | 11 | 2 | 101 | 39 | 69 |
| AP Leamington | 42 | 27 | 10 | 5 | 85 | 31 | 64 |
| Witney Town | 42 | 24 | 9 | 9 | 66 | 40 | 57 |
| Worcester City | 42 | 24 | 8 | 10 | 90 | 49 | 56 |
| Cheltenham Town | 42 | 20 | 10 | 12 | 87 | 55 | 50 |
| Barry Town | 42 | 19 | 10 | 13 | 52 | 47 | 48 |
| King's Lynn | 42 | 17 | 14 | 11 | 52 | 48 | 48 |
| Tamworth | 42 | 18 | 11 | 13 | 65 | 43 | 47 |
| Barnet | 42 | 15 | 12 | 15 | 56 | 56 | 42 |
| Oswestry Town | 42 | 16 | 8 | 18 | 63 | 71 | 40 |
| Enderby Town | 42 | 16 | 6 | 20 | 48 | 51 | 38 |
| Banbury United | 42 | 15 | 8 | 19 | 58 | 67 | 38 |
| Merthyr Tydfil | 42 | 11 | 15 | 16 | 59 | 67 | 37 |
| Bromsgrove Rovers | 42 | 13 | 11 | 18 | 49 | 65 | 37 |
| Milton Keynes City | 42 | 15 | 6 | 21 | 51 | 63 | 36 |
| Bury Town | 42 | 12 | 11 | 19 | 52 | 72 | 35 |
| Gloucester City | 42 | 13 | 9 | 20 | 49 | 78 | 35 |
| Kidderminster Harriers | 42 | 13 | 8 | 21 | 54 | 70 | 34 |
| Bedworth United | 42 | 8 | 18 | 16 | 63 | 71 | 34 |
| Corby Town | 42 | 11 | 10 | 21 | 50 | 65 | 32 |
| Wellingborough Town | 42 | 9 | 11 | 22 | 42 | 68 | 29 |
| Stevenage Athletic | 42 | 6 | 6 | 30 | 46 | 105 | 18 |

# Southern League 1976-1978

## First Division (South)

| | | | | | | |
|---|---|---|---|---|---|---|
| Minehead | 38 | 27 | 8 | 3 | 102 | 35 | 62 |
| Dartford | 38 | 26 | 4 | 8 | 84 | 46 | 56 |
| Romford | 38 | 21 | 9 | 8 | 66 | 37 | 51 |
| Salisbury | 38 | 17 | 11 | 10 | 73 | 53 | 45 |
| Hastings United | 38 | 15 | 15 | 8 | 67 | 51 | 45 |
| Poole United | 38 | 20 | 2 | 16 | 57 | 57 | 42 |
| Bexley United | 38 | 14 | 13 | 11 | 62 | 53 | 41 |
| Waterlooville | 38 | 13 | 13 | 12 | 62 | 54 | 39 |
| Basingstoke Town | 38 | 13 | 12 | 13 | 69 | 71 | 38 |
| Ashford Town | 38 | 14 | 8 | 16 | 67 | 73 | 36 |
| Canterbury City | 38 | 11 | 13 | 14 | 53 | 60 | 35 |
| Folkestone & Shepway | 38 | 10 | 14 | 14 | 36 | 51 | 34 |
| Metropolitan Police | 38 | 9 | 14 | 15 | 46 | 58 | 32 |
| Trowbridge Town | 38 | 11 | 10 | 17 | 48 | 75 | 32 |
| Guildford & Dorking United | 38 | 9 | 13 | 16 | 43 | 50 | 31 |
| Bognor Regis Town | 38 | 6 | 17 | 15 | 44 | 72 | 29 |
| Ramsgate | 38 | 9 | 10 | 19 | 57 | 76 | 28 |
| Crawley Town | 38 | 9 | 10 | 19 | 46 | 66 | 28 |
| Andover | 38 | 9 | 10 | 19 | 42 | 62 | 28 |
| Dorchester Town | 38 | 11 | 6 | 21 | 45 | 69 | 28 |

## First Division (South)

| | | | | | | |
|---|---|---|---|---|---|---|
| Barnet | 34 | 23 | 8 | 3 | 65 | 25 | 54 |
| Hastings United | 34 | 18 | 11 | 5 | 47 | 18 | 47 |
| Waterlooville | 34 | 19 | 6 | 9 | 50 | 25 | 44 |
| Dorchester Town | 34 | 16 | 11 | 7 | 48 | 30 | 43 |
| Salisbury | 34 | 15 | 11 | 8 | 57 | 39 | 41 |
| Romford | 34 | 18 | 5 | 11 | 47 | 32 | 41 |
| Poole Town | 34 | 17 | 7 | 10 | 40 | 35 | 41 |
| Trowbridge Town | 34 | 15 | 8 | 11 | 47 | 39 | 38 |
| Crawley Town | 34 | 14 | 9 | 11 | 53 | 42 | 37 |
| Folkestone & Shepway | 34 | 12 | 11 | 11 | 39 | 42 | 35 |
| Basingstoke Town | 34 | 12 | 10 | 12 | 51 | 43 | 34 |
| Canterbury City | 34 | 6 | 16 | 12 | 36 | 46 | 28 |
| Bognor Regis Town | 34 | 9 | 9 | 16 | 33 | 50 | 27 |
| Tonbridge AFC | 34 | 9 | 9 | 16 | 33 | 50 | 27 |
| Metropolitan Police | 34 | 5 | 12 | 17 | 37 | 61 | 22 |
| Andover | 34 | 4 | 11 | 19 | 17 | 49 | 19 |
| Ashford Town | 34 | 5 | 8 | 21 | 32 | 65 | 18 |
| Aylesbury United | 34 | 5 | 6 | 23 | 27 | 68 | 16 |

## 1976-77

### Premier Division

| | | | | | | |
|---|---|---|---|---|---|---|
| Wimbledon | 42 | 28 | 7 | 7 | 64 | 22 | 63 |
| Minehead | 42 | 23 | 12 | 7 | 73 | 39 | 58 |
| Kettering Town | 42 | 20 | 16 | 6 | 66 | 46 | 56 |
| Bath City | 42 | 20 | 15 | 7 | 51 | 30 | 55 |
| Nuneaton Borough | 42 | 20 | 11 | 11 | 52 | 35 | 51 |
| Bedford Town | 42 | 17 | 14 | 11 | 54 | 47 | 48 |
| Yeovil Town | 42 | 15 | 16 | 11 | 54 | 42 | 46 |
| Dover | 42 | 13 | 16 | 13 | 46 | 43 | 42 |
| Grantham | 42 | 14 | 12 | 16 | 55 | 50 | 40 |
| Maidstone United | 42 | 13 | 14 | 15 | 46 | 50 | 40 |
| Gravesend & Northfleet | 42 | 13 | 13 | 16 | 38 | 43 | 39 |
| AP Leamington | 42 | 12 | 15 | 15 | 44 | 53 | 39 |
| Redditch United | 42 | 12 | 14 | 16 | 45 | 54 | 38 |
| Wealdstone | 42 | 13 | 12 | 17 | 54 | 66 | 38 |
| Hillingdon Borough | 42 | 14 | 10 | 18 | 45 | 59 | 38 |
| Atherstone Town | 42 | 14 | 9 | 19 | 41 | 49 | 37 |
| Weymouth | 42 | 16 | 5 | 21 | 53 | 73 | 37 |
| Dartford | 42 | 13 | 10 | 19 | 52 | 57 | 36 |
| Telford United | 42 | 11 | 12 | 19 | 36 | 50 | 34 |
| Chelmsford City | 42 | 9 | 13 | 20 | 56 | 68 | 31 |
| Burton Albion | 42 | 10 | 10 | 22 | 41 | 52 | 30 |
| Margate | 42 | 9 | 10 | 23 | 47 | 85 | 28 |

### First Division (North)

| | | | | | | |
|---|---|---|---|---|---|---|
| Worcester City | 38 | 32 | 5 | 1 | 97 | 22 | 69 |
| Cheltenham Town | 38 | 23 | 8 | 7 | 85 | 35 | 54 |
| Witney Town | 38 | 21 | 8 | 9 | 48 | 31 | 50 |
| Bromsgrove Rovers | 38 | 20 | 8 | 10 | 61 | 37 | 48 |
| Barry Town | 38 | 19 | 8 | 11 | 62 | 45 | 46 |
| Cambridge City | 38 | 17 | 10 | 11 | 68 | 43 | 44 |
| Stourbridge | 38 | 17 | 9 | 12 | 48 | 35 | 43 |
| Kidderminster Harriers | 38 | 17 | 6 | 15 | 74 | 65 | 40 |
| Banbury United | 38 | 15 | 10 | 13 | 51 | 47 | 40 |
| Gloucester City | 38 | 18 | 4 | 16 | 70 | 81 | 40 |
| Enderby Town | 38 | 15 | 9 | 14 | 50 | 44 | 39 |
| King's Lynn | 38 | 13 | 11 | 14 | 47 | 53 | 37 |
| Corby Town | 38 | 11 | 13 | 14 | 56 | 64 | 35 |
| Tamworth | 38 | 11 | 13 | 14 | 49 | 58 | 35 |
| Merthyr Tydfil | 38 | 12 | 6 | 20 | 60 | 69 | 30 |
| Oswestry Town | 38 | 8 | 10 | 20 | 30 | 60 | 26 |
| Wellingborough Town | 38 | 8 | 7 | 23 | 37 | 73 | 23 |
| Dunstable | 38 | 7 | 7 | 24 | 38 | 84 | 21 |
| Bedworth United | 38 | 5 | 10 | 23 | 28 | 68 | 20 |
| Milton Keynes City | 38 | 7 | 6 | 25 | 31 | 76 | 20 |

## 1977-78

### Premier Division

| | | | | | | |
|---|---|---|---|---|---|---|
| Bath City | 42 | 22 | 18 | 2 | 83 | 32 | 62 |
| Weymouth | 42 | 21 | 16 | 5 | 64 | 36 | 58 |
| Maidstone United | 42 | 20 | 11 | 11 | 59 | 41 | 51 |
| Worcester City | 42 | 20 | 11 | 11 | 67 | 50 | 51 |
| Gravesend & Northfleet | 42 | 19 | 11 | 12 | 57 | 42 | 49 |
| Kettering Town | 42 | 18 | 11 | 13 | 58 | 48 | 47 |
| Barnet | 42 | 18 | 11 | 13 | 63 | 58 | 47 |
| Wealdstone | 42 | 16 | 14 | 12 | 54 | 48 | 46 |
| Telford United | 42 | 17 | 11 | 14 | 52 | 45 | 45 |
| Nuneaton Borough | 42 | 15 | 14 | 13 | 38 | 36 | 44 |
| Dartford | 42 | 14 | 15 | 13 | 57 | 65 | 43 |
| Yeovil Town | 42 | 14 | 14 | 14 | 57 | 49 | 42 |
| Hastings United | 42 | 15 | 9 | 18 | 49 | 60 | 39 |
| Cheltenham Town | 42 | 12 | 14 | 16 | 43 | 52 | 38 |
| Hillingdon Borough | 42 | 13 | 9 | 20 | 45 | 54 | 35 |
| Atherstone Town | 42 | 10 | 15 | 17 | 41 | 56 | 35 |
| Redditch United | 42 | 15 | 5 | 22 | 40 | 55 | 35 |
| AP Leamington | 42 | 11 | 13 | 18 | 34 | 57 | 35 |
| Minehead | 42 | 11 | 12 | 19 | 43 | 48 | 34 |
| Dover | 42 | 9 | 13 | 20 | 41 | 63 | 31 |
| Bedford Town | 42 | 8 | 13 | 21 | 51 | 75 | 29 |
| Grantham | 42 | 11 | 6 | 25 | 40 | 66 | 28 |

### First Division (North)

| | | | | | | |
|---|---|---|---|---|---|---|
| Witney Town | 38 | 20 | 15 | 3 | 54 | 27 | 55 |
| Bridgend Town | 38 | 20 | 9 | 9 | 59 | 45 | 49 |
| Burton Albion | 38 | 17 | 11 | 10 | 48 | 32 | 45 |
| Enderby Town | 38 | 17 | 10 | 11 | 59 | 44 | 44 |
| Bromsgrove Rovers | 38 | 16 | 12 | 10 | 56 | 41 | 44 |
| Banbury United | 38 | 17 | 10 | 11 | 52 | 47 | 44 |
| Kidderminster Harriers | 38 | 16 | 11 | 11 | 58 | 41 | 43 |
| Merthyr Tydfil | 38 | 18 | 6 | 14 | 85 | 62 | 42 |
| Cambridge City | 38 | 14 | 12 | 12 | 56 | 45 | 40 |
| Barry Town | 38 | 14 | 11 | 13 | 58 | 48 | 39 |
| Wellingborough Town | 38 | 15 | 12 | 11 | 47 | 43 | 37 |
| King's Lynn | 38 | 12 | 13 | 13 | 55 | 55 | 37 |
| Gloucester City | 38 | 14 | 8 | 16 | 68 | 75 | 36 |
| Corby Town | 38 | 9 | 17 | 12 | 46 | 48 | 35 |
| Dunstable Town | 38 | 11 | 13 | 14 | 49 | 59 | 35 |
| Stourbridge | 38 | 9 | 15 | 14 | 52 | 53 | 33 |
| Tamworth | 38 | 10 | 11 | 17 | 37 | 48 | 31 |
| Bedworth United | 38 | 8 | 14 | 16 | 36 | 58 | 30 |
| Milton Keynes City | 38 | 5 | 11 | 22 | 26 | 74 | 21 |
| Oswestry Town | 38 | 6 | 8 | 24 | 29 | 85 | 20 |

## 1978-79

### First Division (South)

| Team | P | W | D | L | F | A | Pts |
|---|---|---|---|---|---|---|---|
| Margate | 38 | 24 | 10 | 4 | 92 | 32 | 58 |
| Dorchester Town | 38 | 23 | 10 | 5 | 67 | 31 | 56 |
| Salisbury | 38 | 21 | 10 | 7 | 60 | 27 | 52 |
| Waterlooville | 38 | 19 | 13 | 6 | 66 | 36 | 51 |
| Romford | 38 | 17 | 15 | 6 | 58 | 37 | 49 |
| Aylesbury United | 38 | 20 | 7 | 11 | 56 | 42 | 47 |
| Trowbridge Town | 38 | 16 | 11 | 11 | 65 | 59 | 43 |
| Chelmsford City | 38 | 15 | 11 | 12 | 58 | 46 | 41 |
| Folkestone & Shepway | 38 | 16 | 9 | 13 | 64 | 56 | 41 |
| Taunton Town | 38 | 15 | 10 | 13 | 57 | 54 | 40 |
| Addlestone | 38 | 14 | 10 | 14 | 57 | 60 | 38 |
| Crawley Town | 38 | 14 | 9 | 15 | 61 | 60 | 37 |
| Basingstoke Town | 38 | 11 | 11 | 16 | 44 | 50 | 33 |
| Tonbridge AFC | 38 | 13 | 5 | 20 | 64 | 77 | 31 |
| Ashford Town | 38 | 9 | 13 | 16 | 39 | 60 | 31 |
| Hounslow | 38 | 10 | 10 | 18 | 43 | 62 | 30 |
| Bognor Regis Town | 38 | 9 | 8 | 21 | 52 | 69 | 26 |
| Poole Town | 38 | 8 | 10 | 20 | 43 | 68 | 26 |
| Andover | 38 | 4 | 12 | 22 | 30 | 68 | 20 |
| Canterbury City | 38 | 2 | 6 | 30 | 31 | 113 | 10 |

### Premier Division

| Team | P | W | D | L | F | A | Pts |
|---|---|---|---|---|---|---|---|
| Worcester City | 42 | 27 | 11 | 4 | 92 | 33 | 65 |
| Kettering Town | 42 | 27 | 7 | 8 | 109 | 43 | 61 |
| Telford United | 42 | 22 | 10 | 10 | 60 | 39 | 54 |
| Maidstone United | 42 | 18 | 18 | 6 | 55 | 35 | 54 |
| Bath City | 42 | 17 | 19 | 6 | 59 | 41 | 53 |
| Weymouth | 42 | 18 | 15 | 9 | 71 | 51 | 51 |
| AP Leamington | 42 | 19 | 11 | 12 | 65 | 53 | 49 |
| Redditch United | 42 | 19 | 10 | 13 | 70 | 57 | 48 |
| Yeovil Town | 42 | 15 | 16 | 11 | 59 | 49 | 46 |
| Witney Town | 42 | 17 | 10 | 15 | 53 | 52 | 44 |
| Nuneaton Borough | 42 | 13 | 17 | 12 | 59 | 50 | 43 |
| Gravesend & Northfleet | 42 | 15 | 12 | 15 | 56 | 55 | 42 |
| Barnet | 42 | 16 | 10 | 16 | 52 | 64 | 42 |
| Hillingdon Borough | 42 | 12 | 16 | 14 | 50 | 41 | 40 |
| Wealdstone | 42 | 12 | 12 | 18 | 51 | 59 | 36 |
| Atherstone Town | 42 | 9 | 17 | 16 | 46 | 65 | 35 |
| Dartford | 42 | 10 | 14 | 18 | 40 | 56 | 34 |
| Cheltenham Town | 42 | 11 | 10 | 21 | 38 | 72 | 32 |
| Margate | 42 | 10 | 9 | 23 | 44 | 75 | 29 |
| Dorchester Town | 42 | 7 | 11 | 24 | 46 | 86 | 25 |
| Hastings United | 42 | 5 | 13 | 24 | 37 | 85 | 23 |
| Bridgend Town | 42 | 6 | 6 | 30 | 39 | 90 | 18 |

### First Division (North)

| Team | P | W | D | L | F | A | Pts |
|---|---|---|---|---|---|---|---|
| Grantham | 38 | 21 | 10 | 7 | 70 | 45 | 52 |
| Merthyr Tydfil | 38 | 22 | 7 | 9 | 90 | 53 | 51 |
| Alvechurch | 38 | 20 | 10 | 8 | 70 | 42 | 50 |
| Bedford Town | 38 | 19 | 9 | 10 | 74 | 49 | 47 |
| King's Lynn | 38 | 17 | 11 | 10 | 57 | 46 | 45 |
| Oswestry Town | 38 | 18 | 8 | 12 | 63 | 43 | 44 |
| Gloucester City | 38 | 18 | 8 | 12 | 76 | 59 | 44 |
| Burton Albion | 38 | 16 | 10 | 12 | 51 | 40 | 42 |
| Kidderminster Harriers | 38 | 13 | 14 | 11 | 70 | 60 | 40 |
| Bedworth United | 38 | 13 | 14 | 11 | 41 | 34 | 40 |
| Tamworth | 38 | 15 | 8 | 15 | 47 | 45 | 38 |
| Stourbridge | 38 | 15 | 7 | 16 | 64 | 61 | 37 |
| Barry Town | 38 | 14 | 9 | 15 | 51 | 53 | 37 |
| Enderby Town | 38 | 14 | 8 | 16 | 46 | 55 | 36 |
| Banbury United | 38 | 10 | 13 | 15 | 42 | 58 | 33 |
| Wellingborough Town | 38 | 13 | 6 | 19 | 50 | 71 | 32 |
| Cambridge City | 38 | 9 | 9 | 20 | 37 | 62 | 27 |
| Bromsgrove Rovers | 38 | 6 | 14 | 18 | 33 | 61 | 26 |
| Milton Keynes City | 38 | 7 | 9 | 22 | 37 | 87 | 23 |
| Corby Town | 38 | 5 | 6 | 27 | 40 | 85 | 16 |

### First Division (South)

| Team | P | W | D | L | F | A | Pts |
|---|---|---|---|---|---|---|---|
| Dover | 40 | 28 | 9 | 3 | 88 | 20 | 65 |
| Folkestone & Shepway | 40 | 22 | 6 | 12 | 84 | 50 | 50 |
| Gosport Borough | 40 | 19 | 11 | 10 | 62 | 47 | 49 |
| Chelmsford City | 40 | 20 | 7 | 13 | 65 | 61 | 47 |
| Minehead | 40 | 16 | 13 | 11 | 58 | 39 | 45 |
| Poole Town | 40 | 15 | 15 | 10 | 48 | 44 | 45 |
| Hounslow | 40 | 16 | 12 | 12 | 56 | 45 | 44 |
| Waterlooville | 40 | 17 | 10 | 13 | 52 | 43 | 44 |
| Trowbridge Town | 40 | 15 | 12 | 13 | 65 | 61 | 42 |
| Aylesbury United | 40 | 16 | 9 | 15 | 54 | 52 | 41 |
| Taunton Town | 40 | 16 | 9 | 15 | 53 | 51 | 41 |
| Bognor Regis Town | 40 | 17 | 7 | 16 | 58 | 58 | 41 |
| Dunstable | 40 | 18 | 4 | 18 | 57 | 55 | 40 |
| Tonbridge AFC | 40 | 15 | 10 | 15 | 43 | 47 | 40 |
| Salisbury | 40 | 13 | 10 | 17 | 47 | 51 | 36 |
| Basingstoke Town | 40 | 12 | 11 | 17 | 49 | 62 | 35 |
| Addlestone | 40 | 12 | 9 | 19 | 56 | 64 | 33 |
| Andover | 40 | 12 | 6 | 22 | 47 | 69 | 30 |
| Ashford Town | 40 | 10 | 10 | 20 | 28 | 53 | 30 |
| Crawley Town | 40 | 9 | 9 | 22 | 44 | 75 | 27 |
| Canterbury City | 40 | 6 | 3 | 31 | 31 | 98 | 15 |

## 1979-80

### Midland Division

| Team | P | W | D | L | F | A | Pts |
|---|---|---|---|---|---|---|---|
| Bridgend Town | 42 | 28 | 6 | 8 | 85 | 39 | 62 |
| Minehead | 42 | 22 | 15 | 5 | 70 | 42 | 59 |
| Bedford Town | 42 | 20 | 12 | 10 | 71 | 42 | 52 |
| Kidderminster Harriers | 42 | 23 | 6 | 13 | 81 | 59 | 52 |
| Merthyr Tydfil | 42 | 20 | 11 | 11 | 70 | 47 | 51 |
| Enderby Town | 42 | 21 | 8 | 13 | 62 | 50 | 50 |
| Stourbridge | 42 | 19 | 11 | 12 | 67 | 49 | 49 |
| Alvechurch | 42 | 17 | 14 | 11 | 78 | 60 | 48 |
| Trowbridge Town | 42 | 19 | 9 | 14 | 62 | 61 | 47 |
| Bromsgrove Rovers | 42 | 18 | 10 | 14 | 67 | 56 | 46 |
| Barry Town | 42 | 15 | 12 | 15 | 64 | 58 | 42 |
| King's Lynn | 42 | 15 | 11 | 16 | 48 | 55 | 41 |
| Banbury United | 42 | 13 | 14 | 15 | 56 | 56 | 40 |
| Taunton Town | 42 | 16 | 8 | 18 | 55 | 62 | 40 |
| Witney Town | 42 | 10 | 19 | 13 | 43 | 45 | 39 |
| Bedworth United | 42 | 12 | 15 | 15 | 40 | 42 | 39 |
| Milton Keynes City | 42 | 15 | 7 | 20 | 46 | 59 | 37 |
| Gloucester City | 42 | 10 | 14 | 18 | 55 | 68 | 32 |
| Cheltenham Town | 42 | 13 | 5 | 24 | 49 | 70 | 31 |
| Wellingborough Town | 42 | 9 | 7 | 26 | 54 | 106 | 25 |
| Cambridge City | 42 | 6 | 9 | 27 | 30 | 73 | 21 |
| Corby Town | 42 | 5 | 9 | 28 | 40 | 94 | 19 |

Gloucester City had 2 points deducted

### Southern Division

| Team | P | W | D | L | F | A | Pts |
|---|---|---|---|---|---|---|---|
| Dorchester Town | 46 | 25 | 12 | 9 | 81 | 53 | 62 |
| Aylesbury United | 46 | 25 | 11 | 10 | 73 | 40 | 61 |
| Dover | 46 | 22 | 13 | 11 | 78 | 47 | 57 |
| Gosport Borough | 46 | 21 | 15 | 10 | 70 | 50 | 57 |
| Dartford | 46 | 21 | 14 | 11 | 66 | 45 | 56 |
| Bognor Regis Town | 46 | 20 | 15 | 11 | 66 | 38 | 55 |
| Hillingdon Borough | 46 | 19 | 16 | 11 | 64 | 41 | 54 |
| Dunstable | 46 | 17 | 19 | 10 | 93 | 64 | 53 |
| Addlestone | 46 | 20 | 13 | 13 | 72 | 57 | 53 |
| Hastings United | 46 | 19 | 15 | 12 | 74 | 65 | 53 |
| Fareham Town | 46 | 16 | 16 | 14 | 61 | 53 | 48 |
| Waterlooville | 46 | 17 | 12 | 17 | 67 | 64 | 46 |
| Andover | 46 | 16 | 13 | 17 | 65 | 65 | 45 |
| Poole Town | 46 | 16 | 13 | 17 | 49 | 64 | 45 |
| Canterbury City | 46 | 15 | 14 | 17 | 56 | 60 | 44 |
| Hounslow | 46 | 14 | 15 | 17 | 44 | 57 | 43 |
| Margate | 46 | 17 | 8 | 21 | 51 | 62 | 42 |
| Folkestone & Shepway | 46 | 14 | 11 | 21 | 54 | 63 | 39 |
| Ashford Town | 46 | 12 | 14 | 20 | 54 | 71 | 38 |
| Crawley Town | 46 | 13 | 11 | 22 | 55 | 72 | 37 |
| Chelmsford City | 46 | 9 | 18 | 19 | 47 | 64 | 36 |
| Basingstoke Town | 46 | 9 | 15 | 22 | 48 | 79 | 33 |
| Salisbury | 46 | 10 | 12 | 24 | 47 | 58 | 32 |
| Tonbridge AFC | 46 | 3 | 9 | 34 | 30 | 128 | 15 |

# Southern League 1980-1982

## 1980-81

### Midland Division

| | | | | | | | |
|---|---|---|---|---|---|---|---|
| Alvechurch | 42 | 26 | 9 | 7 | 76 | 40 | 61 |
| Bedford Town | 42 | 25 | 11 | 6 | 63 | 32 | 61 |
| Trowbridge Town | 42 | 24 | 9 | 9 | 69 | 39 | 57 |
| Kidderminster Harriers | 42 | 23 | 9 | 10 | 67 | 41 | 55 |
| Barry Town | 42 | 21 | 9 | 12 | 60 | 40 | 51 |
| Stourbridge | 42 | 17 | 16 | 9 | 75 | 49 | 50 |
| Enderby Town | 42 | 21 | 8 | 13 | 71 | 47 | 50 |
| Cheltenham Town | 42 | 18 | 12 | 12 | 70 | 59 | 48 |
| Bromsgrove Rovers | 42 | 19 | 9 | 14 | 65 | 50 | 47 |
| Corby Town | 42 | 19 | 7 | 16 | 69 | 58 | 45 |
| Bridgend Town | 42 | 19 | 7 | 16 | 74 | 64 | 45 |
| Minehead | 42 | 19 | 7 | 16 | 54 | 60 | 45 |
| Gloucester City | 42 | 19 | 6 | 17 | 82 | 72 | 44 |
| Merthyr Tydfil | 42 | 15 | 12 | 15 | 60 | 50 | 42 |
| Bedworth United | 42 | 14 | 12 | 16 | 49 | 46 | 40 |
| Banbury United | 42 | 11 | 11 | 20 | 51 | 65 | 33 |
| Taunton Town | 42 | 10 | 9 | 23 | 48 | 68 | 29 |
| Cambridge City | 42 | 8 | 12 | 22 | 46 | 87 | 28 |
| Witney Town | 42 | 9 | 9 | 24 | 44 | 65 | 27 |
| Wellingborough Town | 42 | 10 | 7 | 25 | 43 | 91 | 27 |
| Redditch United | 42 | 11 | 4 | 27 | 54 | 92 | 26 |
| Milton Keynes City | 42 | 3 | 7 | 32 | 28 | 103 | 13 |

### Southern Division

| | | | | | | | |
|---|---|---|---|---|---|---|---|
| Dartford | 46 | 26 | 14 | 6 | 76 | 39 | 66 |
| Bognor Regis Town | 46 | 25 | 13 | 8 | 95 | 43 | 63 |
| Hastings United | 46 | 24 | 14 | 8 | 87 | 43 | 62 |
| Gosport Borough | 46 | 24 | 12 | 10 | 84 | 52 | 60 |
| Waterlooville | 46 | 19 | 21 | 6 | 67 | 50 | 59 |
| Dorchester Town | 46 | 21 | 13 | 12 | 84 | 56 | 55 |
| Dover | 46 | 22 | 10 | 14 | 70 | 50 | 54 |
| Poole Town | 46 | 19 | 14 | 13 | 70 | 56 | 52 |
| Addlestone & Weybridge | 46 | 21 | 9 | 16 | 66 | 57 | 51 |
| Dunstable | 46 | 19 | 13 | 14 | 73 | 68 | 51 |
| Aylesbury United | 46 | 20 | 10 | 16 | 66 | 60 | 50 |
| Hounslow | 46 | 17 | 13 | 16 | 65 | 55 | 47 |
| Hillingdon Borough | 46 | 16 | 15 | 15 | 50 | 49 | 47 |
| Basingstoke Town | 46 | 16 | 14 | 16 | 69 | 58 | 46 |
| Crawley Town | 46 | 18 | 4 | 24 | 64 | 78 | 40 |
| Ashford Town | 46 | 12 | 15 | 19 | 55 | 76 | 39 |
| Tonbridge AFC | 46 | 12 | 15 | 19 | 44 | 68 | 39 |
| Chelmsford City | 46 | 13 | 12 | 21 | 54 | 78 | 38 |
| Canterbury City | 46 | 12 | 13 | 21 | 40 | 59 | 37 |
| Salisbury | 46 | 14 | 8 | 24 | 57 | 76 | 36 |
| Folkestone | 46 | 11 | 11 | 24 | 47 | 65 | 33 |
| Margate | 46 | 11 | 7 | 28 | 65 | 117 | 29 |
| Fareham Town | 46 | 5 | 18 | 23 | 31 | 73 | 28 |
| Andover | 46 | 6 | 10 | 30 | 41 | 94 | 22 |

## 1981-82

### Midland Division

| | | | | | | | |
|---|---|---|---|---|---|---|---|
| Nuneaton Borough | 42 | 27 | 11 | 4 | 88 | 32 | 65 |
| Alvechurch | 42 | 26 | 10 | 6 | 79 | 34 | 62 |
| Kidderminster Harriers | 42 | 22 | 12 | 8 | 71 | 40 | 56 |
| Stourbridge | 42 | 21 | 10 | 11 | 69 | 47 | 52 |
| Gloucester City | 42 | 21 | 9 | 12 | 64 | 48 | 51 |
| Bedworth United | 42 | 20 | 10 | 12 | 59 | 40 | 50 |
| Enderby Town | 42 | 20 | 10 | 12 | 79 | 66 | 50 |
| Witney Town | 42 | 19 | 8 | 15 | 71 | 49 | 46 |
| Barry Town | 42 | 16 | 14 | 12 | 59 | 46 | 46 |
| Corby Town | 42 | 19 | 8 | 15 | 70 | 59 | 46 |
| Merthyr Tydfil | 42 | 16 | 12 | 14 | 63 | 54 | 44 |
| Wellingborough Town | 42 | 15 | 12 | 15 | 50 | 45 | 42 |
| Bridgend Town | 42 | 13 | 13 | 16 | 50 | 62 | 39 |
| Bromsgrove Rovers | 42 | 15 | 8 | 19 | 57 | 63 | 38 |
| Bedford Town | 42 | 12 | 13 | 17 | 45 | 54 | 37 |
| Cheltenham Town | 42 | 11 | 14 | 17 | 65 | 68 | 36 |
| Taunton Town | 42 | 12 | 8 | 22 | 46 | 76 | 32 |
| Banbury United | 42 | 11 | 8 | 23 | 63 | 91 | 30 |
| Minehead | 42 | 12 | 6 | 24 | 38 | 69 | 30 |
| Cambridge City | 42 | 10 | 8 | 24 | 38 | 80 | 28 |
| Milton Keynes City | 42 | 6 | 11 | 25 | 34 | 70 | 23 |
| Redditch United | 42 | 8 | 5 | 29 | 37 | 103 | 21 |

### Southern Division

| | | | | | | | |
|---|---|---|---|---|---|---|---|
| Wealdstone | 46 | 32 | 8 | 6 | 100 | 32 | 72 |
| Hastings United | 46 | 31 | 9 | 6 | 79 | 34 | 71 |
| Dorchester Town | 46 | 21 | 18 | 7 | 76 | 41 | 60 |
| Gosport Borough | 46 | 26 | 8 | 12 | 76 | 45 | 60 |
| Fareham Town | 46 | 20 | 14 | 12 | 58 | 48 | 54 |
| Poole Town | 46 | 19 | 15 | 12 | 92 | 63 | 53 |
| Waterlooville | 46 | 22 | 9 | 15 | 75 | 53 | 53 |
| Welling United | 46 | 19 | 13 | 14 | 70 | 48 | 51 |
| Addlestone & Weybridge | 46 | 17 | 17 | 12 | 71 | 53 | 51 |
| Chelmsford City | 46 | 20 | 11 | 15 | 64 | 53 | 51 |
| Aylesbury United | 46 | 19 | 12 | 15 | 79 | 61 | 50 |
| Basingstoke Town | 46 | 18 | 12 | 16 | 74 | 61 | 48 |
| Dover | 46 | 19 | 8 | 19 | 61 | 63 | 46 |
| Ashford Town | 46 | 16 | 14 | 16 | 52 | 56 | 46 |
| Tonbridge AFC | 46 | 19 | 7 | 20 | 62 | 70 | 45 |
| Dunstable | 46 | 18 | 8 | 20 | 63 | 68 | 44 |
| Salisbury | 46 | 16 | 10 | 20 | 64 | 81 | 42 |
| Hounslow | 46 | 15 | 11 | 20 | 59 | 83 | 41 |
| Hillingdon Borough | 46 | 14 | 10 | 22 | 46 | 58 | 38 |
| Canterbury City | 46 | 10 | 16 | 20 | 49 | 78 | 36 |
| Crawley Town | 46 | 9 | 12 | 25 | 46 | 81 | 30 |
| Folkestone | 46 | 10 | 6 | 30 | 49 | 101 | 26 |
| Andover | 46 | 4 | 11 | 31 | 39 | 100 | 19 |
| Thanet United | 46 | 5 | 7 | 34 | 37 | 110 | 17 |

## 1982-83

### Premier Division

| | | | | | | | |
|---|---|---|---|---|---|---|---|
| AP Leamington | 38 | 25 | 4 | 9 | 78 | 50 | 79 |
| Kidderminster Harriers | 38 | 23 | 7 | 8 | 69 | 40 | 76 |
| Welling United | 38 | 21 | 6 | 11 | 63 | 40 | 69 |
| Chelmsford City | 38 | 16 | 11 | 11 | 57 | 40 | 59 |
| Bedworth United | 38 | 16 | 11 | 11 | 47 | 39 | 59 |
| Dartford | 38 | 16 | 8 | 14 | 48 | 38 | 56 |
| Gosport Borough | 38 | 14 | 13 | 11 | 47 | 43 | 55 |
| Fareham Town | 38 | 16 | 7 | 15 | 73 | 82 | 55 |
| Dorchester Town | 38 | 14 | 12 | 12 | 52 | 50 | 54 |
| Gravesend & Northfleet | 38 | 14 | 12 | 12 | 49 | 50 | 54 |
| Gloucester City | 38 | 13 | 12 | 13 | 61 | 57 | 51 |
| Witney Town | 38 | 12 | 13 | 13 | 60 | 48 | 47 |
| Alvechurch | 38 | 13 | 8 | 17 | 60 | 66 | 47 |
| Stourbridge | 38 | 12 | 11 | 15 | 48 | 54 | 47 |
| Corby Town | 38 | 12 | 11 | 15 | 58 | 67 | 47 |
| Hastings United | 38 | 11 | 11 | 16 | 48 | 61 | 44 |
| Enderby Town | 38 | 11 | 9 | 18 | 44 | 62 | 42 |
| Waterlooville | 38 | 10 | 9 | 19 | 62 | 83 | 39 |
| Poole Town | 38 | 9 | 9 | 20 | 57 | 73 | 36 |
| Addlestone & Weybridge | 38 | 5 | 10 | 23 | 24 | 62 | 25 |

Witney Town had 2 points deducted for fielding an ineligible player

### Midland Division

| | | | | | | | |
|---|---|---|---|---|---|---|---|
| Cheltenham Town | 32 | 22 | 5 | 5 | 65 | 29 | 71 |
| Sutton Coldfield Town | 32 | 21 | 7 | 4 | 62 | 24 | 70 |
| Forest Green Rovers | 32 | 21 | 3 | 8 | 68 | 32 | 66 |
| Merthyr Tydfil | 32 | 17 | 7 | 8 | 64 | 45 | 58 |
| Willenhall Town | 32 | 17 | 6 | 9 | 74 | 49 | 57 |
| Oldbury United | 32 | 16 | 6 | 10 | 52 | 49 | 54 |
| Banbury United | 32 | 15 | 3 | 14 | 59 | 55 | 48 |
| Bridgend Town | 32 | 12 | 11 | 9 | 46 | 37 | 47 |
| Wellingborough Town | 32 | 13 | 7 | 12 | 49 | 37 | 46 |
| Bromsgrove Rovers | 32 | 13 | 5 | 14 | 47 | 47 | 44 |
| Dudley Town | 32 | 12 | 7 | 13 | 40 | 45 | 43 |
| Bridgwater Town | 32 | 12 | 6 | 14 | 42 | 43 | 42 |
| Aylesbury United | 32 | 12 | 5 | 15 | 37 | 51 | 41 |
| Redditch United | 32 | 8 | 6 | 18 | 51 | 73 | 30 |
| Taunton Town | 32 | 5 | 7 | 20 | 30 | 64 | 22 |
| Minehead | 32 | 5 | 7 | 20 | 24 | 62 | 22 |
| Milton Keynes City | 32 | 0 | 4 | 28 | 22 | 90 | 4 |

### Southern Division

| | | | | | | | |
|---|---|---|---|---|---|---|---|
| Fisher Athletic | 34 | 23 | 5 | 6 | 79 | 34 | 74 |
| Folkestone | 34 | 22 | 6 | 6 | 79 | 41 | 72 |
| RS Southampton | 34 | 21 | 7 | 6 | 66 | 30 | 70 |
| Dunstable | 34 | 19 | 5 | 10 | 57 | 39 | 62 |
| Hillingdon Borough | 34 | 14 | 11 | 9 | 41 | 30 | 53 |
| Salisbury | 34 | 14 | 10 | 10 | 58 | 49 | 52 |
| Crawley Town | 34 | 14 | 9 | 11 | 51 | 43 | 51 |
| Ashford Town | 34 | 13 | 10 | 11 | 51 | 41 | 49 |
| Tonbridge AFC | 34 | 14 | 5 | 15 | 57 | 57 | 47 |
| Hounslow | 34 | 11 | 12 | 11 | 46 | 47 | 45 |
| Canterbury City | 34 | 12 | 9 | 13 | 52 | 63 | 45 |
| Cambridge City | 34 | 12 | 5 | 17 | 56 | 63 | 41 |
| Dover | 34 | 11 | 7 | 16 | 35 | 52 | 40 |
| Thanet United | 34 | 10 | 5 | 19 | 30 | 61 | 35 |
| Basingstoke Town | 34 | 8 | 10 | 16 | 37 | 56 | 34 |
| Woodford Town | 34 | 6 | 9 | 19 | 29 | 57 | 27 |
| Andover | 34 | 6 | 8 | 20 | 28 | 53 | 26 |
| Erith & Belvedere | 34 | 5 | 9 | 20 | 26 | 62 | 24 |

## 1983-84

### Premier Division

| | | | | | | | |
|---|---|---|---|---|---|---|---|
| Dartford | 38 | 23 | 9 | 6 | 67 | 32 | 78 |
| Fisher Athletic | 38 | 22 | 9 | 7 | 80 | 42 | 75 |
| Chelmsford City | 38 | 19 | 9 | 10 | 67 | 45 | 66 |
| Gravesend & Northfleet | 38 | 18 | 9 | 11 | 50 | 38 | 63 |
| Witney Town | 38 | 18 | 6 | 14 | 75 | 50 | 60 |
| King's Lynn | 38 | 18 | 6 | 14 | 42 | 45 | 60 |
| Folkestone | 38 | 16 | 9 | 13 | 60 | 56 | 57 |
| Cheltenham Town | 38 | 16 | 7 | 15 | 63 | 56 | 55 |
| Gloucester City | 38 | 13 | 15 | 10 | 55 | 50 | 54 |
| Hastings United | 38 | 15 | 9 | 14 | 55 | 57 | 54 |
| Bedworth United | 38 | 15 | 9 | 14 | 51 | 55 | 54 |
| Welling United | 38 | 15 | 7 | 16 | 61 | 61 | 52 |
| AP Leamington | 38 | 14 | 9 | 15 | 73 | 83 | 51 |
| Corby Town | 38 | 12 | 14 | 12 | 55 | 54 | 50 |
| Fareham Town | 38 | 13 | 11 | 14 | 65 | 70 | 50 |
| Alvechurch | 38 | 12 | 12 | 14 | 56 | 62 | 48 |
| Sutton Coldfield Town | 38 | 10 | 14 | 14 | 49 | 53 | 44 |
| Gosport Borough | 38 | 6 | 15 | 17 | 31 | 64 | 33 |
| Dorchester Town | 38 | 4 | 8 | 26 | 40 | 69 | 20 |
| Stourbridge | 38 | 4 | 7 | 27 | 30 | 82 | 19 |

### Midland Division

| | | | | | | | |
|---|---|---|---|---|---|---|---|
| Willenhall Town | 38 | 27 | 4 | 7 | 100 | 44 | 85 |
| Shepshed Charterhouse | 38 | 25 | 5 | 8 | 88 | 37 | 80 |
| Bromsgrove Rovers | 38 | 20 | 8 | 10 | 73 | 43 | 68 |
| Dudley Town | 38 | 18 | 13 | 7 | 71 | 43 | 67 |
| Aylesbury United | 38 | 17 | 15 | 6 | 62 | 35 | 66 |
| Moor Green | 38 | 18 | 12 | 8 | 63 | 44 | 66 |
| Rushden Town | 38 | 17 | 12 | 9 | 68 | 42 | 63 |
| Merthyr Tydfil | 38 | 18 | 8 | 12 | 63 | 44 | 62 |
| Redditch United | 38 | 17 | 9 | 12 | 67 | 47 | 60 |
| VS Rugby | 38 | 15 | 12 | 11 | 68 | 51 | 57 |
| Forest Green Rovers | 38 | 15 | 12 | 11 | 67 | 51 | 57 |
| Bridgnorth Town | 38 | 16 | 9 | 13 | 64 | 52 | 57 |
| Leicester United | 38 | 12 | 9 | 17 | 58 | 58 | 45 |
| Oldbury United | 38 | 10 | 13 | 15 | 53 | 51 | 43 |
| Coventry Sporting | 38 | 11 | 7 | 20 | 40 | 67 | 40 |
| Bridgwater Town | 38 | 10 | 8 | 20 | 39 | 65 | 38 |
| Wellingborough Town | 38 | 7 | 9 | 22 | 43 | 80 | 30 |
| Banbury United | 38 | 6 | 11 | 21 | 37 | 78 | 29 |
| Milton Keynes City | 38 | 3 | 9 | 26 | 31 | 110 | 18 |
| Tamworth | 38 | 2 | 7 | 29 | 25 | 118 | 13 |

### Southern Division

| | | | | | | | |
|---|---|---|---|---|---|---|---|
| RS Southampton | 38 | 26 | 6 | 6 | 83 | 35 | 84 |
| Crawley Town | 38 | 22 | 9 | 7 | 68 | 28 | 75 |
| Basingstoke Town | 38 | 20 | 9 | 9 | 54 | 36 | 69 |
| Tonbridge AFC | 38 | 20 | 9 | 9 | 61 | 44 | 69 |
| Addlestone & Weybridge | 38 | 19 | 11 | 8 | 58 | 34 | 68 |
| Poole Town | 38 | 20 | 7 | 11 | 68 | 42 | 67 |
| Hillingdon Borough | 38 | 18 | 11 | 9 | 43 | 20 | 65 |
| Ashford Town | 38 | 19 | 5 | 14 | 65 | 47 | 62 |
| Salisbury | 38 | 17 | 8 | 13 | 61 | 48 | 59 |
| Cambridge City | 38 | 13 | 9 | 16 | 43 | 53 | 48 |
| Canterbury City | 38 | 12 | 9 | 17 | 44 | 52 | 45 |
| Waterlooville | 38 | 12 | 9 | 17 | 56 | 69 | 45 |
| Dover Athletic | 38 | 12 | 9 | 17 | 51 | 74 | 45 |
| Chatham Town | 38 | 11 | 10 | 17 | 46 | 56 | 43 |
| Andover | 38 | 12 | 6 | 20 | 35 | 54 | 42 |
| Erith & Belvedere | 38 | 11 | 9 | 18 | 43 | 68 | 42 |
| Dunstable | 38 | 10 | 8 | 20 | 38 | 65 | 38 |
| Thanet United | 38 | 9 | 8 | 21 | 40 | 65 | 35 |
| Woodford Town | 38 | 7 | 8 | 23 | 30 | 69 | 29 |
| Hounslow | 38 | 4 | 12 | 22 | 30 | 58 | 24 |

# Southern League 1984-1986

## 1984-85

### Premier Division

| Team | P | W | D | L | F | A | Pts |
|---|---|---|---|---|---|---|---|
| Cheltenham Town | 38 | 24 | 5 | 9 | 83 | 41 | 77 |
| King's Lynn | 38 | 23 | 6 | 9 | 73 | 48 | 75 |
| Crawley Town | 38 | 22 | 8 | 8 | 76 | 52 | 74 |
| Willenhall Town | 38 | 20 | 8 | 10 | 57 | 38 | 68 |
| RS Southampton | 38 | 21 | 4 | 13 | 76 | 52 | 67 |
| Welling United | 38 | 18 | 11 | 9 | 55 | 38 | 65 |
| Folkestone | 38 | 19 | 6 | 13 | 70 | 54 | 63 |
| Fisher Athletic | 38 | 19 | 5 | 14 | 67 | 57 | 62 |
| Chelmsford City | 38 | 17 | 10 | 11 | 52 | 50 | 61 |
| Shepshed Charterhouse | 38 | 18 | 5 | 15 | 67 | 50 | 59 |
| Corby Town | 38 | 15 | 6 | 17 | 56 | 54 | 51 |
| Bedworth United | 38 | 14 | 8 | 16 | 48 | 52 | 50 |
| Gravesend & Northfleet | 38 | 12 | 12 | 14 | 46 | 46 | 48 |
| Fareham Town | 38 | 13 | 8 | 17 | 52 | 55 | 47 |
| Alvechurch | 38 | 11 | 7 | 20 | 53 | 59 | 40 |
| Hastings United | 38 | 11 | 7 | 20 | 46 | 71 | 40 |
| Witney Town | 38 | 9 | 12 | 17 | 51 | 58 | 39 |
| Gloucester City | 38 | 10 | 6 | 22 | 49 | 74 | 36 |
| Trowbridge Town | 38 | 10 | 5 | 23 | 45 | 83 | 35 |
| AP Leamington | 38 | 2 | 5 | 31 | 22 | 112 | 11 |

### Midland Division

| Team | P | W | D | L | F | A | Pts |
|---|---|---|---|---|---|---|---|
| Dudley Town | 34 | 21 | 8 | 5 | 70 | 36 | 71 |
| Aylesbury United | 34 | 20 | 7 | 7 | 62 | 30 | 67 |
| Hednesford Town | 34 | 18 | 7 | 9 | 58 | 42 | 61 |
| Moor Green | 34 | 17 | 9 | 8 | 63 | 43 | 60 |
| VS Rugby | 34 | 17 | 9 | 8 | 59 | 41 | 60 |
| Bromsgrove Rovers | 34 | 16 | 10 | 8 | 53 | 42 | 58 |
| Stourbridge | 34 | 15 | 11 | 8 | 52 | 45 | 56 |
| Redditch United | 34 | 12 | 11 | 11 | 68 | 57 | 47 |
| Sutton Coldfield Town | 34 | 13 | 6 | 15 | 50 | 56 | 45 |
| Bridgnorth Town | 34 | 13 | 5 | 16 | 67 | 65 | 44 |
| Coventry Sporting | 34 | 11 | 9 | 14 | 45 | 52 | 42 |
| Merthyr Tydfil | 34 | 10 | 11 | 13 | 43 | 46 | 41 |
| Rushden Town | 34 | 10 | 7 | 17 | 42 | 52 | 37 |
| Forest Green Rovers | 34 | 9 | 10 | 15 | 49 | 65 | 37 |
| Wellingborough Town | 34 | 10 | 7 | 17 | 39 | 63 | 37 |
| Oldbury United | 34 | 10 | 6 | 18 | 52 | 66 | 36 |
| Banbury United | 34 | 9 | 5 | 20 | 33 | 59 | 32 |
| Leicester United | 34 | 3 | 6 | 25 | 17 | 62 | 15 |

### Southern Division

| Team | P | W | D | L | F | A | Pts |
|---|---|---|---|---|---|---|---|
| Basingstoke Town | 38 | 24 | 9 | 5 | 61 | 22 | 81 |
| Gosport Borough | 38 | 22 | 6 | 10 | 78 | 41 | 72 |
| Poole Town | 38 | 20 | 12 | 6 | 69 | 38 | 72 |
| Hillingdon | 38 | 19 | 10 | 9 | 51 | 23 | 67 |
| Thanet United | 38 | 19 | 9 | 10 | 63 | 47 | 66 |
| Salisbury | 38 | 19 | 5 | 14 | 55 | 54 | 62 |
| Sheppey United | 38 | 18 | 6 | 14 | 49 | 45 | 60 |
| Addlestone & Weybridge | 38 | 16 | 9 | 13 | 68 | 54 | 57 |
| Waterlooville | 38 | 15 | 10 | 13 | 71 | 63 | 55 |
| Canterbury City | 38 | 15 | 7 | 16 | 61 | 64 | 52 |
| Woodford Town | 38 | 13 | 13 | 12 | 46 | 53 | 52 |
| Tonbridge AFC | 38 | 16 | 3 | 19 | 59 | 62 | 51 |
| Andover | 38 | 15 | 5 | 18 | 42 | 54 | 50 |
| Dorchester Town | 38 | 13 | 7 | 18 | 45 | 60 | 46 |
| Cambridge City | 38 | 11 | 11 | 16 | 59 | 71 | 44 |
| Chatham Town | 38 | 12 | 8 | 18 | 44 | 66 | 44 |
| Ashford Town | 38 | 10 | 9 | 19 | 54 | 69 | 39 |
| Dunstable | 38 | 8 | 10 | 20 | 35 | 56 | 34 |
| Dover Athletic | 38 | 7 | 7 | 24 | 39 | 78 | 28 |
| Erith & Belvedere | 38 | 6 | 8 | 24 | 36 | 65 | 26 |

## 1985-86

### Premier Division

| Team | P | W | D | L | F | A | Pts |
|---|---|---|---|---|---|---|---|
| Welling United | 38 | 29 | 6 | 3 | 95 | 31 | 93 |
| Chelmsford City | 38 | 20 | 10 | 8 | 68 | 41 | 70 |
| Fisher Athletic | 38 | 20 | 7 | 11 | 67 | 45 | 67 |
| Alvechurch | 38 | 19 | 9 | 10 | 71 | 56 | 66 |
| Worcester City | 38 | 19 | 9 | 10 | 64 | 50 | 66 |
| Crawley Town | 38 | 18 | 5 | 15 | 76 | 59 | 59 |
| Shepshed Charterhouse | 38 | 19 | 1 | 18 | 51 | 52 | 58 |
| Aylesbury United | 38 | 14 | 10 | 14 | 52 | 49 | 52 |
| Folkestone | 38 | 14 | 10 | 14 | 56 | 56 | 52 |
| Bedworth United | 38 | 14 | 8 | 16 | 44 | 49 | 50 |
| Willenhall Town | 38 | 12 | 13 | 13 | 51 | 44 | 49 |
| Dudley Town | 38 | 15 | 4 | 19 | 58 | 62 | 49 |
| Corby Town | 38 | 14 | 7 | 17 | 61 | 67 | 49 |
| King's Lynn | 38 | 12 | 10 | 16 | 39 | 42 | 46 |
| Basingstoke Town | 38 | 13 | 4 | 21 | 36 | 67 | 43 |
| RS Southampton | 38 | 11 | 9 | 18 | 44 | 61 | 42 |
| Witney Town | 38 | 11 | 6 | 21 | 44 | 74 | 39 |
| Gosport Borough | 38 | 10 | 8 | 20 | 42 | 66 | 38 |
| Fareham Town | 38 | 8 | 13 | 17 | 40 | 62 | 37 |
| Gravesend & Northfleet | 38 | 9 | 9 | 20 | 29 | 55 | 36 |

### Midland Division

| Team | P | W | D | L | F | A | Pts |
|---|---|---|---|---|---|---|---|
| Bromsgrove Rovers | 40 | 29 | 5 | 6 | 95 | 45 | 92 |
| Redditch United | 40 | 23 | 6 | 11 | 70 | 42 | 75 |
| Merthyr Tydfil | 40 | 21 | 10 | 9 | 60 | 40 | 73 |
| VS Rugby | 40 | 17 | 14 | 9 | 41 | 31 | 65 |
| Stourbridge | 40 | 15 | 14 | 11 | 62 | 39 | 59 |
| Rusden Town | 40 | 17 | 7 | 16 | 69 | 74 | 58 |
| Bilston Town | 40 | 15 | 12 | 13 | 60 | 48 | 57 |
| Bridgnorth Town | 40 | 13 | 18 | 9 | 56 | 45 | 57 |
| Gloucester City | 40 | 15 | 12 | 13 | 61 | 57 | 57 |
| Grantham | 40 | 16 | 7 | 17 | 46 | 59 | 55 |
| Wellingborough Town | 40 | 15 | 9 | 16 | 56 | 56 | 54 |
| Sutton Coldfield Town | 40 | 13 | 14 | 13 | 60 | 45 | 53 |
| Hednesford Town | 40 | 14 | 9 | 17 | 67 | 70 | 51 |
| Forest Green Rovers | 40 | 14 | 9 | 17 | 52 | 56 | 51 |
| Mile Oak Rovers | 40 | 14 | 8 | 18 | 57 | 73 | 50 |
| Leicester United | 40 | 13 | 10 | 17 | 41 | 48 | 49 |
| Banbury United | 40 | 13 | 8 | 19 | 38 | 55 | 47 |
| Coventry Sporting | 40 | 10 | 15 | 15 | 42 | 48 | 45 |
| Moor Green | 40 | 12 | 6 | 22 | 63 | 91 | 42 |
| Leamington | 40 | 10 | 6 | 24 | 40 | 77 | 36 |
| Oldbury United | 40 | 8 | 7 | 25 | 50 | 87 | 31 |

### Southern Division

| Team | P | W | D | L | F | A | Pts |
|---|---|---|---|---|---|---|---|
| Cambridge City | 40 | 23 | 11 | 6 | 87 | 41 | 80 |
| Salisbury | 40 | 24 | 8 | 8 | 84 | 51 | 80 |
| Hastings Town | 40 | 23 | 9 | 8 | 83 | 51 | 78 |
| Dover Athletic | 40 | 23 | 6 | 11 | 89 | 53 | 75 |
| Corinthian | 40 | 20 | 9 | 11 | 78 | 45 | 69 |
| Tonbridge AFC | 40 | 17 | 13 | 10 | 65 | 51 | 64 |
| Dunstable | 40 | 17 | 11 | 12 | 70 | 61 | 62 |
| Ruislip | 40 | 17 | 6 | 17 | 67 | 66 | 57 |
| Erith & Belvedere | 40 | 14 | 12 | 14 | 35 | 40 | 54 |
| Waterlooville | 40 | 16 | 6 | 18 | 52 | 58 | 54 |
| Burnham & Hillingdon | 40 | 16 | 6 | 18 | 44 | 59 | 54 |
| Canterbury City | 40 | 13 | 13 | 14 | 58 | 58 | 52 |
| Trowbridge Town | 40 | 13 | 13 | 14 | 57 | 63 | 52 |
| Sheppey United | 40 | 14 | 10 | 16 | 43 | 53 | 52 |
| Thanet United | 40 | 13 | 7 | 20 | 58 | 63 | 46 |
| Woodford Town | 40 | 12 | 10 | 18 | 49 | 62 | 46 |
| Poole Town | 40 | 12 | 7 | 21 | 55 | 63 | 43 |
| Ashford Town | 40 | 10 | 12 | 18 | 45 | 65 | 42 |
| Chatham Town | 40 | 8 | 15 | 17 | 53 | 70 | 39 |
| Andover | 40 | 10 | 8 | 22 | 52 | 92 | 38 |
| Dorchester Town | 40 | 5 | 8 | 27 | 35 | 94 | 23 |

## 1986-87

### Premier Division

| Team | P | W | D | L | F | A | Pts |
|---|---|---|---|---|---|---|---|
| Fisher Athletic | 42 | 25 | 11 | 6 | 72 | 29 | 86 |
| Bromsgrove Rovers | 42 | 24 | 11 | 7 | 82 | 41 | 83 |
| Aylesbury United | 42 | 24 | 11 | 7 | 72 | 40 | 83 |
| Dartford | 42 | 19 | 12 | 11 | 76 | 43 | 69 |
| Chelmsford City | 42 | 17 | 13 | 12 | 48 | 45 | 64 |
| Cambridge City | 42 | 14 | 20 | 8 | 68 | 52 | 62 |
| Redditch United | 42 | 16 | 14 | 12 | 59 | 54 | 62 |
| Alvechurch | 42 | 18 | 8 | 16 | 66 | 62 | 62 |
| Corby Town | 42 | 14 | 17 | 11 | 65 | 51 | 59 |
| Worcester City | 42 | 16 | 11 | 15 | 62 | 55 | 59 |
| Shepshed Charterhouse | 42 | 16 | 10 | 16 | 59 | 59 | 58 |
| Bedworth United | 42 | 15 | 12 | 15 | 55 | 51 | 57 |
| Crawley Town | 42 | 14 | 11 | 17 | 59 | 60 | 53 |
| Fareham Town | 42 | 11 | 17 | 14 | 58 | 49 | 50 |
| Willenhall Town | 42 | 13 | 11 | 18 | 48 | 57 | 50 |
| Basingstoke Town | 42 | 12 | 12 | 18 | 53 | 78 | 48 |
| Witney Town | 42 | 12 | 12 | 18 | 29 | 56 | 48 |
| Gosport Borough | 42 | 11 | 13 | 18 | 42 | 57 | 46 |
| Salisbury | 42 | 12 | 7 | 23 | 52 | 82 | 43 |
| King's Lynn | 42 | 9 | 13 | 20 | 48 | 72 | 40 |
| Dudley Town | 42 | 9 | 9 | 24 | 39 | 76 | 36 |
| Folkestone | 42 | 8 | 11 | 23 | 36 | 79 | 35 |

### Midland Division

| Team | P | W | D | L | F | A | Pts |
|---|---|---|---|---|---|---|---|
| VS Rugby | 38 | 25 | 5 | 8 | 81 | 43 | 80 |
| Leicester United | 38 | 26 | 1 | 11 | 89 | 49 | 79 |
| Merthyr Tydfil | 38 | 23 | 6 | 9 | 95 | 54 | 75 |
| Moor Green | 38 | 22 | 6 | 10 | 73 | 55 | 72 |
| Halesowen Town | 38 | 19 | 12 | 7 | 72 | 50 | 69 |
| Hednesford Town | 38 | 21 | 5 | 12 | 84 | 56 | 68 |
| Gloucester City | 38 | 19 | 5 | 14 | 77 | 59 | 62 |
| Coventry Sporting | 38 | 17 | 8 | 13 | 55 | 54 | 59 |
| Forest Green Rovers | 38 | 16 | 9 | 13 | 65 | 53 | 57 |
| Stourbridge | 38 | 16 | 7 | 15 | 56 | 56 | 55 |
| Grantham | 38 | 15 | 9 | 14 | 74 | 54 | 54 |
| Banbury United | 38 | 14 | 7 | 17 | 55 | 65 | 49 |
| Buckingham Town | 38 | 13 | 9 | 16 | 55 | 59 | 48 |
| Bridgnorth Town | 38 | 12 | 9 | 17 | 59 | 63 | 45 |
| Wellingborough Town | 38 | 13 | 6 | 19 | 55 | 76 | 45 |
| Mile Oak Rovers | 38 | 11 | 10 | 17 | 50 | 63 | 43 |
| Sutton Coldfield Town | 38 | 8 | 10 | 20 | 56 | 78 | 34 |
| Bilston Town | 38 | 8 | 7 | 23 | 37 | 76 | 31 |
| Leamington | 38 | 4 | 13 | 21 | 37 | 80 | 25 |
| Rushden Town | 38 | 1 | 10 | 27 | 42 | 124 | 13 |

### Southern Division

| Team | P | W | D | L | F | A | Pts |
|---|---|---|---|---|---|---|---|
| Dorchester Town | 38 | 23 | 8 | 7 | 83 | 42 | 77 |
| Ashford Town | 38 | 23 | 7 | 8 | 63 | 32 | 76 |
| Woodford Town | 38 | 22 | 6 | 10 | 72 | 44 | 72 |
| Hastings Town | 38 | 20 | 10 | 8 | 74 | 54 | 70 |
| Dover Athletic | 38 | 20 | 6 | 12 | 66 | 43 | 66 |
| Gravesend & Northfleet | 38 | 18 | 7 | 13 | 67 | 46 | 61 |
| Tonbridge AFC | 38 | 16 | 10 | 12 | 73 | 67 | 58 |
| Erith & Belvedere | 38 | 15 | 12 | 11 | 57 | 50 | 57 |
| Chatham Town | 38 | 16 | 9 | 13 | 53 | 46 | 57 |
| Thanet United | 38 | 14 | 14 | 10 | 56 | 50 | 56 |
| Waterlooville | 38 | 16 | 8 | 14 | 66 | 65 | 56 |
| Trowbridge Town | 38 | 15 | 9 | 14 | 77 | 65 | 54 |
| Dunstable | 38 | 13 | 9 | 16 | 60 | 57 | 48 |
| Corinthian | 38 | 11 | 12 | 15 | 56 | 65 | 45 |
| Sheppey United | 38 | 9 | 12 | 17 | 43 | 65 | 39 |
| Andover | 38 | 9 | 9 | 20 | 51 | 80 | 36 |
| Burnham & Hillingdon | 38 | 7 | 11 | 20 | 32 | 62 | 32 |
| Poole Town | 38 | 8 | 6 | 24 | 50 | 90 | 30 |
| Ruislip | 38 | 6 | 12 | 20 | 35 | 75 | 30 |
| Canterbury City | 38 | 8 | 5 | 25 | 46 | 82 | 29 |

## 1987-88

### Premier Division

| Team | P | W | D | L | F | A | Pts |
|---|---|---|---|---|---|---|---|
| Aylesbury United | 42 | 27 | 8 | 7 | 79 | 35 | 89 |
| Dartford | 42 | 27 | 8 | 7 | 79 | 39 | 89 |
| Cambridge City | 42 | 24 | 8 | 10 | 84 | 43 | 80 |
| Bromsgrove Rovers | 42 | 22 | 11 | 9 | 65 | 39 | 77 |
| Worcester City | 42 | 22 | 6 | 14 | 58 | 48 | 72 |
| Crawley Town | 42 | 17 | 14 | 11 | 73 | 63 | 65 |
| Alvechurch | 42 | 17 | 13 | 12 | 54 | 52 | 64 |
| Leicester United | 42 | 15 | 14 | 13 | 68 | 59 | 59 |
| Fareham Town | 42 | 16 | 11 | 15 | 51 | 59 | 59 |
| Corby Town | 42 | 16 | 8 | 18 | 61 | 64 | 56 |
| Dorchester Town | 42 | 14 | 14 | 14 | 51 | 57 | 56 |
| Ashford Town | 42 | 12 | 16 | 14 | 45 | 54 | 52 |
| Shepshed Charterhouse | 42 | 13 | 11 | 18 | 53 | 62 | 50 |
| Bedworth United | 42 | 12 | 14 | 16 | 49 | 64 | 50 |
| Gosport Borough | 42 | 10 | 17 | 15 | 39 | 49 | 47 |
| Burton Albion | 42 | 11 | 14 | 17 | 62 | 74 | 47 |
| VS Rugby | 42 | 10 | 16 | 16 | 52 | 57 | 46 |
| Redditch United | 42 | 10 | 13 | 19 | 55 | 63 | 43 |
| Chelmsford City | 42 | 11 | 10 | 21 | 60 | 75 | 43 |
| Willenhall Town | 42 | 9 | 12 | 21 | 39 | 76 | 39 |
| Nuneaton Borough | 42 | 8 | 13 | 21 | 58 | 77 | 37 |
| Witney Town | 42 | 8 | 11 | 23 | 45 | 71 | 35 |

### Midland Division

| Team | P | W | D | L | F | A | Pts |
|---|---|---|---|---|---|---|---|
| Merthyr Tydfil | 42 | 30 | 4 | 8 | 102 | 40 | 94 |
| Moor Green | 42 | 26 | 8 | 8 | 91 | 49 | 86 |
| Grantham Town | 42 | 27 | 4 | 11 | 97 | 53 | 85 |
| Atherstone United | 42 | 22 | 10 | 10 | 93 | 56 | 76 |
| Sutton Coldfield Town | 42 | 22 | 6 | 14 | 71 | 47 | 72 |
| Halesowen Town | 42 | 18 | 15 | 9 | 75 | 59 | 69 |
| Gloucester City | 42 | 18 | 14 | 10 | 86 | 62 | 68 |
| Dudley Town | 42 | 20 | 5 | 17 | 64 | 55 | 65 |
| Forest Green Rovers | 42 | 14 | 16 | 12 | 67 | 54 | 58 |
| Banbury United | 42 | 17 | 7 | 18 | 48 | 46 | 58 |
| Bridgnorth Town | 42 | 16 | 7 | 19 | 59 | 75 | 55 |
| Buckingham Town | 42 | 15 | 9 | 18 | 74 | 75 | 54 |
| King's Lynn | 42 | 16 | 6 | 20 | 53 | 63 | 54 |
| Wellingborough Town | 42 | 14 | 10 | 18 | 67 | 70 | 52 |
| Rushden Town | 42 | 14 | 9 | 19 | 69 | 85 | 51 |
| Trowbridge Town | 42 | 14 | 3 | 25 | 53 | 82 | 45 |
| Bilston Town | 42 | 12 | 8 | 22 | 52 | 87 | 44 |
| Hednesford Town | 42 | 11 | 10 | 21 | 50 | 81 | 43 |
| Mile Oak Rovers | 42 | 9 | 14 | 19 | 43 | 65 | 41 |
| Coventry Sporting | 42 | 11 | 8 | 23 | 46 | 83 | 41 |
| Stourbridge | 42 | 10 | 10 | 22 | 46 | 79 | 40 |
| Paget Rangers | 42 | 10 | 9 | 23 | 49 | 89 | 39 |

### Southern Division

| Team | P | W | D | L | F | A | Pts |
|---|---|---|---|---|---|---|---|
| Dover Athletic | 40 | 28 | 10 | 2 | 81 | 28 | 94 |
| Waterlooville | 40 | 27 | 10 | 3 | 88 | 33 | 91 |
| Salisbury | 40 | 24 | 11 | 5 | 71 | 33 | 83 |
| Gravesend & Northfleet | 40 | 20 | 12 | 8 | 60 | 32 | 72 |
| Thanet United | 40 | 17 | 13 | 10 | 60 | 38 | 64 |
| Andover | 40 | 17 | 13 | 10 | 64 | 58 | 64 |
| Dunstable | 40 | 17 | 12 | 11 | 78 | 56 | 63 |
| Burnham | 40 | 17 | 10 | 13 | 61 | 45 | 61 |
| Bury Town | 40 | 17 | 7 | 16 | 80 | 67 | 58 |
| Erith & Belvedere | 40 | 16 | 9 | 15 | 52 | 56 | 57 |
| Sheppey United | 40 | 14 | 10 | 16 | 58 | 52 | 52 |
| Hastings Town | 40 | 14 | 10 | 16 | 62 | 70 | 52 |
| Tonbridge AFC | 40 | 14 | 8 | 18 | 51 | 56 | 50 |
| Poole Town | 40 | 13 | 10 | 17 | 69 | 70 | 49 |
| Baldock Town | 40 | 12 | 12 | 16 | 44 | 53 | 48 |
| Hounslow | 40 | 11 | 8 | 21 | 41 | 76 | 41 |
| Folkestone | 40 | 9 | 11 | 20 | 47 | 76 | 38 |
| Corinthian | 40 | 9 | 10 | 21 | 49 | 67 | 37 |
| Ruislip | 40 | 5 | 13 | 22 | 33 | 80 | 28 |
| Canterbury City | 40 | 7 | 6 | 27 | 33 | 87 | 27 |
| Chatham Town | 40 | 7 | 5 | 28 | 39 | 88 | 26 |

# Southern League 1988-1990

## 1988-89 Premier Division

| Team | P | W | D | L | F | A | Pts |
|---|---|---|---|---|---|---|---|
| Merthyr Tydfil | 42 | 26 | 7 | 9 | 104 | 58 | 85 |
| Dartford | 42 | 25 | 7 | 10 | 79 | 33 | 82 |
| VS Rugby | 42 | 24 | 7 | 11 | 64 | 43 | 79 |
| Worcester City | 42 | 20 | 13 | 9 | 72 | 49 | 73 |
| Cambridge City | 42 | 20 | 10 | 12 | 72 | 51 | 70 |
| Dover Athletic | 42 | 19 | 12 | 11 | 65 | 47 | 69 |
| Gosport Borough | 42 | 18 | 12 | 12 | 73 | 57 | 66 |
| Burton Albion | 42 | 18 | 10 | 14 | 79 | 68 | 64 |
| Bath City | 42 | 15 | 13 | 14 | 66 | 51 | 58 |
| Bromsgrove Rovers | 42 | 14 | 16 | 12 | 68 | 56 | 58 |
| Wealdstone | 42 | 16 | 10 | 16 | 60 | 53 | 58 |
| Crawley Town | 42 | 14 | 16 | 12 | 61 | 56 | 58 |
| Dorchester Town | 42 | 14 | 16 | 12 | 56 | 61 | 58 |
| Alvechurch | 42 | 16 | 8 | 18 | 56 | 59 | 56 |
| Moor Green | 42 | 14 | 13 | 15 | 58 | 70 | 55 |
| Corby Town | 42 | 14 | 11 | 17 | 55 | 59 | 53 |
| Waterlooville | 42 | 13 | 13 | 16 | 61 | 63 | 52 |
| Ashford Town | 42 | 13 | 13 | 16 | 59 | 76 | 52 |
| Fareham Town | 42 | 15 | 6 | 21 | 43 | 68 | 51 |
| Leicester United | 42 | 6 | 11 | 25 | 46 | 84 | 29 |
| Redditch United | 42 | 5 | 7 | 30 | 36 | 105 | 22 |
| Bedworth United | 42 | 4 | 7 | 31 | 36 | 102 | 19 |

## Midland Division

| Team | P | W | D | L | F | A | Pts |
|---|---|---|---|---|---|---|---|
| Gloucester City | 42 | 28 | 8 | 6 | 95 | 37 | 92 |
| Atherstone United | 42 | 26 | 9 | 7 | 85 | 38 | 87 |
| Tamworth | 42 | 26 | 9 | 7 | 85 | 45 | 87 |
| Halesowen Town | 42 | 25 | 10 | 7 | 85 | 42 | 85 |
| Grantham Town | 42 | 23 | 11 | 8 | 66 | 37 | 80 |
| Nuneaton Borough | 42 | 19 | 9 | 14 | 71 | 58 | 66 |
| Rushden Town | 42 | 19 | 8 | 15 | 71 | 50 | 65 |
| Spalding United | 42 | 17 | 13 | 12 | 72 | 64 | 64 |
| Dudley Town | 42 | 16 | 13 | 13 | 73 | 62 | 61 |
| Sutton Coldfield Town | 42 | 18 | 7 | 17 | 56 | 56 | 61 |
| Willenhall Town | 42 | 16 | 12 | 14 | 65 | 71 | 60 |
| Forest Green Rovers | 42 | 12 | 16 | 14 | 64 | 67 | 52 |
| Bilston Town | 42 | 15 | 7 | 20 | 63 | 71 | 52 |
| Ashtree Highfield | 42 | 12 | 15 | 15 | 57 | 62 | 51 |
| Hednesford Town | 42 | 12 | 15 | 15 | 49 | 57 | 51 |
| Banbury United | 42 | 10 | 14 | 18 | 53 | 74 | 44 |
| Bridgnorth Town | 42 | 12 | 7 | 23 | 59 | 77 | 43 |
| Stourbridge | 42 | 11 | 10 | 21 | 37 | 65 | 43 |
| King's Lynn | 42 | 7 | 13 | 22 | 31 | 67 | 34 |
| Coventry Sporting | 42 | 6 | 13 | 23 | 39 | 91 | 31 |
| Wellingborough Town | 42 | 5 | 15 | 22 | 39 | 72 | 30 |
| Mile Oak Rovers | 42 | 5 | 10 | 27 | 46 | 98 | 25 |

## Southern Division

| Team | P | W | D | L | F | A | Pts |
|---|---|---|---|---|---|---|---|
| Chelmsford City | 42 | 30 | 5 | 7 | 106 | 38 | 95 |
| Gravesend & Northfleet | 42 | 27 | 6 | 9 | 70 | 40 | 87 |
| Poole Town | 42 | 24 | 11 | 7 | 98 | 48 | 83 |
| Bury Town | 42 | 25 | 7 | 10 | 75 | 34 | 82 |
| Burnham | 42 | 22 | 13 | 7 | 78 | 47 | 79 |
| Baldock Town | 42 | 23 | 5 | 14 | 69 | 40 | 74 |
| Hastings Town | 42 | 21 | 11 | 10 | 75 | 48 | 74 |
| Hounslow | 42 | 21 | 6 | 15 | 75 | 60 | 69 |
| Salisbury | 42 | 20 | 5 | 17 | 79 | 58 | 65 |
| Trowbridge Town | 42 | 19 | 7 | 16 | 59 | 52 | 64 |
| Folkestone | 42 | 17 | 8 | 17 | 62 | 65 | 59 |
| Corinthian | 42 | 13 | 13 | 16 | 59 | 69 | 52 |
| Canterbury City | 42 | 14 | 8 | 20 | 52 | 60 | 50 |
| Witney Town | 42 | 13 | 11 | 18 | 61 | 71 | 50 |
| Dunstable | 42 | 11 | 14 | 17 | 42 | 57 | 47 |
| Buckingham Town | 42 | 12 | 10 | 20 | 56 | 79 | 46 |
| Erith & Belvedere | 42 | 11 | 10 | 21 | 48 | 63 | 43 |
| Andover | 42 | 11 | 9 | 22 | 56 | 90 | 42 |
| Sheppey United | 42 | 10 | 8 | 24 | 50 | 90 | 38 |
| Thanet United | 42 | 7 | 15 | 20 | 47 | 95 | 36 |
| Tonbridge AFC | 42 | 7 | 6 | 29 | 50 | 98 | 27 |
| Ruislip | 42 | 6 | 8 | 28 | 47 | 112 | 26 |

## 1989-90 Premier Division

| Team | P | W | D | L | F | A | Pts |
|---|---|---|---|---|---|---|---|
| Dover Athletic | 42 | 32 | 6 | 4 | 87 | 27 | 102 |
| Bath City | 42 | 30 | 8 | 4 | 81 | 28 | 98 |
| Dartford | 42 | 26 | 9 | 7 | 80 | 35 | 87 |
| Burton Albion | 42 | 20 | 12 | 10 | 64 | 40 | 72 |
| VS Rugby | 42 | 19 | 12 | 11 | 51 | 35 | 69 |
| Atherstone United | 42 | 19 | 10 | 13 | 60 | 52 | 67 |
| Gravesend & Northfleet | 42 | 18 | 12 | 12 | 44 | 50 | 66 |
| Cambridge City | 42 | 17 | 11 | 14 | 76 | 56 | 62 |
| Gloucester City | 42 | 17 | 11 | 14 | 80 | 68 | 62 |
| Bromsgrove Rovers | 42 | 17 | 10 | 15 | 56 | 48 | 61 |
| Moor Green | 42 | 18 | 7 | 17 | 62 | 59 | 61 |
| Wealdstone | 42 | 16 | 9 | 17 | 55 | 54 | 57 |
| Dorchester Town | 42 | 16 | 7 | 19 | 52 | 67 | 55 |
| Worcester City | 42 | 15 | 10 | 17 | 62 | 63 | 54 |
| Crawley Town | 42 | 13 | 12 | 17 | 53 | 57 | 51 |
| Waterlooville | 42 | 13 | 10 | 19 | 63 | 81 | 49 |
| Weymouth | 42 | 11 | 13 | 18 | 50 | 70 | 46 |
| Chelmsford City | 42 | 11 | 10 | 21 | 52 | 72 | 43 |
| Ashford Town | 42 | 10 | 7 | 25 | 43 | 75 | 37 |
| Corby Town | 42 | 10 | 6 | 26 | 57 | 77 | 36 |
| Alvechurch | 42 | 7 | 5 | 30 | 46 | 95 | 26 |
| Gosport Borough | 42 | 6 | 5 | 31 | 28 | 93 | 23 |

Worcester City had 1 point deducted.

## Midland Division

| Team | P | W | D | L | F | A | Pts |
|---|---|---|---|---|---|---|---|
| Halesowen Town | 42 | 28 | 8 | 6 | 100 | 49 | 92 |
| Rushden Town | 42 | 28 | 5 | 9 | 82 | 39 | 89 |
| Nuneaton Borough | 42 | 26 | 7 | 9 | 81 | 47 | 85 |
| Tamworth | 42 | 22 | 8 | 12 | 82 | 70 | 74 |
| Barry Town | 42 | 21 | 8 | 13 | 67 | 53 | 71 |
| Spalding United | 42 | 20 | 7 | 15 | 73 | 63 | 67 |
| Sutton Coldfield Town | 42 | 18 | 10 | 14 | 72 | 69 | 64 |
| Stourbridge | 42 | 17 | 12 | 13 | 73 | 61 | 63 |
| Dudley Town | 42 | 18 | 9 | 15 | 69 | 64 | 63 |
| Stroud | 42 | 16 | 13 | 13 | 75 | 62 | 61 |
| Leicester United | 42 | 17 | 5 | 20 | 66 | 77 | 56 |
| Bridgnorth Town | 42 | 13 | 14 | 15 | 68 | 73 | 53 |
| King's Lynn | 42 | 16 | 5 | 21 | 57 | 69 | 53 |
| Grantham Town | 42 | 14 | 10 | 18 | 57 | 63 | 52 |
| Bedworth United | 42 | 14 | 9 | 19 | 50 | 60 | 51 |
| Hednesford Town | 42 | 11 | 14 | 17 | 50 | 62 | 47 |
| Bilston Town | 42 | 11 | 14 | 17 | 40 | 54 | 47 |
| Redditch United | 42 | 11 | 13 | 18 | 57 | 64 | 46 |
| Racing Club Warwick | 42 | 11 | 11 | 20 | 45 | 66 | 44 |
| Willenhall Town | 42 | 9 | 9 | 24 | 37 | 66 | 36 |
| Banbury United | 42 | 9 | 9 | 24 | 46 | 83 | 34 |
| Sandwell Borough | 42 | 6 | 12 | 24 | 46 | 79 | 30 |

Banbury United had 2 points deducted.

## Southern Division

| Team | P | W | D | L | F | A | Pts |
|---|---|---|---|---|---|---|---|
| Bashley | 42 | 25 | 7 | 10 | 80 | 47 | 82 |
| Poole Town | 42 | 23 | 8 | 11 | 85 | 60 | 77 |
| Buckingham Town | 42 | 22 | 10 | 10 | 67 | 46 | 76 |
| Dunstable | 42 | 20 | 14 | 8 | 56 | 38 | 74 |
| Salisbury | 42 | 21 | 9 | 12 | 72 | 50 | 72 |
| Hythe Town | 42 | 20 | 12 | 10 | 69 | 48 | 72 |
| Trowbridge Town | 42 | 20 | 9 | 13 | 79 | 64 | 69 |
| Hastings Town | 42 | 20 | 9 | 13 | 64 | 54 | 69 |
| Bury Town | 42 | 18 | 12 | 12 | 76 | 62 | 66 |
| Baldock Town | 42 | 18 | 11 | 13 | 69 | 52 | 65 |
| Burnham | 42 | 17 | 11 | 14 | 77 | 52 | 62 |
| Fareham Town | 42 | 14 | 14 | 14 | 49 | 53 | 56 |
| Yate Town | 42 | 16 | 6 | 20 | 53 | 52 | 54 |
| Witney Town | 42 | 16 | 6 | 20 | 54 | 56 | 54 |
| Canterbury City | 42 | 14 | 10 | 18 | 52 | 52 | 52 |
| Margate | 42 | 12 | 15 | 15 | 46 | 45 | 51 |
| Folkestone | 42 | 14 | 9 | 19 | 61 | 83 | 51 |
| Andover | 42 | 13 | 11 | 18 | 54 | 70 | 50 |
| Hounslow | 42 | 11 | 5 | 26 | 39 | 82 | 38 |
| Erith & Belvedere | 42 | 8 | 11 | 23 | 34 | 73 | 35 |
| Corinthian | 42 | 6 | 10 | 26 | 44 | 93 | 28 |
| Sheppey United | 42 | 6 | 7 | 29 | 35 | 83 | 25 |

# Southern League 1990-1992

## 1990-91 Premier Division

| | | | | | | | |
|---|---|---|---|---|---|---|---|
| Farnborough Town | 42 | 26 | 7 | 9 | 79 | 43 | 85 |
| Gloucester City | 42 | 23 | 14 | 5 | 86 | 49 | 83 |
| Cambridge City | 42 | 21 | 14 | 7 | 63 | 43 | 77 |
| Dover Athletic | 42 | 21 | 11 | 10 | 56 | 37 | 74 |
| Bromsgrove Rovers | 42 | 20 | 11 | 11 | 68 | 49 | 71 |
| Worcester City | 42 | 18 | 12 | 12 | 55 | 42 | 66 |
| Burton Albion | 42 | 15 | 15 | 12 | 59 | 48 | 60 |
| Halesowen Town | 42 | 17 | 9 | 16 | 73 | 67 | 60 |
| VS Rugby | 42 | 16 | 11 | 15 | 56 | 46 | 59 |
| Bashley | 42 | 15 | 12 | 15 | 56 | 52 | 57 |
| Dorchester Town | 42 | 15 | 12 | 15 | 47 | 54 | 57 |
| Wealdstone | 42 | 16 | 8 | 18 | 57 | 58 | 56 |
| Dartford | 42 | 15 | 9 | 18 | 61 | 64 | 54 |
| Rushden Town | 42 | 14 | 11 | 17 | 64 | 66 | 53 |
| Atherstone United | 42 | 14 | 10 | 18 | 55 | 58 | 52 |
| Moor Green | 42 | 15 | 6 | 21 | 64 | 75 | 51 |
| Poole Town | 42 | 12 | 13 | 17 | 56 | 69 | 49 |
| Chelmsford City | 42 | 11 | 15 | 16 | 57 | 68 | 48 |
| Crawley Town | 42 | 12 | 12 | 18 | 45 | 67 | 48 |
| Waterlooville | 42 | 11 | 13 | 18 | 51 | 70 | 46 |
| Gravesend & Northfleet | 42 | 9 | 7 | 26 | 46 | 91 | 34 |
| Weymouth | 42 | 4 | 12 | 26 | 50 | 88 | 24 |

### Midland Division

| | | | | | | | |
|---|---|---|---|---|---|---|---|
| Stourbridge | 42 | 28 | 6 | 8 | 80 | 48 | 90 |
| Corby Town | 42 | 27 | 4 | 11 | 99 | 48 | 85 |
| Hednesford Town | 42 | 25 | 7 | 10 | 79 | 47 | 82 |
| Tamworth | 42 | 25 | 5 | 12 | 84 | 45 | 80 |
| Nuneaton Borough | 42 | 21 | 11 | 10 | 74 | 51 | 70 |
| Barry Town | 42 | 20 | 7 | 15 | 61 | 48 | 67 |
| Newport AFC | 42 | 19 | 6 | 17 | 54 | 46 | 63 |
| King's Lynn | 42 | 17 | 9 | 16 | 53 | 62 | 60 |
| Grantham Town | 42 | 17 | 7 | 18 | 62 | 56 | 58 |
| Redditch United | 42 | 16 | 10 | 16 | 66 | 75 | 58 |
| Hinckley Town | 42 | 16 | 9 | 17 | 72 | 68 | 57 |
| Sutton Coldfield Town | 42 | 15 | 11 | 16 | 56 | 65 | 56 |
| Bedworth United | 42 | 15 | 9 | 18 | 57 | 73 | 54 |
| Bilston Town | 42 | 14 | 9 | 19 | 69 | 79 | 51 |
| Leicester United | 42 | 14 | 10 | 18 | 65 | 77 | 51 |
| Racing Club Warwick | 42 | 12 | 13 | 17 | 56 | 65 | 49 |
| Bridgnorth Town | 42 | 13 | 9 | 20 | 62 | 74 | 48 |
| Stroud | 42 | 11 | 14 | 17 | 51 | 64 | 47 |
| Dudley Town | 42 | 11 | 13 | 18 | 48 | 73 | 46 |
| Alvechurch | 42 | 10 | 8 | 24 | 54 | 92 | 38 |
| Willenhall Town | 42 | 10 | 10 | 22 | 58 | 69 | 37 |
| Spalding United | 42 | 8 | 9 | 25 | 35 | 70 | 33 |

Nuneaton Borough had 4 points deducted. Willenhall Town had 3 points deducted. Leicester United had 1 point deducted.

### Southern Division

| | | | | | | | |
|---|---|---|---|---|---|---|---|
| Buckingham Town | 40 | 25 | 8 | 7 | 73 | 38 | 83 |
| Trowbridge Town | 40 | 22 | 12 | 6 | 67 | 31 | 78 |
| Salisbury | 40 | 22 | 11 | 7 | 63 | 39 | 77 |
| Baldock Town | 40 | 21 | 9 | 10 | 66 | 52 | 72 |
| Ashford Town | 40 | 22 | 5 | 13 | 82 | 52 | 71 |
| Yate Town | 40 | 21 | 8 | 11 | 76 | 48 | 71 |
| Hastings Town | 40 | 18 | 11 | 11 | 66 | 46 | 65 |
| Hythe Town | 40 | 17 | 9 | 14 | 55 | 44 | 59 |
| Andover | 40 | 16 | 6 | 18 | 69 | 76 | 54 |
| Margate | 40 | 14 | 11 | 15 | 52 | 55 | 53 |
| Burnham | 40 | 12 | 16 | 12 | 57 | 49 | 52 |
| Bury Town | 40 | 15 | 5 | 20 | 58 | 74 | 50 |
| Sudbury Town | 40 | 13 | 10 | 17 | 60 | 68 | 49 |
| Newport IOW | 40 | 13 | 9 | 18 | 56 | 62 | 48 |
| Gosport Borough | 40 | 12 | 11 | 17 | 47 | 58 | 47 |
| Witney Town | 40 | 12 | 11 | 17 | 57 | 75 | 47 |
| Dunstable | 40 | 9 | 15 | 16 | 48 | 63 | 42 |
| Canterbury City | 40 | 12 | 6 | 22 | 60 | 83 | 42 |
| Erith & Belvedere | 40 | 10 | 6 | 24 | 46 | 73 | 36 |
| Fareham Town | 40 | 9 | 9 | 22 | 46 | 74 | 36 |
| Corinthian | 40 | 5 | 12 | 23 | 34 | 78 | 27 |

Hythe Town had 1 point deducted.

## 1991-92 Premier Division

| | | | | | | | |
|---|---|---|---|---|---|---|---|
| Bromsgrove Rovers | 42 | 27 | 9 | 6 | 78 | 34 | 90 |
| Dover Athletic | 42 | 23 | 15 | 4 | 66 | 30 | 84 |
| VS Rugby | 42 | 23 | 11 | 8 | 70 | 44 | 80 |
| Bashley | 42 | 22 | 8 | 12 | 70 | 44 | 74 |
| Cambridge City | 42 | 18 | 14 | 10 | 71 | 53 | 68 |
| Dartford | 42 | 17 | 15 | 10 | 62 | 45 | 66 |
| Trowbridge Town | 42 | 17 | 10 | 15 | 69 | 51 | 61 |
| Halesowen Town | 42 | 15 | 15 | 12 | 61 | 49 | 60 |
| Moor Green | 42 | 15 | 11 | 16 | 61 | 59 | 56 |
| Burton Albion | 42 | 15 | 10 | 17 | 59 | 61 | 55 |
| Dorchester Town | 42 | 14 | 13 | 15 | 66 | 73 | 55 |
| Gloucester City | 42 | 15 | 9 | 18 | 67 | 70 | 54 |
| Atherstone United | 42 | 15 | 8 | 19 | 54 | 66 | 53 |
| Corby Town | 42 | 13 | 12 | 17 | 66 | 81 | 51 |
| Waterlooville | 42 | 13 | 11 | 18 | 43 | 56 | 50 |
| Worcester City | 42 | 12 | 13 | 17 | 56 | 59 | 49 |
| Crawley Town | 42 | 12 | 12 | 18 | 62 | 67 | 48 |
| Chelmsford City | 42 | 12 | 12 | 18 | 49 | 56 | 48 |
| Wealdstone | 42 | 13 | 7 | 22 | 52 | 69 | 46 |
| Poole Town | 42 | 10 | 13 | 19 | 46 | 77 | 43 |
| Fisher Athletic | 42 | 9 | 11 | 22 | 53 | 89 | 38 |
| Gravesend & Northfleet | 42 | 8 | 9 | 25 | 39 | 87 | 33 |

### Midland Division

| | | | | | | | |
|---|---|---|---|---|---|---|---|
| Solihull Borough | 42 | 29 | 10 | 3 | 92 | 40 | 97 |
| Hednesford Town | 42 | 26 | 13 | 3 | 81 | 37 | 91 |
| Sutton Coldfield Town | 42 | 21 | 11 | 10 | 71 | 51 | 74 |
| Barry Town | 42 | 21 | 6 | 15 | 88 | 56 | 69 |
| Bedworth United | 42 | 16 | 15 | 11 | 67 | 63 | 63 |
| Nuneaton Borough | 42 | 17 | 11 | 14 | 68 | 53 | 62 |
| Tamworth | 42 | 16 | 12 | 14 | 66 | 52 | 60 |
| Rushden Town | 42 | 16 | 12 | 14 | 69 | 63 | 60 |
| Stourbridge | 42 | 17 | 8 | 17 | 85 | 62 | 59 |
| Newport AFC | 42 | 15 | 13 | 14 | 72 | 60 | 58 |
| Yate Town | 42 | 14 | 15 | 13 | 65 | 64 | 57 |
| Bilston Town | 42 | 15 | 10 | 17 | 56 | 67 | 55 |
| Grantham Town | 42 | 11 | 17 | 14 | 59 | 55 | 50 |
| King's Lynn | 42 | 13 | 11 | 18 | 61 | 68 | 50 |
| Hinckley Town | 42 | 14 | 8 | 20 | 61 | 87 | 50 |
| Leicester United | 42 | 12 | 13 | 17 | 56 | 63 | 49 |
| Bridgnorth Town | 42 | 12 | 12 | 18 | 61 | 74 | 48 |
| Racing Club Warwick | 42 | 11 | 14 | 17 | 45 | 61 | 47 |
| Stroud | 42 | 14 | 4 | 24 | 66 | 88 | 46 |
| Redditch United | 42 | 12 | 8 | 22 | 52 | 92 | 44 |
| Alvechurch | 42 | 11 | 10 | 21 | 54 | 88 | 43 |
| Dudley Town | 42 | 8 | 9 | 25 | 41 | 92 | 33 |

### Southern Division

| | | | | | | | |
|---|---|---|---|---|---|---|---|
| Hastings Town | 42 | 28 | 7 | 7 | 80 | 37 | 91 |
| Weymouth | 42 | 22 | 12 | 8 | 64 | 35 | 78 |
| Havant Town | 42 | 21 | 12 | 9 | 67 | 46 | 75 |
| Braintree Town | 42 | 21 | 8 | 13 | 77 | 58 | 71 |
| Buckingham Town | 42 | 19 | 15 | 8 | 57 | 26 | 69 |
| Andover | 42 | 18 | 10 | 14 | 73 | 68 | 64 |
| Ashford Town | 42 | 17 | 12 | 13 | 66 | 57 | 63 |
| Sudbury Town | 42 | 18 | 9 | 15 | 70 | 66 | 63 |
| Sittingbourne | 42 | 19 | 10 | 13 | 63 | 41 | 61 |
| Burnham | 42 | 15 | 14 | 13 | 57 | 55 | 59 |
| Baldock Town | 42 | 16 | 10 | 16 | 62 | 67 | 58 |
| Salisbury | 42 | 13 | 16 | 13 | 67 | 51 | 55 |
| Hythe Town | 42 | 15 | 10 | 17 | 61 | 62 | 55 |
| Margate | 42 | 13 | 16 | 13 | 49 | 56 | 55 |
| Newport IOW | 42 | 13 | 10 | 19 | 58 | 63 | 49 |
| Dunstable | 42 | 12 | 12 | 18 | 55 | 67 | 48 |
| Bury Town | 42 | 14 | 4 | 24 | 52 | 94 | 46 |
| Witney Town | 42 | 11 | 12 | 19 | 55 | 76 | 45 |
| Fareham Town | 42 | 8 | 22 | 45 | 71 | 44 | |
| Erith & Belvedere | 42 | 11 | 10 | 21 | 44 | 67 | 43 |
| Canterbury City | 42 | 8 | 14 | 20 | 43 | 69 | 38 |
| Gosport Borough | 42 | 6 | 9 | 27 | 32 | 65 | 27 |

Buckingham Town had 3 points deducted. Sittingbourne had 6 points deducted.

## 1992-93 Premier Division

| Team | P | W | D | L | F | A | Pts |
|---|---|---|---|---|---|---|---|
| Dover Athletic | 40 | 25 | 11 | 4 | 65 | 23 | 86 |
| Cheltenham Town | 40 | 21 | 10 | 9 | 76 | 40 | 73 |
| Corby Town | 40 | 20 | 12 | 8 | 68 | 43 | 72 |
| Hednesford Town | 40 | 21 | 7 | 12 | 72 | 52 | 70 |
| Trowbridge Town | 40 | 18 | 8 | 14 | 70 | 66 | 62 |
| Crawley Town | 40 | 16 | 12 | 12 | 68 | 59 | 60 |
| Solihull Borough | 40 | 17 | 9 | 14 | 68 | 59 | 60 |
| Burton Albion | 40 | 16 | 11 | 13 | 53 | 50 | 59 |
| Bashley | 40 | 18 | 8 | 14 | 60 | 60 | 59 |
| Halesowen Town | 40 | 15 | 11 | 14 | 67 | 54 | 56 |
| Waterlooville | 40 | 15 | 9 | 16 | 59 | 62 | 54 |
| Chelmsford City | 40 | 15 | 9 | 16 | 59 | 69 | 54 |
| Gloucester City | 40 | 14 | 11 | 15 | 66 | 68 | 53 |
| Cambridge City | 40 | 14 | 10 | 16 | 62 | 73 | 52 |
| Atherstone United | 40 | 13 | 14 | 13 | 56 | 60 | 50 |
| Hastings Town | 40 | 13 | 11 | 16 | 50 | 55 | 50 |
| Worcester City | 40 | 12 | 9 | 19 | 45 | 62 | 45 |
| Dorchester Town | 40 | 12 | 6 | 22 | 52 | 74 | 42 |
| Moor Green | 40 | 10 | 6 | 24 | 58 | 79 | 36 |
| VS Rugby | 40 | 10 | 6 | 24 | 40 | 63 | 36 |
| Weymouth | 40 | 5 | 10 | 25 | 39 | 82 | 23 |

Bashley and Atherstone United both had 3 points deducted. Weymouth had 2 points deducted.

### Midland Division

| Team | P | W | D | L | F | A | Pts |
|---|---|---|---|---|---|---|---|
| Nuneaton Borough | 42 | 29 | 5 | 8 | 102 | 45 | 92 |
| Gresley Rovers | 42 | 27 | 6 | 9 | 94 | 55 | 87 |
| Rushden & Diamonds | 42 | 25 | 10 | 7 | 85 | 41 | 85 |
| Barri | 42 | 26 | 5 | 11 | 82 | 49 | 83 |
| Newport AFC | 42 | 23 | 8 | 11 | 73 | 58 | 77 |
| Bedworth United | 42 | 22 | 8 | 12 | 72 | 55 | 74 |
| Stourbridge | 42 | 17 | 9 | 16 | 93 | 79 | 60 |
| Sutton Coldfield Town | 42 | 17 | 9 | 16 | 82 | 78 | 60 |
| Redditch United | 42 | 18 | 6 | 18 | 75 | 79 | 60 |
| Tamworth | 42 | 16 | 11 | 15 | 65 | 51 | 59 |
| Weston-super-Mare | 42 | 17 | 7 | 18 | 79 | 86 | 58 |
| Leicester United | 42 | 16 | 9 | 17 | 67 | 67 | 57 |
| Grantham Town | 42 | 16 | 9 | 17 | 60 | 73 | 57 |
| Bilston Town | 42 | 15 | 10 | 17 | 74 | 69 | 55 |
| Evesham United | 42 | 15 | 8 | 19 | 67 | 83 | 53 |
| Bridgnorth Town | 42 | 15 | 7 | 20 | 61 | 68 | 52 |
| Dudley Town | 42 | 14 | 8 | 20 | 60 | 75 | 50 |
| Yate Town | 42 | 15 | 5 | 22 | 63 | 81 | 50 |
| Forest Green Rovers | 42 | 12 | 6 | 24 | 61 | 97 | 42 |
| Hinckley Town | 42 | 9 | 11 | 22 | 56 | 89 | 37 |
| King's Lynn | 42 | 10 | 6 | 26 | 45 | 90 | 36 |
| Racing Club Warwick | 42 | 3 | 7 | 32 | 40 | 88 | 16 |

Hinckley Town had 1 point deducted.

### Southern Division

| Team | P | W | D | L | F | A | Pts |
|---|---|---|---|---|---|---|---|
| Sittingbourne | 42 | 26 | 12 | 4 | 102 | 43 | 90 |
| Salisbury City | 42 | 27 | 7 | 8 | 87 | 50 | 88 |
| Witney Town | 42 | 25 | 9 | 8 | 77 | 37 | 84 |
| Gravesend & Northfleet | 42 | 25 | 4 | 13 | 99 | 63 | 79 |
| Havant Town | 42 | 23 | 6 | 13 | 78 | 55 | 75 |
| Sudbury Town | 42 | 20 | 11 | 11 | 89 | 54 | 71 |
| Erith & Belvedere | 42 | 22 | 5 | 15 | 73 | 66 | 71 |
| Ashford Town | 42 | 20 | 8 | 14 | 91 | 66 | 68 |
| Braintree Town | 42 | 20 | 6 | 16 | 95 | 65 | 66 |
| Margate | 42 | 19 | 7 | 16 | 65 | 58 | 64 |
| Wealdstone | 42 | 18 | 7 | 17 | 75 | 69 | 61 |
| Buckingham Town | 42 | 16 | 11 | 15 | 61 | 58 | 59 |
| Baldock Town | 42 | 15 | 9 | 18 | 59 | 63 | 54 |
| Poole Town | 42 | 15 | 7 | 20 | 61 | 69 | 52 |
| Fareham Town | 42 | 14 | 8 | 20 | 67 | 65 | 50 |
| Burnham | 42 | 14 | 8 | 20 | 53 | 77 | 50 |
| Canterbury City | 42 | 12 | 10 | 20 | 54 | 76 | 46 |
| Newport IOW | 42 | 9 | 16 | 17 | 44 | 56 | 43 |
| Fisher Athletic | 42 | 8 | 9 | 25 | 38 | 98 | 33 |
| Andover | 42 | 7 | 9 | 26 | 42 | 99 | 30 |
| Dunstable | 42 | 5 | 14 | 23 | 42 | 92 | 29 |
| Bury Town | 42 | 8 | 5 | 29 | 46 | 119 | 29 |

## 1993-94 Premier Division

| Team | P | W | D | L | F | A | Pts |
|---|---|---|---|---|---|---|---|
| Farnborough Town | 42 | 25 | 7 | 10 | 74 | 44 | 82 |
| Cheltenham Town | 42 | 21 | 12 | 9 | 67 | 38 | 75 |
| Halesowen Town | 42 | 21 | 11 | 10 | 69 | 46 | 74 |
| Atherstone United | 42 | 22 | 7 | 13 | 57 | 43 | 73 |
| Crawley Town | 42 | 21 | 10 | 11 | 56 | 42 | 73 |
| Chelmsford City | 42 | 21 | 7 | 14 | 74 | 59 | 70 |
| Trowbridge Town | 42 | 16 | 17 | 9 | 52 | 41 | 65 |
| Sittingbourne | 42 | 17 | 13 | 12 | 65 | 48 | 64 |
| Corby Town | 42 | 17 | 8 | 17 | 52 | 56 | 59 |
| Gloucester City | 42 | 17 | 6 | 19 | 55 | 60 | 57 |
| Burton Albion | 42 | 15 | 11 | 16 | 57 | 49 | 56 |
| Hastings Town | 42 | 16 | 7 | 19 | 51 | 60 | 55 |
| Hednesford Town | 42 | 15 | 9 | 18 | 67 | 66 | 54 |
| Gresley Rovers | 42 | 14 | 11 | 17 | 61 | 72 | 53 |
| Worcester City | 42 | 14 | 9 | 19 | 61 | 70 | 51 |
| Solihull Borough | 42 | 13 | 11 | 18 | 52 | 57 | 50 |
| Cambridge City | 42 | 13 | 11 | 18 | 50 | 60 | 50 |
| Dorchester Town | 42 | 12 | 11 | 19 | 38 | 51 | 47 |
| Moor Green | 42 | 11 | 10 | 21 | 49 | 66 | 43 |
| Waterlooville | 42 | 11 | 10 | 21 | 47 | 69 | 43 |
| Bashley | 42 | 11 | 10 | 21 | 47 | 80 | 43 |
| Nuneaton Borough | 42 | 11 | 8 | 23 | 42 | 66 | 41 |

### Midland Division

| Team | P | W | D | L | F | A | Pts |
|---|---|---|---|---|---|---|---|
| Rushden & Diamonds | 42 | 29 | 11 | 2 | 109 | 37 | 98 |
| VS Rugby | 42 | 28 | 8 | 6 | 98 | 41 | 92 |
| Weston-super-Mare | 42 | 27 | 10 | 5 | 94 | 39 | 91 |
| Newport AFC | 42 | 26 | 9 | 7 | 84 | 37 | 87 |
| Clevedon Town | 42 | 24 | 10 | 8 | 75 | 46 | 82 |
| Redditch United | 42 | 19 | 11 | 12 | 79 | 62 | 68 |
| Tamworth | 42 | 19 | 7 | 16 | 82 | 68 | 64 |
| Bilston Town | 42 | 16 | 10 | 16 | 65 | 73 | 58 |
| Stourbridge | 42 | 17 | 6 | 19 | 71 | 75 | 57 |
| Evesham United | 42 | 16 | 8 | 18 | 50 | 60 | 56 |
| Grantham Town | 42 | 16 | 6 | 20 | 77 | 73 | 54 |
| Bridgnorth Town | 42 | 15 | 6 | 21 | 56 | 68 | 51 |
| Racing Club Warwick | 42 | 13 | 12 | 17 | 53 | 66 | 51 |
| Dudley Town | 42 | 13 | 10 | 19 | 64 | 61 | 49 |
| Forest Green Rovers | 42 | 12 | 12 | 18 | 61 | 84 | 48 |
| Sutton Coldfield Town | 42 | 12 | 8 | 22 | 53 | 75 | 44 |
| Bedworth United | 42 | 12 | 7 | 23 | 62 | 81 | 43 |
| Hinckley Town | 42 | 11 | 10 | 21 | 44 | 71 | 43 |
| Leicester United | 42 | 11 | 9 | 22 | 34 | 73 | 42 |
| King's Lynn | 42 | 9 | 11 | 22 | 47 | 72 | 38 |
| Yate Town | 42 | 10 | 6 | 26 | 48 | 86 | 36 |
| Armitage | 42 | 8 | 11 | 23 | 45 | 103 | 35 |

### Southern Division

| Team | P | W | D | L | F | A | Pts |
|---|---|---|---|---|---|---|---|
| Gravesend & Northfleet | 42 | 27 | 11 | 4 | 87 | 24 | 92 |
| Sudbury Town | 42 | 27 | 8 | 7 | 98 | 47 | 89 |
| Witney Town | 42 | 27 | 8 | 7 | 69 | 36 | 89 |
| Salisbury City | 42 | 26 | 10 | 6 | 90 | 39 | 88 |
| Havant Town | 42 | 27 | 4 | 11 | 101 | 41 | 85 |
| Ashford Town | 42 | 24 | 13 | 5 | 93 | 46 | 85 |
| Baldock Town | 42 | 26 | 7 | 9 | 76 | 40 | 85 |
| Newport IOW | 42 | 22 | 8 | 12 | 74 | 51 | 74 |
| Margate | 42 | 20 | 8 | 14 | 76 | 58 | 68 |
| Weymouth | 42 | 18 | 9 | 15 | 71 | 65 | 63 |
| Tonbridge | 42 | 19 | 5 | 18 | 59 | 62 | 62 |
| Buckingham Town | 42 | 14 | 14 | 14 | 43 | 42 | 56 |
| Braintree Town | 42 | 16 | 7 | 19 | 72 | 84 | 55 |
| Fareham Town | 42 | 12 | 12 | 18 | 54 | 75 | 48 |
| Poole Town | 42 | 13 | 6 | 23 | 54 | 86 | 45 |
| Burnham | 42 | 10 | 9 | 23 | 53 | 92 | 39 |
| Fisher 93 | 42 | 9 | 10 | 23 | 52 | 81 | 37 |
| Dunstable | 42 | 9 | 7 | 26 | 50 | 91 | 34 |
| Erith & Belvedere | 42 | 9 | 5 | 28 | 40 | 72 | 32 |
| Canterbury City | 42 | 8 | 7 | 27 | 35 | 80 | 31 |
| Wealdstone | 42 | 6 | 7 | 29 | 45 | 95 | 25 |
| Bury Town | 42 | 3 | 5 | 34 | 36 | 121 | 14 |

## 1994-95 Premier Division

| Team | P | W | D | L | F | A | Pts |
|---|---|---|---|---|---|---|---|
| Hednesford Town | 42 | 28 | 9 | 5 | 99 | 49 | 93 |
| Cheltenham Town | 42 | 25 | 11 | 6 | 87 | 39 | 86 |
| Burton Albion | 42 | 20 | 15 | 7 | 55 | 39 | 75 |
| Gloucester City | 42 | 22 | 8 | 12 | 76 | 48 | 74 |
| Rushden & Diamonds | 42 | 19 | 11 | 12 | 99 | 65 | 68 |
| Dorchester Town | 42 | 19 | 10 | 13 | 84 | 61 | 67 |
| Leek Town | 42 | 19 | 10 | 13 | 72 | 60 | 67 |
| Gresley Rovers | 42 | 17 | 12 | 13 | 70 | 63 | 63 |
| Cambridge City | 42 | 18 | 8 | 16 | 60 | 55 | 62 |
| Worcester City | 42 | 14 | 15 | 13 | 46 | 34 | 57 |
| Crawley Town | 42 | 15 | 10 | 17 | 64 | 71 | 55 |
| Hastings Town | 42 | 13 | 14 | 15 | 55 | 57 | 53 |
| Halesowen Town | 42 | 14 | 10 | 18 | 81 | 80 | 52 |
| Gravesend & Northfleet | 42 | 13 | 13 | 16 | 38 | 55 | 52 |
| Chelmsford City | 42 | 14 | 6 | 22 | 56 | 60 | 48 |
| Atherstone United | 42 | 12 | 12 | 18 | 51 | 67 | 48 |
| VS Rugby | 42 | 11 | 14 | 17 | 49 | 61 | 47 |
| Sudbury Town | 42 | 12 | 10 | 20 | 50 | 77 | 46 |
| Solihull Borough | 42 | 10 | 15 | 17 | 39 | 65 | 45 |
| Sittingbourne | 42 | 11 | 10 | 21 | 51 | 73 | 43 |
| Trowbridge Town | 42 | 9 | 13 | 20 | 43 | 69 | 40 |
| Corby Town | 42 | 4 | 10 | 28 | 36 | 113 | 21 |

Corby Town had 1 point deducted for fielding ineligible players

### Midland Division

| Team | P | W | D | L | F | A | Pts |
|---|---|---|---|---|---|---|---|
| Newport AFC | 42 | 29 | 8 | 5 | 106 | 39 | 95 |
| Ilkeston Town | 42 | 25 | 6 | 11 | 101 | 75 | 81 |
| Tamworth | 42 | 24 | 8 | 10 | 98 | 70 | 80 |
| Moor Green | 42 | 23 | 8 | 11 | 105 | 63 | 77 |
| Bridgnorth Town | 42 | 22 | 10 | 10 | 75 | 49 | 76 |
| Buckingham Town | 42 | 20 | 14 | 8 | 55 | 37 | 74 |
| Nuneaton Borough | 42 | 19 | 11 | 12 | 76 | 55 | 68 |
| Rothwell Town | 42 | 19 | 7 | 16 | 71 | 71 | 64 |
| King's Lynn | 42 | 18 | 8 | 16 | 76 | 64 | 62 |
| Racing Club Warwick | 42 | 17 | 11 | 14 | 68 | 63 | 62 |
| Dudley Town | 42 | 17 | 10 | 15 | 65 | 69 | 61 |
| Bilston Town | 42 | 17 | 8 | 17 | 73 | 64 | 59 |
| Bedworth United | 42 | 17 | 7 | 18 | 64 | 68 | 58 |
| Evesham United | 42 | 14 | 10 | 18 | 57 | 56 | 52 |
| Hinckley Town | 42 | 14 | 10 | 18 | 61 | 76 | 52 |
| Stourbridge | 42 | 15 | 7 | 20 | 59 | 77 | 52 |
| Sutton Coldfield Town | 42 | 12 | 10 | 20 | 62 | 72 | 46 |
| Forest Green Rovers | 42 | 11 | 13 | 18 | 56 | 76 | 46 |
| Redditch United | 42 | 8 | 14 | 20 | 47 | 64 | 38 |
| Leicester United | 42 | 10 | 8 | 24 | 51 | 99 | 38 |
| Grantham Town | 42 | 8 | 9 | 25 | 55 | 93 | 33 |
| Armitage | 42 | 2 | 5 | 35 | 35 | 116 | 11 |

### Southern Division

| Team | P | W | D | L | F | A | Pts |
|---|---|---|---|---|---|---|---|
| Salisbury City | 42 | 30 | 7 | 5 | 88 | 37 | 97 |
| Baldock Town | 42 | 28 | 10 | 4 | 92 | 44 | 94 |
| Havant Town | 42 | 25 | 10 | 7 | 81 | 34 | 85 |
| Waterlooville | 42 | 24 | 8 | 10 | 77 | 36 | 80 |
| Ashford Town | 42 | 21 | 12 | 9 | 106 | 72 | 75 |
| Weston-super-Mare | 42 | 18 | 13 | 11 | 82 | 54 | 67 |
| Bashley | 42 | 18 | 11 | 13 | 62 | 49 | 65 |
| Weymouth | 42 | 16 | 13 | 13 | 60 | 55 | 61 |
| Newporth IOW | 42 | 17 | 10 | 15 | 67 | 67 | 61 |
| Witney Town | 42 | 14 | 14 | 14 | 57 | 57 | 56 |
| Clevedon Town | 42 | 14 | 13 | 15 | 73 | 64 | 55 |
| Tonbridge Angels | 42 | 14 | 12 | 16 | 74 | 87 | 54 |
| Margate | 42 | 15 | 7 | 20 | 60 | 72 | 52 |
| Braintree Town | 42 | 12 | 13 | 17 | 64 | 71 | 49 |
| Wealdstone | 42 | 13 | 8 | 21 | 76 | 94 | 47 |
| Yate Town | 42 | 11 | 13 | 18 | 57 | 75 | 46 |
| Fisher 93 | 42 | 9 | 16 | 17 | 54 | 70 | 43 |
| Bury Town | 42 | 11 | 8 | 23 | 59 | 86 | 41 |
| Erith & Belvedere | 42 | 10 | 9 | 23 | 49 | 94 | 39 |
| Poole Town | 42 | 10 | 8 | 24 | 53 | 79 | 38 |
| Fareham Town | 42 | 10 | 8 | 24 | 46 | 91 | 38 |
| Burnham | 42 | 7 | 7 | 28 | 40 | 89 | 28 |

## 1995-96 Premier Division

| Team | P | W | D | L | F | A | Pts |
|---|---|---|---|---|---|---|---|
| Rushden & Diamonds | 42 | 29 | 7 | 6 | 99 | 41 | 94 |
| Halesowen Town | 42 | 27 | 11 | 4 | 70 | 36 | 92 |
| Cheltenham Town | 42 | 21 | 11 | 10 | 76 | 57 | 74 |
| Gloucester City | 42 | 21 | 8 | 13 | 65 | 47 | 71 |
| Gresley Rovers | 42 | 20 | 10 | 12 | 70 | 58 | 70 |
| Worcester City | 42 | 19 | 12 | 11 | 61 | 43 | 69 |
| Merthyr Tydfil | 42 | 19 | 6 | 17 | 67 | 59 | 63 |
| Hastings Town | 42 | 16 | 13 | 13 | 68 | 56 | 61 |
| Crawley Town | 42 | 15 | 13 | 14 | 57 | 56 | 58 |
| Sudbury Town | 42 | 15 | 10 | 17 | 69 | 71 | 55 |
| Gravesend & Northfleet | 42 | 15 | 10 | 17 | 60 | 62 | 55 |
| Chelmsford City | 42 | 13 | 16 | 13 | 46 | 53 | 55 |
| Dorchester Town | 42 | 15 | 8 | 19 | 62 | 57 | 53 |
| Newport AFC | 42 | 13 | 13 | 16 | 53 | 59 | 52 |
| Salisbury City | 42 | 14 | 10 | 18 | 57 | 69 | 52 |
| Burton Albion | 42 | 13 | 12 | 17 | 55 | 56 | 51 |
| Atherstone United | 42 | 12 | 12 | 18 | 58 | 75 | 48 |
| Baldock Town | 42 | 11 | 14 | 17 | 51 | 56 | 47 |
| Cambridge City | 42 | 12 | 10 | 20 | 56 | 68 | 46 |
| Ilkeston Town | 42 | 11 | 10 | 21 | 53 | 87 | 43 |
| Stafford Rangers | 42 | 11 | 4 | 27 | 58 | 90 | 37 |
| VS Rugby | 42 | 5 | 10 | 27 | 37 | 92 | 25 |

### Midland Division

| Team | P | W | D | L | F | A | Pts |
|---|---|---|---|---|---|---|---|
| Nuneaton Borough | 42 | 30 | 5 | 7 | 82 | 35 | 95 |
| King's Lynn | 42 | 27 | 5 | 10 | 85 | 43 | 84 |
| Bedworth United | 42 | 24 | 10 | 8 | 76 | 42 | 81 |
| Moor Green | 42 | 22 | 8 | 12 | 81 | 47 | 74 |
| Paget Rangers | 42 | 21 | 9 | 12 | 70 | 45 | 72 |
| Tamworth | 42 | 22 | 3 | 17 | 97 | 64 | 69 |
| Solihull Borough | 42 | 19 | 9 | 14 | 77 | 64 | 66 |
| Rothwell Town | 42 | 17 | 14 | 11 | 79 | 62 | 65 |
| Buckingham Town | 42 | 18 | 9 | 15 | 74 | 62 | 63 |
| Dudley Town | 42 | 15 | 16 | 11 | 83 | 66 | 61 |
| Stourbridge | 42 | 17 | 8 | 17 | 60 | 63 | 59 |
| Bilston Town | 42 | 16 | 9 | 17 | 61 | 62 | 57 |
| Sutton Coldfield Town | 42 | 16 | 9 | 17 | 62 | 67 | 57 |
| Grantham Town | 42 | 17 | 5 | 20 | 71 | 83 | 56 |
| Redditch United | 42 | 14 | 11 | 17 | 57 | 77 | 53 |
| Leicester United | 42 | 13 | 13 | 16 | 58 | 72 | 52 |
| Hinckley Town | 42 | 14 | 7 | 21 | 62 | 83 | 49 |
| Racing Club Warwick | 42 | 10 | 13 | 19 | 67 | 90 | 43 |
| Evesham United | 42 | 11 | 6 | 25 | 59 | 94 | 39 |
| Corby Town | 42 | 9 | 7 | 26 | 52 | 95 | 34 |
| Bury Town | 42 | 8 | 8 | 26 | 57 | 95 | 32 |
| Bridgnorth Town | 42 | 7 | 6 | 29 | 53 | 112 | 27 |

Bedworth United 1 point deducted, King's Lynn had 2 points deducted

### Southern Division

| Team | P | W | D | L | F | A | Pts |
|---|---|---|---|---|---|---|---|
| Sittingbourne | 42 | 28 | 4 | 10 | 102 | 44 | 88 |
| Ashford Town | 42 | 25 | 9 | 8 | 75 | 44 | 84 |
| Waterlooville | 42 | 24 | 8 | 10 | 87 | 44 | 80 |
| Newport IOW | 42 | 24 | 6 | 12 | 75 | 58 | 78 |
| Braintree Town | 42 | 24 | 8 | 10 | 93 | 70 | 77 |
| Weymouth | 42 | 24 | 4 | 14 | 75 | 55 | 76 |
| Havant Town | 42 | 23 | 11 | 8 | 73 | 42 | 74 |
| Forest Green Rovers | 42 | 22 | 8 | 12 | 85 | 55 | 74 |
| Trowbridge Town | 42 | 18 | 8 | 16 | 86 | 51 | 62 |
| Yate Town | 42 | 17 | 8 | 17 | 85 | 71 | 59 |
| Margate | 42 | 18 | 5 | 19 | 68 | 62 | 59 |
| Witney Town | 42 | 16 | 11 | 15 | 60 | 54 | 59 |
| Weston-super-Mare | 42 | 16 | 9 | 17 | 78 | 68 | 57 |
| Cinderford Town | 42 | 16 | 8 | 18 | 74 | 77 | 56 |
| Fisher 93 | 42 | 14 | 13 | 15 | 58 | 59 | 55 |
| Bashley | 42 | 14 | 11 | 17 | 63 | 61 | 53 |
| Clevedon Town | 42 | 15 | 6 | 21 | 70 | 80 | 51 |
| Tonbridge Angels | 42 | 13 | 10 | 19 | 58 | 79 | 49 |
| Fleet Town | 42 | 14 | 5 | 23 | 58 | 79 | 47 |
| Fareham Town | 42 | 12 | 5 | 25 | 71 | 97 | 41 |
| Erith & Belvedere | 42 | 4 | 4 | 34 | 38 | 111 | 16 |
| Poole Town | 42 | 0 | 1 | 41 | 17 | 188 | 1 |

Braintree Town 3 points deducted, Havant Town had 6 points deducted

# Southern League 1996-1998

## 1996-97 Premier Division

| Team | P | W | D | L | F | A | Pts |
|---|---|---|---|---|---|---|---|
| Gresley Rovers | 42 | 25 | 10 | 7 | 75 | 40 | 85 |
| Cheltenham Town | 42 | 21 | 11 | 10 | 76 | 44 | 74 |
| Gloucester City | 42 | 21 | 10 | 11 | 81 | 56 | 73 |
| Halesowen Town | 42 | 21 | 10 | 11 | 77 | 54 | 73 |
| King's Lynn | 42 | 20 | 8 | 14 | 65 | 61 | 68 |
| Burton Albion | 42 | 18 | 12 | 12 | 70 | 53 | 66 |
| Nuneaton Borough | 42 | 19 | 9 | 14 | 61 | 52 | 66 |
| Sittingbourne | 42 | 19 | 7 | 16 | 76 | 65 | 64 |
| Merthyr Tydfil | 42 | 17 | 9 | 16 | 69 | 61 | 60 |
| Worcester City | 42 | 15 | 14 | 13 | 52 | 50 | 59 |
| Atherstone United | 42 | 15 | 13 | 14 | 46 | 47 | 58 |
| Salisbury City | 42 | 15 | 13 | 14 | 57 | 66 | 58 |
| Sudbury Town | 42 | 16 | 7 | 19 | 72 | 72 | 55 |
| Gravesend & Northfleet | 42 | 16 | 7 | 19 | 63 | 73 | 55 |
| Dorchester Town | 42 | 14 | 9 | 19 | 62 | 66 | 51 |
| Hastings Town | 42 | 12 | 15 | 15 | 49 | 60 | 51 |
| Crawley Town | 42 | 13 | 8 | 21 | 49 | 67 | 47 |
| Cambridge City | 42 | 11 | 13 | 18 | 57 | 65 | 46 |
| Ashford Town | 42 | 9 | 18 | 15 | 53 | 79 | 45 |
| Baldock Town | 42 | 11 | 8 | 23 | 52 | 90 | 41 |
| Newport AFC | 42 | 9 | 13 | 20 | 40 | 60 | 40 |
| Chelmsford City | 42 | 6 | 14 | 22 | 49 | 70 | 32 |

### Midland Division

| Team | P | W | D | L | F | A | Pts |
|---|---|---|---|---|---|---|---|
| Tamworth | 40 | 30 | 7 | 3 | 90 | 28 | 97 |
| Rothwell Town | 40 | 20 | 11 | 9 | 82 | 54 | 71 |
| Ilkeston Town | 40 | 19 | 13 | 8 | 76 | 50 | 70 |
| Grantham Town | 40 | 22 | 4 | 14 | 65 | 46 | 70 |
| Bedworth United | 40 | 18 | 11 | 11 | 77 | 41 | 65 |
| Solihull Borough | 40 | 19 | 8 | 13 | 84 | 62 | 65 |
| Bilston Town | 40 | 18 | 10 | 12 | 74 | 57 | 64 |
| Moor Green | 40 | 18 | 7 | 15 | 88 | 68 | 61 |
| Stafford Rangers | 40 | 17 | 9 | 14 | 68 | 62 | 60 |
| Raunds Town | 40 | 16 | 11 | 13 | 61 | 66 | 59 |
| Racing Club Warwick | 40 | 16 | 10 | 14 | 70 | 72 | 58 |
| Shepshed Dynamo | 40 | 14 | 12 | 14 | 64 | 65 | 54 |
| Redditch United | 40 | 15 | 8 | 17 | 56 | 59 | 53 |
| Paget Rangers | 40 | 13 | 9 | 18 | 42 | 55 | 48 |
| Dudley Town | 40 | 12 | 10 | 18 | 70 | 89 | 46 |
| Hinckley Town | 40 | 11 | 11 | 18 | 39 | 63 | 44 |
| Stourbridge | 40 | 10 | 9 | 21 | 61 | 81 | 39 |
| Evesham United | 40 | 9 | 12 | 19 | 55 | 77 | 39 |
| VS Rugby | 40 | 9 | 9 | 22 | 49 | 81 | 36 |
| Corby Town | 40 | 8 | 8 | 24 | 49 | 88 | 32 |
| Sutton Coldfield Town | 40 | 7 | 9 | 24 | 29 | 85 | 30 |

Leicester United FC closed down and their record was expunged from the League table.

### Southern Division

| Team | P | W | D | L | F | A | Pts |
|---|---|---|---|---|---|---|---|
| Forest Green Rovers | 42 | 27 | 10 | 5 | 87 | 40 | 91 |
| St Leonards Stamcroft | 42 | 26 | 9 | 7 | 95 | 48 | 87 |
| Havant Town | 42 | 23 | 10 | 9 | 81 | 49 | 79 |
| Weston-super-Mare | 42 | 21 | 13 | 8 | 82 | 43 | 76 |
| Margate | 42 | 21 | 9 | 12 | 70 | 47 | 72 |
| Witney Town | 42 | 20 | 11 | 11 | 71 | 42 | 71 |
| Weymouth | 42 | 20 | 10 | 12 | 82 | 51 | 70 |
| Tonbridge Angels | 42 | 17 | 15 | 10 | 56 | 44 | 66 |
| Newport IOW | 42 | 15 | 15 | 12 | 73 | 58 | 60 |
| Fisher Athletic (London) | 42 | 18 | 6 | 18 | 77 | 77 | 60 |
| Clevedon Town | 42 | 17 | 9 | 16 | 75 | 76 | 60 |
| Fareham Town | 42 | 14 | 12 | 16 | 53 | 70 | 54 |
| Bashley | 42 | 15 | 8 | 19 | 73 | 84 | 53 |
| Dartford | 42 | 14 | 10 | 18 | 59 | 64 | 52 |
| Waterlooville | 42 | 14 | 9 | 19 | 58 | 67 | 51 |
| Cirencester Town | 42 | 12 | 12 | 18 | 50 | 68 | 48 |
| Cinderford Town | 42 | 13 | 7 | 22 | 64 | 76 | 46 |
| Trowbridge Town | 42 | 11 | 11 | 20 | 50 | 61 | 44 |
| Yate Town | 42 | 12 | 8 | 22 | 55 | 87 | 44 |
| Fleet Town | 42 | 12 | 6 | 24 | 47 | 91 | 42 |
| Erith & Belvedere | 42 | 9 | 10 | 23 | 60 | 95 | 37 |
| Buckingham Town | 42 | 2 | 8 | 32 | 27 | 107 | 14 |

## 1997-98

### Premier Division

| Team | P | W | D | L | F | A | Pts |
|---|---|---|---|---|---|---|---|
| Forest Green Rovers | 42 | 27 | 8 | 7 | 93 | 55 | 89 |
| Merthyr Tydfil | 42 | 24 | 12 | 6 | 80 | 42 | 84 |
| Burton Albion | 42 | 21 | 8 | 13 | 64 | 43 | 71 |
| Dorchester Town | 42 | 19 | 13 | 10 | 63 | 38 | 70 |
| Halesowen Town | 42 | 18 | 15 | 9 | 70 | 38 | 69 |
| Bath City | 42 | 19 | 12 | 11 | 72 | 51 | 69 |
| Worcester City | 42 | 19 | 12 | 11 | 54 | 44 | 69 |
| King's Lynn | 42 | 18 | 11 | 13 | 64 | 65 | 65 |
| Atherstone United | 42 | 17 | 12 | 13 | 55 | 49 | 63 |
| Crawley Town | 42 | 17 | 8 | 17 | 63 | 60 | 59 |
| Gloucester City | 42 | 16 | 11 | 15 | 57 | 57 | 59 |
| Nuneaton Borough | 42 | 17 | 6 | 19 | 68 | 61 | 57 |
| Cambridge City | 42 | 16 | 8 | 18 | 62 | 70 | 56 |
| Hastings Town | 42 | 14 | 12 | 16 | 67 | 70 | 54 |
| Tamworth | 42 | 14 | 11 | 17 | 68 | 65 | 53 |
| Rothwell Town | 42 | 11 | 16 | 15 | 55 | 73 | 49 |
| Gresley Rovers | 42 | 14 | 6 | 22 | 59 | 77 | 48 |
| Salisbury City | 42 | 12 | 12 | 18 | 53 | 72 | 48 |
| Bromsgrove Rovers | 42 | 13 | 6 | 23 | 67 | 85 | 45 |
| Sittingbourne | 42 | 12 | 8 | 22 | 47 | 66 | 44 |
| Ashford Town | 42 | 8 | 5 | 29 | 34 | 85 | 29 |
| St Leonards Stamcroft | 42 | 5 | 10 | 27 | 48 | 97 | 25 |

### Midland Division

| Team | P | W | D | L | F | A | Pts |
|---|---|---|---|---|---|---|---|
| Grantham Town | 40 | 30 | 4 | 6 | 87 | 39 | 94 |
| Ilkeston Town | 40 | 29 | 6 | 5 | 123 | 39 | 93 |
| Solihull Borough | 40 | 22 | 9 | 9 | 81 | 48 | 75 |
| Raunds Town | 40 | 20 | 8 | 12 | 73 | 44 | 68 |
| Wisbech Town | 40 | 20 | 7 | 13 | 79 | 57 | 67 |
| Moor Green | 40 | 20 | 7 | 13 | 72 | 55 | 67 |
| Bilston Town | 40 | 20 | 5 | 15 | 69 | 57 | 65 |
| Blakenall | 40 | 17 | 13 | 10 | 66 | 55 | 64 |
| Stafford Rangers | 40 | 18 | 6 | 16 | 57 | 56 | 60 |
| Redditch United | 40 | 16 | 11 | 13 | 59 | 41 | 59 |
| Stourbridge | 40 | 16 | 9 | 15 | 57 | 57 | 57 |
| Hinckley United | 40 | 15 | 11 | 14 | 59 | 56 | 56 |
| Brackley Town | 40 | 15 | 7 | 18 | 45 | 57 | 52 |
| Bedworth United | 40 | 15 | 5 | 20 | 50 | 73 | 50 |
| Racing Club Warwick | 40 | 11 | 9 | 20 | 49 | 56 | 42 |
| Shepshed Dynamo | 40 | 9 | 14 | 17 | 55 | 74 | 41 |
| Sutton Coldfield Town | 40 | 9 | 12 | 19 | 42 | 68 | 39 |
| Paget Rangers | 40 | 9 | 12 | 19 | 40 | 75 | 39 |
| VS Rugby | 40 | 8 | 12 | 20 | 53 | 93 | 36 |
| Evesham United | 40 | 7 | 9 | 24 | 47 | 94 | 30 |
| Corby Town | 40 | 2 | 8 | 30 | 41 | 112 | 14 |

### Southern Division

| Team | P | W | D | L | F | A | Pts |
|---|---|---|---|---|---|---|---|
| Weymouth | 42 | 32 | 2 | 8 | 107 | 48 | 98 |
| Chelmsford City | 42 | 29 | 8 | 5 | 86 | 39 | 95 |
| Bashley | 42 | 29 | 4 | 9 | 101 | 59 | 91 |
| Newport IOW | 42 | 25 | 9 | 8 | 72 | 34 | 84 |
| Fisher Athletic (London) | 42 | 25 | 5 | 12 | 87 | 50 | 80 |
| Margate | 42 | 23 | 8 | 11 | 71 | 42 | 77 |
| Newport AFC | 42 | 21 | 6 | 15 | 83 | 65 | 69 |
| Witney Town | 42 | 20 | 9 | 13 | 74 | 58 | 69 |
| Clevedon Town | 42 | 20 | 7 | 15 | 57 | 55 | 67 |
| Waterlooville | 42 | 17 | 7 | 18 | 69 | 64 | 58 |
| Dartford | 42 | 17 | 7 | 18 | 60 | 60 | 58 |
| Havant Town | 42 | 13 | 14 | 15 | 65 | 70 | 53 |
| Fleet Town | 42 | 16 | 5 | 21 | 63 | 83 | 53 |
| Tonbridge Angels | 42 | 14 | 10 | 18 | 49 | 55 | 52 |
| Trowbridge Town | 42 | 14 | 6 | 22 | 55 | 69 | 48 |
| Erith & Belvedere | 42 | 11 | 13 | 18 | 47 | 68 | 46 |
| Fareham Town | 42 | 12 | 9 | 21 | 75 | 87 | 45 |
| Cirencester Town | 42 | 12 | 7 | 23 | 63 | 88 | 43 |
| Weston-super-Mare | 42 | 12 | 5 | 25 | 49 | 86 | 41 |
| Baldock Town | 42 | 10 | 5 | 27 | 53 | 81 | 35 |
| Cinderford Town | 42 | 6 | 5 | 31 | 40 | 112 | 23 |
| Yate Town | 42 | 5 | 7 | 30 | 44 | 97 | 22 |

## 1998-99 Premier Division

| Team | P | W | D | L | F | A | Pts |
|---|---|---|---|---|---|---|---|
| Nuneaton Borough | 42 | 27 | 9 | 6 | 91 | 33 | 90 |
| Boston United | 42 | 17 | 16 | 9 | 69 | 51 | 67 |
| Ilkeston Town | 42 | 18 | 13 | 11 | 72 | 59 | 67 |
| Bath City | 42 | 18 | 11 | 13 | 70 | 44 | 65 |
| Hastings Town | 42 | 18 | 11 | 13 | 57 | 49 | 65 |
| Gloucester City | 42 | 18 | 11 | 13 | 57 | 52 | 65 |
| Worcester City | 42 | 18 | 9 | 15 | 58 | 54 | 63 |
| Halesowen Town | 42 | 17 | 11 | 14 | 72 | 60 | 62 |
| Tamworth | 42 | 19 | 5 | 18 | 62 | 67 | 62 |
| King's Lynn | 42 | 17 | 10 | 15 | 53 | 46 | 61 |
| Crawley Town | 42 | 17 | 10 | 15 | 57 | 58 | 61 |
| Salisbury City | 42 | 16 | 12 | 14 | 56 | 61 | 60 |
| Burton Albion | 42 | 17 | 7 | 18 | 58 | 52 | 58 |
| Weymouth | 42 | 14 | 14 | 14 | 56 | 55 | 56 |
| Merthyr Tydfil | 42 | 15 | 8 | 19 | 52 | 62 | 53 |
| Atherstone United | 42 | 12 | 14 | 16 | 47 | 52 | 50 |
| Grantham Town | 42 | 14 | 8 | 20 | 51 | 58 | 50 |
| Dorchester Town | 42 | 11 | 15 | 16 | 49 | 63 | 48 |
| Rothwell Town | 42 | 13 | 9 | 20 | 47 | 67 | 48 |
| Cambridge City | 42 | 11 | 12 | 19 | 47 | 68 | 45 |
| Gresley Rovers | 42 | 12 | 8 | 22 | 49 | 73 | 44 |
| Bromsgrove Rovers | 42 | 8 | 7 | 27 | 38 | 84 | 31 |

Hastings Town resigned from the League

### Midland Division

| Team | P | W | D | L | F | A | Pts |
|---|---|---|---|---|---|---|---|
| Clevedon Town | 42 | 28 | 8 | 6 | 83 | 35 | 92 |
| Newport AFC | 42 | 26 | 7 | 9 | 92 | 51 | 85 |
| Redditch United | 42 | 22 | 12 | 8 | 81 | 45 | 75 |
| Hinckley United | 42 | 20 | 12 | 10 | 58 | 40 | 72 |
| Stafford Rangers | 42 | 21 | 8 | 13 | 92 | 60 | 71 |
| Bilston Town | 42 | 20 | 11 | 11 | 79 | 69 | 71 |
| Solihull Borough | 42 | 19 | 12 | 11 | 76 | 53 | 69 |
| Moor Green | 42 | 20 | 7 | 15 | 71 | 61 | 67 |
| Blakenall | 42 | 17 | 14 | 11 | 65 | 54 | 65 |
| Shepshed Dynamo | 42 | 17 | 12 | 13 | 62 | 54 | 63 |
| Sutton Coldfield Town | 42 | 17 | 8 | 17 | 46 | 57 | 59 |
| Stourbridge | 42 | 16 | 10 | 16 | 60 | 55 | 58 |
| Evesham United | 42 | 16 | 9 | 17 | 63 | 63 | 57 |
| Wisbech Town | 42 | 16 | 9 | 17 | 59 | 66 | 57 |
| Weston-super-Mare | 42 | 15 | 10 | 17 | 59 | 56 | 55 |
| Bedworth United | 42 | 15 | 9 | 18 | 63 | 52 | 54 |
| Cinderford Town | 42 | 13 | 8 | 21 | 61 | 74 | 47 |
| Stamford AFC | 42 | 13 | 7 | 22 | 60 | 75 | 46 |
| Paget Rangers | 42 | 11 | 12 | 19 | 49 | 58 | 45 |
| VS Rugby | 42 | 12 | 9 | 21 | 53 | 74 | 45 |
| Racing Club Warwick | 42 | 5 | 8 | 29 | 38 | 93 | 23 |
| Bloxwich Town | 42 | 1 | 2 | 39 | 26 | 151 | 5 |

### Southern Division

| Team | P | W | D | L | F | A | Pts |
|---|---|---|---|---|---|---|---|
| Havant & Waterlooville | 42 | 29 | 7 | 6 | 85 | 32 | 94 |
| Margate | 42 | 27 | 8 | 7 | 84 | 33 | 89 |
| Folkestone Invicta | 42 | 26 | 8 | 8 | 92 | 47 | 86 |
| Newport IOW | 42 | 23 | 7 | 12 | 68 | 40 | 76 |
| Chelmsford City | 42 | 20 | 12 | 10 | 91 | 51 | 72 |
| Raunds Town | 42 | 19 | 13 | 10 | 87 | 50 | 70 |
| Ashford Town | 42 | 17 | 12 | 13 | 59 | 54 | 63 |
| Baldock Town | 42 | 17 | 9 | 16 | 60 | 59 | 60 |
| Fisher Athletic (London) | 42 | 16 | 11 | 15 | 58 | 54 | 59 |
| Bashley | 42 | 17 | 7 | 18 | 74 | 77 | 58 |
| Witney Town | 42 | 15 | 12 | 15 | 56 | 48 | 57 |
| Cirencester Town | 42 | 16 | 8 | 18 | 61 | 66 | 56 |
| Sittingbourne | 42 | 12 | 18 | 12 | 53 | 56 | 54 |
| Dartford | 42 | 14 | 10 | 18 | 48 | 53 | 52 |
| Erith & Belvedere | 42 | 15 | 7 | 20 | 48 | 64 | 52 |
| Tonbridge Angels | 42 | 12 | 15 | 15 | 48 | 59 | 51 |
| St Leonards | 42 | 14 | 8 | 20 | 57 | 72 | 50 |
| Fleet Town | 42 | 12 | 11 | 19 | 54 | 72 | 47 |
| Corby Town | 42 | 10 | 10 | 22 | 48 | 73 | 40 |
| Yate Town | 42 | 10 | 7 | 25 | 37 | 79 | 37 |
| Andover | 42 | 6 | 10 | 26 | 50 | 115 | 28 |
| Brackley Town | 42 | 6 | 8 | 28 | 41 | 105 | 26 |

## 1999-2000 Premier Division

| Team | P | W | D | L | F | A | Pts |
|---|---|---|---|---|---|---|---|
| Boston United | 42 | 27 | 11 | 4 | 102 | 39 | 92 |
| Burton Albion | 42 | 23 | 9 | 10 | 73 | 43 | 78 |
| Margate | 42 | 23 | 8 | 11 | 64 | 43 | 77 |
| Bath City | 42 | 19 | 15 | 8 | 70 | 49 | 72 |
| King's Lynn | 42 | 19 | 14 | 9 | 59 | 43 | 71 |
| Tamworth | 42 | 20 | 10 | 12 | 80 | 51 | 70 |
| Newport County | 42 | 16 | 18 | 8 | 67 | 50 | 66 |
| Clevedon Town | 42 | 18 | 9 | 15 | 52 | 52 | 63 |
| Ilkeston Town | 42 | 16 | 12 | 14 | 77 | 69 | 60 |
| Weymouth | 42 | 14 | 16 | 12 | 60 | 51 | 58 |
| Halesowen Town | 42 | 14 | 14 | 14 | 52 | 54 | 56 |
| Crawley Town | 42 | 15 | 8 | 19 | 68 | 82 | 53 |
| Havant & Waterlooville | 42 | 13 | 13 | 16 | 63 | 68 | 52 |
| Cambridge City | 42 | 14 | 10 | 18 | 52 | 66 | 52 |
| Worcester City | 42 | 13 | 11 | 18 | 60 | 66 | 50 |
| Salisbury City | 42 | 14 | 8 | 20 | 70 | 84 | 50 |
| Merthyr Tydfil | 42 | 13 | 9 | 20 | 51 | 63 | 48 |
| Dorchester Town | 42 | 10 | 17 | 15 | 56 | 65 | 47 |
| Grantham Town | 42 | 14 | 5 | 23 | 63 | 76 | 47 |
| Gloucester City | 42 | 8 | 14 | 20 | 40 | 82 | 38 |
| Rothwell Town | 42 | 5 | 14 | 23 | 48 | 85 | 29 |
| Atherstone United | 42 | 5 | 13 | 24 | 30 | 76 | 28 |

### Eastern Division

| Team | P | W | D | L | F | A | Pts |
|---|---|---|---|---|---|---|---|
| Fisher Athletic (London) | 42 | 31 | 5 | 6 | 107 | 42 | 98 |
| Folkestone Invicta | 42 | 30 | 7 | 5 | 101 | 39 | 97 |
| Newport IOW | 42 | 25 | 7 | 10 | 74 | 40 | 82 |
| Chelmsford City | 42 | 24 | 8 | 10 | 74 | 38 | 80 |
| Hastings Town | 42 | 22 | 9 | 11 | 76 | 56 | 75 |
| Ashford Town | 42 | 21 | 9 | 12 | 70 | 49 | 72 |
| Tonbridge Angels | 42 | 20 | 10 | 12 | 82 | 60 | 70 |
| Dartford | 42 | 17 | 6 | 19 | 52 | 58 | 57 |
| Burnham | 42 | 15 | 9 | 18 | 55 | 64 | 54 |
| Baldock Town | 42 | 14 | 10 | 18 | 57 | 69 | 52 |
| Erith & Belvedere | 42 | 14 | 9 | 19 | 62 | 68 | 51 |
| Witney Town | 42 | 13 | 11 | 18 | 48 | 60 | 50 |
| VS Rugby | 42 | 13 | 11 | 18 | 58 | 79 | 50 |
| Wisbech Town | 42 | 14 | 7 | 21 | 58 | 66 | 49 |
| Spalding United | 42 | 14 | 6 | 22 | 52 | 71 | 48 |
| Sittingbourne | 42 | 13 | 7 | 22 | 48 | 75 | 46 |
| Stamford | 42 | 9 | 18 | 15 | 50 | 62 | 45 |
| St Leonards | 42 | 11 | 12 | 19 | 67 | 81 | 45 |
| Raunds Town | 42 | 11 | 12 | 19 | 44 | 63 | 45 |
| Bashley | 42 | 12 | 7 | 23 | 56 | 95 | 43 |
| Corby Town | 42 | 11 | 12 | 19 | 56 | 62 | 42 |
| Fleet Town | 42 | 8 | 8 | 26 | 54 | 104 | 32 |

Corby Town had 3 points deducted for fielding an ineligible player
Raunds Town gave notice to withdraw and take the place of the 2nd relegated Club. They then unsuccessfully sought re-election

### Western Division

| Team | P | W | D | L | F | A | Pts |
|---|---|---|---|---|---|---|---|
| Stafford Rangers | 42 | 29 | 6 | 7 | 107 | 47 | 93 |
| Moor Green | 42 | 26 | 12 | 4 | 85 | 33 | 90 |
| Hinckley United | 42 | 25 | 12 | 5 | 89 | 47 | 87 |
| Tiverton Town | 42 | 26 | 7 | 9 | 91 | 44 | 85 |
| Solihull Borough | 42 | 20 | 11 | 11 | 85 | 66 | 71 |
| Blakenall | 42 | 19 | 12 | 11 | 70 | 46 | 69 |
| Cirencester Town | 42 | 20 | 8 | 14 | 72 | 64 | 68 |
| Bilston Town | 42 | 16 | 18 | 8 | 66 | 52 | 66 |
| Cinderford Town | 42 | 17 | 11 | 14 | 62 | 64 | 62 |
| Redditch United | 42 | 17 | 10 | 15 | 73 | 65 | 61 |
| Gresley Rovers | 42 | 14 | 15 | 13 | 54 | 49 | 57 |
| Weston-super-Mare | 42 | 16 | 9 | 17 | 55 | 55 | 57 |
| Sutton Coldfield Town | 42 | 13 | 17 | 12 | 49 | 52 | 56 |
| Evesham United | 42 | 13 | 12 | 17 | 69 | 61 | 51 |
| Bedworth United | 42 | 13 | 10 | 19 | 52 | 71 | 49 |
| Rocester | 42 | 12 | 12 | 18 | 63 | 78 | 48 |
| Bromsgrove Rovers | 42 | 13 | 7 | 22 | 59 | 72 | 46 |
| Shepshed Dynamo | 42 | 12 | 7 | 23 | 46 | 66 | 43 |
| Paget Rangers | 42 | 11 | 4 | 27 | 44 | 82 | 37 |
| Racing Club Warwick | 42 | 7 | 14 | 21 | 41 | 82 | 35 |
| Stourbridge | 42 | 10 | 3 | 29 | 45 | 101 | 33 |
| Yate Town | 42 | 3 | 3 | 36 | 28 | 108 | 12 |

# Southern League 2000-2002

## 2000-2001 Premier Division

| Team | P | W | D | L | F | A | Pts |
|---|---|---|---|---|---|---|---|
| Margate | 42 | 28 | 7 | 7 | 75 | 27 | 91 |
| Burton Albion | 42 | 25 | 13 | 4 | 76 | 36 | 88 |
| King's Lynn | 42 | 18 | 11 | 13 | 67 | 58 | 65 |
| Welling United | 42 | 17 | 13 | 12 | 59 | 55 | 64 |
| Weymouth | 42 | 17 | 12 | 13 | 69 | 51 | 63 |
| Havant & Waterlooville | 42 | 18 | 9 | 15 | 65 | 53 | 63 |
| Stafford Rangers | 42 | 18 | 9 | 15 | 70 | 59 | 63 |
| Worcester City | 42 | 18 | 8 | 16 | 52 | 53 | 62 |
| Moor Green | 42 | 18 | 8 | 16 | 49 | 53 | 62 |
| Newport County | 42 | 17 | 10 | 15 | 70 | 61 | 61 |
| Crawley Town | 42 | 17 | 10 | 15 | 61 | 54 | 61 |
| Tamworth | 42 | 17 | 8 | 17 | 58 | 55 | 59 |
| Salisbury City | 42 | 17 | 8 | 17 | 64 | 69 | 59 |
| Ilkeston Town | 42 | 16 | 11 | 15 | 51 | 61 | 59 |
| Bath City | 42 | 15 | 13 | 14 | 67 | 68 | 55 |
| Cambridge City | 42 | 13 | 11 | 18 | 56 | 59 | 50 |
| Folkestone Invicta | 42 | 14 | 6 | 22 | 49 | 74 | 48 |
| Merthyr Tydfil | 42 | 11 | 13 | 18 | 49 | 62 | 46 |
| Clevedon Town | 42 | 11 | 7 | 24 | 61 | 74 | 40 |
| Fisher Athletic (London) | 42 | 12 | 6 | 24 | 51 | 85 | 39 |
| Dorchester Town | 42 | 10 | 8 | 24 | 40 | 70 | 38 |
| Halesowen Town | 42 | 8 | 13 | 21 | 47 | 69 | 37 |

Bath City and Fisher Athletic (London) both had 3 points deducted

### Eastern Division

| Team | P | W | D | L | F | A | Pts |
|---|---|---|---|---|---|---|---|
| Newport IOW | 42 | 28 | 10 | 4 | 91 | 30 | 94 |
| Chelmsford City | 42 | 27 | 9 | 6 | 102 | 45 | 90 |
| Grantham Town | 42 | 25 | 11 | 6 | 100 | 47 | 86 |
| Histon | 42 | 23 | 11 | 8 | 84 | 53 | 80 |
| Baldock Town | 42 | 23 | 10 | 9 | 81 | 44 | 79 |
| Hastings Town | 42 | 22 | 10 | 10 | 72 | 50 | 76 |
| Stamford | 42 | 20 | 11 | 11 | 69 | 59 | 71 |
| Tonbridge Angels | 42 | 18 | 11 | 13 | 79 | 58 | 65 |
| Langney Sports | 42 | 19 | 8 | 15 | 75 | 55 | 65 |
| Rothwell Town | 42 | 20 | 5 | 17 | 86 | 74 | 62 |
| Corby Town | 42 | 14 | 10 | 18 | 64 | 92 | 52 |
| Ashford Town | 42 | 15 | 4 | 23 | 53 | 83 | 49 |
| Banbury United | 42 | 12 | 11 | 19 | 57 | 54 | 47 |
| Witney Town | 42 | 12 | 11 | 19 | 55 | 71 | 47 |
| Bashley | 42 | 10 | 14 | 18 | 57 | 71 | 44 |
| Dartford | 42 | 11 | 11 | 20 | 49 | 67 | 44 |
| Burnham | 42 | 10 | 14 | 18 | 39 | 65 | 43 |
| Wisbech Town | 42 | 10 | 9 | 23 | 45 | 89 | 39 |
| St Leonards | 42 | 9 | 10 | 23 | 55 | 87 | 37 |
| Erith & Belvedere | 42 | 10 | 7 | 25 | 49 | 92 | 37 |
| Sittingbourne | 42 | 8 | 9 | 25 | 41 | 79 | 33 |
| Spalding United | 42 | 7 | 12 | 23 | 35 | 73 | 33 |

Burnham had 1 point deducted, Rothwell Town had 3 points deducted

### Western Division

| Team | P | W | D | L | F | A | Pts |
|---|---|---|---|---|---|---|---|
| Hinckley United | 42 | 30 | 8 | 4 | 102 | 38 | 98 |
| Tiverton Town | 42 | 28 | 7 | 7 | 97 | 36 | 91 |
| Bilston Town | 42 | 27 | 9 | 6 | 88 | 48 | 90 |
| Evesham United | 42 | 27 | 5 | 10 | 86 | 46 | 86 |
| Mangotsfield United | 42 | 25 | 9 | 8 | 91 | 45 | 84 |
| Solihull Borough | 42 | 22 | 12 | 8 | 73 | 43 | 78 |
| Redditch United | 42 | 17 | 13 | 12 | 76 | 69 | 64 |
| Weston-super-Mare | 42 | 17 | 10 | 15 | 68 | 58 | 61 |
| Atherstone United | 42 | 16 | 11 | 15 | 64 | 58 | 59 |
| Rocester | 42 | 18 | 5 | 19 | 57 | 77 | 59 |
| Cirencester Town | 42 | 14 | 15 | 13 | 65 | 74 | 57 |
| Rugby United | 42 | 13 | 10 | 19 | 51 | 68 | 49 |
| Gloucester City | 42 | 12 | 11 | 19 | 76 | 86 | 47 |
| Blakenall | 42 | 13 | 10 | 19 | 54 | 64 | 46 |
| Shepshed Dynamo | 42 | 12 | 9 | 21 | 56 | 73 | 45 |
| Bedworth United | 42 | 12 | 9 | 21 | 38 | 60 | 45 |
| Racing Club Warwick | 42 | 13 | 6 | 23 | 46 | 77 | 45 |
| Gresley Rovers | 42 | 11 | 8 | 23 | 46 | 65 | 41 |
| Cinderford Town | 42 | 11 | 8 | 23 | 56 | 84 | 41 |
| Sutton Coldfield Town | 42 | 7 | 14 | 21 | 45 | 66 | 35 |
| Paget Rangers | 42 | 9 | 4 | 29 | 38 | 93 | 31 |
| Bromsgrove Rovers | 42 | 7 | 9 | 26 | 47 | 92 | 30 |

Blakenall had 3 points deducted

## 2001-2002 Premier Division

| Team | P | W | D | L | F | A | Pts |
|---|---|---|---|---|---|---|---|
| Kettering Town | 42 | 27 | 6 | 9 | 80 | 41 | 87 |
| Tamworth | 42 | 24 | 13 | 5 | 81 | 41 | 85 |
| Havant & Waterlooville | 42 | 22 | 9 | 11 | 74 | 50 | 75 |
| Crawley Town | 42 | 21 | 10 | 11 | 67 | 48 | 73 |
| Newport County | 42 | 19 | 9 | 14 | 61 | 48 | 66 |
| Tiverton Town | 42 | 17 | 10 | 15 | 70 | 63 | 61 |
| Moor Green | 42 | 18 | 7 | 17 | 64 | 62 | 61 |
| Worcester City | 42 | 16 | 12 | 14 | 65 | 54 | 60 |
| Stafford Rangers | 42 | 17 | 9 | 16 | 70 | 62 | 60 |
| Ilkeston Town | 42 | 14 | 16 | 12 | 58 | 61 | 58 |
| Weymouth | 42 | 15 | 11 | 16 | 59 | 67 | 56 |
| Hinckley United | 42 | 14 | 13 | 15 | 64 | 62 | 55 |
| Folkestone Invicta | 42 | 14 | 12 | 16 | 51 | 61 | 54 |
| Cambridge City | 42 | 12 | 16 | 14 | 60 | 70 | 52 |
| Welling United | 42 | 13 | 12 | 17 | 69 | 66 | 51 |
| Hednesford Town | 42 | 15 | 6 | 21 | 59 | 70 | 51 |
| Bath City | 42 | 13 | 11 | 18 | 56 | 65 | 50 |
| Chelmsford City | 42 | 13 | 11 | 18 | 63 | 75 | 50 |
| Newport IOW | 42 | 12 | 12 | 18 | 38 | 61 | 48 |
| King's Lynn | 42 | 11 | 13 | 18 | 44 | 57 | 46 |
| Merthyr Tydfil | 42 | 12 | 8 | 22 | 53 | 71 | 44 |
| Salisbury City | 42 | 6 | 8 | 28 | 36 | 87 | 26 |

### Eastern Division

| Team | P | W | D | L | F | A | Pts |
|---|---|---|---|---|---|---|---|
| Hastings Town | 42 | 29 | 8 | 5 | 85 | 38 | 95 |
| Grantham Town | 42 | 29 | 6 | 7 | 99 | 43 | 93 |
| Dorchester Town | 42 | 26 | 10 | 6 | 81 | 36 | 88 |
| Histon | 42 | 23 | 8 | 11 | 83 | 49 | 77 |
| Stamford | 42 | 24 | 4 | 14 | 76 | 61 | 76 |
| Fisher Athletic (London) | 42 | 20 | 10 | 12 | 83 | 56 | 70 |
| Eastbourne Borough | 42 | 21 | 6 | 15 | 63 | 46 | 69 |
| Dartford | 42 | 18 | 5 | 19 | 62 | 66 | 59 |
| Erith & Belvedere | 42 | 18 | 3 | 21 | 75 | 79 | 57 |
| Bashley | 42 | 15 | 11 | 16 | 71 | 64 | 56 |
| Burnham | 42 | 15 | 10 | 17 | 52 | 54 | 55 |
| Rugby United | 42 | 16 | 6 | 20 | 56 | 67 | 54 |
| Rothwell Town | 42 | 14 | 8 | 20 | 45 | 66 | 50 |
| Ashford Town | 42 | 14 | 6 | 22 | 58 | 78 | 48 |
| Banbury United | 42 | 13 | 9 | 20 | 53 | 66 | 47 |
| Chatham Town | 42 | 13 | 8 | 21 | 56 | 87 | 47 |
| Sittingbourne | 42 | 14 | 4 | 24 | 46 | 69 | 46 |
| Spalding United | 42 | 13 | 6 | 23 | 72 | 84 | 45 |
| Tonbridge Angels | 42 | 13 | 6 | 23 | 65 | 80 | 45 |
| St Leonards | 42 | 14 | 3 | 25 | 52 | 88 | 45 |
| Corby Town | 42 | 10 | 13 | 19 | 54 | 82 | 43 |
| Wisbech Town | 42 | 11 | 8 | 23 | 56 | 84 | 41 |

Banbury United had 1 point deducted.

### Western Division

| Team | P | W | D | L | F | A | Pts |
|---|---|---|---|---|---|---|---|
| Halesowen Town | 40 | 27 | 9 | 4 | 85 | 24 | 90 |
| Chippenham Town | 40 | 26 | 9 | 5 | 81 | 28 | 87 |
| Weston-super-Mare | 40 | 22 | 10 | 8 | 70 | 38 | 76 |
| Solihull Borough | 40 | 20 | 11 | 9 | 75 | 42 | 71 |
| Gresley Rovers | 40 | 19 | 9 | 12 | 59 | 50 | 66 |
| Sutton Coldfield Town | 40 | 17 | 11 | 12 | 53 | 46 | 62 |
| Mangotsfield United | 40 | 17 | 10 | 13 | 74 | 54 | 61 |
| Stourport Swifts | 40 | 18 | 6 | 16 | 59 | 59 | 60 |
| Atherstone United | 40 | 16 | 8 | 16 | 61 | 59 | 56 |
| Clevedon Town | 40 | 15 | 11 | 14 | 57 | 58 | 56 |
| Bedworth United | 40 | 16 | 7 | 17 | 59 | 63 | 55 |
| Evesham United | 40 | 16 | 7 | 17 | 54 | 70 | 55 |
| Cirencester Town | 40 | 17 | 3 | 20 | 64 | 69 | 54 |
| Gloucester City | 40 | 14 | 10 | 16 | 48 | 63 | 52 |
| Cinderford Town | 40 | 14 | 9 | 17 | 54 | 67 | 51 |
| Shepshed Dynamo | 40 | 10 | 10 | 20 | 64 | 84 | 40 |
| Bilston Town | 40 | 11 | 7 | 22 | 50 | 72 | 40 |
| Redditch United | 40 | 11 | 6 | 23 | 47 | 77 | 39 |
| Swindon Supermarine | 40 | 11 | 4 | 25 | 52 | 76 | 37 |
| Racing Club Warwick | 40 | 8 | 11 | 21 | 38 | 63 | 35 |
| Rocester | 40 | 5 | 12 | 23 | 33 | 75 | 27 |

## 2002-2003

### Premier Division

| | | | | | | | |
|---|---|---|---|---|---|---|---|
| Tamworth | 42 | 26 | 10 | 6 | 73 | 32 | 88 |
| Stafford Rangers | 42 | 21 | 12 | 9 | 76 | 40 | 75 |
| Dover Athletic | 42 | 19 | 14 | 9 | 42 | 35 | 71 |
| Tiverton Town | 42 | 19 | 12 | 11 | 60 | 43 | 69 |
| Chippenham Town | 42 | 17 | 17 | 8 | 59 | 37 | 68 |
| Worcester City | 42 | 18 | 13 | 11 | 60 | 39 | 67 |
| Crawley Town | 42 | 17 | 13 | 12 | 64 | 51 | 64 |
| Havant & Waterlooville | 42 | 15 | 15 | 12 | 67 | 64 | 60 |
| Chelmsford City | 42 | 15 | 12 | 15 | 65 | 63 | 57 |
| Newport County | 42 | 15 | 11 | 16 | 53 | 52 | 56 |
| Hednesford Town | 42 | 14 | 13 | 15 | 59 | 60 | 55 |
| Moor Green | 42 | 13 | 14 | 15 | 49 | 58 | 53 |
| Hinckley United | 42 | 12 | 16 | 14 | 61 | 64 | 52 |
| Bath City | 42 | 13 | 13 | 16 | 50 | 61 | 52 |
| Welling United | 42 | 13 | 12 | 17 | 55 | 58 | 51 |
| Grantham Town | 42 | 14 | 9 | 19 | 59 | 65 | 51 |
| Weymouth | 42 | 12 | 15 | 15 | 44 | 62 | 51 |
| Cambridge City | 42 | 13 | 10 | 19 | 54 | 56 | 49 |
| Halesowen Town | 42 | 12 | 13 | 17 | 52 | 63 | 49 |
| Hastings United | 42 | 10 | 13 | 19 | 44 | 57 | 43 |
| Ilkeston Town | 42 | 10 | 10 | 22 | 54 | 92 | 40 |
| Folkestone Invicta | 42 | 7 | 7 | 28 | 57 | 105 | 28 |

### Eastern Division

| | | | | | | | |
|---|---|---|---|---|---|---|---|
| Dorchester Town | 42 | 28 | 9 | 5 | 114 | 40 | 93 |
| Eastbourne Borough | 42 | 29 | 6 | 7 | 92 | 33 | 93 |
| Stamford | 42 | 27 | 6 | 9 | 80 | 39 | 87 |
| Salisbury City | 42 | 27 | 8 | 7 | 81 | 42 | 86 |
| Bashley | 42 | 23 | 12 | 7 | 90 | 44 | 81 |
| King's Lynn | 42 | 24 | 7 | 11 | 98 | 62 | 79 |
| Rothwell Town | 42 | 22 | 10 | 10 | 77 | 52 | 76 |
| Banbury United | 42 | 21 | 11 | 10 | 75 | 50 | 74 |
| Tonbridge Angels | 42 | 20 | 11 | 11 | 71 | 55 | 71 |
| Histon | 42 | 20 | 7 | 15 | 99 | 62 | 67 |
| Ashford Town | 42 | 18 | 9 | 15 | 63 | 57 | 63 |
| Sittingbourne | 42 | 15 | 8 | 19 | 57 | 69 | 53 |
| Burnham | 42 | 15 | 7 | 20 | 62 | 79 | 52 |
| Fisher Athletic | 42 | 15 | 5 | 22 | 57 | 80 | 50 |
| Chatham Town | 42 | 14 | 5 | 23 | 54 | 84 | 47 |
| Newport IOW | 42 | 12 | 6 | 24 | 53 | 87 | 42 |
| Dartford | 42 | 11 | 8 | 23 | 48 | 78 | 41 |
| Erith & Belvedere | 42 | 11 | 6 | 25 | 65 | 96 | 39 |
| Corby Town | 42 | 9 | 11 | 22 | 49 | 84 | 38 |
| Fleet Town | 42 | 8 | 8 | 26 | 34 | 80 | 32 |
| Spalding United | 42 | 4 | 6 | 32 | 40 | 108 | 18 |
| St. Leonards | 42 | 4 | 4 | 34 | 38 | 116 | 16 |

Salisbury City had 3 points deducted.

### Western Division

| | | | | | | | |
|---|---|---|---|---|---|---|---|
| Merthyr Tydfil | 42 | 28 | 8 | 6 | 78 | 32 | 92 |
| Weston-super-Mare | 42 | 26 | 7 | 9 | 77 | 42 | 85 |
| Bromsgrove Rovers | 42 | 23 | 7 | 12 | 73 | 41 | 76 |
| Solihull Borough | 42 | 21 | 13 | 8 | 77 | 48 | 76 |
| Gloucester City | 42 | 22 | 9 | 11 | 87 | 58 | 75 |
| Mangotsfield United | 42 | 21 | 10 | 11 | 106 | 53 | 73 |
| Redditch United | 42 | 22 | 6 | 14 | 76 | 42 | 72 |
| Rugby United | 42 | 20 | 9 | 13 | 58 | 43 | 69 |
| Gresley Rovers | 42 | 19 | 10 | 13 | 63 | 54 | 67 |
| Taunton Town | 42 | 20 | 7 | 15 | 76 | 78 | 67 |
| Sutton Coldfield Town | 42 | 18 | 10 | 14 | 63 | 53 | 64 |
| Evesham United | 42 | 19 | 6 | 17 | 76 | 72 | 63 |
| Clevedon Town | 42 | 14 | 13 | 15 | 54 | 60 | 55 |
| Cirencester Town | 42 | 15 | 7 | 20 | 62 | 82 | 52 |
| Cinderford Town | 42 | 13 | 12 | 17 | 50 | 67 | 51 |
| Shepshed Dynamo | 42 | 12 | 6 | 24 | 48 | 76 | 42 |
| Stourport Swifts | 42 | 10 | 11 | 21 | 48 | 66 | 41 |
| Bedworth United | 42 | 11 | 7 | 24 | 46 | 74 | 40 |
| Swindon Supermarine | 42 | 11 | 5 | 26 | 52 | 85 | 38 |
| Atherstone United | 42 | 9 | 10 | 23 | 45 | 78 | 37 |
| Rocester | 42 | 9 | 10 | 23 | 34 | 74 | 37 |
| Racing Club Warwick | 42 | 3 | 9 | 30 | 33 | 104 | 18 |

## 2003-2004

### Premier Division

| | | | | | | | |
|---|---|---|---|---|---|---|---|
| Crawley Town | 42 | 25 | 9 | 8 | 77 | 43 | 84 |
| Weymouth | 42 | 20 | 12 | 10 | 76 | 47 | 72 |
| Stafford Rangers | 42 | 19 | 11 | 12 | 55 | 43 | 68 |
| Nuneaton Borough | 42 | 17 | 15 | 10 | 65 | 49 | 66 |
| Worcester City | 42 | 18 | 9 | 15 | 71 | 50 | 63 |
| Hinckley United | 42 | 15 | 14 | 13 | 55 | 46 | 59 |
| Newport County | 42 | 15 | 14 | 13 | 52 | 50 | 59 |
| Cambridge City | 42 | 14 | 15 | 13 | 54 | 53 | 57 |
| Welling United | 42 | 16 | 8 | 18 | 56 | 58 | 56 |
| Weston-super-Mare | 42 | 14 | 13 | 15 | 52 | 52 | 55 |
| Eastbourne Borough | 42 | 14 | 13 | 15 | 48 | 56 | 55 |
| Havant & Waterlooville | 42 | 15 | 10 | 17 | 59 | 70 | 55 |
| Moor Green | 42 | 14 | 12 | 16 | 42 | 54 | 54 |
| Merthyr Tydfil | 42 | 13 | 14 | 15 | 60 | 66 | 53 |
| Tiverton Town | 42 | 12 | 15 | 15 | 63 | 64 | 51 |
| Bath City | 42 | 13 | 12 | 17 | 49 | 57 | 51 |
| Dorchester Town | 42 | 14 | 9 | 19 | 56 | 69 | 51 |
| Chelmsford City | 42 | 11 | 16 | 15 | 46 | 53 | 49 |
| Dover Athletic | 42 | 12 | 13 | 17 | 50 | 59 | 49 |
| Hednesford Town | 42 | 12 | 12 | 18 | 56 | 69 | 48 |
| Chippenham Town | 42 | 10 | 17 | 15 | 51 | 63 | 47 |
| Grantham Town | 42 | 10 | 15 | 17 | 45 | 67 | 45 |

### Eastern Division

| | | | | | | | |
|---|---|---|---|---|---|---|---|
| King's Lynn | 42 | 28 | 7 | 7 | 90 | 35 | 91 |
| Histon | 42 | 26 | 10 | 6 | 96 | 41 | 88 |
| Tonbridge Angels | 42 | 27 | 7 | 8 | 82 | 46 | 88 |
| Eastleigh | 42 | 27 | 4 | 11 | 88 | 40 | 82 |
| Folkestone Invicta | 42 | 20 | 15 | 7 | 91 | 45 | 75 |
| Salisbury City | 42 | 21 | 11 | 10 | 73 | 45 | 74 |
| Stamford | 42 | 20 | 11 | 11 | 63 | 45 | 71 |
| Banbury United | 42 | 19 | 10 | 13 | 65 | 57 | 67 |
| Burgess Hill Town | 42 | 19 | 7 | 16 | 67 | 54 | 64 |
| Sittingbourne | 42 | 18 | 8 | 16 | 61 | 55 | 62 |
| Bashley | 42 | 18 | 7 | 17 | 66 | 58 | 61 |
| Ashford Town | 42 | 15 | 9 | 18 | 51 | 53 | 54 |
| Chatham Town | 42 | 13 | 10 | 19 | 49 | 67 | 49 |
| Fisher Athletic | 42 | 13 | 10 | 19 | 61 | 81 | 49 |
| Corby Town | 42 | 12 | 9 | 21 | 44 | 75 | 45 |
| Dartford | 42 | 13 | 6 | 23 | 48 | 81 | 45 |
| Burnham | 42 | 12 | 11 | 19 | 52 | 76 | 44 |
| Hastings United | 42 | 12 | 7 | 23 | 60 | 91 | 43 |
| Newport IOW | 42 | 11 | 7 | 24 | 42 | 69 | 40 |
| Rothwell Town | 42 | 9 | 11 | 22 | 30 | 47 | 38 |
| Erith & Belvedere | 42 | 7 | 10 | 25 | 45 | 84 | 31 |
| Fleet Town | 42 | 5 | 7 | 30 | 35 | 114 | 22 |

Eastleigh and Burnham both had 3 points deducted.

### Western Division

| | | | | | | | |
|---|---|---|---|---|---|---|---|
| Redditch United | 40 | 25 | 9 | 6 | 75 | 30 | 84 |
| Gloucester City | 40 | 24 | 7 | 9 | 77 | 46 | 79 |
| Cirencester Town | 40 | 24 | 4 | 12 | 73 | 40 | 76 |
| Halesowen Town | 40 | 20 | 13 | 7 | 64 | 40 | 73 |
| Rugby United | 40 | 21 | 8 | 11 | 57 | 40 | 71 |
| Team Bath | 40 | 21 | 6 | 13 | 62 | 41 | 69 |
| Solihull Borough | 40 | 19 | 9 | 12 | 50 | 31 | 66 |
| Sutton Coldfield Town | 40 | 16 | 15 | 9 | 52 | 38 | 63 |
| Bromsgrove Rovers | 40 | 16 | 11 | 13 | 60 | 48 | 59 |
| Ilkeston Town | 40 | 16 | 10 | 14 | 58 | 59 | 58 |
| Clevedon Town | 40 | 16 | 5 | 19 | 55 | 59 | 53 |
| Gresley Rovers | 40 | 15 | 7 | 18 | 52 | 60 | 52 |
| Mangotsfield United | 40 | 14 | 8 | 18 | 70 | 70 | 50 |
| Evesham United | 40 | 15 | 5 | 20 | 56 | 57 | 50 |
| Taunton Town | 40 | 14 | 8 | 18 | 50 | 55 | 50 |
| Yate Town | 40 | 11 | 9 | 20 | 51 | 79 | 42 |
| Swindon Supermarine | 40 | 10 | 9 | 21 | 41 | 69 | 39 |
| Stourport Swifts | 40 | 9 | 11 | 20 | 43 | 68 | 38 |
| Bedworth United | 40 | 8 | 12 | 20 | 39 | 61 | 36 |
| Cinderford Town | 40 | 7 | 9 | 24 | 50 | 94 | 30 |
| Shepshed Dynamo | 40 | 5 | 13 | 22 | 31 | 87 | 28 |

# Southern League 2004-2006

## 2004-2005 Premier Division

| Team | P | W | D | L | F | A | Pts |
|---|---|---|---|---|---|---|---|
| Histon | 42 | 24 | 6 | 12 | 93 | 57 | 78 |
| Chippenham Town | 42 | 22 | 9 | 11 | 81 | 55 | 75 |
| Merthyr Tydfil | 42 | 19 | 14 | 9 | 62 | 47 | 71 |
| Hednesford Town | 42 | 20 | 10 | 12 | 68 | 40 | 70 |
| Bedford Town | 42 | 19 | 12 | 11 | 70 | 52 | 69 |
| Bath City | 42 | 19 | 12 | 11 | 57 | 43 | 69 |
| Cirencester Town | 42 | 19 | 11 | 12 | 63 | 52 | 68 |
| Tiverton Town | 42 | 18 | 13 | 11 | 70 | 55 | 67 |
| Halesowen Town | 42 | 19 | 9 | 14 | 64 | 52 | 66 |
| Aylesbury United | 42 | 20 | 3 | 19 | 67 | 66 | 63 |
| King's Lynn | 42 | 19 | 4 | 19 | 78 | 69 | 61 |
| Chesham United | 42 | 18 | 5 | 19 | 84 | 82 | 59 |
| Grantham Town | 42 | 17 | 7 | 18 | 57 | 55 | 58 |
| Team Bath | 42 | 14 | 12 | 16 | 54 | 68 | 54 |
| Gloucester City | 42 | 12 | 17 | 13 | 63 | 61 | 53 |
| Rugby United | 42 | 13 | 12 | 17 | 48 | 60 | 51 |
| Banbury United | 42 | 13 | 9 | 20 | 56 | 69 | 48 |
| Hitchin Town | 42 | 13 | 9 | 20 | 55 | 77 | 48 |
| Hemel Hempstead Town | 42 | 11 | 10 | 21 | 60 | 88 | 43 |
| Dunstable Town | 42 | 11 | 6 | 25 | 56 | 98 | 39 |
| Stamford | 42 | 6 | 18 | 18 | 40 | 60 | 36 |
| Solihull Borough | 42 | 10 | 4 | 28 | 45 | 85 | 34 |

### Eastern Division

| Team | P | W | D | L | F | A | Pts |
|---|---|---|---|---|---|---|---|
| Fisher Athletic | 42 | 30 | 6 | 6 | 96 | 41 | 96 |
| East Thurrock United | 42 | 25 | 12 | 5 | 92 | 38 | 87 |
| Maldon Town | 42 | 27 | 6 | 9 | 92 | 51 | 87 |
| Uxbridge | 42 | 26 | 7 | 9 | 87 | 37 | 85 |
| Wivenhoe Town | 42 | 21 | 11 | 10 | 74 | 49 | 74 |
| Barking & East Ham United | 42 | 20 | 10 | 12 | 63 | 37 | 70 |
| Boreham Wood | 42 | 19 | 9 | 14 | 80 | 61 | 66 |
| Barton Rovers | 42 | 20 | 4 | 18 | 76 | 72 | 64 |
| Waltham Forest | 42 | 16 | 9 | 17 | 68 | 61 | 57 |
| Leighton Town | 42 | 13 | 15 | 14 | 57 | 59 | 54 |
| Chatham Town | 42 | 15 | 9 | 18 | 53 | 63 | 54 |
| Wingate & Finchley | 42 | 15 | 8 | 19 | 60 | 75 | 53 |
| Arlesey Town | 42 | 14 | 10 | 18 | 53 | 67 | 52 |
| Beaconsfield SYCOB | 42 | 12 | 12 | 18 | 54 | 65 | 48 |
| Harlow Town | 42 | 13 | 8 | 21 | 53 | 65 | 47 |
| Dartford | 42 | 11 | 13 | 18 | 58 | 75 | 46 |
| Aveley | 42 | 12 | 9 | 21 | 57 | 69 | 45 |
| Berkhamsted Town | 42 | 15 | 7 | 20 | 66 | 101 | 45 |
| Sittingbourne | 42 | 10 | 12 | 20 | 53 | 70 | 42 |
| Great Wakering Rovers | 42 | 9 | 11 | 22 | 45 | 78 | 38 |
| Erith & Belvedere | 42 | 11 | 7 | 24 | 56 | 92 | 37 |
| Tilbury | 42 | 6 | 9 | 27 | 41 | 108 | 27 |

Berkhamsted Town had 7 points deducted.
Erith & Belvedere had 3 points deducted.

### Western Division

| Team | P | W | D | L | F | A | Pts |
|---|---|---|---|---|---|---|---|
| Mangotsfield United | 42 | 24 | 11 | 7 | 89 | 49 | 83 |
| Yate Town | 42 | 24 | 9 | 9 | 83 | 40 | 81 |
| Evesham United | 42 | 23 | 10 | 9 | 66 | 31 | 79 |
| Clevedon Town | 42 | 24 | 6 | 12 | 82 | 49 | 78 |
| Bromsgrove Rovers | 42 | 19 | 15 | 8 | 60 | 42 | 72 |
| Ashford Town (Middlesex) | 42 | 17 | 13 | 12 | 63 | 46 | 64 |
| Brackley Town | 42 | 18 | 10 | 14 | 69 | 53 | 64 |
| Paulton Rovers | 42 | 18 | 7 | 17 | 62 | 61 | 61 |
| Burnham | 42 | 17 | 7 | 18 | 64 | 64 | 58 |
| Rothwell Town | 42 | 16 | 10 | 16 | 57 | 57 | 58 |
| Thame United | 42 | 17 | 6 | 19 | 58 | 69 | 57 |
| Corby Town | 42 | 14 | 12 | 16 | 52 | 62 | 54 |
| Marlow | 42 | 13 | 14 | 15 | 58 | 67 | 53 |
| Stourport Swifts | 42 | 15 | 7 | 20 | 62 | 63 | 52 |
| Bedworth United | 42 | 15 | 7 | 20 | 51 | 60 | 52 |
| Cinderford Town | 42 | 13 | 12 | 17 | 50 | 64 | 51 |
| Taunton Town | 42 | 14 | 8 | 20 | 66 | 75 | 50 |
| Sutton Coldfield Town | 42 | 16 | 11 | 15 | 54 | 61 | 48 |
| Swindon Supermarine | 42 | 12 | 12 | 18 | 43 | 60 | 48 |
| Bracknell Town | 42 | 10 | 13 | 19 | 53 | 75 | 43 |
| Oxford City | 42 | 11 | 8 | 23 | 49 | 71 | 41 |
| Egham Town | 42 | 6 | 4 | 32 | 25 | 97 | 22 |

Sutton Coldfield Town had 11 points deducted.

## 2005-2006

### Premier Division

| Team | P | W | D | L | F | A | Pts |
|---|---|---|---|---|---|---|---|
| Salisbury City | 42 | 30 | 5 | 7 | 83 | 27 | 95 |
| Bath City | 42 | 25 | 8 | 9 | 66 | 33 | 83 |
| King's Lynn | 42 | 25 | 7 | 10 | 73 | 41 | 82 |
| Chippenham Town | 42 | 22 | 11 | 9 | 69 | 45 | 77 |
| Bedford Town | 42 | 22 | 10 | 10 | 69 | 53 | 76 |
| Yate Town | 42 | 21 | 5 | 16 | 78 | 74 | 68 |
| Banbury United | 42 | 17 | 11 | 14 | 66 | 61 | 62 |
| Halesowen Town | 42 | 15 | 15 | 12 | 54 | 45 | 60 |
| Merthyr Tydfil | 42 | 17 | 9 | 16 | 62 | 58 | 60 |
| Mangotsfield United | 42 | 15 | 13 | 14 | 67 | 67 | 58 |
| Grantham Town | 42 | 15 | 11 | 16 | 49 | 49 | 56 |
| Tiverton Town | 42 | 14 | 10 | 18 | 69 | 65 | 52 |
| Gloucester City | 42 | 14 | 10 | 18 | 57 | 60 | 52 |
| Hitchin Town | 42 | 13 | 12 | 17 | 59 | 76 | 51 |
| Rugby Town | 42 | 13 | 11 | 18 | 58 | 66 | 50 |
| Cheshunt | 42 | 13 | 9 | 20 | 57 | 70 | 48 |
| Team Bath | 42 | 14 | 6 | 22 | 55 | 68 | 48 |
| Cirencester Town | 42 | 14 | 4 | 24 | 49 | 68 | 46 |
| Northwood | 42 | 12 | 6 | 24 | 53 | 88 | 42 |
| Evesham United | 42 | 9 | 14 | 19 | 46 | 58 | 41 |
| Aylesbury United | 42 | 9 | 12 | 21 | 43 | 69 | 39 |
| Chesham United | 42 | 9 | 9 | 24 | 43 | 84 | 36 |

### Eastern Division

| Team | P | W | D | L | F | A | Pts |
|---|---|---|---|---|---|---|---|
| Boreham Wood | 42 | 24 | 12 | 6 | 84 | 41 | 84 |
| Corby Town | 42 | 25 | 9 | 8 | 63 | 33 | 84 |
| Enfield Town | 42 | 24 | 9 | 9 | 75 | 43 | 81 |
| Stamford | 42 | 20 | 10 | 12 | 73 | 53 | 70 |
| Barking & East Ham United | 42 | 20 | 10 | 12 | 63 | 47 | 70 |
| Wivenhoe Town | 42 | 17 | 11 | 14 | 56 | 54 | 62 |
| Dartford | 42 | 16 | 13 | 13 | 65 | 57 | 61 |
| Waltham Forest | 42 | 17 | 8 | 17 | 64 | 66 | 59 |
| Harlow Town | 42 | 14 | 16 | 12 | 57 | 56 | 58 |
| Arlesey Town | 42 | 15 | 11 | 16 | 58 | 65 | 56 |
| Rothwell Town | 42 | 13 | 14 | 15 | 48 | 53 | 53 |
| Wingate & Finchley | 42 | 13 | 14 | 15 | 57 | 64 | 53 |
| Great Wakering Rovers | 42 | 13 | 12 | 17 | 65 | 67 | 51 |
| Uxbridge | 42 | 13 | 11 | 18 | 62 | 64 | 50 |
| Potters Bar Town | 42 | 13 | 11 | 18 | 60 | 66 | 50 |
| Enfield | 42 | 13 | 11 | 18 | 52 | 64 | 50 |
| Chatham Town | 42 | 13 | 10 | 19 | 51 | 57 | 49 |
| Sittingbourne | 42 | 12 | 12 | 18 | 53 | 64 | 48 |
| Barton Rovers | 42 | 13 | 8 | 21 | 59 | 73 | 47 |
| Aveley | 42 | 11 | 13 | 18 | 51 | 70 | 46 |
| Ilford | 42 | 8 | 17 | 17 | 35 | 59 | 41 |
| Berkhamsted Town | 42 | 8 | 12 | 22 | 51 | 81 | 36 |

### Western Division

| Team | P | W | D | L | F | A | Pts |
|---|---|---|---|---|---|---|---|
| Clevedon Town | 42 | 28 | 6 | 8 | 86 | 45 | 90 |
| Ashford Town (Middlesex) | 42 | 24 | 8 | 10 | 84 | 50 | 80 |
| Brackley Town | 42 | 23 | 9 | 10 | 71 | 34 | 78 |
| Hemel Hempstead Town | 42 | 22 | 9 | 11 | 86 | 47 | 75 |
| Swindon Supermarine | 42 | 22 | 9 | 11 | 70 | 47 | 75 |
| Marlow | 42 | 22 | 6 | 14 | 62 | 59 | 72 |
| Sutton Coldfield Town | 42 | 21 | 6 | 15 | 91 | 62 | 69 |
| Leighton Town | 42 | 19 | 8 | 15 | 55 | 48 | 65 |
| Willenhall Town | 42 | 17 | 12 | 13 | 78 | 61 | 63 |
| Rushall Olympic | 42 | 17 | 11 | 14 | 73 | 57 | 62 |
| Bromsgrove Rovers | 42 | 17 | 11 | 14 | 65 | 50 | 62 |
| Solihull Borough | 42 | 15 | 13 | 14 | 50 | 51 | 58 |
| Beaconsfield SYCOB | 42 | 14 | 13 | 15 | 60 | 66 | 55 |
| Burnham | 42 | 16 | 5 | 21 | 58 | 71 | 53 |
| Cinderford Town | 42 | 14 | 9 | 19 | 71 | 79 | 51 |
| Bedworth United | 42 | 14 | 9 | 19 | 46 | 57 | 51 |
| Paulton Rovers | 42 | 12 | 10 | 20 | 55 | 76 | 46 |
| Taunton Town | 42 | 12 | 9 | 21 | 67 | 81 | 45 |
| Bracknell Town | 42 | 12 | 6 | 24 | 53 | 77 | 42 |
| Stourport Swifts | 42 | 9 | 14 | 19 | 55 | 80 | 41 |
| Dunstable Town | 42 | 8 | 12 | 22 | 45 | 91 | 36 |
| Thame United | 42 | 4 | 5 | 33 | 30 | 122 | 17 |

## 2006-2007 Premier Division

| Team | P | W | D | L | F | A | Pts |
|---|---|---|---|---|---|---|---|
| Bath City | 42 | 27 | 10 | 5 | 84 | 29 | 91 |
| Team Bath | 42 | 23 | 9 | 10 | 66 | 42 | 78 |
| King's Lynn | 42 | 22 | 10 | 10 | 69 | 40 | 76 |
| Maidenhead United | 42 | 20 | 10 | 12 | 58 | 36 | 70 |
| Hemel Hempstead Town | 42 | 19 | 12 | 11 | 79 | 60 | 69 |
| Halesowen Town | 42 | 18 | 13 | 11 | 66 | 53 | 67 |
| Chippenham Town | 42 | 19 | 9 | 14 | 61 | 56 | 66 |
| Stamford | 42 | 16 | 11 | 15 | 65 | 62 | 59 |
| Mangotsfield United | 42 | 13 | 19 | 10 | 44 | 45 | 58 |
| Gloucester City | 42 | 15 | 13 | 14 | 67 | 70 | 58 |
| Hitchin Town | 42 | 16 | 9 | 17 | 55 | 68 | 57 |
| Merthyr Tydfil | 42 | 14 | 14 | 14 | 47 | 46 | 56 |
| Banbury United | 42 | 15 | 10 | 17 | 60 | 64 | 55 |
| Yate Town | 42 | 14 | 12 | 16 | 59 | 71 | 54 |
| Tiverton Town | 42 | 14 | 8 | 20 | 56 | 67 | 50 |
| Cheshunt | 42 | 14 | 7 | 21 | 56 | 71 | 49 |
| Rugby Town | 42 | 15 | 4 | 23 | 58 | 79 | 49 |
| Clevedon Town | 42 | 12 | 12 | 18 | 60 | 61 | 48 |
| Wealdstone | 42 | 13 | 9 | 20 | 69 | 82 | 48 |
| Corby Town | 42 | 10 | 9 | 23 | 52 | 69 | 39 |
| Cirencester Town | 42 | 9 | 12 | 21 | 46 | 76 | 39 |
| Northwood | 42 | 8 | 10 | 24 | 44 | 74 | 34 |

### Division One Midlands

| Team | P | W | D | L | F | A | Pts |
|---|---|---|---|---|---|---|---|
| Brackley Town | 42 | 29 | 4 | 9 | 95 | 53 | 91 |
| Bromsgrove Rovers | 42 | 23 | 7 | 12 | 86 | 62 | 76 |
| Chasetown | 42 | 23 | 6 | 13 | 59 | 39 | 75 |
| Willenhall Town | 42 | 20 | 12 | 10 | 67 | 47 | 72 |
| Evesham United | 42 | 19 | 15 | 8 | 66 | 51 | 72 |
| Aylesbury United | 42 | 20 | 11 | 11 | 58 | 42 | 71 |
| Stourbridge | 42 | 17 | 15 | 10 | 70 | 53 | 66 |
| Woodford United | 42 | 18 | 11 | 13 | 71 | 54 | 65 |
| Cinderford Town | 42 | 18 | 10 | 14 | 70 | 60 | 64 |
| Rothwell Town | 42 | 18 | 7 | 17 | 72 | 61 | 61 |
| Dunstable Town | 42 | 16 | 12 | 14 | 64 | 53 | 60 |
| Sutton Coldfield Town | 42 | 16 | 9 | 17 | 62 | 63 | 57 |
| Bishop's Cleeve | 42 | 17 | 5 | 20 | 68 | 66 | 56 |
| Solihull Borough | 42 | 17 | 5 | 20 | 72 | 84 | 56 |
| Rushall Olympic | 42 | 15 | 9 | 18 | 56 | 55 | 54 |
| Bedworth United | 42 | 13 | 8 | 21 | 73 | 83 | 47 |
| Malvern Town | 42 | 12 | 11 | 19 | 46 | 66 | 47 |
| Leighton Town | 42 | 12 | 8 | 22 | 44 | 60 | 44 |
| Spalding United | 42 | 12 | 6 | 24 | 45 | 62 | 42 |
| Barton Rovers | 42 | 11 | 9 | 22 | 51 | 93 | 42 |
| Berkhamsted Town | 42 | 10 | 7 | 25 | 53 | 97 | 37 |
| Stourport Swifts | 42 | 9 | 7 | 26 | 43 | 87 | 34 |

### Division One South & West

| Team | P | W | D | L | F | A | Pts |
|---|---|---|---|---|---|---|---|
| Bashley | 42 | 32 | 6 | 4 | 111 | 35 | 102 |
| Paulton Rovers | 42 | 20 | 14 | 8 | 66 | 42 | 74 |
| Burnham | 42 | 23 | 4 | 15 | 74 | 60 | 73 |
| Swindon Supermarine | 42 | 20 | 11 | 11 | 68 | 40 | 71 |
| Taunton Town | 42 | 19 | 14 | 9 | 68 | 50 | 71 |
| Thatcham Town | 42 | 21 | 7 | 14 | 70 | 60 | 70 |
| Marlow | 42 | 19 | 12 | 11 | 74 | 49 | 69 |
| Uxbridge | 42 | 20 | 8 | 14 | 68 | 58 | 68 |
| Andover | 42 | 19 | 9 | 14 | 70 | 59 | 66 |
| Didcot Town | 42 | 16 | 13 | 13 | 86 | 67 | 61 |
| Abingdon United | 42 | 16 | 11 | 15 | 68 | 67 | 59 |
| Oxford City | 42 | 17 | 8 | 17 | 62 | 75 | 59 |
| Winchester City | 42 | 16 | 10 | 16 | 67 | 65 | 58 |
| Windsor & Eton | 42 | 16 | 10 | 16 | 76 | 75 | 58 |
| Chesham United | 42 | 17 | 6 | 19 | 68 | 79 | 57 |
| Hillingdon Borough | 42 | 13 | 13 | 16 | 80 | 85 | 52 |
| Lymington & New Milton | 42 | 16 | 3 | 23 | 81 | 79 | 51 |
| Brook House | 42 | 14 | 6 | 22 | 71 | 92 | 48 |
| Bracknell Town | 42 | 11 | 13 | 18 | 51 | 62 | 46 |
| Newport IOW | 42 | 9 | 3 | 30 | 44 | 106 | 30 |
| Hanwell Town | 42 | 6 | 7 | 29 | 52 | 102 | 24 |
| Beaconsfield SYCOB | 42 | 5 | 6 | 31 | 36 | 104 | 21 |

Hanwell Town had one point deducted.

## 2007-2008 Premier Division

| Team | P | W | D | L | F | A | Pts |
|---|---|---|---|---|---|---|---|
| King's Lynn | 42 | 24 | 13 | 5 | 91 | 36 | 85 |
| Team Bath | 42 | 25 | 8 | 9 | 71 | 41 | 83 |
| Halesowen Town | 42 | 22 | 13 | 7 | 80 | 46 | 79 |
| Chippenham Town | 42 | 20 | 13 | 9 | 73 | 44 | 73 |
| Bashley | 42 | 19 | 12 | 11 | 60 | 46 | 69 |
| Gloucester City | 42 | 19 | 11 | 12 | 81 | 50 | 68 |
| Hemel Hempstead Town | 42 | 19 | 11 | 12 | 67 | 50 | 68 |
| Brackley Town | 42 | 16 | 12 | 14 | 57 | 53 | 60 |
| Banbury United | 42 | 14 | 16 | 12 | 55 | 57 | 58 |
| Yate Town | 42 | 16 | 10 | 16 | 71 | 76 | 58 |
| Clevedon Town | 42 | 13 | 18 | 11 | 49 | 46 | 57 |
| Swindon Supermarine | 42 | 14 | 12 | 16 | 51 | 67 | 54 |
| Merthyr Tydfil | 42 | 13 | 14 | 15 | 65 | 70 | 53 |
| Mangotsfield United | 42 | 12 | 16 | 14 | 38 | 42 | 52 |
| Rugby Town | 42 | 13 | 12 | 17 | 55 | 66 | 51 |
| Corby Town | 42 | 14 | 8 | 20 | 60 | 67 | 50 |
| Tiverton Town | 42 | 13 | 11 | 18 | 45 | 60 | 50 |
| Hitchin Town | 42 | 12 | 11 | 19 | 46 | 61 | 47 |
| Bedford Town | 42 | 12 | 9 | 21 | 54 | 73 | 45 |
| Bromsgrove Rovers | 42 | 10 | 12 | 20 | 46 | 67 | 42 |
| Cirencester Town | 42 | 8 | 8 | 26 | 44 | 80 | 32 |
| Cheshunt | 42 | 5 | 8 | 29 | 42 | 103 | 23 |

### Division One Midlands

| Team | P | W | D | L | F | A | Pts |
|---|---|---|---|---|---|---|---|
| Evesham United | 40 | 28 | 7 | 5 | 68 | 24 | 91 |
| Leamington | 40 | 27 | 8 | 5 | 74 | 27 | 89 |
| Stourbridge | 40 | 25 | 3 | 12 | 97 | 48 | 78 |
| Sutton Coldfield Town | 40 | 23 | 8 | 9 | 93 | 52 | 77 |
| Rushall Olympic | 40 | 23 | 7 | 10 | 68 | 23 | 76 |
| Chesham United | 40 | 23 | 7 | 10 | 78 | 40 | 76 |
| Chasetown | 40 | 23 | 6 | 11 | 71 | 38 | 75 |
| Aylesbury United | 40 | 19 | 9 | 12 | 64 | 49 | 66 |
| Leighton Town | 40 | 17 | 12 | 11 | 59 | 42 | 63 |
| Romulus | 40 | 18 | 8 | 14 | 60 | 53 | 62 |
| Barton Rovers | 40 | 14 | 16 | 10 | 54 | 45 | 58 |
| Bishop's Cleeve | 40 | 17 | 7 | 16 | 63 | 61 | 58 |
| Dunstable Town | 40 | 14 | 5 | 21 | 63 | 65 | 47 |
| Willenhall Town | 40 | 12 | 13 | 15 | 53 | 58 | 46 |
| Bedworth United | 40 | 12 | 10 | 18 | 40 | 51 | 46 |
| Cinderford Town | 40 | 12 | 6 | 22 | 47 | 82 | 42 |
| Stourport Swifts | 40 | 10 | 8 | 22 | 40 | 81 | 38 |
| Rothwell Town | 40 | 9 | 5 | 26 | 34 | 69 | 32 |
| Woodford United | 40 | 7 | 6 | 27 | 30 | 88 | 27 |
| Malvern Town | 40 | 3 | 9 | 28 | 34 | 95 | 18 |
| Berkhamsted Town | 40 | 2 | 4 | 34 | 27 | 126 | 10 |

Willenhall Town had 3 points deducted.

### Division One South & West

| Team | P | W | D | L | F | A | Pts |
|---|---|---|---|---|---|---|---|
| Farnborough | 42 | 27 | 8 | 7 | 120 | 48 | 89 |
| Fleet Town | 42 | 26 | 7 | 9 | 78 | 48 | 85 |
| Didcot Town | 42 | 24 | 11 | 7 | 99 | 42 | 83 |
| Oxford City | 42 | 24 | 9 | 9 | 82 | 41 | 81 |
| Uxbridge | 42 | 22 | 9 | 11 | 72 | 50 | 75 |
| Bridgwater Town | 42 | 19 | 13 | 10 | 74 | 45 | 70 |
| Paulton Rovers | 42 | 20 | 10 | 12 | 77 | 57 | 70 |
| Windsor & Eton | 42 | 20 | 9 | 13 | 75 | 66 | 69 |
| Marlow | 42 | 20 | 6 | 16 | 74 | 54 | 66 |
| Burnham | 42 | 18 | 9 | 15 | 67 | 55 | 63 |
| Gosport Borough | 42 | 18 | 8 | 16 | 69 | 67 | 62 |
| Godalming Town | 42 | 17 | 9 | 16 | 70 | 70 | 60 |
| Hillingdon Borough | 42 | 16 | 8 | 18 | 68 | 70 | 56 |
| AFC Hayes | 42 | 17 | 4 | 21 | 75 | 99 | 55 |
| Thatcham Town | 42 | 13 | 10 | 19 | 59 | 62 | 49 |
| Abingdon United | 42 | 13 | 9 | 20 | 64 | 75 | 48 |
| Winchester City | 42 | 13 | 9 | 20 | 58 | 71 | 48 |
| Taunton Town | 42 | 12 | 11 | 19 | 66 | 79 | 47 |
| Andover | 42 | 11 | 7 | 24 | 62 | 101 | 40 |
| Bracknell Town | 42 | 8 | 10 | 24 | 45 | 93 | 34 |
| Slough Town | 42 | 9 | 5 | 28 | 44 | 87 | 32 |
| Newport IOW | 42 | 2 | 5 | 35 | 25 | 143 | 11 |

# Southern League 2008-2010

## 2008-2009 Premier Division

| Team | P | W | D | L | F | A | Pts |
|---|---|---|---|---|---|---|---|
| Corby Town | 42 | 25 | 9 | 8 | 85 | 38 | 84 |
| Farnborough | 42 | 23 | 14 | 5 | 67 | 36 | 83 |
| Gloucester City | 42 | 21 | 12 | 9 | 80 | 45 | 75 |
| Cambridge City | 42 | 21 | 10 | 11 | 62 | 40 | 73 |
| Hemel Hempstead Town | 42 | 21 | 7 | 14 | 71 | 48 | 70 |
| Oxford City | 42 | 19 | 10 | 13 | 76 | 55 | 67 |
| Merthyr Tydfil | 42 | 19 | 10 | 13 | 66 | 55 | 67 |
| Chippenham Town | 42 | 20 | 8 | 14 | 64 | 51 | 65 |
| Evesham United | 42 | 16 | 13 | 13 | 48 | 39 | 61 |
| Halesowen Town | 42 | 19 | 6 | 17 | 65 | 73 | 60 |
| Brackley Town | 42 | 15 | 12 | 15 | 69 | 62 | 57 |
| Tiverton Town | 42 | 16 | 9 | 17 | 51 | 50 | 57 |
| Swindon Supermarine | 42 | 15 | 12 | 15 | 59 | 61 | 57 |
| Bashley | 42 | 15 | 12 | 15 | 52 | 58 | 57 |
| Bedford Town | 42 | 14 | 8 | 20 | 44 | 55 | 50 |
| Stourbridge | 42 | 13 | 11 | 18 | 62 | 78 | 50 |
| Rugby Town | 42 | 11 | 10 | 21 | 63 | 71 | 43 |
| Clevedon Town | 42 | 11 | 10 | 21 | 51 | 80 | 43 |
| Banbury United | 42 | 11 | 8 | 23 | 43 | 83 | 41 |
| Hitchin Town | 42 | 10 | 10 | 22 | 57 | 79 | 40 |
| Yate Town | 42 | 9 | 9 | 24 | 54 | 91 | 36 |
| Mangotsfield United | 42 | 10 | 6 | 26 | 39 | 80 | 36 |

Chippenham Town and Halesowen town both had 3 points deducted.

### Division One Midlands

| Team | P | W | D | L | F | A | Pts |
|---|---|---|---|---|---|---|---|
| Leamington | 42 | 32 | 5 | 5 | 114 | 44 | 101 |
| Nuneaton Town | 42 | 28 | 8 | 6 | 85 | 31 | 92 |
| Atherstone Town | 42 | 24 | 13 | 5 | 82 | 45 | 85 |
| Chasetown | 42 | 25 | 9 | 8 | 67 | 31 | 84 |
| Chesham United | 42 | 22 | 10 | 10 | 70 | 38 | 76 |
| Sutton Coldfield Town | 42 | 24 | 4 | 14 | 79 | 62 | 76 |
| Bury Town | 42 | 22 | 9 | 11 | 88 | 41 | 75 |
| Leighton Town | 42 | 18 | 13 | 11 | 57 | 46 | 67 |
| Marlow | 42 | 19 | 9 | 14 | 65 | 53 | 66 |
| Aylesbury United | 42 | 19 | 7 | 16 | 65 | 58 | 64 |
| Romulus | 42 | 17 | 10 | 15 | 60 | 42 | 61 |
| AFC Sudbury | 42 | 17 | 10 | 15 | 66 | 65 | 61 |
| Bromsgrove Rovers | 42 | 15 | 8 | 19 | 58 | 53 | 53 |
| Bedworth United | 42 | 14 | 7 | 21 | 50 | 66 | 49 |
| Soham Town Rangers | 42 | 13 | 7 | 22 | 48 | 79 | 46 |
| Stourport Swifts | 42 | 10 | 10 | 22 | 46 | 74 | 40 |
| Barton Rovers | 42 | 12 | 4 | 26 | 50 | 79 | 40 |
| Arlesey Town | 42 | 11 | 5 | 26 | 40 | 70 | 38 |
| Rothwell Town | 42 | 8 | 12 | 22 | 35 | 79 | 36 |
| Woodford United | 42 | 9 | 7 | 26 | 38 | 80 | 34 |
| Dunstable Town | 42 | 11 | 3 | 28 | 54 | 89 | 23 |
| Malvern Town | 42 | 2 | 10 | 30 | 27 | 119 | 16 |

Dunstable Town had 13 points deducted.

### Division One South & West

| Team | P | W | D | L | F | A | Pts |
|---|---|---|---|---|---|---|---|
| Truro City | 42 | 29 | 8 | 5 | 120 | 49 | 95 |
| Windsor & Eton | 42 | 26 | 7 | 9 | 77 | 44 | 85 |
| AFC Totton | 42 | 23 | 13 | 6 | 89 | 39 | 82 |
| Beaconsfield SYCOB | 42 | 24 | 9 | 9 | 77 | 44 | 81 |
| Didcot Town | 42 | 21 | 10 | 11 | 91 | 52 | 73 |
| Thatcham Town | 42 | 20 | 8 | 14 | 74 | 58 | 68 |
| Bridgwater Town | 42 | 19 | 8 | 15 | 69 | 56 | 65 |
| North Leigh | 42 | 17 | 10 | 15 | 68 | 64 | 61 |
| AFC Hayes | 42 | 18 | 7 | 17 | 80 | 92 | 61 |
| Paulton Rovers | 42 | 16 | 10 | 16 | 65 | 62 | 58 |
| Cinderford Town | 42 | 15 | 11 | 16 | 71 | 75 | 56 |
| Gosport Borough | 42 | 15 | 10 | 17 | 64 | 67 | 55 |
| Uxbridge | 42 | 15 | 9 | 18 | 76 | 72 | 54 |
| Cirencester Town | 42 | 14 | 10 | 18 | 78 | 79 | 52 |
| Abingdon United | 42 | 15 | 7 | 20 | 63 | 77 | 52 |
| Slough Town | 42 | 11 | 12 | 19 | 62 | 91 | 45 |
| Burnham | 42 | 12 | 9 | 21 | 52 | 83 | 45 |
| Bishop's Cleeve | 42 | 10 | 13 | 19 | 51 | 71 | 43 |
| Andover | 42 | 10 | 12 | 20 | 58 | 102 | 42 |
| Taunton Town | 42 | 9 | 9 | 24 | 50 | 85 | 36 |
| Bracknell Town | 42 | 9 | 8 | 25 | 39 | 75 | 35 |
| Winchester City | 42 | 10 | 8 | 24 | 47 | 84 | 35 |

Winchester City had 3 points deducted.

## 2009-2010 Premier Division

| Team | P | W | D | L | F | A | Pts |
|---|---|---|---|---|---|---|---|
| Farnborough | 42 | 28 | 9 | 5 | 100 | 44 | 93 |
| Nuneaton Town | 42 | 26 | 10 | 6 | 91 | 37 | 88 |
| Chippenham Town | 42 | 21 | 11 | 10 | 67 | 43 | 74 |
| Hednesford Town | 42 | 20 | 13 | 9 | 79 | 51 | 73 |
| Brackley Town | 42 | 21 | 9 | 12 | 83 | 61 | 72 |
| Cambridge City | 42 | 18 | 17 | 7 | 73 | 44 | 71 |
| Bashley | 42 | 20 | 11 | 11 | 79 | 61 | 71 |
| Halesowen Town | 42 | 21 | 7 | 4 | 84 | 53 | 70 |
| Stourbridge | 42 | 19 | 13 | 10 | 80 | 65 | 70 |
| Leamington | 42 | 19 | 8 | 15 | 84 | 75 | 65 |
| Truro City | 42 | 17 | 11 | 14 | 78 | 65 | 62 |
| Banbury United | 42 | 14 | 13 | 15 | 53 | 67 | 55 |
| Oxford City | 42 | 13 | 15 | 14 | 63 | 66 | 54 |
| Swindon Supermarine | 42 | 10 | 14 | 18 | 48 | 76 | 44 |
| Didcot Town | 42 | 10 | 11 | 21 | 56 | 70 | 41 |
| Evesham United | 42 | 9 | 14 | 19 | 35 | 52 | 41 |
| Merthyr Tydfil | 42 | 12 | 11 | 19 | 62 | 72 | 37 |
| Bedford Town | 42 | 9 | 10 | 23 | 50 | 88 | 37 |
| Tiverton Town | 42 | 8 | 12 | 22 | 35 | 61 | 36 |
| Hemel Hempstead Town | 42 | 8 | 10 | 24 | 50 | 81 | 34 |
| Clevedon Town | 42 | 6 | 11 | 25 | 48 | 92 | 29 |
| Rugby Town | 42 | 4 | 8 | 30 | 41 | 114 | 20 |

Halesowen Town and Merthyr Tydfil both had 10 points deducted.

### Division One Midlands

| Team | P | W | D | L | F | A | Pts |
|---|---|---|---|---|---|---|---|
| Bury Town | 42 | 32 | 6 | 4 | 115 | 40 | 102 |
| Hitchin Town | 42 | 31 | 7 | 4 | 91 | 36 | 100 |
| Burnham | 42 | 26 | 9 | 7 | 67 | 43 | 87 |
| Chesham United | 42 | 24 | 8 | 10 | 76 | 41 | 80 |
| Slough Town | 42 | 23 | 8 | 11 | 87 | 54 | 77 |
| Sutton Coldfield Town | 42 | 22 | 11 | 9 | 93 | 61 | 77 |
| Woodford United | 42 | 18 | 8 | 16 | 70 | 68 | 62 |
| Romulus | 42 | 16 | 13 | 13 | 66 | 48 | 61 |
| Arlesey Town | 42 | 17 | 10 | 15 | 58 | 48 | 61 |
| Leighton Town | 42 | 18 | 6 | 18 | 63 | 66 | 60 |
| Soham Town Rangers | 42 | 17 | 7 | 18 | 73 | 80 | 58 |
| Biggleswade Town | 42 | 14 | 13 | 15 | 56 | 63 | 55 |
| Atherstone Town | 42 | 15 | 9 | 18 | 65 | 82 | 54 |
| AFC Sudbury | 42 | 13 | 12 | 17 | 55 | 54 | 51 |
| Marlow | 42 | 12 | 14 | 16 | 64 | 65 | 50 |
| Bedworth United | 42 | 12 | 11 | 19 | 59 | 72 | 47 |
| Stourport Swifts | 42 | 11 | 10 | 21 | 63 | 69 | 43 |
| Rothwell Town | 42 | 11 | 8 | 23 | 53 | 80 | 41 |
| Beaconsfield SYCOB | 42 | 8 | 8 | 26 | 46 | 96 | 32 |
| Bromsgrove Rovers | 42 | 8 | 15 | 19 | 45 | 68 | 29 |
| Barton Rovers | 42 | 6 | 9 | 27 | 49 | 95 | 27 |
| Aylesbury United | 42 | 4 | 6 | 32 | 48 | 133 | 18 |

Bromsgrove Rovers had 10 points deducted.
Rothwell Town resigned from the League at the end of the season.

### Division One South & West

| Team | P | W | D | L | F | A | Pts |
|---|---|---|---|---|---|---|---|
| Windsor & Eton | 42 | 31 | 8 | 3 | 84 | 20 | 101 |
| AFC Totton | 42 | 32 | 4 | 6 | 105 | 36 | 100 |
| Bridgwater Town | 42 | 26 | 11 | 5 | 83 | 30 | 89 |
| VT | 42 | 25 | 7 | 10 | 90 | 52 | 82 |
| Cirencester Town | 42 | 23 | 9 | 10 | 91 | 46 | 78 |
| Frome Town | 42 | 20 | 15 | 7 | 68 | 44 | 75 |
| Paulton Rovers | 42 | 20 | 10 | 12 | 73 | 58 | 70 |
| Gosport Borough | 42 | 19 | 10 | 13 | 80 | 59 | 66 |
| Mangotsfield United | 42 | 19 | 5 | 18 | 77 | 66 | 62 |
| North Leigh | 42 | 18 | 7 | 17 | 83 | 72 | 61 |
| Bishop's Cleeve | 42 | 15 | 13 | 14 | 64 | 64 | 58 |
| Thatcham Town | 42 | 17 | 6 | 19 | 76 | 72 | 57 |
| Yate Town | 42 | 15 | 10 | 17 | 58 | 64 | 55 |
| Abingdon United | 42 | 15 | 7 | 20 | 65 | 84 | 52 |
| Uxbridge | 42 | 14 | 6 | 22 | 70 | 85 | 48 |
| Cinderford Town | 42 | 13 | 8 | 21 | 66 | 78 | 47 |
| Hungerford Town | 42 | 13 | 6 | 23 | 53 | 68 | 45 |
| Bedfont Green | 42 | 12 | 8 | 22 | 77 | 90 | 44 |
| Taunton Town | 42 | 14 | 7 | 24 | 50 | 85 | 40 |
| Andover | 42 | 9 | 11 | 22 | 54 | 85 | 38 |
| AFC Hayes | 42 | 7 | 4 | 31 | 55 | 105 | 25 |
| Bracknell Town | 42 | 2 | 0 | 40 | 29 | 187 | 6 |

Gosport Borough had 1 point deducted.

## 2010-2011

### Premier Division

| | | | | | | |
|---|---|---|---|---|---|---|
| Truro City | 40 | 27 | 6 | 7 | 91 | 35 | 87 |
| Hednesford Town | 40 | 26 | 5 | 9 | 82 | 38 | 83 |
| Salisbury City | 40 | 23 | 10 | 7 | 82 | 45 | 79 |
| Cambridge City | 40 | 24 | 7 | 9 | 74 | 40 | 79 |
| Leamington | 40 | 24 | 6 | 10 | 68 | 39 | 78 |
| Chesham United | 40 | 20 | 11 | 9 | 64 | 35 | 71 |
| Chippenham Town | 40 | 18 | 14 | 8 | 54 | 41 | 68 |
| Stourbridge | 40 | 18 | 8 | 14 | 72 | 61 | 62 |
| Brackley Town | 40 | 16 | 10 | 14 | 67 | 47 | 58 |
| Swindon Supermarine | 40 | 17 | 7 | 16 | 56 | 58 | 58 |
| Bashley | 40 | 14 | 10 | 16 | 55 | 63 | 52 |
| Evesham United | 40 | 14 | 9 | 17 | 54 | 49 | 51 |
| Cirencester Town | 40 | 13 | 8 | 19 | 59 | 67 | 47 |
| Oxford City | 40 | 11 | 12 | 17 | 48 | 54 | 45 |
| Hemel Hempstead Town | 40 | 13 | 6 | 21 | 50 | 59 | 45 |
| Banbury United | 40 | 11 | 8 | 21 | 44 | 67 | 40 |
| Bedford Town | 40 | 10 | 7 | 23 | 41 | 76 | 37 |
| Weymouth | 40 | 12 | 8 | 20 | 55 | 85 | 34 |
| Didcot Town | 40 | 7 | 11 | 22 | 39 | 69 | 32 |
| Tiverton Town | 40 | 7 | 8 | 25 | 33 | 77 | 29 |
| Halesowen Town | 40 | 5 | 9 | 26 | 24 | 107 | 24 |

Weymouth had 10 points deducted.
Banbury United had 1 point deducted.
Windsor & Eton was wound up in the High Court on 2nd February 2011, due to unpaid taxes. Their record was expunged on 8th February 2011 when it stood as: 26 8 12 6 33 35 36

### Division One South & West

| | | | | | | |
|---|---|---|---|---|---|---|
| AFC Totton | 40 | 31 | 4 | 5 | 121 | 35 | 97 |
| Sholing | 40 | 30 | 5 | 5 | 90 | 27 | 95 |
| Mangotsfield United | 40 | 26 | 7 | 7 | 79 | 48 | 85 |
| Frome Town | 40 | 24 | 7 | 9 | 77 | 31 | 79 |
| Thatcham Town | 40 | 20 | 7 | 13 | 70 | 43 | 67 |
| North Leigh | 40 | 19 | 8 | 13 | 81 | 81 | 65 |
| Hungerford Town | 40 | 17 | 12 | 11 | 58 | 43 | 63 |
| Almondsbury Town | 40 | 17 | 12 | 11 | 62 | 54 | 63 |
| Taunton Town | 40 | 16 | 10 | 14 | 49 | 49 | 58 |
| Bideford | 40 | 17 | 7 | 16 | 68 | 73 | 58 |
| Paulton Rovers | 40 | 15 | 12 | 13 | 64 | 63 | 57 |
| Cinderford Town | 40 | 16 | 8 | 16 | 63 | 61 | 56 |
| Gosport Borough | 40 | 16 | 7 | 17 | 58 | 65 | 55 |
| Yate Town | 40 | 12 | 8 | 20 | 43 | 48 | 44 |
| Bishop's Cleeve | 40 | 10 | 12 | 18 | 47 | 59 | 42 |
| Abingdon United | 40 | 11 | 7 | 22 | 56 | 85 | 40 |
| Stourport Swifts | 40 | 10 | 10 | 20 | 52 | 81 | 40 |
| Bridgwater Town | 40 | 9 | 11 | 20 | 47 | 86 | 38 |
| Wimborne Town | 40 | 10 | 5 | 25 | 45 | 81 | 35 |
| Clevedon Town | 40 | 6 | 8 | 26 | 46 | 86 | 26 |
| Andover | 40 | 2 | 5 | 33 | 32 | 109 | 11 |

Almondsbury Town resigned from the League at the end of the season.

### Division One Central

| | | | | | | |
|---|---|---|---|---|---|---|
| Arlesey Town | 42 | 30 | 7 | 5 | 108 | 34 | 88 |
| Hitchin Town | 42 | 26 | 9 | 7 | 107 | 44 | 87 |
| Daventry Town | 42 | 26 | 9 | 7 | 95 | 47 | 81 |
| Biggleswade Town | 42 | 24 | 9 | 9 | 89 | 51 | 81 |
| Slough Town | 42 | 24 | 4 | 14 | 91 | 66 | 76 |
| Rugby Town | 42 | 20 | 11 | 11 | 74 | 56 | 71 |
| Leighton Town | 42 | 19 | 12 | 11 | 72 | 50 | 69 |
| Aylesbury | 42 | 19 | 11 | 12 | 73 | 62 | 68 |
| Woodford United | 42 | 18 | 9 | 15 | 61 | 59 | 63 |
| Bedfont Town | 42 | 17 | 12 | 13 | 66 | 66 | 63 |
| Marlow | 42 | 15 | 9 | 18 | 68 | 65 | 54 |
| Barton Rovers | 42 | 14 | 9 | 19 | 59 | 64 | 51 |
| Uxbridge | 42 | 14 | 8 | 20 | 76 | 87 | 50 |
| Burnham | 42 | 14 | 7 | 21 | 61 | 87 | 49 |
| Bedworth United | 42 | 12 | 12 | 18 | 49 | 62 | 48 |
| Ashford Town | 42 | 13 | 8 | 21 | 69 | 85 | 47 |
| Soham Town Rangers | 42 | 10 | 10 | 22 | 55 | 81 | 40 |
| North Greenford United | 42 | 10 | 10 | 22 | 51 | 86 | 40 |
| AFC Hayes | 42 | 11 | 6 | 25 | 54 | 96 | 39 |
| Northwood | 42 | 11 | 6 | 25 | 59 | 106 | 39 |
| Atherstone Town | 42 | 10 | 6 | 26 | 61 | 118 | 36 |
| Beaconsfield SYCOB | 42 | 7 | 12 | 23 | 49 | 75 | 33 |

Arlesey Town had 9 points deducted.
Daventry Town had 6 points deducted.
Atherstone Town resigned from the League at the end of the season.

## 2011-2012

### Premier Division

| | | | | | | |
|---|---|---|---|---|---|---|
| Brackley Town | 42 | 25 | 10 | 7 | 92 | 48 | 85 |
| Oxford City | 42 | 22 | 11 | 9 | 68 | 41 | 77 |
| AFC Totton | 42 | 21 | 11 | 10 | 81 | 43 | 74 |
| Chesham United | 42 | 21 | 10 | 11 | 76 | 53 | 73 |
| Cambridge City | 42 | 21 | 9 | 12 | 78 | 52 | 72 |
| Stourbridge | 42 | 20 | 12 | 10 | 67 | 45 | 72 |
| Leamington | 42 | 18 | 15 | 9 | 60 | 47 | 69 |
| St Albans City | 42 | 17 | 11 | 14 | 72 | 77 | 62 |
| Barwell | 42 | 17 | 10 | 15 | 70 | 61 | 61 |
| Bedford Town | 42 | 15 | 10 | 17 | 60 | 69 | 55 |
| Chippenham Town | 42 | 14 | 11 | 17 | 55 | 53 | 53 |
| Frome Town | 42 | 12 | 16 | 14 | 44 | 49 | 52 |
| Bashley | 42 | 13 | 13 | 16 | 58 | 74 | 52 |
| Hitchin Town | 42 | 13 | 12 | 17 | 54 | 57 | 51 |
| Redditch United | 42 | 14 | 9 | 19 | 45 | 50 | 51 |
| Banbury United | 42 | 13 | 10 | 19 | 54 | 61 | 49 |
| Weymouth | 42 | 13 | 9 | 20 | 54 | 75 | 48 |
| Arlesey Town | 42 | 12 | 11 | 19 | 43 | 60 | 47 |
| Hemel Hempstead Town | 42 | 10 | 14 | 18 | 46 | 66 | 44 |
| Evesham United | 42 | 12 | 8 | 22 | 49 | 71 | 44 |
| Swindon Supermarine | 42 | 11 | 11 | 20 | 50 | 86 | 44 |
| Cirencester Town | 42 | 7 | 9 | 26 | 40 | 78 | 30 |

## Division One Central

| | | | | | | | |
|---|---|---|---|---|---|---|---|
| St Neots Town | 42 | 29 | 6 | 7 | 115 | 36 | 93 |
| Slough Town | 42 | 26 | 9 | 7 | 74 | 42 | 87 |
| Bedworth United | 42 | 23 | 9 | 10 | 90 | 57 | 78 |
| Uxbridge | 42 | 22 | 8 | 12 | 79 | 59 | 74 |
| Beaconsfield SYCOB | 42 | 20 | 9 | 13 | 65 | 55 | 69 |
| Rugby Town | 42 | 19 | 10 | 13 | 67 | 65 | 67 |
| Northwood | 42 | 19 | 9 | 14 | 74 | 62 | 66 |
| Biggleswade Town | 42 | 19 | 7 | 16 | 75 | 54 | 64 |
| Ashford Town | 42 | 16 | 11 | 15 | 62 | 61 | 59 |
| AFC Hayes | 42 | 14 | 16 | 12 | 58 | 59 | 58 |
| Barton Rovers | 42 | 16 | 8 | 18 | 64 | 63 | 56 |
| Chalfont St Peter | 42 | 14 | 14 | 14 | 65 | 68 | 56 |
| Leighton Town | 42 | 15 | 10 | 17 | 60 | 67 | 55 |
| Bedfont Town | 42 | 15 | 9 | 18 | 53 | 64 | 54 |
| Burnham | 42 | 13 | 13 | 16 | 64 | 67 | 52 |
| Daventry Town | 42 | 15 | 5 | 22 | 52 | 72 | 50 |
| Chertsey Town | 42 | 15 | 5 | 22 | 65 | 93 | 50 |
| North Greenford United | 42 | 13 | 10 | 19 | 56 | 72 | 49 |
| Woodford United | 42 | 12 | 8 | 22 | 56 | 70 | 44 |
| Aylesbury | 42 | 12 | 8 | 22 | 50 | 82 | 44 |
| Fleet Town | 42 | 8 | 8 | 26 | 43 | 83 | 32 |
| Marlow | 42 | 6 | 10 | 26 | 50 | 86 | 28 |

Bedfont Town resigned from the League at the end of the season.

## Division One South & West

| | | | | | | | |
|---|---|---|---|---|---|---|---|
| Bideford | 40 | 28 | 8 | 4 | 77 | 41 | 92 |
| Poole Town | 40 | 25 | 6 | 9 | 78 | 39 | 81 |
| Gosport Borough | 40 | 22 | 14 | 4 | 73 | 44 | 80 |
| Sholing | 40 | 22 | 8 | 10 | 71 | 43 | 74 |
| Hungerford Town | 40 | 21 | 8 | 11 | 65 | 44 | 71 |
| North Leigh | 40 | 21 | 5 | 14 | 90 | 63 | 68 |
| Paulton Rovers | 40 | 18 | 10 | 12 | 60 | 39 | 64 |
| Thatcham Town | 40 | 16 | 14 | 10 | 51 | 42 | 62 |
| Tiverton Town | 40 | 16 | 11 | 13 | 52 | 42 | 59 |
| Cinderford Town | 40 | 17 | 8 | 15 | 49 | 39 | 59 |
| Bishop's Cleeve | 40 | 16 | 11 | 13 | 40 | 42 | 59 |
| Halesowen Town | 40 | 15 | 6 | 19 | 55 | 56 | 51 |
| Yate Town | 40 | 13 | 11 | 16 | 58 | 59 | 50 |
| Mangotsfield United | 40 | 14 | 7 | 19 | 62 | 66 | 49 |
| Bridgwater Town | 40 | 13 | 4 | 23 | 47 | 77 | 43 |
| Didcot Town | 40 | 11 | 9 | 20 | 39 | 68 | 42 |
| Taunton Town | 40 | 10 | 10 | 20 | 47 | 76 | 40 |
| Abingdon United | 40 | 9 | 10 | 21 | 35 | 69 | 37 |
| Wimborne Town | 40 | 8 | 11 | 21 | 50 | 77 | 35 |
| Clevedon Town | 40 | 9 | 6 | 25 | 51 | 75 | 33 |
| Stourport Swifts | 40 | 5 | 5 | 30 | 39 | 88 | 20 |

Andover resigned from the League and were wound up during July 2011.
Thatcham Town transferred to the Southern League Central Division at the end of the Season.
Halesowen Town transferred to the Northern Premier League Division One South at the end of the Season.

# 2012-2013

## Premier Division

| | | | | | | | |
|---|---|---|---|---|---|---|---|
| Leamington | 42 | 30 | 5 | 7 | 85 | 46 | 95 |
| Stourbridge | 42 | 25 | 8 | 9 | 94 | 42 | 83 |
| Chesham United | 42 | 21 | 12 | 9 | 69 | 48 | 75 |
| Hemel Hempstead Town | 42 | 22 | 6 | 14 | 95 | 71 | 72 |
| Gosport Borough | 42 | 19 | 13 | 10 | 78 | 43 | 70 |
| Arlesey Town | 42 | 21 | 6 | 15 | 70 | 51 | 69 |
| Barwell | 42 | 19 | 12 | 11 | 67 | 50 | 69 |
| Cambridge City | 42 | 20 | 6 | 16 | 63 | 57 | 66 |
| Weymouth | 42 | 18 | 8 | 16 | 59 | 71 | 62 |
| Bedford Town | 42 | 18 | 7 | 17 | 61 | 56 | 61 |
| St Albans City | 42 | 18 | 6 | 18 | 81 | 71 | 60 |
| St Neots Town | 42 | 15 | 7 | 20 | 77 | 77 | 52 |
| Hitchin Town | 42 | 15 | 7 | 20 | 62 | 68 | 52 |
| AFC Totton | 42 | 15 | 7 | 20 | 62 | 84 | 52 |
| Chippenham Town | 42 | 13 | 12 | 17 | 63 | 67 | 51 |
| Banbury United | 42 | 14 | 9 | 19 | 60 | 75 | 51 |
| Bashley | 42 | 13 | 10 | 19 | 47 | 63 | 49 |
| Frome Town | 42 | 11 | 12 | 19 | 40 | 55 | 45 |
| Redditch United | 42 | 12 | 7 | 23 | 32 | 65 | 43 |
| Bideford | 42 | 11 | 9 | 22 | 58 | 73 | 42 |
| Bedworth United | 42 | 11 | 9 | 22 | 39 | 73 | 42 |
| Kettering Town | 42 | 8 | 8 | 26 | 47 | 102 | 22 |

Kettering Town had 10 points deducted for financial irregularities.

## Division One Central

| | | | | | | | |
|---|---|---|---|---|---|---|---|
| Burnham | 42 | 31 | 6 | 5 | 108 | 39 | 99 |
| Rugby Town | 42 | 31 | 3 | 8 | 103 | 45 | 96 |
| Godalming Town | 42 | 28 | 8 | 6 | 94 | 39 | 92 |
| Biggleswade Town | 42 | 26 | 7 | 9 | 97 | 50 | 85 |
| Beaconsfield SYCOB | 42 | 26 | 6 | 10 | 81 | 47 | 84 |
| Slough Town | 42 | 26 | 5 | 11 | 103 | 50 | 83 |
| Royston Town | 42 | 24 | 10 | 8 | 86 | 49 | 82 |
| Daventry Town | 42 | 22 | 10 | 10 | 81 | 47 | 76 |
| Guildford City | 42 | 20 | 6 | 16 | 86 | 75 | 66 |
| Ashford Town | 42 | 17 | 10 | 15 | 85 | 79 | 61 |
| Uxbridge | 42 | 19 | 4 | 19 | 78 | 85 | 61 |
| Aylesbury | 42 | 16 | 10 | 16 | 76 | 73 | 58 |
| Northwood | 42 | 17 | 6 | 19 | 80 | 73 | 57 |
| Barton Rovers | 42 | 16 | 5 | 21 | 62 | 78 | 53 |
| AFC Hayes | 42 | 13 | 8 | 21 | 73 | 81 | 47 |
| Chalfont St. Peter | 42 | 18 | 7 | 17 | 76 | 74 | 46 |
| Thatcham Town | 42 | 10 | 5 | 27 | 59 | 86 | 35 |
| Fleet Town | 42 | 10 | 5 | 27 | 47 | 76 | 35 |
| North Greenford United | 42 | 9 | 6 | 27 | 56 | 95 | 33 |
| Chertsey Town | 42 | 9 | 4 | 29 | 50 | 98 | 31 |
| Leighton Town | 42 | 6 | 5 | 31 | 43 | 121 | 23 |
| Woodford United | 42 | 0 | 0 | 42 | 21 | 185 | 0 |

Chalfont St. Peter had 15 points deducted for fielding an ineligible player.

## Division One South & West

| Team | P | W | D | L | F | A | Pts |
|---|---|---|---|---|---|---|---|
| Poole Town | 42 | 30 | 8 | 4 | 82 | 36 | 98 |
| Hungerford Town | 42 | 26 | 6 | 10 | 71 | 44 | 84 |
| Merthyr Town | 42 | 24 | 11 | 7 | 84 | 38 | 83 |
| Swindon Supermarine | 42 | 25 | 6 | 11 | 79 | 51 | 81 |
| Paulton Rovers | 42 | 23 | 6 | 13 | 64 | 54 | 75 |
| Yate Town | 42 | 21 | 6 | 15 | 69 | 63 | 69 |
| Sholing | 42 | 20 | 8 | 14 | 87 | 56 | 68 |
| Shortwood United | 42 | 20 | 7 | 15 | 62 | 45 | 67 |
| North Leigh | 42 | 19 | 4 | 19 | 70 | 69 | 61 |
| Cinderford Town | 42 | 17 | 8 | 17 | 61 | 66 | 59 |
| Cirencester Town | 42 | 15 | 13 | 14 | 54 | 57 | 57 |
| Wimborne Town | 42 | 15 | 10 | 17 | 59 | 60 | 55 |
| Mangotsfield United | 42 | 15 | 10 | 17 | 53 | 61 | 55 |
| Evesham United | 42 | 14 | 9 | 19 | 49 | 58 | 51 |
| Clevedon Town | 42 | 12 | 13 | 17 | 61 | 67 | 49 |
| Tiverton Town | 42 | 11 | 14 | 17 | 51 | 58 | 47 |
| Didcot Town | 42 | 12 | 10 | 20 | 59 | 76 | 46 |
| Taunton Town | 42 | 12 | 8 | 22 | 59 | 85 | 44 |
| Bridgwater Town | 42 | 10 | 10 | 22 | 52 | 78 | 40 |
| Abingdon United | 42 | 10 | 8 | 24 | 42 | 66 | 38 |
| Bishop's Cleeve | 42 | 10 | 7 | 25 | 49 | 66 | 37 |
| Winchester City | 42 | 9 | 2 | 31 | 42 | 105 | 26 |

Winchester City had 3 points deducted for fielding an ineligible player.
Cirencester Town had 1 point deducted for fielding an ineligible player.
Sholing resigned from the League at the end of the season.

## Division One Central

| Team | P | W | D | L | F | A | Pts |
|---|---|---|---|---|---|---|---|
| Dunstable Town | 42 | 28 | 6 | 8 | 94 | 44 | 90 |
| Rugby Town | 42 | 27 | 8 | 7 | 100 | 45 | 89 |
| Kettering Town | 42 | 27 | 7 | 8 | 86 | 41 | 88 |
| Daventry Town | 42 | 27 | 5 | 10 | 82 | 40 | 86 |
| Slough Town | 42 | 26 | 5 | 11 | 101 | 51 | 83 |
| Barton Rovers | 42 | 24 | 8 | 10 | 79 | 48 | 80 |
| Royston Town | 42 | 21 | 10 | 11 | 80 | 58 | 73 |
| Beaconsfield SYCOB | 42 | 22 | 7 | 13 | 79 | 60 | 73 |
| Northwood | 42 | 21 | 6 | 15 | 72 | 62 | 69 |
| Uxbridge | 42 | 18 | 7 | 17 | 84 | 70 | 61 |
| Egham Town | 42 | 17 | 9 | 16 | 80 | 58 | 60 |
| Aylesbury United | 42 | 16 | 9 | 17 | 64 | 72 | 57 |
| St. Ives Town | 42 | 16 | 8 | 18 | 68 | 77 | 56 |
| Chalfont St. Peter | 42 | 14 | 8 | 20 | 49 | 60 | 50 |
| Potters Bar Town | 42 | 13 | 10 | 19 | 61 | 86 | 49 |
| Aylesbury | 42 | 14 | 6 | 22 | 56 | 73 | 48 |
| Marlow | 42 | 12 | 11 | 19 | 73 | 84 | 47 |
| AFC Hayes | 42 | 12 | 8 | 22 | 51 | 74 | 44 |
| Leighton Town | 42 | 6 | 13 | 23 | 45 | 85 | 31 |
| North Greenford United | 42 | 7 | 5 | 30 | 52 | 114 | 26 |
| Chertsey Town | 42 | 6 | 4 | 32 | 38 | 117 | 22 |
| Ashford Town | 42 | 5 | 6 | 31 | 32 | 107 | 21 |

# 2013-2014

## Premier Division

| Team | P | W | D | L | F | A | Pts |
|---|---|---|---|---|---|---|---|
| Hemel Hempstead Town | 44 | 32 | 6 | 6 | 128 | 38 | 102 |
| Chesham United | 44 | 29 | 5 | 10 | 102 | 47 | 92 |
| Cambridge City | 44 | 27 | 7 | 10 | 95 | 49 | 88 |
| St. Albans City | 44 | 25 | 10 | 9 | 89 | 49 | 85 |
| Stourbridge | 44 | 26 | 6 | 12 | 114 | 54 | 84 |
| Hungerford Town | 44 | 26 | 6 | 12 | 83 | 45 | 84 |
| Poole Town | 44 | 25 | 10 | 9 | 82 | 48 | 82 |
| Bideford | 44 | 18 | 13 | 13 | 75 | 64 | 67 |
| Biggleswade Town | 44 | 16 | 16 | 12 | 85 | 61 | 64 |
| Redditch United | 44 | 20 | 3 | 21 | 68 | 85 | 63 |
| Corby Town | 44 | 18 | 6 | 20 | 65 | 68 | 60 |
| Weymouth | 44 | 18 | 6 | 20 | 69 | 80 | 60 |
| Hitchin Town | 44 | 16 | 11 | 17 | 63 | 52 | 59 |
| Frome Town | 44 | 16 | 9 | 19 | 63 | 74 | 57 |
| Arlesey Town | 44 | 15 | 10 | 19 | 68 | 79 | 55 |
| St Neots Town | 44 | 15 | 9 | 20 | 74 | 76 | 54 |
| Truro City | 44 | 15 | 9 | 20 | 68 | 84 | 54 |
| Chippenham Town | 44 | 14 | 6 | 24 | 59 | 87 | 48 |
| Banbury United | 44 | 14 | 5 | 25 | 64 | 116 | 47 |
| Burnham | 44 | 12 | 8 | 24 | 60 | 91 | 44 |
| AFC Totton | 44 | 10 | 7 | 27 | 58 | 119 | 37 |
| Bedford Town | 44 | 6 | 6 | 32 | 46 | 114 | 24 |
| Bashley | 44 | 4 | 4 | 36 | 33 | 131 | 16 |

Poole Town had 3 points deducted for fielding an ineligible player.
Hinckley United folded on 7th October 2013 and their record was officially expunged from the league table on 21st October 2013 when it stood as:
10   1   3   6   9   20   6

## Division One South & West

| Team | P | W | D | L | F | A | Pts |
|---|---|---|---|---|---|---|---|
| Cirencester Town | 42 | 29 | 5 | 8 | 95 | 45 | 92 |
| Merthyr Town | 42 | 28 | 5 | 9 | 111 | 58 | 89 |
| Tiverton Town | 42 | 26 | 8 | 8 | 80 | 51 | 86 |
| Paulton Rovers | 42 | 24 | 9 | 9 | 102 | 54 | 81 |
| Swindon Supermarine | 42 | 24 | 7 | 11 | 91 | 52 | 79 |
| Shortwood United | 42 | 23 | 9 | 10 | 91 | 44 | 78 |
| North Leigh | 42 | 22 | 6 | 14 | 83 | 46 | 72 |
| Taunton Town | 42 | 21 | 7 | 14 | 71 | 58 | 69 |
| Yate Town | 42 | 20 | 8 | 14 | 81 | 69 | 68 |
| Stratford Town | 42 | 19 | 5 | 18 | 103 | 85 | 62 |
| Mangotsfield United | 42 | 18 | 7 | 17 | 65 | 62 | 61 |
| Didcot Town | 42 | 17 | 6 | 19 | 70 | 85 | 57 |
| Wimborne Town | 42 | 16 | 7 | 19 | 78 | 70 | 55 |
| Bridgwater Town | 42 | 14 | 11 | 17 | 62 | 64 | 53 |
| Cinderford Town | 42 | 13 | 10 | 19 | 69 | 79 | 49 |
| Evesham United | 42 | 12 | 11 | 19 | 66 | 80 | 47 |
| Clevedon Town | 42 | 12 | 5 | 25 | 48 | 96 | 41 |
| Godalming Town | 42 | 10 | 9 | 23 | 47 | 79 | 39 |
| Thatcham Town | 42 | 11 | 6 | 25 | 41 | 99 | 39 |
| Bishop's Cleeve | 42 | 11 | 1 | 30 | 52 | 93 | 34 |
| Fleet Town | 42 | 7 | 8 | 27 | 43 | 90 | 29 |
| Guildford City | 42 | 7 | 6 | 29 | 45 | 134 | 27 |

Taunton Town had 1 point deducted for fielding an ineligible player.
Thatcham Town resigned from the League at the end of the season.

## 2014-2015
### Premier Division

| Team | P | W | D | L | F | A | Pts |
|---|---|---|---|---|---|---|---|
| Corby Town | 44 | 29 | 7 | 8 | 86 | 47 | 94 |
| Poole Town | 44 | 28 | 7 | 9 | 84 | 35 | 91 |
| Truro City | 44 | 27 | 5 | 12 | 83 | 58 | 86 |
| Hungerford Town | 44 | 22 | 13 | 9 | 64 | 36 | 79 |
| St. Neots Town | 44 | 20 | 16 | 8 | 82 | 58 | 76 |
| Redditch United | 44 | 21 | 12 | 11 | 73 | 44 | 75 |
| Weymouth | 44 | 22 | 7 | 15 | 71 | 71 | 73 |
| Cirencester Town | 44 | 20 | 12 | 12 | 77 | 54 | 72 |
| Hitchin Town | 44 | 20 | 10 | 14 | 78 | 63 | 70 |
| Paulton Rovers | 44 | 18 | 10 | 16 | 65 | 62 | 64 |
| Chippenham Town | 44 | 16 | 13 | 15 | 54 | 54 | 61 |
| Chesham United | 44 | 16 | 12 | 16 | 79 | 72 | 60 |
| Cambridge City | 44 | 14 | 15 | 15 | 71 | 62 | 57 |
| Dunstable Town | 44 | 16 | 9 | 19 | 71 | 78 | 57 |
| Bideford | 44 | 16 | 7 | 21 | 66 | 85 | 55 |
| Slough Town | 44 | 13 | 12 | 19 | 66 | 88 | 51 |
| Dorchester Town | 44 | 14 | 8 | 22 | 63 | 74 | 50 |
| Histon | 44 | 13 | 10 | 21 | 53 | 74 | 49 |
| Biggleswade Town | 44 | 11 | 12 | 21 | 57 | 75 | 45 |
| Frome Town | 44 | 10 | 11 | 23 | 49 | 80 | 41 |
| Banbury United | 44 | 9 | 10 | 25 | 53 | 86 | 37 |
| Arlesey Town | 44 | 10 | 6 | 28 | 43 | 84 | 36 |
| Burnham | 44 | 5 | 8 | 31 | 41 | 89 | 20 |

Burnham had 3 points deducted for fielding an ineligible player.
Hereford United FC was liquidated on 19th December 2014 and the club's record was expunged on 5th January 2015 when it stood as:
    25  8  6  11  35  42  30

### Division One South & West

| Team | P | W | D | L | F | A | Pts |
|---|---|---|---|---|---|---|---|
| Merthyr Town | 42 | 32 | 6 | 4 | 122 | 34 | 102 |
| Evesham United | 42 | 27 | 10 | 5 | 94 | 36 | 91 |
| Stratford Town | 42 | 28 | 5 | 9 | 82 | 40 | 89 |
| Taunton Town | 42 | 24 | 8 | 10 | 71 | 42 | 80 |
| Larkhall Athletic | 42 | 23 | 8 | 11 | 82 | 50 | 77 |
| Yate Town | 42 | 21 | 9 | 12 | 79 | 52 | 72 |
| Didcot Town | 42 | 20 | 11 | 11 | 95 | 66 | 71 |
| North Leigh | 42 | 18 | 13 | 11 | 99 | 58 | 67 |
| Cinderford Town | 42 | 19 | 10 | 13 | 79 | 48 | 67 |
| Mangotsfield United | 42 | 20 | 7 | 15 | 73 | 58 | 67 |
| Shortwood United | 42 | 17 | 14 | 11 | 77 | 55 | 65 |
| Bridgwater Town | 42 | 17 | 11 | 14 | 67 | 59 | 62 |
| Wimborne Town | 42 | 18 | 7 | 17 | 71 | 68 | 61 |
| Swindon Supermarine | 42 | 17 | 5 | 20 | 81 | 79 | 56 |
| AFC Totton | 42 | 16 | 5 | 21 | 65 | 75 | 53 |
| Tiverton Town | 42 | 13 | 10 | 19 | 60 | 69 | 49 |
| Sholing | 42 | 11 | 10 | 21 | 48 | 75 | 43 |
| Clevedon Town | 42 | 10 | 6 | 26 | 54 | 111 | 36 |
| Fleet Town | 42 | 8 | 8 | 26 | 49 | 97 | 32 |
| Wantage Town | 42 | 8 | 4 | 30 | 43 | 100 | 28 |
| Bishop's Cleeve | 42 | 6 | 4 | 32 | 52 | 143 | 22 |
| Bashley | 42 | 1 | 5 | 36 | 20 | 148 | 8 |

### Division One Central

| Team | P | W | D | L | F | A | Pts |
|---|---|---|---|---|---|---|---|
| Kettering Town | 42 | 30 | 5 | 7 | 90 | 36 | 95 |
| Royston Town | 42 | 27 | 3 | 12 | 74 | 50 | 84 |
| Aylesbury | 42 | 25 | 7 | 10 | 81 | 46 | 82 |
| Bedworth United | 42 | 25 | 4 | 13 | 85 | 55 | 79 |
| Barton Rovers | 42 | 23 | 9 | 10 | 83 | 53 | 78 |
| Rugby Town | 42 | 22 | 7 | 13 | 78 | 51 | 73 |
| Hanwell Town | 42 | 21 | 5 | 16 | 71 | 60 | 68 |
| Godalming Town | 42 | 18 | 10 | 14 | 67 | 62 | 64 |
| St Ives Town | 42 | 16 | 12 | 14 | 70 | 77 | 60 |
| Northwood | 42 | 15 | 12 | 15 | 60 | 61 | 57 |
| Marlow | 42 | 15 | 12 | 15 | 58 | 59 | 57 |
| Uxbridge | 42 | 15 | 10 | 17 | 71 | 69 | 55 |
| Aylesbury United | 42 | 15 | 8 | 19 | 66 | 80 | 53 |
| Potters Bar Town | 42 | 16 | 2 | 24 | 68 | 77 | 50 |
| Egham Town | 42 | 14 | 8 | 20 | 64 | 81 | 50 |
| Chalfont St Peter | 42 | 11 | 15 | 16 | 60 | 66 | 48 |
| Bedford Town | 42 | 13 | 8 | 21 | 62 | 72 | 47 |
| Leighton Town | 42 | 10 | 13 | 19 | 52 | 71 | 43 |
| Daventry Town | 42 | 12 | 6 | 24 | 47 | 77 | 42 |
| Beaconsfield SYCOB | 42 | 8 | 16 | 18 | 62 | 75 | 40 |
| North Greenford United | 42 | 8 | 11 | 23 | 55 | 97 | 35 |
| AFC Hayes | 42 | 8 | 7 | 27 | 39 | 88 | 31 |

## 2015-2016
### Premier Division

| Team | P | W | D | L | F | A | Pts |
|---|---|---|---|---|---|---|---|
| Poole Town | 46 | 27 | 12 | 7 | 86 | 35 | 93 |
| Redditch United | 46 | 24 | 15 | 7 | 82 | 37 | 84 |
| Hitchin Town | 46 | 24 | 12 | 10 | 78 | 50 | 84 |
| Hungerford Town | 46 | 24 | 11 | 11 | 73 | 43 | 83 |
| Leamington | 46 | 23 | 12 | 11 | 59 | 38 | 81 |
| Kettering Town | 46 | 24 | 8 | 14 | 83 | 53 | 80 |
| Weymouth | 46 | 21 | 14 | 11 | 63 | 39 | 77 |
| Chippenham Town | 46 | 21 | 13 | 12 | 76 | 53 | 76 |
| King's Lynn Town | 46 | 21 | 7 | 18 | 58 | 54 | 70 |
| Merthyr Town | 46 | 19 | 9 | 18 | 69 | 58 | 66 |
| Chesham United | 46 | 18 | 10 | 18 | 72 | 70 | 64 |
| Dunstable Town | 46 | 17 | 11 | 18 | 68 | 68 | 62 |
| Dorchester Town | 46 | 18 | 8 | 20 | 67 | 69 | 62 |
| Biggleswade Town | 46 | 17 | 9 | 20 | 76 | 82 | 60 |
| Cirencester Town | 46 | 18 | 6 | 22 | 67 | 76 | 60 |
| Frome Town | 46 | 14 | 16 | 16 | 51 | 73 | 58 |
| Slough Town | 46 | 16 | 9 | 21 | 67 | 77 | 57 |
| Cambridge City | 46 | 15 | 7 | 24 | 63 | 80 | 52 |
| Stratford Town | 46 | 13 | 11 | 22 | 59 | 68 | 50 |
| St Neots Town | 46 | 10 | 18 | 18 | 69 | 78 | 48 |
| Bedworth United | 46 | 12 | 8 | 26 | 58 | 107 | 44 |
| Histon | 46 | 11 | 7 | 28 | 63 | 98 | 40 |
| Bideford | 46 | 8 | 13 | 25 | 38 | 88 | 37 |
| Paulton Rovers | 46 | 8 | 12 | 26 | 38 | 89 | 36 |

Redditch United had 3 points deducted for fielding ineligible players

## Division One Central

| Team | P | W | D | L | F | A | Pts |
|---|---|---|---|---|---|---|---|
| Kings Langley | 42 | 27 | 6 | 9 | 83 | 44 | 87 |
| Royston Town | 42 | 25 | 8 | 9 | 99 | 46 | 83 |
| Egham Town | 42 | 26 | 5 | 11 | 80 | 39 | 83 |
| St Ives Town | 42 | 22 | 12 | 8 | 72 | 38 | 78 |
| AFC Rushden & Diamonds | 42 | 23 | 8 | 11 | 81 | 44 | 77 |
| Chalfont St Peter | 42 | 23 | 2 | 17 | 76 | 71 | 71 |
| Northwood | 42 | 20 | 9 | 13 | 62 | 49 | 69 |
| Aylesbury | 42 | 20 | 8 | 14 | 72 | 52 | 68 |
| Beaconsfield SYCOB | 42 | 19 | 10 | 13 | 77 | 54 | 67 |
| Godalming Town | 42 | 19 | 10 | 13 | 51 | 45 | 67 |
| Ware | 42 | 19 | 6 | 17 | 67 | 69 | 63 |
| Potters Bar Town | 42 | 16 | 10 | 16 | 62 | 64 | 58 |
| Petersfield Town | 42 | 16 | 7 | 19 | 71 | 80 | 55 |
| Bedford Town | 42 | 12 | 13 | 17 | 57 | 60 | 49 |
| Uxbridge | 42 | 13 | 9 | 20 | 59 | 71 | 48 |
| Arlesey Town | 42 | 14 | 5 | 23 | 48 | 87 | 47 |
| Fleet Town | 42 | 12 | 9 | 21 | 55 | 78 | 45 |
| Barton Rovers | 42 | 9 | 15 | 18 | 51 | 75 | 42 |
| Aylesbury United | 42 | 11 | 7 | 24 | 45 | 81 | 40 |
| Hanwell Town | 42 | 10 | 9 | 23 | 38 | 64 | 39 |
| Leighton Town | 42 | 9 | 8 | 25 | 47 | 86 | 35 |
| North Greenford United | 42 | 6 | 6 | 30 | 51 | 107 | 24 |

## Division One South & West

| Team | P | W | D | L | F | A | Pts |
|---|---|---|---|---|---|---|---|
| Cinderford Town | 42 | 29 | 9 | 4 | 80 | 29 | 96 |
| Banbury United | 42 | 28 | 10 | 4 | 97 | 38 | 94 |
| Taunton Town | 42 | 27 | 8 | 7 | 94 | 34 | 89 |
| Swindon Supermarine | 42 | 27 | 6 | 9 | 81 | 42 | 87 |
| Winchester City | 42 | 24 | 11 | 7 | 97 | 49 | 83 |
| Evesham United | 42 | 24 | 9 | 9 | 92 | 38 | 81 |
| Shortwood United | 42 | 24 | 6 | 12 | 88 | 59 | 78 |
| Tiverton Town | 42 | 20 | 13 | 9 | 76 | 44 | 73 |
| North Leigh | 42 | 21 | 5 | 16 | 79 | 53 | 68 |
| Didcot Town | 42 | 18 | 10 | 14 | 82 | 57 | 64 |
| Larkhall Athletic | 42 | 15 | 10 | 17 | 62 | 65 | 55 |
| Bishop's Cleeve | 42 | 14 | 13 | 15 | 55 | 66 | 55 |
| Marlow | 42 | 15 | 7 | 20 | 68 | 79 | 52 |
| Mangotsfield United | 42 | 12 | 12 | 18 | 59 | 65 | 48 |
| AFC Totton | 42 | 14 | 6 | 22 | 73 | 81 | 48 |
| Yate Town | 42 | 12 | 11 | 19 | 48 | 62 | 47 |
| Wimborne Town | 42 | 12 | 8 | 22 | 65 | 80 | 44 |
| Slimbridge | 42 | 10 | 12 | 20 | 46 | 57 | 42 |
| Bridgwater Town | 42 | 9 | 7 | 26 | 42 | 83 | 34 |
| Wantage Town | 42 | 8 | 5 | 29 | 45 | 100 | 29 |
| Burnham | 42 | 6 | 6 | 30 | 39 | 99 | 24 |
| Bashley | 42 | 0 | 2 | 40 | 13 | 201 | 2 |

# FOOTBALL CONFERENCE

## 1979-80

| Team | P | W | D | L | F | A | Pts |
|---|---|---|---|---|---|---|---|
| Altrincham | 38 | 24 | 8 | 6 | 79 | 35 | 56 |
| Weymouth | 38 | 22 | 10 | 6 | 73 | 37 | 54 |
| Worcester City | 38 | 19 | 11 | 8 | 53 | 36 | 49 |
| Boston United | 38 | 16 | 13 | 9 | 52 | 43 | 45 |
| Gravesend & Northfleet | 38 | 17 | 10 | 11 | 49 | 44 | 44 |
| Maidstone United | 38 | 16 | 11 | 11 | 54 | 37 | 43 |
| Kettering Town | 38 | 15 | 13 | 10 | 55 | 50 | 43 |
| Northwich Victoria | 38 | 16 | 10 | 12 | 50 | 38 | 42 |
| Bangor City | 38 | 14 | 14 | 10 | 41 | 46 | 42 |
| Nuneaton Borough | 38 | 13 | 13 | 12 | 58 | 44 | 39 |
| Scarborough | 38 | 12 | 15 | 11 | 47 | 38 | 39 |
| Yeovil Town | 38 | 13 | 10 | 15 | 46 | 49 | 36 |
| Telford United | 38 | 13 | 8 | 17 | 52 | 60 | 34 |
| Barrow | 38 | 14 | 6 | 18 | 47 | 55 | 34 |
| Wealdstone | 38 | 9 | 15 | 14 | 42 | 54 | 33 |
| Bath City | 38 | 10 | 12 | 16 | 43 | 69 | 32 |
| Barnet | 38 | 10 | 10 | 18 | 32 | 48 | 30 |
| AP Leamington | 38 | 7 | 11 | 20 | 32 | 63 | 25 |
| Stafford Rangers | 38 | 6 | 10 | 22 | 41 | 57 | 22 |
| Redditch United | 38 | 5 | 8 | 25 | 26 | 69 | 18 |

## 1980-81

| Team | P | W | D | L | F | A | Pts |
|---|---|---|---|---|---|---|---|
| Altrincham | 38 | 23 | 8 | 7 | 72 | 41 | 54 |
| Kettering Town | 38 | 21 | 9 | 8 | 66 | 37 | 51 |
| Scarborough | 38 | 17 | 13 | 8 | 49 | 29 | 47 |
| Northwich Victoria | 38 | 17 | 11 | 10 | 53 | 40 | 45 |
| Weymouth | 38 | 19 | 6 | 13 | 54 | 40 | 44 |
| Bath City | 38 | 16 | 10 | 12 | 51 | 32 | 42 |
| Maidstone United | 38 | 16 | 9 | 13 | 64 | 53 | 41 |
| Boston United | 38 | 16 | 9 | 13 | 63 | 58 | 41 |
| Barrow | 38 | 15 | 8 | 15 | 50 | 49 | 38 |
| Frickley Athletic | 38 | 15 | 8 | 15 | 61 | 62 | 38 |
| Stafford Rangers | 38 | 11 | 15 | 12 | 56 | 56 | 37 |
| Worcester City | 38 | 14 | 7 | 17 | 47 | 54 | 35 |
| Telford United | 38 | 13 | 9 | 16 | 47 | 59 | 35 |
| Yeovil Town | 38 | 14 | 6 | 18 | 60 | 64 | 34 |
| Gravesend & Northfleet | 38 | 13 | 8 | 17 | 48 | 55 | 34 |
| AP Leamington | 38 | 10 | 11 | 17 | 47 | 66 | 31 |
| Barnet | 38 | 12 | 7 | 19 | 39 | 64 | 31 |
| Nuneaton Borough | 38 | 10 | 9 | 19 | 49 | 65 | 29 |
| Wealdstone | 38 | 9 | 11 | 18 | 37 | 56 | 29 |
| Bangor City | 38 | 6 | 12 | 20 | 35 | 68 | 24 |

## 1981-82

| Team | P | W | D | L | F | A | Pts |
|---|---|---|---|---|---|---|---|
| Runcorn | 42 | 28 | 9 | 5 | 75 | 37 | 93 |
| Enfield | 42 | 26 | 8 | 8 | 90 | 46 | 86 |
| Telford United | 42 | 23 | 8 | 11 | 70 | 51 | 77 |
| Worcester City | 42 | 21 | 8 | 13 | 70 | 60 | 71 |
| Dagenham | 42 | 19 | 12 | 11 | 69 | 51 | 69 |
| Northwich Victoria | 42 | 20 | 9 | 13 | 56 | 46 | 69 |
| Scarborough | 42 | 19 | 11 | 12 | 65 | 52 | 68 |
| Barrow | 42 | 18 | 11 | 13 | 59 | 50 | 65 |
| Weymouth | 42 | 18 | 9 | 15 | 56 | 47 | 63 |
| Boston United | 42 | 17 | 11 | 14 | 61 | 57 | 62 |
| Altrincham | 42 | 14 | 13 | 15 | 66 | 56 | 55 |
| Bath City | 42 | 15 | 10 | 17 | 50 | 57 | 55 |
| Yeovil Town | 42 | 14 | 11 | 17 | 56 | 68 | 53 |
| Stafford Rangers | 42 | 12 | 16 | 14 | 48 | 47 | 52 |
| Frickley Athletic | 42 | 14 | 10 | 18 | 47 | 60 | 52 |
| Maidstone United | 42 | 11 | 15 | 16 | 55 | 59 | 48 |
| Trowbridge Town | 42 | 12 | 11 | 19 | 38 | 54 | 47 |
| Barnet | 42 | 9 | 14 | 19 | 36 | 52 | 41 |
| Kettering Town | 42 | 9 | 13 | 20 | 64 | 76 | 40 |
| Gravesend & Northfleet | 42 | 10 | 10 | 22 | 51 | 69 | 40 |
| Dartford | 42 | 10 | 9 | 23 | 47 | 69 | 39 |
| AP Leamington | 42 | 4 | 10 | 28 | 40 | 105 | 22 |

# Football Conference 1982-1987

## 1982-83

| | | | | | | | |
|---|---|---|---|---|---|---|---|
| Enfield | 42 | 25 | 9 | 8 | 95 | 48 | 84 |
| Maidstone United | 42 | 25 | 8 | 9 | 83 | 34 | 83 |
| Wealdstone | 42 | 22 | 13 | 7 | 80 | 41 | 79 |
| Runcorn | 42 | 22 | 8 | 12 | 73 | 53 | 74 |
| Boston United | 42 | 20 | 12 | 10 | 77 | 57 | 72 |
| Telford United | 42 | 20 | 11 | 11 | 69 | 48 | 71 |
| Weymouth | 42 | 20 | 10 | 12 | 63 | 48 | 70 |
| Northwich Victoria | 42 | 18 | 10 | 14 | 68 | 63 | 64 |
| Scarborough | 42 | 17 | 12 | 13 | 71 | 58 | 63 |
| Bath City | 42 | 17 | 9 | 16 | 58 | 55 | 60 |
| Nuneaton Borough | 42 | 15 | 13 | 14 | 57 | 60 | 58 |
| Altrincham | 42 | 15 | 10 | 17 | 62 | 56 | 55 |
| Bangor City | 42 | 14 | 13 | 15 | 71 | 77 | 55 |
| Dagenham | 42 | 12 | 15 | 15 | 60 | 65 | 51 |
| Barnet | 42 | 16 | 3 | 23 | 55 | 78 | 51 |
| Frickley Athletic | 42 | 12 | 13 | 17 | 66 | 77 | 49 |
| Worcester City | 42 | 12 | 10 | 20 | 58 | 87 | 46 |
| Trowbridge Town | 42 | 12 | 7 | 23 | 56 | 88 | 43 |
| Kettering Town | 42 | 11 | 7 | 24 | 69 | 99 | 40 |
| Yeovil Town | 42 | 11 | 7 | 24 | 63 | 99 | 40 |
| Barrow | 42 | 8 | 12 | 22 | 46 | 74 | 36 |
| Stafford Rangers | 42 | 5 | 14 | 23 | 40 | 75 | 29 |

## 1983-84

| | | | | | | | |
|---|---|---|---|---|---|---|---|
| Maidstone United | 42 | 23 | 13 | 6 | 71 | 34 | 70 |
| Nuneaton Borough | 42 | 24 | 11 | 7 | 70 | 40 | 69 |
| Altrincham | 42 | 23 | 9 | 10 | 64 | 39 | 65 |
| Wealdstone | 42 | 21 | 14 | 7 | 75 | 36 | 62 |
| Runcorn | 42 | 20 | 13 | 9 | 61 | 45 | 62 |
| Bath City | 42 | 17 | 12 | 13 | 60 | 48 | 53 |
| Northwich Victoria | 42 | 16 | 14 | 12 | 54 | 47 | 51 |
| Worcester City | 42 | 15 | 13 | 14 | 64 | 55 | 49 |
| Barnet | 42 | 16 | 10 | 16 | 55 | 58 | 49 |
| Kidderminster Harriers | 42 | 14 | 14 | 14 | 54 | 61 | 49 |
| Telford United | 42 | 17 | 11 | 14 | 50 | 58 | 49 |
| Frickley Athletic | 42 | 17 | 10 | 15 | 68 | 56 | 48 |
| Scarborough | 42 | 14 | 16 | 12 | 52 | 55 | 48 |
| Enfield | 42 | 14 | 9 | 19 | 61 | 58 | 43 |
| Weymouth | 42 | 13 | 8 | 21 | 54 | 65 | 42 |
| Gateshead | 42 | 12 | 13 | 17 | 59 | 73 | 42 |
| Boston United | 42 | 13 | 12 | 17 | 66 | 80 | 41 |
| Dagenham | 42 | 14 | 8 | 20 | 57 | 69 | 40 |
| Kettering Town | 42 | 12 | 9 | 21 | 53 | 67 | 37 |
| Yeovil Town | 42 | 12 | 8 | 22 | 55 | 77 | 35 |
| Bangor City | 42 | 10 | 6 | 26 | 54 | 82 | 29 |
| Trowbridge Town | 42 | 5 | 7 | 30 | 33 | 87 | 19 |

2 points for a Home win, 3 points for an Away win, 1 point for any Draw

## 1984-85

| | | | | | | | |
|---|---|---|---|---|---|---|---|
| Wealdstone | 42 | 20 | 10 | 12 | 64 | 54 | 62 |
| Nuneaton Borough | 42 | 19 | 14 | 9 | 85 | 53 | 58 |
| Dartford | 42 | 17 | 13 | 12 | 57 | 48 | 57 |
| Bath City | 42 | 21 | 9 | 12 | 52 | 49 | 57 |
| Altrincham | 42 | 21 | 6 | 15 | 63 | 47 | 56 |
| Scarborough | 42 | 17 | 13 | 12 | 69 | 62 | 54 |
| Enfield | 42 | 17 | 13 | 12 | 84 | 61 | 53 |
| Kidderminster Harriers | 42 | 17 | 8 | 17 | 79 | 77 | 51 |
| Northwich Victoria | 42 | 16 | 11 | 15 | 50 | 46 | 50 |
| Telford United | 42 | 15 | 14 | 13 | 59 | 54 | 49 |
| Frickley Athletic | 42 | 18 | 7 | 17 | 65 | 71 | 49 |
| Kettering Town | 42 | 15 | 12 | 15 | 68 | 59 | 48 |
| Maidstone United | 42 | 15 | 13 | 14 | 58 | 51 | 48 |
| Runcorn | 42 | 13 | 15 | 14 | 48 | 47 | 48 |
| Barnet | 42 | 15 | 11 | 16 | 59 | 52 | 47 |
| Weymouth | 42 | 15 | 13 | 14 | 70 | 66 | 45 |
| Boston United | 42 | 15 | 10 | 17 | 69 | 69 | 45 |
| Barrow | 42 | 11 | 16 | 15 | 47 | 57 | 43 |
| Dagenham | 42 | 13 | 10 | 19 | 47 | 67 | 41 |
| Worcester City | 42 | 12 | 9 | 21 | 55 | 84 | 38 |
| Gateshead | 42 | 9 | 12 | 21 | 51 | 82 | 33 |
| Yeovil Town | 42 | 6 | 11 | 25 | 44 | 87 | 25 |

Gateshead had 1 point deducted

2 points awarded for a Home win, 3 points awarded for an Away win, 1 point awarded for any Draw.

## 1985-86

| | | | | | | | |
|---|---|---|---|---|---|---|---|
| Enfield | 42 | 27 | 10 | 5 | 94 | 47 | 76 |
| Frickley Athletic | 42 | 25 | 10 | 7 | 78 | 50 | 69 |
| Kidderminster Harriers | 42 | 24 | 7 | 11 | 99 | 62 | 67 |
| Altrincham | 42 | 22 | 11 | 9 | 70 | 49 | 63 |
| Weymouth | 42 | 19 | 15 | 8 | 75 | 60 | 61 |
| Runcorn | 42 | 19 | 14 | 9 | 70 | 44 | 60 |
| Stafford Rangers | 42 | 19 | 13 | 10 | 61 | 54 | 60 |
| Telford United | 42 | 18 | 10 | 14 | 68 | 66 | 51 |
| Kettering Town | 42 | 15 | 15 | 12 | 55 | 53 | 49 |
| Wealdstone | 42 | 16 | 9 | 17 | 57 | 56 | 47 |
| Cheltenham Town | 42 | 16 | 11 | 15 | 69 | 69 | 46 |
| Bath City | 42 | 13 | 11 | 18 | 53 | 54 | 45 |
| Boston United | 42 | 16 | 7 | 19 | 66 | 76 | 44 |
| Barnet | 42 | 13 | 11 | 18 | 56 | 60 | 41 |
| Scarborough | 42 | 13 | 11 | 18 | 54 | 66 | 40 |
| Northwich Victoria | 42 | 10 | 12 | 20 | 42 | 54 | 37 |
| Maidstone United | 42 | 9 | 16 | 17 | 57 | 66 | 36 |
| Nuneaton Borough | 42 | 13 | 5 | 24 | 58 | 73 | 36 |
| Dagenham | 42 | 10 | 12 | 20 | 48 | 66 | 36 |
| Wycombe Wanderers | 42 | 10 | 13 | 19 | 55 | 84 | 36 |
| Dartford | 42 | 8 | 9 | 25 | 51 | 82 | 26 |
| Barrow | 42 | 7 | 8 | 27 | 41 | 86 | 24 |

2 points awarded for a Home win, 3 points awarded for an Away win, 1 point awarded for any Draw

## 1986-87

| | | | | | | | |
|---|---|---|---|---|---|---|---|
| Scarborough | 42 | 27 | 10 | 5 | 64 | 33 | 91 |
| Barnet | 42 | 25 | 10 | 7 | 86 | 39 | 85 |
| Maidstone United | 42 | 21 | 10 | 11 | 71 | 48 | 73 |
| Enfield | 42 | 21 | 7 | 14 | 66 | 47 | 70 |
| Altrincham | 42 | 18 | 15 | 9 | 66 | 53 | 69 |
| Boston United | 42 | 21 | 6 | 15 | 82 | 74 | 69 |
| Sutton United | 42 | 19 | 11 | 12 | 81 | 51 | 68 |
| Runcorn | 42 | 18 | 13 | 11 | 71 | 58 | 67 |
| Telford United | 42 | 18 | 10 | 14 | 69 | 59 | 64 |
| Bath City | 42 | 17 | 12 | 13 | 63 | 62 | 63 |
| Cheltenham Town | 42 | 16 | 13 | 13 | 64 | 50 | 61 |
| Kidderminster Harriers | 42 | 17 | 4 | 21 | 77 | 81 | 55 |
| Stafford Rangers | 42 | 14 | 11 | 17 | 58 | 60 | 53 |
| Weymouth | 42 | 13 | 12 | 17 | 68 | 77 | 51 |
| Dagenham | 42 | 14 | 7 | 21 | 56 | 72 | 49 |
| Kettering Town | 42 | 12 | 11 | 19 | 54 | 66 | 47 |
| Northwich Victoria | 42 | 10 | 14 | 18 | 53 | 69 | 44 |
| Nuneaton Borough | 42 | 10 | 14 | 18 | 48 | 73 | 44 |
| Wealdstone | 42 | 11 | 10 | 21 | 50 | 70 | 43 |
| Welling United | 42 | 10 | 10 | 22 | 61 | 84 | 40 |
| Frickley Athletic | 42 | 7 | 11 | 24 | 47 | 82 | 32 |
| Gateshead | 42 | 6 | 13 | 23 | 48 | 95 | 31 |

Nuneaton Borough were expelled at the end of the season after their main stand was closed for fire safety reasons.

## 1987-88

| Team | P | W | D | L | F | A | Pts |
|---|---|---|---|---|---|---|---|
| Lincoln City | 42 | 24 | 10 | 8 | 86 | 48 | 82 |
| Barnet | 42 | 23 | 11 | 8 | 93 | 45 | 80 |
| Kettering Town | 42 | 22 | 9 | 11 | 68 | 48 | 75 |
| Runcorn | 42 | 21 | 11 | 10 | 68 | 47 | 74 |
| Telford United | 42 | 20 | 10 | 12 | 65 | 50 | 70 |
| Stafford Rangers | 42 | 20 | 9 | 13 | 79 | 58 | 69 |
| Kidderminster Harriers | 42 | 18 | 15 | 9 | 75 | 66 | 69 |
| Sutton United | 42 | 16 | 18 | 8 | 77 | 54 | 66 |
| Maidstone United | 42 | 18 | 9 | 15 | 79 | 64 | 63 |
| Weymouth | 42 | 18 | 9 | 15 | 53 | 43 | 63 |
| Macclesfield Town | 42 | 18 | 9 | 15 | 64 | 62 | 63 |
| Enfield | 42 | 15 | 10 | 17 | 68 | 78 | 55 |
| Cheltenham Town | 42 | 11 | 20 | 11 | 64 | 67 | 53 |
| Altrincham | 42 | 14 | 10 | 18 | 59 | 59 | 52 |
| Fisher Athletic | 42 | 13 | 13 | 16 | 58 | 61 | 52 |
| Boston United | 42 | 14 | 7 | 21 | 60 | 75 | 49 |
| Northwich Victoria | 42 | 10 | 17 | 15 | 46 | 57 | 47 |
| Wycombe Wanderers | 42 | 11 | 13 | 18 | 50 | 76 | 46 |
| Welling United | 42 | 11 | 9 | 22 | 50 | 72 | 42 |
| Bath City | 42 | 9 | 10 | 23 | 48 | 76 | 37 |
| Wealdstone | 42 | 5 | 17 | 20 | 39 | 76 | 32 |
| Dagenham | 42 | 5 | 6 | 31 | 37 | 104 | 21 |

## 1988-89

| Team | P | W | D | L | F | A | Pts |
|---|---|---|---|---|---|---|---|
| Maidstone United | 40 | 25 | 9 | 6 | 92 | 46 | 84 |
| Kettering Town | 40 | 23 | 7 | 10 | 56 | 39 | 76 |
| Boston United | 40 | 22 | 8 | 10 | 61 | 51 | 74 |
| Wycombe Wanderers | 40 | 20 | 11 | 9 | 68 | 52 | 71 |
| Kidderminster Harriers | 40 | 21 | 6 | 13 | 68 | 57 | 69 |
| Runcorn | 40 | 19 | 8 | 13 | 77 | 53 | 65 |
| Macclesfield Town | 40 | 17 | 10 | 13 | 63 | 57 | 61 |
| Barnet | 40 | 18 | 7 | 15 | 64 | 69 | 61 |
| Yeovil Town | 40 | 15 | 11 | 14 | 68 | 67 | 56 |
| Northwich Victoria | 40 | 14 | 11 | 15 | 64 | 65 | 53 |
| Welling United | 40 | 14 | 11 | 15 | 45 | 46 | 53 |
| Sutton United | 40 | 12 | 15 | 13 | 64 | 54 | 51 |
| Enfield | 40 | 14 | 8 | 18 | 62 | 67 | 50 |
| Altrincham | 40 | 13 | 10 | 17 | 51 | 61 | 49 |
| Cheltenham Town | 40 | 12 | 12 | 16 | 55 | 58 | 48 |
| Telford United | 40 | 13 | 9 | 18 | 37 | 43 | 48 |
| Chorley | 40 | 13 | 6 | 21 | 57 | 71 | 45 |
| Fisher Athletic | 40 | 10 | 11 | 19 | 55 | 65 | 41 |
| Stafford Rangers | 40 | 11 | 7 | 22 | 49 | 74 | 40 |
| Aylesbury United | 40 | 9 | 9 | 22 | 43 | 71 | 36 |
| Weymouth | 40 | 7 | 10 | 23 | 37 | 70 | 31 |
| Newport County | 29 | 4 | 7 | 18 | 31 | 62 | 19 |

Newport County were expelled from League and their record was deleted.

## 1989-90

| Team | P | W | D | L | F | A | Pts |
|---|---|---|---|---|---|---|---|
| Darlington | 42 | 26 | 9 | 7 | 76 | 25 | 87 |
| Barnet | 42 | 26 | 7 | 9 | 81 | 41 | 85 |
| Runcorn | 42 | 19 | 13 | 10 | 79 | 62 | 70 |
| Macclesfield Town | 42 | 17 | 15 | 10 | 56 | 41 | 66 |
| Kettering Town | 42 | 18 | 12 | 12 | 66 | 53 | 66 |
| Welling United | 42 | 18 | 10 | 14 | 62 | 50 | 64 |
| Yeovil Town | 42 | 17 | 12 | 13 | 62 | 54 | 63 |
| Sutton United | 42 | 19 | 6 | 17 | 68 | 64 | 63 |
| Merthyr Tydfil | 42 | 16 | 14 | 12 | 67 | 63 | 62 |
| Wycombe Wanderers | 42 | 17 | 10 | 15 | 64 | 56 | 61 |
| Cheltenham Town | 42 | 16 | 11 | 15 | 58 | 60 | 59 |
| Telford United | 42 | 15 | 13 | 14 | 56 | 63 | 58 |
| Kidderminster Harriers | 42 | 15 | 9 | 18 | 64 | 67 | 54 |
| Barrow | 42 | 12 | 16 | 14 | 51 | 67 | 52 |
| Northwich Victoria | 42 | 15 | 5 | 22 | 51 | 67 | 50 |
| Altrincham | 42 | 12 | 13 | 17 | 49 | 48 | 49 |
| Stafford Rangers | 42 | 12 | 12 | 18 | 50 | 62 | 48 |
| Boston United | 42 | 13 | 8 | 21 | 48 | 67 | 47 |
| Fisher Athletic | 42 | 13 | 7 | 22 | 55 | 78 | 46 |
| Chorley | 42 | 13 | 6 | 23 | 42 | 67 | 45 |
| Farnborough Town | 42 | 10 | 12 | 20 | 60 | 73 | 42 |
| Enfield | 42 | 10 | 6 | 26 | 52 | 89 | 36 |

## 1990-91

| Team | P | W | D | L | F | A | Pts |
|---|---|---|---|---|---|---|---|
| Barnet | 42 | 26 | 9 | 7 | 103 | 52 | 87 |
| Colchester United | 42 | 25 | 10 | 7 | 68 | 35 | 85 |
| Altrincham | 42 | 23 | 13 | 6 | 87 | 46 | 82 |
| Kettering Town | 42 | 23 | 11 | 8 | 67 | 45 | 80 |
| Wycombe Wanderers | 42 | 21 | 11 | 10 | 75 | 46 | 74 |
| Telford United | 42 | 20 | 7 | 15 | 62 | 52 | 67 |
| Macclesfield Town | 42 | 17 | 12 | 13 | 63 | 52 | 63 |
| Runcorn | 42 | 16 | 10 | 16 | 69 | 67 | 58 |
| Merthyr Tydfil | 42 | 16 | 9 | 17 | 62 | 61 | 57 |
| Barrow | 42 | 15 | 12 | 15 | 59 | 65 | 57 |
| Welling United | 42 | 13 | 15 | 14 | 55 | 57 | 54 |
| Northwich Victoria | 42 | 13 | 13 | 16 | 65 | 75 | 52 |
| Kidderminster Harriers | 42 | 14 | 10 | 18 | 56 | 67 | 52 |
| Yeovil Town | 42 | 13 | 11 | 18 | 58 | 58 | 50 |
| Stafford Rangers | 42 | 12 | 14 | 16 | 48 | 51 | 50 |
| Cheltenham Town | 42 | 12 | 12 | 18 | 54 | 72 | 48 |
| Gateshead | 42 | 14 | 6 | 22 | 52 | 92 | 48 |
| Boston United | 42 | 12 | 11 | 19 | 55 | 69 | 47 |
| Slough Town | 42 | 13 | 6 | 23 | 51 | 80 | 45 |
| Bath City | 42 | 10 | 12 | 20 | 55 | 61 | 42 |
| Sutton United | 42 | 10 | 9 | 23 | 62 | 82 | 39 |
| Fisher Athletic | 42 | 5 | 15 | 22 | 38 | 79 | 30 |

## 1991-92

| Team | P | W | D | L | F | A | Pts |
|---|---|---|---|---|---|---|---|
| Colchester United | 42 | 28 | 10 | 4 | 98 | 40 | 94 |
| Wycombe Wanderers | 42 | 30 | 4 | 8 | 84 | 35 | 94 |
| Kettering Town | 42 | 20 | 13 | 9 | 72 | 50 | 73 |
| Merthyr Tydfil | 42 | 18 | 14 | 10 | 59 | 56 | 68 |
| Farnborough Town | 42 | 18 | 12 | 12 | 68 | 53 | 66 |
| Telford United | 42 | 19 | 7 | 16 | 62 | 66 | 64 |
| Redbridge Forest | 42 | 18 | 9 | 15 | 69 | 56 | 63 |
| Boston United | 42 | 18 | 9 | 15 | 71 | 66 | 63 |
| Bath City | 42 | 16 | 12 | 14 | 54 | 51 | 60 |
| Witton Albion | 42 | 16 | 10 | 16 | 63 | 60 | 58 |
| Northwich Victoria | 42 | 16 | 6 | 20 | 63 | 58 | 54 |
| Welling United | 42 | 14 | 12 | 16 | 69 | 79 | 54 |
| Macclesfield Town | 42 | 13 | 13 | 16 | 50 | 50 | 52 |
| Gateshead | 42 | 12 | 12 | 18 | 49 | 57 | 48 |
| Yeovil Town | 42 | 11 | 14 | 17 | 40 | 49 | 47 |
| Runcorn | 42 | 11 | 13 | 18 | 50 | 63 | 46 |
| Stafford Rangers | 42 | 10 | 16 | 16 | 41 | 59 | 46 |
| Altrincham | 42 | 11 | 12 | 19 | 61 | 82 | 45 |
| Kidderminster Harriers | 42 | 12 | 9 | 21 | 56 | 77 | 45 |
| Slough Town | 42 | 13 | 6 | 23 | 56 | 82 | 45 |
| Cheltenham Town | 42 | 10 | 13 | 19 | 56 | 82 | 43 |
| Barrow | 42 | 8 | 14 | 20 | 52 | 72 | 38 |

## 1992-93

| Team | P | W | D | L | F | A | Pts |
|---|---|---|---|---|---|---|---|
| Wycombe Wanderers | 42 | 24 | 11 | 7 | 84 | 37 | 83 |
| Bromsgrove Rovers | 42 | 18 | 14 | 10 | 67 | 49 | 68 |
| Dagenham & Redbridge | 42 | 19 | 11 | 12 | 75 | 47 | 67 |
| Yeovil Town | 42 | 18 | 12 | 12 | 59 | 49 | 66 |
| Slough Town | 42 | 18 | 11 | 13 | 60 | 55 | 65 |
| Stafford Rangers | 42 | 18 | 10 | 14 | 55 | 47 | 64 |
| Bath City | 42 | 15 | 14 | 13 | 53 | 46 | 59 |
| Woking | 42 | 17 | 8 | 17 | 58 | 62 | 59 |
| Kidderminster Harriers | 42 | 14 | 16 | 12 | 60 | 60 | 58 |
| Altrincham | 42 | 15 | 13 | 14 | 49 | 52 | 58 |
| Northwich Victoria | 42 | 16 | 8 | 18 | 68 | 55 | 56 |
| Stalybridge Celtic | 42 | 13 | 17 | 12 | 48 | 55 | 56 |
| Kettering Town | 42 | 14 | 13 | 15 | 61 | 63 | 55 |
| Gateshead | 42 | 14 | 10 | 18 | 53 | 56 | 52 |
| Telford United | 42 | 14 | 10 | 18 | 55 | 60 | 52 |
| Merthyr Tydfil | 42 | 14 | 10 | 18 | 51 | 79 | 52 |
| Witton Albion | 42 | 11 | 17 | 14 | 62 | 65 | 50 |
| Macclesfield Town | 42 | 12 | 13 | 17 | 40 | 50 | 49 |
| Runcorn | 42 | 13 | 10 | 19 | 58 | 76 | 49 |
| Welling United | 42 | 12 | 12 | 18 | 57 | 72 | 48 |
| Farnborough Town | 42 | 11 | 11 | 19 | 68 | 87 | 47 |
| Boston United | 42 | 9 | 13 | 20 | 50 | 69 | 40 |

Dagenham & Redbridge had 1 point deducted

# Football Conference 1993-1999

## 1993-94

| Team | P | W | D | L | F | A | Pts |
|---|---|---|---|---|---|---|---|
| Kidderminster Harriers | 42 | 22 | 9 | 11 | 63 | 35 | 75 |
| Kettering Town | 42 | 19 | 15 | 8 | 46 | 24 | 72 |
| Woking | 42 | 18 | 13 | 11 | 58 | 58 | 67 |
| Southport | 42 | 18 | 12 | 12 | 57 | 51 | 66 |
| Runcorn | 42 | 14 | 19 | 9 | 63 | 57 | 61 |
| Dagenham & Redbridge | 42 | 15 | 14 | 13 | 62 | 54 | 59 |
| Macclesfield Town | 42 | 16 | 11 | 15 | 48 | 49 | 59 |
| Dover Athletic | 42 | 17 | 7 | 18 | 48 | 49 | 58 |
| Stafford Rangers | 42 | 14 | 15 | 13 | 56 | 52 | 57 |
| Altrincham | 42 | 16 | 9 | 17 | 41 | 42 | 57 |
| Gateshead | 42 | 15 | 12 | 15 | 45 | 53 | 57 |
| Bath City | 42 | 13 | 17 | 12 | 47 | 38 | 56 |
| Halifax Town | 42 | 13 | 16 | 13 | 55 | 49 | 55 |
| Stalybridge Celtic | 42 | 14 | 12 | 16 | 54 | 55 | 54 |
| Northwich Victoria | 42 | 11 | 19 | 12 | 44 | 45 | 52 |
| Welling United | 42 | 13 | 12 | 17 | 47 | 49 | 51 |
| Telford United | 42 | 13 | 12 | 17 | 41 | 49 | 51 |
| Bromsgrove Rovers | 42 | 12 | 15 | 15 | 54 | 66 | 51 |
| Yeovil Town | 42 | 14 | 9 | 19 | 49 | 62 | 51 |
| Merthyr Tydfil | 42 | 12 | 15 | 15 | 60 | 61 | 49 |
| Slough Town | 42 | 11 | 14 | 17 | 44 | 58 | 47 |
| Witton Albion | 42 | 7 | 13 | 22 | 37 | 63 | 34 |

Merthyr Tydfil had 2 points deducted

## 1994-95

| Team | P | W | D | L | F | A | Pts |
|---|---|---|---|---|---|---|---|
| Macclesfield Town | 42 | 24 | 8 | 10 | 70 | 40 | 80 |
| Woking | 42 | 21 | 12 | 9 | 76 | 54 | 75 |
| Southport | 42 | 21 | 9 | 12 | 68 | 50 | 72 |
| Altrincham | 42 | 20 | 8 | 14 | 77 | 60 | 68 |
| Stevenage Borough | 42 | 20 | 7 | 15 | 68 | 49 | 67 |
| Kettering Town | 42 | 19 | 10 | 13 | 73 | 56 | 67 |
| Gateshead | 42 | 19 | 10 | 13 | 61 | 53 | 67 |
| Halifax Town | 42 | 17 | 12 | 13 | 68 | 54 | 63 |
| Runcorn | 42 | 16 | 10 | 16 | 59 | 71 | 58 |
| Northwich Victoria | 42 | 14 | 15 | 13 | 77 | 66 | 57 |
| Kidderminster Harriers | 42 | 16 | 9 | 17 | 63 | 61 | 57 |
| Bath City | 42 | 15 | 12 | 15 | 55 | 56 | 57 |
| Bromsgrove Rovers | 42 | 14 | 13 | 15 | 66 | 69 | 55 |
| Farnborough Town | 42 | 15 | 10 | 17 | 45 | 64 | 55 |
| Dagenham & Redbridge | 42 | 13 | 13 | 16 | 56 | 69 | 52 |
| Dover Athletic | 42 | 11 | 16 | 15 | 48 | 55 | 49 |
| Welling United | 42 | 13 | 10 | 19 | 57 | 74 | 49 |
| Stalybridge Celtic | 42 | 11 | 14 | 17 | 52 | 72 | 47 |
| Telford United | 42 | 10 | 16 | 16 | 53 | 62 | 46 |
| Merthyr Tydfil | 42 | 11 | 11 | 20 | 53 | 63 | 44 |
| Stafford Rangers | 42 | 9 | 11 | 22 | 53 | 79 | 38 |
| Yeovil Town | 42 | 8 | 14 | 20 | 50 | 71 | 37 |

Yeovil Town had 1 point deducted for fielding an ineligible player

## 1995-96

| Team | P | W | D | L | F | A | Pts |
|---|---|---|---|---|---|---|---|
| Stevenage Borough | 42 | 27 | 10 | 5 | 101 | 44 | 91 |
| Woking | 42 | 25 | 8 | 9 | 83 | 54 | 83 |
| Hednesford Town | 42 | 23 | 7 | 12 | 71 | 46 | 76 |
| Macclesfield Town | 42 | 22 | 9 | 11 | 66 | 49 | 75 |
| Gateshead | 42 | 18 | 13 | 11 | 58 | 46 | 67 |
| Southport | 42 | 18 | 12 | 12 | 77 | 64 | 66 |
| Kidderminster Harriers | 42 | 18 | 10 | 14 | 78 | 66 | 64 |
| Northwich Victoria | 42 | 16 | 12 | 14 | 72 | 64 | 60 |
| Morecambe | 42 | 17 | 8 | 17 | 78 | 72 | 59 |
| Farnborough Town | 42 | 15 | 14 | 13 | 63 | 58 | 59 |
| Bromsgrove Rovers | 42 | 15 | 14 | 13 | 59 | 57 | 59 |
| Altrincham | 42 | 15 | 13 | 14 | 59 | 64 | 58 |
| Telford United | 42 | 15 | 10 | 17 | 51 | 56 | 55 |
| Stalybridge Celtic | 42 | 16 | 7 | 19 | 59 | 68 | 55 |
| Halifax Town | 42 | 13 | 13 | 16 | 49 | 63 | 52 |
| Kettering Town | 42 | 13 | 9 | 20 | 68 | 84 | 48 |
| Slough Town | 42 | 13 | 8 | 21 | 63 | 76 | 47 |
| Bath City | 42 | 13 | 7 | 22 | 45 | 66 | 46 |
| Welling United | 42 | 10 | 15 | 17 | 42 | 53 | 45 |
| Dover Athletic | 42 | 11 | 7 | 24 | 51 | 74 | 40 |
| Runcorn | 42 | 9 | 8 | 25 | 48 | 87 | 35 |
| Dagenham & Redbridge | 42 | 7 | 12 | 23 | 43 | 73 | 33 |

## 1996-97

| Team | P | W | D | L | F | A | Pts |
|---|---|---|---|---|---|---|---|
| Macclesfield Town | 42 | 27 | 9 | 6 | 80 | 30 | 90 |
| Kidderminster Harriers | 42 | 26 | 7 | 9 | 84 | 42 | 85 |
| Stevenage Borough | 42 | 24 | 10 | 8 | 87 | 53 | 82 |
| Morecambe | 42 | 19 | 9 | 14 | 69 | 56 | 66 |
| Woking | 42 | 18 | 10 | 14 | 71 | 63 | 64 |
| Northwich Victoria | 42 | 17 | 12 | 13 | 61 | 54 | 63 |
| Farnborough Town | 42 | 16 | 13 | 13 | 58 | 53 | 61 |
| Hednesford Town | 42 | 16 | 12 | 14 | 52 | 50 | 60 |
| Telford United | 42 | 16 | 10 | 16 | 46 | 56 | 58 |
| Gateshead | 42 | 15 | 11 | 16 | 59 | 63 | 56 |
| Southport | 42 | 15 | 10 | 17 | 51 | 61 | 55 |
| Rushden & Diamonds | 42 | 14 | 11 | 17 | 61 | 63 | 53 |
| Stalybridge Celtic | 42 | 14 | 10 | 18 | 53 | 58 | 52 |
| Kettering Town | 42 | 14 | 9 | 19 | 53 | 62 | 51 |
| Hayes | 42 | 12 | 14 | 16 | 54 | 55 | 50 |
| Slough Town | 42 | 12 | 14 | 16 | 62 | 65 | 50 |
| Dover Athletic | 42 | 12 | 14 | 16 | 57 | 68 | 50 |
| Welling United | 42 | 13 | 9 | 20 | 50 | 60 | 48 |
| Halifax Town | 42 | 12 | 12 | 18 | 55 | 74 | 48 |
| Bath City | 42 | 12 | 11 | 19 | 53 | 80 | 47 |
| Bromsgrove Rovers | 42 | 12 | 5 | 25 | 41 | 67 | 41 |
| Altrincham | 42 | 9 | 12 | 21 | 49 | 73 | 39 |

## 1997-98

| Team | P | W | D | L | F | A | Pts |
|---|---|---|---|---|---|---|---|
| Halifax Town | 42 | 25 | 12 | 5 | 74 | 43 | 87 |
| Cheltenham Town | 42 | 23 | 9 | 10 | 63 | 43 | 78 |
| Woking | 42 | 22 | 8 | 12 | 72 | 46 | 74 |
| Rushden & Diamonds | 42 | 23 | 5 | 14 | 79 | 57 | 74 |
| Morecambe | 42 | 21 | 10 | 11 | 77 | 64 | 73 |
| Hereford United | 42 | 18 | 13 | 11 | 56 | 49 | 67 |
| Hednesford Town | 42 | 18 | 12 | 12 | 59 | 50 | 66 |
| Slough Town | 42 | 18 | 10 | 14 | 58 | 49 | 64 |
| Northwich Victoria | 42 | 15 | 15 | 12 | 63 | 59 | 60 |
| Welling United | 42 | 17 | 9 | 16 | 64 | 62 | 60 |
| Yeovil Town | 42 | 17 | 8 | 17 | 73 | 63 | 59 |
| Hayes | 42 | 16 | 10 | 16 | 62 | 52 | 58 |
| Dover Athletic | 42 | 15 | 10 | 17 | 60 | 70 | 55 |
| Kettering Town | 42 | 13 | 13 | 16 | 53 | 60 | 52 |
| Stevenage Borough | 42 | 13 | 12 | 17 | 59 | 63 | 51 |
| Southport | 42 | 13 | 11 | 18 | 56 | 58 | 50 |
| Kidderminster Harriers | 42 | 11 | 14 | 17 | 56 | 63 | 47 |
| Farnborough Town | 42 | 12 | 8 | 22 | 56 | 70 | 44 |
| Leek Town | 42 | 10 | 14 | 18 | 52 | 67 | 44 |
| Telford United | 42 | 10 | 12 | 20 | 53 | 76 | 42 |
| Gateshead | 42 | 8 | 11 | 23 | 51 | 87 | 35 |
| Stalybridge Celtic | 42 | 7 | 8 | 27 | 48 | 93 | 29 |

## 1998-99

| Team | P | W | D | L | F | A | Pts |
|---|---|---|---|---|---|---|---|
| Cheltenham Town | 42 | 22 | 14 | 6 | 71 | 36 | 80 |
| Kettering Town | 42 | 22 | 10 | 10 | 58 | 37 | 76 |
| Hayes | 42 | 22 | 8 | 12 | 63 | 50 | 74 |
| Rushden & Diamonds | 42 | 20 | 10 | 11 | 71 | 42 | 72 |
| Yeovil Town | 42 | 20 | 11 | 11 | 68 | 54 | 71 |
| Stevenage Borough | 42 | 17 | 17 | 8 | 62 | 45 | 68 |
| Northwich Victoria | 42 | 19 | 9 | 14 | 60 | 51 | 66 |
| Kingstonian | 42 | 17 | 13 | 12 | 50 | 49 | 64 |
| Woking | 42 | 18 | 9 | 15 | 51 | 45 | 63 |
| Hednesford Town | 42 | 15 | 16 | 11 | 49 | 44 | 61 |
| Dover Athletic | 42 | 15 | 13 | 14 | 54 | 48 | 58 |
| Forest Green Rovers | 42 | 15 | 13 | 14 | 55 | 50 | 58 |
| Hereford United | 42 | 15 | 10 | 17 | 49 | 46 | 55 |
| Morecambe | 42 | 15 | 8 | 19 | 60 | 76 | 53 |
| Kidderminster Harriers | 42 | 14 | 9 | 19 | 56 | 52 | 51 |
| Doncaster Rovers | 42 | 12 | 12 | 18 | 51 | 55 | 48 |
| Telford United | 42 | 10 | 16 | 16 | 44 | 60 | 46 |
| Southport | 42 | 10 | 15 | 17 | 47 | 59 | 45 |
| Barrow | 42 | 11 | 10 | 21 | 40 | 63 | 43 |
| Welling United | 42 | 9 | 14 | 19 | 44 | 65 | 41 |
| Leek Town | 42 | 8 | 8 | 26 | 48 | 76 | 32 |
| Farnborough Town | 42 | 7 | 11 | 24 | 41 | 89 | 32 |

## 1999-2000

| Team | P | W | D | L | F | A | Pts |
|---|---|---|---|---|---|---|---|
| Kidderminster Harriers | 42 | 26 | 7 | 9 | 75 | 40 | 85 |
| Rushden & Diamonds | 42 | 21 | 13 | 8 | 71 | 42 | 76 |
| Morecambe | 42 | 18 | 16 | 8 | 70 | 48 | 70 |
| Scarborough | 42 | 19 | 12 | 11 | 60 | 35 | 69 |
| Kingstonian | 42 | 20 | 7 | 15 | 58 | 44 | 67 |
| Dover Athletic | 42 | 18 | 12 | 12 | 65 | 56 | 66 |
| Yeovil Town | 42 | 18 | 10 | 14 | 60 | 63 | 64 |
| Hereford United | 42 | 15 | 14 | 13 | 61 | 52 | 59 |
| Southport | 42 | 15 | 13 | 14 | 55 | 56 | 58 |
| Stevenage Borough | 42 | 16 | 9 | 17 | 60 | 54 | 57 |
| Hayes | 42 | 16 | 8 | 18 | 57 | 58 | 56 |
| Doncaster Rovers | 42 | 15 | 9 | 18 | 46 | 48 | 54 |
| Kettering Town | 42 | 12 | 16 | 14 | 44 | 50 | 52 |
| Woking | 42 | 13 | 13 | 16 | 45 | 53 | 52 |
| Nuneaton Borough | 42 | 12 | 15 | 15 | 49 | 53 | 51 |
| Telford United | 42 | 14 | 9 | 19 | 56 | 66 | 51 |
| Hednesford Town | 42 | 15 | 6 | 21 | 45 | 68 | 51 |
| Northwich Victoria | 42 | 13 | 12 | 17 | 53 | 78 | 51 |
| Forest Green Rovers | 42 | 13 | 8 | 21 | 54 | 63 | 47 |
| Welling United | 42 | 13 | 8 | 21 | 54 | 66 | 47 |
| Altrincham | 42 | 9 | 19 | 14 | 51 | 60 | 46 |
| Sutton United | 42 | 8 | 10 | 24 | 39 | 75 | 34 |

## 2000-2001

| Team | P | W | D | L | F | A | Pts |
|---|---|---|---|---|---|---|---|
| Rushden & Diamonds | 42 | 25 | 11 | 6 | 78 | 36 | 86 |
| Yeovil Town | 42 | 24 | 8 | 10 | 73 | 50 | 80 |
| Dagenham & Redbridge | 42 | 23 | 8 | 11 | 71 | 54 | 77 |
| Southport | 42 | 20 | 9 | 13 | 58 | 46 | 69 |
| Leigh RMI | 42 | 19 | 11 | 12 | 63 | 57 | 68 |
| Telford United | 42 | 19 | 8 | 15 | 51 | 51 | 65 |
| Stevenage Borough | 42 | 15 | 18 | 9 | 71 | 61 | 63 |
| Chester City | 42 | 16 | 14 | 12 | 49 | 43 | 62 |
| Doncaster Rovers | 42 | 15 | 13 | 14 | 47 | 43 | 58 |
| Scarborough | 42 | 14 | 16 | 12 | 56 | 54 | 58 |
| Hereford United | 42 | 14 | 15 | 13 | 60 | 46 | 57 |
| Boston United | 42 | 13 | 17 | 12 | 74 | 63 | 56 |
| Nuneaton Borough | 42 | 13 | 15 | 14 | 60 | 60 | 54 |
| Woking | 42 | 13 | 15 | 14 | 52 | 57 | 54 |
| Dover Athletic | 42 | 14 | 11 | 17 | 54 | 56 | 53 |
| Forest Green Rovers | 42 | 11 | 15 | 16 | 43 | 54 | 48 |
| Northwich Victoria | 42 | 11 | 13 | 18 | 49 | 67 | 46 |
| Hayes | 42 | 12 | 10 | 20 | 44 | 71 | 46 |
| Morecambe | 42 | 11 | 12 | 19 | 64 | 66 | 45 |
| Kettering Town | 42 | 11 | 10 | 21 | 46 | 62 | 43 |
| Kingstonian | 42 | 8 | 10 | 24 | 47 | 73 | 34 |
| Hednesford Town | 42 | 5 | 13 | 24 | 46 | 86 | 28 |

## 2001-2002

| Team | P | W | D | L | F | A | Pts |
|---|---|---|---|---|---|---|---|
| Boston United | 42 | 25 | 9 | 8 | 84 | 42 | 84 |
| Dagenham & Redbridge | 42 | 24 | 12 | 6 | 70 | 47 | 84 |
| Yeovil Town | 42 | 19 | 13 | 10 | 66 | 53 | 70 |
| Doncaster Rovers | 42 | 18 | 13 | 11 | 68 | 46 | 67 |
| Barnet | 42 | 19 | 10 | 13 | 64 | 48 | 67 |
| Morecambe | 42 | 17 | 11 | 14 | 63 | 67 | 62 |
| Farnborough Town | 42 | 18 | 7 | 17 | 66 | 54 | 61 |
| Margate | 42 | 14 | 16 | 12 | 59 | 53 | 58 |
| Telford United | 42 | 14 | 15 | 13 | 63 | 58 | 57 |
| Nuneaton Borough | 42 | 16 | 9 | 17 | 57 | 57 | 57 |
| Stevenage Borough | 42 | 15 | 10 | 17 | 57 | 60 | 55 |
| Scarborough | 42 | 14 | 14 | 14 | 55 | 63 | 55 |
| Northwich Victoria | 42 | 16 | 7 | 19 | 57 | 70 | 55 |
| Chester City | 42 | 15 | 9 | 18 | 54 | 51 | 54 |
| Southport | 42 | 13 | 14 | 15 | 53 | 49 | 53 |
| Leigh RMI | 42 | 15 | 8 | 19 | 56 | 58 | 53 |
| Hereford United | 42 | 14 | 10 | 18 | 50 | 53 | 52 |
| Forest Green Rovers | 42 | 12 | 15 | 15 | 54 | 76 | 51 |
| Woking | 42 | 13 | 9 | 20 | 59 | 70 | 48 |
| Hayes | 42 | 13 | 5 | 24 | 53 | 80 | 44 |
| Stalybridge Celtic | 42 | 11 | 10 | 21 | 40 | 69 | 43 |
| Dover Athletic | 42 | 11 | 6 | 25 | 41 | 65 | 39 |

Scarborough had 1 point deducted.

## 2002-2003

| Team | P | W | D | L | F | A | Pts |
|---|---|---|---|---|---|---|---|
| Yeovil Town | 42 | 28 | 11 | 3 | 100 | 37 | 95 |
| Morecambe | 42 | 23 | 9 | 10 | 86 | 42 | 78 |
| Doncaster Rovers | 42 | 22 | 12 | 8 | 73 | 47 | 78 |
| Chester City | 42 | 21 | 12 | 9 | 59 | 31 | 75 |
| Dagenham & Redbridge | 42 | 21 | 9 | 12 | 71 | 59 | 72 |
| Hereford United | 42 | 19 | 7 | 16 | 64 | 51 | 64 |
| Scarborough | 42 | 18 | 10 | 14 | 63 | 54 | 64 |
| Halifax Town | 42 | 18 | 10 | 14 | 50 | 51 | 64 |
| Forest Green Rovers | 42 | 17 | 8 | 17 | 61 | 62 | 59 |
| Margate | 42 | 15 | 11 | 16 | 60 | 66 | 56 |
| Barnet | 42 | 13 | 14 | 15 | 65 | 68 | 53 |
| Stevenage Borough | 42 | 14 | 10 | 18 | 61 | 55 | 52 |
| Farnborough Town | 42 | 13 | 12 | 17 | 57 | 56 | 51 |
| Northwich Victoria | 42 | 13 | 12 | 17 | 66 | 72 | 51 |
| Telford United | 42 | 14 | 7 | 21 | 54 | 69 | 49 |
| Burton Albion | 42 | 13 | 10 | 19 | 52 | 77 | 49 |
| Gravesend & Northfleet | 42 | 12 | 12 | 18 | 62 | 73 | 48 |
| Leigh RMI | 42 | 14 | 6 | 22 | 44 | 71 | 48 |
| Woking | 42 | 11 | 14 | 17 | 52 | 81 | 47 |
| Nuneaton Borough | 42 | 13 | 7 | 22 | 51 | 78 | 46 |
| Southport | 42 | 11 | 12 | 19 | 54 | 69 | 45 |
| Kettering Town | 42 | 8 | 7 | 27 | 37 | 73 | 31 |

## 2003-2004

| Team | P | W | D | L | F | A | Pts |
|---|---|---|---|---|---|---|---|
| Chester City | 42 | 27 | 11 | 4 | 85 | 34 | 92 |
| Hereford United | 42 | 28 | 7 | 7 | 103 | 44 | 91 |
| Shrewsbury Town | 42 | 20 | 14 | 8 | 67 | 42 | 74 |
| Barnet | 42 | 19 | 14 | 9 | 60 | 46 | 71 |
| Aldershot Town | 42 | 20 | 10 | 12 | 80 | 67 | 70 |
| Exeter City | 42 | 19 | 12 | 11 | 71 | 57 | 69 |
| Morecambe | 42 | 20 | 7 | 15 | 66 | 66 | 67 |
| Stevenage Borough | 42 | 18 | 9 | 15 | 58 | 52 | 63 |
| Woking | 42 | 15 | 16 | 11 | 65 | 52 | 61 |
| Accrington Stanley | 42 | 15 | 13 | 14 | 68 | 61 | 58 |
| Gravesend & Northfleet | 42 | 14 | 15 | 13 | 69 | 66 | 57 |
| Telford United | 42 | 15 | 10 | 17 | 49 | 51 | 55 |
| Dagenham & Redbridge | 42 | 15 | 9 | 18 | 59 | 64 | 54 |
| Burton Albion | 42 | 15 | 7 | 20 | 57 | 59 | 51 |
| Scarborough | 42 | 12 | 15 | 15 | 51 | 54 | 51 |
| Margate | 42 | 14 | 9 | 19 | 56 | 64 | 51 |
| Tamworth | 42 | 13 | 10 | 19 | 49 | 68 | 49 |
| Forest Green Rovers | 42 | 12 | 12 | 18 | 58 | 80 | 48 |
| Halifax Town | 42 | 12 | 8 | 22 | 43 | 65 | 44 |
| Farnborough Town | 42 | 10 | 9 | 23 | 53 | 74 | 39 |
| Leigh RMI | 42 | 7 | 8 | 27 | 46 | 97 | 29 |
| Northwich Victoria | 42 | 4 | 11 | 27 | 30 | 80 | 23 |

Burton Albion had 1 point deducted.

# Football Conference 2004-2006

## 2004-2005

### Conference National

| Team | P | W | D | L | F | A | Pts |
|---|---|---|---|---|---|---|---|
| Barnet | 42 | 26 | 8 | 8 | 90 | 44 | 86 |
| Hereford United | 42 | 21 | 11 | 10 | 68 | 41 | 74 |
| Carlisle United | 42 | 20 | 13 | 9 | 74 | 37 | 73 |
| Aldershot Town | 42 | 21 | 10 | 11 | 68 | 52 | 73 |
| Stevenage Borough | 42 | 22 | 6 | 14 | 65 | 52 | 72 |
| Exeter City | 42 | 20 | 11 | 11 | 71 | 50 | 71 |
| Morecambe | 42 | 19 | 14 | 9 | 69 | 50 | 71 |
| Woking | 42 | 18 | 14 | 10 | 58 | 45 | 68 |
| Halifax Town | 42 | 19 | 9 | 14 | 74 | 56 | 66 |
| Accrington Stanley | 42 | 18 | 11 | 13 | 72 | 58 | 65 |
| Dagenham & Redbridge | 42 | 19 | 8 | 15 | 68 | 60 | 65 |
| Crawley Town | 42 | 16 | 9 | 17 | 50 | 50 | 57 |
| Scarborough | 42 | 14 | 14 | 14 | 60 | 46 | 56 |
| Gravesend & Northfleet | 42 | 13 | 11 | 18 | 58 | 64 | 50 |
| Tamworth | 42 | 14 | 11 | 17 | 53 | 63 | 50 |
| Burton Albion | 42 | 13 | 11 | 18 | 50 | 66 | 50 |
| York City | 42 | 11 | 10 | 21 | 39 | 66 | 43 |
| Canvey Island | 42 | 9 | 15 | 18 | 53 | 65 | 42 |
| Northwich Victoria | 42 | 14 | 10 | 18 | 58 | 72 | 42 |
| Forest Green Rovers | 42 | 6 | 15 | 21 | 41 | 81 | 33 |
| Farnborough Town | 42 | 6 | 11 | 25 | 35 | 89 | 29 |
| Leigh RMI | 42 | 4 | 6 | 32 | 31 | 98 | 18 |

Northwich Victoria had 10 points deducted.
Tamworth had 3 points deducted.
Northwich Victoria were relegated after their new owners could not re-register the club in the required time-frame.

### Conference South

| Team | P | W | D | L | F | A | Pts |
|---|---|---|---|---|---|---|---|
| Grays Athletic | 42 | 30 | 8 | 4 | 118 | 31 | 98 |
| Cambridge City | 42 | 23 | 6 | 13 | 60 | 44 | 75 |
| Thurrock | 42 | 21 | 6 | 15 | 61 | 56 | 69 |
| Lewes | 42 | 18 | 11 | 13 | 73 | 64 | 65 |
| Eastbourne Borough | 42 | 18 | 10 | 14 | 65 | 47 | 64 |
| Basingstoke Town | 42 | 19 | 6 | 17 | 57 | 52 | 63 |
| Weymouth | 42 | 17 | 11 | 14 | 62 | 59 | 62 |
| Dorchester Town | 42 | 17 | 11 | 14 | 77 | 81 | 62 |
| Bognor Regis Town | 42 | 17 | 9 | 16 | 70 | 65 | 60 |
| Bishop's Stortford | 42 | 17 | 8 | 17 | 70 | 66 | 59 |
| Weston-super-Mare | 42 | 15 | 13 | 14 | 55 | 60 | 58 |
| Hayes | 42 | 15 | 11 | 16 | 55 | 57 | 56 |
| Havant & Waterlooville | 42 | 16 | 7 | 19 | 64 | 69 | 55 |
| St. Albans City | 42 | 16 | 6 | 20 | 64 | 76 | 54 |
| Sutton United | 42 | 14 | 11 | 17 | 60 | 71 | 53 |
| Welling United | 42 | 15 | 7 | 20 | 64 | 68 | 52 |
| Hornchurch | 42 | 17 | 10 | 15 | 71 | 63 | 51 |
| Newport County | 42 | 13 | 11 | 18 | 56 | 61 | 50 |
| Carshalton Athletic | 42 | 13 | 9 | 20 | 44 | 72 | 48 |
| Maidenhead United | 42 | 12 | 10 | 20 | 54 | 81 | 46 |
| Margate | 42 | 12 | 8 | 22 | 54 | 75 | 34 |
| Redbridge | 42 | 11 | 3 | 28 | 50 | 86 | 33 |

Horchurch and Margate had 10 points deducted.
Redbridge had 3 points deducted.
Hornchurch disbanded at the end of the season. A new club was formed as AFC Hornchurch and joined the Essex Senior League for the next season.

## 2005-2006

### Conference North

| Team | P | W | D | L | F | A | Pts |
|---|---|---|---|---|---|---|---|
| Southport | 42 | 25 | 9 | 8 | 83 | 45 | 84 |
| Nuneaton Borough | 42 | 25 | 6 | 11 | 68 | 45 | 81 |
| Droylsden | 42 | 24 | 7 | 11 | 82 | 52 | 79 |
| Kettering Town | 42 | 21 | 7 | 14 | 56 | 50 | 70 |
| Altrincham | 42 | 19 | 12 | 11 | 66 | 46 | 69 |
| Harrogate Town | 42 | 19 | 11 | 12 | 62 | 49 | 68 |
| Worcester City | 42 | 16 | 12 | 14 | 59 | 53 | 60 |
| Stafford Rangers | 42 | 14 | 17 | 11 | 52 | 44 | 59 |
| Redditch United | 42 | 18 | 8 | 16 | 65 | 59 | 59 |
| Hucknall Town | 42 | 15 | 14 | 13 | 58 | 57 | 59 |
| Gainsborough Trinity | 42 | 16 | 9 | 17 | 55 | 55 | 57 |
| Hinckley United | 42 | 15 | 11 | 16 | 55 | 62 | 56 |
| Lancaster City | 42 | 14 | 12 | 16 | 51 | 59 | 54 |
| Alfreton Town | 42 | 15 | 8 | 19 | 53 | 55 | 53 |
| Vauxhall Motors | 42 | 14 | 11 | 17 | 48 | 57 | 53 |
| Barrow | 42 | 14 | 10 | 18 | 50 | 64 | 52 |
| Worksop Town | 42 | 16 | 12 | 14 | 59 | 59 | 50 |
| Moor Green | 42 | 13 | 10 | 19 | 55 | 64 | 49 |
| Stalybridge Celtic | 42 | 12 | 12 | 18 | 52 | 70 | 48 |
| Runcorn FC Halton | 42 | 10 | 12 | 20 | 44 | 63 | 42 |
| Ashton United | 42 | 8 | 9 | 25 | 46 | 79 | 33 |
| Bradford Park Avenue | 42 | 5 | 9 | 28 | 37 | 70 | 24 |

Worksop Town had 10 points deducted.
Redditch United had 3 points deducted.

### Conference National

| Team | P | W | D | L | F | A | Pts |
|---|---|---|---|---|---|---|---|
| Accrington Stanley | 42 | 28 | 7 | 7 | 76 | 45 | 91 |
| Hereford United | 42 | 22 | 14 | 6 | 59 | 33 | 80 |
| Grays Athletic | 42 | 21 | 13 | 8 | 94 | 55 | 76 |
| Halifax Town | 42 | 21 | 12 | 9 | 55 | 40 | 75 |
| Morecambe | 42 | 22 | 8 | 12 | 68 | 41 | 74 |
| Stevenage Borough | 42 | 19 | 12 | 11 | 62 | 47 | 69 |
| Exeter City | 42 | 18 | 9 | 15 | 65 | 48 | 63 |
| York City | 42 | 17 | 12 | 13 | 63 | 48 | 63 |
| Burton Albion | 42 | 16 | 12 | 14 | 50 | 52 | 60 |
| Dagenham & Redbridge | 42 | 16 | 10 | 16 | 63 | 59 | 58 |
| Woking | 42 | 14 | 14 | 14 | 58 | 47 | 56 |
| Cambridge United | 42 | 15 | 10 | 17 | 51 | 57 | 55 |
| Aldershot Town | 42 | 16 | 6 | 20 | 61 | 74 | 54 |
| Canvey Island | 42 | 13 | 12 | 17 | 47 | 58 | 51 |
| Kidderminster Harriers | 42 | 13 | 11 | 18 | 39 | 55 | 50 |
| Gravesend & Northfleet | 42 | 13 | 10 | 19 | 45 | 57 | 49 |
| Crawley Town | 42 | 12 | 11 | 19 | 48 | 55 | 47 |
| Southport | 42 | 10 | 10 | 22 | 36 | 68 | 40 |
| Forest Green Rovers | 42 | 8 | 14 | 20 | 49 | 62 | 38 |
| Tamworth | 42 | 8 | 14 | 20 | 32 | 63 | 38 |
| Scarborough | 42 | 9 | 10 | 23 | 40 | 66 | 37 |
| Altrincham | 42 | 10 | 11 | 21 | 40 | 71 | 23 |

Altrincham had 18 points deducted for fielding an ineligible player but were not relegated after Canvey Island withdrew from the League and Scarborough were relegated for a breach of the rules.

## 2006-2007

### Conference National

| | | | | | | | |
|---|---|---|---|---|---|---|---|
| Dagenham & Redbridge | 46 | 28 | 11 | 7 | 93 | 48 | 95 |
| Oxford United | 46 | 22 | 15 | 9 | 66 | 33 | 81 |
| Morecambe | 46 | 23 | 12 | 11 | 64 | 46 | 81 |
| York City | 46 | 23 | 11 | 12 | 65 | 45 | 80 |
| Exeter City | 46 | 22 | 12 | 12 | 67 | 48 | 78 |
| Burton Albion | 46 | 22 | 9 | 15 | 52 | 47 | 75 |
| Gravesend & Northfleet | 46 | 21 | 11 | 14 | 63 | 56 | 74 |
| Stevenage Borough | 46 | 20 | 10 | 16 | 76 | 66 | 70 |
| Aldershot Town | 46 | 18 | 11 | 17 | 64 | 62 | 65 |
| Kidderminster Harriers | 46 | 17 | 12 | 17 | 43 | 50 | 63 |
| Weymouth | 46 | 18 | 9 | 19 | 56 | 73 | 63 |
| Rushden & Diamonds | 46 | 17 | 11 | 18 | 58 | 54 | 62 |
| Northwich Victoria | 46 | 18 | 4 | 24 | 51 | 69 | 58 |
| Forest Green Rovers | 46 | 13 | 18 | 15 | 59 | 64 | 57 |
| Woking | 46 | 15 | 12 | 19 | 56 | 61 | 57 |
| Halifax Town | 46 | 15 | 10 | 21 | 55 | 62 | 55 |
| Cambridge United | 46 | 15 | 10 | 21 | 57 | 66 | 55 |
| Crawley Town | 46 | 17 | 12 | 17 | 52 | 52 | 53 |
| Grays Athletic | 46 | 13 | 13 | 20 | 56 | 55 | 52 |
| Stafford Rangers | 46 | 14 | 10 | 22 | 49 | 71 | 52 |
| Altrincham | 46 | 13 | 12 | 21 | 53 | 67 | 51 |
| Tamworth | 46 | 13 | 9 | 24 | 43 | 61 | 48 |
| Southport | 46 | 11 | 14 | 21 | 57 | 67 | 47 |
| St. Alban's City | 46 | 10 | 10 | 26 | 57 | 89 | 40 |

Crawley Town had 10 points deducted.
Gravesend & Northfleet changed their name to Ebbsfleet United.

### Conference North

| | | | | | | | |
|---|---|---|---|---|---|---|---|
| Northwich Victoria | 42 | 29 | 5 | 8 | 97 | 49 | 92 |
| Stafford Rangers | 42 | 25 | 10 | 7 | 68 | 34 | 85 |
| Nuneaton Borough | 42 | 22 | 11 | 9 | 68 | 43 | 77 |
| Droylsden | 42 | 20 | 12 | 10 | 80 | 56 | 72 |
| Harrogate Town | 42 | 22 | 5 | 15 | 66 | 56 | 71 |
| Kettering Town | 42 | 19 | 10 | 13 | 63 | 49 | 67 |
| Stalybridge Celtic | 42 | 19 | 9 | 14 | 74 | 54 | 66 |
| Worcester City | 42 | 16 | 14 | 12 | 58 | 46 | 62 |
| Moor Green | 42 | 15 | 16 | 11 | 67 | 64 | 61 |
| Hinckley United | 42 | 14 | 16 | 12 | 60 | 55 | 58 |
| Hyde United (P) | 42 | 15 | 11 | 16 | 68 | 61 | 56 |
| Hucknall Town | 42 | 14 | 13 | 15 | 56 | 55 | 55 |
| Workington (P) | 42 | 14 | 13 | 15 | 60 | 62 | 55 |
| Barrow | 42 | 12 | 11 | 19 | 62 | 67 | 47 |
| Lancaster City | 42 | 12 | 11 | 19 | 52 | 66 | 47 |
| Gainsborough Trinity | 42 | 11 | 13 | 18 | 45 | 65 | 46 |
| Alfreton Town | 42 | 10 | 15 | 17 | 46 | 58 | 45 |
| Vauxhall Motors | 42 | 12 | 7 | 23 | 50 | 71 | 43 |
| Worksop Town | 42 | 10 | 11 | 21 | 46 | 71 | 41 |
| Redditch United | 42 | 9 | 12 | 21 | 53 | 78 | 39 |
| Leigh RMI | 42 | 9 | 13 | 20 | 45 | 79 | 39 |
| Hednesford Town | 42 | 7 | 14 | 21 | 42 | 87 | 35 |

Leigh RMI had 1 point deducted.

### Conference South

| | | | | | | | |
|---|---|---|---|---|---|---|---|
| Weymouth | 42 | 30 | 4 | 8 | 80 | 34 | 90 |
| St. Albans City | 42 | 27 | 5 | 10 | 94 | 47 | 86 |
| Farnborough Town | 42 | 23 | 9 | 10 | 65 | 41 | 78 |
| Lewes | 42 | 21 | 10 | 11 | 78 | 57 | 73 |
| Histon | 42 | 21 | 8 | 13 | 70 | 56 | 71 |
| Havant & Waterlooville | 42 | 21 | 10 | 11 | 64 | 48 | 70 |
| Cambridge City | 42 | 20 | 10 | 12 | 78 | 46 | 67 |
| Eastleigh | 42 | 21 | 3 | 18 | 65 | 58 | 66 |
| Welling United | 42 | 16 | 17 | 9 | 58 | 44 | 65 |
| Thurrock | 42 | 16 | 10 | 16 | 60 | 60 | 58 |
| Dorchester Town | 42 | 16 | 7 | 19 | 60 | 72 | 55 |
| Bognor Regis Town | 42 | 12 | 13 | 17 | 54 | 55 | 49 |
| Sutton United | 42 | 13 | 10 | 19 | 48 | 61 | 49 |
| Weston-super-Mare | 42 | 14 | 7 | 21 | 57 | 88 | 49 |
| Bishop's Stortford | 42 | 11 | 15 | 16 | 55 | 63 | 48 |
| Yeading | 42 | 13 | 8 | 21 | 47 | 62 | 47 |
| Eastbourne Borough | 42 | 10 | 16 | 16 | 51 | 61 | 46 |
| Newport County | 42 | 12 | 8 | 22 | 50 | 67 | 44 |
| Basingstoke Town | 42 | 12 | 8 | 22 | 47 | 72 | 44 |
| Hayes | 42 | 11 | 9 | 22 | 47 | 60 | 42 |
| Carshalton Athletic | 42 | 8 | 16 | 18 | 42 | 68 | 40 |
| Maidenhead United | 42 | 8 | 8 | 26 | 49 | 99 | 31 |

Weymouth had 4 points deducted.
Havant & Waterlooville and Cambridge City had 3 points deducted.
Maidenhead United had 2 points deducted.

### Conference North

| | | | | | | | |
|---|---|---|---|---|---|---|---|
| Droylsden | 42 | 23 | 9 | 10 | 85 | 55 | 78 |
| Kettering Town | 42 | 20 | 13 | 9 | 75 | 58 | 73 |
| Workington | 42 | 20 | 10 | 12 | 61 | 46 | 70 |
| Hinckley United | 42 | 19 | 12 | 11 | 68 | 54 | 69 |
| Farsley Celtic | 42 | 19 | 11 | 12 | 58 | 51 | 68 |
| Harrogate Town | 42 | 18 | 13 | 11 | 58 | 41 | 67 |
| Blyth Spartans | 42 | 19 | 9 | 14 | 57 | 49 | 66 |
| Hyde United | 42 | 18 | 11 | 13 | 79 | 62 | 65 |
| Worcester City | 42 | 16 | 14 | 12 | 67 | 54 | 62 |
| Nuneaton Borough | 42 | 15 | 15 | 12 | 54 | 45 | 60 |
| Moor Green | 42 | 16 | 11 | 15 | 53 | 51 | 59 |
| Gainsborough Trinity | 42 | 15 | 11 | 16 | 51 | 57 | 56 |
| Hucknall Town | 42 | 15 | 9 | 18 | 69 | 69 | 54 |
| Alfreton Town | 42 | 14 | 12 | 16 | 44 | 50 | 54 |
| Vauxhall Motors | 42 | 12 | 15 | 15 | 62 | 64 | 51 |
| Barrow | 42 | 12 | 14 | 16 | 47 | 48 | 50 |
| Leigh RMI | 42 | 13 | 10 | 19 | 47 | 61 | 49 |
| Stalybridge Celtic | 42 | 13 | 10 | 19 | 64 | 81 | 49 |
| Redditch United | 42 | 11 | 15 | 16 | 61 | 68 | 48 |
| Scarborough | 42 | 13 | 16 | 13 | 50 | 45 | 45 |
| Worksop Town | 42 | 12 | 9 | 21 | 44 | 62 | 45 |
| Lancaster City | 42 | 2 | 5 | 35 | 27 | 110 | 1 |

Scarborough and Lancaster City each had 10 points deducted.
Moor Green merged with Solihull Borough of the Southern League to form Solihull Moors who continued in the Football Conference – North.
Scarborough disbanded and a new club – Scarborough Athletic – was formed which joined the Northern Counties (East) League.

# Football Conference 2007-2008

## Conference South

| | | | | | | | |
|---|---|---|---|---|---|---|---|
| Histon | 42 | 30 | 4 | 8 | 85 | 44 | 94 |
| Salisbury City | 42 | 21 | 12 | 9 | 65 | 37 | 75 |
| Braintree Town | 42 | 21 | 11 | 10 | 51 | 38 | 74 |
| Havant & Waterlooville | 42 | 20 | 13 | 9 | 75 | 46 | 73 |
| Bishop's Stortford | 42 | 21 | 10 | 11 | 72 | 61 | 73 |
| Newport County | 42 | 21 | 7 | 14 | 83 | 57 | 70 |
| Eastbourne Borough | 42 | 18 | 15 | 9 | 58 | 42 | 69 |
| Welling United | 42 | 21 | 6 | 15 | 65 | 51 | 69 |
| Lewes | 42 | 15 | 17 | 10 | 67 | 52 | 62 |
| Fisher Athletic | 42 | 15 | 11 | 16 | 77 | 77 | 56 |
| Farnborough Town | 42 | 19 | 8 | 15 | 59 | 52 | 55 |
| Bognor Regis Town | 42 | 13 | 13 | 16 | 56 | 62 | 52 |
| Cambridge City | 42 | 15 | 7 | 20 | 44 | 52 | 52 |
| Sutton United | 42 | 14 | 9 | 19 | 58 | 63 | 51 |
| Eastleigh | 42 | 11 | 15 | 16 | 48 | 53 | 48 |
| Yeading | 42 | 12 | 9 | 21 | 56 | 78 | 45 |
| Dorchester Town | 42 | 11 | 12 | 19 | 49 | 77 | 45 |
| Thurrock | 42 | 11 | 11 | 20 | 58 | 79 | 44 |
| Basingstoke Town | 42 | 9 | 16 | 17 | 46 | 58 | 43 |
| Hayes | 42 | 11 | 10 | 21 | 47 | 73 | 43 |
| Weston-super-Mare | 42 | 8 | 11 | 23 | 49 | 77 | 35 |
| Bedford Town | 42 | 8 | 7 | 27 | 43 | 82 | 31 |

Farnborough Town had 10 points deducted.
Hayes and Yeading merged and continued in the Football Conference – South as Hayes & Yeading United.
Farnborough Town disbanded and a new club – Farnborough – was formed which joined the Southern League.

## Conference North (Blue Square North)

| | | | | | | | |
|---|---|---|---|---|---|---|---|
| Kettering Town | 42 | 30 | 7 | 5 | 93 | 34 | 97 |
| AFC Telford United | 42 | 24 | 8 | 10 | 70 | 43 | 80 |
| Stalybridge Celtic | 42 | 25 | 4 | 13 | 88 | 51 | 79 |
| Southport | 42 | 22 | 11 | 9 | 77 | 50 | 77 |
| Barrow | 42 | 21 | 13 | 8 | 70 | 39 | 76 |
| Harrogate Town | 42 | 21 | 11 | 10 | 55 | 41 | 74 |
| Nuneaton Borough | 42 | 19 | 14 | 9 | 58 | 40 | 71 |
| Burscough | 42 | 19 | 8 | 15 | 62 | 58 | 65 |
| Hyde United | 42 | 20 | 3 | 19 | 84 | 66 | 63 |
| Boston United | 42 | 17 | 8 | 17 | 65 | 57 | 59 |
| Gainsborough Trinity | 42 | 15 | 12 | 15 | 62 | 65 | 57 |
| Worcester City | 42 | 14 | 12 | 16 | 48 | 68 | 54 |
| Redditch United | 42 | 15 | 8 | 19 | 41 | 58 | 53 |
| Workington | 42 | 13 | 11 | 18 | 52 | 56 | 50 |
| Tamworth (R) | 42 | 13 | 11 | 18 | 53 | 59 | 50 |
| Alfreton Town | 42 | 12 | 11 | 19 | 49 | 54 | 47 |
| Solihull Moors | 42 | 12 | 11 | 19 | 50 | 76 | 47 |
| Blyth Spartans | 42 | 12 | 10 | 20 | 52 | 62 | 46 |
| Hinckley United | 42 | 11 | 12 | 19 | 48 | 69 | 45 |
| Hucknall Town | 42 | 11 | 6 | 25 | 53 | 75 | 39 |
| Vauxhall Motors | 42 | 7 | 7 | 28 | 42 | 100 | 28 |
| Leigh RMI | 42 | 6 | 8 | 28 | 36 | 87 | 26 |

Boston United were relegated for being in administration.
Nuneaton Borough disbanded and new club – Nuneaton Town – was formed which joined the Southern League.

## 2007-2008

### Conference National (Blue Square Premier)

| | | | | | | | |
|---|---|---|---|---|---|---|---|
| Aldershot Town | 46 | 31 | 8 | 7 | 82 | 48 | 101 |
| Cambridge United | 46 | 25 | 11 | 10 | 68 | 41 | 86 |
| Torquay United | 46 | 26 | 8 | 12 | 83 | 57 | 86 |
| Exeter City | 46 | 22 | 17 | 7 | 83 | 58 | 83 |
| Burton Albion | 46 | 23 | 12 | 11 | 79 | 56 | 81 |
| Stevenage Borough | 46 | 24 | 7 | 15 | 82 | 55 | 79 |
| Histon | 46 | 20 | 12 | 14 | 76 | 67 | 72 |
| Forest Green Rovers | 46 | 19 | 14 | 13 | 76 | 59 | 71 |
| Oxford United | 46 | 20 | 11 | 15 | 56 | 48 | 71 |
| Grays Athletic | 46 | 19 | 13 | 14 | 58 | 47 | 70 |
| Ebbsfleet United | 46 | 19 | 12 | 15 | 65 | 61 | 69 |
| Salisbury City | 46 | 18 | 14 | 14 | 70 | 60 | 68 |
| Kidderminster Harriers | 46 | 19 | 10 | 17 | 74 | 57 | 67 |
| York City | 46 | 17 | 11 | 18 | 71 | 74 | 62 |
| Crawley Town | 46 | 19 | 9 | 18 | 73 | 67 | 60 |
| Rushden & Diamonds | 46 | 15 | 14 | 17 | 55 | 55 | 59 |
| Woking | 46 | 12 | 17 | 17 | 53 | 61 | 53 |
| Weymouth | 46 | 11 | 13 | 22 | 53 | 73 | 46 |
| Northwich Victoria | 46 | 11 | 11 | 24 | 52 | 78 | 44 |
| Halifax Town | 46 | 12 | 16 | 18 | 61 | 70 | 42 |
| Altrincham | 46 | 9 | 14 | 23 | 56 | 82 | 41 |
| Farsley Celtic | 46 | 10 | 9 | 27 | 48 | 86 | 39 |
| Stafford Rangers | 46 | 5 | 10 | 31 | 42 | 99 | 25 |
| Droylsden | 46 | 5 | 9 | 32 | 46 | 103 | 24 |

Halifax Town had 10 points deducted.
Crawley Town had 6 points deducted.
Halifax Town disbanded and anew club – F.C. Halifax Town – was formed which joined the Northern Premier League.

### Conference South (Blue Square South)

| | | | | | | | |
|---|---|---|---|---|---|---|---|
| Lewes | 42 | 27 | 8 | 7 | 81 | 39 | 89 |
| Eastbourne Borough | 42 | 23 | 11 | 8 | 83 | 38 | 80 |
| Hampton & Richmond | 42 | 21 | 14 | 7 | 87 | 49 | 77 |
| Fisher Athletic | 42 | 22 | 5 | 15 | 65 | 61 | 71 |
| Braintree Town | 42 | 19 | 12 | 11 | 52 | 42 | 69 |
| Eastleigh | 42 | 19 | 10 | 13 | 76 | 62 | 67 |
| Havant & Waterlooville | 42 | 19 | 10 | 13 | 59 | 53 | 67 |
| Bath City | 42 | 17 | 15 | 10 | 59 | 36 | 66 |
| Newport County | 42 | 18 | 12 | 12 | 64 | 49 | 66 |
| Bishop's Stortford | 42 | 18 | 10 | 14 | 72 | 60 | 64 |
| Bromley | 42 | 19 | 7 | 16 | 77 | 66 | 64 |
| Thurrock | 42 | 18 | 9 | 15 | 63 | 64 | 63 |
| Hayes & Yeading United | 42 | 14 | 12 | 16 | 67 | 73 | 54 |
| Cambridge City | 42 | 14 | 10 | 18 | 71 | 72 | 52 |
| Basingstoke Town | 42 | 12 | 14 | 16 | 54 | 75 | 50 |
| Welling United | 42 | 13 | 7 | 22 | 41 | 64 | 46 |
| Maidenhead United | 42 | 11 | 12 | 19 | 56 | 59 | 45 |
| Bognor Regis Town | 42 | 11 | 11 | 20 | 49 | 67 | 44 |
| St. Alban's City | 42 | 10 | 12 | 20 | 43 | 69 | 42 |
| Weston Super Mare | 42 | 9 | 10 | 23 | 52 | 85 | 37 |
| Dorchester Town | 42 | 8 | 10 | 24 | 36 | 70 | 34 |
| Sutton United | 42 | 5 | 9 | 28 | 32 | 86 | 24 |

Cambridge City were relegated as they were unable to meet ground requirements.

## 2008-2009

### Conference National (Blue Square Premier)

| | | | | | | | |
|---|---|---|---|---|---|---|---|
| Burton Albion | 46 | 27 | 7 | 12 | 81 | 52 | 88 |
| Cambridge United | 46 | 24 | 14 | 8 | 65 | 39 | 86 |
| Histon | 46 | 23 | 14 | 9 | 78 | 48 | 83 |
| Torquay United | 46 | 23 | 14 | 9 | 72 | 47 | 83 |
| Stevenage Borough | 46 | 23 | 12 | 11 | 73 | 54 | 81 |
| Kidderminster Harriers | 46 | 23 | 10 | 13 | 69 | 48 | 79 |
| Oxford United | 46 | 24 | 10 | 12 | 72 | 51 | 77 |
| Kettering Town | 46 | 21 | 13 | 12 | 50 | 37 | 76 |
| Crawley Town | 46 | 19 | 14 | 13 | 77 | 55 | 70 |
| Wrexham | 46 | 18 | 12 | 16 | 64 | 48 | 66 |
| Rushden & Diamonds | 46 | 16 | 15 | 15 | 61 | 50 | 63 |
| Mansfield Town | 46 | 19 | 9 | 18 | 57 | 55 | 62 |
| Eastbourne Borough | 46 | 18 | 6 | 22 | 58 | 70 | 60 |
| Ebbsfleet United | 46 | 16 | 10 | 20 | 52 | 60 | 58 |
| Altrincham | 46 | 15 | 11 | 20 | 49 | 66 | 56 |
| Salisbury City | 46 | 14 | 13 | 19 | 54 | 64 | 55 |
| York City | 46 | 11 | 19 | 16 | 47 | 51 | 52 |
| Forest Green Rovers | 46 | 12 | 16 | 18 | 70 | 76 | 52 |
| Grays Athletic | 46 | 14 | 10 | 22 | 44 | 64 | 52 |
| Barrow | 46 | 12 | 15 | 19 | 51 | 65 | 51 |
| Woking | 46 | 10 | 14 | 22 | 37 | 60 | 44 |
| Northwich Victoria | 46 | 11 | 10 | 25 | 56 | 75 | 43 |
| Weymouth | 46 | 11 | 10 | 25 | 45 | 86 | 43 |
| Lewes | 46 | 6 | 6 | 34 | 28 | 89 | 24 |

Oxford United had 5 points deducted.
Crawley Town had 1 point deducted.
Mansfield Town had 4 points deducted.

### Conference South (Blue Square South)

| | | | | | | | |
|---|---|---|---|---|---|---|---|
| AFC Wimbledon | 42 | 26 | 10 | 6 | 86 | 36 | 88 |
| Hampton & Richmond Borough | 42 | 25 | 10 | 7 | 74 | 37 | 85 |
| Eastleigh | 42 | 25 | 8 | 9 | 69 | 49 | 83 |
| Hayes & Yeading United | 42 | 24 | 9 | 9 | 74 | 43 | 81 |
| Chelmsford City | 42 | 23 | 8 | 11 | 72 | 52 | 77 |
| Maidenhead United | 42 | 21 | 8 | 13 | 57 | 46 | 71 |
| Welling United | 42 | 19 | 11 | 12 | 61 | 44 | 68 |
| Bath City | 42 | 20 | 8 | 14 | 56 | 45 | 68 |
| Bishop's Stortford | 42 | 17 | 8 | 17 | 60 | 60 | 59 |
| Newport County | 42 | 16 | 11 | 15 | 50 | 51 | 59 |
| Team Bath | 42 | 16 | 7 | 19 | 62 | 64 | 55 |
| St. Alban's City | 42 | 14 | 12 | 16 | 56 | 50 | 54 |
| Bromley | 42 | 15 | 9 | 18 | 60 | 64 | 54 |
| Braintree Town | 42 | 14 | 10 | 18 | 57 | 54 | 52 |
| Havant & Waterlooville | 42 | 11 | 15 | 16 | 59 | 58 | 48 |
| Worcester City | 42 | 12 | 11 | 19 | 38 | 53 | 47 |
| Weston Super Mare | 42 | 12 | 11 | 19 | 43 | 68 | 47 |
| Basingstoke Town | 42 | 10 | 16 | 16 | 36 | 55 | 46 |
| Dorchester Town | 42 | 10 | 12 | 20 | 39 | 61 | 42 |
| Thurrock | 42 | 9 | 13 | 20 | 54 | 60 | 40 |
| Bognor Regis Town | 42 | 7 | 12 | 23 | 33 | 68 | 26 |
| Fisher Athletic | 42 | 5 | 3 | 34 | 22 | 100 | 18 |

Bognor Regis Town had 7 points deducted.
Team Bath disbanded at the end of the season.

## 2009-2010

### Conference North (Blue Square North)

| | | | | | | | |
|---|---|---|---|---|---|---|---|
| Tamworth | 42 | 24 | 13 | 5 | 70 | 41 | 85 |
| Gateshead | 42 | 24 | 8 | 10 | 81 | 48 | 80 |
| Alfreton Town | 42 | 20 | 17 | 5 | 81 | 48 | 77 |
| AFC Telford United | 42 | 22 | 10 | 10 | 65 | 34 | 76 |
| Southport | 42 | 21 | 13 | 8 | 63 | 36 | 76 |
| Stalybridge Celtic | 42 | 20 | 10 | 12 | 71 | 50 | 70 |
| Droylsden | 42 | 18 | 14 | 10 | 64 | 44 | 68 |
| Fleetwood Town | 42 | 17 | 11 | 14 | 70 | 66 | 62 |
| Harrogate Town | 42 | 17 | 10 | 15 | 66 | 57 | 61 |
| Hinckley United | 42 | 16 | 9 | 17 | 56 | 59 | 57 |
| Vauxhall Motors | 42 | 14 | 11 | 17 | 51 | 67 | 53 |
| Workington | 42 | 13 | 12 | 17 | 54 | 55 | 51 |
| Gainsborough Trinity | 42 | 12 | 14 | 16 | 57 | 63 | 50 |
| Redditch United | 42 | 12 | 14 | 16 | 49 | 61 | 50 |
| Blyth Spartans | 42 | 14 | 7 | 21 | 50 | 58 | 49 |
| Solihull Moors | 42 | 13 | 10 | 19 | 49 | 73 | 49 |
| Kings Lynn | 42 | 10 | 18 | 14 | 50 | 60 | 48 |
| Stafford Rangers | 42 | 12 | 12 | 18 | 41 | 56 | 48 |
| Farsley Celtic | 42 | 14 | 5 | 23 | 58 | 65 | 47 |
| Hyde United | 42 | 11 | 9 | 22 | 57 | 80 | 42 |
| Burscough | 42 | 10 | 6 | 26 | 43 | 80 | 36 |
| Hucknall Town | 42 | 5 | 13 | 24 | 39 | 84 | 28 |

King's Lynn were relegated as they were unable to meet ground requirements.

### Conference National (Blue Square Premier)

| | | | | | | | |
|---|---|---|---|---|---|---|---|
| Stevenage Borough | 44 | 30 | 9 | 5 | 79 | 24 | 99 |
| Luton Town | 44 | 26 | 10 | 8 | 84 | 40 | 88 |
| Oxford United | 44 | 25 | 11 | 8 | 64 | 31 | 86 |
| Rushden & Diamonds | 44 | 22 | 13 | 9 | 77 | 39 | 79 |
| York City | 44 | 22 | 12 | 10 | 62 | 35 | 78 |
| Kettering Town | 44 | 18 | 12 | 14 | 51 | 41 | 66 |
| Crawley Town | 44 | 19 | 9 | 16 | 50 | 57 | 66 |
| AFC Wimbledon | 44 | 18 | 10 | 16 | 61 | 47 | 64 |
| Mansfield Town | 44 | 17 | 11 | 16 | 69 | 60 | 62 |
| Cambridge United | 44 | 15 | 14 | 15 | 65 | 53 | 59 |
| Wrexham | 44 | 15 | 13 | 16 | 45 | 39 | 58 |
| Salisbury City | 44 | 21 | 5 | 18 | 58 | 63 | 58 |
| Kidderminster Harriers | 44 | 15 | 12 | 17 | 57 | 52 | 57 |
| Altrincham | 44 | 13 | 15 | 16 | 53 | 51 | 54 |
| Barrow | 44 | 13 | 13 | 18 | 50 | 67 | 52 |
| Tamworth | 44 | 11 | 16 | 17 | 42 | 52 | 49 |
| Hayes & Yeading United | 44 | 12 | 12 | 20 | 59 | 85 | 48 |
| Histon | 44 | 11 | 13 | 20 | 44 | 67 | 46 |
| Eastbourne Borough | 44 | 11 | 13 | 20 | 42 | 72 | 46 |
| Gateshead | 44 | 13 | 7 | 24 | 46 | 69 | 45 |
| Forest Green Rovers | 44 | 12 | 9 | 23 | 50 | 76 | 45 |
| Ebbsfleet United | 44 | 12 | 8 | 24 | 50 | 82 | 44 |
| Grays Athletic | 44 | 5 | 13 | 26 | 35 | 91 | 26 |

Chester City were initially deducted 25 points for entering administration and insolvency but were then later expelled from the Conference and their record was expunged.
Salisbury City had 10 points deducted and were subsequently demoted from the Conference at the end of the season.
Grays Athletic had 2 points deducted and withdrew from the Conference at the end of the season.
Gateshead had 1 point deducted.

# Football Conference 2010-2011

## 2010-2011

### Conference North (Blue Square North)

| | | | | | | |
|---|---|---|---|---|---|---|
| Southport | 40 | 25 | 11 | 4 | 91 | 45 | 86 |
| Fleetwood Town | 40 | 26 | 7 | 7 | 86 | 44 | 85 |
| Alfreton Town | 40 | 21 | 11 | 8 | 77 | 45 | 74 |
| Workington | 40 | 20 | 10 | 10 | 46 | 37 | 70 |
| Droylsden | 40 | 18 | 10 | 12 | 82 | 62 | 64 |
| Corby Town | 40 | 18 | 9 | 13 | 73 | 62 | 63 |
| Hinckley United | 40 | 16 | 14 | 10 | 60 | 52 | 62 |
| Ilkeston Town | 40 | 16 | 13 | 11 | 53 | 45 | 61 |
| Stalybridge Celtic | 40 | 16 | 7 | 17 | 71 | 64 | 55 |
| Eastwood Town | 40 | 15 | 9 | 16 | 50 | 55 | 54 |
| AFC Telford United | 40 | 14 | 9 | 17 | 52 | 55 | 51 |
| Northwich Victoria | 40 | 15 | 13 | 12 | 62 | 55 | 48 |
| Blyth Spartans | 40 | 13 | 9 | 18 | 67 | 72 | 48 |
| Gainsborough Trinity | 40 | 12 | 11 | 17 | 50 | 57 | 47 |
| Hyde United | 40 | 11 | 12 | 17 | 45 | 72 | 45 |
| Stafford Rangers | 40 | 10 | 14 | 16 | 59 | 70 | 44 |
| Solihull Moors | 40 | 11 | 9 | 20 | 47 | 58 | 42 |
| Gloucester City | 40 | 12 | 6 | 22 | 47 | 59 | 42 |
| Redditch United | 40 | 10 | 8 | 22 | 49 | 83 | 38 |
| Vauxhall Motors | 40 | 7 | 14 | 19 | 45 | 81 | 35 |
| Harrogate Town | 40 | 8 | 6 | 26 | 41 | 80 | 30 |

Farsley started the season with a 10 point deduction for entering administration. They later resigned from the Conference and their record was expunged.
Northwich Victoria were initially thrown out of the Conference for entering administration but, after a successful appeal, started the season with a 10 point deduction. They were subsequently demoted at the end of the season.

### Conference National (Blue Square Premier)

| | | | | | | |
|---|---|---|---|---|---|---|
| Crawley Town | 46 | 31 | 12 | 3 | 93 | 30 | 105 |
| AFC Wimbledon | 46 | 27 | 9 | 10 | 83 | 47 | 90 |
| Luton Town | 46 | 23 | 15 | 8 | 85 | 37 | 84 |
| Wrexham | 46 | 22 | 15 | 9 | 66 | 49 | 81 |
| Fleetwood Town | 46 | 22 | 12 | 12 | 68 | 42 | 78 |
| Kidderminster Harriers | 46 | 20 | 17 | 9 | 74 | 60 | 72 |
| Darlington | 46 | 18 | 17 | 11 | 61 | 42 | 71 |
| York City | 46 | 19 | 14 | 13 | 55 | 50 | 71 |
| Newport County | 46 | 18 | 15 | 13 | 78 | 60 | 69 |
| Bath City | 46 | 16 | 15 | 15 | 64 | 68 | 63 |
| Grimsby Town | 46 | 15 | 17 | 14 | 72 | 62 | 62 |
| Mansfield Town | 46 | 17 | 10 | 19 | 73 | 75 | 61 |
| Rushden & Diamonds | 46 | 16 | 14 | 16 | 65 | 62 | 57 |
| Gateshead | 46 | 14 | 15 | 17 | 65 | 68 | 57 |
| Kettering Town | 46 | 15 | 13 | 18 | 64 | 75 | 56 |
| Hayes & Yeading United | 46 | 15 | 6 | 25 | 57 | 81 | 51 |
| Cambridge United | 46 | 11 | 17 | 18 | 53 | 61 | 50 |
| Barrow | 46 | 12 | 14 | 20 | 52 | 67 | 50 |
| Tamworth | 46 | 12 | 13 | 21 | 62 | 83 | 49 |
| Forest Green Rovers | 46 | 10 | 16 | 20 | 53 | 72 | 46 |
| Southport | 46 | 11 | 13 | 22 | 56 | 77 | 46 |
| Altrincham | 46 | 11 | 11 | 24 | 47 | 87 | 44 |
| Eastbourne Borough | 46 | 10 | 9 | 27 | 62 | 104 | 39 |
| Histon | 46 | 8 | 9 | 29 | 41 | 90 | 28 |

Kidderminster Harriers, Histon and Rushden & Diamonds each had 5 points deducted.
Kettering Town had two points deducted.
Rushden & Diamonds were expelled from the Football Conference on 11th June 2011.

### Conference South (Blue Square South)

| | | | | | | |
|---|---|---|---|---|---|---|
| Newport County | 42 | 32 | 7 | 3 | 93 | 26 | 103 |
| Dover Athletic | 42 | 22 | 9 | 11 | 66 | 47 | 75 |
| Chelmsford City | 42 | 22 | 9 | 11 | 62 | 48 | 75 |
| Bath City | 42 | 20 | 12 | 10 | 66 | 46 | 72 |
| Woking | 42 | 21 | 9 | 12 | 57 | 44 | 72 |
| Havant & Waterlooville | 42 | 19 | 14 | 9 | 65 | 44 | 71 |
| Braintree Town | 42 | 18 | 17 | 7 | 56 | 41 | 71 |
| Staines Town | 42 | 18 | 13 | 11 | 59 | 40 | 67 |
| Welling United | 42 | 18 | 9 | 15 | 66 | 51 | 63 |
| Thurrock | 42 | 16 | 13 | 13 | 66 | 60 | 61 |
| Eastleigh | 42 | 17 | 9 | 16 | 71 | 66 | 60 |
| Bromley | 42 | 15 | 10 | 17 | 68 | 64 | 55 |
| St. Albans City | 42 | 15 | 10 | 17 | 45 | 55 | 55 |
| Hampton & Richmond Borough | 42 | 14 | 9 | 19 | 56 | 66 | 51 |
| Basingstoke Town | 42 | 13 | 10 | 19 | 49 | 68 | 49 |
| Maidenhead United | 42 | 12 | 12 | 18 | 52 | 59 | 48 |
| Dorchester Town | 42 | 13 | 9 | 20 | 56 | 74 | 48 |
| Bishop's Stortford | 42 | 12 | 11 | 19 | 48 | 59 | 47 |
| Lewes | 42 | 9 | 15 | 18 | 49 | 63 | 42 |
| Worcester City | 42 | 10 | 10 | 22 | 48 | 60 | 40 |
| Weston-super-Mare | 42 | 5 | 8 | 29 | 48 | 93 | 23 |
| Weymouth | 42 | 5 | 7 | 30 | 31 | 103 | 22 |

### Conference North (Blue Square North)

| | | | | | | |
|---|---|---|---|---|---|---|
| Alfreton Town | 40 | 29 | 5 | 6 | 97 | 33 | 92 |
| AFC Telford United | 40 | 23 | 13 | 4 | 71 | 29 | 82 |
| Boston United | 40 | 23 | 10 | 7 | 72 | 33 | 79 |
| Eastwood Town | 40 | 22 | 7 | 11 | 82 | 50 | 73 |
| Guiseley | 40 | 20 | 13 | 7 | 56 | 41 | 73 |
| Nuneaton Town | 40 | 21 | 9 | 10 | 66 | 44 | 72 |
| Solihull Moors | 40 | 18 | 10 | 12 | 66 | 49 | 64 |
| Droylsden | 40 | 17 | 9 | 14 | 69 | 67 | 60 |
| Blyth Spartans | 40 | 16 | 10 | 14 | 61 | 54 | 58 |
| Stalybridge Celtic | 40 | 16 | 9 | 15 | 64 | 55 | 57 |
| Workington | 40 | 16 | 6 | 18 | 52 | 60 | 54 |
| Harrogate Town | 40 | 13 | 11 | 16 | 53 | 66 | 50 |
| Corby Town | 40 | 13 | 10 | 17 | 58 | 80 | 49 |
| Gloucester City | 40 | 14 | 5 | 21 | 49 | 63 | 47 |
| Hinckley United | 40 | 13 | 7 | 20 | 76 | 76 | 46 |
| Worcester City | 40 | 12 | 10 | 18 | 49 | 55 | 46 |
| Vauxhall Motors | 40 | 12 | 9 | 19 | 52 | 71 | 45 |
| Gainsborough Trinity | 40 | 12 | 5 | 23 | 50 | 74 | 41 |
| Hyde | 40 | 10 | 6 | 24 | 44 | 73 | 36 |
| Stafford Rangers | 40 | 8 | 8 | 24 | 39 | 78 | 32 |
| Redditch United | 40 | 2 | 8 | 30 | 30 | 105 | 9 |

Redditch United had 5 points deducted.
Ilkeston Town were wound-up on 8th September 2010 and the club was expelled from the league on 15th September 2010. Their record was expunged when it stood as: 7 1 3 3 7 13 7

## Football Conference 2011-2012

### Conference South (Blue Square South)

| Team | P | W | D | L | F | A | Pts |
|---|---|---|---|---|---|---|---|
| Braintree Town | 42 | 27 | 8 | 7 | 78 | 33 | 89 |
| Farnborough | 42 | 25 | 7 | 10 | 83 | 47 | 82 |
| Ebbsfleet United | 42 | 22 | 12 | 8 | 75 | 51 | 78 |
| Chelmsford City | 42 | 23 | 8 | 11 | 82 | 50 | 77 |
| Woking | 42 | 22 | 10 | 10 | 62 | 42 | 76 |
| Welling United | 42 | 24 | 8 | 10 | 81 | 47 | 75 |
| Dover Athletic | 42 | 22 | 8 | 12 | 80 | 51 | 74 |
| Eastleigh | 42 | 22 | 6 | 14 | 74 | 53 | 72 |
| Havant & Waterlooville | 42 | 16 | 10 | 16 | 56 | 51 | 58 |
| Dartford | 42 | 15 | 12 | 15 | 60 | 60 | 57 |
| Bromley | 42 | 15 | 12 | 15 | 49 | 61 | 57 |
| Weston-super-Mare | 42 | 15 | 8 | 19 | 56 | 67 | 53 |
| Basingstoke Town | 42 | 13 | 10 | 19 | 50 | 63 | 49 |
| Boreham Wood | 42 | 12 | 11 | 19 | 56 | 67 | 47 |
| Staines Town | 42 | 11 | 14 | 17 | 48 | 63 | 47 |
| Bishop's Stortford | 42 | 13 | 6 | 23 | 48 | 79 | 45 |
| Dorchester Town | 42 | 10 | 14 | 18 | 49 | 59 | 44 |
| Hampton & Richmond Borough | 42 | 9 | 15 | 18 | 43 | 60 | 42 |
| Maidenhead United | 42 | 10 | 10 | 22 | 43 | 70 | 40 |
| Thurrock | 42 | 8 | 13 | 21 | 50 | 77 | 37 |
| Lewes | 42 | 9 | 9 | 24 | 34 | 70 | 36 |
| St. Albans City | 42 | 7 | 13 | 22 | 39 | 75 | 24 |

St. Albans City had 10 points deducted.
Welling United had 5 points deducted.

### Conference North (Blue Square North)

| Team | P | W | D | L | F | A | Pts |
|---|---|---|---|---|---|---|---|
| Hyde | 42 | 27 | 9 | 6 | 90 | 36 | 90 |
| Guiseley | 42 | 25 | 10 | 7 | 87 | 50 | 85 |
| FC Halifax Town | 42 | 21 | 11 | 10 | 80 | 59 | 74 |
| Gainsborough Trinity | 42 | 23 | 5 | 14 | 74 | 61 | 74 |
| Nuneaton Town | 42 | 22 | 12 | 8 | 74 | 41 | 72 |
| Stalybridge Celtic | 42 | 20 | 11 | 11 | 83 | 64 | 71 |
| Worcester City | 42 | 18 | 11 | 13 | 63 | 58 | 65 |
| Altrincham | 42 | 17 | 10 | 15 | 90 | 71 | 61 |
| Droylsden | 42 | 16 | 11 | 15 | 83 | 86 | 59 |
| Bishop's Stortford | 42 | 17 | 7 | 18 | 70 | 75 | 58 |
| Boston United | 42 | 15 | 9 | 18 | 60 | 67 | 54 |
| Colwyn Bay | 42 | 15 | 8 | 19 | 55 | 71 | 53 |
| Workington | 42 | 14 | 10 | 18 | 56 | 61 | 52 |
| Gloucester City | 42 | 15 | 7 | 20 | 53 | 60 | 52 |
| Harrogate Town | 42 | 14 | 10 | 18 | 59 | 69 | 52 |
| Histon | 42 | 12 | 15 | 15 | 67 | 72 | 51 |
| Corby Town | 42 | 14 | 8 | 20 | 69 | 71 | 50 |
| Vauxhall Motors | 42 | 14 | 8 | 20 | 63 | 78 | 50 |
| Solihull Moors | 42 | 13 | 10 | 19 | 44 | 54 | 49 |
| Hinckley United | 42 | 13 | 9 | 20 | 75 | 90 | 48 |
| Blyth Spartans | 42 | 7 | 13 | 22 | 50 | 80 | 34 |
| Eastwood Town | 42 | 4 | 8 | 30 | 37 | 105 | 20 |

Nuneaton Town had 6 points deducted for fielding an ineligible player.

## 2011-2012

### Conference National (Blue Square Premier)

| Team | P | W | D | L | F | A | Pts |
|---|---|---|---|---|---|---|---|
| Fleetwood Town | 46 | 31 | 10 | 5 | 102 | 48 | 103 |
| Wrexham | 46 | 30 | 8 | 8 | 85 | 33 | 98 |
| Mansfield Town | 46 | 25 | 14 | 7 | 87 | 48 | 89 |
| York City | 46 | 23 | 14 | 9 | 81 | 45 | 83 |
| Luton Town | 46 | 22 | 15 | 9 | 78 | 42 | 81 |
| Kidderminster Harriers | 46 | 22 | 10 | 14 | 82 | 63 | 76 |
| Southport | 46 | 21 | 13 | 12 | 72 | 69 | 76 |
| Gateshead | 46 | 21 | 11 | 14 | 69 | 62 | 74 |
| Cambridge United | 46 | 19 | 14 | 13 | 57 | 41 | 71 |
| Forest Green Rovers | 46 | 19 | 13 | 14 | 66 | 45 | 70 |
| Grimsby Town | 46 | 19 | 13 | 14 | 79 | 60 | 70 |
| Braintree Town | 46 | 17 | 11 | 18 | 76 | 80 | 62 |
| Barrow | 46 | 17 | 9 | 20 | 62 | 76 | 60 |
| Ebbsfleet United | 46 | 14 | 12 | 20 | 69 | 84 | 54 |
| Alfreton Town | 46 | 15 | 9 | 22 | 62 | 86 | 54 |
| Stockport County | 46 | 12 | 15 | 19 | 58 | 74 | 51 |
| Lincoln City | 46 | 13 | 10 | 23 | 56 | 66 | 49 |
| Tamworth | 46 | 11 | 15 | 20 | 47 | 70 | 48 |
| Newport County | 46 | 11 | 14 | 21 | 53 | 65 | 47 |
| AFC Telford United | 46 | 10 | 16 | 20 | 45 | 65 | 46 |
| Hayes & Yeading United | 46 | 11 | 8 | 27 | 58 | 90 | 41 |
| Darlington | 46 | 11 | 13 | 22 | 47 | 73 | 36 |
| Bath City | 46 | 7 | 10 | 29 | 43 | 89 | 31 |
| Kettering Town | 46 | 8 | 9 | 29 | 40 | 100 | 30 |

Darlington had 10 points deducted for entering administration. At the end of the season they were relegated four divisions for exiting administration without a CVA.
Kettering Town had 3 points deducted for failing to pay football creditors. At the end of the season they resigned from the Football Conference, dropping down two divisions.

### Conference South (Blue Square South)

| Team | P | W | D | L | F | A | Pts |
|---|---|---|---|---|---|---|---|
| Woking | 42 | 30 | 7 | 5 | 92 | 41 | 97 |
| Dartford | 42 | 26 | 10 | 6 | 89 | 40 | 88 |
| Welling United | 42 | 24 | 9 | 9 | 79 | 47 | 81 |
| Sutton United | 42 | 20 | 14 | 8 | 68 | 53 | 74 |
| Basingstoke Town | 42 | 20 | 11 | 11 | 65 | 50 | 71 |
| Chelmsford City | 42 | 18 | 13 | 11 | 67 | 44 | 67 |
| Dover Athletic | 42 | 17 | 15 | 10 | 62 | 49 | 66 |
| Boreham Wood | 42 | 17 | 10 | 15 | 66 | 58 | 61 |
| Tonbridge Angels | 42 | 15 | 12 | 15 | 70 | 67 | 57 |
| Salisbury City | 42 | 15 | 12 | 15 | 55 | 54 | 57 |
| Dorchester Town | 42 | 16 | 8 | 18 | 58 | 65 | 56 |
| Eastleigh | 42 | 15 | 9 | 18 | 57 | 63 | 54 |
| Weston-super-Mare | 42 | 14 | 9 | 19 | 58 | 71 | 51 |
| Truro City | 42 | 13 | 9 | 20 | 65 | 80 | 48 |
| Staines Town | 42 | 12 | 10 | 20 | 53 | 63 | 46 |
| Farnborough | 42 | 15 | 6 | 21 | 52 | 79 | 46 |
| Bromley | 42 | 10 | 15 | 17 | 52 | 66 | 45 |
| Eastbourne Borough | 42 | 12 | 9 | 21 | 54 | 69 | 45 |
| Havant & Waterlooville | 42 | 11 | 11 | 20 | 64 | 75 | 44 |
| Maidenhead United | 42 | 11 | 10 | 21 | 49 | 74 | 43 |
| Hampton & Richmond | 42 | 10 | 12 | 20 | 53 | 69 | 42 |
| Thurrock | 42 | 5 | 11 | 26 | 33 | 84 | 26 |

Farnborough had 5 points deducted for a breach of the League's financial rules.

## 2012-2013

### Conference National (Blue Square Premier)

| Team | P | W | D | L | F | A | Pts |
|---|---|---|---|---|---|---|---|
| Mansfield Town | 46 | 30 | 5 | 11 | 92 | 52 | 95 |
| Kidderminster Harriers | 46 | 28 | 9 | 9 | 82 | 40 | 93 |
| Newport County | 46 | 25 | 10 | 11 | 85 | 60 | 85 |
| Grimsby Town | 46 | 23 | 14 | 9 | 70 | 38 | 83 |
| Wrexham | 46 | 22 | 14 | 10 | 74 | 45 | 80 |
| Hereford United | 46 | 19 | 13 | 14 | 73 | 63 | 70 |
| Luton Town | 46 | 18 | 13 | 15 | 70 | 62 | 67 |
| Dartford | 46 | 19 | 9 | 18 | 67 | 63 | 66 |
| Braintree Town | 46 | 19 | 9 | 18 | 63 | 72 | 66 |
| Forest Green Rovers | 46 | 18 | 11 | 17 | 63 | 49 | 65 |
| Macclesfield Town | 46 | 17 | 12 | 17 | 65 | 70 | 63 |
| Woking | 46 | 18 | 8 | 20 | 73 | 81 | 62 |
| Alfreton Town | 46 | 16 | 12 | 18 | 69 | 74 | 60 |
| Cambridge United | 46 | 15 | 14 | 17 | 68 | 69 | 59 |
| Nuneaton Town | 46 | 14 | 15 | 17 | 55 | 63 | 57 |
| Lincoln City | 46 | 15 | 11 | 20 | 66 | 73 | 56 |
| Gateshead | 46 | 13 | 16 | 17 | 58 | 61 | 55 |
| Hyde | 46 | 16 | 7 | 23 | 63 | 75 | 55 |
| Tamworth | 46 | 15 | 10 | 21 | 55 | 69 | 55 |
| Southport | 46 | 14 | 12 | 20 | 72 | 86 | 54 |
| Stockport County | 46 | 13 | 11 | 22 | 57 | 80 | 50 |
| Barrow | 46 | 11 | 13 | 22 | 45 | 83 | 46 |
| Ebbsfleet United | 46 | 8 | 15 | 23 | 55 | 89 | 39 |
| AFC Telford United | 46 | 6 | 17 | 23 | 52 | 79 | 35 |

### Conference South (Blue Square South)

| Team | P | W | D | L | F | A | Pts |
|---|---|---|---|---|---|---|---|
| Welling United | 42 | 26 | 8 | 8 | 90 | 44 | 86 |
| Salisbury City | 42 | 25 | 8 | 9 | 80 | 47 | 82 |
| Dover Athletic | 42 | 22 | 10 | 10 | 69 | 44 | 76 |
| Eastleigh | 42 | 22 | 6 | 14 | 79 | 61 | 72 |
| Chelmsford City | 42 | 22 | 6 | 14 | 70 | 56 | 72 |
| Sutton United | 42 | 20 | 10 | 12 | 66 | 49 | 70 |
| Weston-super-Mare | 42 | 19 | 10 | 13 | 61 | 55 | 67 |
| Dorchester Town | 42 | 19 | 8 | 15 | 59 | 62 | 65 |
| Boreham Wood | 42 | 15 | 17 | 10 | 59 | 46 | 62 |
| Havant & Waterlooville | 42 | 14 | 16 | 12 | 68 | 60 | 58 |
| Bath City | 42 | 15 | 10 | 17 | 60 | 58 | 55 |
| Eastbourne Borough | 42 | 14 | 9 | 19 | 42 | 52 | 51 |
| Farnborough | 42 | 19 | 7 | 16 | 76 | 75 | 50 |
| Basingstoke Town | 42 | 12 | 12 | 18 | 63 | 73 | 48 |
| Bromley | 42 | 14 | 6 | 22 | 54 | 69 | 48 |
| Tonbridge Angels | 42 | 12 | 12 | 18 | 56 | 77 | 48 |
| Hayes & Yeading United | 42 | 13 | 9 | 20 | 64 | 89 | 48 |
| Staines Town | 42 | 13 | 8 | 21 | 61 | 78 | 47 |
| Maidenhead United | 42 | 13 | 6 | 23 | 64 | 68 | 45 |
| AFC Hornchurch | 42 | 11 | 11 | 20 | 47 | 64 | 44 |
| Billericay Town | 42 | 11 | 7 | 24 | 62 | 90 | 40 |
| Truro City | 42 | 9 | 8 | 25 | 57 | 90 | 25 |

Truro had 10 points deducted for entering administration.
Farnborough had 4 points deducted for fielding an ineligible player then a further 10 points deducted for entering administration.
Salisbury City had 1 point deducted for fielding an ineligible player.

### Conference North (Blue Square North)

| Team | P | W | D | L | F | A | Pts |
|---|---|---|---|---|---|---|---|
| Chester | 42 | 34 | 5 | 3 | 103 | 32 | 107 |
| Guiseley | 42 | 28 | 7 | 7 | 83 | 45 | 91 |
| Brackley Town | 42 | 26 | 7 | 9 | 76 | 44 | 85 |
| Altrincham | 42 | 24 | 8 | 10 | 100 | 51 | 80 |
| FC Halifax Town | 42 | 21 | 12 | 9 | 86 | 38 | 75 |
| Harrogate Town | 42 | 20 | 9 | 13 | 72 | 50 | 69 |
| Bradford Park Avenue | 42 | 19 | 9 | 14 | 75 | 52 | 66 |
| Gainsborough Trinity | 42 | 18 | 12 | 12 | 68 | 45 | 66 |
| Solihull Moors | 42 | 17 | 9 | 16 | 57 | 53 | 60 |
| Oxford City | 42 | 13 | 16 | 13 | 62 | 57 | 55 |
| Gloucester City | 42 | 16 | 6 | 20 | 54 | 63 | 54 |
| Vauxhall Motors | 42 | 15 | 8 | 19 | 58 | 64 | 53 |
| Stalybridge Celtic | 42 | 13 | 13 | 16 | 55 | 62 | 52 |
| Workington | 42 | 16 | 8 | 18 | 60 | 68 | 52 |
| Worcester City | 42 | 14 | 8 | 20 | 57 | 62 | 50 |
| Boston United | 42 | 14 | 7 | 21 | 68 | 73 | 49 |
| Bishop's Stortford | 42 | 12 | 13 | 17 | 58 | 74 | 49 |
| Colwyn Bay | 42 | 14 | 7 | 21 | 57 | 78 | 49 |
| Histon | 42 | 11 | 11 | 20 | 48 | 73 | 44 |
| Corby Town | 42 | 12 | 8 | 22 | 66 | 92 | 44 |
| Droylsden | 42 | 5 | 7 | 30 | 43 | 124 | 22 |
| Hinckley United | 42 | 3 | 4 | 35 | 37 | 143 | 7 |

Workington had 4 points deducted for fielding an ineligible player.
Hinckley United had 3 points deducted for failing to pay football creditors then a further 3 points deducted for failing to fulfil their fixture against Bishop's Stortford.

## 2013-2014

### Conference National (Blue Square Premier)

| Team | P | W | D | L | F | A | Pts |
|---|---|---|---|---|---|---|---|
| Luton Town | 46 | 30 | 11 | 5 | 102 | 35 | 101 |
| Cambridge United | 46 | 23 | 13 | 10 | 72 | 35 | 82 |
| Gateshead | 46 | 22 | 13 | 11 | 72 | 50 | 79 |
| Grimsby Town | 46 | 22 | 12 | 12 | 65 | 46 | 78 |
| FC Halifax Town | 46 | 22 | 11 | 13 | 85 | 58 | 77 |
| Braintree Town | 46 | 21 | 11 | 14 | 57 | 39 | 74 |
| Kidderminster Harriers | 46 | 20 | 12 | 14 | 66 | 59 | 72 |
| Barnet | 46 | 19 | 13 | 14 | 58 | 53 | 70 |
| Woking | 46 | 20 | 8 | 18 | 66 | 69 | 68 |
| Forest Green Rovers | 46 | 19 | 10 | 17 | 80 | 66 | 67 |
| Alfreton Town | 46 | 21 | 7 | 18 | 69 | 74 | 67 |
| Salisbury City | 46 | 19 | 10 | 17 | 58 | 63 | 67 |
| Nuneaton Town | 46 | 18 | 12 | 16 | 54 | 60 | 66 |
| Lincoln City | 46 | 17 | 14 | 15 | 60 | 59 | 65 |
| Macclesfield Town | 46 | 18 | 7 | 21 | 62 | 63 | 61 |
| Welling United | 46 | 16 | 12 | 18 | 59 | 61 | 60 |
| Wrexham | 46 | 16 | 11 | 19 | 61 | 61 | 59 |
| Southport | 46 | 14 | 11 | 21 | 53 | 71 | 53 |
| Aldershot Town | 46 | 16 | 13 | 17 | 69 | 62 | 51 |
| Hereford United | 46 | 13 | 12 | 21 | 44 | 63 | 51 |
| Chester | 46 | 12 | 15 | 19 | 49 | 70 | 51 |
| Dartford | 46 | 12 | 8 | 26 | 49 | 74 | 44 |
| Tamworth | 46 | 10 | 9 | 27 | 43 | 81 | 39 |
| Hyde | 46 | 1 | 7 | 38 | 38 | 119 | 10 |

Aldershot Town had 10 points deducted after entering administration.
Alfreton Town had 3 points deducted for fielding an ineligible player.
Salisbury City were demoted to the Conference South at the end of the season and were subsequently ejected from the Conference South before the start of the next season.
Hereford United were demoted to the Southern League Premier Division at the end of the season.

## 2014-2015

### Conference North (Blue Square North)

| Team | P | W | D | L | F | A | Pts |
|---|---|---|---|---|---|---|---|
| AFC Telford United | 42 | 25 | 10 | 7 | 82 | 53 | 85 |
| North Ferriby United | 42 | 24 | 10 | 8 | 80 | 51 | 82 |
| Altrincham | 42 | 24 | 9 | 9 | 95 | 51 | 81 |
| Hednesford Town | 42 | 24 | 6 | 12 | 87 | 65 | 78 |
| Guiseley | 42 | 23 | 9 | 10 | 78 | 56 | 78 |
| Boston United | 42 | 20 | 12 | 10 | 85 | 60 | 72 |
| Brackley Town | 42 | 18 | 15 | 9 | 66 | 45 | 69 |
| Solihull Moors | 42 | 17 | 14 | 11 | 63 | 52 | 65 |
| Harrogate Town | 42 | 19 | 9 | 14 | 75 | 59 | 63 |
| Bradford Park Avenue | 42 | 15 | 12 | 15 | 66 | 70 | 57 |
| Barrow | 42 | 14 | 14 | 14 | 50 | 56 | 56 |
| Colwyn Bay | 42 | 14 | 12 | 16 | 63 | 67 | 54 |
| Leamington | 42 | 13 | 13 | 16 | 54 | 53 | 52 |
| Stockport County | 42 | 12 | 14 | 16 | 58 | 57 | 50 |
| Worcester City | 42 | 13 | 11 | 18 | 40 | 53 | 50 |
| Gainsborough Trinity | 42 | 13 | 6 | 23 | 67 | 86 | 45 |
| Gloucester City | 42 | 11 | 11 | 20 | 64 | 77 | 44 |
| Vauxhall Motors | 42 | 12 | 8 | 22 | 43 | 74 | 44 |
| Stalybridge Celtic | 42 | 10 | 9 | 23 | 57 | 88 | 39 |
| Oxford City | 42 | 9 | 13 | 20 | 50 | 70 | 37 |
| Histon | 42 | 7 | 11 | 24 | 42 | 76 | 32 |
| Workington | 42 | 6 | 10 | 26 | 39 | 85 | 28 |

Harrogate Town had 3 points deducted for fielding an ineligible player.
Oxford City had 3 points deducted for fielding an ineligible player.
Vauxhall Motors resigned from the League at the end of the season.

### Conference National (Vanarama Conference)

| Team | P | W | D | L | F | A | Pts |
|---|---|---|---|---|---|---|---|
| Barnet | 46 | 28 | 8 | 10 | 94 | 46 | 92 |
| Bristol Rovers | 46 | 25 | 16 | 5 | 73 | 34 | 91 |
| Grimsby Town | 46 | 25 | 11 | 10 | 74 | 40 | 86 |
| Eastleigh | 46 | 24 | 10 | 12 | 87 | 61 | 82 |
| Forest Green Rovers | 46 | 22 | 16 | 8 | 80 | 54 | 79 |
| Macclesfield Town | 46 | 21 | 15 | 10 | 60 | 46 | 78 |
| Woking | 46 | 21 | 13 | 12 | 77 | 52 | 76 |
| Dover Athletic | 46 | 19 | 11 | 16 | 69 | 58 | 68 |
| Halifax Town | 46 | 17 | 15 | 14 | 60 | 54 | 66 |
| Gateshead | 46 | 17 | 15 | 14 | 66 | 62 | 66 |
| Wrexham | 46 | 17 | 15 | 14 | 56 | 52 | 66 |
| Chester | 46 | 19 | 6 | 21 | 64 | 76 | 63 |
| Torquay United | 46 | 16 | 13 | 17 | 64 | 60 | 61 |
| Braintree Town | 46 | 18 | 5 | 23 | 56 | 57 | 59 |
| Lincoln City | 46 | 16 | 10 | 20 | 62 | 71 | 58 |
| Kidderminster Harriers | 46 | 15 | 12 | 19 | 51 | 60 | 57 |
| Altrincham | 46 | 16 | 8 | 22 | 54 | 73 | 56 |
| Aldershot Town | 46 | 14 | 11 | 21 | 51 | 61 | 53 |
| Southport | 46 | 13 | 12 | 21 | 47 | 72 | 51 |
| Welling United | 46 | 11 | 12 | 23 | 52 | 73 | 45 |
| Alfreton Town | 46 | 12 | 9 | 25 | 49 | 90 | 45 |
| AFC Telford United | 46 | 10 | 9 | 27 | 58 | 84 | 39 |
| Dartford | 46 | 8 | 15 | 23 | 44 | 74 | 39 |
| Nuneaton Town | 46 | 10 | 9 | 27 | 38 | 76 | 36 |

Forest Green Rovers had 3 points deducted for fielding an ineligible player.
Nuneaton Town had 3 points deducted for fielding an ineligible player.

### Conference South (Blue Square South)

| Team | P | W | D | L | F | A | Pts |
|---|---|---|---|---|---|---|---|
| Eastleigh | 42 | 26 | 8 | 8 | 71 | 40 | 86 |
| Sutton United | 42 | 23 | 12 | 7 | 77 | 39 | 81 |
| Bromley | 42 | 25 | 5 | 12 | 82 | 50 | 80 |
| Ebbsfleet United | 42 | 21 | 11 | 10 | 67 | 40 | 74 |
| Dover Athletic | 42 | 20 | 9 | 13 | 63 | 38 | 69 |
| Havant & Waterlooville | 42 | 19 | 12 | 11 | 57 | 43 | 69 |
| Bath City | 42 | 18 | 12 | 12 | 64 | 52 | 66 |
| Staines Town | 42 | 18 | 9 | 15 | 56 | 57 | 63 |
| Concord Rangers | 42 | 17 | 10 | 15 | 58 | 59 | 61 |
| Eastbourne Borough | 42 | 16 | 10 | 16 | 55 | 59 | 58 |
| Weston-super-Mare | 42 | 16 | 9 | 17 | 50 | 55 | 57 |
| Gosport Borough | 42 | 16 | 7 | 19 | 46 | 51 | 55 |
| Boreham Wood | 42 | 14 | 11 | 17 | 65 | 55 | 53 |
| Basingstoke Town | 42 | 15 | 8 | 19 | 55 | 56 | 53 |
| Bishop's Stortford | 42 | 13 | 13 | 16 | 63 | 68 | 52 |
| Farnborough | 42 | 15 | 5 | 22 | 62 | 78 | 50 |
| Chelmsford City | 42 | 14 | 7 | 21 | 57 | 77 | 49 |
| Maidenhead United | 42 | 12 | 10 | 20 | 55 | 69 | 46 |
| Whitehawk | 42 | 12 | 10 | 20 | 56 | 71 | 46 |
| Hayes & Yeading United | 42 | 13 | 6 | 23 | 45 | 52 | 45 |
| Tonbridge Angels | 42 | 9 | 13 | 20 | 43 | 77 | 40 |
| Dorchester Town | 42 | 8 | 7 | 27 | 33 | 94 | 31 |

### Conference North (Vanarama Conference North)

| Team | P | W | D | L | F | A | Pts |
|---|---|---|---|---|---|---|---|
| Barrow | 42 | 26 | 9 | 7 | 81 | 43 | 87 |
| AFC Fylde | 42 | 25 | 10 | 7 | 93 | 43 | 85 |
| Boston United | 42 | 20 | 12 | 10 | 75 | 51 | 72 |
| Chorley | 42 | 20 | 11 | 11 | 76 | 55 | 71 |
| Guiseley | 42 | 20 | 10 | 12 | 68 | 49 | 70 |
| Oxford City | 42 | 20 | 9 | 13 | 81 | 67 | 69 |
| Tamworth | 42 | 19 | 12 | 11 | 66 | 57 | 69 |
| Hednesford Town | 42 | 17 | 10 | 15 | 63 | 50 | 61 |
| Worcester City | 42 | 16 | 12 | 14 | 54 | 54 | 60 |
| North Ferriby United | 42 | 14 | 16 | 12 | 65 | 63 | 58 |
| Stockport County | 42 | 16 | 9 | 17 | 56 | 59 | 57 |
| Solihull Moors | 42 | 16 | 7 | 19 | 68 | 63 | 55 |
| Bradford Park Avenue | 42 | 14 | 11 | 17 | 52 | 66 | 53 |
| Gloucester City | 42 | 14 | 10 | 18 | 63 | 75 | 52 |
| Harrogate Town | 42 | 14 | 10 | 18 | 50 | 62 | 52 |
| Lowestoft Town | 42 | 12 | 15 | 15 | 54 | 66 | 51 |
| Gainsborough Trinity | 42 | 14 | 8 | 20 | 59 | 67 | 50 |
| Brackley Town | 42 | 13 | 8 | 21 | 39 | 62 | 47 |
| Stalybridge Celtic | 42 | 12 | 9 | 21 | 54 | 70 | 45 |
| Colwyn Bay | 42 | 11 | 12 | 19 | 59 | 82 | 45 |
| Leamington | 42 | 10 | 10 | 22 | 59 | 74 | 40 |
| Hyde | 42 | 3 | 12 | 27 | 49 | 106 | 21 |

# Football Conference 2015-2016

## Conference South (Vanarama Conference South)

| Team | P | W | D | L | F | A | Pts |
|---|---|---|---|---|---|---|---|
| Bromley | 40 | 23 | 8 | 9 | 79 | 46 | 77 |
| Boreham Wood | 40 | 23 | 6 | 11 | 79 | 44 | 75 |
| Basingstoke Town | 40 | 22 | 7 | 11 | 67 | 43 | 73 |
| Whitehawk | 40 | 22 | 6 | 12 | 62 | 47 | 72 |
| Havant & Waterlooville | 40 | 21 | 7 | 12 | 61 | 41 | 70 |
| Gosport Borough | 40 | 19 | 10 | 11 | 63 | 40 | 67 |
| Concord Rangers | 40 | 18 | 11 | 11 | 60 | 44 | 65 |
| Ebbsfleet United | 40 | 17 | 9 | 14 | 60 | 41 | 60 |
| Hemel Hempstead Town | 40 | 16 | 12 | 12 | 64 | 60 | 60 |
| Chelmsford City | 40 | 17 | 5 | 18 | 65 | 71 | 56 |
| Eastbourne Borough | 40 | 14 | 13 | 13 | 51 | 50 | 55 |
| Wealdstone | 40 | 14 | 12 | 14 | 56 | 56 | 54 |
| St Albans City | 40 | 16 | 6 | 18 | 53 | 53 | 54 |
| Bath City | 40 | 15 | 8 | 17 | 59 | 57 | 53 |
| Sutton United | 40 | 13 | 11 | 16 | 50 | 54 | 50 |
| Bishop's Stortford | 40 | 12 | 10 | 18 | 55 | 69 | 46 |
| Weston-super-Mare | 40 | 13 | 5 | 22 | 55 | 86 | 44 |
| Maidenhead United | 40 | 10 | 13 | 17 | 54 | 70 | 43 |
| Hayes & Yeading United | 40 | 11 | 9 | 20 | 39 | 58 | 42 |
| Farnborough | 40 | 8 | 6 | 26 | 42 | 101 | 30 |
| Staines Town | 40 | 7 | 4 | 29 | 39 | 82 | 25 |

## Conference North (Vanarama Conference North)

| Team | P | W | D | L | F | A | Pts |
|---|---|---|---|---|---|---|---|
| Solihull Moors | 42 | 25 | 10 | 7 | 84 | 48 | 85 |
| North Ferriby United | 42 | 22 | 10 | 10 | 82 | 49 | 76 |
| AFC Fylde | 42 | 22 | 9 | 11 | 76 | 53 | 75 |
| Harrogate Town | 42 | 21 | 9 | 12 | 73 | 46 | 72 |
| Boston United | 42 | 22 | 5 | 15 | 73 | 60 | 71 |
| Nuneaton Town | 42 | 20 | 13 | 9 | 71 | 46 | 70 |
| Tamworth | 42 | 16 | 15 | 11 | 55 | 45 | 63 |
| Chorley | 42 | 18 | 9 | 15 | 64 | 55 | 63 |
| Stockport County | 42 | 15 | 14 | 13 | 50 | 49 | 59 |
| Alfreton Town | 42 | 15 | 13 | 14 | 58 | 54 | 58 |
| Curzon Ashton | 42 | 14 | 15 | 13 | 55 | 52 | 57 |
| Stalybridge Celtic | 42 | 14 | 11 | 17 | 62 | 75 | 53 |
| FC United of Manchester | 42 | 15 | 8 | 19 | 60 | 75 | 53 |
| Bradford Park Avenue | 42 | 13 | 11 | 18 | 51 | 59 | 50 |
| Gloucester City | 42 | 12 | 14 | 16 | 39 | 49 | 50 |
| Gainsborough Trinity | 42 | 14 | 8 | 20 | 46 | 62 | 50 |
| Worcester City | 42 | 12 | 12 | 18 | 55 | 61 | 48 |
| AFC Telford United | 42 | 13 | 8 | 21 | 47 | 60 | 47 |
| Brackley Town | 42 | 11 | 13 | 18 | 45 | 54 | 46 |
| Lowestoft Town | 42 | 12 | 10 | 20 | 48 | 69 | 46 |
| Hednesford Town | 42 | 8 | 14 | 20 | 50 | 77 | 38 |
| Corby Town | 42 | 7 | 11 | 24 | 47 | 93 | 32 |

Nuneaton Town had 3 points deducted for fielding an ineligible player

## 2015-2016

## Conference National (Vanarama Conference)

| Team | P | W | D | L | F | A | Pts |
|---|---|---|---|---|---|---|---|
| Cheltenham Town | 46 | 30 | 11 | 5 | 87 | 30 | 101 |
| Forest Green Rovers | 46 | 26 | 11 | 9 | 69 | 41 | 89 |
| Braintree Town | 46 | 23 | 12 | 11 | 56 | 38 | 81 |
| Grimsby Town | 46 | 22 | 14 | 10 | 82 | 45 | 80 |
| Dover Athletic | 46 | 23 | 11 | 12 | 75 | 53 | 80 |
| Tranmere Rovers | 46 | 22 | 12 | 12 | 61 | 44 | 78 |
| Eastleigh | 46 | 21 | 12 | 13 | 64 | 53 | 75 |
| Wrexham | 46 | 20 | 9 | 17 | 71 | 56 | 69 |
| Gateshead | 46 | 19 | 10 | 17 | 59 | 70 | 67 |
| Macclesfield Town | 46 | 19 | 9 | 18 | 60 | 48 | 66 |
| Barrow | 46 | 17 | 14 | 15 | 64 | 71 | 65 |
| Woking | 46 | 17 | 10 | 19 | 71 | 68 | 61 |
| Lincoln City | 46 | 16 | 13 | 17 | 69 | 68 | 61 |
| Bromley | 46 | 17 | 9 | 20 | 67 | 72 | 60 |
| Aldershot Town | 46 | 16 | 8 | 22 | 54 | 72 | 56 |
| Southport | 46 | 14 | 13 | 19 | 52 | 65 | 55 |
| Chester | 46 | 14 | 12 | 20 | 67 | 71 | 54 |
| Torquay United | 46 | 13 | 12 | 21 | 54 | 76 | 51 |
| Boreham Wood | 46 | 12 | 14 | 20 | 44 | 49 | 50 |
| Guiseley | 46 | 11 | 16 | 19 | 47 | 70 | 49 |
| FC Halifax Town | 46 | 12 | 12 | 22 | 55 | 82 | 48 |
| Altrincham | 46 | 10 | 14 | 22 | 48 | 73 | 44 |
| Kidderminster Harriers | 46 | 9 | 13 | 24 | 49 | 70 | 40 |
| Welling United | 46 | 8 | 11 | 27 | 35 | 73 | 35 |

## Conference South (Vanarama Conference South)

| Team | P | W | D | L | F | A | Pts |
|---|---|---|---|---|---|---|---|
| Sutton United | 42 | 26 | 12 | 4 | 83 | 32 | 90 |
| Ebbsfleet United | 42 | 24 | 12 | 6 | 73 | 36 | 84 |
| Maidstone United | 42 | 24 | 5 | 13 | 55 | 40 | 77 |
| Truro City | 42 | 17 | 14 | 11 | 62 | 55 | 65 |
| Whitehawk | 42 | 18 | 10 | 14 | 75 | 62 | 64 |
| Hemel Hempstead Town | 42 | 16 | 13 | 13 | 72 | 66 | 61 |
| Maidenhead United | 42 | 16 | 11 | 15 | 66 | 62 | 59 |
| Dartford | 42 | 16 | 11 | 15 | 58 | 56 | 59 |
| Gosport Borough | 42 | 15 | 11 | 16 | 53 | 63 | 56 |
| Concord Rangers | 42 | 15 | 10 | 17 | 66 | 68 | 55 |
| Bishop's Stortford | 42 | 15 | 10 | 17 | 56 | 63 | 55 |
| Oxford City | 42 | 13 | 15 | 14 | 70 | 60 | 54 |
| Wealdstone | 42 | 12 | 17 | 13 | 63 | 64 | 53 |
| Bath City | 42 | 14 | 11 | 17 | 50 | 61 | 53 |
| Chelmsford City | 42 | 15 | 7 | 20 | 66 | 64 | 52 |
| Weston-super-Mare | 42 | 14 | 9 | 19 | 63 | 76 | 51 |
| Eastbourne Borough | 42 | 13 | 11 | 18 | 60 | 63 | 50 |
| St. Albans City | 42 | 13 | 10 | 19 | 58 | 65 | 49 |
| Margate | 42 | 13 | 8 | 21 | 51 | 73 | 47 |
| Havant & Waterlooville | 42 | 12 | 11 | 19 | 52 | 75 | 47 |
| Hayes & Yeading United | 42 | 11 | 13 | 18 | 51 | 76 | 46 |
| Basingstoke Town | 42 | 9 | 11 | 22 | 46 | 69 | 38 |

# ISTHMIAN LEAGUE

## 1905-06

| | | | | | | | |
|---|---|---|---|---|---|---|---|
| London Caledonians | 10 | 7 | 1 | 2 | 25 | 8 | 15 |
| Clapton | 10 | 6 | 1 | 3 | 11 | 13 | 13 |
| Casuals | 10 | 3 | 4 | 3 | 14 | 14 | 10 |
| Civil Service | 10 | 4 | 1 | 5 | 16 | 20 | 9 |
| Ealing Association | 10 | 3 | 2 | 5 | 15 | 19 | 8 |
| Ilford | 10 | 1 | 3 | 6 | 5 | 12 | 5 |

## 1906-07

| | | | | | | | |
|---|---|---|---|---|---|---|---|
| Ilford | 10 | 8 | 2 | 0 | 26 | 9 | 18 |
| London Caledonians | 10 | 6 | 0 | 4 | 19 | 14 | 12 |
| Clapton | 10 | 4 | 3 | 3 | 18 | 11 | 11 |
| Civil Service | 10 | 3 | 1 | 6 | 11 | 19 | 7 |
| Ealing Association | 10 | 3 | 1 | 6 | 12 | 22 | 7 |
| Casuals | 10 | 2 | 1 | 7 | 15 | 26 | 5 |

## 1907-08

| | | | | | | | |
|---|---|---|---|---|---|---|---|
| London Caledonians | 10 | 5 | 2 | 3 | 20 | 15 | 12 |
| Clapton | 10 | 4 | 3 | 3 | 24 | 14 | 11 |
| Ilford | 10 | 5 | 1 | 4 | 28 | 22 | 11 |
| Oxford City | 10 | 5 | 1 | 4 | 20 | 20 | 11 |
| Dulwich Hamlet | 10 | 3 | 2 | 5 | 15 | 18 | 8 |
| West Norwood | 10 | 3 | 1 | 6 | 13 | 31 | 7 |

## 1908-09

| | | | | | | | |
|---|---|---|---|---|---|---|---|
| Bromley | 18 | 11 | 1 | 6 | 42 | 29 | 23 |
| Leytonstone | 18 | 9 | 4 | 5 | 43 | 31 | 22 |
| Ilford | 18 | 9 | 4 | 5 | 37 | 36 | 22 |
| Dulwich Hamlet | 18 | 9 | 2 | 7 | 39 | 30 | 20 |
| Clapton | 18 | 8 | 4 | 6 | 34 | 32 | 20 |
| Oxford City | 18 | 6 | 4 | 8 | 29 | 32 | 16 |
| Nunhead | 18 | 7 | 2 | 9 | 31 | 35 | 16 |
| Shepherd's Bush | 18 | 6 | 3 | 9 | 26 | 44 | 15 |
| London Caledonians | 18 | 4 | 6 | 8 | 25 | 34 | 14 |
| West Norwood | 18 | 5 | 2 | 11 | 40 | 43 | 12 |

## 1909-10

| | | | | | | | |
|---|---|---|---|---|---|---|---|
| Bromley | 18 | 11 | 4 | 3 | 32 | 10 | 26 |
| Clapton | 18 | 10 | 4 | 4 | 56 | 19 | 24 |
| Nunhead | 18 | 10 | 4 | 4 | 49 | 26 | 24 |
| Ilford | 18 | 10 | 3 | 5 | 31 | 17 | 23 |
| Dulwich Hamlet | 18 | 8 | 4 | 6 | 26 | 26 | 20 |
| Leytonstone | 18 | 7 | 3 | 8 | 44 | 46 | 17 |
| Oxford City | 18 | 5 | 4 | 9 | 28 | 45 | 14 |
| London Caledonians | 18 | 5 | 3 | 10 | 19 | 40 | 13 |
| West Norwood | 18 | 5 | 2 | 11 | 28 | 54 | 12 |
| Shepherd's Bush | 18 | 2 | 3 | 13 | 23 | 55 | 7 |

## 1910-11

| | | | | | | | |
|---|---|---|---|---|---|---|---|
| Clapton | 18 | 11 | 4 | 3 | 39 | 19 | 26 |
| Leytonstone | 18 | 12 | 1 | 5 | 47 | 30 | 25 |
| Dulwich Hamlet | 18 | 8 | 5 | 5 | 28 | 22 | 21 |
| Oxford City | 18 | 7 | 4 | 7 | 32 | 43 | 18 |
| Ilford | 18 | 8 | 1 | 9 | 41 | 32 | 17 |
| Shepherd's Bush | 18 | 7 | 3 | 8 | 31 | 27 | 17 |
| Bromley | 18 | 8 | 4 | 6 | 32 | 27 | 16 |
| Nunhead | 18 | 5 | 4 | 9 | 32 | 36 | 14 |
| West Norwood | 18 | 4 | 5 | 9 | 24 | 43 | 13 |
| London Caledonians | 18 | 3 | 3 | 12 | 18 | 45 | 9 |

Bromley had 4 points deducted

## 1911-12

| | | | | | | | |
|---|---|---|---|---|---|---|---|
| London Caledonians | 20 | 11 | 7 | 2 | 39 | 25 | 29 |
| Ilford | 20 | 11 | 3 | 6 | 37 | 24 | 25 |
| Nunhead | 20 | 10 | 5 | 5 | 36 | 30 | 25 |
| Dulwich Hamlet | 20 | 8 | 5 | 7 | 33 | 23 | 21 |
| West Norwood | 20 | 9 | 3 | 8 | 38 | 38 | 21 |
| Clapton | 20 | 7 | 5 | 8 | 37 | 37 | 19 |
| Woking | 20 | 7 | 5 | 8 | 38 | 41 | 19 |
| Shepherd's Bush | 20 | 5 | 6 | 9 | 39 | 49 | 16 |
| Leytonstone | 20 | 5 | 6 | 9 | 28 | 38 | 16 |
| Oxford City | 20 | 5 | 5 | 10 | 33 | 36 | 15 |
| Tunbridge Wells | 20 | 5 | 4 | 11 | 23 | 40 | 14 |

## 1912-13

| | | | | | | | |
|---|---|---|---|---|---|---|---|
| London Caledonians | 20 | 14 | 5 | 1 | 38 | 12 | 33 |
| Leytonstone | 20 | 12 | 3 | 5 | 45 | 20 | 27 |
| Nunhead | 20 | 12 | 3 | 5 | 36 | 23 | 27 |
| Clapton | 20 | 7 | 7 | 6 | 23 | 20 | 21 |
| Dulwich Hamlet | 20 | 8 | 4 | 8 | 34 | 28 | 20 |
| Woking | 20 | 7 | 5 | 8 | 33 | 40 | 19 |
| Oxford City | 20 | 6 | 6 | 8 | 23 | 39 | 18 |
| Ilford | 20 | 6 | 5 | 9 | 27 | 37 | 17 |
| Shepherd's Bush | 20 | 5 | 5 | 10 | 26 | 38 | 15 |
| Tunbridge Wells | 20 | 5 | 4 | 11 | 22 | 36 | 14 |
| West Norwood | 20 | 3 | 3 | 14 | 23 | 37 | 9 |

## 1913-14

| | | | | | | | |
|---|---|---|---|---|---|---|---|
| London Caledonians | 20 | 12 | 6 | 2 | 55 | 23 | 30 |
| Nunhead | 20 | 11 | 6 | 3 | 49 | 27 | 28 |
| Ilford | 20 | 11 | 4 | 5 | 52 | 35 | 26 |
| Dulwich Hamlet | 20 | 10 | 4 | 6 | 34 | 22 | 24 |
| New Crusaders | 20 | 10 | 3 | 7 | 40 | 30 | 23 |
| Oxford City | 20 | 10 | 0 | 10 | 42 | 42 | 20 |
| Leytonstone | 20 | 8 | 4 | 8 | 29 | 32 | 20 |
| Clapton | 20 | 8 | 3 | 9 | 29 | 27 | 19 |
| Shepherd's Bush | 20 | 7 | 2 | 11 | 24 | 46 | 16 |
| West Norwood | 20 | 4 | 3 | 13 | 27 | 47 | 11 |
| Woking | 20 | 1 | 1 | 18 | 11 | 61 | 3 |

## 1919

| | | | | | | | |
|---|---|---|---|---|---|---|---|
| Leytonstone | 8 | 5 | 1 | 2 | 21 | 7 | 11 |
| Ilford | 8 | 4 | 2 | 2 | 22 | 16 | 10 |
| Dulwich Hamlet | 8 | 3 | 2 | 3 | 19 | 17 | 8 |
| Nunhead | 8 | 3 | 2 | 3 | 18 | 19 | 8 |
| Clapton | 8 | 0 | 3 | 5 | 14 | 35 | 3 |

## 1919-20

| | | | | | | | |
|---|---|---|---|---|---|---|---|
| Dulwich Hamlet | 22 | 15 | 3 | 4 | 58 | 16 | 33 |
| Nunhead | 22 | 14 | 5 | 3 | 48 | 26 | 33 |
| Tufnell Park | 22 | 12 | 4 | 6 | 45 | 32 | 28 |
| Ilford | 22 | 13 | 1 | 8 | 63 | 42 | 27 |
| Oxford City | 22 | 12 | 3 | 7 | 63 | 51 | 27 |
| London Caledonians | 22 | 10 | 3 | 9 | 32 | 30 | 23 |
| Leytonstone | 22 | 8 | 3 | 11 | 50 | 43 | 19 |
| Clapton | 22 | 8 | 3 | 11 | 38 | 44 | 19 |
| Civil Service | 22 | 7 | 4 | 11 | 35 | 40 | 18 |
| Woking | 22 | 6 | 3 | 13 | 36 | 42 | 15 |
| West Norwood | 22 | 5 | 4 | 13 | 19 | 53 | 14 |
| Casuals | 22 | 3 | 2 | 17 | 20 | 88 | 8 |

# Isthmian League 1920-1928

## 1920-21

| | P | W | D | L | F | A | Pts |
|---|---|---|---|---|---|---|---|
| Ilford | 22 | 16 | 4 | 2 | 70 | 24 | 36 |
| London Caledonians | 22 | 13 | 5 | 4 | 45 | 17 | 31 |
| Tufnell Park | 22 | 14 | 3 | 5 | 43 | 24 | 31 |
| Nunhead | 22 | 12 | 5 | 5 | 53 | 33 | 29 |
| Dulwich Hamlet | 22 | 11 | 6 | 5 | 60 | 30 | 28 |
| Oxford City | 22 | 12 | 3 | 7 | 56 | 38 | 27 |
| Leytonstone | 22 | 8 | 6 | 8 | 36 | 29 | 22 |
| Clapton | 22 | 7 | 7 | 8 | 33 | 52 | 21 |
| Civil Service | 22 | 3 | 7 | 12 | 28 | 45 | 13 |
| Woking | 22 | 3 | 5 | 14 | 16 | 43 | 11 |
| Casuals | 22 | 3 | 3 | 16 | 31 | 87 | 9 |
| West Norwood | 22 | 2 | 2 | 18 | 18 | 67 | 6 |

## 1921-22

| | P | W | D | L | F | A | Pts |
|---|---|---|---|---|---|---|---|
| Ilford | 26 | 17 | 4 | 5 | 66 | 34 | 38 |
| Dulwich Hamlet | 26 | 14 | 8 | 4 | 65 | 24 | 36 |
| London Caledonians | 26 | 16 | 4 | 6 | 41 | 21 | 36 |
| Nunhead | 26 | 12 | 5 | 9 | 65 | 41 | 29 |
| Clapton | 26 | 13 | 3 | 10 | 51 | 46 | 29 |
| Tufnell Park | 26 | 10 | 7 | 9 | 44 | 39 | 27 |
| Oxford City | 26 | 18 | 2 | 12 | 48 | 47 | 26 |
| Wycombe Wanderers | 26 | 18 | 2 | 12 | 61 | 64 | 26 |
| Civil Service | 26 | 9 | 8 | 9 | 60 | 48 | 26 |
| Woking | 26 | 10 | 6 | 10 | 39 | 49 | 26 |
| Leytonstone | 26 | 9 | 6 | 11 | 41 | 48 | 24 |
| West Norwood | 26 | 8 | 5 | 13 | 43 | 57 | 21 |
| Wimbledon | 26 | 7 | 4 | 15 | 52 | 56 | 18 |
| Casuals | 26 | 0 | 2 | 24 | 25 | 107 | 2 |

## 1922-23

| | P | W | D | L | F | A | Pts |
|---|---|---|---|---|---|---|---|
| Clapton | 26 | 15 | 7 | 4 | 51 | 33 | 37 |
| Nunhead | 26 | 15 | 5 | 6 | 52 | 32 | 35 |
| London Caledonians | 26 | 13 | 7 | 6 | 43 | 26 | 33 |
| Ilford | 26 | 11 | 7 | 8 | 57 | 38 | 29 |
| Casuals | 26 | 12 | 5 | 9 | 68 | 51 | 29 |
| Civil Service | 26 | 9 | 10 | 7 | 39 | 36 | 28 |
| Wycombe Wanderers | 26 | 11 | 4 | 11 | 61 | 61 | 26 |
| Dulwich Hamlet | 26 | 9 | 7 | 10 | 60 | 44 | 25 |
| Leytonstone | 26 | 9 | 7 | 10 | 45 | 56 | 25 |
| Tufnell Park | 26 | 9 | 5 | 12 | 41 | 45 | 23 |
| Wimbledon | 26 | 10 | 2 | 14 | 49 | 50 | 22 |
| Woking | 26 | 7 | 6 | 13 | 42 | 67 | 20 |
| Oxford City | 26 | 6 | 5 | 15 | 45 | 68 | 17 |
| West Norwood | 26 | 5 | 5 | 16 | 25 | 71 | 15 |

## 1923-24

| | P | W | D | L | F | A | Pts |
|---|---|---|---|---|---|---|---|
| St Albans City | 26 | 17 | 5 | 4 | 72 | 38 | 39 |
| Dulwich Hamlet | 26 | 15 | 6 | 5 | 49 | 28 | 36 |
| Clapton | 26 | 14 | 5 | 7 | 73 | 50 | 33 |
| Wycombe Wanderers | 26 | 14 | 5 | 7 | 88 | 65 | 33 |
| London Caledonians | 26 | 14 | 3 | 9 | 53 | 49 | 31 |
| Civil Service | 26 | 12 | 5 | 9 | 52 | 47 | 29 |
| Casuals | 26 | 13 | 1 | 12 | 65 | 54 | 27 |
| Ilford | 26 | 9 | 6 | 11 | 56 | 59 | 24 |
| Nunhead | 26 | 8 | 8 | 10 | 41 | 46 | 24 |
| Wimbledon | 26 | 8 | 4 | 14 | 43 | 62 | 20 |
| Tufnell Park | 26 | 8 | 2 | 16 | 38 | 53 | 18 |
| Woking | 26 | 5 | 8 | 13 | 31 | 62 | 18 |
| Oxford City | 26 | 7 | 2 | 17 | 53 | 74 | 16 |
| Leytonstone | 26 | 6 | 4 | 16 | 41 | 68 | 16 |

## 1924-25

| | P | W | D | L | F | A | Pts |
|---|---|---|---|---|---|---|---|
| London Caledonians | 26 | 18 | 5 | 3 | 76 | 36 | 41 |
| Clapton | 26 | 19 | 1 | 6 | 64 | 34 | 39 |
| St Albans City | 26 | 16 | 2 | 8 | 69 | 39 | 34 |
| Tufnell Park | 26 | 11 | 4 | 11 | 47 | 41 | 26 |
| Ilford | 26 | 11 | 4 | 11 | 46 | 42 | 26 |
| Leytonstone | 26 | 12 | 2 | 12 | 55 | 63 | 26 |
| The Casuals | 26 | 12 | 1 | 13 | 55 | 58 | 25 |
| Wycombe Wanderers | 26 | 11 | 2 | 13 | 58 | 61 | 24 |
| Civil Service | 26 | 10 | 4 | 12 | 52 | 64 | 24 |
| Nunhead | 26 | 9 | 5 | 12 | 45 | 43 | 23 |
| Wimbledon | 26 | 10 | 2 | 14 | 50 | 54 | 22 |
| Dulwich Hamlet | 26 | 8 | 5 | 13 | 42 | 57 | 21 |
| Oxford City | 26 | 9 | 2 | 15 | 38 | 71 | 20 |
| Woking | 26 | 5 | 3 | 18 | 33 | 67 | 13 |

## 1925-26

| | P | W | D | L | F | A | Pts |
|---|---|---|---|---|---|---|---|
| Dulwich Hamlet | 26 | 20 | 1 | 5 | 80 | 49 | 41 |
| London Caledonians | 26 | 18 | 1 | 7 | 81 | 44 | 37 |
| Clapton | 26 | 14 | 4 | 8 | 64 | 50 | 32 |
| Wycombe Wanderers | 26 | 14 | 3 | 9 | 97 | 83 | 31 |
| St Albans City | 26 | 12 | 6 | 8 | 76 | 54 | 30 |
| Nunhead | 26 | 13 | 4 | 9 | 49 | 43 | 30 |
| Ilford | 26 | 13 | 2 | 11 | 81 | 70 | 28 |
| Leytonstone | 26 | 12 | 1 | 13 | 75 | 63 | 25 |
| Woking | 26 | 8 | 6 | 12 | 56 | 73 | 22 |
| Tufnell Park | 26 | 8 | 5 | 13 | 36 | 53 | 21 |
| The Casuals | 26 | 8 | 4 | 14 | 48 | 61 | 20 |
| Wimbledon | 26 | 9 | 1 | 16 | 61 | 77 | 19 |
| Oxford City | 26 | 8 | 1 | 17 | 48 | 76 | 17 |
| Civil Service | 26 | 5 | 1 | 20 | 43 | 99 | 11 |

## 1926-27

| | P | W | D | L | F | A | Pts |
|---|---|---|---|---|---|---|---|
| St Albans City | 26 | 20 | 1 | 5 | 96 | 34 | 41 |
| Ilford | 26 | 18 | 0 | 9 | 76 | 57 | 34 |
| Wimbledon | 26 | 15 | 3 | 8 | 72 | 45 | 33 |
| Nunhead | 26 | 11 | 8 | 7 | 51 | 33 | 30 |
| Woking | 26 | 12 | 6 | 8 | 68 | 60 | 30 |
| London Caledonians | 26 | 11 | 7 | 8 | 58 | 47 | 29 |
| Clapton | 26 | 11 | 4 | 11 | 58 | 60 | 26 |
| Leytonstone | 26 | 11 | 1 | 14 | 54 | 78 | 23 |
| Dulwich Hamlet | 26 | 9 | 4 | 13 | 60 | 58 | 22 |
| Wycombe Wanderers | 26 | 10 | 2 | 14 | 59 | 86 | 22 |
| Tufnell Park | 26 | 8 | 4 | 14 | 45 | 55 | 20 |
| Oxford City | 26 | 7 | 5 | 14 | 46 | 72 | 19 |
| The Casuals | 26 | 8 | 3 | 15 | 37 | 78 | 19 |
| Civil Service | 26 | 6 | 4 | 16 | 48 | 65 | 16 |

## 1927-28

| | P | W | D | L | F | A | Pts |
|---|---|---|---|---|---|---|---|
| St Albans City | 26 | 15 | 5 | 6 | 86 | 50 | 35 |
| London Caledonians | 26 | 12 | 9 | 5 | 63 | 38 | 33 |
| Ilford | 26 | 14 | 4 | 8 | 72 | 54 | 32 |
| Woking | 26 | 13 | 5 | 8 | 72 | 56 | 31 |
| Nunhead | 26 | 13 | 2 | 11 | 57 | 54 | 28 |
| Wimbledon | 26 | 12 | 3 | 11 | 57 | 48 | 27 |
| Leytonstone | 26 | 13 | 1 | 12 | 53 | 56 | 27 |
| Clapton | 26 | 8 | 10 | 8 | 52 | 47 | 26 |
| Dulwich Hamlet | 26 | 8 | 9 | 9 | 56 | 49 | 25 |
| The Casuals | 26 | 8 | 8 | 10 | 54 | 58 | 24 |
| Wycombe Wanderers | 26 | 9 | 5 | 12 | 60 | 69 | 23 |
| Oxford City | 26 | 7 | 7 | 12 | 36 | 57 | 21 |
| Civil Service | 26 | 8 | 4 | 14 | 38 | 76 | 20 |
| Tufnell Park | 26 | 4 | 4 | 18 | 38 | 82 | 12 |

## 1928-29

| | P | W | D | L | F | A | Pts |
|---|---|---|---|---|---|---|---|
| Nunhead | 26 | 15 | 6 | 5 | 47 | 35 | 36 |
| London Caledonians | 26 | 15 | 4 | 7 | 65 | 33 | 34 |
| Dulwich Hamlet | 26 | 14 | 6 | 6 | 65 | 34 | 34 |
| Wimbledon | 26 | 9 | 10 | 7 | 66 | 54 | 28 |
| Ilford | 26 | 12 | 3 | 11 | 67 | 52 | 27 |
| Clapton | 26 | 11 | 5 | 10 | 60 | 55 | 27 |
| Tufnell Park | 26 | 11 | 5 | 10 | 58 | 55 | 27 |
| St Albans City | 26 | 12 | 3 | 11 | 63 | 69 | 27 |
| Leytonstone | 26 | 11 | 3 | 12 | 56 | 79 | 25 |
| Wycombe Wanderers | 26 | 10 | 3 | 13 | 58 | 60 | 23 |
| Oxford City | 26 | 10 | 3 | 13 | 61 | 71 | 23 |
| The Casuals | 26 | 8 | 5 | 13 | 49 | 60 | 21 |
| Woking | 26 | 8 | 3 | 15 | 39 | 65 | 19 |
| Civil Service | 26 | 4 | 5 | 17 | 39 | 71 | 13 |

## 1929-30

| | P | W | D | L | F | A | Pts |
|---|---|---|---|---|---|---|---|
| Nunhead | 26 | 19 | 3 | 4 | 69 | 36 | 41 |
| Dulwich Hamlet | 26 | 15 | 6 | 5 | 74 | 39 | 36 |
| Kingstonian | 26 | 15 | 4 | 7 | 57 | 37 | 34 |
| Ilford | 26 | 16 | 1 | 9 | 84 | 60 | 33 |
| Woking | 26 | 11 | 5 | 10 | 66 | 65 | 27 |
| Wimbledon | 26 | 11 | 2 | 13 | 64 | 66 | 24 |
| Wycombe Wanderers | 26 | 10 | 4 | 12 | 49 | 52 | 24 |
| The Casuals | 26 | 8 | 7 | 11 | 50 | 51 | 23 |
| Oxford City | 26 | 10 | 3 | 13 | 45 | 60 | 23 |
| St Albans City | 26 | 9 | 4 | 13 | 54 | 77 | 22 |
| Clapton | 26 | 8 | 4 | 14 | 47 | 57 | 20 |
| London Caledonians | 26 | 8 | 3 | 15 | 49 | 69 | 19 |
| Leytonstone | 26 | 8 | 3 | 15 | 48 | 68 | 19 |
| Tufnell Park | 26 | 6 | 7 | 13 | 35 | 54 | 19 |

## 1930-31

| | P | W | D | L | F | A | Pts |
|---|---|---|---|---|---|---|---|
| Wimbledon | 26 | 18 | 6 | 2 | 69 | 37 | 42 |
| Dulwich Hamlet | 26 | 12 | 9 | 5 | 51 | 39 | 33 |
| Wycombe Wanderers | 26 | 12 | 6 | 8 | 67 | 45 | 30 |
| The Casuals | 26 | 12 | 6 | 8 | 71 | 56 | 30 |
| St Albans City | 26 | 11 | 7 | 8 | 67 | 66 | 29 |
| Ilford | 26 | 10 | 6 | 10 | 70 | 62 | 26 |
| Oxford City | 26 | 10 | 5 | 11 | 43 | 48 | 25 |
| London Caledonians | 26 | 8 | 8 | 10 | 43 | 53 | 24 |
| Kingstonian | 26 | 10 | 4 | 12 | 49 | 64 | 24 |
| Tufnell Park | 26 | 9 | 5 | 12 | 45 | 61 | 23 |
| Nunhead | 26 | 9 | 4 | 13 | 49 | 54 | 22 |
| Woking | 26 | 9 | 4 | 13 | 56 | 63 | 22 |
| Clapton | 26 | 7 | 4 | 15 | 62 | 75 | 18 |
| Leytonstone | 26 | 6 | 4 | 16 | 46 | 65 | 16 |

## 1931-32

| | P | W | D | L | F | A | Pts |
|---|---|---|---|---|---|---|---|
| Wimbledon | 26 | 17 | 2 | 7 | 60 | 35 | 36 |
| Ilford | 26 | 13 | 9 | 4 | 71 | 45 | 35 |
| Dulwich Hamlet | 26 | 15 | 3 | 8 | 69 | 43 | 33 |
| Wycombe Wanderers | 26 | 14 | 5 | 7 | 72 | 50 | 33 |
| Oxford City | 26 | 15 | 2 | 9 | 63 | 49 | 32 |
| Kingstonian | 26 | 13 | 3 | 10 | 71 | 50 | 29 |
| Tufnell Park | 26 | 9 | 7 | 10 | 50 | 48 | 25 |
| Nunhead | 26 | 9 | 7 | 10 | 54 | 61 | 25 |
| The Casuals | 26 | 10 | 4 | 12 | 59 | 65 | 24 |
| Clapton | 26 | 9 | 5 | 12 | 50 | 57 | 23 |
| Leytonstone | 26 | 9 | 3 | 14 | 36 | 61 | 21 |
| St Albans City | 26 | 8 | 4 | 14 | 57 | 78 | 20 |
| Woking | 26 | 6 | 5 | 15 | 44 | 64 | 17 |
| London Caledonians | 26 | 2 | 7 | 17 | 24 | 74 | 11 |

## 1932-33

| | P | W | D | L | F | A | Pts |
|---|---|---|---|---|---|---|---|
| Dulwich Hamlet | 26 | 15 | 6 | 5 | 71 | 45 | 36 |
| Leytonstone | 26 | 16 | 4 | 6 | 66 | 43 | 36 |
| Kingstonian | 26 | 15 | 2 | 9 | 77 | 49 | 32 |
| Ilford | 26 | 14 | 0 | 12 | 60 | 58 | 28 |
| The Casuals | 26 | 12 | 2 | 12 | 48 | 36 | 26 |
| Tufnell Park | 26 | 11 | 3 | 12 | 51 | 51 | 25 |
| St Albans City | 26 | 12 | 1 | 13 | 57 | 63 | 25 |
| Clapton | 26 | 10 | 5 | 11 | 51 | 65 | 25 |
| Oxford City | 26 | 9 | 6 | 11 | 49 | 54 | 24 |
| Woking | 26 | 10 | 4 | 12 | 53 | 61 | 24 |
| Wycombe Wanderers | 26 | 10 | 4 | 12 | 47 | 56 | 24 |
| Nunhead | 26 | 8 | 6 | 12 | 42 | 50 | 22 |
| Wimbledon | 26 | 8 | 5 | 13 | 55 | 67 | 21 |
| London Caledonians | 26 | 5 | 6 | 15 | 35 | 64 | 16 |

## 1933-34

| | P | W | D | L | F | A | Pts |
|---|---|---|---|---|---|---|---|
| Kingstonian | 26 | 15 | 7 | 4 | 80 | 42 | 37 |
| Dulwich Hamlet | 26 | 15 | 5 | 6 | 68 | 36 | 35 |
| Wimbledon | 26 | 13 | 7 | 6 | 62 | 35 | 33 |
| Tufnell Park | 26 | 14 | 5 | 7 | 55 | 50 | 33 |
| Ilford | 26 | 15 | 2 | 9 | 60 | 56 | 32 |
| The Casuals | 26 | 13 | 5 | 8 | 47 | 32 | 31 |
| Leytonstone | 26 | 13 | 3 | 10 | 55 | 48 | 29 |
| Nunhead | 26 | 10 | 5 | 11 | 48 | 44 | 25 |
| London Caledonians | 26 | 7 | 8 | 11 | 29 | 51 | 22 |
| Wycombe Wanderers | 26 | 9 | 2 | 15 | 57 | 60 | 20 |
| St Albans City | 26 | 8 | 4 | 14 | 44 | 75 | 20 |
| Oxford City | 26 | 7 | 4 | 15 | 45 | 57 | 18 |
| Clapton | 26 | 5 | 6 | 15 | 35 | 62 | 16 |
| Woking | 26 | 6 | 1 | 19 | 43 | 81 | 13 |

## 1934-35

| | P | W | D | L | F | A | Pts |
|---|---|---|---|---|---|---|---|
| Wimbledon | 26 | 14 | 7 | 5 | 63 | 30 | 35 |
| Oxford City | 26 | 14 | 4 | 8 | 69 | 50 | 32 |
| Leytonstone | 26 | 15 | 2 | 9 | 49 | 36 | 32 |
| Dulwich Hamlet | 26 | 11 | 7 | 8 | 66 | 45 | 29 |
| Tufnell Park | 26 | 11 | 7 | 8 | 53 | 44 | 29 |
| Kingstonian | 26 | 11 | 6 | 9 | 44 | 40 | 28 |
| Nunhead | 26 | 10 | 7 | 9 | 35 | 34 | 27 |
| London Caledonians | 26 | 9 | 7 | 10 | 40 | 41 | 25 |
| St Albans City | 26 | 9 | 6 | 11 | 61 | 80 | 24 |
| Ilford | 26 | 9 | 6 | 11 | 40 | 56 | 24 |
| Clapton | 26 | 7 | 7 | 12 | 46 | 48 | 21 |
| Woking | 26 | 9 | 3 | 14 | 44 | 68 | 21 |
| Wycombe Wanderers | 26 | 7 | 6 | 13 | 51 | 69 | 20 |
| The Casuals | 26 | 6 | 5 | 15 | 37 | 57 | 17 |

## 1935-36

| | P | W | D | L | F | A | Pts |
|---|---|---|---|---|---|---|---|
| Wimbledon | 26 | 19 | 2 | 5 | 82 | 29 | 40 |
| The Casuals | 26 | 14 | 5 | 7 | 60 | 45 | 33 |
| Ilford | 26 | 13 | 3 | 10 | 67 | 47 | 29 |
| Dulwich Hamlet | 26 | 10 | 8 | 8 | 64 | 47 | 28 |
| Nunhead | 26 | 11 | 6 | 9 | 51 | 40 | 28 |
| Wycombe Wanderers | 26 | 13 | 2 | 11 | 60 | 68 | 28 |
| Clapton | 26 | 11 | 5 | 10 | 42 | 46 | 27 |
| Oxford City | 26 | 11 | 4 | 11 | 60 | 58 | 26 |
| St Albans City | 26 | 11 | 2 | 13 | 59 | 64 | 24 |
| Woking | 26 | 9 | 4 | 13 | 43 | 62 | 22 |
| Tufnell Park | 26 | 9 | 3 | 14 | 42 | 61 | 21 |
| London Caledonians | 26 | 9 | 3 | 14 | 35 | 52 | 21 |
| Kingstonian | 26 | 9 | 2 | 15 | 43 | 56 | 20 |
| Leytonstone | 26 | 7 | 3 | 16 | 34 | 67 | 17 |

# Isthmian League 1936-1950

## 1936-37

| Team | P | W | D | L | F | A | Pts |
|---|---|---|---|---|---|---|---|
| Kingstonian | 26 | 18 | 3 | 5 | 63 | 43 | 39 |
| Nunhead | 26 | 17 | 3 | 6 | 77 | 32 | 37 |
| Leytonstone | 26 | 16 | 4 | 6 | 71 | 42 | 36 |
| Ilford | 26 | 14 | 5 | 7 | 86 | 39 | 33 |
| Dulwich Hamlet | 26 | 12 | 6 | 8 | 64 | 48 | 30 |
| Wycombe Wanderers | 26 | 10 | 5 | 11 | 55 | 52 | 25 |
| Wimbledon | 26 | 9 | 7 | 10 | 52 | 53 | 25 |
| Clapton | 26 | 10 | 5 | 11 | 42 | 51 | 25 |
| The Casuals | 26 | 10 | 3 | 13 | 46 | 58 | 23 |
| Woking | 26 | 9 | 4 | 13 | 53 | 69 | 22 |
| Oxford City | 26 | 8 | 5 | 13 | 56 | 89 | 21 |
| St Albans City | 26 | 7 | 5 | 14 | 44 | 62 | 19 |
| Tufnell Park | 26 | 4 | 7 | 15 | 43 | 74 | 15 |
| London Caledonians | 26 | 5 | 4 | 17 | 26 | 66 | 14 |

## 1937-38

| Team | P | W | D | L | F | A | Pts |
|---|---|---|---|---|---|---|---|
| Leytonstone | 26 | 17 | 6 | 3 | 72 | 34 | 40 |
| Ilford | 26 | 17 | 3 | 6 | 70 | 39 | 37 |
| Tufnell Park | 26 | 15 | 2 | 9 | 62 | 47 | 32 |
| Nunhead | 26 | 14 | 3 | 9 | 52 | 44 | 31 |
| Wycombe Wanderers | 26 | 12 | 5 | 9 | 69 | 55 | 29 |
| Dulwich Hamlet | 26 | 13 | 3 | 10 | 57 | 46 | 29 |
| Kingstonian | 26 | 12 | 4 | 10 | 51 | 48 | 28 |
| Clapton | 26 | 9 | 6 | 11 | 49 | 53 | 24 |
| Wimbledon | 26 | 10 | 3 | 13 | 62 | 49 | 23 |
| London Caledonians | 26 | 9 | 4 | 13 | 44 | 55 | 22 |
| Oxford City | 26 | 7 | 7 | 12 | 35 | 71 | 21 |
| The Casuals | 26 | 8 | 3 | 15 | 51 | 74 | 19 |
| Woking | 26 | 7 | 2 | 17 | 41 | 72 | 16 |
| St Albans City | 26 | 4 | 5 | 17 | 31 | 60 | 13 |

## 1938-39

| Team | P | W | D | L | F | A | Pts |
|---|---|---|---|---|---|---|---|
| Leytonstone | 26 | 18 | 4 | 4 | 68 | 32 | 40 |
| Ilford | 26 | 17 | 4 | 5 | 68 | 32 | 38 |
| Kingstonian | 26 | 17 | 3 | 6 | 62 | 39 | 37 |
| Dulwich Hamlet | 26 | 15 | 5 | 6 | 60 | 32 | 35 |
| Wimbledon | 26 | 14 | 3 | 9 | 88 | 56 | 31 |
| Nunhead | 26 | 11 | 6 | 9 | 54 | 44 | 28 |
| The Casuals | 26 | 11 | 6 | 9 | 54 | 51 | 28 |
| Clapton | 26 | 12 | 2 | 12 | 69 | 61 | 26 |
| Wycombe Wanderers | 26 | 10 | 6 | 10 | 62 | 62 | 26 |
| St Albans City | 26 | 8 | 5 | 13 | 44 | 50 | 21 |
| Woking | 26 | 9 | 2 | 15 | 35 | 56 | 20 |
| Oxford City | 26 | 4 | 4 | 18 | 44 | 84 | 12 |
| Tufnell Park | 26 | 4 | 4 | 18 | 33 | 87 | 12 |
| London Caledonians | 26 | 3 | 4 | 19 | 26 | 81 | 10 |

## 1945-46

| Team | P | W | D | L | F | A | Pts |
|---|---|---|---|---|---|---|---|
| Walthamstow Avenue | 26 | 21 | 0 | 5 | 100 | 31 | 42 |
| Oxford City | 26 | 17 | 6 | 3 | 91 | 40 | 40 |
| Romford | 26 | 15 | 3 | 8 | 83 | 59 | 33 |
| Dulwich Hamlet | 26 | 14 | 2 | 10 | 63 | 59 | 30 |
| Tufnell Park | 26 | 12 | 4 | 10 | 70 | 55 | 28 |
| Woking | 26 | 10 | 7 | 9 | 56 | 54 | 27 |
| Ilford | 26 | 12 | 2 | 12 | 56 | 71 | 26 |
| Leytonstone | 26 | 11 | 3 | 12 | 61 | 75 | 25 |
| Wycombe Wanderers | 26 | 9 | 3 | 14 | 80 | 88 | 21 |
| Wimbledon | 26 | 7 | 6 | 13 | 52 | 72 | 20 |
| Corinthian Casuals | 26 | 8 | 4 | 14 | 58 | 83 | 20 |
| Clapton | 26 | 8 | 3 | 15 | 51 | 62 | 19 |
| St Albans City | 26 | 6 | 6 | 14 | 48 | 85 | 18 |
| Kingstonian | 26 | 6 | 3 | 17 | 48 | 86 | 15 |

## 1946-47

| Team | P | W | D | L | F | A | Pts |
|---|---|---|---|---|---|---|---|
| Leytonstone | 26 | 19 | 2 | 5 | 92 | 36 | 40 |
| Dulwich Hamlet | 26 | 17 | 3 | 6 | 78 | 46 | 37 |
| Romford | 26 | 13 | 8 | 5 | 76 | 52 | 34 |
| Walthamstow Avenue | 26 | 13 | 4 | 9 | 64 | 37 | 30 |
| Oxford City | 26 | 12 | 6 | 8 | 70 | 51 | 30 |
| Kingstonian | 26 | 12 | 4 | 10 | 54 | 57 | 28 |
| Wycombe Wanderers | 26 | 9 | 8 | 9 | 62 | 62 | 26 |
| Wimbledon | 26 | 10 | 5 | 11 | 68 | 64 | 25 |
| Ilford | 26 | 7 | 7 | 12 | 66 | 78 | 21 |
| Tufnell Park | 26 | 8 | 5 | 13 | 45 | 69 | 21 |
| Woking | 26 | 7 | 7 | 12 | 34 | 62 | 21 |
| Clapton | 26 | 6 | 8 | 12 | 41 | 59 | 20 |
| St Albans City | 26 | 7 | 5 | 14 | 47 | 79 | 19 |
| Corinthian Casuals | 26 | 4 | 4 | 18 | 36 | 80 | 12 |

## 1947-48

| Team | P | W | D | L | F | A | Pts |
|---|---|---|---|---|---|---|---|
| Leytonstone | 26 | 19 | 1 | 6 | 87 | 38 | 39 |
| Kingstonian | 26 | 16 | 6 | 4 | 74 | 39 | 38 |
| Walthamstow Avenue | 26 | 17 | 3 | 6 | 61 | 37 | 37 |
| Dulwich Hamlet | 26 | 17 | 2 | 7 | 71 | 39 | 36 |
| Wimbledon | 26 | 13 | 6 | 7 | 66 | 40 | 32 |
| Romford | 26 | 14 | 1 | 11 | 53 | 47 | 29 |
| Oxford City | 26 | 10 | 5 | 11 | 50 | 68 | 25 |
| Woking | 26 | 10 | 3 | 13 | 63 | 55 | 23 |
| Ilford | 26 | 7 | 8 | 11 | 51 | 59 | 22 |
| St Albans City | 26 | 9 | 2 | 15 | 43 | 56 | 20 |
| Wycombe Wanderers | 26 | 5 | 14 | 51 | 65 | 19 |  |
| Tufnell Park | 26 | 7 | 4 | 15 | 38 | 83 | 18 |
| Clapton | 26 | 5 | 4 | 17 | 35 | 69 | 14 |
| Corinthian Casuals | 26 | 5 | 2 | 19 | 33 | 81 | 12 |

## 1948-49

| Team | P | W | D | L | F | A | Pts |
|---|---|---|---|---|---|---|---|
| Dulwich Hamlet | 26 | 15 | 6 | 5 | 60 | 31 | 36 |
| Walthamstow Avenue | 26 | 16 | 4 | 6 | 65 | 38 | 36 |
| Wimbledon | 26 | 15 | 4 | 7 | 64 | 41 | 34 |
| Ilford | 26 | 14 | 3 | 9 | 56 | 36 | 31 |
| Oxford City | 26 | 13 | 5 | 8 | 48 | 34 | 31 |
| Leytonstone | 26 | 12 | 6 | 8 | 49 | 41 | 30 |
| Woking | 26 | 14 | 1 | 11 | 64 | 59 | 29 |
| Romford | 26 | 11 | 3 | 12 | 47 | 54 | 25 |
| Kingstonian | 26 | 10 | 4 | 12 | 43 | 47 | 24 |
| Corinthian Casuals | 26 | 11 | 2 | 13 | 47 | 59 | 24 |
| Wycombe Wanderers | 26 | 11 | 2 | 13 | 49 | 61 | 24 |
| St Albans City | 26 | 6 | 6 | 14 | 40 | 60 | 16 |
| Clapton | 26 | 5 | 5 | 16 | 32 | 61 | 15 |
| Tufnell Park | 26 | 1 | 5 | 20 | 28 | 70 | 7 |

St Albans City had 2 points deducted

## 1949-50

| Team | P | W | D | L | F | A | Pts |
|---|---|---|---|---|---|---|---|
| Leytonstone | 26 | 17 | 5 | 4 | 77 | 31 | 39 |
| Wimbledon | 26 | 18 | 2 | 6 | 72 | 51 | 38 |
| Kingstonian | 26 | 16 | 3 | 7 | 59 | 39 | 35 |
| Walthamstow Avenue | 26 | 14 | 6 | 6 | 73 | 42 | 34 |
| Dulwich Hamlet | 26 | 14 | 3 | 9 | 60 | 47 | 31 |
| St Albans City | 26 | 12 | 3 | 11 | 59 | 45 | 27 |
| Woking | 26 | 10 | 6 | 10 | 60 | 71 | 26 |
| Wycombe Wanderers | 26 | 9 | 7 | 10 | 51 | 52 | 25 |
| Romford | 26 | 10 | 4 | 12 | 45 | 49 | 24 |
| Ilford | 26 | 10 | 4 | 12 | 46 | 53 | 24 |
| Clapton | 26 | 8 | 6 | 12 | 51 | 59 | 22 |
| Oxford City | 26 | 6 | 6 | 14 | 35 | 54 | 18 |
| Corinthian Casuals | 26 | 4 | 5 | 17 | 41 | 69 | 13 |
| Tufnell Park | 26 | 3 | 2 | 21 | 24 | 91 | 8 |

## 1950-51

| | P | W | D | L | F | A | Pts |
|---|---|---|---|---|---|---|---|
| Leytonstone | 26 | 20 | 3 | 3 | 72 | 26 | 43 |
| Walthamstow Avenue | 26 | 15 | 4 | 7 | 57 | 37 | 34 |
| Romford | 26 | 15 | 3 | 8 | 58 | 49 | 33 |
| Wimbledon | 26 | 13 | 5 | 8 | 58 | 39 | 31 |
| Dulwich Hamlet | 26 | 14 | 2 | 10 | 54 | 43 | 30 |
| Woking | 26 | 11 | 6 | 9 | 65 | 55 | 28 |
| Ilford | 26 | 12 | 4 | 10 | 44 | 45 | 28 |
| Corinthian Casuals | 26 | 13 | 0 | 13 | 62 | 60 | 26 |
| St Albans City | 26 | 11 | 4 | 11 | 32 | 36 | 26 |
| Kingstonian | 26 | 9 | 4 | 13 | 46 | 54 | 22 |
| Wycombe Wanderers | 26 | 8 | 3 | 15 | 46 | 64 | 19 |
| Oxford City | 26 | 7 | 4 | 15 | 47 | 65 | 18 |
| Clapton | 26 | 6 | 5 | 15 | 29 | 50 | 17 |
| Tufnell Park Edmonton | 26 | 4 | 1 | 21 | 24 | 73 | 9 |

## 1951-52

| | P | W | D | L | F | A | Pts |
|---|---|---|---|---|---|---|---|
| Leytonstone | 26 | 13 | 9 | 4 | 63 | 36 | 35 |
| Wimbledon | 26 | 16 | 3 | 7 | 65 | 44 | 35 |
| Walthamstow Avenue | 26 | 15 | 4 | 7 | 71 | 43 | 34 |
| Romford | 26 | 14 | 4 | 8 | 64 | 42 | 32 |
| Kingstonian | 26 | 11 | 7 | 8 | 62 | 48 | 29 |
| Wycombe Wanderers | 26 | 12 | 5 | 9 | 64 | 59 | 29 |
| Woking | 26 | 11 | 5 | 10 | 60 | 71 | 27 |
| Dulwich Hamlet | 26 | 11 | 4 | 11 | 60 | 53 | 26 |
| Corinthian Casuals | 26 | 11 | 4 | 11 | 55 | 66 | 26 |
| St Albans City | 26 | 9 | 7 | 10 | 48 | 53 | 25 |
| Ilford | 26 | 8 | 5 | 13 | 32 | 47 | 21 |
| Clapton | 26 | 9 | 2 | 15 | 50 | 59 | 20 |
| Oxford City | 26 | 6 | 3 | 17 | 50 | 72 | 15 |
| Tufnell Park Edmonton | 26 | 2 | 6 | 18 | 25 | 73 | 10 |

## 1952-53

| | P | W | D | L | F | A | Pts |
|---|---|---|---|---|---|---|---|
| Walthamstow Avenue | 28 | 19 | 6 | 3 | 53 | 25 | 44 |
| Bromley | 28 | 17 | 4 | 7 | 71 | 35 | 38 |
| Leytonstone | 28 | 14 | 6 | 8 | 60 | 38 | 34 |
| Wimbledon | 28 | 14 | 5 | 9 | 68 | 37 | 33 |
| Kingstonian | 28 | 13 | 6 | 9 | 62 | 50 | 32 |
| Dulwich Hamlet | 28 | 15 | 2 | 11 | 62 | 52 | 32 |
| Romford | 28 | 12 | 8 | 8 | 62 | 52 | 32 |
| Wycombe Wanderers | 28 | 14 | 2 | 12 | 54 | 62 | 30 |
| St Albans City | 28 | 11 | 6 | 11 | 43 | 57 | 28 |
| Barking | 28 | 9 | 7 | 12 | 42 | 51 | 25 |
| Ilford | 28 | 10 | 4 | 14 | 59 | 57 | 24 |
| Woking | 28 | 10 | 4 | 14 | 57 | 72 | 24 |
| Corinthian Casuals | 28 | 7 | 9 | 12 | 45 | 56 | 23 |
| Oxford City | 28 | 5 | 2 | 21 | 37 | 87 | 12 |
| Clapton | 28 | 2 | 5 | 21 | 27 | 71 | 9 |

## 1953-54

| | P | W | D | L | F | A | Pts |
|---|---|---|---|---|---|---|---|
| Bromley | 28 | 18 | 3 | 7 | 76 | 45 | 39 |
| Walthamstow Avenue | 28 | 13 | 7 | 8 | 55 | 30 | 33 |
| Wycombe Wanderers | 28 | 15 | 3 | 10 | 65 | 44 | 33 |
| Ilford | 28 | 11 | 10 | 7 | 48 | 44 | 32 |
| Corinthian Casuals | 28 | 12 | 7 | 9 | 59 | 44 | 31 |
| Woking | 28 | 13 | 4 | 11 | 54 | 58 | 30 |
| Leytonstone | 28 | 12 | 5 | 11 | 58 | 48 | 29 |
| St Albans City | 28 | 11 | 6 | 11 | 54 | 55 | 28 |
| Dulwich Hamlet | 28 | 11 | 6 | 11 | 55 | 57 | 28 |
| Romford | 28 | 11 | 5 | 12 | 57 | 54 | 27 |
| Clapton | 28 | 11 | 5 | 12 | 42 | 56 | 27 |
| Barking | 28 | 11 | 2 | 15 | 59 | 84 | 24 |
| Kingstonian | 28 | 8 | 7 | 13 | 59 | 71 | 23 |
| Wimbledon | 28 | 7 | 8 | 13 | 43 | 59 | 22 |
| Oxford City | 28 | 4 | 6 | 18 | 49 | 84 | 14 |

## 1954-55

| | P | W | D | L | F | A | Pts |
|---|---|---|---|---|---|---|---|
| Walthamstow Avenue | 28 | 21 | 1 | 6 | 80 | 38 | 43 |
| St Albans City | 28 | 18 | 3 | 7 | 61 | 41 | 39 |
| Bromley | 28 | 18 | 2 | 8 | 66 | 34 | 38 |
| Wycombe Wanderers | 28 | 16 | 3 | 9 | 68 | 43 | 35 |
| Ilford | 28 | 13 | 5 | 10 | 64 | 46 | 31 |
| Barking | 28 | 15 | 1 | 12 | 55 | 51 | 31 |
| Woking | 28 | 12 | 3 | 13 | 75 | 79 | 27 |
| Kingstonian | 28 | 10 | 7 | 11 | 47 | 57 | 27 |
| Leytonstone | 28 | 10 | 4 | 14 | 35 | 51 | 24 |
| Oxford City | 28 | 10 | 3 | 15 | 43 | 74 | 23 |
| Clapton | 28 | 9 | 4 | 15 | 41 | 50 | 22 |
| Wimbledon | 28 | 10 | 2 | 16 | 48 | 62 | 22 |
| Corinthian Casuals | 28 | 9 | 3 | 16 | 50 | 65 | 21 |
| Dulwich Hamlet | 28 | 7 | 5 | 16 | 48 | 60 | 19 |
| Romford | 28 | 4 | 10 | 14 | 43 | 73 | 18 |

## 1955-56

| | P | W | D | L | F | A | Pts |
|---|---|---|---|---|---|---|---|
| Wycombe Wanderers | 28 | 19 | 5 | 4 | 82 | 36 | 43 |
| Bromley | 28 | 12 | 7 | 9 | 54 | 43 | 31 |
| Leytonstone | 28 | 12 | 7 | 9 | 50 | 44 | 31 |
| Woking | 28 | 14 | 3 | 11 | 62 | 60 | 31 |
| Barking | 28 | 12 | 7 | 9 | 41 | 45 | 31 |
| Kingstonian | 28 | 12 | 6 | 10 | 67 | 64 | 30 |
| Walthamstow Avenue | 28 | 13 | 3 | 12 | 61 | 45 | 29 |
| Ilford | 28 | 10 | 8 | 10 | 44 | 52 | 28 |
| Oxford City | 28 | 10 | 7 | 11 | 48 | 55 | 27 |
| Clapton | 28 | 9 | 8 | 11 | 45 | 48 | 26 |
| Wimbledon | 28 | 12 | 2 | 14 | 51 | 62 | 26 |
| Corinthian Casuals | 28 | 9 | 7 | 12 | 56 | 56 | 25 |
| Dulwich Hamlet | 28 | 9 | 6 | 13 | 55 | 67 | 24 |
| Romford | 28 | 9 | 6 | 13 | 42 | 55 | 24 |
| St Albans City | 28 | 2 | 10 | 16 | 36 | 62 | 14 |

## 1956-57

| | P | W | D | L | F | A | Pts |
|---|---|---|---|---|---|---|---|
| Wycombe Wanderers | 30 | 18 | 6 | 6 | 86 | 53 | 42 |
| Woking | 30 | 20 | 1 | 9 | 104 | 47 | 41 |
| Bromley | 30 | 16 | 5 | 9 | 78 | 60 | 37 |
| Oxford City | 30 | 16 | 3 | 11 | 65 | 57 | 35 |
| Ilford | 30 | 12 | 8 | 10 | 59 | 65 | 32 |
| Tooting & Mitcham United | 30 | 10 | 11 | 9 | 53 | 48 | 31 |
| Kingstonian | 30 | 11 | 9 | 10 | 72 | 77 | 31 |
| Walthamstow Avenue | 30 | 11 | 8 | 11 | 48 | 46 | 30 |
| Dulwich Hamlet | 30 | 13 | 3 | 14 | 65 | 54 | 29 |
| St Albans City | 30 | 13 | 3 | 14 | 62 | 71 | 29 |
| Leytonstone | 30 | 11 | 6 | 13 | 50 | 50 | 28 |
| Clapton | 30 | 9 | 9 | 12 | 48 | 59 | 27 |
| Wimbledon | 30 | 10 | 5 | 15 | 47 | 66 | 25 |
| Romford | 30 | 10 | 5 | 15 | 53 | 81 | 25 |
| Barking | 30 | 7 | 6 | 17 | 48 | 72 | 20 |
| Corinthian Casuals | 30 | 7 | 4 | 19 | 46 | 78 | 18 |

## 1957-58

| | P | W | D | L | F | A | Pts |
|---|---|---|---|---|---|---|---|
| Tooting & Mitcham United | 30 | 20 | 6 | 4 | 79 | 33 | 46 |
| Wycombe Wanderers | 30 | 19 | 4 | 7 | 78 | 42 | 42 |
| Walthamstow Avenue | 30 | 17 | 5 | 8 | 63 | 35 | 39 |
| Bromley | 30 | 13 | 9 | 8 | 66 | 51 | 35 |
| Oxford City | 30 | 13 | 6 | 11 | 59 | 48 | 32 |
| Leytonstone | 30 | 13 | 6 | 11 | 49 | 48 | 32 |
| Wimbledon | 30 | 15 | 2 | 13 | 64 | 66 | 32 |
| Corinthian Casuals | 30 | 12 | 8 | 10 | 62 | 68 | 32 |
| Woking | 30 | 12 | 7 | 11 | 70 | 58 | 31 |
| Barking | 30 | 10 | 6 | 14 | 49 | 61 | 26 |
| St Albans City | 30 | 11 | 3 | 16 | 56 | 76 | 25 |
| Clapton | 30 | 8 | 9 | 13 | 42 | 65 | 25 |
| Kingstonian | 30 | 7 | 8 | 15 | 45 | 66 | 22 |
| Dulwich Hamlet | 30 | 7 | 7 | 16 | 49 | 64 | 21 |
| Ilford | 30 | 8 | 4 | 18 | 46 | 70 | 20 |
| Romford | 30 | 6 | 8 | 16 | 45 | 71 | 20 |

# Isthmian League 1958-1965

## 1958-59

| | | | | | | | |
|---|---|---|---|---|---|---|---|
| Wimbledon | 30 | 22 | 3 | 5 | 91 | 38 | 47 |
| Dulwich Hamlet | 30 | 18 | 5 | 7 | 68 | 44 | 41 |
| Wycombe Wanderers | 30 | 18 | 4 | 8 | 93 | 50 | 40 |
| Oxford City | 30 | 17 | 4 | 9 | 87 | 58 | 38 |
| Walthamstow Avenue | 30 | 16 | 5 | 9 | 59 | 40 | 37 |
| Tooting & Mitcham United | 30 | 15 | 4 | 11 | 84 | 55 | 34 |
| Barking | 30 | 14 | 2 | 14 | 59 | 53 | 30 |
| Woking | 30 | 12 | 6 | 12 | 66 | 66 | 30 |
| Bromley | 30 | 11 | 7 | 12 | 56 | 55 | 29 |
| Clapton | 30 | 10 | 6 | 14 | 55 | 67 | 26 |
| Ilford | 30 | 10 | 6 | 14 | 46 | 67 | 26 |
| Kingstonian | 30 | 9 | 4 | 17 | 54 | 72 | 22 |
| St Albans City | 30 | 8 | 6 | 16 | 53 | 89 | 22 |
| Leytonstone | 30 | 7 | 6 | 17 | 40 | 87 | 20 |
| Romford | 30 | 7 | 5 | 18 | 54 | 76 | 19 |
| Corinthian Casuals | 30 | 7 | 5 | 18 | 44 | 92 | 19 |

## 1959-60

| | | | | | | | |
|---|---|---|---|---|---|---|---|
| Tooting & Mitcham United | 30 | 17 | 8 | 5 | 75 | 43 | 42 |
| Wycombe Wanderers | 30 | 19 | 3 | 8 | 84 | 46 | 41 |
| Wimbledon | 30 | 18 | 3 | 9 | 66 | 36 | 39 |
| Kingstonian | 30 | 18 | 3 | 9 | 76 | 51 | 39 |
| Corinthian Casuals | 30 | 18 | 1 | 11 | 69 | 61 | 37 |
| Bromley | 30 | 15 | 6 | 9 | 75 | 46 | 36 |
| Dulwich Hamlet | 30 | 14 | 6 | 10 | 65 | 47 | 34 |
| Walthamstow Avenue | 30 | 11 | 11 | 8 | 48 | 38 | 33 |
| Oxford City | 30 | 10 | 10 | 10 | 57 | 57 | 30 |
| Leytonstone | 30 | 10 | 8 | 12 | 43 | 46 | 28 |
| Woking | 30 | 10 | 6 | 14 | 54 | 61 | 26 |
| St Albans City | 30 | 10 | 6 | 14 | 50 | 65 | 26 |
| Maidstone United | 30 | 10 | 5 | 15 | 53 | 60 | 25 |
| Barking | 30 | 7 | 4 | 19 | 30 | 75 | 18 |
| Ilford | 30 | 5 | 6 | 19 | 34 | 86 | 16 |
| Clapton | 30 | 3 | 4 | 23 | 32 | 92 | 10 |

## 1960-61

| | | | | | | | |
|---|---|---|---|---|---|---|---|
| Bromley | 30 | 20 | 6 | 4 | 89 | 42 | 46 |
| Walthamstow Avenue | 30 | 20 | 5 | 5 | 87 | 38 | 45 |
| Wimbledon | 30 | 18 | 6 | 6 | 72 | 43 | 42 |
| Dulwich Hamlet | 30 | 17 | 4 | 9 | 71 | 59 | 35 |
| Maidstone United | 30 | 14 | 8 | 8 | 63 | 39 | 36 |
| Leytonstone | 30 | 15 | 6 | 9 | 46 | 34 | 36 |
| Tooting & Mitcham United | 30 | 14 | 3 | 13 | 69 | 51 | 31 |
| Wycombe Wanderers | 30 | 12 | 5 | 13 | 63 | 61 | 29 |
| St Albans City | 30 | 12 | 4 | 14 | 45 | 72 | 28 |
| Oxford City | 30 | 10 | 7 | 13 | 59 | 59 | 27 |
| Corinthian Casuals | 30 | 9 | 9 | 12 | 49 | 59 | 27 |
| Kingstonian | 30 | 10 | 6 | 14 | 55 | 61 | 26 |
| Woking | 30 | 10 | 6 | 14 | 58 | 71 | 26 |
| Ilford | 30 | 5 | 8 | 17 | 30 | 69 | 18 |
| Barking | 30 | 3 | 8 | 19 | 30 | 76 | 14 |
| Clapton | 30 | 3 | 5 | 22 | 25 | 77 | 11 |

## 1961-62

| | | | | | | | |
|---|---|---|---|---|---|---|---|
| Wimbledon | 30 | 19 | 6 | 5 | 68 | 24 | 44 |
| Leytonstone | 30 | 17 | 7 | 6 | 61 | 44 | 41 |
| Walthamstow Avenue | 30 | 14 | 8 | 8 | 51 | 31 | 36 |
| Kingstonian | 30 | 15 | 5 | 10 | 65 | 48 | 35 |
| Tooting & Mitcham United | 30 | 12 | 10 | 8 | 62 | 47 | 34 |
| Oxford City | 30 | 12 | 9 | 9 | 56 | 49 | 33 |
| Wycombe Wanderers | 30 | 12 | 7 | 11 | 57 | 51 | 31 |
| Corinthian Casuals | 30 | 12 | 7 | 11 | 45 | 51 | 31 |
| St Albans City | 30 | 10 | 9 | 11 | 55 | 55 | 29 |
| Woking | 30 | 9 | 9 | 12 | 51 | 60 | 27 |
| Dulwich Hamlet | 30 | 11 | 4 | 15 | 55 | 66 | 26 |
| Barking | 30 | 9 | 8 | 13 | 40 | 64 | 26 |
| Ilford | 30 | 7 | 10 | 13 | 50 | 59 | 24 |
| Bromley | 30 | 10 | 4 | 16 | 49 | 69 | 24 |
| Clapton | 30 | 6 | 8 | 16 | 45 | 67 | 20 |
| Maidstone United | 30 | 6 | 7 | 17 | 34 | 59 | 19 |

## 1962-63

| | | | | | | | |
|---|---|---|---|---|---|---|---|
| Wimbledon | 30 | 19 | 8 | 3 | 84 | 33 | 46 |
| Kingstonian | 30 | 18 | 8 | 4 | 79 | 37 | 44 |
| Tooting & Mitcham United | 30 | 17 | 8 | 5 | 65 | 37 | 42 |
| Ilford | 30 | 19 | 3 | 8 | 70 | 44 | 41 |
| Walthamstow Avenue | 30 | 14 | 7 | 9 | 51 | 44 | 35 |
| Maidstone United | 30 | 13 | 8 | 9 | 56 | 45 | 34 |
| Bromley | 30 | 12 | 10 | 8 | 57 | 51 | 34 |
| Leytonstone | 30 | 12 | 7 | 11 | 48 | 50 | 31 |
| Wycombe Wanderers | 30 | 10 | 10 | 10 | 56 | 61 | 30 |
| St Albans City | 30 | 11 | 5 | 14 | 54 | 49 | 27 |
| Barking | 30 | 8 | 10 | 12 | 39 | 50 | 26 |
| Oxford City | 30 | 8 | 9 | 13 | 55 | 64 | 25 |
| Woking | 30 | 8 | 6 | 16 | 42 | 66 | 22 |
| Clapton | 30 | 7 | 4 | 19 | 30 | 71 | 18 |
| Dulwich Hamlet | 30 | 4 | 5 | 21 | 30 | 71 | 13 |
| Corinthian Casuals | 30 | 4 | 4 | 22 | 28 | 71 | 12 |

## 1963-64

| | | | | | | | |
|---|---|---|---|---|---|---|---|
| Wimbledon | 38 | 27 | 6 | 5 | 87 | 44 | 60 |
| Hendon | 38 | 25 | 4 | 9 | 124 | 38 | 54 |
| Kingstonian | 38 | 24 | 4 | 10 | 100 | 62 | 52 |
| Sutton United | 38 | 23 | 5 | 10 | 99 | 64 | 51 |
| Enfield | 38 | 20 | 10 | 8 | 96 | 56 | 50 |
| Oxford City | 38 | 20 | 8 | 10 | 90 | 55 | 48 |
| Tooting & Mitcham United | 38 | 19 | 8 | 11 | 78 | 51 | 46 |
| St Albans City | 38 | 14 | 12 | 12 | 62 | 63 | 40 |
| Ilford | 38 | 16 | 8 | 14 | 75 | 79 | 40 |
| Maidstone United | 38 | 15 | 8 | 15 | 65 | 71 | 38 |
| Walthamstow Avenue | 38 | 15 | 6 | 17 | 70 | 66 | 36 |
| Leytonstone | 38 | 14 | 8 | 16 | 66 | 71 | 36 |
| Wycombe Wanderers | 38 | 13 | 6 | 19 | 74 | 80 | 32 |
| Hitchin Town | 38 | 14 | 4 | 20 | 67 | 100 | 32 |
| Bromley | 38 | 11 | 8 | 19 | 64 | 75 | 30 |
| Barking | 38 | 10 | 9 | 19 | 46 | 69 | 29 |
| Woking | 38 | 10 | 9 | 19 | 48 | 88 | 29 |
| Corinthian Casuals | 38 | 10 | 4 | 24 | 52 | 92 | 24 |
| Dulwich Hamlet | 38 | 6 | 12 | 20 | 47 | 97 | 24 |
| Clapton | 38 | 2 | 5 | 31 | 31 | 120 | 9 |

## 1964-65

| | | | | | | | |
|---|---|---|---|---|---|---|---|
| Hendon | 38 | 28 | 7 | 3 | 123 | 49 | 63 |
| Enfield | 38 | 29 | 5 | 4 | 98 | 35 | 63 |
| Kingstonian | 38 | 24 | 8 | 6 | 86 | 44 | 56 |
| Leytonstone | 38 | 24 | 5 | 9 | 115 | 62 | 53 |
| Oxford City | 38 | 20 | 7 | 11 | 76 | 51 | 47 |
| St Albans City | 38 | 18 | 9 | 11 | 63 | 43 | 45 |
| Sutton United | 38 | 17 | 11 | 10 | 74 | 57 | 45 |
| Wealdstone | 38 | 19 | 6 | 13 | 93 | 68 | 44 |
| Bromley | 38 | 14 | 11 | 13 | 71 | 80 | 39 |
| Tooting & Mitcham United | 38 | 15 | 7 | 16 | 71 | 66 | 37 |
| Hitchin Town | 38 | 13 | 9 | 16 | 61 | 66 | 35 |
| Walthamstow Avenue | 38 | 15 | 5 | 18 | 63 | 82 | 35 |
| Wycombe Wanderers | 38 | 13 | 7 | 18 | 70 | 85 | 33 |
| Corinthian Casuals | 38 | 13 | 7 | 18 | 56 | 77 | 33 |
| Barking | 38 | 10 | 8 | 20 | 58 | 80 | 28 |
| Ilford | 38 | 8 | 8 | 22 | 43 | 89 | 24 |
| Maidstone United | 38 | 8 | 6 | 24 | 49 | 86 | 22 |
| Dulwich Hamlet | 38 | 8 | 5 | 25 | 45 | 79 | 21 |
| Clapton | 38 | 8 | 3 | 27 | 43 | 91 | 19 |
| Woking | 38 | 7 | 4 | 27 | 45 | 113 | 18 |

Hendon beat Enfield in a play-off to decide the Championship

## 1965-66

| | P | W | D | L | F | A | Pts |
|---|---|---|---|---|---|---|---|
| Leytonstone | 38 | 27 | 7 | 4 | 98 | 33 | 63 |
| Hendon | 38 | 27 | 5 | 6 | 111 | 55 | 59 |
| Enfield | 38 | 24 | 8 | 6 | 104 | 54 | 56 |
| Wycombe Wanderers | 38 | 25 | 6 | 7 | 100 | 65 | 56 |
| Kingstonian | 38 | 24 | 5 | 9 | 94 | 55 | 53 |
| Wealdstone | 38 | 20 | 6 | 12 | 90 | 64 | 46 |
| Maidstone United | 38 | 19 | 6 | 13 | 74 | 61 | 44 |
| St Albans City | 38 | 19 | 5 | 14 | 57 | 56 | 43 |
| Sutton United | 38 | 17 | 7 | 14 | 83 | 72 | 41 |
| Tooting & Mitcham United | 38 | 16 | 7 | 15 | 65 | 58 | 39 |
| Corinthian Casuals | 38 | 17 | 5 | 16 | 74 | 67 | 39 |
| Woking | 38 | 12 | 10 | 16 | 60 | 83 | 34 |
| Walthamstow Avenue | 38 | 12 | 9 | 17 | 81 | 75 | 33 |
| Oxford City | 38 | 10 | 9 | 19 | 49 | 72 | 29 |
| Barking | 38 | 10 | 7 | 21 | 51 | 72 | 27 |
| Bromley | 38 | 10 | 5 | 23 | 69 | 101 | 25 |
| Ilford | 38 | 7 | 10 | 21 | 50 | 84 | 24 |
| Hitchin Town | 38 | 6 | 8 | 24 | 57 | 118 | 20 |
| Clapton | 38 | 5 | 6 | 27 | 46 | 103 | 16 |
| Dulwich Hamlet | 38 | 5 | 5 | 28 | 30 | 95 | 15 |

## 1966-67

| | P | W | D | L | F | A | Pts |
|---|---|---|---|---|---|---|---|
| Sutton United | 38 | 26 | 7 | 5 | 89 | 33 | 59 |
| Walthamstow Avenue | 38 | 22 | 12 | 4 | 89 | 47 | 56 |
| Wycombe Wanderers | 38 | 23 | 8 | 7 | 92 | 54 | 54 |
| Enfield | 38 | 25 | 2 | 11 | 87 | 33 | 52 |
| Hendon | 38 | 20 | 9 | 9 | 64 | 37 | 49 |
| Tooting & Mitcham United | 38 | 19 | 10 | 9 | 76 | 60 | 48 |
| Leytonstone | 38 | 19 | 9 | 10 | 67 | 38 | 47 |
| St Albans City | 38 | 16 | 12 | 10 | 59 | 45 | 44 |
| Kingstonian | 38 | 18 | 8 | 12 | 60 | 49 | 44 |
| Oxford City | 38 | 15 | 9 | 14 | 74 | 61 | 39 |
| Woking | 38 | 13 | 10 | 15 | 65 | 71 | 36 |
| Wealdstone | 38 | 13 | 8 | 17 | 72 | 73 | 34 |
| Barking | 38 | 11 | 12 | 15 | 56 | 61 | 34 |
| Bromley | 38 | 12 | 7 | 19 | 50 | 67 | 31 |
| Clapton | 38 | 10 | 8 | 20 | 49 | 92 | 28 |
| Ilford | 38 | 8 | 10 | 20 | 43 | 77 | 26 |
| Corinthian Casuals | 38 | 9 | 7 | 22 | 45 | 68 | 25 |
| Maidstone United | 38 | 6 | 10 | 22 | 43 | 90 | 22 |
| Hitchin Town | 38 | 8 | 6 | 24 | 39 | 89 | 22 |
| Dulwich Hamlet | 38 | 3 | 4 | 31 | 33 | 107 | 10 |

## 1967-68

| | P | W | D | L | F | A | Pts |
|---|---|---|---|---|---|---|---|
| Enfield | 38 | 28 | 8 | 2 | 85 | 22 | 64 |
| Sutton United | 38 | 22 | 11 | 5 | 89 | 27 | 55 |
| Hendon | 38 | 23 | 6 | 9 | 90 | 36 | 52 |
| Leytonstone | 38 | 21 | 10 | 7 | 78 | 41 | 52 |
| St Albans City | 38 | 20 | 8 | 10 | 78 | 41 | 48 |
| Walthamstow Avenue | 38 | 19 | 9 | 10 | 81 | 64 | 47 |
| Wealdstone | 38 | 19 | 8 | 11 | 80 | 45 | 46 |
| Tooting & Mitcham United | 38 | 19 | 5 | 14 | 57 | 45 | 43 |
| Barking | 38 | 17 | 8 | 13 | 75 | 57 | 42 |
| Oxford City | 38 | 17 | 4 | 17 | 59 | 58 | 38 |
| Kingstonian | 38 | 14 | 10 | 14 | 56 | 61 | 38 |
| Hitchin Town | 38 | 14 | 9 | 15 | 61 | 73 | 37 |
| Bromley | 38 | 12 | 10 | 16 | 58 | 80 | 34 |
| Wycombe Wanderers | 38 | 13 | 5 | 20 | 73 | 85 | 31 |
| Dulwich Hamlet | 38 | 10 | 7 | 21 | 39 | 66 | 27 |
| Clapton | 38 | 10 | 7 | 21 | 51 | 88 | 27 |
| Woking | 38 | 8 | 8 | 22 | 50 | 90 | 24 |
| Corinthian Casuals | 38 | 7 | 10 | 21 | 40 | 80 | 24 |
| Ilford | 38 | 7 | 7 | 24 | 41 | 77 | 21 |
| Maidstone United | 38 | 3 | 4 | 31 | 26 | 131 | 10 |

## 1968-69

| | P | W | D | L | F | A | Pts |
|---|---|---|---|---|---|---|---|
| Enfield | 38 | 27 | 7 | 4 | 103 | 28 | 61 |
| Hitchin Town | 38 | 23 | 10 | 5 | 67 | 41 | 56 |
| Sutton United | 38 | 22 | 9 | 7 | 83 | 29 | 53 |
| Wycombe Wanderers | 38 | 23 | 6 | 9 | 70 | 37 | 52 |
| Wealdstone | 38 | 20 | 11 | 7 | 73 | 48 | 51 |
| Hendon | 38 | 22 | 5 | 11 | 69 | 47 | 49 |
| St Albans City | 38 | 17 | 13 | 8 | 75 | 44 | 47 |
| Barking | 38 | 20 | 7 | 11 | 69 | 46 | 47 |
| Oxford City | 38 | 18 | 8 | 12 | 76 | 64 | 44 |
| Tooting & Mitcham United | 38 | 16 | 10 | 12 | 68 | 55 | 42 |
| Leytonstone | 38 | 18 | 4 | 16 | 71 | 53 | 40 |
| Kingstonian | 38 | 15 | 8 | 15 | 62 | 56 | 38 |
| Walthamstow Avenue | 38 | 10 | 10 | 18 | 47 | 71 | 30 |
| Maidstone United | 38 | 10 | 8 | 20 | 47 | 75 | 28 |
| Clapton | 38 | 10 | 7 | 21 | 52 | 76 | 27 |
| Woking | 38 | 8 | 7 | 23 | 45 | 77 | 23 |
| Bromley | 38 | 8 | 7 | 23 | 52 | 95 | 23 |
| Dulwich Hamlet | 38 | 6 | 9 | 23 | 31 | 77 | 21 |
| Ilford | 38 | 6 | 8 | 24 | 33 | 77 | 20 |
| Corinthian Casuals | 38 | 2 | 4 | 32 | 23 | 120 | 8 |

## 1969-70

| | P | W | D | L | F | A | Pts |
|---|---|---|---|---|---|---|---|
| Enfield | 38 | 27 | 8 | 3 | 91 | 26 | 62 |
| Wycombe Wanderers | 38 | 25 | 11 | 2 | 85 | 24 | 61 |
| Sutton United | 38 | 24 | 9 | 5 | 75 | 35 | 57 |
| Barking | 38 | 21 | 9 | 8 | 93 | 47 | 51 |
| Hendon | 38 | 19 | 12 | 7 | 77 | 44 | 50 |
| St Albans City | 38 | 21 | 8 | 9 | 69 | 40 | 50 |
| Hitchin Town | 38 | 19 | 10 | 9 | 71 | 40 | 48 |
| Tooting & Mitcham United | 38 | 19 | 5 | 14 | 88 | 62 | 43 |
| Leytonstone | 38 | 17 | 7 | 14 | 57 | 41 | 41 |
| Wealdstone | 38 | 15 | 10 | 13 | 53 | 48 | 40 |
| Oxford City | 38 | 15 | 7 | 16 | 61 | 78 | 37 |
| Kingstonian | 38 | 13 | 9 | 16 | 55 | 57 | 35 |
| Ilford | 38 | 8 | 15 | 15 | 42 | 73 | 31 |
| Dulwich Hamlet | 38 | 8 | 12 | 18 | 46 | 66 | 28 |
| Woking | 38 | 10 | 7 | 21 | 46 | 69 | 27 |
| Walthamstow Avenue | 38 | 11 | 5 | 22 | 52 | 81 | 27 |
| Clapton | 38 | 9 | 7 | 22 | 45 | 87 | 25 |
| Maidstone United | 38 | 7 | 8 | 23 | 48 | 84 | 22 |
| Corinthian Casuals | 38 | 6 | 3 | 29 | 30 | 99 | 15 |
| Bromley | 38 | 3 | 4 | 31 | 28 | 111 | 10 |

## 1970-71

| | P | W | D | L | F | A | Pts |
|---|---|---|---|---|---|---|---|
| Wycombe Wanderers | 38 | 28 | 6 | 4 | 93 | 32 | 62 |
| Sutton United | 38 | 29 | 3 | 6 | 76 | 35 | 61 |
| St Albans City | 38 | 23 | 10 | 5 | 87 | 26 | 56 |
| Enfield | 38 | 24 | 7 | 7 | 67 | 24 | 55 |
| Ilford | 38 | 21 | 7 | 10 | 74 | 51 | 49 |
| Hendon | 38 | 18 | 11 | 9 | 81 | 37 | 47 |
| Barking | 38 | 20 | 4 | 14 | 89 | 59 | 44 |
| Leytonstone | 38 | 17 | 10 | 11 | 68 | 50 | 44 |
| Woking | 38 | 18 | 6 | 14 | 57 | 50 | 42 |
| Walthamstow Avenue | 38 | 14 | 11 | 13 | 63 | 52 | 39 |
| Oxford City | 38 | 13 | 10 | 15 | 51 | 48 | 36 |
| Hitchin Town | 38 | 12 | 9 | 17 | 46 | 60 | 33 |
| Wealdstone | 38 | 12 | 8 | 18 | 45 | 64 | 32 |
| Tooting & Mitcham United | 38 | 11 | 9 | 18 | 44 | 66 | 31 |
| Kingstonian | 38 | 11 | 8 | 19 | 53 | 71 | 30 |
| Bromley | 38 | 10 | 6 | 22 | 34 | 77 | 26 |
| Dulwich Hamlet | 38 | 7 | 10 | 21 | 30 | 66 | 24 |
| Maidstone United | 38 | 7 | 6 | 25 | 42 | 84 | 20 |
| Clapton | 38 | 5 | 7 | 26 | 33 | 101 | 17 |
| Corinthian Casuals | 38 | 2 | 8 | 28 | 23 | 103 | 12 |

# Isthmian League 1971-1975

## 1971-72

| | | | | | | | |
|---|---|---|---|---|---|---|---|
| Wycombe Wanderers | 40 | 31 | 3 | 6 | 102 | 20 | 65 |
| Enfield | 40 | 26 | 8 | 6 | 90 | 41 | 60 |
| Walton & Hersham | 40 | 24 | 8 | 8 | 69 | 25 | 56 |
| Hendon | 40 | 23 | 10 | 7 | 79 | 35 | 56 |
| Bishop's Stortford | 40 | 24 | 5 | 11 | 61 | 37 | 53 |
| Sutton United | 40 | 21 | 10 | 9 | 77 | 43 | 52 |
| St Albans City | 40 | 23 | 4 | 13 | 74 | 47 | 50 |
| Ilford | 40 | 17 | 11 | 12 | 62 | 52 | 45 |
| Barking | 40 | 20 | 4 | 16 | 65 | 61 | 44 |
| Hitchin Town | 40 | 17 | 10 | 13 | 68 | 66 | 44 |
| Bromley | 40 | 16 | 10 | 14 | 67 | 64 | 42 |
| Hayes | 40 | 14 | 12 | 14 | 50 | 48 | 40 |
| Oxford City | 40 | 13 | 9 | 18 | 67 | 74 | 35 |
| Woking | 40 | 11 | 10 | 19 | 52 | 58 | 32 |
| Kingstonian | 40 | 10 | 12 | 18 | 49 | 59 | 32 |
| Walthamstow Avenue | 40 | 12 | 8 | 20 | 58 | 71 | 32 |
| Leytonstone | 40 | 11 | 8 | 21 | 48 | 68 | 30 |
| Tooting & Mitcham United | 40 | 6 | 9 | 25 | 38 | 93 | 21 |
| Clapton | 40 | 7 | 7 | 26 | 45 | 118 | 21 |
| Dulwich Hamlet | 40 | 4 | 12 | 24 | 35 | 81 | 20 |
| Corinthian Casuals | 40 | 3 | 4 | 33 | 21 | 116 | 10 |

## 1972-73

| | | | | | | | |
|---|---|---|---|---|---|---|---|
| Hendon | 42 | 34 | 6 | 2 | 88 | 18 | 74 |
| Walton & Hersham | 42 | 25 | 11 | 6 | 60 | 25 | 61 |
| Leatherhead | 42 | 23 | 10 | 9 | 76 | 32 | 56 |
| Wycombe Wanderers | 42 | 25 | 6 | 11 | 66 | 32 | 56 |
| Walthamstow Avenue | 42 | 20 | 12 | 10 | 66 | 48 | 52 |
| Tooting & Mitcham United | 42 | 20 | 11 | 11 | 73 | 39 | 51 |
| Sutton United | 42 | 21 | 9 | 12 | 69 | 48 | 51 |
| Kingstonian | 42 | 20 | 10 | 12 | 60 | 49 | 50 |
| Enfield | 42 | 20 | 8 | 14 | 90 | 54 | 48 |
| Bishop's Stortford | 42 | 18 | 12 | 12 | 58 | 51 | 48 |
| Hayes | 42 | 19 | 8 | 15 | 69 | 42 | 46 |
| Dulwich Hamlet | 42 | 18 | 9 | 15 | 59 | 52 | 45 |
| Ilford | 42 | 18 | 9 | 15 | 61 | 59 | 45 |
| Leytonstone | 42 | 17 | 11 | 14 | 55 | 54 | 45 |
| Woking | 42 | 18 | 8 | 16 | 61 | 56 | 44 |
| Hitchin Town | 42 | 15 | 9 | 18 | 52 | 64 | 39 |
| Barking | 42 | 8 | 7 | 27 | 45 | 88 | 23 |
| St Albans City | 42 | 5 | 12 | 25 | 34 | 76 | 22 |
| Oxford City | 42 | 6 | 7 | 29 | 30 | 101 | 19 |
| Bromley | 42 | 4 | 10 | 28 | 31 | 70 | 18 |
| Clapton | 42 | 3 | 11 | 28 | 31 | 100 | 17 |
| Corinthian Casuals | 42 | 3 | 8 | 31 | 30 | 106 | 14 |

## 1973-74 First Division

| | | | | | | | |
|---|---|---|---|---|---|---|---|
| Wycombe Wanderers | 42 | 27 | 9 | 6 | 96 | 34 | 90 |
| Hendon | 42 | 25 | 13 | 4 | 63 | 20 | 88 |
| Bishop's Stortford | 42 | 26 | 9 | 7 | 78 | 26 | 87 |
| Dulwich Hamlet | 42 | 22 | 11 | 9 | 71 | 38 | 77 |
| Leatherhead | 42 | 23 | 6 | 13 | 81 | 44 | 75 |
| Walton & Hersham | 42 | 20 | 12 | 10 | 68 | 50 | 72 |
| Woking | 42 | 22 | 6 | 14 | 63 | 55 | 72 |
| Leytonstone | 42 | 20 | 9 | 13 | 63 | 44 | 69 |
| Ilford | 42 | 20 | 8 | 14 | 60 | 44 | 68 |
| Hayes | 42 | 17 | 14 | 11 | 65 | 43 | 65 |
| Oxford City | 42 | 15 | 16 | 11 | 45 | 47 | 61 |
| Sutton United | 42 | 13 | 16 | 13 | 51 | 52 | 55 |
| Hitchin Town | 42 | 15 | 10 | 17 | 68 | 73 | 55 |
| Barking | 42 | 14 | 12 | 16 | 57 | 58 | 54 |
| Kingstonian | 42 | 12 | 15 | 15 | 47 | 46 | 51 |
| Tooting & Mitcham United | 42 | 14 | 9 | 19 | 57 | 62 | 51 |
| Enfield | 42 | 13 | 11 | 18 | 50 | 57 | 50 |
| Walthamstow Avenue | 42 | 11 | 13 | 18 | 46 | 62 | 46 |
| Bromley | 42 | 7 | 9 | 26 | 37 | 81 | 30 |
| Clapton | 42 | 8 | 3 | 31 | 36 | 128 | 27 |
| St Albans City | 42 | 4 | 7 | 31 | 30 | 92 | 19 |
| Corinthian Casuals | 42 | 3 | 4 | 35 | 31 | 107 | 13 |

## Second Division

| | | | | | | | |
|---|---|---|---|---|---|---|---|
| Dagenham | 30 | 22 | 4 | 4 | 68 | 23 | 70 |
| Slough Town | 30 | 18 | 6 | 6 | 46 | 23 | 60 |
| Hertford Town | 30 | 17 | 5 | 8 | 46 | 29 | 56 |
| Chesham Town | 30 | 16 | 6 | 8 | 61 | 43 | 54 |
| Aveley | 30 | 16 | 5 | 9 | 50 | 28 | 53 |
| Tilbury | 30 | 14 | 5 | 11 | 47 | 36 | 47 |
| Maidenhead United | 30 | 12 | 11 | 7 | 36 | 30 | 47 |
| Horsham | 30 | 12 | 9 | 9 | 47 | 35 | 45 |
| Harwich & Parkeston | 30 | 11 | 9 | 10 | 46 | 41 | 42 |
| Staines Town | 30 | 10 | 8 | 12 | 34 | 41 | 38 |
| Carshalton Athletic | 30 | 8 | 8 | 14 | 34 | 51 | 32 |
| Hampton | 30 | 6 | 10 | 14 | 33 | 51 | 28 |
| Harlow Town | 30 | 6 | 9 | 15 | 33 | 48 | 27 |
| Finchley | 30 | 6 | 7 | 17 | 29 | 52 | 25 |
| Southall | 30 | 3 | 10 | 17 | 17 | 52 | 19 |
| Wokingham Town | 30 | 3 | 8 | 19 | 30 | 74 | 17 |

## 1974-75

### First Division

| | | | | | | | |
|---|---|---|---|---|---|---|---|
| Wycombe Wanderers | 42 | 28 | 11 | 3 | 93 | 30 | 95 |
| Enfield | 42 | 29 | 8 | 5 | 78 | 26 | 95 |
| Dagenham | 42 | 28 | 5 | 9 | 95 | 44 | 89 |
| Tooting & Mitcham United | 42 | 25 | 9 | 8 | 78 | 46 | 84 |
| Dulwich Hamlet | 42 | 24 | 10 | 8 | 75 | 38 | 82 |
| Leatherhead | 42 | 23 | 10 | 9 | 83 | 42 | 79 |
| Ilford | 42 | 23 | 10 | 9 | 98 | 51 | 79 |
| Oxford City | 42 | 17 | 9 | 16 | 63 | 56 | 60 |
| Slough Town | 42 | 17 | 6 | 19 | 68 | 52 | 57 |
| Sutton United | 42 | 17 | 6 | 19 | 68 | 63 | 57 |
| Bishop's Stortford | 42 | 17 | 6 | 19 | 56 | 64 | 57 |
| Hitchin Town | 42 | 15 | 10 | 17 | 57 | 71 | 55 |
| Hendon | 42 | 15 | 7 | 20 | 59 | 74 | 52 |
| Walthamstow Avenue | 42 | 13 | 9 | 20 | 56 | 62 | 48 |
| Woking | 42 | 12 | 10 | 20 | 53 | 73 | 46 |
| Hayes | 42 | 10 | 14 | 18 | 52 | 66 | 44 |
| Barking | 42 | 12 | 8 | 22 | 57 | 81 | 44 |
| Leytonstone | 42 | 12 | 7 | 23 | 42 | 61 | 43 |
| Kingstonian | 42 | 13 | 4 | 25 | 48 | 73 | 43 |
| Clapton | 42 | 12 | 4 | 26 | 46 | 96 | 40 |
| Walton & Hersham | 42 | 9 | 4 | 29 | 37 | 108 | 31 |
| Bromley | 42 | 6 | 3 | 33 | 25 | 110 | 21 |

### Second Division

| | | | | | | | |
|---|---|---|---|---|---|---|---|
| Staines Town | 34 | 23 | 2 | 9 | 65 | 23 | 71 |
| Southall | 34 | 20 | 3 | 11 | 55 | 41 | 63 |
| Tilbury | 34 | 19 | 5 | 10 | 64 | 36 | 60 |
| Harwich & Parkeston | 34 | 18 | 4 | 12 | 52 | 44 | 58 |
| Chesham United | 34 | 17 | 6 | 11 | 59 | 39 | 57 |
| St Albans City | 34 | 15 | 11 | 8 | 42 | 37 | 56 |
| Harlow Town | 34 | 16 | 6 | 12 | 53 | 47 | 54 |
| Horsham | 34 | 16 | 5 | 13 | 59 | 49 | 53 |
| Maidenhead United | 34 | 13 | 7 | 14 | 38 | 40 | 46 |
| Hampton | 34 | 12 | 7 | 15 | 44 | 42 | 43 |
| Croydon | 34 | 11 | 10 | 13 | 48 | 55 | 43 |
| Hertford Town | 34 | 10 | 7 | 17 | 35 | 52 | 37 |
| Boreham Wood | 34 | 7 | 15 | 12 | 41 | 49 | 36 |
| Wokingham Town | 34 | 10 | 6 | 18 | 32 | 43 | 36 |
| Finchley | 34 | 9 | 9 | 16 | 36 | 53 | 36 |
| Carshalton Athletic | 34 | 9 | 6 | 19 | 36 | 58 | 33 |
| Aveley | 34 | 9 | 7 | 18 | 34 | 63 | 34 |
| Corinthian Casuals | 34 | 8 | 9 | 17 | 35 | 59 | 33 |

Tilbury had 2 points deducted

## 1975-76 First Division

| Team | P | W | D | L | F | A | Pts |
|---|---|---|---|---|---|---|---|
| Enfield | 42 | 26 | 9 | 7 | 83 | 38 | 87 |
| Wycombe Wanderers | 42 | 24 | 10 | 8 | 71 | 41 | 82 |
| Dagenham | 42 | 25 | 6 | 11 | 89 | 55 | 81 |
| Ilford | 42 | 22 | 10 | 10 | 58 | 39 | 76 |
| Dulwich Hamlet | 42 | 22 | 5 | 15 | 67 | 41 | 71 |
| Hendon | 42 | 20 | 11 | 11 | 60 | 41 | 71 |
| Tooting & Mitcham United | 42 | 19 | 11 | 12 | 73 | 49 | 68 |
| Leatherhead | 42 | 19 | 10 | 13 | 63 | 53 | 67 |
| Staines Town | 42 | 19 | 9 | 14 | 46 | 37 | 66 |
| Slough Town | 42 | 17 | 12 | 13 | 58 | 45 | 63 |
| Sutton United | 42 | 17 | 11 | 14 | 71 | 60 | 62 |
| Bishop's Stortford | 42 | 15 | 12 | 15 | 51 | 47 | 57 |
| Walthamstow Avenue | 42 | 14 | 11 | 17 | 47 | 60 | 53 |
| Woking | 42 | 14 | 9 | 19 | 58 | 62 | 51 |
| Barking | 42 | 15 | 6 | 21 | 57 | 70 | 51 |
| Hitchin Town | 42 | 13 | 11 | 18 | 45 | 57 | 50 |
| Hayes | 42 | 10 | 19 | 13 | 44 | 48 | 49 |
| Kingstonian | 42 | 13 | 8 | 21 | 53 | 87 | 47 |
| Southall & Ealing Borough | 42 | 11 | 9 | 22 | 56 | 69 | 42 |
| Leytonstone | 42 | 10 | 10 | 22 | 41 | 63 | 40 |
| Oxford City | 42 | 9 | 8 | 25 | 29 | 65 | 35 |
| Clapton | 42 | 3 | 3 | 36 | 19 | 112 | 12 |

### Second Division

| Team | P | W | D | L | F | A | Pts |
|---|---|---|---|---|---|---|---|
| Tilbury | 42 | 32 | 6 | 4 | 97 | 30 | 102 |
| Croydon | 42 | 28 | 14 | 0 | 81 | 27 | 98 |
| Carshalton Athletic | 42 | 28 | 6 | 8 | 75 | 37 | 90 |
| Chesham United | 42 | 21 | 12 | 9 | 91 | 51 | 75 |
| Harwich & Parkeston | 42 | 21 | 11 | 10 | 78 | 56 | 74 |
| Hampton | 42 | 21 | 9 | 12 | 72 | 52 | 72 |
| St Albans City | 42 | 18 | 12 | 12 | 59 | 48 | 66 |
| Boreham Wood | 42 | 17 | 12 | 13 | 68 | 50 | 63 |
| Harrow Borough | 42 | 15 | 12 | 15 | 71 | 74 | 57 |
| Hornchurch | 42 | 15 | 11 | 16 | 61 | 61 | 56 |
| Horsham | 42 | 14 | 13 | 15 | 60 | 55 | 55 |
| Wembley | 42 | 14 | 13 | 15 | 51 | 54 | 55 |
| Wokingham Town | 42 | 13 | 16 | 13 | 45 | 52 | 55 |
| Walton & Hersham | 42 | 14 | 12 | 16 | 61 | 56 | 54 |
| Finchley | 42 | 14 | 11 | 17 | 52 | 53 | 53 |
| Bromley | 42 | 11 | 11 | 20 | 64 | 86 | 44 |
| Aveley | 42 | 11 | 9 | 22 | 34 | 51 | 42 |
| Harlow Town | 42 | 11 | 9 | 22 | 50 | 73 | 42 |
| Maidenhead United | 42 | 6 | 17 | 19 | 32 | 65 | 35 |
| Ware | 42 | 7 | 12 | 23 | 50 | 95 | 33 |
| Hertford Town | 42 | 5 | 9 | 28 | 32 | 87 | 24 |
| Corinthian Casuals | 42 | 4 | 7 | 31 | 42 | 113 | 19 |

## 1976-77 First Division

| Team | P | W | D | L | F | A | Pts |
|---|---|---|---|---|---|---|---|
| Enfield | 42 | 24 | 12 | 6 | 63 | 34 | 84 |
| Wycombe Wanderers | 42 | 25 | 8 | 9 | 71 | 34 | 83 |
| Dagenham | 42 | 23 | 10 | 9 | 80 | 39 | 79 |
| Hendon | 42 | 19 | 10 | 13 | 60 | 48 | 67 |
| Tilbury | 42 | 18 | 13 | 11 | 57 | 49 | 67 |
| Tooting & Mitcham | 42 | 18 | 10 | 14 | 85 | 72 | 64 |
| Walthamstow Avenue | 42 | 19 | 7 | 16 | 61 | 55 | 64 |
| Slough Town | 42 | 18 | 9 | 15 | 51 | 46 | 63 |
| Hitchin Town | 42 | 19 | 6 | 17 | 60 | 66 | 63 |
| Leatherhead | 42 | 18 | 7 | 17 | 61 | 47 | 61 |
| Staines Town | 42 | 16 | 13 | 13 | 52 | 48 | 61 |
| Leytonstone | 42 | 16 | 11 | 15 | 59 | 57 | 59 |
| Barking | 42 | 16 | 9 | 17 | 63 | 61 | 57 |
| Southall & Ealing Borough | 42 | 15 | 8 | 19 | 52 | 64 | 53 |
| Croydon | 42 | 13 | 10 | 19 | 38 | 52 | 49 |
| Sutton United | 42 | 14 | 7 | 21 | 40 | 55 | 49 |
| Kingstonian | 42 | 13 | 7 | 22 | 45 | 60 | 46 |
| Hayes | 42 | 12 | 10 | 20 | 49 | 69 | 46 |
| Woking | 42 | 11 | 12 | 19 | 47 | 61 | 45 |
| Bishop's Stortford | 42 | 11 | 11 | 20 | 51 | 71 | 44 |
| Dulwich Hamlet | 42 | 11 | 8 | 23 | 52 | 68 | 41 |
| Ilford | 42 | 10 | 8 | 24 | 32 | 73 | 38 |

### Second Division

| Team | P | W | D | L | F | A | Pts |
|---|---|---|---|---|---|---|---|
| Boreham Wood | 42 | 35 | 4 | 5 | 80 | 26 | 103 |
| Carshalton Athletic | 42 | 25 | 12 | 5 | 80 | 33 | 87 |
| Harwich & Parkeston | 42 | 23 | 8 | 11 | 93 | 61 | 77 |
| Wembley | 42 | 23 | 8 | 11 | 82 | 58 | 77 |
| Harrow Borough | 42 | 21 | 12 | 9 | 78 | 44 | 75 |
| Horsham | 42 | 23 | 5 | 14 | 67 | 56 | 74 |
| Bromley | 42 | 20 | 10 | 12 | 71 | 46 | 70 |
| Oxford City | 42 | 20 | 8 | 14 | 73 | 55 | 68 |
| Hampton | 42 | 20 | 8 | 14 | 62 | 45 | 68 |
| Wokingham Town | 42 | 16 | 14 | 12 | 60 | 44 | 62 |
| Hornchurch | 42 | 18 | 7 | 17 | 62 | 53 | 61 |
| Chesham United | 42 | 17 | 10 | 15 | 63 | 66 | 61 |
| St Albans City | 42 | 16 | 12 | 14 | 59 | 53 | 60 |
| Walton & Hersham | 42 | 17 | 9 | 16 | 57 | 56 | 60 |
| Aveley | 42 | 14 | 8 | 20 | 49 | 62 | 50 |
| Corinthian Casuals | 42 | 13 | 6 | 23 | 52 | 75 | 45 |
| Harlow Town | 42 | 11 | 8 | 23 | 39 | 77 | 41 |
| Hertford Town | 42 | 9 | 9 | 24 | 45 | 80 | 36 |
| Maidenhead United | 42 | 8 | 8 | 26 | 36 | 73 | 32 |
| Clapton | 42 | 7 | 9 | 28 | 43 | 87 | 30 |
| Finchley | 42 | 5 | 13 | 24 | 36 | 82 | 28 |
| Ware | 42 | 5 | 8 | 29 | 43 | 98 | 23 |

## 1977-78 Premier Division

| Team | P | W | D | L | F | A | Pts |
|---|---|---|---|---|---|---|---|
| Enfield | 42 | 35 | 5 | 2 | 96 | 27 | 110 |
| Dagenham | 42 | 24 | 7 | 11 | 78 | 55 | 79 |
| Wycombe Wanderers | 42 | 22 | 9 | 11 | 66 | 41 | 75 |
| Tooting & Mitcham United | 42 | 22 | 8 | 12 | 64 | 49 | 74 |
| Hitchin Town | 42 | 20 | 9 | 13 | 69 | 53 | 69 |
| Sutton United | 42 | 18 | 12 | 12 | 66 | 57 | 66 |
| Leatherhead | 42 | 18 | 11 | 13 | 62 | 48 | 65 |
| Croydon | 42 | 18 | 10 | 14 | 61 | 52 | 64 |
| Walthamstow Avenue | 42 | 17 | 12 | 13 | 64 | 61 | 63 |
| Barking | 42 | 17 | 7 | 18 | 76 | 66 | 58 |
| Carshalton Athletic | 42 | 15 | 11 | 16 | 60 | 62 | 56 |
| Hayes | 42 | 15 | 11 | 16 | 46 | 53 | 56 |
| Hendon | 42 | 16 | 7 | 19 | 57 | 55 | 55 |
| Woking | 42 | 14 | 11 | 17 | 62 | 52 | 53 |
| Boreham Wood | 42 | 15 | 8 | 19 | 48 | 65 | 53 |
| Slough Town | 42 | 14 | 8 | 20 | 52 | 69 | 0 |
| Staines Town | 42 | 13 | 17 | 46 | 60 | 49 | |
| Tilbury | 42 | 11 | 12 | 19 | 57 | 68 | 45 |
| Kingstonian | 42 | 8 | 13 | 21 | 43 | 65 | 37 |
| Leytonstone | 42 | 7 | 15 | 20 | 44 | 71 | 36 |
| Southall & Ealing Borough | 42 | 6 | 15 | 21 | 43 | 74 | 33 |
| Bishop's Stortford | 42 | 7 | 8 | 27 | 36 | 83 | 29 |

### First Division

| Team | P | W | D | L | F | A | Pts |
|---|---|---|---|---|---|---|---|
| Dulwich Hamlet | 42 | 28 | 9 | 5 | 91 | 25 | 93 |
| Oxford City | 42 | 26 | 5 | 11 | 85 | 44 | 83 |
| Bromley | 42 | 23 | 13 | 6 | 74 | 41 | 82 |
| Walton & Hersham | 42 | 22 | 11 | 9 | 69 | 41 | 77 |
| Ilford | 42 | 21 | 14 | 7 | 57 | 47 | 77 |
| St Albans City | 42 | 22 | 10 | 10 | 83 | 46 | 76 |
| Wokingham Town | 42 | 19 | 12 | 11 | 69 | 48 | 69 |
| Harlow Town | 42 | 19 | 8 | 15 | 63 | 49 | 65 |
| Harrow Borough | 42 | 17 | 10 | 15 | 59 | 54 | 61 |
| Maidenhead United | 42 | 16 | 13 | 13 | 55 | 54 | 61 |
| Hertford Town | 42 | 15 | 14 | 13 | 57 | 51 | 59 |
| Chesham United | 42 | 14 | 13 | 15 | 69 | 70 | 55 |
| Hampton | 42 | 13 | 13 | 16 | 49 | 53 | 52 |
| Harwich & Parkeston | 42 | 12 | 13 | 17 | 68 | 79 | 49 |
| Wembley | 42 | 15 | 3 | 24 | 56 | 82 | 48 |
| Horsham | 42 | 12 | 10 | 20 | 41 | 57 | 46 |
| Finchley | 42 | 11 | 13 | 18 | 41 | 68 | 46 |
| Aveley | 42 | 13 | 7 | 22 | 47 | 75 | 46 |
| Ware | 42 | 8 | 13 | 21 | 61 | 95 | 37 |
| Clapton | 42 | 10 | 6 | 26 | 46 | 78 | 36 |
| Hornchurch | 42 | 8 | 10 | 24 | 47 | 81 | 34 |
| Corinthian Casuals | 42 | 3 | 10 | 29 | 40 | 88 | 19 |

# Isthmian League 1978-1980

## Second Division

| | | | | | | |
|---|---|---|---|---|---|---|
| Epsom & Ewell | 32 | 21 | 5 | 6 | 65 | 34 | 68 |
| Metropolitan Police | 32 | 19 | 6 | 7 | 53 | 30 | 63 |
| Farnborough Town | 32 | 19 | 4 | 9 | 68 | 40 | 61 |
| Molesey | 32 | 17 | 8 | 7 | 47 | 27 | 59 |
| Egham Town | 32 | 15 | 9 | 8 | 52 | 34 | 54 |
| Tring Town | 32 | 14 | 11 | 7 | 62 | 32 | 53 |
| Letchworth Garden City | 32 | 14 | 11 | 7 | 67 | 48 | 53 |
| Lewes | 32 | 13 | 7 | 12 | 52 | 51 | 46 |
| Rainham Town | 32 | 13 | 6 | 13 | 42 | 50 | 45 |
| Worthing | 32 | 11 | 9 | 12 | 40 | 45 | 42 |
| Eastbourne United | 32 | 10 | 8 | 14 | 40 | 50 | 38 |
| Cheshunt | 32 | 9 | 6 | 17 | 43 | 60 | 33 |
| Feltham | 32 | 7 | 9 | 16 | 30 | 49 | 30 |
| Camberley Town | 32 | 6 | 11 | 15 | 32 | 49 | 29 |
| Hemel Hempstead | 32 | 6 | 9 | 17 | 33 | 50 | 27 |
| Epping Town | 32 | 7 | 6 | 19 | 37 | 64 | 27 |
| Willesden | 32 | 7 | 3 | 22 | 38 | 88 | 24 |

## Second Division

| | | | | | | |
|---|---|---|---|---|---|---|
| Farnborough Town | 34 | 26 | 3 | 5 | 77 | 34 | 81 |
| Camberley Town | 34 | 21 | 8 | 5 | 71 | 32 | 71 |
| Molesey | 34 | 19 | 11 | 4 | 55 | 33 | 68 |
| Lewes | 34 | 19 | 6 | 9 | 66 | 50 | 63 |
| Feltham | 34 | 16 | 7 | 11 | 47 | 36 | 55 |
| Letchworth Garden City | 34 | 14 | 10 | 10 | 56 | 48 | 52 |
| Eastbourne United | 34 | 16 | 4 | 14 | 47 | 45 | 52 |
| Hemel Hempstead | 34 | 13 | 11 | 10 | 46 | 37 | 50 |
| Epping Town | 34 | 14 | 7 | 13 | 49 | 44 | 49 |
| Rainham Town | 34 | 13 | 10 | 11 | 42 | 41 | 49 |
| Cheshunt | 34 | 11 | 8 | 15 | 43 | 49 | 41 |
| Hungerford Town | 34 | 11 | 8 | 15 | 48 | 58 | 41 |
| Worthing | 34 | 9 | 8 | 17 | 40 | 50 | 35 |
| Hornchurch | 34 | 9 | 8 | 17 | 39 | 62 | 35 |
| Egham Town | 34 | 7 | 12 | 15 | 48 | 54 | 33 |
| Tring Town | 34 | 6 | 8 | 20 | 33 | 56 | 26 |
| Willesden | 34 | 6 | 8 | 20 | 41 | 77 | 26 |
| Corinthian Casuals | 34 | 4 | 7 | 23 | 23 | 65 | 19 |

## 1978-79

### Premier Division

| | | | | | | |
|---|---|---|---|---|---|---|
| Barking | 42 | 28 | 9 | 5 | 92 | 50 | 93 |
| Dagenham | 42 | 25 | 6 | 11 | 83 | 63 | 81 |
| Enfield | 42 | 22 | 11 | 9 | 69 | 37 | 77 |
| Dulwich Hamlet | 42 | 21 | 13 | 8 | 69 | 39 | 76 |
| Slough Town | 42 | 20 | 12 | 10 | 61 | 44 | 72 |
| Wycombe Wanderers | 42 | 20 | 9 | 13 | 59 | 44 | 69 |
| Woking | 42 | 18 | 14 | 10 | 79 | 59 | 68 |
| Croydon | 42 | 19 | 9 | 14 | 61 | 51 | 66 |
| Hendon | 42 | 16 | 14 | 12 | 55 | 48 | 62 |
| Leatherhead | 42 | 17 | 9 | 16 | 57 | 45 | 60 |
| Sutton United | 42 | 17 | 9 | 16 | 62 | 51 | 60 |
| Tooting & Mitcham United | 42 | 15 | 14 | 13 | 52 | 52 | 59 |
| Walthamstow Avenue | 42 | 15 | 6 | 21 | 61 | 69 | 51 |
| Tilbury | 42 | 13 | 1 | 18 | 60 | 76 | 50 |
| Boreham Wood | 42 | 13 | 10 | 19 | 50 | 67 | 49 |
| Hitchin Town | 42 | 12 | 11 | 19 | 59 | 71 | 47 |
| Carshalton Athletic | 42 | 10 | 16 | 16 | 49 | 69 | 46 |
| Hayes | 42 | 9 | 18 | 15 | 45 | 58 | 45 |
| Oxford City | 42 | 12 | 7 | 23 | 50 | 80 | 43 |
| Staines Town | 42 | 6 | 16 | 20 | 40 | 64 | 34 |
| Leytonstone | 42 | 8 | 7 | 27 | 36 | 75 | 31 |
| Kingstonian | 42 | 3 | 15 | 24 | 35 | 72 | 24 |

### First Division

| | | | | | | |
|---|---|---|---|---|---|---|
| Harlow Town | 42 | 31 | 7 | 4 | 93 | 32 | 100 |
| Harrow Borough | 42 | 26 | 8 | 8 | 85 | 49 | 86 |
| Maidenhead United | 42 | 25 | 6 | 11 | 72 | 50 | 81 |
| Bishop's Stortford | 42 | 22 | 11 | 9 | 68 | 40 | 77 |
| Horsham | 42 | 23 | 7 | 12 | 63 | 47 | 76 |
| Hertford Town | 42 | 21 | 11 | 10 | 62 | 41 | 74 |
| Harwich & Parkeston | 42 | 22 | 5 | 15 | 90 | 57 | 71 |
| Bromley | 42 | 18 | 12 | 12 | 76 | 50 | 66 |
| Hampton | 42 | 17 | 11 | 14 | 59 | 47 | 62 |
| Epsom & Ewell | 42 | 18 | 7 | 17 | 69 | 57 | 61 |
| Wembley | 42 | 15 | 14 | 13 | 57 | 50 | 59 |
| Aveley | 42 | 17 | 6 | 19 | 57 | 67 | 57 |
| Wokingham Town | 42 | 17 | 8 | 17 | 64 | 68 | 56 |
| Clapton | 42 | 15 | 8 | 19 | 67 | 80 | 53 |
| Metropolitan Police | 42 | 12 | 13 | 17 | 58 | 55 | 49 |
| Walton & Hersham | 42 | 12 | 9 | 21 | 47 | 71 | 45 |
| Ilford | 42 | 13 | 5 | 24 | 48 | 80 | 44 |
| Ware | 42 | 11 | 10 | 21 | 46 | 69 | 43 |
| Chesham United | 42 | 11 | 9 | 22 | 46 | 66 | 42 |
| Finchley | 42 | 7 | 15 | 20 | 43 | 74 | 36 |
| St Albans City | 42 | 7 | 7 | 28 | 43 | 90 | 28 |
| Southall & Ealing Borough | 42 | 5 | 5 | 32 | 41 | 114 | 20 |

Wokingham Town had 3 points deducted

## 1979-80

### Premier Division

| | | | | | | |
|---|---|---|---|---|---|---|
| Enfield | 42 | 25 | 9 | 8 | 74 | 32 | 84 |
| Walthamstow Avenue | 42 | 24 | 9 | 9 | 87 | 48 | 81 |
| Dulwich Hamlet | 42 | 21 | 16 | 5 | 66 | 37 | 79 |
| Sutton United | 42 | 20 | 13 | 9 | 67 | 40 | 73 |
| Dagenham | 42 | 20 | 13 | 9 | 82 | 56 | 73 |
| Tooting & Mitcham United | 42 | 21 | 6 | 15 | 62 | 59 | 69 |
| Barking | 42 | 19 | 10 | 13 | 72 | 51 | 67 |
| Harrow Borough | 42 | 17 | 15 | 10 | 64 | 51 | 66 |
| Woking | 42 | 17 | 13 | 12 | 78 | 59 | 64 |
| Wycombe Wanderers | 42 | 17 | 13 | 12 | 72 | 53 | 64 |
| Harlow Town | 42 | 14 | 12 | 16 | 55 | 61 | 54 |
| Hitchin Town | 42 | 13 | 15 | 14 | 55 | 69 | 54 |
| Hendon | 42 | 12 | 13 | 17 | 50 | 57 | 49 |
| Slough Town | 42 | 13 | 10 | 19 | 54 | 71 | 49 |
| Boreham Wood | 42 | 13 | 10 | 19 | 50 | 69 | 49 |
| Staines Town | 42 | 14 | 6 | 22 | 46 | 67 | 48 |
| Hayes | 42 | 12 | 9 | 21 | 48 | 68 | 45 |
| Leatherhead | 42 | 11 | 11 | 20 | 51 | 60 | 44 |
| Carshalton Athletic | 42 | 12 | 7 | 23 | 48 | 78 | 43 |
| Croydon | 42 | 10 | 10 | 22 | 51 | 59 | 40 |
| Oxford City | 42 | 10 | 9 | 23 | 49 | 87 | 39 |
| Tilbury | 42 | 7 | 11 | 24 | 41 | 90 | 30 |

Tilbury had 2 points deducted

### First Division

| | | | | | | |
|---|---|---|---|---|---|---|
| Leytonstone & Ilford | 42 | 31 | 6 | 5 | 83 | 35 | 99 |
| Bromley | 42 | 24 | 10 | 8 | 93 | 44 | 82 |
| Maidenhead United | 42 | 24 | 8 | 10 | 81 | 46 | 80 |
| Bishop's Stortford | 42 | 24 | 8 | 10 | 74 | 47 | 80 |
| Kingstonian | 42 | 22 | 8 | 12 | 59 | 44 | 74 |
| Chesham United | 42 | 18 | 13 | 11 | 68 | 56 | 67 |
| St Albans City | 42 | 17 | 13 | 12 | 65 | 47 | 64 |
| Farnborough Town | 42 | 19 | 7 | 16 | 70 | 57 | 64 |
| Epsom & Ewell | 42 | 18 | 7 | 17 | 62 | 57 | 61 |
| Camberley Town | 42 | 16 | 10 | 16 | 43 | 38 | 58 |
| Walton & Hersham | 42 | 15 | 12 | 15 | 61 | 50 | 57 |
| Wembley | 42 | 16 | 8 | 18 | 46 | 52 | 56 |
| Wokingham Town | 42 | 14 | 11 | 17 | 45 | 49 | 53 |
| Hertford Town | 42 | 13 | 11 | 18 | 71 | 74 | 50 |
| Aveley | 42 | 12 | 13 | 17 | 45 | 55 | 49 |
| Hampton | 42 | 14 | 7 | 21 | 57 | 74 | 49 |
| Finchley | 42 | 13 | 9 | 20 | 44 | 59 | 48 |
| Metropolitan Police | 42 | 13 | 8 | 21 | 46 | 67 | 47 |
| Ware | 42 | 11 | 12 | 19 | 45 | 61 | 45 |
| Clapton | 42 | 14 | 3 | 25 | 48 | 77 | 45 |
| Harwich & Parkeston | 42 | 11 | 6 | 25 | 51 | 84 | 38 |
| Horsham | 42 | 6 | 4 | 32 | 29 | 113 | 22 |

Harwich & Parkeston had 1 point deducted

## Second Division

| | | | | | | | |
|---|---|---|---|---|---|---|---|
| Billericay Town | 36 | 31 | 3 | 2 | 100 | 18 | 96 |
| Lewes | 36 | 24 | 7 | 5 | 82 | 33 | 79 |
| Hungerford Town | 36 | 21 | 8 | 7 | 78 | 36 | 71 |
| Eastbourne United | 36 | 21 | 6 | 9 | 77 | 45 | 69 |
| Letchworth Garden City | 36 | 21 | 6 | 9 | 63 | 32 | 69 |
| Hornchurch | 36 | 21 | 6 | 9 | 66 | 39 | 69 |
| Molesey | 36 | 15 | 9 | 12 | 67 | 60 | 54 |
| Barton Rovers | 36 | 15 | 7 | 14 | 49 | 49 | 52 |
| Worthing | 36 | 14 | 9 | 13 | 58 | 54 | 51 |
| Cheshunt | 36 | 13 | 7 | 16 | 47 | 52 | 46 |
| Rainham Town | 36 | 12 | 7 | 17 | 54 | 65 | 43 |
| Egham Town | 36 | 11 | 9 | 16 | 47 | 53 | 42 |
| Southall & Ealing Borough | 36 | 11 | 6 | 19 | 43 | 69 | 39 |
| Feltham | 36 | 8 | 11 | 17 | 23 | 49 | 35 |
| Tring Town | 36 | 7 | 13 | 16 | 38 | 55 | 34 |
| Epping Town | 36 | 10 | 4 | 22 | 44 | 69 | 34 |
| Willesden | 36 | 9 | 6 | 21 | 32 | 83 | 33 |
| Hemel Hempstead | 36 | 4 | 9 | 23 | 33 | 72 | 21 |
| Corinthian Casuals | 36 | 6 | 3 | 27 | 24 | 92 | 21 |

## 1980-81 Premier Division

| | | | | | | | |
|---|---|---|---|---|---|---|---|
| Slough Town | 42 | 23 | 13 | 6 | 73 | 34 | 82 |
| Enfield | 42 | 23 | 11 | 8 | 81 | 43 | 80 |
| Wycombe Wanderers | 42 | 22 | 9 | 11 | 76 | 49 | 75 |
| Leytonstone & Ilford | 42 | 19 | 12 | 11 | 78 | 57 | 69 |
| Sutton United | 42 | 19 | 12 | 11 | 82 | 65 | 69 |
| Hendon | 42 | 18 | 10 | 14 | 66 | 58 | 64 |
| Dagenham | 42 | 17 | 11 | 14 | 79 | 66 | 62 |
| Hayes | 42 | 18 | 8 | 16 | 45 | 50 | 62 |
| Harrow Borough | 42 | 16 | 11 | 15 | 57 | 52 | 59 |
| Bromley | 42 | 16 | 9 | 17 | 63 | 69 | 57 |
| Staines Town | 42 | 15 | 9 | 18 | 60 | 61 | 54 |
| Tooting & Mitcham United | 42 | 15 | 8 | 19 | 49 | 53 | 53 |
| Hitchin Town | 42 | 14 | 10 | 18 | 64 | 62 | 52 |
| Croydon | 42 | 12 | 15 | 15 | 51 | 51 | 51 |
| Dulwich Hamlet | 42 | 13 | 12 | 17 | 62 | 67 | 51 |
| Leatherhead | 42 | 12 | 14 | 16 | 36 | 50 | 50 |
| Carshalton Athletic | 42 | 14 | 8 | 20 | 57 | 82 | 50 |
| Barking | 42 | 13 | 12 | 17 | 58 | 72 | 49 |
| Harlow Town | 42 | 11 | 15 | 16 | 53 | 66 | 48 |
| Walthamstow Avenue | 42 | 13 | 7 | 22 | 50 | 81 | 46 |
| Boreham Wood | 42 | 10 | 13 | 19 | 46 | 69 | 43 |
| Woking | 42 | 11 | 7 | 24 | 40 | 69 | 37 |

Barking had 1 point deducted
Woking had 3 points deducted

### First Division

| | | | | | | | |
|---|---|---|---|---|---|---|---|
| Bishop's Stortford | 42 | 30 | 6 | 6 | 84 | 28 | 96 |
| Billericay Town | 42 | 29 | 6 | 7 | 67 | 34 | 93 |
| Epsom & Ewell | 42 | 24 | 12 | 6 | 80 | 36 | 84 |
| Farnborough Town | 42 | 23 | 11 | 8 | 75 | 39 | 80 |
| St Albans City | 42 | 24 | 5 | 13 | 85 | 61 | 77 |
| Kingstonian | 42 | 20 | 9 | 13 | 63 | 52 | 66 |
| Oxford City | 42 | 18 | 9 | 15 | 71 | 48 | 63 |
| Wokingham Town | 42 | 16 | 15 | 11 | 70 | 56 | 63 |
| Metropolitan Police | 42 | 18 | 7 | 17 | 61 | 58 | 61 |
| Chesham United | 42 | 17 | 7 | 18 | 64 | 64 | 58 |
| Lewes | 42 | 17 | 7 | 18 | 72 | 83 | 58 |
| Maidenhead United | 42 | 16 | 7 | 19 | 58 | 62 | 55 |
| Walton & Hersham | 42 | 12 | 15 | 15 | 46 | 53 | 51 |
| Hertford Town | 42 | 13 | 11 | 18 | 46 | 65 | 50 |
| Hampton | 42 | 12 | 13 | 17 | 46 | 53 | 49 |
| Aveley | 42 | 13 | 9 | 20 | 54 | 55 | 48 |
| Wembley | 42 | 13 | 8 | 21 | 47 | 61 | 47 |
| Clapton | 42 | 12 | 8 | 22 | 53 | 86 | 44 |
| Ware | 42 | 9 | 13 | 20 | 50 | 69 | 40 |
| Tilbury | 42 | 10 | 8 | 24 | 42 | 84 | 35 |
| Camberley Town | 42 | 8 | 7 | 27 | 42 | 88 | 31 |
| Finchley | 42 | 6 | 11 | 25 | 36 | 77 | 29 |

Kingstonian and Tilbury both had 3 points deducted

## Second Division

| | | | | | | | |
|---|---|---|---|---|---|---|---|
| Feltham | 38 | 24 | 10 | 4 | 65 | 30 | 82 |
| Hornchurch | 38 | 25 | 6 | 7 | 74 | 35 | 81 |
| Hungerford Town | 38 | 23 | 10 | 5 | 84 | 29 | 79 |
| Barton Rovers | 38 | 19 | 11 | 8 | 61 | 25 | 68 |
| Worthing | 38 | 19 | 11 | 8 | 74 | 43 | 68 |
| Cheshunt | 38 | 19 | 11 | 8 | 57 | 33 | 68 |
| Letchworth Garden City | 38 | 18 | 7 | 13 | 49 | 40 | 61 |
| Southall | 38 | 14 | 11 | 13 | 48 | 52 | 53 |
| Dorking Town | 38 | 13 | 12 | 13 | 47 | 45 | 51 |
| Horsham | 38 | 16 | 3 | 19 | 47 | 47 | 51 |
| Hemel Hempstead | 38 | 14 | 7 | 17 | 47 | 54 | 49 |
| Egham Town | 38 | 13 | 9 | 16 | 45 | 62 | 48 |
| Harwich & Parkeston | 38 | 12 | 11 | 15 | 57 | 58 | 47 |
| Rainham Town | 38 | 11 | 13 | 14 | 44 | 45 | 46 |
| Epping Town | 38 | 12 | 7 | 19 | 37 | 50 | 43 |
| Eastbourne United | 38 | 11 | 10 | 17 | 59 | 75 | 43 |
| Willesden | 38 | 11 | 8 | 19 | 57 | 68 | 41 |
| Tring Town | 38 | 11 | 6 | 21 | 40 | 71 | 39 |
| Molesey | 38 | 4 | 9 | 25 | 31 | 83 | 21 |
| Corinthian Casuals | 38 | 1 | 8 | 29 | 17 | 95 | 11 |

## 1981-82

### Premier Division

| | | | | | | | |
|---|---|---|---|---|---|---|---|
| Leytonstone & Ilford | 42 | 26 | 5 | 11 | 91 | 52 | 83 |
| Sutton United | 42 | 22 | 9 | 11 | 72 | 49 | 75 |
| Wycombe Wanderers | 42 | 21 | 10 | 11 | 63 | 48 | 73 |
| Staines Town | 42 | 21 | 9 | 12 | 58 | 45 | 72 |
| Walthamstow Avenue | 42 | 21 | 7 | 14 | 81 | 62 | 70 |
| Harrow Borough | 42 | 18 | 13 | 11 | 77 | 55 | 67 |
| Tooting & Mitcham United | 42 | 19 | 10 | 13 | 58 | 47 | 67 |
| Slough Town | 42 | 17 | 13 | 12 | 64 | 54 | 64 |
| Leatherhead | 42 | 16 | 12 | 14 | 57 | 52 | 60 |
| Hayes | 42 | 16 | 10 | 16 | 58 | 52 | 58 |
| Croydon | 42 | 16 | 9 | 17 | 59 | 57 | 57 |
| Barking | 42 | 14 | 14 | 14 | 53 | 51 | 56 |
| Hendon | 42 | 13 | 13 | 16 | 56 | 65 | 52 |
| Dulwich Hamlet | 42 | 14 | 10 | 18 | 47 | 59 | 52 |
| Bishop's Stortford | 42 | 15 | 5 | 22 | 50 | 70 | 50 |
| Carshalton Athletic | 42 | 14 | 8 | 20 | 58 | 86 | 50 |
| Billericay Town | 42 | 11 | 16 | 15 | 41 | 50 | 49 |
| Hitchin Town | 42 | 12 | 11 | 19 | 56 | 77 | 47 |
| Bromley | 42 | 13 | 7 | 22 | 63 | 79 | 46 |
| Woking | 42 | 11 | 13 | 18 | 57 | 75 | 46 |
| Harlow Town | 42 | 10 | 11 | 21 | 50 | 73 | 41 |
| Boreham Wood | 42 | 8 | 13 | 21 | 47 | 58 | 37 |

### First Division

| | | | | | | | |
|---|---|---|---|---|---|---|---|
| Wokingham Town | 40 | 29 | 5 | 6 | 86 | 30 | 92 |
| Bognor Regis Town | 40 | 23 | 10 | 7 | 65 | 34 | 79 |
| Metropolitan Police | 40 | 22 | 11 | 7 | 75 | 48 | 77 |
| Oxford City | 40 | 21 | 11 | 8 | 82 | 47 | 74 |
| Feltham | 40 | 20 | 8 | 12 | 65 | 49 | 68 |
| Lewes | 40 | 19 | 7 | 14 | 73 | 66 | 64 |
| Hertford Town | 40 | 16 | 10 | 14 | 62 | 54 | 58 |
| Wembley | 40 | 14 | 15 | 11 | 69 | 55 | 57 |
| Farnborough Town | 40 | 15 | 11 | 14 | 71 | 57 | 56 |
| Epsom & Ewell | 40 | 16 | 8 | 16 | 52 | 44 | 56 |
| Kingstonian | 40 | 16 | 7 | 17 | 57 | 56 | 55 |
| Hampton | 40 | 15 | 9 | 16 | 52 | 52 | 54 |
| Hornchurch | 40 | 13 | 15 | 12 | 42 | 50 | 54 |
| Aveley | 40 | 14 | 10 | 16 | 46 | 58 | 52 |
| St Albans City | 40 | 14 | 9 | 17 | 55 | 55 | 51 |
| Maidenhead United | 40 | 11 | 10 | 19 | 49 | 70 | 43 |
| Tilbury | 40 | 9 | 15 | 16 | 49 | 66 | 42 |
| Walton & Hersham | 40 | 10 | 11 | 19 | 43 | 65 | 41 |
| Chesham United | 40 | 9 | 9 | 22 | 41 | 71 | 36 |
| Clapton | 40 | 9 | 7 | 24 | 44 | 75 | 34 |
| Ware | 40 | 5 | 2 | 33 | 29 | 105 | 17 |

# Isthmian League 1982-1984

**Second Division**

| | | | | | | | |
|---|---|---|---|---|---|---|---|
| Worthing | 40 | 29 | 6 | 5 | 95 | 25 | 93 |
| Cheshunt | 40 | 25 | 7 | 8 | 79 | 33 | 82 |
| Hungerford Town | 40 | 22 | 10 | 8 | 89 | 42 | 74 |
| Barton Rovers | 40 | 22 | 8 | 10 | 65 | 32 | 74 |
| Windsor & Eton | 40 | 22 | 6 | 12 | 69 | 49 | 72 |
| Corinthian Casuals | 40 | 19 | 12 | 9 | 67 | 50 | 69 |
| Harwich & Parkeston | 40 | 19 | 12 | 9 | 64 | 47 | 69 |
| Letchworth Garden City | 40 | 15 | 11 | 14 | 67 | 55 | 56 |
| Dorking Town | 40 | 13 | 17 | 10 | 52 | 44 | 56 |
| Hemel Hempstead | 40 | 15 | 9 | 16 | 54 | 49 | 54 |
| Basildon United | 40 | 16 | 5 | 19 | 64 | 51 | 53 |
| Finchley | 40 | 14 | 9 | 17 | 57 | 68 | 51 |
| Southall | 40 | 12 | 14 | 14 | 36 | 42 | 50 |
| Epping Town | 40 | 12 | 11 | 17 | 48 | 62 | 47 |
| Molesey | 40 | 13 | 7 | 20 | 61 | 73 | 46 |
| Egham Town | 40 | 11 | 9 | 20 | 56 | 64 | 42 |
| Rainham Town | 40 | 11 | 9 | 20 | 53 | 83 | 42 |
| Tring Town | 40 | 9 | 13 | 18 | 49 | 78 | 40 |
| Eastbourne United | 40 | 9 | 12 | 19 | 51 | 73 | 39 |
| Horsham | 40 | 10 | 9 | 21 | 42 | 79 | 39 |
| Camberley Town | 40 | 3 | 2 | 35 | 21 | 140 | 11 |

Hungerford Town had 2 points deducted

**Second Division**

| | | | | | | | |
|---|---|---|---|---|---|---|---|
| Clapton | 42 | 30 | 4 | 8 | 96 | 46 | 94 |
| Windsor & Eton | 42 | 27 | 7 | 8 | 98 | 43 | 88 |
| Barton Rovers | 42 | 26 | 6 | 10 | 86 | 48 | 84 |
| Leyton Wingate | 42 | 25 | 8 | 9 | 111 | 41 | 83 |
| Basildon United | 42 | 23 | 13 | 6 | 92 | 42 | 82 |
| Uxbridge | 42 | 22 | 12 | 8 | 80 | 42 | 78 |
| Hungerford Town | 42 | 22 | 10 | 10 | 82 | 39 | 76 |
| Corinthian Casuals | 42 | 23 | 6 | 13 | 95 | 48 | 75 |
| Egham Town | 42 | 21 | 8 | 13 | 77 | 67 | 71 |
| Tring Town | 42 | 20 | 10 | 12 | 86 | 59 | 70 |
| Letchworth Garden City | 42 | 18 | 13 | 11 | 68 | 53 | 66 |
| Southall | 42 | 18 | 7 | 17 | 81 | 80 | 61 |
| Molesey | 42 | 17 | 9 | 16 | 73 | 56 | 60 |
| Dorking Town | 42 | 15 | 9 | 18 | 56 | 75 | 54 |
| Hemel Hempstead | 42 | 12 | 14 | 16 | 53 | 59 | 50 |
| Rainham Town | 42 | 14 | 4 | 24 | 57 | 94 | 46 |
| Eastbourne United | 42 | 10 | 6 | 26 | 54 | 104 | 36 |
| Epping Town | 42 | 6 | 8 | 28 | 29 | 89 | 26 |
| Ware | 42 | 6 | 6 | 30 | 34 | 97 | 24 |
| Finchley | 42 | 4 | 12 | 26 | 28 | 92 | 24 |
| Horsham | 42 | 5 | 7 | 30 | 32 | 106 | 22 |
| Harwich & Parkeston | 42 | 5 | 7 | 30 | 42 | 130 | 22 |

Letchworth Garden City had 1 point deducted

## 1982-83 Premier Division

| | | | | | | | |
|---|---|---|---|---|---|---|---|
| Wycombe Wanderers | 42 | 26 | 7 | 9 | 79 | 47 | 85 |
| Leytonstone & Ilford | 42 | 24 | 9 | 9 | 71 | 39 | 81 |
| Harrow Borough | 42 | 24 | 7 | 11 | 91 | 58 | 79 |
| Hayes | 42 | 23 | 9 | 10 | 63 | 41 | 78 |
| Sutton United | 42 | 20 | 8 | 14 | 96 | 71 | 68 |
| Dulwich Hamlet | 42 | 18 | 14 | 10 | 59 | 52 | 68 |
| Slough Town | 42 | 18 | 13 | 11 | 73 | 36 | 67 |
| Bognor Regis Town | 42 | 19 | 8 | 15 | 53 | 48 | 65 |
| Tooting & Mitcham United | 42 | 18 | 9 | 15 | 65 | 62 | 63 |
| Billericay Town | 42 | 17 | 10 | 15 | 54 | 51 | 61 |
| Croydon | 42 | 17 | 9 | 16 | 68 | 58 | 60 |
| Hendon | 42 | 18 | 6 | 18 | 68 | 61 | 60 |
| Bishop's Stortford | 42 | 17 | 9 | 16 | 61 | 58 | 60 |
| Barking | 42 | 14 | 14 | 14 | 47 | 55 | 56 |
| Bromley | 42 | 14 | 12 | 16 | 51 | 50 | 54 |
| Carshalton Athletic | 42 | 15 | 9 | 18 | 58 | 60 | 54 |
| Wokingham Town | 42 | 13 | 9 | 20 | 37 | 51 | 48 |
| Walthamstow Avenue | 42 | 12 | 11 | 19 | 48 | 64 | 47 |
| Staines Town | 42 | 12 | 11 | 19 | 62 | 79 | 47 |
| Hitchin Town | 42 | 11 | 9 | 22 | 49 | 77 | 42 |
| Woking | 42 | 6 | 6 | 30 | 30 | 79 | 24 |
| Leatherhead | 42 | 4 | 5 | 33 | 35 | 121 | 17 |

**First Division**

| | | | | | | | |
|---|---|---|---|---|---|---|---|
| Worthing | 40 | 25 | 6 | 9 | 76 | 39 | 81 |
| Harlow Town | 40 | 21 | 11 | 8 | 84 | 55 | 74 |
| Farnborough Town | 40 | 20 | 13 | 7 | 69 | 39 | 73 |
| Hertford Town | 40 | 20 | 11 | 9 | 70 | 61 | 71 |
| Oxford City | 40 | 19 | 13 | 8 | 70 | 49 | 70 |
| Boreham Wood | 40 | 21 | 6 | 13 | 62 | 42 | 69 |
| Metropolitan Police | 40 | 19 | 9 | 12 | 77 | 57 | 66 |
| Walton & Hersham | 40 | 17 | 6 | 17 | 65 | 59 | 57 |
| Hampton | 40 | 15 | 10 | 15 | 62 | 60 | 55 |
| Wembley | 40 | 14 | 10 | 16 | 62 | 61 | 52 |
| Aveley | 40 | 15 | 7 | 18 | 52 | 62 | 52 |
| Kingstonian | 40 | 13 | 12 | 15 | 53 | 53 | 51 |
| Tilbury | 40 | 12 | 10 | 18 | 41 | 47 | 46 |
| Feltham | 40 | 11 | 12 | 17 | 45 | 54 | 45 |
| Chesham United | 40 | 13 | 6 | 21 | 43 | 70 | 45 |
| Epsom & Ewell | 40 | 10 | 14 | 16 | 44 | 49 | 44 |
| Lewes | 40 | 12 | 8 | 20 | 47 | 71 | 44 |
| Cheshunt | 40 | 10 | 13 | 17 | 41 | 49 | 43 |
| Hornchurch | 40 | 11 | 8 | 21 | 45 | 74 | 41 |
| Maidenhead United | 40 | 10 | 10 | 20 | 57 | 87 | 40 |
| St Albans City | 40 | 10 | 9 | 21 | 52 | 79 | 37 |

St Albans City had 2 points deducted

## 1983-84 Premier Division

| | | | | | | | |
|---|---|---|---|---|---|---|---|
| Harrow Borough | 42 | 25 | 13 | 4 | 73 | 42 | 88 |
| Worthing | 42 | 20 | 11 | 11 | 89 | 72 | 71 |
| Slough Town | 42 | 20 | 9 | 13 | 73 | 56 | 69 |
| Sutton United | 42 | 18 | 12 | 12 | 67 | 45 | 66 |
| Hayes | 42 | 17 | 13 | 12 | 56 | 41 | 64 |
| Hitchin Town | 42 | 16 | 15 | 11 | 58 | 57 | 63 |
| Wycombe Wanderers | 42 | 16 | 14 | 12 | 63 | 52 | 62 |
| Wokingham Town | 42 | 18 | 10 | 14 | 78 | 55 | 61 |
| Hendon | 42 | 17 | 10 | 15 | 62 | 51 | 61 |
| Dulwich Hamlet | 42 | 16 | 11 | 15 | 61 | 64 | 59 |
| Bishop's Stortford | 42 | 15 | 13 | 14 | 56 | 57 | 58 |
| Harlow Town | 42 | 15 | 11 | 16 | 64 | 70 | 56 |
| Bognor Regis Town | 42 | 14 | 13 | 15 | 62 | 69 | 55 |
| Staines Town | 42 | 15 | 9 | 18 | 63 | 72 | 54 |
| Billericay Town | 42 | 15 | 8 | 19 | 53 | 73 | 53 |
| Barking | 42 | 13 | 13 | 16 | 60 | 64 | 52 |
| Croydon | 42 | 14 | 10 | 18 | 52 | 58 | 52 |
| Walthamstow Avenue | 42 | 13 | 10 | 19 | 53 | 67 | 49 |
| Leytonstone & Ilford | 42 | 13 | 9 | 20 | 54 | 67 | 48 |
| Carshalton Athletic | 42 | 11 | 10 | 21 | 59 | 72 | 43 |
| Tooting & Mitcham United | 42 | 10 | 13 | 19 | 50 | 63 | 43 |
| Bromley | 42 | 7 | 11 | 24 | 33 | 72 | 32 |

Wokingham Town had 3 points deducted

**First Division**

| | | | | | | | |
|---|---|---|---|---|---|---|---|
| Windsor & Eton | 42 | 26 | 7 | 9 | 89 | 44 | 85 |
| Epsom & Ewell | 42 | 23 | 9 | 10 | 73 | 51 | 78 |
| Wembley | 42 | 21 | 10 | 11 | 65 | 32 | 74 |
| Maidenhead United | 42 | 22 | 8 | 12 | 67 | 42 | 74 |
| Boreham Wood | 42 | 22 | 7 | 13 | 74 | 43 | 73 |
| Farnborough Town | 42 | 18 | 12 | 12 | 78 | 60 | 66 |
| Hampton | 42 | 18 | 12 | 12 | 65 | 49 | 66 |
| Metropolitan Police | 42 | 20 | 5 | 17 | 79 | 64 | 65 |
| Chesham United | 42 | 18 | 8 | 16 | 64 | 57 | 62 |
| Tilbury | 42 | 17 | 10 | 15 | 54 | 64 | 61 |
| Leatherhead | 42 | 15 | 10 | 17 | 67 | 56 | 55 |
| Aveley | 42 | 15 | 10 | 17 | 49 | 53 | 55 |
| Woking | 42 | 16 | 7 | 19 | 66 | 73 | 55 |
| Hertford Town | 42 | 15 | 9 | 18 | 56 | 73 | 54 |
| Oxford City | 42 | 14 | 9 | 19 | 57 | 56 | 51 |
| Lewes | 42 | 13 | 12 | 17 | 49 | 65 | 51 |
| Walton & Hersham | 42 | 13 | 10 | 19 | 52 | 70 | 49 |
| Hornchurch | 42 | 13 | 10 | 19 | 43 | 63 | 49 |
| Kingstonian | 42 | 13 | 9 | 20 | 47 | 67 | 48 |
| Clapton | 42 | 12 | 11 | 19 | 49 | 67 | 47 |
| Cheshunt | 42 | 12 | 8 | 22 | 45 | 64 | 44 |
| Feltham | 42 | 7 | 4 | 31 | 31 | 106 | 25 |

# Isthmian League 1984-1985

## Second Division

| Team | P | W | D | L | F | A | Pts |
|---|---|---|---|---|---|---|---|
| Basildon United | 42 | 30 | 7 | 5 | 88 | 27 | 97 |
| St Albans City | 42 | 29 | 9 | 5 | 100 | 46 | 96 |
| Leyton Wingate | 42 | 29 | 4 | 9 | 97 | 41 | 91 |
| Tring Town | 42 | 23 | 11 | 8 | 89 | 44 | 80 |
| Corinthian Casuals | 42 | 23 | 11 | 8 | 75 | 47 | 80 |
| Hungerford Town | 42 | 21 | 12 | 9 | 94 | 47 | 75 |
| Uxbridge | 42 | 18 | 15 | 9 | 61 | 36 | 69 |
| Grays Athletic | 42 | 20 | 9 | 13 | 72 | 57 | 69 |
| Dorking | 42 | 21 | 5 | 16 | 66 | 54 | 68 |
| Southall | 42 | 20 | 8 | 14 | 79 | 60 | 65 |
| Egham Town | 42 | 16 | 15 | 11 | 59 | 49 | 63 |
| Epping Town | 42 | 15 | 16 | 11 | 61 | 50 | 61 |
| Molesey | 42 | 13 | 14 | 15 | 59 | 68 | 53 |
| Barton Rovers | 42 | 15 | 8 | 19 | 54 | 64 | 53 |
| Letchworth Garden City | 42 | 15 | 7 | 20 | 48 | 66 | 52 |
| Newbury Town | 42 | 14 | 5 | 23 | 60 | 82 | 47 |
| Hemel Hempstead | 42 | 12 | 9 | 21 | 63 | 69 | 45 |
| Rainham Town | 42 | 7 | 5 | 30 | 38 | 114 | 26 |
| Finchley | 42 | 5 | 9 | 28 | 28 | 78 | 24 |
| Eastbourne United | 42 | 7 | 3 | 32 | 36 | 98 | 24 |
| Ware | 42 | 6 | 6 | 30 | 48 | 114 | 24 |
| Horsham | 42 | 7 | 4 | 31 | 40 | 104 | 23 |

Southall had 2 points deducted
Horsham had 3 points deducted

## 1984-85

### Premier Division

| Team | P | W | D | L | F | A | Pts |
|---|---|---|---|---|---|---|---|
| Sutton United | 42 | 23 | 15 | 4 | 115 | 55 | 84 |
| Worthing | 42 | 24 | 8 | 10 | 89 | 59 | 80 |
| Wycombe Wanderers | 42 | 24 | 6 | 12 | 68 | 46 | 78 |
| Wokingham Town | 42 | 20 | 13 | 9 | 74 | 54 | 73 |
| Windsor & Eton | 42 | 19 | 10 | 13 | 65 | 55 | 67 |
| Bognor Regis Town | 42 | 20 | 6 | 16 | 67 | 58 | 66 |
| Dulwich Hamlet | 42 | 16 | 17 | 9 | 82 | 57 | 65 |
| Harrow Borough | 42 | 18 | 8 | 16 | 70 | 56 | 62 |
| Hayes | 42 | 17 | 8 | 17 | 60 | 56 | 59 |
| Tooting & Mitcham United | 42 | 16 | 11 | 15 | 64 | 66 | 59 |
| Walthamstow Avenue | 42 | 15 | 11 | 16 | 64 | 65 | 56 |
| Croydon | 42 | 15 | 12 | 15 | 62 | 63 | 54 |
| Epsom & Ewell | 42 | 13 | 14 | 15 | 65 | 62 | 53 |
| Slough Town | 42 | 13 | 12 | 17 | 69 | 74 | 51 |
| Carshalton Athletic | 42 | 14 | 8 | 20 | 55 | 68 | 50 |
| Bishop's Stortford | 42 | 12 | 12 | 18 | 48 | 67 | 48 |
| Hendon | 42 | 9 | 19 | 14 | 62 | 65 | 46 |
| Billericay Town | 42 | 11 | 14 | 17 | 53 | 74 | 46 |
| Barking | 42 | 13 | 7 | 22 | 43 | 75 | 46 |
| Hitchin Town | 42 | 10 | 15 | 17 | 55 | 70 | 45 |
| Leytonstone & Ilford | 42 | 11 | 10 | 21 | 37 | 72 | 43 |
| Harlow Town | 42 | 5 | 12 | 25 | 45 | 95 | 27 |

Billericay Town had 1 point deducted
Croydon had 3 points deducted

## First Division

| Team | P | W | D | L | F | A | Pts |
|---|---|---|---|---|---|---|---|
| Farnborough Town | 42 | 26 | 8 | 8 | 101 | 45 | 86 |
| Kingstonian | 42 | 23 | 10 | 9 | 67 | 39 | 79 |
| Leatherhead | 42 | 23 | 10 | 9 | 109 | 61 | 76 |
| Chesham United | 42 | 22 | 8 | 12 | 78 | 46 | 74 |
| Wembley | 42 | 20 | 10 | 12 | 59 | 40 | 70 |
| St Albans City | 42 | 19 | 10 | 13 | 79 | 60 | 67 |
| Tilbury | 42 | 18 | 13 | 11 | 86 | 68 | 67 |
| Bromley | 42 | 18 | 9 | 15 | 71 | 64 | 63 |
| Hampton | 42 | 17 | 11 | 14 | 75 | 62 | 62 |
| Staines Town | 42 | 16 | 11 | 15 | 59 | 53 | 59 |
| Maidenhead United | 42 | 17 | 8 | 17 | 65 | 64 | 59 |
| Walton & Hersham | 42 | 16 | 8 | 18 | 60 | 69 | 55 |
| Aveley | 42 | 16 | 7 | 19 | 62 | 78 | 55 |
| Oxford City | 42 | 14 | 12 | 16 | 62 | 53 | 54 |
| Lewes | 42 | 15 | 9 | 18 | 70 | 72 | 54 |
| Basildon United | 42 | 15 | 8 | 19 | 55 | 61 | 53 |
| Boreham Wood | 42 | 15 | 7 | 20 | 72 | 83 | 52 |
| Hornchurch | 42 | 15 | 6 | 21 | 55 | 74 | 51 |
| Woking | 42 | 15 | 6 | 21 | 60 | 91 | 51 |
| Metropolitan Police | 42 | 10 | 12 | 20 | 65 | 92 | 42 |
| Clapton | 42 | 5 | 11 | 26 | 50 | 124 | 26 |
| Hertford Town | 42 | 5 | 10 | 27 | 36 | 97 | 25 |

Walton & Hersham had 1 point deducted
Leatherhead had 3 points deducted

## Second Division North

| Team | P | W | D | L | F | A | Pts |
|---|---|---|---|---|---|---|---|
| Leyton Wingate | 38 | 24 | 9 | 5 | 98 | 50 | 81 |
| Finchley | 38 | 24 | 8 | 6 | 66 | 31 | 79 |
| Heybridge Swifts | 38 | 22 | 9 | 7 | 71 | 33 | 75 |
| Stevenage Borough | 38 | 23 | 6 | 9 | 79 | 49 | 75 |
| Saffron Walden Town | 38 | 22 | 8 | 8 | 73 | 31 | 74 |
| Tring Town | 38 | 19 | 11 | 8 | 76 | 41 | 68 |
| Chalfont St Peter | 38 | 17 | 10 | 11 | 72 | 41 | 61 |
| Flackwell Heath | 38 | 16 | 11 | 11 | 54 | 40 | 59 |
| Berkhamsted Town | 38 | 15 | 12 | 11 | 50 | 42 | 57 |
| Letchworth Garden City | 38 | 17 | 6 | 15 | 66 | 69 | 57 |
| Royston Town | 38 | 13 | 9 | 16 | 47 | 77 | 48 |
| Cheshunt | 38 | 14 | 5 | 19 | 52 | 57 | 47 |
| Marlow | 38 | 13 | 6 | 19 | 64 | 81 | 45 |
| Hemel Hempstead | 38 | 11 | 7 | 20 | 49 | 65 | 40 |
| Barton Rovers | 38 | 9 | 8 | 21 | 40 | 62 | 35 |
| Wolverton Town | 38 | 9 | 8 | 21 | 38 | 77 | 35 |
| Kingsbury Town | 38 | 9 | 7 | 22 | 53 | 72 | 34 |
| Harefield United | 38 | 7 | 9 | 22 | 51 | 81 | 30 |
| Haringey Borough | 38 | 6 | 12 | 20 | 38 | 79 | 30 |
| Ware | 38 | 7 | 5 | 26 | 40 | 100 | 26 |

Finchley had 1 point deducted
The record of Epping Town was expunged

## Second Division South

| Team | P | W | D | L | F | A | Pts |
|---|---|---|---|---|---|---|---|
| Grays Athletic | 36 | 24 | 9 | 3 | 84 | 25 | 81 |
| Uxbridge | 36 | 22 | 10 | 4 | 81 | 20 | 76 |
| Molesey | 36 | 20 | 5 | 11 | 62 | 42 | 65 |
| Hungerford Town | 36 | 18 | 9 | 9 | 71 | 49 | 63 |
| Whyteleafe | 36 | 17 | 10 | 9 | 66 | 34 | 61 |
| Egham Town | 36 | 17 | 7 | 12 | 54 | 42 | 58 |
| Southall | 36 | 18 | 3 | 15 | 54 | 57 | 57 |
| Bracknell Town | 36 | 15 | 7 | 14 | 54 | 48 | 52 |
| Banstead Athletic | 36 | 14 | 8 | 14 | 63 | 70 | 50 |
| Horsham | 36 | 13 | 10 | 13 | 44 | 39 | 49 |
| Ruislip Manor | 36 | 13 | 10 | 13 | 48 | 49 | 49 |
| Dorking | 36 | 12 | 11 | 13 | 45 | 50 | 47 |
| Rainham Town | 36 | 12 | 8 | 16 | 58 | 61 | 44 |
| Feltham | 36 | 10 | 13 | 13 | 44 | 58 | 43 |
| Camberley Town | 36 | 10 | 12 | 14 | 44 | 54 | 42 |
| Eastbourne United | 36 | 10 | 9 | 17 | 66 | 72 | 39 |
| Petersfield Town | 36 | 9 | 5 | 22 | 41 | 80 | 32 |
| Newbury Town | 36 | 8 | 7 | 21 | 35 | 69 | 16 |
| Chertsey Town | 36 | 2 | 3 | 31 | 23 | 118 | 6 |

Chertsey Town had 3 points deducted
Newbury Town had 15 points deducted

# Isthmian League 1985-1987

## 1985-86

### Premier Division

| | | | | | | | |
|---|---|---|---|---|---|---|---|
| Sutton United | 42 | 29 | 8 | 5 | 109 | 39 | 95 |
| Yeovil Town | 42 | 28 | 7 | 7 | 92 | 48 | 91 |
| Farnborough Town | 42 | 23 | 8 | 11 | 90 | 50 | 77 |
| Croydon | 42 | 23 | 7 | 12 | 70 | 50 | 76 |
| Harrow Borough | 42 | 21 | 8 | 13 | 76 | 66 | 71 |
| Slough Town | 42 | 18 | 8 | 16 | 66 | 68 | 62 |
| Bishop's Stortford | 42 | 17 | 10 | 15 | 55 | 61 | 61 |
| Kingstonian | 42 | 15 | 15 | 12 | 57 | 56 | 60 |
| Dulwich Hamlet | 42 | 17 | 9 | 16 | 64 | 79 | 60 |
| Wokingham Town | 42 | 16 | 10 | 16 | 67 | 64 | 58 |
| Windsor & Eton | 42 | 17 | 7 | 18 | 58 | 75 | 58 |
| Tooting & Mitcham United | 42 | 14 | 11 | 17 | 65 | 76 | 53 |
| Walthamstow Avenue | 42 | 12 | 14 | 16 | 69 | 70 | 50 |
| Worthing | 42 | 13 | 10 | 19 | 72 | 82 | 49 |
| Bognor Regis Town | 42 | 15 | 6 | 21 | 63 | 70 | 48 |
| Hayes | 42 | 10 | 17 | 15 | 36 | 42 | 47 |
| Hitchin Town | 42 | 11 | 14 | 17 | 53 | 69 | 47 |
| Barking | 42 | 11 | 13 | 18 | 45 | 55 | 46 |
| Hendon | 42 | 10 | 13 | 19 | 59 | 77 | 43 |
| Carshalton Athletic | 42 | 9 | 13 | 20 | 56 | 79 | 40 |
| Billericay Town | 42 | 9 | 12 | 21 | 59 | 78 | 39 |
| Epsom & Ewell | 42 | 8 | 12 | 22 | 63 | 90 | 36 |

Bognor Regis Town had 3 points deducted

### First Division

| | | | | | | | |
|---|---|---|---|---|---|---|---|
| St Albans City | 42 | 23 | 11 | 8 | 92 | 61 | 80 |
| Bromley | 42 | 24 | 8 | 10 | 68 | 41 | 80 |
| Wembley | 42 | 22 | 12 | 8 | 59 | 30 | 78 |
| Oxford City | 42 | 22 | 11 | 9 | 75 | 51 | 77 |
| Hampton | 42 | 21 | 11 | 10 | 63 | 45 | 74 |
| Leyton Wingate | 42 | 21 | 10 | 11 | 77 | 56 | 73 |
| Uxbridge | 42 | 20 | 8 | 14 | 64 | 49 | 68 |
| Staines Town | 42 | 18 | 10 | 14 | 69 | 66 | 64 |
| Boreham Wood | 42 | 15 | 16 | 11 | 62 | 54 | 61 |
| Walton & Hersham | 42 | 16 | 10 | 16 | 68 | 71 | 58 |
| Lewes | 42 | 16 | 8 | 18 | 61 | 75 | 56 |
| Leytonstone & Ilford | 42 | 13 | 15 | 14 | 57 | 67 | 54 |
| Finchley | 42 | 12 | 17 | 13 | 61 | 59 | 53 |
| Grays Athletic | 42 | 13 | 11 | 18 | 69 | 75 | 50 |
| Leatherhead | 42 | 14 | 8 | 20 | 62 | 68 | 50 |
| Tilbury | 42 | 13 | 11 | 18 | 60 | 66 | 50 |
| Maidenhead United | 42 | 13 | 7 | 22 | 61 | 67 | 46 |
| Basildon United | 42 | 12 | 9 | 21 | 52 | 72 | 45 |
| Hornchurch | 42 | 11 | 11 | 20 | 44 | 59 | 44 |
| Chesham United | 42 | 12 | 6 | 24 | 51 | 87 | 42 |
| Harlow Town | 42 | 8 | 14 | 20 | 53 | 70 | 38 |
| Aveley | 42 | 8 | 6 | 28 | 59 | 98 | 30 |

### Second Division North

| | | | | | | | |
|---|---|---|---|---|---|---|---|
| Stevenage Borough | 38 | 26 | 6 | 6 | 71 | 24 | 84 |
| Kingsbury Town | 38 | 25 | 8 | 5 | 84 | 35 | 83 |
| Heybridge Swifts | 38 | 20 | 8 | 10 | 65 | 46 | 68 |
| Cheshunt | 38 | 18 | 10 | 10 | 60 | 40 | 64 |
| Hertford Town | 38 | 17 | 7 | 14 | 60 | 50 | 58 |
| Chalfont St Peter | 38 | 15 | 11 | 12 | 53 | 50 | 56 |
| Tring Town | 38 | 14 | 13 | 11 | 58 | 46 | 55 |
| Royston Town | 38 | 13 | 13 | 12 | 59 | 57 | 52 |
| Saffron Walden Town | 38 | 13 | 12 | 13 | 61 | 65 | 51 |
| Berkhamsted Town | 38 | 14 | 8 | 16 | 45 | 52 | 50 |
| Haringey Borough | 38 | 14 | 7 | 17 | 49 | 51 | 49 |
| Letchworth Garden City | 38 | 13 | 8 | 17 | 46 | 52 | 47 |
| Rainham Town | 38 | 14 | 4 | 20 | 54 | 91 | 46 |
| Hemel Hempstead | 38 | 12 | 9 | 17 | 50 | 66 | 45 |
| Ware | 38 | 11 | 11 | 16 | 56 | 61 | 44 |
| Vauxhall Motors | 38 | 11 | 10 | 17 | 58 | 62 | 43 |
| Barton Rovers | 38 | 12 | 7 | 19 | 50 | 60 | 43 |
| Harefield United | 38 | 9 | 12 | 17 | 56 | 72 | 39 |
| Clapton | 38 | 10 | 7 | 21 | 51 | 90 | 37 |
| Wolverton Town | 38 | 8 | 11 | 19 | 42 | 58 | 35 |

### Second Division South

| | | | | | | | |
|---|---|---|---|---|---|---|---|
| Southwick | 38 | 25 | 8 | 5 | 86 | 34 | 83 |
| Bracknell Town | 38 | 24 | 9 | 5 | 80 | 23 | 81 |
| Woking | 38 | 23 | 9 | 6 | 94 | 45 | 78 |
| Newbury Town | 38 | 22 | 7 | 9 | 86 | 53 | 73 |
| Whyteleafe | 38 | 21 | 10 | 7 | 61 | 41 | 73 |
| Molesey | 38 | 21 | 8 | 9 | 59 | 39 | 71 |
| Metropolitan Police | 38 | 20 | 6 | 12 | 72 | 48 | 66 |
| Southall | 38 | 19 | 7 | 12 | 76 | 58 | 64 |
| Dorking | 38 | 18 | 10 | 10 | 70 | 57 | 64 |
| Feltham | 38 | 16 | 7 | 15 | 65 | 60 | 55 |
| Banstead Athletic | 38 | 15 | 8 | 15 | 60 | 66 | 53 |
| Petersfield United | 38 | 12 | 9 | 17 | 61 | 71 | 45 |
| Hungerford Town | 38 | 11 | 6 | 21 | 57 | 78 | 39 |
| Flackwell Heath | 38 | 11 | 6 | 21 | 46 | 72 | 39 |
| Eastbourne United | 38 | 9 | 8 | 21 | 51 | 81 | 35 |
| Camberley Town | 38 | 9 | 7 | 22 | 53 | 64 | 34 |
| Egham Town | 38 | 7 | 8 | 23 | 41 | 83 | 29 |
| Horsham | 38 | 6 | 10 | 22 | 33 | 74 | 28 |
| Ruislip Manor | 38 | 5 | 12 | 21 | 44 | 87 | 27 |
| Marlow | 38 | 6 | 5 | 27 | 47 | 108 | 23 |

## 1986-87

### Premier Division

| | | | | | | | |
|---|---|---|---|---|---|---|---|
| Wycombe Wanderers | 42 | 32 | 5 | 5 | 103 | 32 | 101 |
| Yeovil Town | 42 | 28 | 8 | 6 | 71 | 27 | 92 |
| Slough Town | 42 | 23 | 8 | 11 | 70 | 44 | 77 |
| Hendon | 42 | 22 | 7 | 13 | 67 | 53 | 73 |
| Bognor Regis Town | 42 | 20 | 10 | 12 | 85 | 61 | 70 |
| Harrow Borough | 42 | 20 | 10 | 12 | 68 | 44 | 70 |
| Croydon | 42 | 18 | 10 | 14 | 51 | 48 | 64 |
| Barking | 42 | 16 | 14 | 12 | 76 | 56 | 62 |
| Farnborough Town | 42 | 17 | 11 | 14 | 66 | 72 | 62 |
| Bishop's Stortford | 42 | 15 | 12 | 15 | 62 | 57 | 60 |
| Bromley | 42 | 16 | 11 | 15 | 63 | 72 | 59 |
| Kingstonian | 42 | 16 | 9 | 17 | 58 | 50 | 57 |
| Windsor & Eton | 42 | 13 | 15 | 14 | 47 | 52 | 54 |
| St Albans City | 42 | 14 | 9 | 19 | 61 | 70 | 51 |
| Carshalton Athletic | 42 | 13 | 9 | 20 | 55 | 68 | 48 |
| Wokingham Town | 42 | 14 | 6 | 22 | 47 | 61 | 48 |
| Hayes | 42 | 12 | 12 | 18 | 45 | 68 | 48 |
| Dulwich Hamlet | 42 | 12 | 10 | 20 | 62 | 71 | 46 |
| Tooting & Mitcham United | 42 | 12 | 9 | 21 | 41 | 53 | 45 |
| Hitchin Town | 42 | 13 | 5 | 24 | 56 | 69 | 44 |
| Worthing | 42 | 8 | 9 | 25 | 58 | 107 | 33 |
| Walthamstow Avenue | 42 | 4 | 6 | 32 | 36 | 113 | 18 |

### First Division

| | | | | | | | |
|---|---|---|---|---|---|---|---|
| Leytonstone & Ilford | 42 | 30 | 5 | 7 | 78 | 29 | 95 |
| Leyton Wingate | 42 | 13 | 6 | 68 | 31 | 82 | |
| Bracknell Town | 42 | 24 | 9 | 9 | 92 | 48 | 81 |
| Southwick | 42 | 23 | 7 | 12 | 80 | 66 | 76 |
| Wembley | 42 | 21 | 9 | 12 | 61 | 47 | 72 |
| Grays Athletic | 42 | 19 | 10 | 13 | 76 | 64 | 67 |
| Kingsbury Town | 42 | 20 | 7 | 15 | 69 | 67 | 67 |
| Boreham Wood | 42 | 20 | 6 | 16 | 59 | 52 | 66 |
| Uxbridge | 42 | 18 | 9 | 15 | 60 | 59 | 63 |
| Leatherhead | 42 | 17 | 11 | 14 | 45 | 48 | 62 |
| Hampton | 42 | 18 | 5 | 19 | 57 | 55 | 59 |
| Basildon United | 42 | 16 | 10 | 16 | 58 | 60 | 58 |
| Billericay Town | 42 | 14 | 12 | 16 | 57 | 52 | 54 |
| Staines Town | 42 | 13 | 13 | 16 | 40 | 51 | 52 |
| Lewes | 42 | 15 | 6 | 21 | 55 | 65 | 51 |
| Stevenage Borough | 42 | 12 | 11 | 19 | 61 | 67 | 47 |
| Oxford City | 42 | 11 | 11 | 20 | 51 | 62 | 44 |
| Walton & Hersham | 42 | 11 | 10 | 21 | 53 | 74 | 43 |
| Tilbury | 42 | 12 | 7 | 23 | 46 | 70 | 43 |
| Epsom & Ewell | 42 | 7 | 23 | 44 | 68 | 43 | |
| Maidenhead United | 42 | 11 | 4 | 27 | 44 | 76 | 37 |
| Finchley | 42 | 6 | 11 | 25 | 44 | 90 | 29 |

# Isthmian League 1987-1988

### Second Division North

| | | | | | | | |
|---|---|---|---|---|---|---|---|
| Chesham United | 42 | 28 | 6 | 8 | 81 | 48 | 90 |
| Wolverton Town | 42 | 23 | 14 | 5 | 74 | 32 | 83 |
| Haringey Borough | 42 | 22 | 13 | 7 | 86 | 40 | 79 |
| Heybridge Swifts | 42 | 21 | 11 | 10 | 81 | 54 | 74 |
| Aveley | 42 | 19 | 13 | 10 | 68 | 50 | 70 |
| Letchworth Garden City | 42 | 19 | 11 | 12 | 77 | 62 | 68 |
| Barton Rovers | 42 | 18 | 11 | 13 | 49 | 39 | 65 |
| Tring Town | 42 | 19 | 7 | 16 | 69 | 49 | 64 |
| Collier Row | 42 | 19 | 5 | 18 | 67 | 65 | 62 |
| Ware | 42 | 17 | 8 | 17 | 51 | 50 | 59 |
| Saffron Walden Town | 42 | 14 | 14 | 14 | 56 | 54 | 56 |
| Wivenhoe Town | 42 | 15 | 11 | 16 | 61 | 61 | 56 |
| Vauxhall Motors | 42 | 15 | 10 | 17 | 61 | 57 | 55 |
| Hornchurch | 42 | 13 | 16 | 13 | 60 | 60 | 55 |
| Hertford Town | 42 | 14 | 13 | 15 | 52 | 53 | 55 |
| Berkhamsted Town | 42 | 12 | 16 | 14 | 62 | 64 | 52 |
| Harlow Town | 42 | 13 | 11 | 18 | 45 | 55 | 50 |
| Rainham Town | 42 | 12 | 11 | 19 | 53 | 70 | 47 |
| Clapton | 42 | 10 | 11 | 21 | 45 | 63 | 41 |
| Hemel Hempstead | 42 | 9 | 12 | 21 | 48 | 77 | 39 |
| Royston Town | 42 | 4 | 12 | 26 | 37 | 109 | 24 |
| Cheshunt | 42 | 5 | 6 | 31 | 43 | 114 | 21 |

### Second Division South

| | | | | | | | |
|---|---|---|---|---|---|---|---|
| Woking | 40 | 27 | 7 | 6 | 110 | 32 | 88 |
| Marlow | 40 | 28 | 4 | 8 | 78 | 36 | 88 |
| Dorking | 40 | 24 | 12 | 4 | 78 | 30 | 84 |
| Feltham | 40 | 25 | 3 | 12 | 79 | 34 | 78 |
| Ruislip Manor | 40 | 22 | 10 | 8 | 85 | 47 | 76 |
| Chertsey Town | 40 | 18 | 11 | 11 | 56 | 44 | 65 |
| Metropolitan Police | 40 | 16 | 13 | 11 | 70 | 61 | 61 |
| Chalfont St Peter | 40 | 17 | 10 | 13 | 60 | 55 | 61 |
| Hungerford Town | 40 | 14 | 14 | 12 | 55 | 48 | 56 |
| Harefield United | 40 | 14 | 14 | 12 | 53 | 47 | 56 |
| Eastbourne United | 40 | 15 | 10 | 15 | 72 | 59 | 55 |
| Whyteleafe | 40 | 12 | 15 | 13 | 52 | 63 | 51 |
| Horsham | 40 | 14 | 8 | 18 | 54 | 61 | 50 |
| Egham Town | 40 | 14 | 6 | 20 | 45 | 77 | 48 |
| Camberley Town | 40 | 13 | 3 | 24 | 62 | 89 | 42 |
| Flackwell Heath | 40 | 9 | 11 | 20 | 34 | 63 | 38 |
| Banstead Athletic | 40 | 7 | 15 | 18 | 44 | 61 | 36 |
| Petersfield United | 40 | 9 | 8 | 23 | 45 | 84 | 34 |
| Molesey | 40 | 7 | 12 | 21 | 37 | 89 | 33 |
| Newbury Town | 40 | 6 | 14 | 20 | 51 | 83 | 32 |
| Southall | 40 | 6 | 6 | 28 | 28 | 85 | 24 |

## 1987-88 Premier Division

| | | | | | | | |
|---|---|---|---|---|---|---|---|
| Yeovil Town | 42 | 24 | 9 | 9 | 66 | 34 | 81 |
| Bromley | 42 | 23 | 7 | 12 | 68 | 40 | 76 |
| Slough Town | 42 | 21 | 9 | 12 | 67 | 41 | 72 |
| Leytonstone & Ilford | 42 | 20 | 11 | 11 | 59 | 43 | 71 |
| Wokingham Town | 42 | 21 | 7 | 14 | 62 | 52 | 70 |
| Hayes | 42 | 20 | 9 | 13 | 62 | 48 | 69 |
| Windsor & Eton | 42 | 16 | 17 | 9 | 59 | 43 | 65 |
| Farnborough Town | 42 | 17 | 11 | 14 | 63 | 60 | 62 |
| Carshalton Athletic | 42 | 16 | 13 | 13 | 49 | 41 | 61 |
| Hendon | 42 | 16 | 14 | 12 | 64 | 58 | 60 |
| Tooting & Mitcham United | 42 | 15 | 14 | 13 | 57 | 59 | 59 |
| Harrow Borough | 42 | 15 | 11 | 16 | 53 | 58 | 56 |
| Bishop's Stortford | 42 | 15 | 10 | 17 | 55 | 58 | 55 |
| Kingstonian | 42 | 14 | 12 | 16 | 47 | 53 | 54 |
| St Albans City | 42 | 15 | 6 | 21 | 60 | 69 | 51 |
| Bognor Regis Town | 42 | 14 | 9 | 19 | 41 | 57 | 51 |
| Leyton Wingate | 42 | 14 | 8 | 20 | 58 | 64 | 50 |
| Croydon | 42 | 11 | 13 | 18 | 40 | 52 | 46 |
| Barking | 42 | 11 | 12 | 19 | 44 | 57 | 45 |
| Dulwich Hamlet | 42 | 10 | 11 | 21 | 46 | 64 | 41 |
| Hitchin Town | 42 | 10 | 8 | 24 | 46 | 79 | 38 |
| Basingstoke Town | 42 | 6 | 17 | 19 | 37 | 71 | 35 |

### First Division

| | | | | | | | |
|---|---|---|---|---|---|---|---|
| Marlow | 42 | 32 | 5 | 5 | 100 | 44 | 101 |
| Grays Athletic | 42 | 30 | 10 | 2 | 74 | 25 | 100 |
| Woking | 42 | 25 | 7 | 10 | 91 | 52 | 82 |
| Boreham Wood | 42 | 21 | 9 | 12 | 65 | 45 | 72 |
| Staines Town | 42 | 19 | 11 | 12 | 71 | 48 | 68 |
| Wembley | 42 | 18 | 11 | 13 | 54 | 46 | 65 |
| Basildon United | 42 | 18 | 9 | 15 | 65 | 58 | 63 |
| Walton & Hersham | 42 | 15 | 16 | 11 | 53 | 44 | 61 |
| Hampton | 42 | 17 | 10 | 15 | 59 | 54 | 61 |
| Leatherhead | 42 | 16 | 11 | 15 | 64 | 53 | 59 |
| Southwick | 42 | 13 | 12 | 17 | 59 | 63 | 51 |
| Oxford City | 42 | 13 | 12 | 17 | 70 | 77 | 51 |
| Worthing | 42 | 14 | 8 | 20 | 67 | 73 | 50 |
| Kingsbury Town | 42 | 11 | 17 | 14 | 62 | 69 | 50 |
| Walthamstow Avenue | 42 | 13 | 11 | 18 | 53 | 63 | 50 |
| Lewes | 42 | 12 | 13 | 17 | 83 | 77 | 49 |
| Uxbridge | 42 | 11 | 16 | 15 | 41 | 47 | 49 |
| Chesham United | 42 | 12 | 10 | 20 | 69 | 77 | 46 |
| Bracknell Town | 42 | 12 | 9 | 21 | 54 | 80 | 45 |
| Billericay Town | 42 | 11 | 11 | 20 | 58 | 88 | 44 |
| Stevenage Borough | 42 | 11 | 9 | 22 | 36 | 64 | 42 |
| Wolverton Town | 42 | 3 | 3 | 36 | 23 | 124 | 12 |

### Second Division North

| | | | | | | | |
|---|---|---|---|---|---|---|---|
| Wivenhoe Town | 42 | 26 | 10 | 6 | 105 | 42 | 88 |
| Collier Row | 42 | 22 | 13 | 7 | 71 | 39 | 79 |
| Tilbury | 42 | 18 | 15 | 9 | 61 | 40 | 69 |
| Berkhamsted Town | 42 | 19 | 12 | 11 | 71 | 53 | 69 |
| Harlow Town | 42 | 17 | 16 | 9 | 67 | 36 | 67 |
| Ware | 42 | 17 | 15 | 10 | 63 | 58 | 66 |
| Witham Town | 42 | 17 | 14 | 11 | 69 | 47 | 65 |
| Vauxhall Motors | 42 | 16 | 17 | 9 | 56 | 42 | 65 |
| Heybridge Swifts | 42 | 17 | 13 | 12 | 56 | 50 | 64 |
| Tring Town | 42 | 18 | 6 | 18 | 69 | 67 | 60 |
| Letchworth Garden City | 42 | 18 | 5 | 19 | 59 | 64 | 59 |
| Finchley | 42 | 16 | 10 | 16 | 67 | 54 | 58 |
| Clapton | 42 | 14 | 15 | 13 | 50 | 62 | 57 |
| Hornchurch | 42 | 13 | 15 | 14 | 56 | 65 | 54 |
| Barton Rovers | 42 | 13 | 10 | 19 | 43 | 60 | 49 |
| Rainham Town | 42 | 12 | 12 | 18 | 63 | 66 | 48 |
| Royston Town | 42 | 13 | 8 | 21 | 49 | 70 | 47 |
| Saffron Walden Town | 42 | 13 | 7 | 22 | 34 | 67 | 46 |
| Hemel Hempstead | 42 | 11 | 12 | 19 | 38 | 71 | 45 |
| Haringey Borough | 42 | 11 | 8 | 23 | 54 | 78 | 41 |
| Aveley | 42 | 8 | 13 | 21 | 42 | 65 | 37 |
| Hertford Town | 42 | 8 | 4 | 30 | 45 | 92 | 28 |

### Second Division South

| | | | | | | | |
|---|---|---|---|---|---|---|---|
| Chalfont St Peter | 42 | 26 | 9 | 7 | 81 | 35 | 87 |
| Metropolitan Police | 42 | 23 | 17 | 2 | 80 | 32 | 86 |
| Dorking | 42 | 25 | 11 | 6 | 86 | 39 | 86 |
| Feltham | 42 | 21 | 12 | 9 | 74 | 41 | 75 |
| Epsom & Ewell | 42 | 21 | 11 | 10 | 71 | 49 | 74 |
| Chertsey Town | 42 | 22 | 7 | 13 | 63 | 47 | 73 |
| Whyteleafe | 42 | 20 | 11 | 11 | 84 | 55 | 71 |
| Hungerford Town | 42 | 21 | 7 | 14 | 66 | 54 | 70 |
| Ruislip Manor | 42 | 21 | 5 | 16 | 74 | 57 | 68 |
| Yeading | 42 | 19 | 10 | 13 | 83 | 56 | 67 |
| Maidenhead United | 42 | 18 | 12 | 12 | 69 | 54 | 66 |
| Eastbourne United | 42 | 18 | 10 | 14 | 67 | 50 | 64 |
| Harefield Town | 42 | 18 | 6 | 18 | 59 | 60 | 60 |
| Egham Town | 42 | 12 | 12 | 18 | 45 | 55 | 48 |
| Horsham | 42 | 12 | 10 | 20 | 45 | 66 | 46 |
| Southall | 42 | 13 | 7 | 22 | 45 | 72 | 46 |
| Molesey | 42 | 11 | 11 | 20 | 42 | 63 | 44 |
| Newbury Town | 42 | 8 | 13 | 21 | 40 | 81 | 37 |
| Camberley Town | 42 | 9 | 9 | 24 | 51 | 94 | 36 |
| Flackwell Heath | 42 | 6 | 8 | 28 | 42 | 96 | 26 |
| Banstead Athletic | 42 | 6 | 7 | 29 | 34 | 81 | 25 |
| Petersfield United | 42 | 6 | 7 | 29 | 45 | 102 | 25 |

# Isthmian League 1988-1990

## 1988-89 Premier Division

| Team | P | W | D | L | F | A | Pts |
|---|---|---|---|---|---|---|---|
| Leytonstone & Ilford | 42 | 26 | 11 | 5 | 76 | 36 | 89 |
| Farnborough Town | 42 | 24 | 9 | 9 | 85 | 61 | 81 |
| Slough Town | 42 | 24 | 6 | 12 | 72 | 42 | 78 |
| Carshalton Athletic | 42 | 19 | 15 | 8 | 59 | 36 | 72 |
| Grays Athletic | 42 | 19 | 13 | 10 | 62 | 47 | 70 |
| Kingstonian | 42 | 19 | 11 | 12 | 54 | 37 | 68 |
| Bishop's Stortford | 42 | 20 | 6 | 16 | 70 | 56 | 66 |
| Hayes | 42 | 18 | 12 | 12 | 61 | 47 | 66 |
| Bognor Regis Town | 42 | 17 | 11 | 14 | 38 | 49 | 62 |
| Barking | 42 | 16 | 13 | 13 | 49 | 45 | 61 |
| Wokingham Town | 42 | 15 | 11 | 16 | 60 | 54 | 56 |
| Hendon | 42 | 13 | 17 | 12 | 51 | 68 | 56 |
| Windsor & Eton | 42 | 14 | 13 | 15 | 52 | 50 | 55 |
| Bromley | 42 | 13 | 15 | 14 | 61 | 48 | 54 |
| Leyton Wingate | 42 | 13 | 15 | 14 | 55 | 56 | 54 |
| Dulwich Hamlet | 42 | 12 | 12 | 18 | 58 | 57 | 48 |
| St Albans City | 42 | 12 | 9 | 21 | 51 | 59 | 45 |
| Dagenham | 42 | 11 | 12 | 19 | 53 | 68 | 45 |
| Harrow Borough | 42 | 9 | 13 | 20 | 53 | 75 | 40 |
| Marlow | 42 | 9 | 11 | 22 | 48 | 83 | 38 |
| Tooting & Mitcham United | 42 | 10 | 6 | 26 | 41 | 81 | 36 |
| Croydon | 42 | 4 | 9 | 29 | 27 | 81 | 21 |

### First Division

| Team | P | W | D | L | F | A | Pts |
|---|---|---|---|---|---|---|---|
| Staines Town | 40 | 26 | 9 | 5 | 79 | 29 | 87 |
| Basingstoke Town | 40 | 25 | 8 | 7 | 85 | 36 | 83 |
| Woking | 40 | 24 | 10 | 6 | 72 | 30 | 82 |
| Hitchin Town | 40 | 21 | 11 | 8 | 60 | 32 | 74 |
| Wivenhoe Town | 40 | 22 | 6 | 12 | 62 | 44 | 72 |
| Lewes | 40 | 21 | 8 | 11 | 72 | 54 | 71 |
| Walton & Hersham | 40 | 21 | 7 | 12 | 56 | 36 | 70 |
| Kingsbury Town | 40 | 20 | 7 | 13 | 65 | 41 | 67 |
| Uxbridge | 40 | 19 | 7 | 14 | 60 | 54 | 64 |
| Wembley | 40 | 18 | 6 | 16 | 45 | 58 | 60 |
| Boreham Wood | 40 | 16 | 9 | 15 | 57 | 52 | 57 |
| Leatherhead | 40 | 14 | 8 | 18 | 56 | 58 | 50 |
| Metropolitan Police | 40 | 13 | 9 | 18 | 52 | 68 | 48 |
| Chesham United | 40 | 12 | 9 | 19 | 54 | 67 | 45 |
| Southwick | 40 | 9 | 15 | 16 | 44 | 58 | 42 |
| Chalfont St Peter | 40 | 11 | 9 | 20 | 56 | 82 | 42 |
| Hampton | 40 | 7 | 14 | 19 | 37 | 62 | 35 |
| Worthing | 40 | 8 | 10 | 22 | 49 | 80 | 32 |
| Collier Row | 40 | 8 | 7 | 25 | 37 | 82 | 31 |
| Bracknell Town | 40 | 8 | 6 | 26 | 38 | 70 | 30 |
| Basildon United | 40 | 6 | 7 | 27 | 34 | 77 | 25 |

Worthing had 2 points deducted.

### Second Division North

| Team | P | W | D | L | F | A | Pts |
|---|---|---|---|---|---|---|---|
| Harlow Town | 42 | 27 | 9 | 6 | 83 | 38 | 90 |
| Purfleet | 42 | 22 | 12 | 8 | 60 | 42 | 78 |
| Tring Town | 42 | 22 | 10 | 10 | 65 | 44 | 76 |
| Stevenage Borough | 42 | 20 | 13 | 9 | 84 | 55 | 73 |
| Heybridge Swifts | 42 | 21 | 9 | 12 | 64 | 43 | 72 |
| Billericay Town | 42 | 19 | 11 | 12 | 65 | 52 | 68 |
| Clapton | 42 | 18 | 11 | 13 | 65 | 56 | 65 |
| Barton Rovers | 42 | 18 | 11 | 13 | 58 | 50 | 65 |
| Aveley | 42 | 18 | 10 | 14 | 54 | 52 | 64 |
| Hertford Town | 42 | 16 | 13 | 13 | 62 | 49 | 59 |
| Ware | 42 | 17 | 8 | 17 | 60 | 65 | 59 |
| Hemel Hempstead | 42 | 16 | 10 | 16 | 55 | 58 | 58 |
| Witham Town | 42 | 16 | 7 | 19 | 69 | 67 | 55 |
| Vauxhall Motors | 42 | 15 | 9 | 18 | 53 | 57 | 54 |
| Berkhamsted Town | 42 | 14 | 10 | 18 | 57 | 70 | 52 |
| Hornchurch | 42 | 11 | 16 | 15 | 59 | 61 | 49 |
| Tilbury | 42 | 13 | 10 | 19 | 53 | 60 | 49 |
| Royston Town | 42 | 12 | 7 | 23 | 46 | 72 | 43 |
| Rainham Town | 42 | 9 | 15 | 18 | 49 | 62 | 42 |
| Saffron Walden Town | 42 | 8 | 16 | 18 | 54 | 72 | 40 |
| Letchworth Garden City | 42 | 4 | 18 | 20 | 34 | 71 | 30 |
| Wolverton Town | 42 | 5 | 7 | 30 | 42 | 95 | 13 |

Hertford Town 2 points deducted, Wolverton Town 9 points deducted.

### Second Division South

| Team | P | W | D | L | F | A | Pts |
|---|---|---|---|---|---|---|---|
| Dorking | 40 | 32 | 4 | 4 | 109 | 35 | 100 |
| Whyteleafe | 40 | 25 | 9 | 6 | 86 | 41 | 84 |
| Finchley | 40 | 21 | 9 | 10 | 70 | 45 | 72 |
| Molesey | 40 | 19 | 13 | 8 | 58 | 42 | 70 |
| Harefield United | 40 | 19 | 7 | 14 | 56 | 45 | 64 |
| Hungerford Town | 40 | 17 | 13 | 10 | 55 | 45 | 64 |
| Ruislip Manor | 40 | 16 | 9 | 15 | 56 | 43 | 57 |
| Feltham | 40 | 16 | 9 | 15 | 58 | 53 | 57 |
| Epsom & Ewell | 40 | 16 | 8 | 16 | 55 | 55 | 56 |
| Egham Town | 40 | 16 | 7 | 17 | 54 | 58 | 55 |
| Eastbourne United | 40 | 15 | 9 | 16 | 68 | 61 | 54 |
| Chertsey Town | 40 | 13 | 14 | 13 | 55 | 58 | 53 |
| Flackwell Heath | 40 | 13 | 11 | 16 | 51 | 49 | 50 |
| Camberley Town | 40 | 15 | 5 | 20 | 51 | 71 | 50 |
| Yeading | 40 | 13 | 9 | 18 | 47 | 63 | 46 |
| Banstead Athletic | 40 | 12 | 8 | 20 | 50 | 65 | 44 |
| Maidenhead United | 40 | 10 | 13 | 17 | 44 | 61 | 43 |
| Southall | 40 | 11 | 10 | 19 | 41 | 73 | 43 |
| Newbury Town | 40 | 11 | 8 | 21 | 47 | 65 | 41 |
| Horsham | 40 | 7 | 14 | 19 | 36 | 68 | 35 |
| Petersfield United | 40 | 5 | 7 | 28 | 36 | 87 | 22 |

Yeading had 2 points deducted.

## 1989-90 Premier Division

| Team | P | W | D | L | F | A | Pts |
|---|---|---|---|---|---|---|---|
| Slough Town | 42 | 27 | 11 | 4 | 85 | 38 | 92 |
| Wokingham Town | 42 | 26 | 11 | 5 | 67 | 34 | 89 |
| Aylesbury United | 42 | 25 | 9 | 8 | 86 | 30 | 84 |
| Kingstonian | 42 | 24 | 9 | 9 | 87 | 51 | 81 |
| Grays Athletic | 42 | 19 | 13 | 10 | 59 | 44 | 70 |
| Dagenham | 42 | 17 | 15 | 10 | 54 | 43 | 66 |
| Leyton Wingate | 42 | 20 | 6 | 16 | 54 | 48 | 66 |
| Basingstoke Town | 42 | 18 | 9 | 15 | 65 | 55 | 63 |
| Bishop's Stortford | 42 | 19 | 6 | 17 | 60 | 59 | 63 |
| Carshalton Athletic | 42 | 19 | 5 | 18 | 63 | 59 | 59 |
| Redbridge Forest | 42 | 16 | 11 | 15 | 65 | 62 | 59 |
| Hendon | 42 | 15 | 10 | 17 | 54 | 63 | 55 |
| Windsor & Eton | 42 | 13 | 15 | 14 | 51 | 47 | 54 |
| Hayes | 42 | 14 | 11 | 17 | 61 | 59 | 53 |
| St Albans City | 42 | 13 | 10 | 19 | 49 | 59 | 49 |
| Staines Town | 42 | 14 | 6 | 22 | 53 | 69 | 48 |
| Marlow | 42 | 11 | 13 | 18 | 42 | 59 | 46 |
| Harrow Borough | 42 | 11 | 10 | 21 | 51 | 79 | 43 |
| Bognor Regis Town | 42 | 9 | 14 | 19 | 37 | 67 | 41 |
| Barking | 42 | 7 | 11 | 24 | 53 | 86 | 32 |
| Bromley | 42 | 7 | 11 | 24 | 32 | 69 | 32 |
| Dulwich Hamlet | 42 | 6 | 8 | 28 | 32 | 80 | 26 |

Carshalton Athletic had 3 points deducted.

### First Division

| Team | P | W | D | L | F | A | Pts |
|---|---|---|---|---|---|---|---|
| Wivenhoe Town | 42 | 31 | 7 | 4 | 94 | 36 | 100 |
| Woking | 42 | 30 | 8 | 4 | 102 | 29 | 98 |
| Southwick | 42 | 23 | 15 | 4 | 68 | 30 | 84 |
| Hitchin Town | 42 | 22 | 13 | 7 | 60 | 30 | 79 |
| Walton & Hersham | 42 | 20 | 10 | 12 | 68 | 50 | 70 |
| Dorking | 42 | 19 | 12 | 11 | 66 | 41 | 69 |
| Boreham Wood | 42 | 17 | 13 | 12 | 60 | 59 | 64 |
| Harlow Town | 42 | 16 | 13 | 13 | 60 | 53 | 61 |
| Metropolitan Police | 42 | 16 | 11 | 15 | 54 | 59 | 59 |
| Chesham United | 42 | 15 | 12 | 15 | 46 | 49 | 57 |
| Chalfont St Peter | 42 | 14 | 13 | 15 | 50 | 59 | 55 |
| Tooting & Mitcham United | 42 | 14 | 13 | 15 | 42 | 51 | 55 |
| Worthing | 42 | 15 | 8 | 19 | 56 | 63 | 53 |
| Whyteleafe | 42 | 11 | 16 | 15 | 50 | 65 | 49 |
| Lewes | 42 | 12 | 11 | 19 | 55 | 65 | 47 |
| Wembley | 42 | 11 | 10 | 21 | 57 | 68 | 43 |
| Croydon | 42 | 9 | 16 | 17 | 43 | 57 | 43 |
| Uxbridge | 42 | 11 | 10 | 21 | 52 | 75 | 43 |
| Hampton | 42 | 8 | 13 | 21 | 28 | 51 | 37 |
| Leatherhead | 42 | 7 | 10 | 25 | 34 | 77 | 31 |
| Purfleet | 42 | 7 | 8 | 27 | 33 | 78 | 29 |
| Kingsbury Town | 42 | 8 | 10 | 24 | 45 | 78 | 25 |

Kingsbury Town had 9 points deducted

## Isthmian League 1990-1991

### Second Division North

| | | | | | | | |
|---|---|---|---|---|---|---|---|
| Heybridge Swifts | 42 | 26 | 9 | 7 | 79 | 29 | 87 |
| Aveley | 42 | 23 | 16 | 3 | 68 | 24 | 85 |
| Hertford Town | 42 | 24 | 11 | 7 | 92 | 51 | 83 |
| Stevenage Borough | 42 | 21 | 16 | 5 | 70 | 31 | 79 |
| Barton Rovers | 42 | 22 | 6 | 14 | 60 | 45 | 72 |
| Tilbury | 42 | 20 | 9 | 13 | 68 | 54 | 69 |
| Basildon United | 42 | 13 | 20 | 9 | 50 | 44 | 59 |
| Collier Row | 42 | 15 | 13 | 14 | 43 | 45 | 58 |
| Royston Town | 42 | 15 | 11 | 16 | 63 | 72 | 56 |
| Saffron Walden Town | 42 | 15 | 11 | 16 | 60 | 73 | 56 |
| Vauxhall Motors | 42 | 14 | 13 | 15 | 55 | 54 | 55 |
| Clapton | 42 | 13 | 16 | 13 | 50 | 46 | 54 |
| Ware | 42 | 14 | 11 | 17 | 53 | 59 | 53 |
| Hemel Hempstead | 42 | 12 | 15 | 15 | 58 | 70 | 51 |
| Billericay Town | 42 | 13 | 11 | 18 | 49 | 58 | 50 |
| Hornchurch | 42 | 12 | 12 | 18 | 49 | 64 | 48 |
| Berkhamsted Town | 42 | 9 | 16 | 17 | 44 | 68 | 43 |
| Finchley | 42 | 11 | 10 | 21 | 50 | 75 | 43 |
| Tring Town | 42 | 10 | 9 | 23 | 48 | 70 | 39 |
| Witham Town | 42 | 8 | 14 | 20 | 44 | 56 | 38 |
| Rainham Town | 42 | 9 | 11 | 22 | 48 | 75 | 38 |
| Letchworth Garden City | 42 | 7 | 12 | 23 | 30 | 68 | 33 |

Clapton had 1 point deducted

### Second Division South

| | | | | | | | |
|---|---|---|---|---|---|---|---|
| Yeading | 40 | 29 | 4 | 7 | 86 | 37 | 91 |
| Molesey | 40 | 24 | 11 | 5 | 76 | 30 | 83 |
| Abingdon Town | 40 | 22 | 9 | 9 | 64 | 39 | 75 |
| Ruislip Manor | 40 | 20 | 12 | 8 | 60 | 32 | 72 |
| Maidenhead United | 40 | 20 | 12 | 8 | 66 | 39 | 72 |
| Southall | 40 | 22 | 5 | 13 | 56 | 33 | 71 |
| Newbury Town | 40 | 21 | 7 | 12 | 50 | 36 | 70 |
| Flackwell Heath | 40 | 16 | 11 | 13 | 69 | 65 | 59 |
| Hungerford Town | 40 | 14 | 16 | 10 | 54 | 51 | 58 |
| Egham Town | 40 | 12 | 14 | 14 | 39 | 38 | 50 |
| Banstead Athletic | 40 | 14 | 8 | 18 | 46 | 47 | 50 |
| Harefield United | 40 | 13 | 9 | 18 | 44 | 46 | 48 |
| Chertsey Town | 40 | 13 | 9 | 18 | 53 | 58 | 48 |
| Epsom & Ewell | 40 | 13 | 9 | 18 | 49 | 54 | 48 |
| Malden Vale | 40 | 13 | 7 | 20 | 36 | 67 | 46 |
| Eastbourne United | 40 | 11 | 10 | 19 | 47 | 65 | 43 |
| Camberley Town | 40 | 11 | 9 | 20 | 44 | 66 | 42 |
| Feltham | 40 | 11 | 7 | 22 | 47 | 80 | 40 |
| Bracknell Town | 40 | 10 | 9 | 21 | 40 | 57 | 39 |
| Petersfield United | 40 | 10 | 8 | 22 | 48 | 93 | 38 |
| Horsham | 40 | 4 | 8 | 28 | 29 | 70 | 20 |

### 1990-91 Premier Division

| | | | | | | | |
|---|---|---|---|---|---|---|---|
| Redbridge Forest | 42 | 29 | 6 | 7 | 74 | 43 | 93 |
| Enfield | 42 | 26 | 11 | 5 | 83 | 30 | 89 |
| Aylesbury United | 42 | 24 | 11 | 7 | 90 | 47 | 83 |
| Woking | 42 | 24 | 10 | 8 | 84 | 39 | 82 |
| Kingstonian | 42 | 21 | 12 | 9 | 86 | 57 | 75 |
| Grays Athletic | 42 | 20 | 8 | 14 | 66 | 53 | 68 |
| Marlow | 42 | 18 | 13 | 11 | 72 | 49 | 67 |
| Hayes | 42 | 20 | 5 | 17 | 60 | 57 | 65 |
| Carshalton Athletic | 42 | 19 | 7 | 16 | 80 | 67 | 64 |
| Wivenhoe Town | 42 | 16 | 11 | 15 | 69 | 66 | 59 |
| Wokingham Town | 42 | 15 | 13 | 14 | 58 | 54 | 58 |
| Windsor & Eton | 42 | 15 | 10 | 17 | 48 | 63 | 55 |
| Bishop's Stortford | 42 | 14 | 12 | 16 | 54 | 49 | 54 |
| Dagenham | 42 | 13 | 11 | 18 | 62 | 68 | 50 |
| Hendon | 42 | 12 | 10 | 20 | 48 | 62 | 46 |
| St Albans City | 42 | 11 | 12 | 19 | 60 | 74 | 45 |
| Bognor Regis Town | 42 | 12 | 8 | 22 | 44 | 71 | 44 |
| Basingstoke Town | 42 | 12 | 7 | 23 | 57 | 95 | 43 |
| Staines Town | 42 | 10 | 10 | 22 | 46 | 79 | 39 |
| Harrow Borough | 42 | 10 | 8 | 24 | 57 | 84 | 38 |
| Barking | 42 | 8 | 10 | 24 | 41 | 85 | 34 |
| Leyton Wingate | 42 | 7 | 7 | 28 | 44 | 91 | 28 |

Staines Town had 1 point deducted

### First Division

| | | | | | | | |
|---|---|---|---|---|---|---|---|
| Chesham United | 42 | 27 | 8 | 7 | 102 | 37 | 89 |
| Bromley | 42 | 22 | 14 | 6 | 62 | 37 | 80 |
| Yeading | 42 | 23 | 8 | 11 | 75 | 45 | 77 |
| Aveley | 42 | 21 | 9 | 12 | 76 | 43 | 72 |
| Hitchin Town | 42 | 21 | 9 | 12 | 78 | 50 | 72 |
| Tooting & Mitcham United | 42 | 20 | 12 | 10 | 71 | 48 | 72 |
| Walton & Hersham | 42 | 21 | 8 | 13 | 73 | 48 | 71 |
| Molesey | 42 | 22 | 5 | 15 | 65 | 46 | 71 |
| Whyteleafe | 42 | 21 | 6 | 15 | 62 | 53 | 69 |
| Dorking | 42 | 20 | 5 | 17 | 78 | 67 | 65 |
| Chalfont St Peter | 42 | 19 | 5 | 18 | 56 | 63 | 62 |
| Dulwich Hamlet | 42 | 16 | 11 | 15 | 67 | 54 | 59 |
| Harlow Town | 42 | 17 | 8 | 17 | 73 | 64 | 59 |
| Boreham Wood | 42 | 15 | 8 | 19 | 46 | 53 | 53 |
| Wembley | 42 | 13 | 12 | 17 | 62 | 59 | 51 |
| Uxbridge | 42 | 15 | 5 | 22 | 45 | 61 | 50 |
| Croydon | 42 | 15 | 5 | 22 | 44 | 85 | 50 |
| Heybridge Swifts | 42 | 13 | 10 | 19 | 46 | 59 | 49 |
| Southwick | 42 | 13 | 8 | 21 | 49 | 75 | 47 |
| Lewes | 42 | 10 | 8 | 24 | 49 | 82 | 38 |
| Metropolitan Police | 42 | 9 | 6 | 27 | 55 | 76 | 33 |
| Worthing | 42 | 2 | 4 | 36 | 28 | 157 | 10 |

### Second Division North

| | | | | | | | |
|---|---|---|---|---|---|---|---|
| Stevenage Borough | 42 | 34 | 5 | 3 | 122 | 29 | 107 |
| Vauxhall Motors | 42 | 24 | 10 | 8 | 82 | 50 | 82 |
| Billericay Town | 42 | 22 | 8 | 12 | 70 | 41 | 74 |
| Ware | 42 | 22 | 8 | 12 | 78 | 51 | 74 |
| Berkhamsted Town | 42 | 19 | 11 | 12 | 60 | 51 | 68 |
| Witham Town | 42 | 19 | 10 | 13 | 70 | 59 | 67 |
| Purfleet | 42 | 17 | 14 | 11 | 68 | 57 | 65 |
| Rainham Town | 42 | 19 | 7 | 16 | 57 | 46 | 64 |
| Hemel Hempstead | 42 | 16 | 14 | 12 | 62 | 56 | 62 |
| Barton Rovers | 42 | 17 | 10 | 15 | 61 | 58 | 61 |
| Saffron Walden Town | 42 | 16 | 13 | 13 | 72 | 77 | 61 |
| Collier Row | 42 | 16 | 11 | 15 | 63 | 63 | 59 |
| Kingsbury Town | 42 | 17 | 8 | 17 | 64 | 72 | 59 |
| Edgware Town | 42 | 17 | 7 | 18 | 73 | 65 | 58 |
| Hertford Town | 42 | 16 | 10 | 16 | 69 | 70 | 58 |
| Royston Town | 42 | 14 | 15 | 13 | 78 | 62 | 57 |
| Tilbury | 42 | 14 | 6 | 22 | 70 | 79 | 48 |
| Basildon United | 42 | 11 | 10 | 21 | 61 | 90 | 43 |
| Hornchurch | 42 | 10 | 9 | 23 | 53 | 87 | 39 |
| Clapton | 42 | 9 | 10 | 23 | 54 | 93 | 34 |
| Finchley | 42 | 6 | 7 | 29 | 50 | 112 | 24 |
| Tring Town | 42 | 1 | 9 | 32 | 30 | 99 | 12 |

Finchley had 1 point deducted. Clapton had 3 points deducted

### Second Division South

| | | | | | | | |
|---|---|---|---|---|---|---|---|
| Abingdon Town | 42 | 29 | 7 | 6 | 95 | 28 | 94 |
| Maidenhead United | 42 | 28 | 8 | 6 | 85 | 33 | 92 |
| Egham Town | 42 | 27 | 6 | 9 | 100 | 46 | 87 |
| Malden Vale | 42 | 26 | 5 | 11 | 72 | 44 | 83 |
| Ruislip Manor | 42 | 25 | 5 | 12 | 93 | 44 | 80 |
| Southall | 42 | 23 | 10 | 9 | 84 | 43 | 79 |
| Harefield United | 42 | 23 | 10 | 9 | 81 | 56 | 79 |
| Newbury Town | 42 | 23 | 8 | 11 | 71 | 45 | 77 |
| Hungerford Town | 42 | 16 | 13 | 13 | 84 | 69 | 61 |
| Leatherhead | 42 | 17 | 9 | 16 | 82 | 55 | 60 |
| Banstead Athletic | 42 | 15 | 13 | 14 | 58 | 62 | 58 |
| Hampton | 42 | 14 | 15 | 13 | 62 | 43 | 57 |
| Epsom & Ewell | 42 | 15 | 12 | 15 | 49 | 50 | 57 |
| Chertsey Town | 42 | 15 | 9 | 18 | 76 | 72 | 54 |
| Horsham | 42 | 14 | 7 | 21 | 58 | 67 | 49 |
| Flackwell Heath | 42 | 11 | 11 | 20 | 56 | 78 | 44 |
| Bracknell Town | 42 | 11 | 7 | 24 | 60 | 97 | 40 |
| Feltham | 42 | 10 | 8 | 24 | 45 | 80 | 38 |
| Cove | 42 | 10 | 7 | 25 | 51 | 94 | 37 |
| Eastbourne United | 42 | 10 | 7 | 25 | 53 | 109 | 37 |
| Petersfield United | 42 | 6 | 3 | 33 | 35 | 119 | 21 |
| Camberley Town | 42 | 1 | 6 | 35 | 27 | 143 | 9 |

# Isthmian League 1991-1993

## 1991-92
### Premier Division

| | | | | | | | |
|---|---|---|---|---|---|---|---|
| Woking | 42 | 30 | 7 | 5 | 96 | 25 | 97 |
| Enfield | 42 | 24 | 7 | 11 | 59 | 45 | 79 |
| Sutton United | 42 | 19 | 13 | 10 | 88 | 51 | 70 |
| Chesham United | 42 | 20 | 10 | 12 | 67 | 48 | 70 |
| Wokingham Town | 42 | 19 | 10 | 13 | 73 | 58 | 67 |
| Marlow | 42 | 20 | 7 | 15 | 56 | 50 | 67 |
| Aylesbury United | 42 | 16 | 17 | 9 | 69 | 46 | 65 |
| Carshalton Athletic | 42 | 18 | 8 | 16 | 64 | 67 | 62 |
| Dagenham | 42 | 15 | 16 | 11 | 70 | 59 | 61 |
| Kingstonian | 42 | 17 | 8 | 17 | 71 | 65 | 59 |
| Windsor & Eton | 42 | 15 | 11 | 16 | 56 | 56 | 56 |
| Bromley | 42 | 14 | 12 | 16 | 51 | 57 | 54 |
| St Albans City | 42 | 14 | 11 | 17 | 66 | 70 | 53 |
| Basingstoke Town | 42 | 14 | 11 | 17 | 56 | 65 | 53 |
| Grays Athletic | 42 | 14 | 11 | 17 | 53 | 68 | 53 |
| Wivenhoe Town | 42 | 16 | 4 | 22 | 56 | 81 | 52 |
| Hendon | 42 | 13 | 9 | 20 | 59 | 73 | 48 |
| Harrow Borough | 42 | 11 | 13 | 18 | 58 | 78 | 46 |
| Hayes | 42 | 10 | 14 | 18 | 52 | 63 | 44 |
| Staines Town | 42 | 11 | 10 | 21 | 43 | 73 | 43 |
| Bognor Regis Town | 42 | 9 | 11 | 22 | 51 | 89 | 38 |
| Bishop's Stortford | 42 | 7 | 12 | 23 | 41 | 68 | 33 |

### First Division

| | | | | | | | |
|---|---|---|---|---|---|---|---|
| Stevenage Borough | 40 | 30 | 6 | 4 | 95 | 37 | 96 |
| Yeading | 40 | 24 | 10 | 6 | 83 | 34 | 82 |
| Dulwich Hamlet | 40 | 22 | 9 | 9 | 71 | 40 | 75 |
| Boreham Wood | 40 | 22 | 7 | 11 | 65 | 40 | 73 |
| Wembley | 40 | 21 | 6 | 13 | 54 | 43 | 69 |
| Abingdon Town | 40 | 19 | 8 | 13 | 60 | 47 | 65 |
| Tooting & Mitcham United | 40 | 16 | 13 | 11 | 57 | 45 | 61 |
| Hitchin Town | 40 | 17 | 10 | 13 | 55 | 45 | 61 |
| Walton & Hersham | 40 | 15 | 13 | 12 | 62 | 50 | 58 |
| Molesey | 40 | 16 | 9 | 15 | 55 | 61 | 57 |
| Dorking | 40 | 16 | 7 | 17 | 68 | 65 | 55 |
| Barking | 40 | 14 | 11 | 15 | 51 | 54 | 53 |
| Chalfont St Peter | 40 | 15 | 6 | 19 | 62 | 70 | 51 |
| Leyton Wingate | 40 | 13 | 11 | 16 | 53 | 56 | 50 |
| Uxbridge | 40 | 13 | 8 | 19 | 47 | 62 | 47 |
| Maidenhead United | 40 | 13 | 7 | 20 | 52 | 61 | 46 |
| Harlow Town | 40 | 11 | 9 | 20 | 50 | 70 | 42 |
| Croydon | 40 | 11 | 6 | 23 | 44 | 68 | 39 |
| Heybridge Swifts | 40 | 8 | 9 | 23 | 33 | 71 | 33 |
| Whyteleafe | 40 | 7 | 10 | 23 | 42 | 78 | 31 |
| Aveley | 40 | 8 | 3 | 29 | 33 | 95 | 27 |

### Second Division

| | | | | | | | |
|---|---|---|---|---|---|---|---|
| Purfleet | 42 | 27 | 8 | 7 | 97 | 48 | 89 |
| Lewes | 42 | 23 | 14 | 5 | 74 | 36 | 83 |
| Billericay Town | 42 | 24 | 8 | 10 | 75 | 44 | 80 |
| Leatherhead | 42 | 23 | 6 | 13 | 68 | 40 | 75 |
| Ruislip Manor | 42 | 20 | 9 | 13 | 74 | 51 | 69 |
| Egham Town | 42 | 19 | 12 | 11 | 81 | 62 | 69 |
| Metropolitan Police | 42 | 20 | 9 | 13 | 76 | 58 | 69 |
| Saffron Walden Town | 42 | 19 | 11 | 12 | 86 | 67 | 68 |
| Hemel Hempstead | 42 | 18 | 10 | 14 | 63 | 50 | 64 |
| Hungerford Town | 42 | 18 | 7 | 17 | 53 | 58 | 61 |
| Barton Rovers | 42 | 17 | 8 | 17 | 61 | 64 | 59 |
| Worthing | 42 | 17 | 8 | 17 | 67 | 72 | 59 |
| Witham Town | 42 | 16 | 11 | 15 | 56 | 61 | 59 |
| Banstead Athletic | 42 | 16 | 10 | 16 | 69 | 58 | 58 |
| Malden Vale | 42 | 15 | 12 | 15 | 63 | 48 | 57 |
| Rainham Town | 42 | 14 | 13 | 15 | 53 | 48 | 55 |
| Ware | 42 | 14 | 9 | 19 | 58 | 62 | 51 |
| Berkhamsted Town | 42 | 13 | 11 | 18 | 56 | 57 | 50 |
| Harefield United | 42 | 11 | 7 | 24 | 47 | 66 | 40 |
| Southall | 42 | 8 | 7 | 27 | 39 | 93 | 31 |
| Southwick | 42 | 6 | 2 | 34 | 29 | 115 | 20 |
| Newbury Town | 42 | 4 | 8 | 30 | 30 | 117 | 20 |

### Third Division

| | | | | | | | |
|---|---|---|---|---|---|---|---|
| Edgware Town | 40 | 30 | 3 | 7 | 106 | 44 | 93 |
| Chertsey Town | 40 | 29 | 4 | 7 | 115 | 44 | 91 |
| Tilbury | 40 | 26 | 9 | 5 | 84 | 40 | 87 |
| Hampton | 40 | 26 | 5 | 9 | 93 | 35 | 83 |
| Horsham | 40 | 23 | 8 | 9 | 92 | 51 | 77 |
| Cove | 40 | 21 | 9 | 10 | 74 | 49 | 72 |
| Flackwell Heath | 40 | 19 | 12 | 9 | 78 | 50 | 69 |
| Thame United | 40 | 19 | 7 | 14 | 73 | 46 | 64 |
| Epsom & Ewell | 40 | 17 | 11 | 12 | 55 | 50 | 62 |
| Collier Row | 40 | 17 | 9 | 14 | 67 | 59 | 60 |
| Royston Town | 40 | 17 | 7 | 16 | 59 | 58 | 58 |
| Kingsbury Town | 40 | 12 | 10 | 18 | 54 | 61 | 46 |
| Hertford Town | 40 | 12 | 10 | 18 | 55 | 73 | 46 |
| Petersfield United | 40 | 12 | 9 | 19 | 45 | 67 | 45 |
| Camberley Town | 40 | 11 | 8 | 21 | 52 | 69 | 41 |
| Feltham & Hounslow | 40 | 11 | 2 | 22 | 53 | 78 | 40 |
| Bracknell Town | 40 | 10 | 7 | 23 | 48 | 90 | 37 |
| Hornchurch | 40 | 8 | 7 | 25 | 40 | 87 | 31 |
| Tring Town | 40 | 9 | 4 | 27 | 35 | 94 | 31 |
| Clapton | 40 | 9 | 3 | 28 | 47 | 92 | 30 |
| Eastbourne United | 40 | 5 | 5 | 30 | 34 | 121 | 20 |

## 1992-93
### Premier Division

| | | | | | | | |
|---|---|---|---|---|---|---|---|
| Chesham United | 42 | 30 | 8 | 4 | 104 | 34 | 98 |
| St Albans City | 42 | 28 | 9 | 5 | 103 | 50 | 93 |
| Enfield | 42 | 25 | 6 | 11 | 94 | 48 | 81 |
| Carshalton Athletic | 42 | 22 | 10 | 10 | 96 | 56 | 76 |
| Sutton United | 42 | 18 | 14 | 10 | 74 | 57 | 68 |
| Grays Athletic | 42 | 18 | 11 | 13 | 61 | 64 | 65 |
| Stevenage Borough | 42 | 18 | 8 | 16 | 62 | 60 | 62 |
| Harrow Borough | 42 | 16 | 14 | 12 | 59 | 60 | 62 |
| Hayes | 42 | 16 | 13 | 13 | 64 | 59 | 61 |
| Aylesbury United | 42 | 18 | 6 | 18 | 70 | 77 | 60 |
| Hendon | 42 | 12 | 18 | 12 | 52 | 54 | 54 |
| Basingstoke Town | 42 | 12 | 17 | 13 | 49 | 45 | 53 |
| Kingstonian | 42 | 14 | 10 | 18 | 59 | 58 | 52 |
| Dulwich Hamlet | 42 | 12 | 14 | 16 | 52 | 66 | 50 |
| Marlow | 42 | 12 | 11 | 19 | 72 | 73 | 47 |
| Wokingham Town | 42 | 11 | 13 | 18 | 62 | 81 | 46 |
| Bromley | 42 | 11 | 13 | 18 | 51 | 72 | 46 |
| Wivenhoe Town | 42 | 13 | 7 | 22 | 41 | 75 | 46 |
| Yeading | 42 | 11 | 12 | 19 | 58 | 66 | 45 |
| Staines Town | 42 | 10 | 13 | 19 | 59 | 77 | 43 |
| Windsor & Eton | 42 | 8 | 7 | 27 | 40 | 90 | 31 |
| Bognor Regis Town | 42 | 5 | 10 | 27 | 46 | 106 | 25 |

### First Division

| | | | | | | | |
|---|---|---|---|---|---|---|---|
| Hitchin Town | 40 | 25 | 7 | 8 | 67 | 29 | 82 |
| Molesey | 40 | 23 | 11 | 6 | 81 | 38 | 80 |
| Dorking | 40 | 23 | 9 | 8 | 73 | 40 | 78 |
| Purfleet | 40 | 19 | 12 | 9 | 67 | 42 | 69 |
| Bishop's Stortford | 40 | 19 | 10 | 11 | 63 | 42 | 67 |
| Abingdon Town | 40 | 17 | 13 | 10 | 65 | 47 | 64 |
| Tooting & Mitcham United | 40 | 17 | 12 | 11 | 68 | 46 | 63 |
| Billericay Town | 40 | 18 | 6 | 16 | 67 | 61 | 60 |
| Wembley | 40 | 14 | 15 | 11 | 44 | 34 | 57 |
| Walton & Hersham | 40 | 14 | 12 | 14 | 58 | 54 | 54 |
| Boreham Wood | 40 | 12 | 14 | 14 | 44 | 43 | 50 |
| Maidenhead United | 40 | 10 | 18 | 12 | 45 | 50 | 48 |
| Leyton | 40 | 11 | 14 | 15 | 56 | 61 | 47 |
| Whyteleafe | 40 | 12 | 10 | 18 | 63 | 71 | 46 |
| Uxbridge | 40 | 11 | 13 | 16 | 50 | 59 | 46 |
| Heybridge Swifts | 40 | 11 | 9 | 20 | 47 | 65 | 42 |
| Croydon | 40 | 11 | 9 | 20 | 54 | 82 | 42 |
| Chalfont St Peter | 40 | 7 | 17 | 16 | 48 | 70 | 38 |
| Barking | 40 | 10 | 8 | 22 | 43 | 93 | 38 |
| Lewes | 40 | 9 | 10 | 21 | 34 | 80 | 37 |
| Aveley | 40 | 9 | 7 | 24 | 45 | 87 | 34 |

## Isthmian League 1993-1994

### Second Division

| | P | W | D | L | F | A | Pts |
|---|---|---|---|---|---|---|---|
| Worthing | 42 | 28 | 7 | 7 | 105 | 50 | 91 |
| Ruislip Manor | 42 | 25 | 12 | 5 | 78 | 33 | 87 |
| Berkhamsted Town | 42 | 24 | 8 | 10 | 77 | 55 | 80 |
| Hemel Hempstead | 42 | 22 | 12 | 8 | 84 | 52 | 78 |
| Metropolitan Police | 42 | 22 | 6 | 14 | 84 | 51 | 72 |
| Malden Vale | 42 | 20 | 9 | 13 | 78 | 54 | 69 |
| Chertsey Town | 42 | 20 | 7 | 15 | 84 | 60 | 67 |
| Saffron Walden Town | 42 | 19 | 10 | 13 | 63 | 49 | 67 |
| Newbury Town | 42 | 14 | 18 | 10 | 53 | 51 | 60 |
| Hampton | 42 | 16 | 11 | 15 | 59 | 59 | 59 |
| Edgware Town | 42 | 16 | 10 | 16 | 84 | 75 | 58 |
| Egham Town | 42 | 16 | 9 | 17 | 60 | 71 | 57 |
| Banstead Athletic | 42 | 14 | 13 | 15 | 67 | 52 | 55 |
| Leatherhead | 42 | 14 | 11 | 17 | 66 | 61 | 53 |
| Ware | 42 | 12 | 11 | 19 | 68 | 76 | 47 |
| Witham Town | 42 | 10 | 16 | 16 | 54 | 65 | 46 |
| Tilbury | 42 | 12 | 8 | 22 | 55 | 101 | 44 |
| Barton Rovers | 42 | 9 | 14 | 19 | 40 | 66 | 41 |
| Hungerford Town | 42 | 11 | 8 | 23 | 37 | 93 | 41 |
| Rainham Town | 42 | 9 | 10 | 23 | 56 | 80 | 37 |
| Harefield United | 42 | 10 | 7 | 25 | 37 | 72 | 37 |
| Southall | 42 | 7 | 7 | 28 | 43 | 106 | 28 |

### Third Division

| | P | W | D | L | F | A | Pts |
|---|---|---|---|---|---|---|---|
| Aldershot Town | 38 | 28 | 8 | 2 | 90 | 35 | 92 |
| Thame United | 38 | 21 | 11 | 6 | 84 | 38 | 74 |
| Collier Row | 38 | 21 | 11 | 6 | 68 | 30 | 74 |
| Leighton Town | 38 | 21 | 10 | 7 | 89 | 47 | 73 |
| Cove | 38 | 21 | 8 | 9 | 69 | 42 | 71 |
| Northwood | 38 | 19 | 11 | 8 | 84 | 68 | 68 |
| Royston Town | 38 | 17 | 8 | 13 | 59 | 42 | 59 |
| East Thurrock United | 38 | 17 | 7 | 14 | 69 | 58 | 58 |
| Kingsbury Town | 38 | 15 | 9 | 14 | 62 | 59 | 54 |
| Hertford Town | 38 | 14 | 10 | 14 | 61 | 64 | 52 |
| Flackwell Heath | 38 | 15 | 6 | 17 | 82 | 76 | 51 |
| Tring Town | 38 | 12 | 11 | 15 | 59 | 63 | 47 |
| Hornchurch | 38 | 11 | 13 | 14 | 53 | 52 | 46 |
| Horsham | 38 | 12 | 7 | 19 | 63 | 72 | 43 |
| Epsom & Ewell | 38 | 10 | 11 | 17 | 52 | 67 | 41 |
| Bracknell Town | 38 | 7 | 13 | 18 | 52 | 94 | 34 |
| Clapton | 38 | 8 | 7 | 23 | 46 | 74 | 31 |
| Camberley Town | 38 | 8 | 7 | 23 | 37 | 72 | 31 |
| Petersfield United | 38 | 6 | 12 | 20 | 36 | 90 | 30 |
| Feltham & Hounslow | 38 | 5 | 4 | 29 | 47 | 119 | 19 |

## 1993-94

### Premier Division

| | P | W | D | L | F | A | Pts |
|---|---|---|---|---|---|---|---|
| Stevenage Borough | 42 | 31 | 4 | 7 | 88 | 39 | 97 |
| Enfield | 42 | 28 | 8 | 6 | 80 | 28 | 92 |
| Marlow | 42 | 25 | 7 | 10 | 90 | 67 | 82 |
| Chesham United | 42 | 24 | 8 | 10 | 73 | 45 | 80 |
| Sutton United | 42 | 23 | 10 | 9 | 77 | 31 | 79 |
| Carshalton Athletic | 42 | 22 | 7 | 13 | 81 | 53 | 73 |
| St Albans City | 42 | 21 | 10 | 11 | 81 | 54 | 73 |
| Hitchin Town | 42 | 21 | 7 | 14 | 81 | 56 | 70 |
| Harrow Borough | 42 | 18 | 11 | 13 | 54 | 56 | 65 |
| Kingstonian | 42 | 18 | 9 | 15 | 101 | 64 | 63 |
| Hendon | 42 | 18 | 9 | 15 | 61 | 51 | 63 |
| Aylesbury United | 42 | 17 | 7 | 18 | 64 | 67 | 58 |
| Hayes | 42 | 15 | 8 | 19 | 63 | 72 | 53 |
| Grays Athletic | 42 | 15 | 5 | 22 | 56 | 69 | 50 |
| Bromley | 42 | 14 | 7 | 21 | 56 | 69 | 49 |
| Dulwich Hamlet | 42 | 13 | 8 | 21 | 52 | 74 | 47 |
| Yeading | 42 | 13 | 13 | 18 | 58 | 66 | 46 |
| Molesey | 42 | 11 | 11 | 20 | 44 | 62 | 44 |
| Wokingham Town | 42 | 11 | 6 | 25 | 38 | 67 | 39 |
| Dorking | 42 | 9 | 4 | 29 | 58 | 104 | 31 |
| Basingstoke Town | 42 | 5 | 12 | 25 | 38 | 86 | 27 |
| Wivenhoe Town | 42 | 5 | 3 | 34 | 38 | 152 | 18 |

### First Division

| | P | W | D | L | F | A | Pts |
|---|---|---|---|---|---|---|---|
| Bishop's Stortford | 42 | 24 | 13 | 5 | 83 | 31 | 85 |
| Purfleet | 42 | 22 | 12 | 8 | 70 | 44 | 78 |
| Walton & Hersham | 42 | 22 | 11 | 9 | 81 | 53 | 77 |
| Tooting & Mitcham United | 42 | 21 | 12 | 9 | 66 | 37 | 75 |
| Heybridge Swifts | 42 | 20 | 11 | 11 | 72 | 45 | 71 |
| Billericay Town | 42 | 20 | 11 | 11 | 70 | 51 | 71 |
| Abingdon Town | 42 | 20 | 10 | 12 | 61 | 50 | 70 |
| Worthing | 42 | 19 | 11 | 12 | 79 | 46 | 68 |
| Leyton | 42 | 20 | 8 | 14 | 88 | 66 | 68 |
| Boreham Wood | 42 | 17 | 15 | 10 | 69 | 50 | 66 |
| Staines Town | 42 | 18 | 9 | 15 | 85 | 56 | 63 |
| Bognor Regis Town | 42 | 15 | 14 | 13 | 57 | 48 | 59 |
| Wembley | 42 | 16 | 10 | 16 | 66 | 52 | 58 |
| Barking | 42 | 15 | 11 | 16 | 63 | 69 | 56 |
| Uxbridge | 42 | 15 | 8 | 19 | 57 | 58 | 53 |
| Whyteleafe | 42 | 15 | 6 | 21 | 71 | 90 | 51 |
| Maidenhead United | 42 | 12 | 13 | 17 | 52 | 48 | 49 |
| Berkhamsted Town | 42 | 12 | 9 | 21 | 65 | 77 | 45 |
| Ruislip Manor | 42 | 10 | 8 | 24 | 42 | 79 | 38 |
| Chalfont St Peter | 42 | 7 | 10 | 25 | 40 | 79 | 31 |
| Windsor & Eton | 42 | 8 | 7 | 27 | 47 | 94 | 31 |
| Croydon | 42 | 3 | 3 | 36 | 37 | 198 | 12 |

### Second Division

| | P | W | D | L | F | A | Pts |
|---|---|---|---|---|---|---|---|
| Newbury Town | 42 | 32 | 7 | 3 | 115 | 36 | 103 |
| Chertsey Town | 42 | 33 | 3 | 6 | 121 | 48 | 102 |
| Aldershot Town | 42 | 30 | 7 | 5 | 78 | 27 | 97 |
| Barton Rovers | 42 | 25 | 8 | 9 | 68 | 37 | 83 |
| Witham Town | 42 | 21 | 10 | 11 | 68 | 51 | 73 |
| Malden Vale | 42 | 20 | 10 | 12 | 70 | 49 | 70 |
| Thame United | 42 | 19 | 12 | 11 | 87 | 51 | 69 |
| Metropolitan Police | 42 | 20 | 9 | 13 | 75 | 54 | 69 |
| Banstead Athletic | 42 | 19 | 9 | 14 | 56 | 53 | 66 |
| Aveley | 42 | 19 | 5 | 18 | 60 | 66 | 62 |
| Edgware Town | 42 | 16 | 10 | 16 | 88 | 75 | 58 |
| Saffron Walden Town | 42 | 17 | 7 | 18 | 61 | 62 | 58 |
| Hemel Hempstead | 42 | 14 | 11 | 17 | 47 | 43 | 53 |
| Egham Town | 42 | 14 | 8 | 20 | 48 | 65 | 50 |
| Ware | 42 | 14 | 7 | 21 | 48 | 76 | 49 |
| Hungerford Town | 42 | 13 | 7 | 22 | 56 | 66 | 46 |
| Tilbury | 42 | 13 | 3 | 26 | 59 | 81 | 42 |
| Hampton | 42 | 12 | 5 | 25 | 42 | 70 | 41 |
| Leatherhead | 42 | 10 | 6 | 26 | 46 | 92 | 36 |
| Lewes | 42 | 8 | 11 | 24 | 38 | 85 | 34 |
| Collier Row | 42 | 7 | 8 | 27 | 37 | 88 | 29 |
| Rainham Town | 42 | 4 | 2 | 36 | 24 | 116 | 14 |

### Third Division

| | P | W | D | L | F | A | Pts |
|---|---|---|---|---|---|---|---|
| Bracknell Town | 40 | 25 | 8 | 7 | 78 | 29 | 83 |
| Cheshunt | 40 | 23 | 12 | 5 | 62 | 34 | 81 |
| Oxford City | 40 | 24 | 6 | 10 | 94 | 55 | 78 |
| Harlow Town | 40 | 22 | 11 | 7 | 61 | 36 | 77 |
| Southall | 40 | 17 | 12 | 11 | 66 | 53 | 63 |
| Camberley Town | 40 | 18 | 7 | 15 | 56 | 50 | 61 |
| Hertford Town | 40 | 18 | 6 | 16 | 67 | 65 | 60 |
| Royston Town | 40 | 15 | 11 | 14 | 44 | 41 | 56 |
| Northwood | 40 | 15 | 11 | 14 | 78 | 77 | 56 |
| Epsom & Ewell | 40 | 15 | 9 | 16 | 63 | 62 | 54 |
| Harefield United | 40 | 12 | 15 | 13 | 45 | 55 | 51 |
| Cove | 40 | 15 | 6 | 19 | 59 | 74 | 51 |
| Kingsbury Town | 40 | 12 | 14 | 14 | 57 | 54 | 50 |
| Feltham & Hounslow | 40 | 14 | 7 | 19 | 60 | 63 | 49 |
| Leighton Town | 40 | 12 | 11 | 17 | 51 | 64 | 47 |
| East Thurrock Town | 40 | 10 | 15 | 15 | 61 | 64 | 45 |
| Clapton | 40 | 12 | 9 | 19 | 51 | 65 | 45 |
| Hornchurch | 40 | 8 | 20 | 12 | 42 | 60 | 44 |
| Tring Town | 40 | 10 | 11 | 19 | 48 | 64 | 41 |
| Flackwell Heath | 40 | 9 | 11 | 20 | 44 | 83 | 38 |
| Horsham | 40 | 6 | 8 | 26 | 43 | 86 | 26 |

# Isthmian League 1994-1996

## 1994-95 Premier Division

| | | | | | | | |
|---|---|---|---|---|---|---|---|
| Enfield | 42 | 28 | 9 | 5 | 106 | 43 | 93 |
| Slough Town | 42 | 22 | 13 | 7 | 82 | 56 | 79 |
| Hayes | 42 | 20 | 14 | 8 | 66 | 47 | 74 |
| Aylesbury United | 42 | 21 | 6 | 15 | 86 | 59 | 69 |
| Hitchin Town | 42 | 18 | 12 | 12 | 68 | 59 | 66 |
| Bromley | 42 | 18 | 11 | 13 | 76 | 67 | 65 |
| St Albans City | 42 | 17 | 13 | 12 | 96 | 81 | 64 |
| Molesey | 42 | 18 | 8 | 16 | 65 | 61 | 62 |
| Yeading | 42 | 14 | 15 | 13 | 60 | 59 | 57 |
| Harrow Borough | 42 | 17 | 6 | 19 | 64 | 67 | 57 |
| Dulwich Hamlet | 42 | 16 | 9 | 17 | 70 | 82 | 57 |
| Carshalton Athletic | 42 | 16 | 9 | 17 | 69 | 84 | 57 |
| Kingstonian | 42 | 16 | 8 | 18 | 62 | 57 | 56 |
| Walton & Hersham | 42 | 14 | 11 | 17 | 75 | 73 | 53 |
| Sutton United | 42 | 13 | 12 | 17 | 74 | 69 | 51 |
| Purfleet | 42 | 13 | 12 | 17 | 76 | 90 | 51 |
| Hendon | 42 | 12 | 14 | 16 | 57 | 65 | 50 |
| Grays Athletic | 42 | 11 | 16 | 15 | 57 | 61 | 49 |
| Bishop's Stortford | 42 | 12 | 11 | 19 | 53 | 76 | 47 |
| Chesham United | 42 | 12 | 9 | 21 | 60 | 87 | 45 |
| Marlow | 42 | 10 | 9 | 23 | 52 | 84 | 39 |
| Wokingham Town | 42 | 6 | 9 | 27 | 39 | 86 | 27 |

### First Division

| | | | | | | | |
|---|---|---|---|---|---|---|---|
| Boreham Wood | 42 | 31 | 5 | 6 | 90 | 38 | 98 |
| Worthing | 42 | 21 | 13 | 8 | 93 | 49 | 76 |
| Chertsey Town | 42 | 21 | 11 | 10 | 109 | 57 | 74 |
| Aldershot Town | 42 | 23 | 5 | 14 | 80 | 53 | 74 |
| Billericay Town | 42 | 20 | 9 | 13 | 68 | 52 | 69 |
| Staines Town | 42 | 17 | 12 | 13 | 83 | 65 | 63 |
| Basingstoke Town | 42 | 17 | 10 | 15 | 81 | 71 | 61 |
| Tooting & Mitcham United | 42 | 15 | 14 | 13 | 58 | 48 | 59 |
| Wembley | 42 | 16 | 11 | 15 | 70 | 61 | 59 |
| Abingdon Town | 42 | 16 | 11 | 15 | 67 | 69 | 59 |
| Whyteleafe | 42 | 17 | 7 | 18 | 70 | 78 | 58 |
| Maidenhead United | 42 | 15 | 12 | 15 | 73 | 76 | 57 |
| Uxbridge | 42 | 15 | 11 | 16 | 54 | 62 | 56 |
| Leyton | 42 | 15 | 10 | 17 | 67 | 66 | 55 |
| Barking | 42 | 16 | 7 | 19 | 74 | 77 | 55 |
| Heybridge Swifts | 42 | 16 | 6 | 20 | 73 | 78 | 54 |
| Ruislip Manor | 42 | 14 | 11 | 17 | 70 | 75 | 53 |
| Bognor Regis Town | 42 | 13 | 14 | 15 | 57 | 63 | 53 |
| Berkhamsted Town | 42 | 14 | 10 | 18 | 54 | 70 | 52 |
| Newbury Town | 42 | 12 | 15 | 15 | 58 | 71 | 51 |
| Wivenhoe Town | 42 | 8 | 7 | 27 | 47 | 94 | 31 |
| Dorking | 42 | 3 | 3 | 36 | 40 | 163 | 12 |

### Second Division

| | | | | | | | |
|---|---|---|---|---|---|---|---|
| Thame United | 42 | 30 | 3 | 9 | 97 | 49 | 93 |
| Barton Rovers | 42 | 25 | 7 | 10 | 93 | 51 | 82 |
| Oxford City | 42 | 24 | 8 | 10 | 86 | 47 | 80 |
| Bracknell Town | 42 | 23 | 9 | 10 | 86 | 47 | 78 |
| Metropolitan Police | 42 | 19 | 12 | 11 | 81 | 65 | 69 |
| Hampton | 42 | 20 | 9 | 13 | 79 | 74 | 69 |
| Croydon | 42 | 20 | 5 | 17 | 85 | 65 | 65 |
| Banstead Athletic | 42 | 18 | 10 | 14 | 73 | 59 | 64 |
| Saffron Walden Town | 42 | 17 | 13 | 12 | 64 | 59 | 64 |
| Chalfont St Peter | 42 | 17 | 12 | 13 | 67 | 54 | 63 |
| Witham Town | 42 | 18 | 9 | 15 | 75 | 64 | 63 |
| Leatherhead | 42 | 16 | 12 | 14 | 71 | 75 | 60 |
| Edgware Town | 42 | 16 | 10 | 16 | 70 | 66 | 58 |
| Tilbury | 42 | 15 | 9 | 18 | 62 | 82 | 54 |
| Cheshunt | 42 | 13 | 13 | 16 | 66 | 81 | 52 |
| Ware | 42 | 14 | 7 | 21 | 61 | 81 | 49 |
| Egham Town | 42 | 11 | 14 | 17 | 60 | 65 | 47 |
| Hemel Hempstead | 42 | 12 | 10 | 11 | 21 | 45 | 76 | 41 |
| Hungerford Town | 42 | 11 | 7 | 24 | 55 | 81 | 40 |
| Windsor & Eton | 42 | 10 | 8 | 24 | 58 | 84 | 38 |
| Aveley | 42 | 9 | 5 | 28 | 48 | 95 | 32 |
| Malden Vale | 42 | 5 | 9 | 28 | 46 | 108 | 24 |

### Third Division

| | | | | | | | |
|---|---|---|---|---|---|---|---|
| Collier Row | 40 | 30 | 5 | 5 | 86 | 23 | 95 |
| Canvey Island | 40 | 28 | 4 | 8 | 88 | 42 | 88 |
| Bedford Town | 40 | 22 | 11 | 7 | 90 | 50 | 77 |
| Northwood | 40 | 22 | 8 | 10 | 80 | 47 | 74 |
| Horsham | 40 | 22 | 6 | 12 | 84 | 61 | 72 |
| Southall | 40 | 21 | 8 | 11 | 87 | 59 | 71 |
| Leighton Town | 40 | 20 | 8 | 12 | 66 | 43 | 68 |
| Camberley Town | 40 | 19 | 8 | 13 | 59 | 39 | 65 |
| Kingsbury Town | 40 | 18 | 11 | 1 | 72 | 54 | 65 |
| Hornchurch | 40 | 17 | 8 | 15 | 64 | 63 | 59 |
| Clapton | 40 | 14 | 11 | 15 | 69 | 61 | 53 |
| Tring Town | 40 | 13 | 12 | 15 | 68 | 69 | 51 |
| East Thurrock United | 40 | 14 | 8 | 18 | 60 | 79 | 50 |
| Epsom & Ewell | 40 | 13 | 10 | 17 | 58 | 62 | 49 |
| Harlow Town | 40 | 13 | 8 | 19 | 53 | 83 | 47 |
| Harefield United | 40 | 12 | 8 | 20 | 51 | 79 | 44 |
| Hertford Town | 40 | 11 | 10 | 19 | 56 | 78 | 43 |
| Feltham & Hounslow | 40 | 13 | 4 | 23 | 64 | 87 | 43 |
| Flackwell Heath | 40 | 8 | 4 | 28 | 50 | 99 | 28 |
| Lewes | 40 | 6 | 5 | 29 | 34 | 104 | 23 |
| Cove | 40 | 3 | 5 | 32 | 37 | 94 | 14 |

## 1995-96 Premier Division

| | | | | | | | |
|---|---|---|---|---|---|---|---|
| Hayes | 42 | 24 | 14 | 4 | 76 | 32 | 86 |
| Enfield | 42 | 26 | 8 | 8 | 78 | 35 | 86 |
| Boreham Wood | 42 | 24 | 11 | 7 | 69 | 29 | 83 |
| Yeovil Town | 42 | 23 | 11 | 8 | 83 | 51 | 80 |
| Dulwich Hamlet | 42 | 23 | 11 | 8 | 85 | 59 | 80 |
| Carshalton Athletic | 42 | 22 | 8 | 12 | 68 | 49 | 74 |
| St Albans City | 42 | 22 | 10 | 10 | 70 | 41 | 72 |
| Kingstonian | 42 | 20 | 11 | 11 | 62 | 38 | 71 |
| Harrow Borough | 42 | 19 | 10 | 13 | 70 | 56 | 67 |
| Sutton United | 42 | 17 | 14 | 11 | 71 | 56 | 65 |
| Aylesbury United | 42 | 17 | 12 | 13 | 71 | 58 | 63 |
| Bishop's Stortford | 42 | 16 | 9 | 17 | 61 | 62 | 57 |
| Yeading | 42 | 11 | 14 | 17 | 48 | 60 | 47 |
| Hendon | 42 | 12 | 10 | 20 | 52 | 65 | 46 |
| Chertsey Town | 42 | 13 | 6 | 23 | 45 | 71 | 45 |
| Purfleet | 42 | 8 | 22 | 48 | 67 | 44 |
| Grays Athletic | 42 | 11 | 11 | 20 | 43 | 63 | 44 |
| Hitchin Town | 42 | 10 | 10 | 22 | 41 | 74 | 40 |
| Bromley | 42 | 10 | 7 | 25 | 52 | 91 | 37 |
| Molesey | 42 | 9 | 9 | 24 | 46 | 81 | 36 |
| Walton & Hersham | 42 | 9 | 7 | 26 | 42 | 79 | 34 |
| Worthing | 42 | 4 | 7 | 31 | 42 | 106 | 19 |

### First Division

| | | | | | | | |
|---|---|---|---|---|---|---|---|
| Oxford City | 42 | 28 | 7 | 7 | 98 | 60 | 91 |
| Heybridge Swifts | 42 | 27 | 7 | 8 | 97 | 43 | 88 |
| Staines Town | 42 | 23 | 11 | 8 | 82 | 59 | 80 |
| Leyton Pennant | 42 | 22 | 7 | 13 | 77 | 57 | 73 |
| Aldershot Town | 42 | 21 | 9 | 12 | 81 | 46 | 72 |
| Billericay Town | 42 | 19 | 9 | 14 | 58 | 58 | 66 |
| Bognor Regis Town | 42 | 18 | 11 | 13 | 71 | 53 | 65 |
| Marlow | 42 | 19 | 5 | 18 | 72 | 75 | 62 |
| Basingstoke Town | 42 | 16 | 13 | 13 | 70 | 60 | 61 |
| Uxbridge | 42 | 16 | 12 | 14 | 46 | 49 | 60 |
| Wokingham Town | 42 | 16 | 10 | 16 | 62 | 65 | 58 |
| Chesham United | 42 | 15 | 12 | 15 | 51 | 44 | 57 |
| Thame United | 42 | 14 | 13 | 15 | 64 | 73 | 55 |
| Maidenhead United | 42 | 14 | 14 | 16 | 50 | 63 | 50 |
| Whyteleafe | 42 | 12 | 13 | 17 | 71 | 81 | 49 |
| Abingdon Town | 42 | 13 | 9 | 20 | 63 | 80 | 48 |
| Barton Rovers | 42 | 12 | 10 | 20 | 69 | 87 | 46 |
| Berkhamsted Town | 42 | 11 | 11 | 20 | 52 | 68 | 44 |
| Tooting & Mitcham United | 42 | 11 | 10 | 21 | 45 | 64 | 43 |
| Ruislip Manor | 42 | 9 | 22 | 55 | 77 | 42 |
| Wembley | 42 | 11 | 8 | 23 | 49 | 66 | 41 |
| Barking | 42 | 4 | 12 | 26 | 35 | 90 | 24 |

# Isthmian League 1996-1997

## Second Division

| | | | | | | | |
|---|---|---|---|---|---|---|---|
| Canvey Island | 40 | 25 | 12 | 3 | 91 | 36 | 87 |
| Croydon | 40 | 25 | 6 | 9 | 78 | 42 | 81 |
| Hampton | 40 | 23 | 10 | 7 | 74 | 44 | 79 |
| Banstead Athletic | 40 | 21 | 11 | 8 | 72 | 36 | 74 |
| Collier Row | 40 | 21 | 11 | 8 | 73 | 41 | 74 |
| Wivenhoe Town | 40 | 21 | 8 | 11 | 82 | 57 | 71 |
| Metropolitan Police | 40 | 18 | 10 | 12 | 57 | 45 | 64 |
| Bedford Town | 40 | 18 | 10 | 12 | 69 | 59 | 64 |
| Bracknell Town | 40 | 18 | 8 | 14 | 69 | 50 | 62 |
| Edgware Town | 40 | 16 | 9 | 15 | 72 | 67 | 57 |
| Tilbury | 40 | 12 | 11 | 17 | 52 | 62 | 47 |
| Ware | 40 | 13 | 8 | 19 | 55 | 80 | 47 |
| Chalfont St Peter | 40 | 11 | 13 | 16 | 58 | 63 | 46 |
| Leatherhead | 40 | 12 | 10 | 18 | 71 | 77 | 46 |
| Saffron Walden Town | 40 | 11 | 12 | 17 | 56 | 58 | 45 |
| Cheshunt | 40 | 10 | 12 | 18 | 56 | 90 | 42 |
| Hemel Hempstead | 40 | 10 | 10 | 20 | 46 | 62 | 40 |
| Egham Town | 40 | 12 | 3 | 25 | 42 | 74 | 39 |
| Witham Town | 40 | 8 | 10 | 22 | 35 | 68 | 34 |
| Hungerford Town | 40 | 9 | 7 | 24 | 44 | 79 | 34 |
| Dorking | 40 | 8 | 5 | 27 | 44 | 104 | 29 |

## Third Division

| | | | | | | | |
|---|---|---|---|---|---|---|---|
| Horsham | 40 | 29 | 5 | 6 | 95 | 40 | 92 |
| Leighton Town | 40 | 28 | 5 | 7 | 95 | 34 | 89 |
| Windsor & Eton | 40 | 27 | 6 | 7 | 117 | 46 | 87 |
| Wealdstone | 40 | 23 | 8 | 9 | 104 | 39 | 77 |
| Harlow Town | 40 | 22 | 10 | 8 | 85 | 62 | 76 |
| Northwood | 40 | 20 | 9 | 11 | 76 | 56 | 69 |
| Epsom & Ewell | 40 | 18 | 14 | 8 | 95 | 57 | 68 |
| Kingsbury Town | 40 | 15 | 16 | 9 | 61 | 48 | 61 |
| East Thurrock United | 40 | 17 | 8 | 15 | 61 | 50 | 59 |
| Aveley | 40 | 16 | 10 | 14 | 62 | 53 | 58 |
| Wingate & Finchley | 40 | 16 | 7 | 17 | 74 | 70 | 55 |
| Lewes | 40 | 14 | 7 | 19 | 56 | 72 | 49 |
| Flackwell Heath | 40 | 14 | 5 | 21 | 60 | 84 | 47 |
| Hornchurch | 40 | 11 | 8 | 21 | 55 | 77 | 41 |
| Harefield United | 40 | 11 | 7 | 22 | 49 | 89 | 40 |
| Tring Town | 40 | 10 | 8 | 22 | 40 | 78 | 38 |
| Camberley Town | 40 | 9 | 9 | 22 | 45 | 81 | 36 |
| Hertford Town | 40 | 10 | 5 | 25 | 72 | 103 | 35 |
| Cove | 40 | 8 | 10 | 22 | 37 | 89 | 34 |
| Clapton | 40 | 9 | 6 | 25 | 48 | 89 | 33 |
| Southall | 40 | 9 | 5 | 26 | 34 | 104 | 32 |

## 1996-97

### Premier Division

| | | | | | | | |
|---|---|---|---|---|---|---|---|
| Yeovil Town | 42 | 31 | 8 | 3 | 83 | 34 | 101 |
| Enfield | 42 | 28 | 11 | 3 | 91 | 29 | 98 |
| Sutton United | 42 | 18 | 13 | 11 | 87 | 70 | 67 |
| Dagenham & Redbridge | 42 | 18 | 11 | 13 | 57 | 43 | 65 |
| Yeading | 42 | 17 | 14 | 11 | 58 | 47 | 65 |
| St Albans City | 42 | 18 | 11 | 13 | 65 | 55 | 65 |
| Aylesbury United | 42 | 18 | 11 | 13 | 64 | 54 | 65 |
| Purfleet | 42 | 17 | 11 | 14 | 67 | 63 | 62 |
| Heybridge Swifts | 42 | 16 | 14 | 12 | 62 | 62 | 62 |
| Boreham Wood | 42 | 15 | 13 | 14 | 56 | 52 | 58 |
| Kingstonian | 42 | 16 | 8 | 18 | 79 | 79 | 56 |
| Dulwich Hamlet | 42 | 14 | 13 | 15 | 57 | 57 | 55 |
| Carshalton Athletic | 42 | 14 | 11 | 17 | 51 | 56 | 53 |
| Hitchin Town | 42 | 15 | 7 | 20 | 67 | 73 | 52 |
| Oxford City | 42 | 14 | 10 | 18 | 67 | 83 | 52 |
| Hendon | 42 | 13 | 12 | 17 | 53 | 59 | 51 |
| Harrow Borough | 42 | 12 | 14 | 16 | 58 | 62 | 50 |
| Bromley | 42 | 13 | 9 | 20 | 67 | 72 | 48 |
| Bishop's Stortford | 42 | 10 | 13 | 19 | 43 | 64 | 43 |
| Staines Town | 42 | 10 | 8 | 24 | 46 | 71 | 38 |
| Grays Athletic | 42 | 8 | 9 | 25 | 43 | 78 | 33 |
| Chertsey Town | 42 | 8 | 7 | 27 | 40 | 98 | 31 |

### First Division

| | | | | | | | |
|---|---|---|---|---|---|---|---|
| Chesham United | 42 | 27 | 6 | 9 | 80 | 46 | 87 |
| Basingstoke Town | 42 | 22 | 13 | 7 | 81 | 38 | 79 |
| Walton & Hersham | 42 | 21 | 13 | 8 | 67 | 41 | 76 |
| Hampton | 42 | 21 | 12 | 9 | 62 | 39 | 75 |
| Billericay Town | 42 | 21 | 12 | 9 | 69 | 49 | 75 |
| Bognor Regis Town | 42 | 21 | 9 | 12 | 63 | 44 | 72 |
| Aldershot Town | 42 | 19 | 14 | 9 | 67 | 45 | 71 |
| Uxbridge | 42 | 15 | 17 | 10 | 65 | 48 | 62 |
| Whyteleafe | 42 | 18 | 7 | 17 | 71 | 68 | 61 |
| Molesey | 42 | 17 | 9 | 16 | 50 | 53 | 60 |
| Abingdon Town | 42 | 15 | 11 | 16 | 44 | 42 | 56 |
| Leyton Pennant | 42 | 14 | 12 | 16 | 71 | 72 | 54 |
| Maidenhead United | 42 | 15 | 10 | 17 | 57 | 57 | 52 |
| Wokingham Town | 42 | 14 | 10 | 18 | 41 | 45 | 52 |
| Thame United | 42 | 13 | 10 | 19 | 57 | 69 | 49 |
| Worthing | 42 | 11 | 11 | 20 | 58 | 77 | 44 |
| Barton Rovers | 42 | 11 | 11 | 20 | 31 | 58 | 44 |
| Croydon | 42 | 11 | 10 | 21 | 40 | 57 | 43 |
| Berkhamsted Town | 42 | 11 | 9 | 22 | 47 | 66 | 42 |
| Canvey Island | 42 | 9 | 14 | 19 | 52 | 71 | 41 |
| Marlow | 42 | 11 | 6 | 25 | 41 | 84 | 39 |
| Tooting & Mitcham United | 42 | 8 | 8 | 26 | 40 | 85 | 32 |

Maidenhead United had 3 points deducted

### Second Division

| | | | | | | | |
|---|---|---|---|---|---|---|---|
| Collier Row & Romford | 42 | 28 | 12 | 2 | 93 | 33 | 96 |
| Leatherhead | 42 | 30 | 5 | 7 | 116 | 45 | 95 |
| Wembley | 42 | 23 | 11 | 8 | 92 | 45 | 80 |
| Barking | 42 | 22 | 13 | 7 | 69 | 40 | 79 |
| Horsham | 42 | 22 | 11 | 9 | 78 | 48 | 77 |
| Edgware Town | 42 | 20 | 14 | 8 | 74 | 50 | 74 |
| Bedford Town | 42 | 21 | 8 | 13 | 77 | 43 | 71 |
| Banstead Athletic | 42 | 21 | 5 | 16 | 73 | 52 | 68 |
| Windsor & Eton | 42 | 17 | 13 | 12 | 65 | 62 | 64 |
| Leighton Town | 42 | 17 | 12 | 13 | 64 | 52 | 63 |
| Bracknell Town | 42 | 17 | 9 | 16 | 78 | 71 | 60 |
| Wivenhoe Town | 42 | 17 | 9 | 16 | 69 | 62 | 60 |
| Chalfont St Peter | 42 | 14 | 13 | 15 | 53 | 61 | 55 |
| Hungerford Town | 42 | 14 | 13 | 15 | 68 | 77 | 55 |
| Metropolitan Police | 42 | 14 | 7 | 21 | 72 | 75 | 49 |
| Tilbury | 42 | 14 | 7 | 21 | 68 | 77 | 49 |
| Witham Town | 42 | 11 | 10 | 21 | 39 | 67 | 43 |
| Egham Town | 42 | 10 | 9 | 23 | 47 | 86 | 39 |
| Cheshunt | 42 | 9 | 3 | 30 | 37 | 101 | 30 |
| Ware | 42 | 7 | 8 | 27 | 44 | 80 | 29 |
| Dorking | 42 | 7 | 6 | 29 | 40 | 100 | 27 |
| Hemel Hempstead | 42 | 5 | 6 | 31 | 34 | 125 | 21 |

### Third Division

| | | | | | | | |
|---|---|---|---|---|---|---|---|
| Wealdstone | 32 | 24 | 3 | 5 | 72 | 24 | 75 |
| Braintree Town | 32 | 23 | 5 | 4 | 99 | 29 | 74 |
| Northwood | 32 | 18 | 10 | 4 | 60 | 31 | 64 |
| Harlow Town | 32 | 19 | 4 | 9 | 60 | 41 | 61 |
| Aveley | 32 | 17 | 6 | 9 | 64 | 39 | 57 |
| East Thurrock United | 32 | 16 | 6 | 10 | 58 | 51 | 54 |
| Camberley Town | 32 | 15 | 6 | 11 | 55 | 44 | 51 |
| Wingate & Finchley | 32 | 11 | 7 | 14 | 52 | 63 | 40 |
| Hornchurch | 32 | 11 | 6 | 15 | 35 | 51 | 39 |
| Clapton | 32 | 11 | 6 | 15 | 47 | 39 | 39 |
| Lewes | 32 | 10 | 8 | 14 | 45 | 53 | 38 |
| Kingsbury Town | 32 | 11 | 4 | 17 | 41 | 54 | 37 |
| Hertford Town | 32 | 10 | 6 | 16 | 55 | 65 | 36 |
| Epsom & Ewell | 32 | 8 | 5 | 19 | 62 | 78 | 29 |
| Flackwell Heath | 32 | 8 | 5 | 19 | 36 | 71 | 29 |
| Tring Town | 32 | 7 | 3 | 22 | 33 | 74 | 24 |
| Southall | 32 | 6 | 4 | 22 | 28 | 69 | 22 |

## 1997-98 Premier Division

| | | | | | | | |
|---|---|---|---|---|---|---|---|
| Kingstonian | 42 | 25 | 12 | 5 | 84 | 35 | 87 |
| Boreham Wood | 42 | 23 | 11 | 8 | 81 | 42 | 80 |
| Sutton United | 42 | 22 | 12 | 8 | 83 | 56 | 78 |
| Dagenham & Redbridge | 42 | 21 | 10 | 11 | 73 | 50 | 73 |
| Hendon | 42 | 21 | 10 | 11 | 69 | 50 | 73 |
| Heybridge Swifts | 42 | 18 | 11 | 13 | 74 | 62 | 65 |
| Enfield | 42 | 18 | 8 | 16 | 66 | 58 | 62 |
| Basingstoke Town | 42 | 17 | 11 | 14 | 56 | 60 | 62 |
| Walton & Hersham | 42 | 18 | 6 | 18 | 50 | 70 | 60 |
| Purfleet | 42 | 15 | 13 | 14 | 57 | 58 | 58 |
| St Albans City | 42 | 17 | 7 | 18 | 54 | 59 | 58 |
| Harrow Borough | 42 | 15 | 10 | 17 | 60 | 67 | 55 |
| Gravesend & Northfleet | 42 | 15 | 8 | 19 | 65 | 67 | 53 |
| Chesham United | 42 | 14 | 10 | 18 | 71 | 70 | 52 |
| Bromley | 42 | 13 | 13 | 16 | 53 | 53 | 52 |
| Dulwich Hamlet | 42 | 13 | 11 | 18 | 56 | 67 | 50 |
| Carshalton Athletic | 42 | 13 | 9 | 20 | 54 | 77 | 48 |
| Aylesbury United | 42 | 13 | 8 | 21 | 55 | 70 | 47 |
| Bishop's Stortford | 42 | 14 | 5 | 23 | 53 | 69 | 47 |
| Yeading | 42 | 12 | 11 | 19 | 49 | 65 | 47 |
| Hitchin Town | 42 | 8 | 15 | 19 | 45 | 62 | 39 |
| Oxford City | 42 | 7 | 9 | 26 | 35 | 76 | 30 |

### First Division

| | | | | | | | |
|---|---|---|---|---|---|---|---|
| Aldershot Town | 42 | 28 | 8 | 6 | 89 | 36 | 92 |
| Billericay Town | 42 | 25 | 6 | 11 | 78 | 44 | 81 |
| Hampton | 42 | 22 | 15 | 5 | 75 | 47 | 81 |
| Maidenhead United | 42 | 25 | 5 | 12 | 76 | 37 | 80 |
| Uxbridge | 42 | 23 | 6 | 13 | 66 | 59 | 75 |
| Grays Athletic | 42 | 21 | 10 | 11 | 79 | 49 | 73 |
| Romford | 42 | 21 | 8 | 13 | 92 | 59 | 71 |
| Bognor Regis Town | 42 | 20 | 9 | 13 | 77 | 45 | 69 |
| Leatherhead | 42 | 18 | 11 | 13 | 70 | 51 | 65 |
| Leyton Pennant | 42 | 17 | 11 | 14 | 66 | 58 | 62 |
| Chertsey Town | 42 | 16 | 13 | 13 | 83 | 70 | 61 |
| Worthing | 42 | 17 | 6 | 19 | 64 | 71 | 57 |
| Berkhamsted Town | 42 | 15 | 8 | 19 | 59 | 69 | 53 |
| Staines Town | 42 | 13 | 10 | 19 | 54 | 71 | 49 |
| Croydon | 42 | 13 | 10 | 19 | 47 | 64 | 49 |
| Barton Rovers | 42 | 11 | 13 | 18 | 53 | 72 | 46 |
| Wembley | 42 | 10 | 15 | 17 | 38 | 61 | 45 |
| Molesey | 42 | 10 | 11 | 21 | 47 | 65 | 41 |
| Whyteleafe | 42 | 10 | 10 | 22 | 48 | 83 | 40 |
| Wokingham Town | 42 | 7 | 10 | 25 | 41 | 74 | 31 |
| Abingdon Town | 42 | 9 | 4 | 29 | 47 | 101 | 31 |
| Thame United | 42 | 7 | 9 | 26 | 33 | 96 | 30 |

### Second Division

| | | | | | | | |
|---|---|---|---|---|---|---|---|
| Canvey Island | 42 | 30 | 8 | 4 | 116 | 41 | 98 |
| Braintree Town | 42 | 29 | 11 | 2 | 117 | 45 | 98 |
| Wealdstone | 42 | 24 | 11 | 7 | 81 | 46 | 83 |
| Bedford Town | 42 | 22 | 12 | 8 | 55 | 25 | 78 |
| Metropolitan Police | 42 | 21 | 8 | 13 | 80 | 65 | 71 |
| Wivenhoe Town | 42 | 18 | 12 | 12 | 84 | 66 | 66 |
| Edgware Town | 42 | 18 | 10 | 14 | 81 | 65 | 64 |
| Chalfont St Peter | 42 | 17 | 13 | 12 | 63 | 60 | 64 |
| Northwood | 42 | 17 | 11 | 14 | 65 | 69 | 62 |
| Windsor & Eton | 42 | 17 | 7 | 18 | 75 | 72 | 58 |
| Tooting & Mitcham United | 42 | 16 | 9 | 17 | 58 | 56 | 57 |
| Barking | 42 | 15 | 12 | 15 | 62 | 75 | 57 |
| Banstead Athletic | 42 | 15 | 9 | 18 | 60 | 63 | 54 |
| Marlow | 42 | 16 | 5 | 21 | 64 | 78 | 53 |
| Horsham | 42 | 13 | 9 | 20 | 67 | 75 | 48 |
| Bracknell Town | 42 | 13 | 8 | 21 | 68 | 93 | 47 |
| Leighton Town | 42 | 13 | 6 | 23 | 45 | 78 | 45 |
| Hungerford Town | 42 | 11 | 11 | 20 | 66 | 77 | 44 |
| Witham Town | 42 | 9 | 13 | 20 | 55 | 68 | 40 |
| Tilbury | 42 | 9 | 12 | 21 | 57 | 88 | 39 |
| Egham Town | 42 | 9 | 5 | 28 | 47 | 101 | 32 |
| Cheshunt | 42 | 4 | 10 | 28 | 31 | 90 | 32 |

### Third Division

| | | | | | | | |
|---|---|---|---|---|---|---|---|
| Hemel Hempstead | 38 | 27 | 6 | 5 | 86 | 28 | 87 |
| Hertford Town | 38 | 26 | 5 | 7 | 77 | 31 | 83 |
| Harlow Town | 38 | 24 | 11 | 3 | 81 | 43 | 83 |
| Camberley Town | 38 | 24 | 7 | 7 | 93 | 43 | 79 |
| Ford United | 38 | 23 | 9 | 6 | 90 | 34 | 78 |
| East Thurrock United | 38 | 23 | 7 | 8 | 70 | 40 | 76 |
| Epsom & Ewell | 38 | 17 | 6 | 15 | 69 | 57 | 57 |
| Ware | 38 | 17 | 6 | 15 | 69 | 57 | 57 |
| Aveley | 38 | 16 | 7 | 15 | 65 | 57 | 55 |
| Corinthian Casuals | 38 | 16 | 6 | 16 | 59 | 57 | 54 |
| Hornchurch | 38 | 12 | 9 | 17 | 55 | 68 | 45 |
| Clapton | 38 | 13 | 6 | 19 | 46 | 61 | 45 |
| Flackwell Heath | 38 | 12 | 9 | 17 | 50 | 76 | 45 |
| Croydon Athletic | 38 | 12 | 7 | 19 | 58 | 63 | 43 |
| Tring Town | 38 | 12 | 7 | 19 | 51 | 69 | 43 |
| Southall | 38 | 10 | 6 | 22 | 41 | 85 | 46 |
| Dorking | 38 | 9 | 6 | 23 | 49 | 94 | 33 |
| Wingate & Finchley | 38 | 7 | 8 | 23 | 46 | 80 | 29 |
| Lewes | 38 | 7 | 5 | 26 | 34 | 88 | 26 |
| Kingsbury Town | 38 | 5 | 3 | 30 | 35 | 93 | 18 |

## 1998-99 Premier Division

| | | | | | | | |
|---|---|---|---|---|---|---|---|
| Sutton United | 42 | 27 | 7 | 8 | 89 | 39 | 88 |
| Aylesbury United | 42 | 23 | 8 | 11 | 67 | 38 | 77 |
| Dagenham & Redbridge | 42 | 20 | 13 | 9 | 71 | 44 | 73 |
| Purfleet | 42 | 22 | 7 | 13 | 71 | 52 | 73 |
| Enfield | 42 | 21 | 9 | 12 | 73 | 49 | 72 |
| St Albans City | 42 | 17 | 17 | 8 | 71 | 52 | 68 |
| Aldershot Town | 42 | 16 | 14 | 12 | 83 | 48 | 62 |
| Basingstoke Town | 42 | 17 | 10 | 15 | 63 | 53 | 61 |
| Harrow Borough | 42 | 17 | 9 | 16 | 72 | 66 | 60 |
| Gravesend & Northfleet | 42 | 18 | 6 | 18 | 54 | 53 | 60 |
| Slough Town | 42 | 16 | 11 | 15 | 60 | 53 | 59 |
| Billericay Town | 42 | 15 | 13 | 14 | 54 | 56 | 58 |
| Hendon | 42 | 16 | 9 | 17 | 70 | 71 | 57 |
| Boreham Wood | 42 | 14 | 15 | 13 | 59 | 63 | 57 |
| Chesham United | 42 | 15 | 9 | 18 | 58 | 79 | 54 |
| Dulwich Hamlet | 42 | 14 | 8 | 20 | 53 | 63 | 50 |
| Heybridge Swifts | 42 | 13 | 9 | 20 | 51 | 85 | 48 |
| Walton & Hersham | 42 | 12 | 7 | 23 | 50 | 77 | 43 |
| Hampton | 42 | 10 | 12 | 20 | 41 | 71 | 42 |
| Carshalton Athletic | 42 | 10 | 10 | 22 | 47 | 82 | 40 |
| Bishop's Stortford | 42 | 9 | 10 | 23 | 49 | 90 | 37 |
| Bromley | 42 | 8 | 11 | 23 | 50 | 72 | 35 |

### First Division

| | | | | | | | |
|---|---|---|---|---|---|---|---|
| Canvey Island | 42 | 28 | 6 | 8 | 76 | 41 | 90 |
| Hitchin Town | 42 | 25 | 10 | 7 | 75 | 38 | 85 |
| Wealdstone | 42 | 26 | 6 | 10 | 75 | 48 | 84 |
| Braintree Town | 42 | 20 | 10 | 12 | 75 | 48 | 70 |
| Bognor Regis Town | 42 | 20 | 8 | 14 | 63 | 44 | 68 |
| Grays Athletic | 42 | 19 | 11 | 12 | 56 | 42 | 68 |
| Oxford City | 42 | 16 | 14 | 12 | 58 | 51 | 62 |
| Croydon | 42 | 16 | 13 | 13 | 53 | 53 | 61 |
| Chertsey Town | 42 | 14 | 16 | 12 | 57 | 57 | 58 |
| Romford | 42 | 14 | 15 | 13 | 58 | 63 | 57 |
| Maidenhead United | 42 | 13 | 15 | 14 | 50 | 46 | 54 |
| Worthing | 42 | 13 | 13 | 16 | 47 | 61 | 52 |
| Leyton Pennant | 42 | 13 | 12 | 17 | 62 | 70 | 51 |
| Uxbridge | 42 | 13 | 11 | 18 | 54 | 51 | 50 |
| Barton Rovers | 42 | 11 | 15 | 16 | 43 | 49 | 48 |
| Yeading | 42 | 12 | 10 | 20 | 51 | 55 | 46 |
| Leatherhead | 42 | 12 | 9 | 21 | 48 | 59 | 45 |
| Whyteleafe | 42 | 13 | 6 | 23 | 51 | 72 | 45 |
| Staines Town | 42 | 10 | 15 | 17 | 33 | 57 | 45 |
| Molesey | 42 | 8 | 20 | 14 | 35 | 52 | 44 |
| Wembley | 42 | 10 | 10 | 22 | 36 | 71 | 40 |
| Berkhamsted Town | 42 | 10 | 7 | 25 | 53 | 81 | 37 |

## Second Division

| | P | W | D | L | F | A | Pts |
|---|---|---|---|---|---|---|---|
| Bedford Town | 42 | 29 | 7 | 6 | 89 | 31 | 94 |
| Harlow Town | 42 | 27 | 8 | 7 | 100 | 47 | 89 |
| Thame United | 42 | 26 | 8 | 8 | 89 | 50 | 86 |
| Hemel Hempstead | 42 | 21 | 12 | 9 | 90 | 50 | 75 |
| Windsor & Eton | 42 | 22 | 6 | 14 | 87 | 55 | 72 |
| Banstead Athletic | 42 | 21 | 8 | 13 | 83 | 62 | 71 |
| Northwood | 42 | 20 | 7 | 15 | 67 | 68 | 67 |
| Tooting & Mitcham United | 42 | 19 | 9 | 14 | 63 | 62 | 66 |
| Chalfont St Peter | 42 | 16 | 12 | 14 | 70 | 71 | 60 |
| Metropolitan Police | 42 | 17 | 8 | 17 | 61 | 58 | 59 |
| Leighton Town | 42 | 16 | 10 | 16 | 60 | 64 | 58 |
| Horsham | 42 | 17 | 6 | 19 | 74 | 67 | 57 |
| Marlow | 42 | 16 | 9 | 17 | 72 | 68 | 57 |
| Edgware Town | 42 | 14 | 10 | 18 | 65 | 68 | 52 |
| Witham Town | 42 | 12 | 15 | 15 | 64 | 64 | 51 |
| Hungerford Town | 42 | 13 | 12 | 17 | 59 | 61 | 51 |
| Wivenhoe Town | 42 | 14 | 8 | 20 | 71 | 83 | 50 |
| Wokingham Town | 42 | 14 | 4 | 24 | 44 | 79 | 46 |
| Barking | 42 | 10 | 11 | 21 | 50 | 75 | 41 |
| Hertford Town | 42 | 11 | 2 | 29 | 44 | 96 | 35 |
| Bracknell Town | 42 | 7 | 10 | 25 | 48 | 92 | 31 |
| Abingdon Town | 42 | 6 | 6 | 30 | 48 | 124 | 24 |

## Third Division

| | P | W | D | L | F | A | Pts |
|---|---|---|---|---|---|---|---|
| Ford United | 38 | 27 | 5 | 6 | 110 | 42 | 86 |
| Wingate & Finchley | 38 | 25 | 5 | 8 | 79 | 38 | 80 |
| Cheshunt | 38 | 23 | 10 | 5 | 70 | 41 | 79 |
| Lewes | 38 | 25 | 3 | 10 | 86 | 45 | 78 |
| Epsom & Ewell | 38 | 19 | 5 | 14 | 61 | 51 | 62 |
| Ware | 38 | 19 | 4 | 15 | 79 | 60 | 61 |
| Tilbury | 38 | 17 | 8 | 13 | 74 | 52 | 59 |
| Croydon Athletic | 38 | 16 | 10 | 12 | 82 | 59 | 58 |
| East Thurrock United | 38 | 15 | 13 | 10 | 74 | 56 | 58 |
| Egham Town | 38 | 16 | 8 | 14 | 65 | 58 | 56 |
| Corinthian Casuals | 38 | 16 | 7 | 15 | 70 | 71 | 55 |
| Southall | 38 | 14 | 9 | 15 | 68 | 66 | 51 |
| Camberley Town | 38 | 14 | 8 | 16 | 66 | 77 | 50 |
| Aveley | 38 | 12 | 7 | 19 | 50 | 67 | 43 |
| Flackwell Heath | 38 | 11 | 9 | 18 | 59 | 70 | 42 |
| Hornchurch | 38 | 10 | 9 | 19 | 48 | 73 | 39 |
| Clapton | 38 | 11 | 6 | 21 | 48 | 89 | 39 |
| Dorking | 38 | 8 | 7 | 23 | 52 | 98 | 31 |
| Kingsbury Town | 38 | 6 | 3 | 29 | 40 | 98 | 21 |
| Tring Town | 38 | 5 | 6 | 27 | 38 | 108 | 21 |

# 1999-2000

## Premier Division

| | P | W | D | L | F | A | Pts |
|---|---|---|---|---|---|---|---|
| Dagenham & Redbridge | 42 | 32 | 5 | 5 | 97 | 35 | 101 |
| Aldershot Town | 42 | 24 | 5 | 13 | 71 | 51 | 77 |
| Chesham United | 42 | 20 | 10 | 12 | 64 | 50 | 70 |
| Purfleet | 42 | 18 | 15 | 9 | 70 | 48 | 69 |
| Canvey Island | 42 | 21 | 6 | 15 | 70 | 53 | 69 |
| St Albans City | 42 | 19 | 10 | 13 | 75 | 55 | 67 |
| Billericay Town | 42 | 18 | 12 | 12 | 62 | 62 | 66 |
| Hendon | 42 | 18 | 8 | 16 | 61 | 64 | 62 |
| Slough Town | 42 | 17 | 9 | 16 | 61 | 59 | 60 |
| Dulwich Hamlet | 42 | 15 | 7 | 5 | 20 | 62 | 68 | 56 |
| Gravesend & Northfleet | 42 | 15 | 10 | 17 | 66 | 67 | 55 |
| Farnborough Town | 42 | 14 | 11 | 17 | 52 | 55 | 53 |
| Hampton & Richmond Borough | 42 | 13 | 13 | 16 | 49 | 57 | 52 |
| Enfield | 42 | 13 | 11 | 18 | 64 | 68 | 50 |
| Heybridge Swifts | 42 | 13 | 11 | 18 | 57 | 65 | 50 |
| Hitchin Town | 42 | 13 | 11 | 18 | 59 | 72 | 50 |
| Carshalton Athletic | 42 | 12 | 12 | 18 | 55 | 65 | 48 |
| Basingstoke Town | 42 | 13 | 9 | 20 | 56 | 71 | 48 |
| Harrow Borough | 42 | 14 | 6 | 22 | 54 | 70 | 48 |
| Aylesbury United | 42 | 13 | 9 | 20 | 64 | 81 | 48 |
| Boreham Wood | 42 | 11 | 10 | 21 | 44 | 71 | 43 |
| Walton & Hersham | 42 | 11 | 8 | 23 | 44 | 70 | 41 |

## First Division

| | P | W | D | L | F | A | Pts |
|---|---|---|---|---|---|---|---|
| Croydon | 42 | 25 | 9 | 8 | 85 | 47 | 84 |
| Grays Athletic | 42 | 21 | 12 | 9 | 80 | 44 | 75 |
| Maidenhead United | 42 | 20 | 15 | 7 | 72 | 45 | 75 |
| Thame United | 42 | 20 | 13 | 9 | 61 | 38 | 73 |
| Worthing | 42 | 19 | 12 | 11 | 80 | 60 | 69 |
| Staines Town | 42 | 19 | 12 | 11 | 63 | 52 | 69 |
| Whyteleafe | 42 | 20 | 9 | 13 | 60 | 49 | 69 |
| Bedford Town | 42 | 17 | 12 | 13 | 59 | 52 | 63 |
| Bromley | 42 | 17 | 9 | 16 | 62 | 65 | 60 |
| Uxbridge | 42 | 15 | 13 | 14 | 60 | 44 | 58 |
| Bishop's Stortford | 42 | 16 | 10 | 16 | 57 | 62 | 58 |
| Barton Rovers | 42 | 16 | 8 | 18 | 64 | 83 | 56 |
| Oxford City | 42 | 17 | 4 | 21 | 57 | 55 | 55 |
| Braintree Town | 42 | 15 | 10 | 17 | 65 | 74 | 55 |
| Yeading | 42 | 12 | 18 | 12 | 53 | 54 | 54 |
| Wealdstone | 42 | 13 | 12 | 17 | 51 | 58 | 51 |
| Bognor Regis Town | 42 | 12 | 13 | 17 | 47 | 53 | 49 |
| Harlow Town | 42 | 11 | 13 | 18 | 62 | 76 | 46 |
| Romford | 42 | 12 | 9 | 21 | 51 | 70 | 45 |
| Leatherhead | 42 | 9 | 13 | 20 | 47 | 70 | 40 |
| Chertsey Town | 42 | 9 | 5 | 28 | 50 | 84 | 32 |
| Leyton Pennant | 42 | 7 | 9 | 26 | 34 | 85 | 30 |

## Second Division

| | P | W | D | L | F | A | Pts |
|---|---|---|---|---|---|---|---|
| Hemel Hempstead | 42 | 31 | 8 | 3 | 98 | 27 | 101 |
| Northwood | 42 | 29 | 9 | 4 | 109 | 40 | 96 |
| Ford United | 42 | 28 | 8 | 6 | 108 | 41 | 92 |
| Berkhamsted Town | 42 | 22 | 8 | 12 | 75 | 52 | 74 |
| Windsor & Eton | 42 | 20 | 13 | 9 | 73 | 53 | 73 |
| Wivenhoe Town | 42 | 20 | 9 | 13 | 61 | 47 | 69 |
| Barking | 42 | 18 | 13 | 11 | 70 | 51 | 67 |
| Marlow | 42 | 20 | 4 | 18 | 86 | 66 | 64 |
| Metropolitan Police | 42 | 18 | 7 | 17 | 75 | 71 | 61 |
| Banstead Athletic | 42 | 16 | 11 | 15 | 55 | 56 | 59 |
| Tooting & Mitcham United | 42 | 16 | 7 | 19 | 72 | 74 | 55 |
| Wokingham Town | 42 | 15 | 9 | 18 | 58 | 80 | 54 |
| Wembley | 42 | 14 | 11 | 17 | 47 | 53 | 53 |
| Edgware Town | 42 | 13 | 11 | 18 | 72 | 71 | 50 |
| Hungerford Town | 42 | 13 | 10 | 19 | 61 | 78 | 49 |
| Cheshunt | 42 | 12 | 12 | 18 | 53 | 65 | 48 |
| Horsham | 42 | 13 | 8 | 21 | 66 | 81 | 47 |
| Leighton Town | 42 | 13 | 8 | 21 | 65 | 84 | 47 |
| Molesey | 42 | 12 | 10 | 20 | 54 | 69 | 42 |
| Wingate & Finchley | 42 | 11 | 7 | 24 | 54 | 97 | 40 |
| Witham Town | 42 | 7 | 9 | 26 | 39 | 110 | 30 |
| Chalfont St Peter | 42 | 2 | 8 | 32 | 39 | 124 | 14 |

## Third Division

| | P | W | D | L | F | A | Pts |
|---|---|---|---|---|---|---|---|
| East Thurrock United | 40 | 26 | 7 | 7 | 89 | 42 | 85 |
| Great Wakering Rovers | 40 | 25 | 7 | 8 | 81 | 41 | 82 |
| Tilbury | 40 | 21 | 12 | 7 | 67 | 39 | 75 |
| Hornchurch | 40 | 19 | 12 | 9 | 72 | 57 | 69 |
| Croydon Athletic | 40 | 19 | 11 | 10 | 85 | 52 | 68 |
| Epsom & Ewell | 40 | 18 | 12 | 10 | 67 | 46 | 66 |
| Lewes | 40 | 18 | 10 | 12 | 73 | 51 | 64 |
| Bracknell Town | 40 | 15 | 16 | 9 | 81 | 64 | 61 |
| Aveley | 40 | 17 | 10 | 13 | 73 | 64 | 61 |
| Corinthian Casuals | 40 | 16 | 10 | 14 | 55 | 51 | 58 |
| Flackwell Heath | 40 | 17 | 6 | 17 | 74 | 76 | 57 |
| Ware | 40 | 16 | 8 | 16 | 74 | 62 | 56 |
| Egham Town | 40 | 14 | 13 | 13 | 48 | 43 | 55 |
| Hertford Town | 40 | 15 | 10 | 15 | 63 | 60 | 55 |
| Abingdon Town | 40 | 10 | 12 | 18 | 48 | 64 | 42 |
| Kingsbury Town | 40 | 11 | 8 | 21 | 55 | 86 | 41 |
| Camberley Town | 40 | 11 | 7 | 22 | 44 | 79 | 40 |
| Tring Town | 40 | 10 | 9 | 21 | 37 | 64 | 39 |
| Dorking | 40 | 9 | 10 | 21 | 53 | 69 | 37 |
| Clapton | 40 | 9 | 7 | 24 | 50 | 93 | 34 |
| Southall | 40 | 3 | 5 | 32 | 33 | 123 | 14 |

# Isthmian League 2000-2002

## 2000-2001 Premier Division

| | | | | | | | |
|---|---|---|---|---|---|---|---|
| Farnborough Town | 42 | 31 | 6 | 5 | 86 | 27 | 99 |
| Canvey Island | 42 | 27 | 8 | 7 | 79 | 41 | 89 |
| Basingstoke Town | 42 | 22 | 13 | 7 | 73 | 40 | 79 |
| Aldershot Town | 41 | 21 | 11 | 9 | 73 | 39 | 74 |
| Chesham United | 42 | 22 | 6 | 14 | 78 | 52 | 72 |
| Gravesend & Northfleet | 42 | 22 | 5 | 15 | 63 | 46 | 71 |
| Heybridge Swifts | 42 | 18 | 13 | 11 | 74 | 60 | 67 |
| Billericay Town | 41 | 18 | 13 | 10 | 62 | 54 | 67 |
| Hampton & Richmond Borough | 42 | 18 | 12 | 12 | 73 | 60 | 66 |
| Hitchin Town | 42 | 18 | 5 | 19 | 72 | 69 | 59 |
| Purfleet | 42 | 14 | 13 | 15 | 55 | 55 | 55 |
| Hendon | 40 | 16 | 6 | 18 | 62 | 62 | 54 |
| Sutton United | 41 | 14 | 11 | 16 | 74 | 70 | 53 |
| St Albans City | 42 | 15 | 5 | 22 | 50 | 69 | 50 |
| Grays Athletic | 42 | 14 | 8 | 20 | 49 | 68 | 50 |
| Maidenhead United | 42 | 15 | 2 | 25 | 47 | 63 | 47 |
| Croydon | 42 | 12 | 10 | 20 | 55 | 77 | 46 |
| Enfield | 42 | 12 | 9 | 21 | 48 | 74 | 45 |
| Harrow Borough | 41 | 10 | 11 | 20 | 62 | 91 | 41 |
| Slough Town | 42 | 10 | 9 | 23 | 40 | 62 | 39 |
| Carshalton Athletic | 42 | 10 | 6 | 26 | 40 | 85 | 36 |
| Dulwich Hamlet | 42 | 4 | 10 | 28 | 33 | 84 | 22 |

## First Division

| | | | | | | | |
|---|---|---|---|---|---|---|---|
| Boreham Wood | 42 | 26 | 7 | 9 | 82 | 49 | 85 |
| Bedford Town | 42 | 22 | 16 | 4 | 81 | 40 | 82 |
| Braintree Town | 42 | 25 | 6 | 11 | 112 | 60 | 81 |
| Bishop's Stortford | 42 | 24 | 6 | 12 | 103 | 76 | 78 |
| Thame United | 42 | 22 | 8 | 12 | 86 | 54 | 74 |
| Ford United | 42 | 19 | 12 | 11 | 70 | 58 | 69 |
| Uxbridge | 42 | 21 | 5 | 16 | 73 | 55 | 68 |
| Northwood | 42 | 20 | 8 | 14 | 89 | 81 | 68 |
| Whyteleafe | 42 | 20 | 6 | 16 | 62 | 69 | 66 |
| Oxford City | 42 | 16 | 13 | 13 | 64 | 49 | 61 |
| Harlow Town | 42 | 15 | 16 | 11 | 70 | 66 | 61 |
| Worthing | 42 | 16 | 9 | 17 | 69 | 69 | 57 |
| Staines Town | 42 | 16 | 8 | 18 | 60 | 66 | 56 |
| Aylesbury United | 42 | 17 | 4 | 21 | 65 | 55 | 55 |
| Yeading | 42 | 15 | 9 | 18 | 72 | 74 | 54 |
| Bognor Regis Town | 42 | 13 | 11 | 18 | 71 | 71 | 50 |
| Walton & Hersham | 42 | 14 | 8 | 20 | 59 | 80 | 50 |
| Bromley | 42 | 14 | 6 | 22 | 63 | 86 | 48 |
| Wealdstone | 42 | 12 | 9 | 21 | 54 | 73 | 45 |
| Leatherhead | 42 | 12 | 4 | 26 | 37 | 87 | 40 |
| Romford | 42 | 9 | 4 | 29 | 53 | 113 | 31 |
| Barton Rovers | 42 | 2 | 9 | 31 | 30 | 94 | 15 |

## Second Division

| | | | | | | | |
|---|---|---|---|---|---|---|---|
| Tooting & Mitcham United | 42 | 26 | 11 | 5 | 92 | 35 | 89 |
| Windsor | 42 | 24 | 10 | 8 | 70 | 40 | 82 |
| Barking | 42 | 23 | 13 | 6 | 82 | 54 | 82 |
| Berkhamsted Town | 42 | 24 | 8 | 10 | 99 | 49 | 80 |
| Wivenhoe Town | 42 | 23 | 11 | 8 | 78 | 52 | 80 |
| Hemel Hempstead | 42 | 22 | 10 | 10 | 74 | 44 | 76 |
| Horsham | 42 | 19 | 9 | 14 | 84 | 61 | 66 |
| Chertsey Town | 42 | 18 | 9 | 15 | 59 | 59 | 63 |
| Great Wakering Rovers | 42 | 16 | 13 | 13 | 69 | 59 | 61 |
| Tilbury | 42 | 18 | 6 | 18 | 61 | 67 | 60 |
| Banstead Athletic | 42 | 17 | 8 | 17 | 69 | 58 | 59 |
| East Thurrock United | 42 | 16 | 11 | 15 | 72 | 64 | 59 |
| Metropolitan Police | 42 | 18 | 4 | 20 | 64 | 77 | 58 |
| Marlow | 42 | 15 | 11 | 16 | 62 | 61 | 56 |
| Molesey | 42 | 14 | 9 | 19 | 53 | 61 | 51 |
| Wembley | 42 | 12 | 10 | 20 | 39 | 63 | 46 |
| Hungerford Town | 42 | 11 | 9 | 22 | 40 | 73 | 42 |
| Leyton Pennant | 42 | 10 | 11 | 21 | 47 | 74 | 41 |
| Cheshunt | 42 | 11 | 6 | 25 | 48 | 77 | 39 |
| Edgware Town | 42 | 9 | 9 | 24 | 41 | 77 | 36 |
| Leighton Town | 42 | 8 | 10 | 24 | 44 | 87 | 34 |
| Wokingham Town | 42 | 3 | 12 | 27 | 39 | 94 | 20 |

Wokingham Town had 1 point deducted

## Third Division

| | | | | | | | |
|---|---|---|---|---|---|---|---|
| Arlesey Town | 42 | 34 | 6 | 2 | 138 | 37 | 108 |
| Lewes | 41 | 25 | 11 | 5 | 104 | 34 | 86 |
| Ashford Town | 42 | 26 | 7 | 9 | 102 | 49 | 85 |
| Flackwell Heath | 42 | 24 | 10 | 8 | 93 | 51 | 82 |
| Corinthian Casuals | 42 | 24 | 10 | 8 | 83 | 50 | 82 |
| Aveley | 42 | 24 | 3 | 15 | 85 | 61 | 75 |
| Epsom & Ewell | 42 | 23 | 4 | 15 | 76 | 52 | 73 |
| Witham Town | 42 | 21 | 9 | 12 | 76 | 57 | 72 |
| Bracknell Town | 41 | 19 | 10 | 12 | 90 | 70 | 67 |
| Croydon Athletic | 41 | 15 | 12 | 14 | 78 | 63 | 57 |
| Ware | 42 | 17 | 6 | 19 | 75 | 76 | 57 |
| Tring Town | 42 | 16 | 9 | 17 | 60 | 71 | 57 |
| Egham Town | 42 | 15 | 11 | 16 | 60 | 60 | 56 |
| Hornchurch | 42 | 14 | 13 | 15 | 73 | 60 | 55 |
| Wingate & Finchley | 42 | 15 | 7 | 20 | 75 | 75 | 52 |
| Kingsbury Town | 42 | 11 | 8 | 23 | 74 | 100 | 41 |
| Abingdon Town | 42 | 12 | 7 | 23 | 53 | 102 | 40 |
| Dorking | 42 | 10 | 9 | 23 | 59 | 99 | 39 |
| Hertford Town | 41 | 9 | 8 | 24 | 57 | 97 | 35 |
| Camberley Town | 42 | 8 | 8 | 26 | 53 | 107 | 32 |
| Clapton | 42 | 5 | 9 | 28 | 48 | 121 | 24 |
| Chalfont St Peter | 42 | 4 | 1 | 37 | 30 | 150 | 13 |

Abingdon Town had 3 points deducted

## 2001-2002 Premier Division

| | | | | | | | |
|---|---|---|---|---|---|---|---|
| Gravesend & Northfleet | 42 | 31 | 6 | 5 | 90 | 33 | 99 |
| Canvey Island | 42 | 30 | 5 | 7 | 107 | 41 | 95 |
| Aldershot Town | 42 | 22 | 7 | 13 | 76 | 51 | 73 |
| Braintree Town | 42 | 23 | 4 | 15 | 66 | 61 | 73 |
| Purfleet | 42 | 19 | 15 | 8 | 67 | 44 | 72 |
| Grays Athletic | 42 | 20 | 10 | 12 | 65 | 55 | 70 |
| Chesham United | 42 | 19 | 10 | 13 | 69 | 53 | 67 |
| Hendon | 42 | 19 | 5 | 18 | 66 | 54 | 62 |
| Billericay Town | 42 | 16 | 13 | 13 | 59 | 60 | 61 |
| St Albans City | 42 | 16 | 9 | 17 | 71 | 60 | 57 |
| Hitchin Town | 42 | 15 | 10 | 17 | 73 | 81 | 55 |
| Sutton United | 42 | 13 | 15 | 14 | 62 | 62 | 54 |
| Heybridge Swifts | 42 | 15 | 9 | 18 | 68 | 85 | 54 |
| Kingstonian | 42 | 13 | 13 | 16 | 50 | 56 | 52 |
| Boreham Wood | 42 | 15 | 6 | 21 | 49 | 62 | 51 |
| Maidenhead United | 42 | 15 | 5 | 22 | 51 | 63 | 50 |
| Bedford Town | 42 | 12 | 12 | 18 | 64 | 69 | 48 |
| Basingstoke Town | 42 | 11 | 15 | 16 | 50 | 68 | 48 |
| Enfield | 42 | 11 | 9 | 22 | 48 | 77 | 42 |
| Hampton & Richmond Borough | 42 | 9 | 13 | 20 | 51 | 71 | 40 |
| Harrow Borough | 42 | 8 | 10 | 24 | 50 | 89 | 34 |
| Croydon | 42 | 7 | 5 | 30 | 36 | 93 | 26 |

## First Division

| | | | | | | | |
|---|---|---|---|---|---|---|---|
| Ford United | 42 | 27 | 7 | 8 | 92 | 56 | 88 |
| Bishop's Stortford | 42 | 26 | 9 | 7 | 104 | 51 | 87 |
| Aylesbury United | 42 | 23 | 10 | 9 | 96 | 64 | 79 |
| Bognor Regis Town | 42 | 20 | 13 | 9 | 74 | 55 | 73 |
| Northwood | 42 | 19 | 11 | 12 | 92 | 64 | 68 |
| Carshalton Athletic | 42 | 17 | 16 | 9 | 64 | 53 | 67 |
| Harlow Town | 42 | 19 | 9 | 14 | 77 | 65 | 66 |
| Slough Town | 42 | 17 | 11 | 14 | 68 | 51 | 62 |
| Uxbridge | 42 | 18 | 6 | 18 | 65 | 60 | 60 |
| Oxford City | 42 | 17 | 9 | 16 | 59 | 66 | 60 |
| Thame United | 42 | 15 | 14 | 13 | 75 | 61 | 59 |
| Tooting & Mitcham United | 42 | 16 | 11 | 15 | 70 | 70 | 59 |
| Walton & Hersham | 42 | 16 | 10 | 16 | 75 | 70 | 58 |
| Yeading | 42 | 16 | 10 | 16 | 84 | 90 | 58 |
| Worthing | 42 | 15 | 8 | 19 | 69 | 65 | 53 |
| Staines Town | 42 | 12 | 11 | 19 | 45 | 60 | 47 |
| Dulwich Hamlet | 42 | 11 | 13 | 18 | 64 | 76 | 46 |
| Wealdstone | 42 | 11 | 12 | 19 | 60 | 82 | 45 |
| Bromley | 42 | 10 | 11 | 21 | 44 | 74 | 41 |
| Whyteleafe | 42 | 10 | 11 | 21 | 46 | 86 | 41 |
| Barking & East Ham United | 42 | 8 | 7 | 27 | 61 | 123 | 31 |
| Windsor & Eton | 42 | 7 | 5 | 30 | 53 | 93 | 26 |

## 2002-2003

### Premier Division

| | | | | | | | |
|---|---|---|---|---|---|---|---|
| Aldershot Town | 46 | 33 | 6 | 7 | 81 | 36 | 105 |
| Canvey Island | 46 | 28 | 8 | 10 | 112 | 56 | 92 |
| Hendon | 46 | 22 | 13 | 11 | 70 | 56 | 79 |
| St. Albans City | 46 | 23 | 8 | 15 | 73 | 65 | 77 |
| Basingstoke Town | 46 | 23 | 7 | 16 | 80 | 60 | 76 |
| Sutton United | 46 | 22 | 9 | 15 | 77 | 62 | 75 |
| Hayes | 46 | 20 | 13 | 13 | 67 | 54 | 73 |
| Purfleet | 46 | 19 | 15 | 12 | 68 | 48 | 72 |
| Bedford Town | 46 | 21 | 9 | 16 | 66 | 58 | 72 |
| Maidenhead United | 46 | 16 | 17 | 13 | 75 | 63 | 65 |
| Kingstonian | 46 | 16 | 17 | 13 | 71 | 64 | 65 |
| Billericay Town | 46 | 17 | 11 | 18 | 46 | 44 | 62 |
| Bishop's Stortford | 46 | 16 | 11 | 19 | 74 | 72 | 59 |
| Hitchin Town | 46 | 15 | 13 | 18 | 69 | 67 | 58 |
| Ford United | 46 | 15 | 12 | 19 | 78 | 84 | 57 |
| Braintree Town | 46 | 14 | 12 | 20 | 59 | 71 | 54 |
| Aylesbury United | 46 | 13 | 15 | 18 | 62 | 75 | 54 |
| Harrow Borough | 46 | 15 | 9 | 22 | 54 | 75 | 54 |
| Grays Athletic | 46 | 14 | 11 | 21 | 53 | 59 | 53 |
| Heybridge Swifts | 46 | 13 | 14 | 19 | 52 | 80 | 53 |
| Chesham United | 46 | 14 | 10 | 22 | 56 | 81 | 52 |
| Boreham Wood | 46 | 11 | 15 | 20 | 50 | 58 | 48 |
| Enfield | 46 | 9 | 11 | 26 | 47 | 101 | 38 |
| Hampton & Richmond Borough | 46 | 3 | 14 | 29 | 35 | 86 | 23 |

### Division One (North)

| | | | | | | | |
|---|---|---|---|---|---|---|---|
| Northwood | 46 | 28 | 7 | 11 | 109 | 56 | 91 |
| Hornchurch | 46 | 25 | 15 | 6 | 85 | 48 | 90 |
| Hemel Hempstead Town | 46 | 26 | 7 | 13 | 70 | 55 | 85 |
| Slough Town | 46 | 22 | 14 | 10 | 86 | 59 | 80 |
| Uxbridge | 46 | 23 | 10 | 13 | 62 | 41 | 79 |
| Aveley | 46 | 21 | 14 | 11 | 66 | 48 | 77 |
| Berkhamsted Town | 46 | 21 | 13 | 12 | 92 | 68 | 76 |
| Thame United | 46 | 20 | 12 | 14 | 84 | 51 | 72 |
| Wealdstone | 46 | 21 | 9 | 16 | 85 | 69 | 72 |
| Harlow Town | 46 | 20 | 12 | 14 | 66 | 53 | 72 |
| Marlow | 46 | 19 | 10 | 17 | 74 | 63 | 67 |
| Barking & East Ham United | 46 | 19 | 9 | 18 | 73 | 76 | 66 |
| Yeading | 46 | 18 | 11 | 17 | 77 | 69 | 65 |
| Great Wakering Rovers | 46 | 17 | 14 | 15 | 64 | 70 | 65 |
| Oxford City | 46 | 17 | 13 | 16 | 55 | 51 | 64 |
| Arlesey Town | 46 | 17 | 12 | 17 | 69 | 71 | 63 |
| East Thurrock United | 46 | 17 | 10 | 19 | 75 | 79 | 61 |
| Wingate & Finchley | 46 | 15 | 11 | 20 | 70 | 74 | 56 |
| Barton Rovers | 46 | 15 | 7 | 24 | 53 | 65 | 52 |
| Tilbury | 46 | 14 | 7 | 25 | 55 | 96 | 49 |
| Wivenhoe Town | 46 | 9 | 11 | 26 | 56 | 94 | 38 |
| Leyton Pennant | 46 | 9 | 7 | 30 | 38 | 81 | 34 |
| Wembley | 46 | 7 | 11 | 28 | 57 | 111 | 32 |
| Hertford Town | 46 | 6 | 6 | 34 | 46 | 119 | 24 |

### Second Division

| | | | | | | | |
|---|---|---|---|---|---|---|---|
| Lewes | 42 | 29 | 9 | 4 | 108 | 31 | 96 |
| Horsham | 42 | 27 | 9 | 6 | 104 | 44 | 90 |
| Berkhamstead Town | 42 | 23 | 10 | 9 | 82 | 51 | 79 |
| Arlesey Town | 42 | 23 | 6 | 13 | 89 | 55 | 75 |
| Banstead Athletic | 42 | 22 | 8 | 12 | 83 | 54 | 74 |
| Leyton Pennant | 42 | 22 | 8 | 12 | 84 | 60 | 74 |
| Great Wakering Rovers | 42 | 21 | 8 | 13 | 64 | 37 | 71 |
| East Thurrock United | 42 | 21 | 8 | 13 | 67 | 59 | 71 |
| Marlow | 42 | 18 | 13 | 11 | 73 | 63 | 67 |
| Hemel Hempstead Town | 42 | 18 | 10 | 14 | 82 | 66 | 64 |
| Leatherhead | 42 | 17 | 6 | 19 | 72 | 62 | 57 |
| Ashford Town | 42 | 15 | 11 | 16 | 58 | 71 | 56 |
| Metropolitan Police | 42 | 16 | 7 | 19 | 84 | 84 | 55 |
| Barton Rovers | 42 | 15 | 9 | 18 | 54 | 60 | 54 |
| Hungerford Town | 42 | 14 | 9 | 19 | 56 | 75 | 51 |
| Tilbury | 42 | 15 | 6 | 21 | 55 | 74 | 51 |
| Chertsey Town | 42 | 10 | 14 | 18 | 79 | 112 | 44 |
| Wembley | 42 | 9 | 10 | 23 | 51 | 82 | 37 |
| Molesey | 42 | 10 | 6 | 26 | 40 | 93 | 36 |
| Cheshunt | 42 | 7 | 13 | 22 | 51 | 84 | 34 |
| Wivenhoe Town | 42 | 8 | 9 | 25 | 55 | 111 | 33 |
| Romford | 42 | 4 | 7 | 31 | 42 | 105 | 19 |

### Third Division

| | | | | | | | |
|---|---|---|---|---|---|---|---|
| Croydon Athletic | 42 | 30 | 5 | 7 | 138 | 41 | 95 |
| Hornchurch | 42 | 25 | 11 | 6 | 96 | 46 | 86 |
| Aveley | 42 | 26 | 6 | 10 | 109 | 55 | 84 |
| Bracknell Town | 42 | 25 | 8 | 9 | 96 | 54 | 83 |
| Epsom & Ewell | 42 | 20 | 15 | 7 | 79 | 51 | 75 |
| Egham Town | 42 | 21 | 11 | 10 | 72 | 59 | 74 |
| Wingate & Finchley | 42 | 20 | 9 | 13 | 80 | 60 | 69 |
| Dorking | 42 | 18 | 14 | 10 | 77 | 66 | 68 |
| Tring Town | 42 | 19 | 11 | 12 | 64 | 62 | 68 |
| Corinthian-Casuals | 42 | 18 | 13 | 11 | 69 | 44 | 67 |
| Hertford Town | 42 | 20 | 7 | 15 | 88 | 74 | 67 |
| Witham Town | 42 | 15 | 10 | 17 | 66 | 72 | 55 |
| Ware | 42 | 14 | 10 | 18 | 74 | 76 | 52 |
| Chalfont St Peter | 42 | 15 | 4 | 23 | 69 | 92 | 49 |
| Wokingham Town | 42 | 14 | 6 | 22 | 79 | 105 | 48 |
| Abingdon Town | 42 | 13 | 7 | 22 | 61 | 75 | 46 |
| Leighton Town | 42 | 8 | 12 | 22 | 56 | 95 | 36 |
| Kingsbury Town | 42 | 8 | 11 | 23 | 58 | 91 | 35 |
| Edgware Town | 42 | 9 | 7 | 26 | 65 | 101 | 34 |
| Flackwell Heath | 42 | 9 | 8 | 25 | 53 | 99 | 32 |
| Clapton | 42 | 9 | 4 | 29 | 45 | 118 | 31 |
| Camberley Town | 42 | 7 | 9 | 26 | 37 | 95 | 30 |

# Isthmian League 2003-2004

## Division One (South)

| Team | P | W | D | L | F | A | Pts |
|---|---|---|---|---|---|---|---|
| Carshalton Athletic | 46 | 28 | 8 | 10 | 73 | 44 | 92 |
| Bognor Regis Town | 46 | 26 | 10 | 10 | 92 | 34 | 88 |
| Lewes | 46 | 24 | 16 | 6 | 106 | 50 | 88 |
| Dulwich Hamlet | 46 | 23 | 12 | 11 | 73 | 49 | 81 |
| Whyteleafe | 46 | 21 | 13 | 12 | 74 | 51 | 76 |
| Bromley | 46 | 21 | 13 | 12 | 70 | 53 | 76 |
| Walton & Hersham | 46 | 20 | 13 | 13 | 87 | 63 | 73 |
| Horsham | 46 | 21 | 9 | 16 | 80 | 58 | 72 |
| Epsom & Ewell | 46 | 19 | 12 | 15 | 67 | 66 | 69 |
| Egham Town | 46 | 19 | 10 | 17 | 62 | 71 | 67 |
| Tooting & Mitcham United | 46 | 18 | 9 | 19 | 83 | 78 | 63 |
| Worthing | 46 | 17 | 12 | 17 | 78 | 75 | 63 |
| Windsor & Eton | 46 | 18 | 9 | 19 | 66 | 65 | 63 |
| Leatherhead | 46 | 16 | 13 | 17 | 71 | 66 | 61 |
| Staines Town | 46 | 14 | 16 | 16 | 57 | 63 | 58 |
| Banstead Athletic | 46 | 14 | 15 | 17 | 58 | 59 | 57 |
| Ashford Town (Middlesex) | 46 | 14 | 11 | 21 | 47 | 70 | 53 |
| Croydon | 46 | 15 | 8 | 23 | 56 | 87 | 53 |
| Croydon Athletic | 46 | 13 | 13 | 20 | 52 | 66 | 52 |
| Bracknell Town | 46 | 12 | 16 | 18 | 57 | 74 | 52 |
| Corinthian Casuals | 46 | 12 | 14 | 20 | 50 | 68 | 50 |
| Molesey | 46 | 13 | 9 | 24 | 52 | 79 | 48 |
| Metropolitan Police | 46 | 12 | 10 | 24 | 50 | 76 | 46 |
| Chertsey Town | 46 | 3 | 7 | 36 | 43 | 139 | 16 |

## Division Two

| Team | P | W | D | L | F | A | Pts |
|---|---|---|---|---|---|---|---|
| Cheshunt | 30 | 25 | 3 | 2 | 91 | 29 | 78 |
| Leyton | 30 | 21 | 5 | 4 | 77 | 22 | 68 |
| Flackwell Heath | 30 | 17 | 3 | 10 | 52 | 44 | 54 |
| Abingdon Town | 30 | 14 | 11 | 5 | 65 | 42 | 53 |
| Hungerford Town | 30 | 12 | 12 | 6 | 49 | 36 | 48 |
| Leighton Town | 30 | 14 | 3 | 13 | 61 | 43 | 45 |
| Witham Town | 30 | 12 | 8 | 10 | 40 | 43 | 44 |
| Ware | 30 | 12 | 5 | 13 | 47 | 53 | 41 |
| Clapton | 30 | 12 | 5 | 13 | 40 | 47 | 41 |
| Tring Town | 30 | 11 | 5 | 14 | 49 | 58 | 38 |
| Kingsbury Town | 30 | 9 | 11 | 10 | 38 | 48 | 38 |
| Edgware Town | 30 | 10 | 3 | 17 | 49 | 65 | 33 |
| Wokingham Town | 30 | 7 | 7 | 16 | 34 | 81 | 28 |
| Dorking | 30 | 6 | 6 | 18 | 49 | 63 | 24 |
| Chalfont St. Peter | 30 | 6 | 5 | 19 | 34 | 63 | 23 |
| Camberley Town | 30 | 4 | 4 | 22 | 23 | 61 | 16 |

# 2003-2004

## Premier Division

| Team | P | W | D | L | F | A | Pts |
|---|---|---|---|---|---|---|---|
| Canvey Island | 46 | 32 | 8 | 6 | 106 | 42 | 104 |
| Sutton United | 46 | 25 | 10 | 11 | 94 | 56 | 85 |
| Thurrock | 46 | 24 | 11 | 11 | 87 | 45 | 83 |
| Hendon | 46 | 25 | 8 | 13 | 68 | 47 | 83 |
| Hornchurch | 46 | 24 | 11 | 11 | 63 | 35 | 82 |
| Grays Athletic | 46 | 22 | 15 | 9 | 82 | 39 | 81 |
| Carshalton Athletic | 46 | 24 | 9 | 13 | 66 | 55 | 81 |
| Hayes | 46 | 21 | 11 | 14 | 56 | 46 | 74 |
| Kettering Town | 46 | 20 | 11 | 15 | 63 | 63 | 71 |
| Bognor Regis Town | 46 | 20 | 10 | 16 | 69 | 67 | 70 |
| Bishop's Stortford | 46 | 20 | 9 | 17 | 78 | 61 | 69 |
| Maidenhead United | 46 | 18 | 9 | 19 | 60 | 68 | 63 |
| Ford United | 46 | 16 | 14 | 16 | 69 | 63 | 62 |
| Basingstoke Town | 46 | 17 | 9 | 20 | 58 | 64 | 60 |
| Bedford Town | 46 | 14 | 13 | 19 | 62 | 63 | 55 |
| Heybridge Swifts | 46 | 14 | 11 | 21 | 57 | 78 | 53 |
| Harrow Borough | 46 | 12 | 14 | 20 | 47 | 63 | 50 |
| Kingstonian | 46 | 12 | 13 | 21 | 40 | 56 | 49 |
| St. Albans City | 46 | 12 | 12 | 22 | 55 | 83 | 48 |
| Hitchin Town | 46 | 13 | 8 | 25 | 55 | 89 | 47 |
| Northwood | 46 | 12 | 9 | 25 | 65 | 95 | 45 |
| Billericay Town | 46 | 11 | 11 | 24 | 51 | 66 | 44 |
| Braintree Town | 46 | 11 | 6 | 29 | 41 | 88 | 39 |
| Aylesbury United | 46 | 5 | 14 | 27 | 41 | 101 | 29 |

Hornchurch had 1 point deducted.

## Division One (North)

| Team | P | W | D | L | F | A | Pts |
|---|---|---|---|---|---|---|---|
| Yeading | 46 | 32 | 7 | 7 | 112 | 54 | 103 |
| Leyton | 46 | 29 | 9 | 8 | 90 | 53 | 96 |
| Cheshunt | 46 | 27 | 10 | 9 | 119 | 54 | 91 |
| Chesham United | 46 | 24 | 9 | 13 | 104 | 60 | 81 |
| Dunstable Town | 46 | 23 | 9 | 14 | 86 | 61 | 78 |
| Hemel Hempstead Town | 46 | 22 | 12 | 12 | 75 | 72 | 78 |
| Wealdstone | 46 | 23 | 7 | 16 | 81 | 51 | 76 |
| Arlesey Town | 46 | 23 | 7 | 16 | 95 | 70 | 76 |
| Boreham Wood | 46 | 20 | 13 | 13 | 82 | 59 | 73 |
| Harlow Town | 46 | 20 | 10 | 16 | 75 | 51 | 70 |
| Wingate & Finchley | 46 | 19 | 13 | 14 | 68 | 63 | 70 |
| East Thurrock United | 46 | 19 | 11 | 16 | 62 | 54 | 68 |
| Uxbridge | 46 | 15 | 14 | 17 | 59 | 57 | 59 |
| Aveley | 46 | 15 | 14 | 17 | 67 | 71 | 59 |
| Thame United | 46 | 16 | 9 | 21 | 72 | 83 | 57 |
| Waltham Forest | 46 | 15 | 13 | 18 | 62 | 60 | 55 |
| Wivenhoe Town | 46 | 15 | 10 | 21 | 79 | 104 | 55 |
| Barton Rovers | 46 | 16 | 6 | 24 | 52 | 80 | 54 |
| Oxford City | 46 | 14 | 11 | 21 | 55 | 65 | 53 |
| Berkhamstead Town | 46 | 12 | 10 | 24 | 66 | 88 | 46 |
| Great Wakering Rovers | 46 | 10 | 13 | 23 | 47 | 97 | 43 |
| Tilbury | 46 | 10 | 9 | 27 | 56 | 100 | 39 |
| Barking & East Ham United | 46 | 8 | 7 | 31 | 37 | 100 | 31 |
| Enfield | 46 | 5 | 7 | 34 | 44 | 138 | 22 |

Waltham Forest had 3 points deducted.

## Division One (South)

| Team | P | W | D | L | F | A | Pts |
|---|---|---|---|---|---|---|---|
| Lewes | 46 | 29 | 7 | 10 | 113 | 61 | 94 |
| Worthing | 46 | 26 | 14 | 6 | 87 | 46 | 92 |
| Windsor & Eton | 46 | 26 | 13 | 7 | 75 | 39 | 91 |
| Slough Town | 46 | 28 | 6 | 12 | 103 | 63 | 90 |
| Hampton & Richmond Borough | 46 | 26 | 11 | 9 | 82 | 45 | 89 |
| Staines Town | 46 | 26 | 9 | 11 | 85 | 52 | 87 |
| Dulwich Hamlet | 46 | 23 | 15 | 8 | 77 | 57 | 84 |
| Bromley | 46 | 22 | 10 | 14 | 80 | 58 | 76 |
| Walton & Hersham | 46 | 20 | 14 | 12 | 76 | 55 | 74 |
| Croydon Athletic | 46 | 20 | 10 | 16 | 70 | 54 | 70 |
| Tooting & Mitcham United | 46 | 20 | 9 | 17 | 82 | 68 | 69 |
| Ashford Town (Middlesex) | 46 | 18 | 13 | 15 | 69 | 62 | 67 |
| Leatherhead | 46 | 19 | 9 | 18 | 83 | 88 | 66 |
| Bracknell Town | 46 | 19 | 6 | 21 | 81 | 87 | 63 |
| Horsham | 46 | 16 | 11 | 19 | 71 | 69 | 59 |
| Marlow | 46 | 16 | 11 | 19 | 50 | 64 | 59 |
| Whyteleafe | 46 | 17 | 4 | 25 | 66 | 93 | 55 |
| Banstead Athletic | 46 | 15 | 8 | 23 | 56 | 73 | 53 |
| Molesey | 46 | 12 | 6 | 28 | 45 | 84 | 42 |
| Metropolitan Police | 46 | 9 | 14 | 23 | 58 | 84 | 41 |
| Croydon | 46 | 10 | 10 | 26 | 57 | 88 | 40 |
| Egham Town | 46 | 8 | 8 | 30 | 55 | 92 | 32 |
| Corinthian Casuals | 46 | 6 | 6 | 34 | 48 | 110 | 24 |
| Epsom & Ewell | 46 | 5 | 8 | 33 | 40 | 117 | 23 |

## Division Two

| Team | P | W | D | L | F | A | Pts |
|---|---|---|---|---|---|---|---|
| Leighton Town | 42 | 28 | 7 | 7 | 111 | 36 | 91 |
| Dorking | 42 | 27 | 8 | 7 | 87 | 47 | 89 |
| Hertford Town | 42 | 24 | 9 | 9 | 74 | 35 | 81 |
| Chertsey Town | 42 | 22 | 9 | 11 | 75 | 53 | 75 |
| Flackwell Heath | 42 | 22 | 5 | 15 | 71 | 53 | 71 |
| Witham Town | 42 | 20 | 10 | 12 | 75 | 54 | 70 |
| Kingsbury Town | 42 | 14 | 11 | 17 | 60 | 64 | 53 |
| Ware | 42 | 14 | 10 | 18 | 67 | 60 | 52 |
| Abingdon Town | 42 | 15 | 6 | 21 | 83 | 81 | 51 |
| Camberley Town | 42 | 15 | 6 | 21 | 51 | 71 | 51 |
| Wembley | 42 | 13 | 9 | 20 | 46 | 67 | 48 |
| Wokingham Town | 42 | 12 | 7 | 23 | 55 | 94 | 43 |
| Edgware Town | 42 | 12 | 6 | 24 | 62 | 88 | 42 |
| Chalfont St. Peter | 42 | 12 | 6 | 24 | 57 | 89 | 42 |
| Clapton | 42 | 8 | 5 | 29 | 47 | 129 | 29 |

## 2004-2005

### Premier Division

| | | | | | | | |
|---|---|---|---|---|---|---|---|
| Yeading | 42 | 25 | 11 | 6 | 74 | 48 | 86 |
| Billericay Town | 42 | 23 | 11 | 8 | 78 | 40 | 80 |
| Eastleigh | 42 | 22 | 13 | 7 | 84 | 49 | 79 |
| Braintree Town | 42 | 19 | 17 | 6 | 67 | 33 | 74 |
| Leyton | 42 | 21 | 8 | 13 | 71 | 57 | 71 |
| Hampton & Richmond | 42 | 21 | 8 | 13 | 64 | 53 | 71 |
| Heybridge Swifts | 42 | 18 | 9 | 15 | 76 | 65 | 63 |
| Chelmsford City | 42 | 17 | 11 | 14 | 63 | 58 | 62 |
| Staines Town | 42 | 17 | 9 | 16 | 59 | 53 | 60 |
| Worthing | 42 | 16 | 11 | 15 | 50 | 45 | 59 |
| Hendon | 42 | 17 | 7 | 18 | 48 | 60 | 58 |
| Salisbury City | 42 | 16 | 9 | 17 | 60 | 64 | 57 |
| Slough Town | 42 | 15 | 10 | 17 | 61 | 66 | 55 |
| Folkestone Invicta | 42 | 14 | 10 | 18 | 51 | 53 | 52 |
| Windsor & Eton | 42 | 12 | 14 | 16 | 48 | 62 | 50 |
| Harrow Borough | 42 | 13 | 10 | 19 | 41 | 54 | 49 |
| Northwood | 42 | 14 | 7 | 21 | 49 | 66 | 49 |
| Wealdstone | 42 | 13 | 8 | 21 | 60 | 73 | 47 |
| Cheshunt | 42 | 12 | 11 | 19 | 58 | 71 | 47 |
| Tonbridge Angels | 42 | 11 | 10 | 21 | 47 | 73 | 43 |
| Dover Athletic | 42 | 10 | 9 | 23 | 50 | 66 | 39 |
| Kingstonian | 42 | 7 | 5 | 30 | 43 | 93 | 26 |

### Division One

| | | | | | | | |
|---|---|---|---|---|---|---|---|
| AFC Wimbledon | 42 | 29 | 10 | 3 | 91 | 33 | 97 |
| Walton & Hersham | 42 | 28 | 4 | 10 | 69 | 34 | 88 |
| Horsham | 42 | 24 | 6 | 12 | 90 | 61 | 78 |
| Bromley | 42 | 22 | 9 | 11 | 69 | 44 | 75 |
| Metropolitan Police | 42 | 22 | 8 | 12 | 72 | 51 | 74 |
| Cray Wanderers | 42 | 19 | 16 | 7 | 95 | 54 | 73 |
| Leatherhead | 42 | 20 | 13 | 9 | 73 | 55 | 73 |
| Tooting & Mitcham United | 42 | 18 | 15 | 9 | 92 | 60 | 69 |
| Whyteleafe | 42 | 20 | 6 | 16 | 60 | 59 | 66 |
| Burgess Hill Town | 42 | 19 | 6 | 17 | 73 | 62 | 63 |
| Hastings United | 42 | 15 | 11 | 16 | 55 | 57 | 56 |
| Croydon Athletic | 42 | 13 | 16 | 13 | 66 | 65 | 55 |
| Corinthian-Casuals | 42 | 15 | 9 | 18 | 56 | 64 | 54 |
| Bashley | 42 | 13 | 13 | 16 | 68 | 74 | 52 |
| Dulwich Hamlet | 42 | 10 | 14 | 18 | 61 | 64 | 44 |
| Molesey | 42 | 12 | 8 | 22 | 46 | 70 | 44 |
| Banstead Athletic | 42 | 10 | 10 | 22 | 50 | 64 | 40 |
| Newport IOW | 42 | 10 | 10 | 22 | 50 | 88 | 40 |
| Fleet Town | 42 | 11 | 5 | 26 | 47 | 86 | 38 |
| Ashford Town | 42 | 8 | 12 | 22 | 47 | 85 | 36 |
| Dorking | 42 | 8 | 11 | 23 | 43 | 89 | 35 |
| Croydon | 42 | 5 | 10 | 27 | 37 | 91 | 25 |

### Division Two

| | | | | | | | |
|---|---|---|---|---|---|---|---|
| Ilford | 30 | 22 | 3 | 5 | 62 | 23 | 69 |
| Enfield | 30 | 21 | 3 | 6 | 64 | 33 | 66 |
| Brook House | 30 | 20 | 4 | 6 | 65 | 25 | 64 |
| Hertford Town | 30 | 17 | 7 | 6 | 65 | 40 | 58 |
| Witham Town | 30 | 16 | 3 | 11 | 67 | 53 | 51 |
| Chertsey Town | 30 | 15 | 6 | 9 | 55 | 48 | 51 |
| Abingdon Town | 30 | 13 | 9 | 8 | 65 | 42 | 48 |
| Edgware Town | 30 | 12 | 3 | 15 | 40 | 41 | 39 |
| Flackwell Heath | 30 | 11 | 5 | 14 | 50 | 55 | 38 |
| Ware | 30 | 9 | 10 | 11 | 41 | 55 | 37 |
| Chalfont St Peter | 30 | 9 | 7 | 14 | 41 | 52 | 34 |
| Camberley Town | 30 | 9 | 5 | 16 | 36 | 44 | 32 |
| Wembley | 30 | 8 | 5 | 17 | 41 | 55 | 29 |
| Epsom & Ewell | 30 | 8 | 4 | 18 | 41 | 64 | 28 |
| Kingsbury Town | 30 | 5 | 4 | 21 | 35 | 76 | 19 |
| Clapton | 30 | 3 | 6 | 21 | 20 | 82 | 15 |

## 2005-2006

### Premier Division

| | | | | | | | |
|---|---|---|---|---|---|---|---|
| Braintree Town | 42 | 28 | 10 | 4 | 74 | 32 | 94 |
| Heybridge Swifts | 42 | 28 | 3 | 11 | 70 | 46 | 87 |
| Fisher Athletic | 42 | 26 | 7 | 9 | 84 | 46 | 85 |
| AFC Wimbledon | 42 | 22 | 11 | 9 | 67 | 36 | 77 |
| Hampton & Richmond | 42 | 24 | 3 | 15 | 73 | 54 | 75 |
| Staines Town | 42 | 20 | 10 | 12 | 74 | 56 | 70 |
| Billericay Town | 42 | 19 | 12 | 11 | 69 | 45 | 69 |
| Worthing | 42 | 19 | 10 | 13 | 71 | 60 | 67 |
| Walton & Hersham | 42 | 19 | 7 | 16 | 55 | 50 | 64 |
| Chelmsford City | 42 | 18 | 10 | 14 | 57 | 62 | 64 |
| Bromley | 42 | 16 | 14 | 12 | 57 | 49 | 62 |
| East Thurrock United | 42 | 18 | 5 | 19 | 60 | 60 | 59 |
| Folkestone Invicta | 42 | 16 | 10 | 16 | 47 | 51 | 58 |
| Margate | 42 | 11 | 17 | 14 | 49 | 55 | 50 |
| Leyton | 42 | 13 | 9 | 20 | 58 | 61 | 48 |
| Harrow Borough | 42 | 13 | 9 | 20 | 56 | 73 | 48 |
| Slough Town | 42 | 13 | 8 | 21 | 63 | 75 | 47 |
| Wealdstone | 42 | 13 | 5 | 24 | 68 | 82 | 44 |
| Hendon | 42 | 9 | 12 | 21 | 44 | 64 | 39 |
| Maldon Town | 42 | 8 | 11 | 23 | 41 | 73 | 35 |
| Windsor & Eton | 42 | 8 | 8 | 26 | 37 | 75 | 32 |
| Redbridge | 42 | 3 | 5 | 34 | 28 | 97 | 14 |

### Division One

| | | | | | | | |
|---|---|---|---|---|---|---|---|
| Ramsgate | 44 | 24 | 14 | 6 | 84 | 38 | 86 |
| Horsham | 44 | 25 | 11 | 8 | 94 | 55 | 86 |
| Tonbridge Angels | 44 | 24 | 8 | 12 | 71 | 48 | 80 |
| Metropolitan Police | 44 | 24 | 7 | 13 | 72 | 46 | 79 |
| Dover Athletic | 44 | 21 | 14 | 9 | 69 | 46 | 77 |
| Tooting & Mitcham United | 44 | 22 | 9 | 13 | 93 | 62 | 75 |
| Kingstonian | 44 | 20 | 14 | 10 | 82 | 56 | 74 |
| Croydon Athletic | 44 | 20 | 13 | 11 | 56 | 41 | 73 |
| Bashley | 44 | 20 | 10 | 14 | 63 | 61 | 70 |
| Leatherhead | 44 | 18 | 14 | 12 | 64 | 50 | 68 |
| Cray Wanderers | 44 | 20 | 8 | 16 | 80 | 74 | 68 |
| Hastings United | 44 | 19 | 10 | 15 | 65 | 58 | 67 |
| Dulwich Hamlet | 44 | 19 | 8 | 17 | 55 | 43 | 65 |
| Fleet Town | 44 | 13 | 19 | 12 | 50 | 56 | 58 |
| Walton Casuals | 44 | 16 | 10 | 18 | 68 | 75 | 58 |
| Lymington & New Milton | 44 | 12 | 11 | 21 | 61 | 80 | 47 |
| Molesey | 44 | 12 | 10 | 22 | 56 | 79 | 46 |
| Whyteleafe | 44 | 10 | 14 | 20 | 50 | 66 | 44 |
| Burgess Hill Town | 44 | 10 | 10 | 24 | 57 | 83 | 40 |
| Banstead Athletic | 44 | 8 | 13 | 23 | 43 | 71 | 37 |
| Ashford Town | 44 | 8 | 11 | 25 | 41 | 81 | 35 |
| Newport IOW | 44 | 6 | 11 | 27 | 38 | 97 | 29 |
| Corinthian Casuals | 44 | 6 | 9 | 29 | 39 | 85 | 27 |

### Division Two

| | | | | | | | |
|---|---|---|---|---|---|---|---|
| Ware | 30 | 19 | 4 | 7 | 77 | 36 | 61 |
| Witham Town | 30 | 17 | 7 | 6 | 61 | 30 | 58 |
| Brook House | 30 | 17 | 7 | 6 | 63 | 33 | 58 |
| Flackwell Heath | 30 | 15 | 7 | 8 | 54 | 49 | 52 |
| Egham Town | 30 | 15 | 5 | 10 | 39 | 36 | 50 |
| Chertsey Town | 30 | 14 | 7 | 9 | 47 | 37 | 49 |
| Edgware Town | 30 | 13 | 5 | 12 | 46 | 41 | 44 |
| Chalfont St Peter | 30 | 13 | 2 | 15 | 50 | 53 | 41 |
| Dorking | 30 | 11 | 8 | 11 | 48 | 51 | 41 |
| Croydon | 30 | 11 | 7 | 12 | 43 | 43 | 40 |
| Wembley | 30 | 11 | 6 | 13 | 44 | 43 | 39 |
| Kingsbury Town | 30 | 9 | 10 | 11 | 32 | 37 | 37 |
| Hertford Town | 30 | 7 | 10 | 13 | 35 | 54 | 31 |
| Camberley Town | 30 | 5 | 8 | 17 | 31 | 57 | 23 |
| Epsom & Ewell | 30 | 5 | 6 | 19 | 32 | 64 | 21 |
| Clapton | 30 | 4 | 9 | 17 | 33 | 71 | 16 |

Clapton had 5 points deducted.

# Isthmian League 2006-2008

## 2006-2007

### Premier Division

| Team | P | W | D | L | F | A | Pts |
|---|---|---|---|---|---|---|---|
| Hampton & Richmond | 42 | 24 | 10 | 8 | 77 | 53 | 82 |
| Bromley | 42 | 23 | 11 | 8 | 83 | 43 | 80 |
| Chelmsford City | 42 | 23 | 8 | 11 | 96 | 51 | 77 |
| Billericay Town | 42 | 22 | 11 | 9 | 71 | 42 | 77 |
| AFC Wimbledon | 42 | 21 | 15 | 6 | 76 | 37 | 75 |
| Margate | 42 | 20 | 11 | 11 | 79 | 48 | 71 |
| Boreham Wood | 42 | 19 | 12 | 11 | 71 | 49 | 69 |
| Horsham | 42 | 18 | 14 | 10 | 70 | 57 | 68 |
| Ramsgate | 42 | 20 | 5 | 17 | 63 | 63 | 65 |
| Heybridge Swifts | 42 | 17 | 13 | 12 | 57 | 40 | 64 |
| Tonbridge Angels | 42 | 20 | 4 | 18 | 74 | 72 | 64 |
| Staines Town | 42 | 15 | 12 | 15 | 64 | 64 | 57 |
| Carshalton Athletic | 42 | 14 | 12 | 16 | 54 | 59 | 54 |
| Hendon | 42 | 16 | 6 | 20 | 53 | 64 | 54 |
| Leyton | 42 | 13 | 10 | 19 | 55 | 77 | 49 |
| East Thurrock United | 42 | 14 | 6 | 22 | 56 | 70 | 48 |
| Ashford Town (Middlesex) | 42 | 11 | 13 | 18 | 59 | 71 | 46 |
| Folkestone Invicta | 42 | 12 | 10 | 20 | 45 | 66 | 46 |
| Harrow Borough | 42 | 13 | 6 | 23 | 61 | 71 | 45 |
| Worthing | 42 | 8 | 11 | 23 | 57 | 82 | 35 |
| Walton & Hersham | 42 | 9 | 6 | 27 | 38 | 83 | 33 |
| Slough Town | 42 | 4 | 6 | 32 | 26 | 123 | 18 |

AFC Wimbledon had 3 points deducted.

### Division One North

| Team | P | W | D | L | F | A | Pts |
|---|---|---|---|---|---|---|---|
| AFC Hornchurch | 42 | 32 | 7 | 3 | 96 | 27 | 103 |
| Harlow Town | 42 | 24 | 10 | 8 | 71 | 31 | 82 |
| Enfield Town | 42 | 24 | 7 | 11 | 74 | 39 | 79 |
| Maldon Town | 42 | 20 | 11 | 11 | 50 | 42 | 71 |
| AFC Sudbury | 42 | 19 | 13 | 10 | 67 | 41 | 70 |
| Canvey Island | 42 | 19 | 10 | 13 | 65 | 47 | 67 |
| Ware | 42 | 19 | 10 | 13 | 70 | 56 | 67 |
| Waltham Forest | 42 | 17 | 14 | 11 | 60 | 56 | 65 |
| Wingate & Finchley | 42 | 16 | 11 | 15 | 58 | 49 | 59 |
| Waltham Abbey | 42 | 15 | 13 | 14 | 65 | 51 | 58 |
| Wivenhoe Town | 42 | 16 | 9 | 17 | 50 | 52 | 57 |
| Great Wakering Rovers | 42 | 16 | 9 | 17 | 57 | 64 | 57 |
| Enfield | 42 | 16 | 6 | 20 | 65 | 63 | 54 |
| Potters Bar Town | 42 | 14 | 9 | 19 | 60 | 62 | 51 |
| Aveley | 42 | 14 | 9 | 19 | 47 | 57 | 51 |
| Redbridge | 42 | 15 | 5 | 22 | 42 | 48 | 50 |
| Bury Town | 42 | 13 | 11 | 18 | 57 | 69 | 50 |
| Arlesey Town | 42 | 13 | 11 | 18 | 44 | 63 | 50 |
| Tilbury | 42 | 11 | 10 | 21 | 43 | 72 | 43 |
| Witham Town | 42 | 10 | 7 | 25 | 52 | 90 | 37 |
| Ilford | 42 | 9 | 5 | 28 | 36 | 97 | 32 |
| Flackwell Heath | 42 | 7 | 9 | 26 | 37 | 90 | 30 |

### Division One South

| Team | P | W | D | L | F | A | Pts |
|---|---|---|---|---|---|---|---|
| Maidstone United | 42 | 23 | 11 | 8 | 79 | 47 | 80 |
| Tooting & Mitcham | 42 | 22 | 13 | 7 | 70 | 41 | 79 |
| Dover Athletic | 42 | 22 | 11 | 9 | 77 | 41 | 77 |
| Hastings United | 42 | 22 | 10 | 10 | 79 | 56 | 76 |
| Fleet Town | 42 | 21 | 12 | 9 | 65 | 52 | 75 |
| Metropolitan Police | 42 | 18 | 15 | 9 | 65 | 48 | 69 |
| Dartford | 42 | 19 | 11 | 12 | 86 | 65 | 68 |
| Dulwich Hamlet | 42 | 18 | 13 | 11 | 83 | 56 | 67 |
| Horsham YMCA | 42 | 17 | 7 | 18 | 59 | 69 | 58 |
| Sittingbourne | 42 | 14 | 15 | 13 | 68 | 63 | 57 |
| Leatherhead | 42 | 15 | 10 | 17 | 58 | 63 | 55 |
| Cray Wanderers | 42 | 14 | 12 | 16 | 67 | 69 | 54 |
| Kingstonian | 42 | 13 | 13 | 16 | 60 | 63 | 52 |
| Burgess Hill Town | 42 | 13 | 12 | 17 | 58 | 81 | 51 |
| Molesey | 42 | 12 | 13 | 17 | 52 | 63 | 49 |
| Chatham Town | 42 | 12 | 11 | 19 | 52 | 62 | 47 |
| Walton Casuals | 42 | 11 | 13 | 18 | 57 | 71 | 46 |
| Ashford Town | 42 | 10 | 14 | 18 | 52 | 65 | 44 |
| Croydon Athletic | 42 | 12 | 8 | 22 | 44 | 77 | 44 |
| Whyteleafe | 42 | 9 | 15 | 18 | 52 | 65 | 42 |
| Corinthian-Casuals | 42 | 8 | 10 | 24 | 53 | 88 | 34 |
| Godalming Town | 42 | 8 | 9 | 25 | 45 | 76 | 33 |

## 2007-2008

### Premier Division

| Team | P | W | D | L | F | A | Pts |
|---|---|---|---|---|---|---|---|
| Chelmsford City | 42 | 26 | 9 | 7 | 84 | 39 | 87 |
| Staines Town | 42 | 22 | 12 | 8 | 85 | 54 | 78 |
| AFC Wimbledon | 42 | 22 | 9 | 11 | 81 | 47 | 75 |
| AFC Hornchurch | 42 | 20 | 10 | 12 | 68 | 44 | 70 |
| Ramsgate | 42 | 19 | 11 | 12 | 67 | 53 | 68 |
| Ashford Town (Middlesex) | 42 | 20 | 6 | 16 | 79 | 65 | 66 |
| Hendon | 42 | 18 | 11 | 13 | 79 | 67 | 65 |
| Tonbridge Angels | 42 | 17 | 12 | 13 | 77 | 57 | 63 |
| Margate | 42 | 17 | 11 | 14 | 71 | 68 | 62 |
| Billericay Town | 42 | 16 | 12 | 14 | 66 | 57 | 60 |
| Horsham | 42 | 18 | 5 | 19 | 63 | 63 | 59 |
| Heybridge Swifts | 42 | 14 | 13 | 15 | 64 | 64 | 55 |
| Wealdstone | 42 | 15 | 9 | 18 | 68 | 75 | 54 |
| Hastings United | 42 | 15 | 8 | 19 | 58 | 67 | 53 |
| Harlow Town | 42 | 13 | 13 | 16 | 56 | 52 | 52 |
| Harrow Borough | 42 | 15 | 7 | 20 | 61 | 74 | 52 |
| Maidstone United | 42 | 16 | 4 | 22 | 56 | 79 | 52 |
| Carshalton Athletic | 42 | 14 | 8 | 20 | 52 | 65 | 50 |
| Boreham Wood | 42 | 15 | 5 | 22 | 56 | 73 | 50 |
| East Thurrock United | 42 | 14 | 9 | 19 | 48 | 67 | 50 |
| Folkestone Invicta | 42 | 13 | 10 | 19 | 49 | 70 | 49 |
| Leyton | 42 | 4 | 4 | 34 | 35 | 123 | 16 |

East Thurrock United had one point deducted.

### Division One North

| Team | P | W | D | L | F | A | Pts |
|---|---|---|---|---|---|---|---|
| Dartford | 42 | 27 | 8 | 7 | 107 | 42 | 89 |
| AFC Sudbury | 42 | 24 | 8 | 10 | 86 | 40 | 80 |
| Redbridge | 42 | 24 | 9 | 9 | 70 | 43 | 80 |
| Ware | 42 | 23 | 10 | 9 | 110 | 58 | 79 |
| Canvey Island | 42 | 23 | 10 | 9 | 82 | 39 | 79 |
| Brentwood Town | 42 | 22 | 11 | 9 | 70 | 49 | 77 |
| Bury Town | 42 | 22 | 9 | 11 | 76 | 53 | 75 |
| Edgware Town | 42 | 20 | 14 | 8 | 53 | 39 | 74 |
| Maldon Town | 42 | 19 | 10 | 13 | 78 | 63 | 67 |
| Northwood | 42 | 18 | 12 | 12 | 71 | 61 | 66 |
| Aveley | 42 | 18 | 12 | 12 | 68 | 65 | 66 |
| Enfield Town | 42 | 18 | 9 | 15 | 60 | 63 | 63 |
| Great Wakering Rovers | 42 | 13 | 9 | 20 | 64 | 66 | 48 |
| Waltham Abbey | 42 | 12 | 10 | 20 | 42 | 78 | 46 |
| Arlesey Town | 42 | 12 | 9 | 21 | 64 | 84 | 45 |
| Witham Town | 42 | 12 | 5 | 25 | 75 | 109 | 41 |
| Potters Bar Town | 42 | 10 | 9 | 23 | 45 | 77 | 39 |
| Wingate & Finchley | 42 | 8 | 11 | 23 | 45 | 72 | 35 |
| Waltham Forest | 42 | 7 | 12 | 23 | 44 | 74 | 33 |
| Tilbury | 42 | 7 | 12 | 23 | 49 | 96 | 32 |
| Ilford | 42 | 8 | 8 | 26 | 47 | 95 | 32 |
| Wivenhoe Town | 42 | 8 | 7 | 27 | 46 | 86 | 31 |

Redbridge and Tilbury both had one point deducted.

## Division One South

| | | | | | | | |
|---|---|---|---|---|---|---|---|
| Dover Athletic | 42 | 30 | 8 | 4 | 84 | 29 | 98 |
| Tooting & Mitcham | 42 | 26 | 8 | 8 | 88 | 41 | 86 |
| Cray Wanderers | 42 | 25 | 11 | 6 | 87 | 42 | 86 |
| Metropolitan Police | 42 | 24 | 3 | 15 | 69 | 47 | 75 |
| Worthing | 42 | 22 | 7 | 13 | 77 | 49 | 73 |
| Dulwich Hamlet | 42 | 20 | 10 | 12 | 68 | 47 | 70 |
| Kingstonian | 42 | 20 | 10 | 12 | 66 | 52 | 70 |
| Ashford Town | 42 | 19 | 10 | 13 | 64 | 51 | 67 |
| Sittingbourne | 42 | 20 | 7 | 15 | 56 | 58 | 67 |
| Walton & Hersham | 42 | 15 | 12 | 15 | 65 | 62 | 57 |
| Whyteleafe | 42 | 17 | 5 | 20 | 57 | 62 | 56 |
| Burgess Hill Town | 42 | 18 | 8 | 16 | 61 | 57 | 54 |
| Croydon Athletic | 42 | 14 | 9 | 19 | 65 | 76 | 51 |
| Whitstable Town | 42 | 14 | 8 | 20 | 69 | 84 | 50 |
| Chipstead | 42 | 15 | 5 | 22 | 58 | 76 | 50 |
| Walton Casuals | 42 | 11 | 15 | 16 | 55 | 68 | 48 |
| Leatherhead | 42 | 13 | 7 | 22 | 52 | 63 | 46 |
| Chatham Town | 42 | 12 | 10 | 20 | 58 | 70 | 46 |
| Eastbourne Town | 42 | 11 | 11 | 20 | 58 | 84 | 44 |
| Corinthian-Casuals | 42 | 11 | 11 | 20 | 51 | 77 | 44 |
| Horsham YMCA | 42 | 7 | 6 | 29 | 36 | 85 | 27 |
| Molesey | 42 | 3 | 9 | 30 | 36 | 100 | 18 |

Burgess Hill Town had 8 points deducted.

## Division One North

| | | | | | | | |
|---|---|---|---|---|---|---|---|
| Aveley | 42 | 29 | 9 | 4 | 81 | 40 | 96 |
| East Thurrock United | 42 | 30 | 5 | 7 | 112 | 50 | 95 |
| Brentwood Town | 42 | 26 | 10 | 6 | 77 | 32 | 88 |
| Waltham Abbey | 42 | 25 | 7 | 10 | 85 | 45 | 82 |
| Concord Rangers | 42 | 23 | 10 | 9 | 83 | 34 | 79 |
| Northwood | 42 | 22 | 12 | 8 | 65 | 39 | 78 |
| Wingate & Finchley | 42 | 19 | 10 | 13 | 67 | 51 | 67 |
| Redbridge | 42 | 18 | 10 | 14 | 61 | 50 | 64 |
| Ware | 42 | 19 | 4 | 19 | 69 | 75 | 61 |
| Chatham Town | 42 | 18 | 6 | 18 | 58 | 60 | 60 |
| Tilbury | 42 | 16 | 10 | 16 | 62 | 53 | 58 |
| Enfield Town | 42 | 17 | 7 | 18 | 71 | 68 | 58 |
| Great Wakering Rovers | 42 | 16 | 10 | 16 | 56 | 62 | 58 |
| Cheshunt | 42 | 17 | 5 | 20 | 60 | 71 | 56 |
| Leyton | 42 | 12 | 15 | 15 | 63 | 56 | 51 |
| Maldon Town | 42 | 13 | 9 | 20 | 48 | 63 | 45 |
| Ilford | 42 | 12 | 5 | 25 | 27 | 68 | 41 |
| Thamesmead Town | 42 | 10 | 10 | 22 | 46 | 73 | 40 |
| Potters Bar Town | 42 | 9 | 10 | 23 | 52 | 73 | 36 |
| Waltham Forest | 42 | 9 | 7 | 26 | 39 | 81 | 34 |
| Witham Town | 42 | 6 | 9 | 27 | 37 | 103 | 27 |
| Hillingdon Borough | 42 | 4 | 4 | 34 | 35 | 107 | 16 |

Maldon Town had 3 points deducted.
Potters Bar Town had 1 point deducted.

# 2008-2009

## Premier Division

| | | | | | | | |
|---|---|---|---|---|---|---|---|
| Dover Athletic | 42 | 33 | 5 | 4 | 91 | 34 | 104 |
| Staines Town | 42 | 23 | 13 | 6 | 75 | 41 | 82 |
| Tonbridge Angels | 42 | 20 | 13 | 9 | 82 | 54 | 73 |
| Carshalton Athletic | 42 | 19 | 11 | 12 | 64 | 63 | 68 |
| Sutton United | 42 | 18 | 13 | 11 | 57 | 53 | 67 |
| AFC Hornchurch | 42 | 19 | 8 | 15 | 60 | 51 | 65 |
| Wealdstone | 42 | 18 | 8 | 16 | 70 | 56 | 62 |
| Dartford | 42 | 17 | 11 | 14 | 62 | 49 | 62 |
| Tooting & Mitcham United | 42 | 16 | 10 | 16 | 57 | 57 | 58 |
| Ashford Town (Middlesex) | 42 | 18 | 2 | 22 | 64 | 66 | 56 |
| Billericay Town | 42 | 15 | 11 | 16 | 54 | 66 | 56 |
| Canvey Island | 42 | 16 | 7 | 19 | 65 | 70 | 55 |
| Horsham | 42 | 16 | 7 | 19 | 49 | 60 | 55 |
| Harrow Borough | 42 | 14 | 12 | 16 | 56 | 73 | 54 |
| Maidstone United | 42 | 14 | 11 | 17 | 46 | 51 | 53 |
| Hendon | 42 | 15 | 6 | 21 | 69 | 65 | 51 |
| Hastings United | 42 | 14 | 7 | 21 | 52 | 68 | 49 |
| Boreham Wood | 42 | 12 | 12 | 18 | 48 | 61 | 48 |
| Margate | 42 | 13 | 7 | 22 | 51 | 64 | 46 |
| Harlow Town | 42 | 13 | 6 | 23 | 61 | 77 | 42 |
| Heybridge Swifts | 42 | 10 | 11 | 21 | 41 | 63 | 41 |
| Ramsgate | 42 | 8 | 11 | 23 | 47 | 79 | 31 |

Harlow town had 3 points deducted.
Ramsgate had 4 points deducted.

## Division One South

| | | | | | | | |
|---|---|---|---|---|---|---|---|
| Kingstonian | 42 | 26 | 8 | 8 | 91 | 48 | 86 |
| Cray Wanderers | 42 | 24 | 7 | 11 | 87 | 54 | 79 |
| Fleet Town | 42 | 21 | 15 | 6 | 82 | 43 | 78 |
| Metropolitan Police | 42 | 21 | 14 | 7 | 72 | 45 | 77 |
| Worthing | 42 | 21 | 13 | 8 | 77 | 48 | 76 |
| Sittingbourne | 42 | 19 | 13 | 10 | 63 | 54 | 70 |
| Ashford Town | 42 | 16 | 15 | 11 | 68 | 54 | 63 |
| Merstham | 42 | 18 | 10 | 14 | 57 | 54 | 63 |
| Godalming Town | 42 | 17 | 11 | 14 | 71 | 50 | 62 |
| Croydon Athletic | 42 | 16 | 14 | 12 | 67 | 54 | 62 |
| Folkestone Invicta | 42 | 16 | 11 | 15 | 54 | 46 | 59 |
| Dulwich Hamlet | 42 | 15 | 15 | 12 | 64 | 50 | 57 |
| Eastbourne Town | 42 | 17 | 6 | 19 | 66 | 72 | 57 |
| Walton & Hersham | 42 | 13 | 11 | 18 | 46 | 55 | 50 |
| Leatherhead | 42 | 14 | 8 | 20 | 57 | 74 | 50 |
| Whitstable Town | 42 | 14 | 8 | 20 | 58 | 77 | 50 |
| Walton Casuals | 42 | 12 | 8 | 22 | 43 | 60 | 44 |
| Whyteleafe | 42 | 11 | 10 | 21 | 48 | 64 | 43 |
| Burgess Hill Town | 42 | 10 | 13 | 19 | 49 | 66 | 43 |
| Corinthian-Casuals | 42 | 11 | 10 | 21 | 61 | 91 | 43 |
| Chipstead | 42 | 8 | 12 | 22 | 57 | 96 | 36 |
| Crowborough Athletic | 42 | 4 | 4 | 34 | 42 | 125 | 13 |

Merstham had one point deducted.
Dulwich Hamlet and Crowborough Athletic had 3 points deducted.

# Isthmian League 2009-2011

## 2009-2010

### Premier Division

| | | | | | | | |
|---|---|---|---|---|---|---|---|
| Dartford | 42 | 29 | 6 | 7 | 101 | 45 | 93 |
| Sutton United | 42 | 22 | 9 | 11 | 65 | 45 | 75 |
| Aveley | 42 | 21 | 7 | 14 | 83 | 62 | 70 |
| Boreham Wood | 42 | 20 | 8 | 14 | 54 | 44 | 68 |
| Kingstonian | 42 | 20 | 8 | 14 | 73 | 69 | 68 |
| Wealdstone | 42 | 17 | 14 | 11 | 65 | 65 | 65 |
| Hastings United | 42 | 18 | 9 | 15 | 68 | 56 | 63 |
| Tonbridge Angels | 42 | 18 | 8 | 16 | 69 | 67 | 62 |
| AFC Hornchurch | 42 | 16 | 13 | 13 | 51 | 47 | 61 |
| Hendon | 42 | 18 | 6 | 18 | 61 | 59 | 60 |
| Horsham | 42 | 16 | 8 | 18 | 65 | 67 | 56 |
| Tooting & Mitcham United | 42 | 15 | 10 | 17 | 60 | 64 | 55 |
| Billericay Town | 42 | 14 | 12 | 16 | 44 | 42 | 54 |
| Harrow Borough | 42 | 13 | 14 | 15 | 66 | 63 | 53 |
| Cray Wanderers | 42 | 14 | 9 | 19 | 54 | 70 | 51 |
| Canvey Island | 42 | 13 | 11 | 18 | 57 | 62 | 50 |
| Carshalton Athletic | 42 | 12 | 13 | 17 | 58 | 64 | 49 |
| Maidstone United | 42 | 13 | 10 | 19 | 39 | 57 | 49 |
| Margate | 42 | 11 | 12 | 19 | 50 | 72 | 45 |
| Ashford Town (Middlesex) | 42 | 11 | 11 | 20 | 62 | 80 | 44 |
| Waltham Abbey | 42 | 12 | 8 | 22 | 49 | 74 | 44 |
| Bognor Regis Town | 42 | 9 | 14 | 19 | 45 | 65 | 41 |

### Division One South

| | | | | | | | |
|---|---|---|---|---|---|---|---|
| Croydon Athletic | 42 | 27 | 8 | 7 | 92 | 39 | 89 |
| Folkestone Invicta | 42 | 28 | 8 | 6 | 54 | 23 | 82 |
| Worthing | 42 | 25 | 5 | 12 | 83 | 53 | 80 |
| Godalming Town | 42 | 26 | 5 | 11 | 71 | 44 | 80 |
| Leatherhead | 42 | 22 | 8 | 12 | 78 | 45 | 74 |
| Fleet Town | 42 | 22 | 6 | 14 | 74 | 49 | 72 |
| Burgess Hill Town | 42 | 19 | 10 | 13 | 64 | 50 | 67 |
| Walton & Hersham | 42 | 18 | 8 | 16 | 55 | 54 | 62 |
| Sittingbourne | 42 | 18 | 7 | 17 | 63 | 48 | 61 |
| Metropolitan Police | 42 | 17 | 9 | 16 | 59 | 50 | 60 |
| Horsham YMCA | 42 | 15 | 14 | 13 | 67 | 61 | 59 |
| Dulwich Hamlet | 42 | 14 | 12 | 16 | 57 | 64 | 54 |
| Corinthian-Casuals | 42 | 17 | 3 | 22 | 66 | 79 | 54 |
| Ramsgate | 42 | 13 | 14 | 15 | 55 | 61 | 53 |
| Whyteleafe | 42 | 15 | 6 | 21 | 60 | 64 | 51 |
| Merstham | 42 | 12 | 12 | 18 | 62 | 80 | 48 |
| Chatham Town | 42 | 14 | 4 | 24 | 55 | 75 | 46 |
| Whitstable Town | 42 | 14 | 3 | 25 | 41 | 85 | 45 |
| Chipstead | 42 | 11 | 10 | 21 | 47 | 65 | 43 |
| Ashford Town (Kent) | 42 | 9 | 11 | 22 | 49 | 90 | 38 |
| Walton Casuals | 42 | 8 | 10 | 24 | 41 | 66 | 34 |
| Eastbourne Town | 42 | 6 | 11 | 25 | 29 | 77 | 29 |

Folkestone Invicta had 10 points deducted.
Godalming Town had 3 points deducted.

### Division One North

| | | | | | | | |
|---|---|---|---|---|---|---|---|
| Lowestoft Town | 42 | 32 | 5 | 5 | 115 | 37 | 101 |
| Concord Rangers | 42 | 26 | 8 | 8 | 94 | 42 | 86 |
| Wingate & Finchley | 42 | 24 | 9 | 9 | 88 | 55 | 81 |
| Enfield Town | 42 | 23 | 11 | 8 | 81 | 47 | 80 |
| East Thurrock United | 42 | 23 | 8 | 11 | 102 | 59 | 77 |
| Heybridge Swifts | 42 | 21 | 8 | 13 | 67 | 56 | 71 |
| Thamesmead Town | 42 | 20 | 7 | 15 | 67 | 56 | 67 |
| VCD Athletic (R) | 42 | 19 | 10 | 13 | 61 | 53 | 67 |
| Great Wakering Rovers | 42 | 18 | 10 | 14 | 67 | 70 | 64 |
| Northwood | 42 | 17 | 10 | 15 | 65 | 61 | 61 |
| Tilbury | 42 | 15 | 11 | 16 | 61 | 60 | 56 |
| Brentwood Town | 42 | 15 | 7 | 20 | 53 | 53 | 52 |
| Romford | 42 | 15 | 7 | 20 | 71 | 88 | 52 |
| Potters Bar Town | 42 | 14 | 8 | 20 | 51 | 67 | 50 |
| Cheshunt | 42 | 16 | 2 | 24 | 57 | 83 | 50 |
| Waltham Forest | 42 | 13 | 9 | 20 | 51 | 75 | 48 |
| Maldon Town | 42 | 13 | 6 | 23 | 54 | 74 | 45 |
| Ilford | 42 | 11 | 10 | 21 | 47 | 72 | 43 |
| Redbridge | 42 | 9 | 15 | 18 | 42 | 62 | 42 |
| Ware | 42 | 11 | 9 | 22 | 57 | 84 | 42 |
| Leyton | 42 | 5 | 15 | 22 | 40 | 84 | 30 |
| Harlow Town | 42 | 6 | 7 | 29 | 46 | 98 | 15 |

VCD Athletic were relegated at the end of the season due to their failure to meet ground grading requirements.
Harlow Town had 10 points deducted for entering administration but were reprieved from relegation.

## 2010-2011

### Premier Division

| | | | | | | | |
|---|---|---|---|---|---|---|---|
| Sutton United | 42 | 26 | 9 | 7 | 76 | 33 | 87 |
| Tonbridge Angels | 42 | 22 | 10 | 10 | 71 | 45 | 76 |
| Bury Town | 42 | 22 | 10 | 10 | 67 | 49 | 76 |
| Lowestoft Town | 42 | 20 | 15 | 7 | 68 | 30 | 75 |
| Harrow Borough | 42 | 22 | 7 | 13 | 77 | 51 | 73 |
| Canvey Island | 42 | 21 | 10 | 11 | 69 | 51 | 73 |
| Kingstonian | 42 | 21 | 9 | 12 | 66 | 50 | 72 |
| Concord Rangers | 42 | 21 | 8 | 13 | 72 | 55 | 71 |
| Cray Wanderers | 42 | 20 | 9 | 13 | 72 | 46 | 69 |
| AFC Hornchurch | 42 | 19 | 12 | 11 | 60 | 46 | 69 |
| Billericay Town | 42 | 20 | 9 | 13 | 56 | 45 | 69 |
| Wealdstone | 42 | 16 | 10 | 16 | 58 | 54 | 58 |
| Carshalton Athletic | 42 | 14 | 10 | 18 | 49 | 57 | 52 |
| Tooting & Mitcham United | 42 | 13 | 10 | 19 | 63 | 85 | 49 |
| Hendon | 42 | 12 | 10 | 20 | 61 | 81 | 46 |
| Margate | 42 | 11 | 19 | 52 | 64 | 45 |
| Horsham | 42 | 11 | 11 | 20 | 43 | 77 | 44 |
| Hastings United | 42 | 9 | 11 | 22 | 50 | 65 | 38 |
| Aveley | 42 | 10 | 8 | 24 | 35 | 62 | 38 |
| Maidstone United | 42 | 9 | 10 | 23 | 43 | 75 | 37 |
| Croydon Athletic | 42 | 10 | 4 | 28 | 44 | 95 | 31 |
| Folkestone Invicta | 42 | 5 | 12 | 25 | 34 | 68 | 27 |

Croydon Athletic had 3 points deducted.

## 2011-2012

### Division One North

| | P | W | D | L | F | A | Pts |
|---|---|---|---|---|---|---|---|
| East Thurrock United | 40 | 30 | 5 | 5 | 92 | 38 | 95 |
| Needham Market | 40 | 26 | 9 | 5 | 95 | 49 | 87 |
| Wingate & Finchley | 40 | 21 | 9 | 10 | 72 | 54 | 72 |
| Harlow Town | 40 | 21 | 8 | 11 | 61 | 51 | 71 |
| Brentwood Town | 40 | 20 | 9 | 11 | 75 | 55 | 69 |
| Enfield Town | 40 | 21 | 5 | 14 | 76 | 44 | 68 |
| AFC Sudbury | 40 | 18 | 12 | 10 | 82 | 64 | 66 |
| Maldon & Tiptree | 40 | 18 | 9 | 13 | 70 | 67 | 63 |
| Heybridge Swifts | 40 | 17 | 10 | 13 | 81 | 59 | 61 |
| Grays Athletic | 40 | 17 | 10 | 13 | 69 | 51 | 61 |
| Waltham Abbey | 40 | 16 | 10 | 14 | 75 | 63 | 58 |
| Romford | 40 | 16 | 7 | 17 | 63 | 66 | 55 |
| Potters Bar Town | 40 | 14 | 9 | 17 | 60 | 68 | 51 |
| Ware | 40 | 13 | 6 | 21 | 57 | 77 | 45 |
| Great Wakering Rovers | 40 | 13 | 5 | 22 | 60 | 82 | 44 |
| Redbridge | 40 | 10 | 9 | 21 | 51 | 79 | 39 |
| Thamesmead Town | 40 | 11 | 6 | 23 | 42 | 71 | 39 |
| Cheshunt | 40 | 10 | 8 | 22 | 49 | 81 | 38 |
| Tilbury | 40 | 11 | 4 | 25 | 41 | 66 | 37 |
| Ilford | 40 | 8 | 8 | 24 | 42 | 81 | 32 |
| Waltham Forest | 40 | 6 | 8 | 26 | 43 | 90 | 26 |

Leyton withdrew from Division One North on 14th January 2011 and were subsequently expelled from the League. The club's record was expunged when it stood at: 19 1 6 12 13 45 9
Waltham Forest were reprieved from relegation due to this withdrawal.

### Premier Division

| | P | W | D | L | F | A | Pts |
|---|---|---|---|---|---|---|---|
| Billericay Town | 42 | 24 | 13 | 5 | 82 | 38 | 85 |
| AFC Hornchurch | 42 | 26 | 4 | 12 | 68 | 35 | 82 |
| Lowestoft Town | 42 | 25 | 7 | 10 | 80 | 53 | 82 |
| Wealdstone | 42 | 20 | 15 | 7 | 76 | 39 | 75 |
| Bury Town | 42 | 22 | 9 | 11 | 85 | 55 | 75 |
| Lewes | 42 | 21 | 10 | 11 | 55 | 47 | 73 |
| Hendon | 42 | 21 | 9 | 12 | 69 | 44 | 72 |
| Canvey Island | 42 | 22 | 5 | 15 | 66 | 55 | 71 |
| Cray Wanderers | 42 | 20 | 8 | 14 | 74 | 55 | 68 |
| East Thurrock United | 42 | 18 | 8 | 16 | 70 | 65 | 62 |
| Kingstonian | 42 | 18 | 7 | 17 | 58 | 64 | 61 |
| Metropolitan Police | 42 | 18 | 6 | 18 | 63 | 46 | 60 |
| Wingate & Finchley | 42 | 16 | 11 | 15 | 63 | 79 | 59 |
| Concord Rangers | 42 | 16 | 9 | 17 | 72 | 66 | 57 |
| Margate | 42 | 15 | 9 | 18 | 66 | 65 | 54 |
| Carshalton Athletic | 42 | 14 | 10 | 18 | 48 | 55 | 52 |
| Harrow Borough | 42 | 13 | 8 | 21 | 53 | 70 | 47 |
| Hastings United | 42 | 13 | 8 | 21 | 43 | 61 | 47 |
| Leatherhead | 42 | 11 | 8 | 23 | 46 | 62 | 41 |
| Aveley | 42 | 5 | 12 | 25 | 41 | 88 | 27 |
| Tooting & Mitcham United | 42 | 7 | 6 | 29 | 47 | 116 | 27 |
| Horsham | 42 | 3 | 6 | 33 | 38 | 105 | 14 |

Horsham had 1 point deducted for fielding an ineligible player.

### Division One South

| | P | W | D | L | F | A | Pts |
|---|---|---|---|---|---|---|---|
| Metropolitan Police | 42 | 30 | 6 | 6 | 102 | 41 | 96 |
| Bognor Regis Town | 42 | 29 | 9 | 4 | 103 | 43 | 96 |
| Whitehawk | 42 | 26 | 10 | 6 | 109 | 44 | 88 |
| Leatherhead | 42 | 27 | 7 | 8 | 100 | 41 | 88 |
| Dulwich Hamlet | 42 | 19 | 8 | 15 | 79 | 59 | 65 |
| Walton & Hersham | 42 | 18 | 8 | 16 | 69 | 58 | 62 |
| Burgess Hill Town | 42 | 16 | 14 | 12 | 69 | 60 | 62 |
| Ramsgate | 42 | 16 | 12 | 14 | 65 | 63 | 60 |
| Faversham Town | 42 | 14 | 17 | 11 | 55 | 48 | 59 |
| Chipstead | 42 | 15 | 12 | 15 | 63 | 67 | 57 |
| Sittingbourne | 42 | 16 | 8 | 18 | 52 | 66 | 56 |
| Walton Casuals | 42 | 15 | 8 | 19 | 65 | 71 | 53 |
| Fleet Town | 42 | 14 | 10 | 18 | 68 | 90 | 52 |
| Worthing | 42 | 12 | 14 | 16 | 76 | 72 | 50 |
| Whitstable Town | 42 | 12 | 13 | 17 | 58 | 75 | 49 |
| Whyteleafe | 42 | 14 | 3 | 25 | 65 | 94 | 45 |
| Godalming Town | 42 | 13 | 6 | 23 | 52 | 82 | 45 |
| Eastbourne Town | 42 | 11 | 11 | 20 | 60 | 78 | 44 |
| Merstham | 42 | 10 | 15 | 17 | 60 | 85 | 44 |
| Corinthian-Casuals | 42 | 11 | 9 | 22 | 53 | 80 | 42 |
| Chatham Town | 42 | 10 | 10 | 22 | 52 | 80 | 40 |
| Horsham YMCA | 42 | 5 | 8 | 29 | 41 | 119 | 23 |

Merstham had one point deducted.
Chatham Town were reprieved from relegation after transferring to the Isthmian League Division One North for the next season.

### Division One North

| | P | W | D | L | F | A | Pts |
|---|---|---|---|---|---|---|---|
| Leiston | 42 | 28 | 7 | 7 | 99 | 41 | 91 |
| Enfield Town | 42 | 27 | 9 | 6 | 96 | 46 | 90 |
| Tilbury | 42 | 23 | 11 | 8 | 82 | 62 | 80 |
| Needham Market | 42 | 23 | 8 | 11 | 104 | 56 | 77 |
| Grays Athletic | 42 | 24 | 8 | 10 | 80 | 47 | 77 |
| Redbridge | 42 | 21 | 10 | 11 | 79 | 59 | 73 |
| Harlow Town | 42 | 21 | 8 | 13 | 70 | 49 | 71 |
| AFC Sudbury | 42 | 20 | 9 | 13 | 65 | 57 | 69 |
| Brentwood Town | 42 | 18 | 8 | 16 | 58 | 42 | 62 |
| Thamesmead Town | 42 | 17 | 7 | 18 | 68 | 70 | 58 |
| Maldon & Tiptree | 42 | 16 | 10 | 16 | 62 | 66 | 58 |
| Potters Bar Town | 42 | 16 | 9 | 17 | 67 | 76 | 57 |
| Romford | 42 | 15 | 12 | 15 | 64 | 73 | 57 |
| Waltham Abbey | 42 | 15 | 10 | 17 | 79 | 76 | 55 |
| Chatham Town | 42 | 16 | 6 | 20 | 54 | 63 | 54 |
| Heybridge Swifts | 42 | 15 | 7 | 20 | 59 | 64 | 52 |
| Waltham Forest | 42 | 12 | 7 | 23 | 59 | 95 | 43 |
| Cheshunt | 42 | 9 | 12 | 21 | 42 | 83 | 39 |
| Soham Town Rangers | 42 | 7 | 13 | 22 | 55 | 93 | 34 |
| Ilford | 42 | 8 | 6 | 28 | 47 | 85 | 30 |
| Ware | 42 | 8 | 6 | 28 | 40 | 78 | 30 |
| Great Wakering Rovers | 42 | 6 | 11 | 25 | 43 | 91 | 29 |

Grays Athletic had 3 points deducted for fielding an ineligible player.

# Isthmian League 2012-2013

### Division One South

| Team | P | W | D | L | F | A | Pts |
|---|---|---|---|---|---|---|---|
| Whitehawk | 40 | 29 | 6 | 5 | 82 | 26 | 90 |
| Bognor Regis Town | 40 | 26 | 10 | 4 | 105 | 37 | 88 |
| Dulwich Hamlet | 40 | 26 | 8 | 6 | 73 | 26 | 86 |
| Folkestone Invicta | 40 | 23 | 7 | 10 | 82 | 53 | 76 |
| Godalming Town | 40 | 22 | 7 | 11 | 77 | 53 | 73 |
| Maidstone United | 40 | 20 | 7 | 13 | 68 | 50 | 67 |
| Worthing | 40 | 18 | 10 | 12 | 69 | 45 | 64 |
| Hythe Town | 40 | 17 | 8 | 15 | 62 | 62 | 59 |
| Merstham | 40 | 17 | 8 | 15 | 63 | 69 | 59 |
| Chipstead | 40 | 16 | 8 | 16 | 59 | 57 | 56 |
| Ramsgate | 40 | 16 | 7 | 17 | 61 | 72 | 55 |
| Walton & Hersham | 40 | 14 | 8 | 18 | 54 | 52 | 50 |
| Corinthian-Casuals | 40 | 12 | 12 | 16 | 49 | 63 | 48 |
| Eastbourne Town | 40 | 11 | 13 | 16 | 49 | 63 | 46 |
| Walton Casuals | 40 | 12 | 6 | 22 | 51 | 74 | 42 |
| Crawley Down | 40 | 12 | 5 | 23 | 65 | 81 | 41 |
| Faversham Town | 40 | 10 | 10 | 20 | 43 | 67 | 40 |
| Whitstable Town | 40 | 12 | 4 | 24 | 46 | 87 | 40 |
| Sittingbourne | 40 | 6 | 12 | 22 | 36 | 75 | 30 |
| Burgess Hill Town | 40 | 9 | 6 | 25 | 39 | 90 | 30 |
| Whyteleafe | 40 | 6 | 10 | 24 | 38 | 67 | 28 |

Whitehawk had 3 points deducted for fielding an ineligible player.
Burgess Hill Town had 3 points deducted for fielding an ineligible player.
Croydon Athletic had 10 points deducted for financial irregularities and then resigned from the League on 18th January 2012. The club's record was expunged when it stood as follows: 19  3  3  13  23  44  2
Godalming Town transferred to the Southern Football League Division One Central at the end of the season.

### Division One North

| Team | P | W | D | L | F | A | Pts |
|---|---|---|---|---|---|---|---|
| Grays Athletic | 42 | 32 | 6 | 4 | 96 | 38 | 102 |
| Maldon & Tiptree | 42 | 27 | 8 | 7 | 101 | 47 | 89 |
| Thamesmead Town | 42 | 28 | 4 | 10 | 85 | 49 | 88 |
| Witham Town | 42 | 24 | 7 | 11 | 71 | 47 | 79 |
| Aveley | 42 | 24 | 6 | 12 | 92 | 58 | 78 |
| Heybridge Swifts | 42 | 21 | 10 | 11 | 102 | 55 | 73 |
| Soham Town Rangers | 42 | 22 | 7 | 13 | 95 | 75 | 73 |
| Romford | 42 | 19 | 7 | 16 | 72 | 72 | 64 |
| Tilbury | 42 | 18 | 9 | 15 | 69 | 62 | 63 |
| Brentwood Town | 42 | 17 | 8 | 17 | 63 | 62 | 59 |
| Potters Bar Town | 42 | 15 | 13 | 14 | 64 | 68 | 58 |
| Cheshunt | 42 | 16 | 10 | 16 | 75 | 73 | 55 |
| Waltham Abbey | 42 | 15 | 8 | 19 | 60 | 70 | 53 |
| Chatham Town | 42 | 13 | 13 | 16 | 59 | 65 | 52 |
| Wroxham | 42 | 12 | 14 | 16 | 68 | 64 | 50 |
| Needham Market | 42 | 12 | 13 | 17 | 61 | 62 | 49 |
| A.F.C. Sudbury | 42 | 12 | 9 | 21 | 57 | 84 | 45 |
| Waltham Forest | 42 | 10 | 10 | 22 | 54 | 72 | 40 |
| Ware | 42 | 10 | 6 | 26 | 59 | 105 | 36 |
| Redbridge | 42 | 7 | 6 | 29 | 42 | 105 | 26 |
| Harlow Town | 42 | 9 | 8 | 25 | 45 | 82 | 25 |
| Ilford | 42 | 4 | 8 | 30 | 32 | 105 | 20 |

Redbridge had one point deducted for fielding an ineligible player.
Cheshunt had 3 points deducted for fielding an ineligible player.
Harlow Town had 10 points deducted for failing to notify the league that they had failed to make repayments under their company voluntary arrangement and had extended the term of their CVA.

## 2012-2013

### Premier Division

| Team | P | W | D | L | F | A | Pts |
|---|---|---|---|---|---|---|---|
| Whitehawk | 42 | 25 | 13 | 4 | 88 | 42 | 88 |
| Lowestoft Town | 42 | 23 | 11 | 8 | 71 | 38 | 80 |
| Wealdstone | 42 | 22 | 13 | 7 | 70 | 38 | 79 |
| Concord Rangers | 42 | 22 | 10 | 10 | 80 | 54 | 76 |
| East Thurrock United | 42 | 18 | 16 | 8 | 65 | 45 | 70 |
| Metropolitan Police | 42 | 20 | 10 | 12 | 65 | 56 | 70 |
| Bury Town | 42 | 19 | 9 | 14 | 66 | 64 | 66 |
| Canvey Island | 42 | 18 | 10 | 14 | 60 | 55 | 64 |
| Margate | 42 | 17 | 11 | 14 | 61 | 49 | 62 |
| Hendon | 42 | 16 | 12 | 14 | 48 | 50 | 60 |
| Kingstonian | 42 | 18 | 5 | 19 | 63 | 62 | 59 |
| Leiston | 42 | 13 | 17 | 12 | 55 | 57 | 56 |
| Hampton & Richmond | 42 | 13 | 14 | 15 | 58 | 56 | 53 |
| Bognor Regis Town | 42 | 15 | 8 | 19 | 48 | 58 | 53 |
| Harrow Borough | 42 | 12 | 9 | 21 | 53 | 71 | 45 |
| Enfield Town | 42 | 13 | 5 | 24 | 60 | 83 | 44 |
| Cray Wanderers | 42 | 10 | 13 | 19 | 60 | 85 | 43 |
| Wingate & Finchley | 42 | 12 | 6 | 24 | 56 | 82 | 42 |
| Lewes | 42 | 9 | 13 | 20 | 59 | 75 | 40 |
| Carshalton Athletic | 42 | 12 | 4 | 26 | 55 | 76 | 40 |
| Hastings United | 42 | 8 | 15 | 19 | 39 | 62 | 39 |
| Thurrock | 42 | 11 | 8 | 23 | 40 | 62 | 38 |

Thurrock had three points deducted after the end of the season for fielding an ineligible player. A subsequent appeal was rejected.

### Division One South

| Team | P | W | D | L | F | A | Pts |
|---|---|---|---|---|---|---|---|
| Dulwich Hamlet | 42 | 28 | 5 | 9 | 91 | 42 | 89 |
| Maidstone United | 42 | 26 | 10 | 6 | 96 | 39 | 88 |
| Faversham Town | 42 | 22 | 11 | 9 | 74 | 57 | 77 |
| Hythe Town | 42 | 22 | 10 | 10 | 78 | 55 | 76 |
| Folkestone Invicta | 42 | 19 | 14 | 9 | 73 | 49 | 71 |
| Leatherhead | 42 | 22 | 4 | 16 | 66 | 44 | 70 |
| Ramsgate | 42 | 20 | 10 | 12 | 60 | 44 | 70 |
| Burgess Hill Town | 42 | 16 | 15 | 11 | 54 | 46 | 63 |
| Sittingbourne | 42 | 16 | 13 | 13 | 67 | 56 | 61 |
| Worthing | 42 | 16 | 9 | 17 | 77 | 74 | 57 |
| Eastbourne Town | 42 | 16 | 9 | 17 | 62 | 61 | 57 |
| Merstham | 42 | 16 | 8 | 18 | 67 | 76 | 56 |
| Crawley Down Gatwick | 42 | 15 | 10 | 17 | 72 | 70 | 55 |
| Corinthian-Casuals | 42 | 10 | 16 | 16 | 39 | 54 | 46 |
| Horsham | 42 | 12 | 9 | 21 | 54 | 77 | 45 |
| Tooting & Mitcham United | 42 | 12 | 9 | 21 | 52 | 75 | 45 |
| Whitstable Town | 42 | 12 | 8 | 22 | 53 | 71 | 44 |
| Walton & Hersham | 42 | 11 | 11 | 20 | 48 | 77 | 44 |
| Herne Bay | 42 | 10 | 13 | 19 | 44 | 69 | 43 |
| Chipstead | 42 | 11 | 9 | 22 | 54 | 80 | 42 |
| Three Bridges | 42 | 11 | 7 | 24 | 58 | 83 | 40 |
| Walton Casuals | 42 | 9 | 10 | 23 | 50 | 90 | 37 |

## 2013-2014

### Premier Division

| Team | P | W | D | L | F | A | Pts |
|---|---|---|---|---|---|---|---|
| Wealdstone | 46 | 28 | 12 | 6 | 99 | 43 | 96 |
| Kingstonian | 46 | 25 | 10 | 11 | 80 | 44 | 85 |
| Bognor Regis Town | 46 | 26 | 7 | 13 | 95 | 65 | 85 |
| Lowestoft Town | 46 | 24 | 12 | 10 | 76 | 40 | 84 |
| AFC Hornchurch | 46 | 24 | 11 | 11 | 83 | 53 | 83 |
| Dulwich Hamlet | 46 | 25 | 7 | 14 | 96 | 65 | 82 |
| Maidstone United | 46 | 23 | 12 | 11 | 92 | 57 | 81 |
| Hendon | 46 | 21 | 7 | 18 | 84 | 69 | 70 |
| Leiston | 46 | 19 | 10 | 17 | 73 | 71 | 67 |
| Billericay Town | 46 | 19 | 9 | 18 | 66 | 64 | 66 |
| Margate | 46 | 18 | 10 | 18 | 70 | 67 | 64 |
| Hampton & Richmond Borough | 46 | 18 | 10 | 18 | 72 | 70 | 64 |
| Canvey Island | 46 | 17 | 11 | 18 | 65 | 65 | 62 |
| Grays Athletic | 46 | 17 | 10 | 19 | 74 | 82 | 61 |
| Bury Town | 46 | 17 | 9 | 20 | 60 | 65 | 60 |
| Lewes | 46 | 14 | 17 | 15 | 67 | 67 | 59 |
| Metropolitan Police | 46 | 15 | 13 | 18 | 58 | 59 | 58 |
| Harrow Borough | 46 | 15 | 13 | 18 | 66 | 72 | 58 |
| Enfield Town | 46 | 13 | 12 | 21 | 64 | 90 | 51 |
| East Thurrock United | 46 | 13 | 10 | 23 | 66 | 84 | 49 |
| Wingate & Finchley | 46 | 14 | 7 | 25 | 57 | 84 | 49 |
| Thamesmead Town | 46 | 12 | 10 | 24 | 61 | 90 | 46 |
| Carshalton Athletic | 46 | 8 | 6 | 32 | 40 | 101 | 30 |
| Cray Wanderers | 46 | 7 | 5 | 34 | 40 | 138 | 26 |

### Division One North

| Team | P | W | D | L | F | A | Pts |
|---|---|---|---|---|---|---|---|
| VCD Athletic | 46 | 32 | 3 | 11 | 116 | 54 | 99 |
| Witham Town | 46 | 30 | 8 | 8 | 109 | 54 | 98 |
| Heybridge Swifts | 46 | 28 | 9 | 9 | 108 | 59 | 93 |
| Harlow Town | 46 | 27 | 10 | 9 | 105 | 59 | 91 |
| Needham Market | 46 | 25 | 12 | 9 | 85 | 44 | 87 |
| Thurrock | 46 | 26 | 9 | 11 | 99 | 60 | 87 |
| Dereham Town | 46 | 22 | 11 | 13 | 98 | 65 | 77 |
| Soham Town Rangers | 46 | 24 | 4 | 18 | 92 | 75 | 76 |
| Maldon & Tiptree | 46 | 21 | 13 | 12 | 82 | 68 | 76 |
| AFC Sudbury | 46 | 21 | 13 | 12 | 76 | 63 | 76 |
| Romford | 46 | 21 | 5 | 20 | 76 | 69 | 68 |
| Chatham Town | 46 | 20 | 8 | 18 | 74 | 76 | 68 |
| Aveley | 46 | 20 | 5 | 21 | 81 | 81 | 65 |
| Redbridge | 46 | 16 | 11 | 19 | 78 | 84 | 59 |
| Cheshunt | 46 | 12 | 17 | 17 | 74 | 75 | 53 |
| Tilbury | 46 | 14 | 11 | 21 | 56 | 74 | 53 |
| Burnham Ramblers | 46 | 14 | 10 | 22 | 69 | 100 | 52 |
| Waltham Abbey | 46 | 14 | 8 | 24 | 71 | 90 | 50 |
| Brentwood Town | 46 | 11 | 13 | 22 | 71 | 92 | 46 |
| Barkingside | 46 | 12 | 10 | 24 | 76 | 120 | 46 |
| Ware | 46 | 12 | 9 | 25 | 73 | 93 | 45 |
| Wroxham | 46 | 10 | 6 | 30 | 77 | 123 | 36 |
| Waltham Forest | 46 | 6 | 7 | 33 | 43 | 118 | 25 |
| Erith & Belvedere | 46 | 6 | 4 | 36 | 44 | 137 | 22 |

### Division One South

| Team | P | W | D | L | F | A | Pts |
|---|---|---|---|---|---|---|---|
| Peacehaven & Telscombe | 46 | 33 | 8 | 5 | 128 | 55 | 107 |
| Folkestone Invicta | 46 | 27 | 8 | 11 | 102 | 59 | 89 |
| Leatherhead | 46 | 28 | 8 | 10 | 93 | 46 | 86 |
| Guernsey | 46 | 23 | 12 | 11 | 93 | 65 | 81 |
| Hastings United | 46 | 24 | 7 | 15 | 73 | 62 | 79 |
| Burgess Hill Town | 46 | 22 | 11 | 13 | 88 | 67 | 77 |
| Merstham | 46 | 23 | 7 | 16 | 81 | 63 | 76 |
| Hythe Town | 46 | 22 | 7 | 17 | 87 | 71 | 73 |
| Walton Casuals | 46 | 22 | 4 | 20 | 89 | 93 | 70 |
| Faversham Town | 46 | 18 | 14 | 14 | 78 | 69 | 68 |
| Tooting & Mitcham United | 46 | 17 | 12 | 17 | 79 | 75 | 63 |
| Ramsgate | 46 | 18 | 8 | 20 | 84 | 79 | 62 |
| Chipstead | 46 | 18 | 8 | 20 | 79 | 83 | 62 |
| Sittingbourne | 46 | 16 | 13 | 17 | 69 | 75 | 61 |
| Worthing | 46 | 17 | 8 | 21 | 80 | 98 | 59 |
| Horsham | 46 | 15 | 11 | 20 | 66 | 78 | 56 |
| Corinthian-Casuals | 46 | 15 | 10 | 21 | 69 | 73 | 55 |
| Herne Bay | 46 | 15 | 9 | 22 | 69 | 72 | 54 |
| Three Bridges | 46 | 15 | 8 | 23 | 71 | 88 | 53 |
| Whitstable Town | 46 | 14 | 11 | 21 | 61 | 78 | 53 |
| Walton & Hersham | 46 | 14 | 9 | 23 | 75 | 92 | 51 |
| Redhill | 46 | 13 | 6 | 27 | 72 | 96 | 45 |
| Crawley Down Gatwick | 46 | 9 | 6 | 31 | 51 | 139 | 33 |
| Eastbourne Town | 46 | 6 | 11 | 29 | 60 | 121 | 29 |

Leatherhead had 6 points deducted for a registration irregularity.

## 2014-2015

### Premier Division

| Team | P | W | D | L | F | A | Pts |
|---|---|---|---|---|---|---|---|
| Maidstone United | 46 | 29 | 11 | 6 | 85 | 41 | 98 |
| Hendon | 46 | 27 | 14 | 5 | 82 | 55 | 95 |
| Margate | 46 | 25 | 10 | 11 | 94 | 58 | 85 |
| Dulwich Hamlet | 46 | 21 | 13 | 12 | 66 | 51 | 76 |
| Metropolitan Police | 46 | 21 | 12 | 13 | 72 | 51 | 75 |
| Grays Athletic | 46 | 22 | 8 | 16 | 70 | 57 | 74 |
| Enfield Town | 46 | 24 | 4 | 18 | 70 | 56 | 73 |
| Billericay Town | 46 | 20 | 8 | 18 | 73 | 65 | 68 |
| Leiston | 46 | 18 | 13 | 15 | 73 | 58 | 67 |
| Leatherhead | 46 | 19 | 10 | 17 | 72 | 62 | 67 |
| Kingstonian | 46 | 18 | 13 | 15 | 63 | 56 | 67 |
| Wingate & Finchley | 46 | 20 | 7 | 19 | 72 | 70 | 67 |
| East Thurrock United | 46 | 17 | 15 | 14 | 66 | 71 | 66 |
| Bognor Regis Town | 46 | 17 | 12 | 17 | 71 | 64 | 63 |
| Hampton & Richmond | 46 | 16 | 9 | 21 | 62 | 79 | 57 |
| Harrow Borough | 46 | 15 | 8 | 23 | 64 | 77 | 53 |
| Canvey Island | 46 | 14 | 11 | 21 | 61 | 77 | 53 |
| VCD Athletic | 46 | 14 | 11 | 21 | 53 | 70 | 53 |
| Lewes | 46 | 14 | 11 | 21 | 45 | 67 | 53 |
| Tonbridge Angels | 46 | 13 | 13 | 20 | 63 | 67 | 52 |
| Peacehaven & Telscombe | 46 | 13 | 9 | 24 | 58 | 85 | 48 |
| Witham Town | 46 | 9 | 15 | 22 | 61 | 84 | 42 |
| AFC Hornchurch | 46 | 10 | 10 | 26 | 46 | 70 | 40 |
| Bury Town | 46 | 7 | 11 | 28 | 35 | 86 | 32 |

Enfield Town had 3 points deducted for fielding an ineligible player.

# Isthmian League 2015-2016

## 2015-2016

### Premier Division

| | | | | | | | |
|---|---|---|---|---|---|---|---|
| Hampton & Richmond Borough | 46 | 28 | 11 | 7 | 105 | 52 | 95 |
| Bognor Regis Town | 46 | 29 | 7 | 10 | 95 | 42 | 94 |
| East Thurrock United | 46 | 26 | 13 | 7 | 107 | 53 | 91 |
| Tonbridge Angels | 46 | 24 | 13 | 9 | 90 | 49 | 85 |
| Dulwich Hamlet | 46 | 23 | 12 | 11 | 93 | 58 | 81 |
| Enfield Town | 46 | 24 | 8 | 14 | 74 | 47 | 80 |
| Kingstonian | 46 | 21 | 10 | 15 | 78 | 64 | 73 |
| Leiston | 46 | 20 | 12 | 14 | 72 | 57 | 72 |
| Billericay Town | 46 | 18 | 17 | 11 | 76 | 53 | 71 |
| Merstham | 46 | 18 | 8 | 20 | 74 | 80 | 62 |
| Leatherhead | 46 | 18 | 8 | 20 | 67 | 81 | 62 |
| Metropolitan Police | 46 | 17 | 10 | 19 | 60 | 79 | 61 |
| Wingate & Finchley | 46 | 17 | 9 | 20 | 66 | 70 | 60 |
| Canvey Island | 46 | 17 | 9 | 20 | 69 | 89 | 60 |
| Grays Athletic | 46 | 15 | 12 | 19 | 63 | 74 | 57 |
| Staines Town | 46 | 15 | 10 | 21 | 53 | 74 | 55 |
| Harrow Borough | 46 | 15 | 9 | 22 | 66 | 80 | 54 |
| Farnborough | 46 | 16 | 5 | 25 | 65 | 88 | 53 |
| Hendon | 46 | 13 | 13 | 20 | 68 | 85 | 52 |
| Needham Market | 46 | 13 | 12 | 21 | 51 | 76 | 51 |
| Burgess Hill Town | 46 | 12 | 14 | 20 | 57 | 73 | 50 |
| Brentwood Town | 46 | 10 | 10 | 26 | 51 | 80 | 40 |
| Lewes | 46 | 6 | 16 | 24 | 48 | 87 | 34 |
| VCD Athletic | 46 | 8 | 10 | 28 | 46 | 103 | 34 |

Farnborough were demoted at the end of the season after financial irregularities were discovered.

### Division One North

| | | | | | | | |
|---|---|---|---|---|---|---|---|
| Needham Market | 46 | 33 | 5 | 8 | 101 | 41 | 104 |
| Harlow Town | 46 | 31 | 10 | 5 | 108 | 58 | 103 |
| AFC Sudbury | 46 | 28 | 6 | 12 | 89 | 51 | 90 |
| Brentwood Town | 46 | 25 | 10 | 11 | 83 | 63 | 85 |
| Thurrock | 46 | 25 | 9 | 12 | 104 | 57 | 84 |
| Brightlingsea Regent | 46 | 25 | 7 | 14 | 88 | 57 | 82 |
| Dereham Town | 46 | 25 | 6 | 15 | 82 | 63 | 81 |
| Wroxham | 46 | 23 | 10 | 13 | 97 | 58 | 79 |
| Aveley | 46 | 21 | 7 | 18 | 86 | 75 | 70 |
| Ware | 46 | 16 | 16 | 14 | 76 | 60 | 64 |
| Soham Town Rangers | 46 | 19 | 6 | 21 | 74 | 86 | 63 |
| Heybridge Swifts | 46 | 17 | 11 | 18 | 70 | 75 | 62 |
| Thamesmead Town | 46 | 16 | 10 | 20 | 61 | 69 | 58 |
| Tilbury | 46 | 16 | 10 | 20 | 64 | 76 | 58 |
| Great Wakering Rovers | 46 | 14 | 10 | 22 | 80 | 87 | 52 |
| Cray Wanderers | 46 | 14 | 10 | 22 | 77 | 86 | 52 |
| Waltham Abbey | 46 | 14 | 10 | 22 | 76 | 90 | 52 |
| Cheshunt | 46 | 13 | 13 | 20 | 63 | 78 | 52 |
| Maldon & Tiptree | 46 | 13 | 10 | 23 | 57 | 78 | 49 |
| Romford | 46 | 13 | 9 | 24 | 69 | 99 | 48 |
| Chatham Town | 46 | 12 | 11 | 23 | 52 | 75 | 47 |
| Barkingside | 46 | 12 | 9 | 25 | 59 | 98 | 45 |
| Redbridge | 46 | 13 | 6 | 27 | 64 | 111 | 45 |
| Burnham Ramblers | 46 | 5 | 7 | 34 | 50 | 138 | 22 |

### Division One South

| | | | | | | | |
|---|---|---|---|---|---|---|---|
| Burgess Hill Town | 46 | 33 | 10 | 3 | 105 | 39 | 109 |
| Folkestone Invicta | 46 | 29 | 11 | 6 | 106 | 47 | 98 |
| Faversham Town | 46 | 30 | 7 | 9 | 111 | 52 | 97 |
| Merstham | 46 | 27 | 12 | 7 | 107 | 51 | 93 |
| Whyteleafe | 46 | 23 | 12 | 11 | 91 | 61 | 81 |
| Worthing | 46 | 22 | 10 | 14 | 92 | 65 | 76 |
| Three Bridges | 46 | 21 | 9 | 16 | 94 | 95 | 72 |
| Whitstable Town | 46 | 20 | 11 | 15 | 82 | 77 | 71 |
| Herne Bay | 46 | 20 | 9 | 17 | 62 | 65 | 69 |
| Guernsey | 46 | 19 | 7 | 20 | 92 | 94 | 64 |
| Tooting & Mitcham United | 46 | 15 | 14 | 17 | 77 | 66 | 59 |
| Sittingbourne | 46 | 16 | 11 | 19 | 55 | 69 | 59 |
| Corinthian-Casuals | 46 | 16 | 10 | 20 | 64 | 82 | 58 |
| South Park | 46 | 16 | 8 | 22 | 76 | 105 | 56 |
| Chipstead | 46 | 15 | 9 | 22 | 67 | 84 | 54 |
| Hythe Town | 46 | 14 | 11 | 21 | 82 | 79 | 53 |
| Walton & Hersham | 46 | 14 | 11 | 21 | 59 | 75 | 53 |
| Walton Casuals | 46 | 16 | 5 | 25 | 62 | 94 | 53 |
| Hastings United | 46 | 12 | 12 | 22 | 57 | 70 | 48 |
| Carshalton Athletic | 46 | 13 | 9 | 24 | 61 | 79 | 48 |
| Ramsgate | 46 | 13 | 9 | 24 | 61 | 86 | 48 |
| East Grinstead Town | 46 | 13 | 6 | 27 | 55 | 94 | 45 |
| Redhill | 46 | 10 | 11 | 25 | 69 | 101 | 41 |
| Horsham | 46 | 10 | 6 | 30 | 50 | 107 | 36 |

### Division One North

| | | | | | | | |
|---|---|---|---|---|---|---|---|
| AFC Sudbury | 46 | 33 | 6 | 7 | 90 | 49 | 105 |
| Thurrock | 46 | 30 | 6 | 10 | 99 | 52 | 96 |
| Harlow Town | 46 | 29 | 9 | 8 | 92 | 47 | 96 |
| Cray Wanderers | 46 | 27 | 9 | 10 | 98 | 52 | 90 |
| AFC Hornchurch | 46 | 25 | 11 | 10 | 87 | 35 | 86 |
| Cheshunt | 46 | 22 | 14 | 10 | 88 | 50 | 80 |
| Maldon & Tiptree | 46 | 22 | 12 | 12 | 89 | 66 | 78 |
| Brightlingsea Regent | 46 | 22 | 11 | 13 | 76 | 55 | 77 |
| Dereham Town | 46 | 21 | 11 | 14 | 82 | 61 | 74 |
| Thamesmead Town | 46 | 21 | 11 | 14 | 74 | 63 | 74 |
| Tilbury | 46 | 20 | 9 | 17 | 85 | 66 | 69 |
| Aveley | 46 | 20 | 8 | 18 | 84 | 71 | 68 |
| Bury Town | 46 | 16 | 14 | 16 | 74 | 68 | 62 |
| Phoenix Sports | 46 | 16 | 8 | 22 | 60 | 74 | 56 |
| Haringey Borough | 46 | 12 | 14 | 20 | 61 | 76 | 50 |
| Romford | 46 | 12 | 12 | 22 | 59 | 83 | 48 |
| Soham Town Rangers | 46 | 13 | 9 | 24 | 61 | 90 | 48 |
| Great Wakering Rovers | 46 | 12 | 11 | 23 | 69 | 103 | 47 |
| Witham Town | 46 | 12 | 9 | 25 | 59 | 96 | 45 |
| Heybridge Swifts | 46 | 12 | 8 | 26 | 59 | 87 | 44 |
| Waltham Abbey | 46 | 11 | 8 | 27 | 54 | 80 | 41 |
| Wroxham | 46 | 10 | 10 | 26 | 50 | 89 | 40 |
| Barkingside | 46 | 9 | 10 | 27 | 55 | 97 | 37 |
| Redbridge | 46 | 8 | 4 | 34 | 46 | 141 | 28 |

## Division One South

| | | | | | | | |
|---|---|---|---|---|---|---|---|
| Folkestone Invicta | 46 | 36 | 6 | 4 | 102 | 34 | 114 |
| Dorking Wanderers | 46 | 27 | 9 | 10 | 99 | 56 | 90 |
| Worthing | 46 | 27 | 7 | 12 | 96 | 56 | 88 |
| Hythe Town | 46 | 27 | 6 | 13 | 74 | 49 | 87 |
| Faversham Town | 46 | 25 | 8 | 13 | 76 | 45 | 83 |
| Corinthian-Casuals | 46 | 26 | 7 | 13 | 75 | 52 | 82 |
| Hastings United | 46 | 25 | 6 | 15 | 99 | 64 | 81 |
| Herne Bay | 46 | 22 | 10 | 14 | 79 | 54 | 76 |
| Molesey | 46 | 23 | 6 | 17 | 87 | 83 | 75 |
| Carshalton Athletic | 46 | 21 | 9 | 16 | 83 | 74 | 72 |
| South Park | 46 | 21 | 9 | 16 | 78 | 71 | 72 |
| Ramsgate | 46 | 21 | 8 | 17 | 92 | 76 | 71 |
| Guernsey | 46 | 21 | 5 | 20 | 94 | 88 | 68 |
| Three Bridges | 46 | 20 | 6 | 20 | 59 | 67 | 66 |
| Whyteleafe | 46 | 19 | 5 | 22 | 69 | 77 | 62 |
| Walton Casuals | 46 | 18 | 6 | 22 | 74 | 85 | 60 |
| Tooting & Mitcham United | 46 | 16 | 10 | 20 | 66 | 71 | 58 |
| Sittingbourne | 46 | 16 | 6 | 24 | 63 | 77 | 54 |
| Chatham Town | 46 | 13 | 7 | 26 | 61 | 70 | 46 |
| East Grinstead Town | 46 | 12 | 7 | 27 | 55 | 84 | 43 |
| Chipstead | 46 | 11 | 6 | 29 | 54 | 92 | 39 |
| Walton & Hersham | 46 | 9 | 6 | 31 | 50 | 113 | 30 |
| Whitstable Town | 46 | 8 | 2 | 36 | 52 | 118 | 26 |
| Peacehaven & Telscombe | 46 | 6 | 7 | 33 | 48 | 129 | 25 |

Walton & Hersham and Corinthian-Casuals both had 3 points deducted for fielding an ineligible player.

# NORTHERN PREMIER LEAGUE

## 1968-69

| | | | | | | | |
|---|---|---|---|---|---|---|---|
| Macclesfield Town | 38 | 27 | 6 | 5 | 82 | 38 | 60 |
| Wigan Athletic | 38 | 18 | 12 | 8 | 59 | 41 | 48 |
| Morecambe | 38 | 16 | 14 | 8 | 64 | 37 | 46 |
| Gainsborough Trinity | 38 | 19 | 8 | 11 | 64 | 43 | 46 |
| South Shields | 38 | 19 | 8 | 11 | 78 | 56 | 46 |
| Bangor City | 38 | 18 | 9 | 11 | 102 | 64 | 45 |
| Hyde United | 38 | 16 | 10 | 12 | 71 | 65 | 42 |
| Goole Town | 38 | 15 | 10 | 13 | 80 | 78 | 40 |
| Altrincham | 38 | 14 | 10 | 14 | 69 | 52 | 38 |
| Fleetwood | 38 | 16 | 6 | 16 | 58 | 58 | 38 |
| Gateshead | 38 | 14 | 9 | 15 | 42 | 48 | 37 |
| South Liverpool | 38 | 12 | 13 | 13 | 56 | 66 | 37 |
| Northwich Victoria | 38 | 16 | 5 | 17 | 59 | 82 | 37 |
| Boston United | 38 | 14 | 8 | 16 | 59 | 65 | 36 |
| Runcorn | 38 | 12 | 11 | 15 | 59 | 63 | 35 |
| Netherfield | 38 | 12 | 4 | 22 | 51 | 69 | 28 |
| Scarborough | 38 | 9 | 10 | 19 | 49 | 68 | 28 |
| Ashington | 38 | 10 | 8 | 20 | 48 | 74 | 28 |
| Chorley | 38 | 8 | 9 | 21 | 46 | 75 | 25 |
| Worksop Town | 38 | 6 | 8 | 24 | 34 | 88 | 20 |

## 1969-70

| | | | | | | | |
|---|---|---|---|---|---|---|---|
| Macclesfield Town | 38 | 22 | 8 | 8 | 72 | 41 | 52 |
| Wigan Athletic | 38 | 20 | 12 | 6 | 56 | 32 | 52 |
| Boston United | 38 | 21 | 8 | 9 | 65 | 33 | 50 |
| Scarborough | 38 | 20 | 10 | 8 | 74 | 39 | 50 |
| South Shields | 38 | 19 | 7 | 12 | 66 | 43 | 45 |
| Gainsborough Trinity | 38 | 16 | 11 | 11 | 64 | 49 | 43 |
| Stafford Rangers | 38 | 16 | 7 | 15 | 59 | 52 | 39 |
| Bangor City | 38 | 15 | 9 | 14 | 68 | 63 | 39 |
| Northwich Victoria | 38 | 15 | 8 | 15 | 60 | 66 | 38 |
| Netherfield | 38 | 14 | 9 | 15 | 56 | 54 | 37 |
| Hyde United | 38 | 15 | 7 | 16 | 59 | 59 | 37 |
| Altrincham | 38 | 14 | 8 | 16 | 62 | 65 | 36 |
| Fleetwood | 38 | 13 | 10 | 15 | 53 | 60 | 36 |
| Runcorn | 38 | 11 | 13 | 14 | 57 | 72 | 35 |
| Morecambe | 38 | 10 | 13 | 15 | 41 | 51 | 33 |
| South Liverpool | 38 | 11 | 11 | 16 | 44 | 55 | 33 |
| Great Harwood | 38 | 10 | 9 | 19 | 63 | 92 | 29 |
| Matlock Town | 38 | 8 | 12 | 18 | 52 | 67 | 28 |
| Goole Town | 38 | 10 | 6 | 22 | 50 | 71 | 26 |
| Gateshead | 38 | 5 | 12 | 21 | 37 | 94 | 22 |

## 1970-71

| | | | | | | | |
|---|---|---|---|---|---|---|---|
| Wigan Athletic | 42 | 27 | 13 | 2 | 91 | 32 | 67 |
| Stafford Rangers | 42 | 27 | 7 | 8 | 87 | 51 | 61 |
| Scarborough | 42 | 23 | 12 | 7 | 83 | 40 | 58 |
| Boston United | 42 | 22 | 12 | 8 | 69 | 31 | 56 |
| Macclesfield Town | 42 | 23 | 10 | 9 | 84 | 45 | 56 |
| Northwich Victoria | 42 | 22 | 5 | 15 | 71 | 55 | 49 |
| Bangor City | 42 | 19 | 10 | 13 | 72 | 61 | 48 |
| Altrincham | 42 | 19 | 10 | 13 | 80 | 76 | 48 |
| South Liverpool | 42 | 15 | 15 | 12 | 67 | 57 | 45 |
| Chorley | 42 | 14 | 14 | 14 | 58 | 61 | 42 |
| Gainsborough Trinity | 42 | 15 | 11 | 16 | 65 | 63 | 41 |
| Morecambe | 42 | 14 | 11 | 17 | 67 | 79 | 39 |
| South Shields | 42 | 12 | 14 | 16 | 67 | 66 | 38 |
| Bradford Park Avenue | 42 | 15 | 8 | 19 | 54 | 73 | 38 |
| Lancaster City | 42 | 12 | 12 | 18 | 53 | 76 | 36 |
| Netherfield | 42 | 13 | 9 | 20 | 59 | 57 | 35 |
| Matlock Town | 42 | 10 | 13 | 19 | 58 | 80 | 33 |
| Fleetwood | 42 | 10 | 11 | 21 | 56 | 90 | 31 |
| Great Harwood | 42 | 8 | 13 | 21 | 66 | 98 | 29 |
| Runcorn | 42 | 10 | 5 | 27 | 58 | 84 | 25 |
| Kirkby Town | 42 | 6 | 13 | 23 | 57 | 93 | 25 |
| Goole Town | 42 | 10 | 4 | 28 | 44 | 98 | 24 |

## 1971-72

| | | | | | | | |
|---|---|---|---|---|---|---|---|
| Stafford Rangers | 46 | 30 | 11 | 5 | 91 | 32 | 71 |
| Boston United | 46 | 28 | 13 | 5 | 87 | 37 | 69 |
| Wigan Athletic | 46 | 27 | 10 | 9 | 70 | 43 | 64 |
| Scarborough | 46 | 21 | 15 | 10 | 75 | 46 | 57 |
| Northwich Victoria | 46 | 20 | 14 | 12 | 65 | 59 | 54 |
| Macclesfield Town | 46 | 18 | 15 | 13 | 61 | 50 | 51 |
| Gainsborough Trinity | 46 | 21 | 9 | 16 | 93 | 79 | 51 |
| South Shields | 46 | 18 | 14 | 14 | 75 | 57 | 50 |
| Bangor City | 46 | 20 | 8 | 18 | 93 | 74 | 48 |
| Altrincham | 46 | 18 | 11 | 17 | 72 | 58 | 47 |
| Skelmersdale United | 46 | 19 | 9 | 18 | 61 | 58 | 47 |
| Matlock Town | 46 | 20 | 7 | 19 | 67 | 75 | 47 |
| Chorley | 46 | 17 | 12 | 17 | 66 | 59 | 46 |
| Lancaster City | 46 | 15 | 14 | 17 | 85 | 84 | 44 |
| Great Harwood | 46 | 15 | 14 | 17 | 60 | 74 | 44 |
| Ellesmere Port Town | 46 | 17 | 9 | 20 | 67 | 71 | 43 |
| Morecambe | 46 | 15 | 10 | 21 | 51 | 64 | 40 |
| Bradford Park Avenue | 46 | 13 | 13 | 20 | 54 | 71 | 39 |
| Netherfield | 46 | 16 | 5 | 25 | 51 | 73 | 37 |
| Fleetwood | 46 | 11 | 15 | 20 | 43 | 67 | 37 |
| South Liverpool | 46 | 12 | 12 | 22 | 61 | 73 | 36 |
| Runcorn | 46 | 8 | 14 | 24 | 48 | 80 | 30 |
| Goole Town | 46 | 9 | 10 | 27 | 51 | 97 | 28 |
| Kirkby Town | 46 | 6 | 12 | 28 | 38 | 104 | 24 |

# Northern Premier League 1972-1976

## 1972-73

| | | | | | | | |
|---|---|---|---|---|---|---|---|
| Boston United | 46 | 27 | 16 | 3 | 88 | 34 | 70 |
| Scarborough | 46 | 26 | 9 | 11 | 72 | 39 | 61 |
| Wigan Athletic | 46 | 23 | 14 | 9 | 69 | 38 | 60 |
| Altrincham | 46 | 22 | 16 | 8 | 75 | 55 | 60 |
| Bradford Park Avenue | 46 | 19 | 17 | 10 | 63 | 50 | 55 |
| Stafford Rangers | 46 | 20 | 11 | 15 | 63 | 46 | 51 |
| Gainsborough Trinity | 46 | 18 | 13 | 15 | 70 | 50 | 49 |
| Northwich Victoria | 46 | 17 | 15 | 14 | 74 | 62 | 49 |
| Netherfield | 46 | 20 | 9 | 17 | 68 | 65 | 49 |
| Macclesfield Town | 46 | 16 | 16 | 14 | 58 | 47 | 48 |
| Ellesmere Port Town | 46 | 18 | 11 | 17 | 52 | 56 | 47 |
| Skelmersdale United | 46 | 15 | 16 | 15 | 58 | 59 | 46 |
| Bangor City | 46 | 16 | 13 | 17 | 70 | 60 | 45 |
| Mossley | 46 | 17 | 11 | 18 | 70 | 73 | 45 |
| Morecambe | 46 | 17 | 11 | 18 | 62 | 70 | 45 |
| Great Harwood | 46 | 14 | 15 | 17 | 63 | 74 | 43 |
| South Liverpool | 46 | 12 | 19 | 15 | 47 | 57 | 43 |
| Runcorn | 46 | 15 | 12 | 19 | 75 | 78 | 42 |
| Goole Town | 46 | 13 | 13 | 20 | 64 | 73 | 39 |
| South Shields | 46 | 17 | 4 | 25 | 64 | 81 | 38 |
| Matlock Town | 46 | 11 | 11 | 24 | 42 | 80 | 33 |
| Lancaster City | 46 | 10 | 11 | 25 | 53 | 78 | 31 |
| Barrow | 46 | 12 | 6 | 28 | 52 | 101 | 30 |
| Fleetwood | 46 | 5 | 15 | 26 | 31 | 77 | 25 |

## 1974-75

| | | | | | | | |
|---|---|---|---|---|---|---|---|
| Wigan Athletic | 46 | 33 | 6 | 7 | 94 | 38 | 72 |
| Runcorn | 46 | 30 | 8 | 8 | 102 | 42 | 68 |
| Altrincham | 46 | 26 | 12 | 8 | 87 | 43 | 64 |
| Stafford Rangers | 46 | 25 | 13 | 8 | 81 | 39 | 63 |
| Scarborough | 46 | 24 | 12 | 10 | 75 | 45 | 60 |
| Mossley | 46 | 23 | 11 | 12 | 78 | 52 | 57 |
| Gateshead United | 46 | 22 | 12 | 12 | 74 | 48 | 56 |
| Goole Town | 46 | 19 | 12 | 15 | 75 | 71 | 50 |
| Northwich Victoria | 46 | 18 | 12 | 16 | 83 | 71 | 48 |
| Great Harwood | 46 | 17 | 14 | 15 | 69 | 66 | 48 |
| Matlock Town | 46 | 19 | 8 | 19 | 87 | 79 | 46 |
| Boston United | 46 | 16 | 14 | 16 | 64 | 63 | 46 |
| Morecambe | 46 | 14 | 15 | 17 | 71 | 87 | 43 |
| Worksop Town | 46 | 14 | 14 | 18 | 69 | 66 | 42 |
| South Liverpool | 46 | 14 | 14 | 18 | 59 | 71 | 42 |
| Buxton | 46 | 11 | 17 | 18 | 50 | 77 | 39 |
| Macclesfield Town | 46 | 11 | 14 | 21 | 46 | 62 | 36 |
| Lancaster City | 46 | 13 | 10 | 23 | 53 | 76 | 36 |
| Bangor City | 46 | 13 | 9 | 24 | 56 | 67 | 35 |
| Gainsborough Trinity | 46 | 10 | 15 | 21 | 46 | 79 | 35 |
| Skelmersdale United | 46 | 13 | 7 | 26 | 63 | 93 | 33 |
| Barrow | 46 | 9 | 15 | 22 | 45 | 72 | 33 |
| Netherfield | 46 | 12 | 8 | 26 | 42 | 91 | 32 |
| Fleetwood | 46 | 5 | 10 | 31 | 26 | 97 | 20 |

## 1973-74

| | | | | | | | |
|---|---|---|---|---|---|---|---|
| Boston United | 46 | 27 | 11 | 8 | 69 | 32 | 65 |
| Wigan Athletic | 46 | 28 | 8 | 10 | 96 | 39 | 64 |
| Altrincham | 46 | 26 | 11 | 9 | 77 | 34 | 63 |
| Stafford Rangers | 46 | 27 | 9 | 10 | 101 | 45 | 63 |
| Scarborough | 46 | 22 | 14 | 10 | 62 | 43 | 58 |
| South Shields | 46 | 25 | 6 | 15 | 87 | 48 | 56 |
| Runcorn | 46 | 21 | 14 | 11 | 72 | 47 | 56 |
| Macclesfield Town | 46 | 18 | 15 | 13 | 48 | 47 | 51 |
| Bangor City | 46 | 19 | 11 | 16 | 65 | 56 | 49 |
| Gainsborough Trinity | 46 | 18 | 11 | 17 | 77 | 64 | 47 |
| South Liverpool | 46 | 16 | 15 | 15 | 55 | 47 | 47 |
| Skelmersdale United | 46 | 16 | 13 | 17 | 50 | 59 | 45 |
| Goole Town | 46 | 14 | 15 | 17 | 60 | 69 | 43 |
| Fleetwood | 46 | 14 | 15 | 17 | 48 | 68 | 43 |
| Mossley | 46 | 15 | 11 | 20 | 53 | 65 | 41 |
| Northwich Victoria | 46 | 14 | 13 | 19 | 68 | 75 | 41 |
| Morecambe | 46 | 13 | 13 | 20 | 62 | 84 | 39 |
| Buxton | 46 | 14 | 10 | 22 | 45 | 71 | 38 |
| Matlock Town | 46 | 11 | 14 | 21 | 50 | 79 | 36 |
| Great Harwood | 46 | 10 | 14 | 22 | 52 | 74 | 34 |
| Bradford Park Avenue | 46 | 9 | 15 | 22 | 42 | 84 | 33 |
| Barrow | 46 | 13 | 7 | 26 | 46 | 94 | 33 |
| Lancaster City | 46 | 10 | 12 | 24 | 52 | 67 | 32 |
| Netherfield | 46 | 11 | 5 | 30 | 42 | 88 | 27 |

## 1975-76

| | | | | | | | |
|---|---|---|---|---|---|---|---|
| Runcorn | 46 | 29 | 10 | 7 | 95 | 42 | 68 |
| Stafford Rangers | 46 | 26 | 15 | 5 | 81 | 41 | 67 |
| Scarborough | 46 | 26 | 10 | 10 | 84 | 43 | 62 |
| Matlock Town | 46 | 26 | 9 | 11 | 96 | 63 | 61 |
| Boston United | 46 | 27 | 6 | 13 | 95 | 58 | 60 |
| Wigan Athletic | 46 | 21 | 15 | 10 | 81 | 42 | 57 |
| Altrincham | 46 | 20 | 14 | 12 | 77 | 57 | 54 |
| Bangor City | 46 | 21 | 12 | 13 | 80 | 70 | 54 |
| Mossley | 46 | 21 | 11 | 14 | 70 | 58 | 53 |
| Goole Town | 46 | 20 | 13 | 13 | 58 | 49 | 53 |
| Northwich Victoria | 46 | 17 | 17 | 12 | 79 | 59 | 51 |
| Lancaster City | 46 | 18 | 9 | 19 | 61 | 70 | 45 |
| Worksop Town | 46 | 17 | 10 | 19 | 63 | 56 | 44 |
| Gainsborough Trinity | 46 | 13 | 17 | 16 | 58 | 69 | 43 |
| Macclesfield Town | 46 | 15 | 12 | 19 | 50 | 64 | 42 |
| Gateshead United | 46 | 17 | 7 | 22 | 64 | 63 | 41 |
| Buxton | 46 | 11 | 13 | 22 | 37 | 62 | 35 |
| Skelmersdale United | 46 | 12 | 10 | 24 | 45 | 74 | 34 |
| Netherfield | 46 | 11 | 11 | 24 | 55 | 76 | 33 |
| Morecambe | 46 | 11 | 11 | 24 | 47 | 67 | 33 |
| Great Harwood | 46 | 13 | 7 | 26 | 58 | 86 | 33 |
| South Liverpool | 46 | 12 | 9 | 25 | 45 | 78 | 33 |
| Barrow | 46 | 12 | 9 | 25 | 47 | 84 | 33 |
| Fleetwood | 46 | 3 | 9 | 34 | 36 | 131 | 15 |

## 1976-77

| | | | | | | | |
|---|---|---|---|---|---|---|---|
| Boston United | 44 | 27 | 11 | 6 | 82 | 35 | 65 |
| Northwich Victoria | 44 | 27 | 11 | 6 | 85 | 43 | 65 |
| Matlock Town | 44 | 26 | 11 | 7 | 108 | 57 | 63 |
| Bangor City | 44 | 22 | 11 | 11 | 87 | 52 | 55 |
| Scarborough | 44 | 21 | 12 | 11 | 77 | 66 | 54 |
| Goole Town | 44 | 23 | 6 | 15 | 64 | 50 | 52 |
| Lancaster City | 44 | 21 | 9 | 14 | 71 | 58 | 51 |
| Gateshead United | 44 | 18 | 12 | 14 | 80 | 64 | 48 |
| Mossley | 44 | 17 | 14 | 13 | 74 | 59 | 48 |
| Altrincham | 44 | 19 | 9 | 16 | 60 | 53 | 47 |
| Stafford Rangers | 44 | 16 | 14 | 14 | 60 | 55 | 46 |
| Runcorn | 44 | 15 | 14 | 15 | 57 | 49 | 44 |
| Worksop Town | 44 | 16 | 12 | 16 | 50 | 58 | 44 |
| Wigan Athletic | 44 | 14 | 15 | 15 | 62 | 54 | 43 |
| Morecambe | 44 | 13 | 11 | 20 | 59 | 75 | 37 |
| Gainsborough Trinity | 44 | 13 | 10 | 21 | 58 | 74 | 36 |
| Great Harwood | 44 | 11 | 14 | 19 | 63 | 84 | 36 |
| Buxton | 44 | 11 | 13 | 20 | 48 | 63 | 35 |
| Macclesfield Town | 44 | 8 | 15 | 21 | 41 | 68 | 31 |
| Frickley Athletic | 44 | 11 | 8 | 25 | 53 | 93 | 30 |
| Barrow | 44 | 11 | 6 | 27 | 56 | 87 | 28 |
| South Liverpool | 44 | 10 | 8 | 26 | 51 | 104 | 28 |
| Netherfield | 44 | 9 | 8 | 27 | 47 | 92 | 26 |

## 1977-78

| | | | | | | | |
|---|---|---|---|---|---|---|---|
| Boston United | 46 | 31 | 9 | 6 | 85 | 35 | 71 |
| Wigan Athletic | 46 | 25 | 15 | 6 | 83 | 45 | 65 |
| Bangor City | 46 | 26 | 10 | 10 | 92 | 50 | 62 |
| Scarborough | 46 | 26 | 10 | 10 | 80 | 39 | 62 |
| Altrincham | 46 | 22 | 15 | 9 | 84 | 49 | 59 |
| Northwich Victoria | 46 | 22 | 14 | 10 | 83 | 55 | 58 |
| Stafford Rangers | 46 | 22 | 13 | 11 | 71 | 41 | 57 |
| Runcorn | 46 | 19 | 18 | 9 | 70 | 44 | 56 |
| Mossley | 46 | 22 | 11 | 13 | 85 | 73 | 55 |
| Matlock Town | 46 | 21 | 12 | 13 | 79 | 60 | 54 |
| Lancaster City | 46 | 15 | 14 | 17 | 66 | 82 | 44 |
| Frickley Athletic | 46 | 15 | 12 | 19 | 77 | 81 | 42 |
| Barrow | 46 | 14 | 12 | 20 | 58 | 61 | 40 |
| Goole Town | 46 | 15 | 9 | 22 | 60 | 68 | 39 |
| Great Harwood | 46 | 13 | 13 | 20 | 66 | 83 | 39 |
| Gainsborough Trinity | 46 | 14 | 10 | 22 | 61 | 74 | 38 |
| Gateshead | 46 | 16 | 5 | 25 | 65 | 74 | 37 |
| Netherfield | 46 | 11 | 13 | 22 | 50 | 80 | 35 |
| Workington | 46 | 13 | 8 | 25 | 48 | 80 | 34 |
| Worksop Town | 46 | 12 | 10 | 24 | 45 | 84 | 34 |
| Morecambe | 46 | 11 | 11 | 24 | 67 | 92 | 33 |
| Macclesfield Town | 46 | 12 | 9 | 25 | 60 | 92 | 33 |
| Buxton | 46 | 13 | 6 | 27 | 60 | 95 | 32 |
| South Liverpool | 46 | 9 | 7 | 30 | 53 | 111 | 25 |

## 1978-79

| | | | | | | | |
|---|---|---|---|---|---|---|---|
| Mossley | 44 | 32 | 5 | 7 | 117 | 48 | 69 |
| Altrincham | 44 | 25 | 11 | 8 | 93 | 39 | 61 |
| Matlock Town | 44 | 24 | 8 | 12 | 100 | 59 | 56 |
| Scarborough | 44 | 19 | 14 | 11 | 61 | 44 | 52 |
| Southport | 44 | 19 | 14 | 11 | 62 | 49 | 52 |
| Boston United | 44 | 17 | 18 | 9 | 40 | 33 | 52 |
| Runcorn | 44 | 21 | 9 | 14 | 79 | 54 | 51 |
| Stafford Rangers | 44 | 18 | 14 | 12 | 67 | 41 | 50 |
| Goole Town | 44 | 17 | 15 | 12 | 56 | 61 | 49 |
| Northwich Victoria | 44 | 18 | 11 | 15 | 64 | 52 | 47 |
| Lancaster City | 44 | 17 | 12 | 15 | 62 | 54 | 46 |
| Bangor City | 44 | 15 | 14 | 15 | 65 | 66 | 44 |
| Worksop Town | 44 | 13 | 14 | 17 | 55 | 67 | 40 |
| Workington | 44 | 16 | 7 | 21 | 62 | 74 | 39 |
| Netherfield | 44 | 13 | 11 | 20 | 39 | 69 | 37 |
| Barrow | 44 | 14 | 9 | 21 | 47 | 78 | 37 |
| Gainsborough Trinity | 44 | 12 | 12 | 20 | 52 | 67 | 36 |
| Morecambe | 44 | 11 | 13 | 20 | 55 | 65 | 35 |
| Frickley Athletic | 44 | 13 | 9 | 22 | 58 | 70 | 35 |
| South Liverpool | 44 | 12 | 10 | 22 | 48 | 85 | 34 |
| Gateshead | 44 | 11 | 11 | 22 | 42 | 63 | 33 |
| Buxton | 44 | 11 | 9 | 24 | 50 | 84 | 31 |
| Macclesfield Town | 44 | 8 | 10 | 26 | 40 | 92 | 26 |

## 1979-80

| | | | | | | | |
|---|---|---|---|---|---|---|---|
| Mossley | 42 | 28 | 9 | 5 | 96 | 41 | 65 |
| Witton Albion | 42 | 28 | 8 | 6 | 89 | 30 | 64 |
| Frickley Athletic | 42 | 24 | 13 | 5 | 93 | 48 | 61 |
| Burton Albion | 42 | 25 | 6 | 11 | 83 | 42 | 56 |
| Matlock Town | 42 | 18 | 17 | 7 | 87 | 53 | 53 |
| Buxton | 42 | 21 | 9 | 12 | 61 | 48 | 51 |
| Worksop Town | 42 | 20 | 10 | 12 | 65 | 52 | 50 |
| Macclesfield Town | 42 | 18 | 11 | 13 | 67 | 53 | 47 |
| Grantham | 42 | 18 | 8 | 16 | 71 | 65 | 44 |
| Marine | 42 | 16 | 10 | 16 | 65 | 57 | 42 |
| Goole Town | 42 | 14 | 13 | 15 | 61 | 63 | 41 |
| Lancaster City | 42 | 13 | 13 | 16 | 74 | 77 | 39 |
| Oswestry Town | 42 | 12 | 14 | 16 | 44 | 60 | 38 |
| Gainsborough Trinity | 42 | 14 | 8 | 20 | 64 | 75 | 36 |
| Runcorn | 42 | 11 | 11 | 20 | 46 | 63 | 33 |
| Gateshead | 42 | 11 | 11 | 20 | 50 | 77 | 33 |
| Morecambe | 42 | 10 | 12 | 20 | 40 | 59 | 32 |
| Netherfield | 42 | 7 | 15 | 20 | 37 | 66 | 29 |
| Southport | 42 | 8 | 13 | 21 | 30 | 75 | 29 |
| South Liverpool | 42 | 7 | 14 | 21 | 51 | 84 | 28 |
| Workington | 42 | 8 | 12 | 22 | 50 | 85 | 28 |
| Tamworth | 42 | 8 | 9 | 25 | 26 | 77 | 25 |

## 1980-81

| | | | | | | | |
|---|---|---|---|---|---|---|---|
| Runcorn | 42 | 32 | 7 | 3 | 99 | 22 | 71 |
| Mossley | 42 | 24 | 7 | 11 | 95 | 55 | 55 |
| Marine | 42 | 22 | 10 | 10 | 66 | 41 | 54 |
| Buxton | 42 | 21 | 7 | 14 | 64 | 50 | 49 |
| Gainsborough Trinity | 42 | 17 | 13 | 12 | 80 | 57 | 47 |
| Burton Albion | 42 | 19 | 8 | 15 | 63 | 54 | 46 |
| Witton Albion | 42 | 19 | 8 | 15 | 70 | 62 | 46 |
| Goole Town | 42 | 14 | 16 | 12 | 56 | 50 | 44 |
| South Liverpool | 42 | 19 | 6 | 17 | 59 | 64 | 44 |
| Workington | 42 | 15 | 13 | 14 | 57 | 48 | 43 |
| Gateshead | 42 | 12 | 18 | 12 | 65 | 61 | 42 |
| Worksop Town | 42 | 15 | 11 | 16 | 66 | 61 | 41 |
| Macclesfield Town | 42 | 13 | 13 | 16 | 52 | 69 | 39 |
| Grantham | 42 | 14 | 9 | 19 | 57 | 74 | 37 |
| Matlock Town | 42 | 12 | 12 | 18 | 57 | 80 | 36 |
| Lancaster City | 42 | 13 | 9 | 20 | 48 | 70 | 35 |
| Netherfield | 42 | 11 | 12 | 19 | 73 | 81 | 34 |
| Oswestry Town | 42 | 13 | 8 | 21 | 54 | 67 | 34 |
| King's Lynn | 42 | 8 | 18 | 16 | 46 | 65 | 34 |
| Southport | 42 | 11 | 11 | 20 | 42 | 68 | 33 |
| Morecambe | 42 | 11 | 8 | 23 | 42 | 74 | 30 |
| Tamworth | 42 | 9 | 12 | 21 | 38 | 76 | 30 |

# Northern Premier League 1981-1986

## 1981-82

| | | | | | | |
|---|---|---|---|---|---|---|
| Bangor City | 42 | 27 | 8 | 7 | 108 | 60 | 62 |
| Mossley | 42 | 24 | 11 | 7 | 76 | 43 | 59 |
| Witton Albion | 42 | 22 | 10 | 10 | 75 | 44 | 54 |
| Gateshead | 42 | 19 | 14 | 9 | 65 | 49 | 52 |
| King's Lynn | 42 | 19 | 12 | 11 | 61 | 36 | 50 |
| Grantham | 42 | 18 | 13 | 11 | 65 | 53 | 49 |
| Burton Albion | 42 | 19 | 9 | 14 | 71 | 62 | 47 |
| Southport | 42 | 16 | 14 | 12 | 63 | 55 | 46 |
| Marine | 42 | 17 | 12 | 13 | 64 | 57 | 46 |
| Macclesfield Town | 42 | 17 | 9 | 16 | 67 | 58 | 43 |
| Workington | 42 | 18 | 7 | 17 | 62 | 60 | 43 |
| Worksop Town | 42 | 15 | 13 | 14 | 52 | 60 | 43 |
| South Liverpool | 42 | 13 | 13 | 16 | 55 | 57 | 39 |
| Goole Town | 42 | 13 | 13 | 16 | 56 | 60 | 39 |
| Oswestry Town | 42 | 14 | 11 | 17 | 55 | 59 | 39 |
| Buxton | 42 | 14 | 11 | 17 | 48 | 56 | 39 |
| Lancaster City | 42 | 13 | 12 | 17 | 47 | 50 | 38 |
| Gainsborough Trinity | 42 | 10 | 13 | 19 | 60 | 69 | 33 |
| Tamworth | 42 | 10 | 9 | 23 | 31 | 56 | 29 |
| Morecambe | 42 | 9 | 11 | 22 | 43 | 86 | 29 |
| Matlock Town | 42 | 7 | 12 | 23 | 38 | 72 | 26 |
| Netherfield | 42 | 5 | 9 | 28 | 31 | 91 | 19 |

## 1982-83

| | | | | | | |
|---|---|---|---|---|---|---|
| Gateshead | 42 | 32 | 4 | 6 | 114 | 43 | 100 |
| Mossley | 42 | 25 | 9 | 8 | 77 | 42 | 84 |
| Burton Albion | 42 | 24 | 9 | 9 | 81 | 53 | 81 |
| Chorley | 42 | 23 | 11 | 8 | 77 | 49 | 80 |
| Macclesfield Town | 42 | 24 | 8 | 10 | 71 | 49 | 80 |
| Marine | 42 | 17 | 17 | 8 | 81 | 57 | 68 |
| Workington | 42 | 19 | 10 | 13 | 71 | 55 | 67 |
| Hyde United | 42 | 18 | 12 | 12 | 91 | 63 | 66 |
| King's Lynn | 42 | 17 | 13 | 12 | 62 | 44 | 64 |
| Matlock Town | 42 | 18 | 10 | 14 | 70 | 65 | 64 |
| Witton Albion | 42 | 17 | 12 | 13 | 82 | 52 | 63 |
| Buxton | 42 | 17 | 9 | 16 | 60 | 62 | 60 |
| Morecambe | 42 | 16 | 11 | 15 | 75 | 66 | 59 |
| Grantham | 42 | 15 | 13 | 14 | 49 | 50 | 58 |
| Southport | 42 | 11 | 14 | 17 | 58 | 65 | 47 |
| Goole Town | 42 | 13 | 7 | 22 | 52 | 66 | 46 |
| Gainsborough Trinity | 42 | 11 | 9 | 22 | 60 | 71 | 42 |
| Oswestry Town | 42 | 10 | 8 | 24 | 56 | 99 | 38 |
| South Liverpool | 42 | 7 | 15 | 20 | 57 | 91 | 36 |
| Tamworth | 42 | 7 | 8 | 27 | 44 | 97 | 29 |
| Worksop Town | 42 | 5 | 10 | 27 | 50 | 98 | 25 |
| Netherfield | 42 | 2 | 9 | 31 | 28 | 129 | 15 |

## 1983-84

| | | | | | | |
|---|---|---|---|---|---|---|
| Barrow | 42 | 29 | 10 | 3 | 92 | 38 | 97 |
| Matlock Town | 42 | 23 | 8 | 11 | 72 | 48 | 77 |
| South Liverpool | 42 | 22 | 11 | 9 | 55 | 44 | 77 |
| Grantham | 42 | 20 | 8 | 14 | 64 | 51 | 68 |
| Burton Albion | 42 | 17 | 13 | 12 | 61 | 47 | 64 |
| Macclesfield Town | 42 | 18 | 10 | 14 | 65 | 55 | 64 |
| Rhyl | 42 | 19 | 6 | 17 | 64 | 55 | 63 |
| Horwich RMI | 42 | 18 | 9 | 15 | 64 | 59 | 63 |
| Gainsborough Trinity | 42 | 17 | 11 | 14 | 82 | 66 | 62 |
| Stafford Rangers | 42 | 15 | 17 | 10 | 65 | 52 | 62 |
| Hyde United | 42 | 17 | 8 | 17 | 61 | 63 | 59 |
| Marine | 42 | 16 | 10 | 16 | 63 | 68 | 58 |
| Witton Albion | 42 | 14 | 14 | 14 | 64 | 57 | 56 |
| Chorley | 42 | 14 | 11 | 17 | 68 | 65 | 53 |
| Workington | 42 | 14 | 9 | 19 | 53 | 57 | 51 |
| Southport | 42 | 14 | 8 | 20 | 57 | 74 | 50 |
| Worksop Town | 42 | 13 | 8 | 21 | 57 | 74 | 47 |
| Goole Town | 42 | 12 | 10 | 20 | 59 | 80 | 46 |
| Morecambe | 42 | 11 | 12 | 19 | 59 | 75 | 45 |
| Oswestry Town | 42 | 11 | 8 | 23 | 66 | 97 | 41 |
| Buxton | 42 | 11 | 6 | 25 | 52 | 91 | 39 |
| Mossley | 42 | 9 | 9 | 24 | 47 | 74 | 33 |

Mossley had 3 points deducted

## 1984-85

| | | | | | | |
|---|---|---|---|---|---|---|
| Stafford Rangers | 42 | 26 | 8 | 8 | 81 | 40 | 86 |
| Macclesfield Town | 42 | 23 | 13 | 6 | 67 | 39 | 82 |
| Witton Albion | 42 | 22 | 8 | 12 | 57 | 39 | 74 |
| Hyde United | 42 | 21 | 8 | 13 | 68 | 52 | 71 |
| Marine | 42 | 18 | 15 | 9 | 59 | 34 | 69 |
| Burton Albion | 42 | 18 | 15 | 9 | 70 | 49 | 69 |
| Worksop Town | 42 | 19 | 10 | 13 | 68 | 56 | 67 |
| Workington | 42 | 18 | 9 | 15 | 59 | 53 | 63 |
| Horwich RMI | 42 | 16 | 14 | 12 | 67 | 50 | 62 |
| Bangor City | 42 | 17 | 9 | 16 | 70 | 61 | 60 |
| Gainsborough Trinity | 42 | 14 | 14 | 14 | 72 | 73 | 56 |
| Southport | 42 | 15 | 9 | 18 | 65 | 66 | 54 |
| Matlock Town | 42 | 14 | 9 | 19 | 56 | 66 | 51 |
| Oswestry Town | 42 | 14 | 9 | 19 | 59 | 75 | 51 |
| Mossley | 42 | 14 | 9 | 19 | 45 | 65 | 51 |
| Goole Town | 42 | 13 | 11 | 18 | 60 | 65 | 50 |
| Rhyl | 42 | 11 | 14 | 17 | 52 | 63 | 47 |
| Morecambe | 42 | 11 | 14 | 17 | 51 | 67 | 47 |
| Chorley | 42 | 12 | 10 | 20 | 47 | 63 | 46 |
| South Liverpool | 42 | 9 | 15 | 18 | 43 | 71 | 42 |
| Grantham | 42 | 8 | 13 | 21 | 41 | 69 | 36 |
| Buxton | 42 | 8 | 6 | 28 | 38 | 79 | 30 |

Grantham had 1 point deducted

## 1985-86

| | | | | | | |
|---|---|---|---|---|---|---|
| Gateshead | 42 | 24 | 10 | 8 | 85 | 51 | 82 |
| Marine | 42 | 23 | 11 | 8 | 63 | 35 | 80 |
| Morecambe | 42 | 17 | 17 | 8 | 59 | 39 | 68 |
| Gainsborough Trinity | 42 | 18 | 14 | 10 | 66 | 52 | 68 |
| Burton Albion | 42 | 18 | 12 | 12 | 64 | 47 | 66 |
| Southport | 42 | 17 | 11 | 14 | 70 | 66 | 62 |
| Worksop Town | 42 | 17 | 10 | 15 | 51 | 48 | 61 |
| Workington | 42 | 14 | 18 | 10 | 54 | 46 | 59 |
| Macclesfield Town | 42 | 17 | 8 | 17 | 67 | 65 | 59 |
| Hyde United | 42 | 14 | 15 | 13 | 63 | 62 | 57 |
| Witton Albion | 42 | 15 | 13 | 14 | 56 | 59 | 57 |
| Mossley | 42 | 13 | 16 | 13 | 56 | 60 | 55 |
| Bangor City | 42 | 13 | 15 | 14 | 51 | 51 | 54 |
| Rhyl | 42 | 14 | 10 | 18 | 65 | 71 | 52 |
| South Liverpool | 42 | 11 | 17 | 14 | 43 | 44 | 50 |
| Horwich RMI | 42 | 15 | 6 | 21 | 53 | 63 | 50 |
| Caernarfon Town | 42 | 11 | 17 | 14 | 51 | 63 | 50 |
| Oswestry Town | 42 | 12 | 13 | 17 | 51 | 60 | 49 |
| Buxton | 42 | 11 | 12 | 19 | 55 | 76 | 45 |
| Chorley | 42 | 9 | 15 | 18 | 56 | 64 | 42 |
| Matlock Town | 42 | 9 | 15 | 18 | 59 | 75 | 42 |
| Goole Town | 42 | 7 | 11 | 24 | 37 | 78 | 31 |

Workington, Witton Albion, Horwich and Goole Town all had 1 point deducted.

## 1986-87

| | P | W | D | L | F | A | Pts |
|---|---|---|---|---|---|---|---|
| Macclesfield Town | 42 | 26 | 10 | 6 | 80 | 47 | 88 |
| Bangor City | 42 | 25 | 12 | 5 | 74 | 35 | 87 |
| Caernarfon Town | 42 | 20 | 16 | 6 | 67 | 40 | 76 |
| Marine | 42 | 21 | 10 | 11 | 70 | 43 | 73 |
| South Liverpool | 42 | 21 | 10 | 11 | 58 | 40 | 73 |
| Morecambe | 42 | 20 | 12 | 10 | 66 | 49 | 72 |
| Matlock Town | 42 | 20 | 10 | 12 | 81 | 67 | 70 |
| Southport | 42 | 19 | 11 | 12 | 67 | 49 | 68 |
| Chorley | 42 | 16 | 12 | 14 | 58 | 59 | 60 |
| Mossley | 42 | 15 | 12 | 15 | 57 | 52 | 57 |
| Hyde United | 42 | 15 | 10 | 17 | 81 | 70 | 55 |
| Burton Albion | 42 | 16 | 6 | 20 | 56 | 68 | 54 |
| Buxton | 42 | 13 | 14 | 15 | 71 | 68 | 53 |
| Witton Albion | 42 | 15 | 8 | 19 | 68 | 79 | 53 |
| Barrow | 42 | 15 | 7 | 20 | 42 | 57 | 52 |
| Goole Town | 42 | 13 | 12 | 17 | 58 | 62 | 51 |
| Oswestry Town | 42 | 14 | 8 | 20 | 55 | 83 | 50 |
| Rhyl | 42 | 10 | 15 | 17 | 56 | 74 | 45 |
| Worksop Town | 42 | 9 | 13 | 20 | 56 | 74 | 40 |
| Gainsborough Trinity | 42 | 9 | 10 | 23 | 53 | 77 | 37 |
| Workington | 42 | 5 | 14 | 23 | 38 | 70 | 28 |
| Horwich RMI | 42 | 3 | 12 | 27 | 36 | 85 | 20 |

Workington and Horwich RMI both had 1 point deducted.

## 1987-88 Premier Division

| | P | W | D | L | F | A | Pts |
|---|---|---|---|---|---|---|---|
| Chorley | 42 | 26 | 10 | 6 | 78 | 35 | 88 |
| Hyde United | 42 | 25 | 10 | 7 | 91 | 52 | 85 |
| Caernarfon Town | 42 | 22 | 10 | 10 | 56 | 34 | 76 |
| Morecambe | 42 | 19 | 15 | 8 | 61 | 41 | 72 |
| Barrow | 42 | 21 | 8 | 13 | 70 | 41 | 71 |
| Worksop Town | 42 | 20 | 11 | 11 | 74 | 55 | 71 |
| Bangor City | 42 | 20 | 10 | 12 | 72 | 55 | 70 |
| Rhyl | 42 | 18 | 13 | 11 | 70 | 42 | 67 |
| Marine | 42 | 19 | 10 | 13 | 67 | 45 | 67 |
| Frickley Athletic | 42 | 18 | 11 | 13 | 61 | 55 | 65 |
| Witton Albion | 42 | 16 | 12 | 14 | 61 | 47 | 60 |
| Goole Town | 42 | 17 | 9 | 16 | 71 | 61 | 60 |
| Horwich RMI | 42 | 17 | 9 | 16 | 46 | 42 | 60 |
| Southport | 42 | 15 | 12 | 15 | 43 | 48 | 57 |
| South Liverpool | 42 | 10 | 19 | 13 | 56 | 64 | 49 |
| Buxton | 42 | 11 | 14 | 17 | 72 | 76 | 47 |
| Mossley | 42 | 11 | 11 | 20 | 54 | 75 | 44 |
| Gateshead | 42 | 11 | 7 | 24 | 52 | 71 | 40 |
| Matlock Town | 42 | 10 | 8 | 24 | 58 | 89 | 38 |
| Gainsborough Trinity | 42 | 8 | 10 | 24 | 38 | 81 | 34 |
| Oswestry Town | 42 | 6 | 10 | 26 | 44 | 101 | 28 |
| Workington | 42 | 6 | 3 | 33 | 28 | 113 | 21 |

### First Division

| | P | W | D | L | F | A | Pts |
|---|---|---|---|---|---|---|---|
| Fleetwood Town | 36 | 22 | 7 | 7 | 85 | 45 | 73 |
| Stalybridge Celtic | 36 | 22 | 6 | 8 | 72 | 42 | 72 |
| Leek Town | 36 | 20 | 10 | 6 | 63 | 38 | 70 |
| Accrington Stanley | 36 | 21 | 6 | 9 | 71 | 39 | 69 |
| Farsley Celtic | 36 | 18 | 9 | 9 | 64 | 48 | 60 |
| Droylsden | 36 | 16 | 10 | 10 | 63 | 48 | 58 |
| Eastwood Hanley | 36 | 14 | 12 | 10 | 50 | 37 | 54 |
| Winsford United | 36 | 15 | 6 | 15 | 59 | 47 | 51 |
| Congleton Town | 36 | 12 | 16 | 8 | 43 | 39 | 51 |
| Harrogate Town | 36 | 13 | 9 | 14 | 51 | 50 | 48 |
| Alfreton Town | 36 | 13 | 8 | 15 | 53 | 54 | 47 |
| Radcliffe Borough | 36 | 11 | 13 | 12 | 66 | 62 | 46 |
| Irlam Town | 36 | 12 | 10 | 14 | 39 | 45 | 46 |
| Penrith | 36 | 11 | 11 | 14 | 46 | 51 | 44 |
| Sutton Town | 36 | 11 | 5 | 20 | 51 | 96 | 38 |
| Lancaster City | 36 | 10 | 6 | 20 | 45 | 72 | 36 |
| Eastwood Town | 36 | 8 | 10 | 18 | 45 | 65 | 34 |
| Curzon Ashton | 36 | 8 | 4 | 24 | 43 | 73 | 28 |
| Netherfield | 36 | 4 | 4 | 28 | 35 | 93 | 16 |

Congleton Town had 1 point deducted
Farsley Celtic had 3 points deducted

## 1988-89

### Premier Division

| | P | W | D | L | F | A | Pts |
|---|---|---|---|---|---|---|---|
| Barrow | 42 | 26 | 9 | 7 | 69 | 35 | 87 |
| Hyde United | 42 | 24 | 8 | 10 | 77 | 44 | 80 |
| Witton Albion | 42 | 22 | 13 | 7 | 67 | 39 | 79 |
| Bangor City | 42 | 22 | 10 | 10 | 77 | 48 | 76 |
| Marine | 42 | 23 | 7 | 12 | 69 | 48 | 76 |
| Goole Town | 42 | 22 | 7 | 13 | 75 | 60 | 73 |
| Fleetwood Town | 42 | 19 | 16 | 7 | 58 | 44 | 73 |
| Rhyl | 42 | 18 | 10 | 14 | 75 | 65 | 64 |
| Frickley Athletic | 42 | 17 | 10 | 15 | 64 | 53 | 61 |
| Mossley | 42 | 17 | 9 | 16 | 56 | 58 | 60 |
| South Liverpool | 42 | 15 | 13 | 14 | 65 | 57 | 58 |
| Caernarfon Town | 42 | 15 | 10 | 17 | 49 | 63 | 55 |
| Matlock Town | 42 | 16 | 5 | 21 | 65 | 73 | 53 |
| Southport | 42 | 13 | 12 | 17 | 66 | 52 | 51 |
| Buxton | 42 | 12 | 14 | 16 | 61 | 63 | 50 |
| Morecambe | 42 | 13 | 9 | 20 | 55 | 60 | 47 |
| Gainsborough Trinity | 42 | 12 | 11 | 19 | 56 | 73 | 47 |
| Shepshed Charterhouse | 42 | 14 | 8 | 20 | 49 | 60 | 43 |
| Stalybridge Celtic | 42 | 9 | 13 | 20 | 46 | 81 | 40 |
| Horwich RMI | 42 | 7 | 14 | 21 | 42 | 70 | 35 |
| Gateshead | 42 | 7 | 13 | 22 | 36 | 70 | 34 |
| Worksop Town | 42 | 6 | 5 | 31 | 42 | 103 | 23 |

Morecambe had 1 point deducted
Shepshed Charterhouse had 6 points deducted

### First Division

| | P | W | D | L | F | A | Pts |
|---|---|---|---|---|---|---|---|
| Colne Dynamoes | 42 | 30 | 11 | 1 | 102 | 21 | 98 |
| Bishop Auckland | 42 | 28 | 5 | 9 | 78 | 28 | 89 |
| Leek Town | 42 | 25 | 11 | 6 | 74 | 41 | 85 |
| Droylsden | 42 | 25 | 9 | 8 | 84 | 48 | 84 |
| Whitley Bay | 42 | 23 | 6 | 13 | 77 | 49 | 75 |
| Accrington Stanley | 42 | 21 | 10 | 11 | 81 | 60 | 73 |
| Lancaster City | 42 | 21 | 8 | 13 | 76 | 54 | 71 |
| Harrogate Town | 42 | 19 | 7 | 16 | 68 | 61 | 64 |
| Newtown | 42 | 15 | 12 | 15 | 65 | 59 | 57 |
| Congleton Town | 42 | 15 | 11 | 16 | 62 | 66 | 56 |
| Workington | 42 | 17 | 3 | 22 | 59 | 74 | 54 |
| Eastwood Town | 42 | 14 | 10 | 18 | 55 | 61 | 52 |
| Curzon Ashton | 42 | 13 | 11 | 18 | 74 | 72 | 50 |
| Farsley Celtic | 42 | 12 | 13 | 17 | 52 | 73 | 49 |
| Irlam Town | 42 | 11 | 14 | 17 | 53 | 63 | 47 |
| Penrith | 42 | 14 | 5 | 23 | 61 | 91 | 47 |
| Radcliffe Borough | 42 | 12 | 10 | 20 | 62 | 86 | 46 |
| Eastwood Hanley | 42 | 11 | 12 | 19 | 46 | 67 | 45 |
| Winsford United | 42 | 13 | 6 | 23 | 58 | 93 | 45 |
| Alfreton Town | 42 | 8 | 11 | 23 | 44 | 92 | 35 |
| Netherfield | 42 | 8 | 9 | 25 | 57 | 90 | 32 |
| Sutton Town | 42 | 7 | 6 | 29 | 70 | 109 | 23 |

Leek Town and Netherfield both had 1 point deducted
Colne Dynamo had 3 points deducted
Sutton Town had 4 points deducted

# Northern Premier League 1989-1991

## 1989-90

### Premier Division

| | | | | | | | |
|---|---|---|---|---|---|---|---|
| Colne Dynamoes | 42 | 32 | 6 | 4 | 86 | 40 | 102 |
| Gateshead | 42 | 22 | 10 | 10 | 78 | 58 | 76 |
| Witton Albion | 42 | 22 | 7 | 13 | 67 | 39 | 73 |
| Hyde United | 42 | 21 | 8 | 13 | 73 | 50 | 71 |
| South Liverpool | 42 | 20 | 9 | 13 | 89 | 79 | 69 |
| Matlock Town | 42 | 18 | 12 | 12 | 61 | 42 | 66 |
| Southport | 42 | 17 | 14 | 11 | 54 | 48 | 65 |
| Fleetwood Town | 42 | 17 | 12 | 13 | 73 | 66 | 63 |
| Marine | 42 | 16 | 14 | 12 | 59 | 55 | 62 |
| Bangor City | 42 | 15 | 15 | 12 | 64 | 58 | 60 |
| Bishop Auckland | 42 | 17 | 8 | 17 | 72 | 64 | 59 |
| Frickley Athletic | 42 | 16 | 8 | 18 | 56 | 61 | 56 |
| Horwich RMI | 42 | 15 | 13 | 14 | 66 | 69 | 55 |
| Morecambe | 42 | 15 | 9 | 18 | 58 | 70 | 54 |
| Gainsborough Trinity | 42 | 16 | 8 | 18 | 59 | 55 | 53 |
| Buxton | 42 | 15 | 8 | 19 | 59 | 72 | 53 |
| Stalybridge Celtic | 42 | 12 | 9 | 21 | 48 | 61 | 45 |
| Mossley | 42 | 11 | 10 | 21 | 61 | 82 | 43 |
| Goole Town | 42 | 12 | 5 | 25 | 54 | 77 | 41 |
| Shepshed Charterhouse | 42 | 11 | 7 | 24 | 55 | 82 | 40 |
| Caernarfon Town | 42 | 10 | 8 | 24 | 56 | 86 | 38 |
| Rhyl | 42 | 7 | 10 | 25 | 43 | 77 | 30 |

Rhyl had 1 point deducted
Horwich and Gainsborough Trinity both had 3 points deducted

### First Division

| | | | | | | | |
|---|---|---|---|---|---|---|---|
| Leek Town | 42 | 26 | 8 | 8 | 70 | 31 | 86 |
| Droylsden | 42 | 27 | 6 | 9 | 81 | 46 | 80 |
| Accrington Stanley | 42 | 22 | 10 | 10 | 80 | 53 | 76 |
| Whitley Bay | 42 | 21 | 11 | 10 | 93 | 59 | 74 |
| Emley | 42 | 20 | 9 | 13 | 70 | 42 | 69 |
| Congleton Town | 42 | 20 | 12 | 10 | 65 | 53 | 69 |
| Winsford United | 42 | 18 | 10 | 14 | 65 | 53 | 64 |
| Curzon Ashton | 42 | 17 | 11 | 14 | 66 | 60 | 62 |
| Harrogate Town | 42 | 17 | 9 | 16 | 68 | 62 | 60 |
| Lancaster City | 42 | 15 | 14 | 13 | 73 | 54 | 59 |
| Eastwood Town | 42 | 16 | 11 | 15 | 61 | 64 | 59 |
| Farsley Celtic | 42 | 17 | 6 | 19 | 71 | 75 | 57 |
| Rossendale United | 42 | 15 | 9 | 18 | 73 | 69 | 54 |
| Newtown | 42 | 14 | 12 | 16 | 49 | 62 | 54 |
| Irlam Town | 42 | 14 | 11 | 17 | 61 | 66 | 53 |
| Workington | 42 | 14 | 8 | 20 | 56 | 64 | 50 |
| Radcliffe Borough | 42 | 14 | 7 | 21 | 47 | 63 | 49 |
| Alfreton Town | 42 | 13 | 8 | 21 | 59 | 85 | 47 |
| Worksop Town | 42 | 13 | 5 | 24 | 56 | 95 | 44 |
| Netherfield | 42 | 11 | 6 | 25 | 56 | 89 | 39 |
| Eastwood Hanley | 42 | 10 | 6 | 26 | 45 | 76 | 36 |
| Penrith | 42 | 9 | 9 | 24 | 44 | 88 | 36 |

Congleton Town 3 points deducted. Droylsden 7 points deducted.

## 1990-91

### Premier Division

| | | | | | | | |
|---|---|---|---|---|---|---|---|
| Witton Albion | 40 | 28 | 9 | 3 | 81 | 31 | 93 |
| Stalybridge Celtic | 40 | 22 | 11 | 7 | 44 | 26 | 77 |
| Morecambe | 40 | 19 | 16 | 5 | 72 | 44 | 73 |
| Fleetwood Town | 40 | 20 | 9 | 11 | 69 | 44 | 69 |
| Southport | 40 | 18 | 14 | 8 | 66 | 48 | 68 |
| Marine | 40 | 18 | 11 | 11 | 56 | 39 | 65 |
| Bishop Auckland | 40 | 17 | 10 | 13 | 62 | 56 | 61 |
| Buxton | 40 | 17 | 11 | 12 | 66 | 61 | 59 |
| Leek Town | 40 | 15 | 11 | 14 | 48 | 44 | 56 |
| Frickley Athletic | 40 | 16 | 6 | 18 | 64 | 62 | 54 |
| Hyde United | 40 | 14 | 11 | 15 | 73 | 63 | 53 |
| Goole Town | 40 | 14 | 10 | 16 | 68 | 74 | 52 |
| Droylsden | 40 | 12 | 11 | 17 | 67 | 70 | 47 |
| Chorley | 40 | 12 | 10 | 18 | 55 | 55 | 46 |
| Mossley | 40 | 13 | 10 | 17 | 55 | 68 | 45 |
| Horwich RMI | 40 | 13 | 6 | 21 | 62 | 81 | 45 |
| Matlock Town | 40 | 12 | 7 | 21 | 52 | 70 | 43 |
| Bangor City | 40 | 9 | 12 | 19 | 52 | 70 | 39 |
| South Liverpool | 40 | 10 | 9 | 21 | 58 | 92 | 39 |
| Gainsborough Trinity | 40 | 9 | 11 | 20 | 57 | 84 | 38 |
| Shepshed Charterhouse | 40 | 6 | 7 | 27 | 38 | 83 | 25 |

Buxton had 3 points deducted. Mossley had 4 points deducted.

### First Division

| | | | | | | | |
|---|---|---|---|---|---|---|---|
| Whitley Bay | 42 | 25 | 10 | 7 | 95 | 38 | 85 |
| Emley | 42 | 24 | 12 | 6 | 78 | 37 | 84 |
| Worksop Town | 42 | 25 | 7 | 10 | 85 | 56 | 82 |
| Accrington Stanley | 42 | 21 | 13 | 8 | 83 | 57 | 76 |
| Rhyl | 42 | 21 | 7 | 14 | 62 | 63 | 70 |
| Eastwood Town | 42 | 17 | 11 | 14 | 70 | 60 | 62 |
| Warrington Town | 42 | 17 | 10 | 15 | 68 | 52 | 61 |
| Lancaster City | 42 | 19 | 8 | 15 | 58 | 56 | 61 |
| Bridlington Town | 42 | 15 | 15 | 12 | 72 | 52 | 60 |
| Curzon Ashton | 42 | 14 | 14 | 14 | 49 | 57 | 56 |
| Congleton Town | 42 | 14 | 12 | 16 | 57 | 71 | 54 |
| Netherfield | 42 | 14 | 11 | 17 | 67 | 66 | 53 |
| Newtown | 42 | 13 | 12 | 17 | 68 | 75 | 51 |
| Caernarfon Town | 42 | 13 | 10 | 19 | 51 | 64 | 49 |
| Rossendale United | 42 | 12 | 13 | 17 | 66 | 67 | 48 |
| Radcliffe Borough | 42 | 12 | 12 | 18 | 50 | 69 | 48 |
| Irlam Town | 42 | 12 | 11 | 19 | 55 | 76 | 47 |
| Winsford United | 42 | 11 | 13 | 18 | 51 | 66 | 46 |
| Harrogate Town | 42 | 11 | 13 | 18 | 55 | 73 | 46 |
| Workington | 42 | 11 | 11 | 20 | 54 | 67 | 41 |
| Farsley Celtic | 42 | 11 | 9 | 22 | 49 | 78 | 39 |
| Alfreton Town | 42 | 7 | 12 | 23 | 41 | 84 | 33 |

Lancaster City had 4 points deducted. Farsley Celtic and Workington both had 3 points deducted. Rossendale United had 1 point deducted.

## 1991-92

### Premier Division

| | | | | | | | |
|---|---|---|---|---|---|---|---|
| Stalybridge Celtic | 42 | 26 | 14 | 2 | 84 | 33 | 92 |
| Marine | 42 | 23 | 9 | 10 | 64 | 32 | 78 |
| Morecambe | 42 | 21 | 13 | 8 | 70 | 44 | 76 |
| Leek Town | 42 | 21 | 10 | 11 | 62 | 49 | 73 |
| Buxton | 42 | 21 | 9 | 12 | 65 | 47 | 72 |
| Emley | 42 | 18 | 11 | 13 | 69 | 47 | 65 |
| Southport | 42 | 16 | 17 | 9 | 57 | 48 | 65 |
| Accrington Stanley | 42 | 17 | 12 | 13 | 78 | 62 | 63 |
| Hyde United | 42 | 17 | 9 | 16 | 69 | 67 | 60 |
| Fleetwood Town | 42 | 17 | 8 | 17 | 67 | 64 | 59 |
| Bishop Auckland | 42 | 16 | 9 | 17 | 48 | 58 | 57 |
| Goole Town | 42 | 15 | 9 | 18 | 60 | 72 | 54 |
| Horwich RMI | 42 | 13 | 14 | 15 | 44 | 52 | 53 |
| Frickley Athletic | 42 | 12 | 16 | 14 | 61 | 57 | 52 |
| Droylsden | 42 | 12 | 14 | 16 | 62 | 72 | 50 |
| Mossley | 42 | 15 | 4 | 23 | 51 | 73 | 49 |
| Whitley Bay | 42 | 13 | 9 | 20 | 53 | 79 | 48 |
| Gainsborough Trinity | 42 | 11 | 13 | 18 | 48 | 63 | 46 |
| Matlock Town | 42 | 12 | 9 | 21 | 59 | 87 | 45 |
| Bangor City | 42 | 11 | 10 | 21 | 46 | 57 | 43 |
| Chorley | 42 | 11 | 9 | 22 | 61 | 82 | 42 |
| Shepshed Albion | 42 | 6 | 8 | 28 | 46 | 79 | 26 |

### First Division

| | | | | | | | |
|---|---|---|---|---|---|---|---|
| Colwyn Bay | 42 | 30 | 4 | 8 | 99 | 49 | 94 |
| Winsford United | 42 | 29 | 6 | 7 | 96 | 41 | 93 |
| Worksop Town | 42 | 25 | 5 | 12 | 101 | 51 | 80 |
| Guiseley | 42 | 22 | 12 | 8 | 93 | 56 | 78 |
| Caernarfon Town | 42 | 23 | 9 | 10 | 78 | 47 | 78 |
| Bridlington Town | 42 | 22 | 9 | 11 | 86 | 46 | 75 |
| Warrington Town | 42 | 20 | 8 | 14 | 79 | 64 | 68 |
| Knowsley United | 42 | 18 | 10 | 14 | 69 | 52 | 64 |
| Netherfield | 42 | 18 | 7 | 17 | 54 | 61 | 61 |
| Harrogate Town | 42 | 14 | 16 | 12 | 73 | 69 | 58 |
| Curzon Ashton | 42 | 15 | 9 | 18 | 71 | 83 | 54 |
| Farsley Celtic | 42 | 15 | 9 | 18 | 79 | 101 | 53 |
| Radcliffe Borough | 42 | 15 | 9 | 18 | 67 | 72 | 51 |
| Newtown | 42 | 15 | 6 | 21 | 60 | 95 | 51 |
| Eastwood Town | 42 | 13 | 11 | 18 | 59 | 70 | 50 |
| Lancaster City | 42 | 10 | 19 | 13 | 55 | 62 | 49 |
| Congleton Town | 42 | 14 | 5 | 23 | 59 | 81 | 47 |
| Rhyl | 42 | 11 | 10 | 21 | 59 | 69 | 43 |
| Rossendale United | 42 | 9 | 11 | 22 | 61 | 90 | 38 |
| Alfreton Town | 42 | 12 | 2 | 28 | 63 | 98 | 38 |
| Irlam Town | 42 | 9 | 7 | 26 | 45 | 95 | 33 |
| Workington | 42 | 7 | 8 | 27 | 45 | 99 | 28 |

Farsley Celtic, Irlam Town and Workington all had 1 point deducted.
Radcliffe Borough had 3 points deducted.

## 1992-93

### Premier Division

| | | | | | | | |
|---|---|---|---|---|---|---|---|
| Southport | 42 | 29 | 9 | 4 | 103 | 31 | 96 |
| Winsford United | 42 | 27 | 9 | 6 | 91 | 43 | 90 |
| Morecambe | 42 | 25 | 11 | 6 | 93 | 51 | 86 |
| Marine | 42 | 26 | 8 | 8 | 83 | 47 | 86 |
| Leek Town | 42 | 21 | 11 | 10 | 86 | 51 | 74 |
| Accrington Stanley | 42 | 20 | 13 | 9 | 79 | 45 | 73 |
| Frickley Athletic | 42 | 21 | 6 | 15 | 62 | 52 | 69 |
| Barrow | 42 | 18 | 11 | 13 | 71 | 55 | 65 |
| Hyde United | 42 | 17 | 13 | 12 | 87 | 71 | 64 |
| Bishop Auckland | 42 | 17 | 11 | 14 | 63 | 52 | 62 |
| Gainsborough Trinity | 42 | 17 | 8 | 17 | 63 | 66 | 59 |
| Colwyn Bay | 42 | 16 | 6 | 20 | 80 | 79 | 54 |
| Horwich RMI | 42 | 14 | 10 | 18 | 72 | 79 | 52 |
| Buxton | 42 | 13 | 10 | 19 | 60 | 75 | 49 |
| Matlock Town | 42 | 13 | 11 | 18 | 56 | 79 | 47 |
| Emley | 42 | 13 | 6 | 23 | 62 | 91 | 45 |
| Whitley Bay | 42 | 11 | 8 | 23 | 57 | 96 | 41 |
| Chorley | 42 | 10 | 10 | 22 | 52 | 93 | 40 |
| Fleetwood Town | 42 | 10 | 7 | 25 | 50 | 77 | 37 |
| Droylsden | 42 | 10 | 7 | 25 | 47 | 84 | 37 |
| Mossley | 42 | 7 | 8 | 27 | 53 | 95 | 29 |
| Goole Town | 42 | 6 | 9 | 27 | 47 | 105 | 27 |

Matlock Town had 3 points deducted

### First Division

| | | | | | | | |
|---|---|---|---|---|---|---|---|
| Bridlington Town | 40 | 25 | 11 | 4 | 84 | 35 | 86 |
| Knowsley United | 40 | 23 | 7 | 10 | 86 | 48 | 76 |
| Ashton United | 40 | 22 | 8 | 10 | 81 | 54 | 74 |
| Guiseley | 40 | 20 | 10 | 10 | 90 | 64 | 70 |
| Warrington Town | 40 | 19 | 10 | 11 | 85 | 57 | 67 |
| Gretna | 40 | 17 | 12 | 11 | 64 | 47 | 63 |
| Curzon Ashton | 40 | 16 | 15 | 9 | 69 | 63 | 63 |
| Great Harwood Town | 40 | 17 | 9 | 14 | 66 | 57 | 60 |
| Alfreton Town | 40 | 15 | 9 | 16 | 80 | 80 | 54 |
| Harrogate Town | 40 | 14 | 12 | 14 | 77 | 81 | 54 |
| Worksop Town | 40 | 15 | 9 | 16 | 66 | 70 | 54 |
| Radcliffe Borough | 40 | 13 | 14 | 13 | 66 | 69 | 53 |
| Workington | 40 | 13 | 13 | 14 | 51 | 61 | 52 |
| Eastwood Town | 40 | 13 | 11 | 16 | 49 | 52 | 50 |
| Netherfield | 40 | 11 | 14 | 15 | 68 | 63 | 47 |
| Caernarfon Town | 40 | 13 | 8 | 19 | 66 | 74 | 47 |
| Farsley Celtic | 40 | 12 | 8 | 20 | 64 | 77 | 44 |
| Lancaster City | 40 | 10 | 12 | 18 | 49 | 76 | 42 |
| Shepshed Albion | 40 | 9 | 12 | 19 | 46 | 66 | 39 |
| Congleton Town | 40 | 10 | 7 | 23 | 58 | 95 | 37 |
| Rossendale United | 40 | 5 | 5 | 30 | 50 | 126 | 20 |

# Northern Premier League 1993-1995

## 1993-94

### Premier Division

| | | | | | | | |
|---|---|---|---|---|---|---|---|
| Marine | 42 | 27 | 9 | 6 | 106 | 62 | 90 |
| Leek Town | 42 | 27 | 8 | 7 | 79 | 50 | 89 |
| Boston United | 42 | 23 | 9 | 10 | 90 | 43 | 78 |
| Bishop Auckland | 42 | 23 | 9 | 10 | 73 | 58 | 78 |
| Frickley Athletic | 42 | 21 | 12 | 9 | 90 | 51 | 75 |
| Colwyn Bay | 42 | 18 | 14 | 10 | 74 | 51 | 68 |
| Morecambe | 42 | 20 | 7 | 15 | 90 | 56 | 67 |
| Barrow | 42 | 18 | 10 | 14 | 59 | 51 | 64 |
| Hyde United | 42 | 17 | 10 | 15 | 80 | 71 | 61 |
| Chorley | 42 | 17 | 10 | 15 | 70 | 67 | 61 |
| Whitley Bay | 42 | 17 | 9 | 16 | 61 | 72 | 60 |
| Gainsborough Trinity | 42 | 15 | 11 | 16 | 64 | 66 | 56 |
| Emley | 42 | 12 | 16 | 14 | 63 | 71 | 52 |
| Matlock Town | 42 | 13 | 12 | 17 | 71 | 76 | 51 |
| Buxton | 42 | 13 | 10 | 19 | 67 | 73 | 49 |
| Accrington Stanley | 42 | 14 | 7 | 21 | 63 | 85 | 49 |
| Droylsden | 42 | 11 | 14 | 17 | 57 | 82 | 47 |
| Knowsley United | 42 | 11 | 11 | 20 | 52 | 66 | 44 |
| Winsford United | 42 | 9 | 11 | 22 | 50 | 74 | 38 |
| Horwich RMI | 42 | 8 | 12 | 22 | 50 | 75 | 35 |
| Bridlington Town | 42 | 7 | 10 | 25 | 41 | 91 | 28 |
| Fleetwood Town | 42 | 7 | 7 | 28 | 55 | 114 | 28 |

Horwich RMI 1 point deducted. Bridlington Town 3 points deducted

### First Division

| | | | | | | | |
|---|---|---|---|---|---|---|---|
| Guiseley | 40 | 29 | 6 | 5 | 87 | 37 | 93 |
| Spennymoor United | 40 | 25 | 6 | 9 | 95 | 50 | 81 |
| Ashton United | 40 | 24 | 7 | 9 | 85 | 41 | 79 |
| Lancaster City | 40 | 20 | 10 | 10 | 74 | 46 | 70 |
| Netherfield | 40 | 20 | 6 | 14 | 68 | 60 | 66 |
| Alfreton Town | 40 | 18 | 10 | 12 | 83 | 70 | 64 |
| Warrington Town | 40 | 17 | 11 | 12 | 52 | 48 | 62 |
| Goole Town | 40 | 16 | 11 | 13 | 72 | 58 | 59 |
| Great Harwood Town | 40 | 15 | 14 | 11 | 56 | 60 | 59 |
| Gretna | 40 | 16 | 7 | 17 | 64 | 65 | 55 |
| Workington | 40 | 14 | 10 | 16 | 70 | 74 | 52 |
| Worksop Town | 40 | 14 | 9 | 17 | 79 | 87 | 51 |
| Bamber Bridge | 40 | 13 | 11 | 16 | 62 | 59 | 50 |
| Curzon Ashton | 40 | 13 | 8 | 19 | 62 | 71 | 47 |
| Congleton Town | 40 | 12 | 9 | 19 | 53 | 68 | 45 |
| Radcliffe Borough | 40 | 10 | 14 | 16 | 62 | 75 | 44 |
| Mossley | 40 | 10 | 12 | 18 | 44 | 68 | 39 |
| Caernarfon Town | 40 | 9 | 11 | 20 | 54 | 88 | 38 |
| Farsley Celtic | 40 | 6 | 16 | 18 | 42 | 77 | 34 |
| Harrogate Town | 40 | 8 | 9 | 23 | 40 | 86 | 33 |
| Eastwood Town | 40 | 7 | 11 | 22 | 47 | 63 | 32 |

Mossley had 3 points deducted

## 1994-95

### Premier Division

| | | | | | | | |
|---|---|---|---|---|---|---|---|
| Marine | 42 | 29 | 11 | 2 | 83 | 27 | 98 |
| Morecambe | 42 | 28 | 10 | 4 | 99 | 34 | 94 |
| Guiseley | 42 | 28 | 9 | 5 | 96 | 50 | 93 |
| Hyde United | 42 | 22 | 10 | 10 | 89 | 59 | 76 |
| Boston United | 42 | 20 | 11 | 11 | 80 | 43 | 71 |
| Spennymoor United | 42 | 20 | 11 | 11 | 66 | 52 | 71 |
| Buxton | 42 | 18 | 9 | 15 | 65 | 62 | 63 |
| Gainsborough Trinity | 42 | 16 | 13 | 13 | 69 | 61 | 61 |
| Bishop Auckland | 42 | 16 | 12 | 14 | 68 | 55 | 57 |
| Witton Albion | 42 | 14 | 14 | 14 | 54 | 56 | 56 |
| Barrow | 42 | 17 | 5 | 20 | 68 | 71 | 56 |
| Colwyn Bay | 42 | 16 | 8 | 18 | 71 | 80 | 56 |
| Emley | 42 | 14 | 13 | 15 | 62 | 68 | 55 |
| Matlock Town | 42 | 15 | 5 | 22 | 62 | 72 | 50 |
| Accrington Stanley | 42 | 12 | 13 | 17 | 55 | 77 | 49 |
| Knowsley United | 42 | 11 | 14 | 17 | 64 | 83 | 47 |
| Winsford United | 42 | 10 | 11 | 21 | 56 | 75 | 41 |
| Chorley | 42 | 11 | 7 | 24 | 64 | 87 | 40 |
| Frickley Athletic | 42 | 10 | 10 | 22 | 53 | 79 | 40 |
| Droylsden | 42 | 10 | 8 | 24 | 56 | 93 | 38 |
| Whitley Bay | 42 | 8 | 8 | 26 | 46 | 97 | 32 |
| Horwich RMI | 42 | 9 | 4 | 29 | 49 | 94 | 31 |

Bishop Auckland had 3 points deducted

### First Division

| | | | | | | | |
|---|---|---|---|---|---|---|---|
| Blyth Spartans | 42 | 26 | 9 | 7 | 95 | 55 | 87 |
| Bamber Bridge | 42 | 25 | 10 | 7 | 101 | 51 | 85 |
| Warrington Town | 42 | 25 | 9 | 8 | 74 | 40 | 84 |
| Alfreton Town | 42 | 25 | 7 | 10 | 94 | 49 | 82 |
| Lancaster City | 42 | 23 | 10 | 9 | 81 | 44 | 79 |
| Worksop Town | 42 | 19 | 14 | 9 | 95 | 68 | 71 |
| Radcliffe Borough | 42 | 18 | 10 | 14 | 76 | 70 | 64 |
| Ashton United | 42 | 18 | 8 | 16 | 80 | 70 | 62 |
| Netherfield | 42 | 17 | 7 | 18 | 54 | 56 | 58 |
| Eastwood Town | 42 | 14 | 13 | 15 | 67 | 61 | 55 |
| Gretna | 42 | 14 | 13 | 15 | 64 | 66 | 55 |
| Atherton Laburnum Rovers | 42 | 14 | 8 | 20 | 60 | 67 | 50 |
| Harrogate Town | 42 | 14 | 8 | 20 | 57 | 78 | 50 |
| Caernarfon Town | 42 | 13 | 10 | 19 | 59 | 62 | 49 |
| Curzon Ashton | 42 | 10 | 16 | 16 | 64 | 80 | 46 |
| Great Harwood Town | 42 | 11 | 13 | 18 | 66 | 87 | 46 |
| Congleton Town | 42 | 11 | 13 | 18 | 52 | 75 | 46 |
| Fleetwood | 42 | 12 | 11 | 19 | 51 | 74 | 44 |
| Farsley Celtic | 42 | 12 | 7 | 23 | 66 | 100 | 43 |
| Workington | 42 | 12 | 6 | 24 | 61 | 91 | 42 |
| Goole Town | 42 | 11 | 7 | 24 | 46 | 81 | 40 |
| Mossley | 42 | 11 | 5 | 26 | 52 | 90 | 37 |

Mossley had 1 point deducted. Fleetwood had 3 points deducted

## 1995-96

### Premier Division

| | | | | | | | |
|---|---|---|---|---|---|---|---|
| Bamber Bridge | 42 | 20 | 16 | 6 | 81 | 49 | 76 |
| Boston United | 42 | 23 | 6 | 13 | 86 | 59 | 75 |
| Hyde United | 42 | 21 | 11 | 10 | 86 | 51 | 74 |
| Barrow | 42 | 20 | 13 | 9 | 69 | 42 | 73 |
| Gainsborough Trinity | 42 | 20 | 13 | 9 | 60 | 41 | 73 |
| Blyth Spartans | 42 | 17 | 13 | 12 | 75 | 61 | 64 |
| Accrington Stanley | 42 | 17 | 14 | 11 | 62 | 54 | 62 |
| Emley | 42 | 17 | 10 | 15 | 57 | 53 | 61 |
| Spennymoor United | 42 | 14 | 18 | 10 | 67 | 61 | 60 |
| Guiseley | 42 | 15 | 14 | 13 | 62 | 57 | 59 |
| Bishop Auckland | 42 | 16 | 11 | 15 | 60 | 55 | 59 |
| Marine | 42 | 15 | 14 | 13 | 59 | 54 | 59 |
| Witton Albion | 42 | 17 | 8 | 17 | 60 | 62 | 59 |
| Chorley | 42 | 14 | 9 | 19 | 67 | 74 | 48 |
| Knowsley United | 42 | 14 | 6 | 22 | 61 | 89 | 48 |
| Winsford United | 42 | 10 | 16 | 16 | 56 | 79 | 46 |
| Leek Town | 42 | 10 | 15 | 17 | 52 | 55 | 45 |
| Colwyn Bay | 42 | 8 | 21 | 13 | 43 | 57 | 45 |
| Frickley Athletic | 42 | 11 | 14 | 17 | 63 | 87 | 44 |
| Buxton | 42 | 9 | 11 | 22 | 43 | 72 | 38 |
| Droylsden | 42 | 10 | 8 | 24 | 58 | 100 | 38 |
| Matlock Town | 42 | 8 | 11 | 23 | 71 | 86 | 35 |

Accrington Stanley, Chorley & Frickley Town all had 3 points deducted

### First Division

| | | | | | | | |
|---|---|---|---|---|---|---|---|
| Lancaster City | 40 | 24 | 11 | 5 | 79 | 38 | 83 |
| Alfreton Town | 40 | 23 | 9 | 8 | 79 | 47 | 78 |
| Lincoln United | 40 | 22 | 7 | 11 | 80 | 56 | 73 |
| Curzon Ashton | 40 | 20 | 7 | 13 | 73 | 53 | 67 |
| Farsley Celtic | 40 | 19 | 9 | 12 | 66 | 61 | 66 |
| Radcliffe Borough | 40 | 17 | 13 | 10 | 70 | 48 | 64 |
| Eastwood Town | 40 | 18 | 9 | 13 | 60 | 47 | 63 |
| Whitley Bay | 40 | 18 | 8 | 14 | 72 | 62 | 62 |
| Ashton United | 40 | 19 | 7 | 14 | 73 | 65 | 60 |
| Atherton Laburnum Rovers | 40 | 15 | 12 | 13 | 60 | 61 | 57 |
| Worksop Town | 40 | 16 | 8 | 16 | 84 | 90 | 56 |
| Gretna | 40 | 13 | 13 | 14 | 75 | 65 | 52 |
| Warrington Town | 40 | 13 | 10 | 17 | 75 | 72 | 49 |
| Leigh RMI | 40 | 14 | 7 | 19 | 53 | 59 | 49 |
| Netherfield | 40 | 13 | 10 | 17 | 64 | 73 | 49 |
| Workington | 40 | 11 | 12 | 17 | 50 | 62 | 45 |
| Bradford Park Avenue | 40 | 9 | 14 | 17 | 57 | 72 | 41 |
| Congleton Town | 40 | 11 | 11 | 18 | 36 | 59 | 41 |
| Great Harwood Town | 40 | 9 | 7 | 24 | 44 | 78 | 33 |
| Fleetwood | 40 | 7 | 10 | 23 | 41 | 81 | 31 |
| Harrogate Town | 40 | 7 | 10 | 23 | 54 | 96 | 31 |

Great Harwood Town had 1 point deducted, Congleton Town had 3 points deducted and Ashton United had 4 points deducted

## 1996-97

### Premier Division

| | | | | | | | |
|---|---|---|---|---|---|---|---|
| Leek Town | 44 | 28 | 9 | 7 | 71 | 35 | 93 |
| Bishop Auckland | 44 | 23 | 14 | 7 | 88 | 43 | 83 |
| Hyde United | 44 | 22 | 16 | 6 | 93 | 46 | 82 |
| Emley | 44 | 23 | 12 | 9 | 89 | 54 | 81 |
| Barrow | 44 | 23 | 11 | 10 | 71 | 45 | 80 |
| Boston United | 44 | 22 | 13 | 9 | 74 | 47 | 79 |
| Blyth Spartans | 44 | 22 | 11 | 11 | 74 | 49 | 77 |
| Marine | 44 | 20 | 15 | 9 | 53 | 37 | 75 |
| Guiseley | 44 | 20 | 11 | 13 | 63 | 54 | 71 |
| Gainsborough Trinity | 44 | 18 | 12 | 14 | 65 | 46 | 66 |
| Accrington Stanley | 44 | 18 | 12 | 14 | 77 | 70 | 66 |
| Runcorn | 44 | 15 | 15 | 14 | 63 | 62 | 60 |
| Chorley | 44 | 16 | 9 | 19 | 69 | 66 | 57 |
| Winsford United | 44 | 13 | 14 | 17 | 50 | 56 | 53 |
| Knowsley United | 44 | 12 | 14 | 18 | 58 | 79 | 49 |
| Colwyn Bay | 44 | 11 | 13 | 20 | 60 | 76 | 46 |
| Lancaster City | 44 | 12 | 9 | 23 | 48 | 75 | 45 |
| Frickley Athletic | 44 | 12 | 8 | 24 | 62 | 91 | 44 |
| Spennymoor United | 44 | 10 | 10 | 24 | 52 | 68 | 40 |
| Bamber Bridge | 44 | 11 | 7 | 26 | 59 | 99 | 40 |
| Alfreton Town | 44 | 8 | 13 | 23 | 45 | 83 | 37 |
| Witton Albion | 44 | 5 | 14 | 25 | 41 | 91 | 29 |
| Buxton | 44 | 5 | 12 | 27 | 33 | 86 | 27 |

Knowsley United had 1 point deducted

### First Division

| | | | | | | | |
|---|---|---|---|---|---|---|---|
| Radcliffe Borough | 42 | 26 | 7 | 9 | 77 | 33 | 85 |
| Leigh RMI | 42 | 24 | 11 | 7 | 65 | 33 | 83 |
| Lincoln United | 42 | 25 | 8 | 9 | 78 | 47 | 83 |
| Farsley Celtic | 42 | 23 | 8 | 11 | 75 | 48 | 77 |
| Worksop Town | 42 | 20 | 12 | 10 | 68 | 38 | 69 |
| Stocksbridge Park Steels | 42 | 19 | 11 | 12 | 66 | 54 | 68 |
| Bradford Park Avenue | 42 | 20 | 8 | 14 | 58 | 50 | 68 |
| Ashton United | 42 | 17 | 14 | 11 | 73 | 52 | 65 |
| Great Harwood Town | 42 | 16 | 12 | 14 | 56 | 46 | 60 |
| Droylsden | 42 | 15 | 14 | 13 | 69 | 67 | 59 |
| Matlock Town | 42 | 16 | 10 | 16 | 61 | 69 | 58 |
| Whitley Bay | 42 | 14 | 12 | 16 | 47 | 54 | 54 |
| Flixton | 42 | 15 | 7 | 20 | 57 | 72 | 52 |
| Netherfield | 42 | 12 | 14 | 16 | 54 | 56 | 50 |
| Eastwood Town | 42 | 12 | 14 | 16 | 42 | 50 | 50 |
| Gretna | 42 | 10 | 18 | 14 | 55 | 68 | 48 |
| Harrogate Town | 42 | 13 | 8 | 21 | 55 | 76 | 47 |
| Congleton Town | 42 | 12 | 9 | 21 | 47 | 64 | 45 |
| Workington | 42 | 10 | 12 | 20 | 45 | 63 | 42 |
| Curzon Ashton | 42 | 8 | 10 | 24 | 48 | 79 | 34 |
| Warrington Town | 42 | 5 | 18 | 19 | 42 | 79 | 33 |
| Atherton Laburnum Rovers | 42 | 7 | 9 | 26 | 45 | 85 | 30 |

Worksop Town had 3 points deducted

# Northern Premier League 1997-1999

## 1997-98

### Premier Division

| | | | | | | | |
|---|---|---|---|---|---|---|---|
| Barrow | 42 | 25 | 8 | 9 | 61 | 29 | 83 |
| Boston United | 42 | 22 | 12 | 8 | 55 | 40 | 78 |
| Leigh RMI | 42 | 21 | 13 | 8 | 63 | 41 | 76 |
| Runcorn | 42 | 22 | 9 | 11 | 80 | 50 | 75 |
| Gainsborough Trinity | 42 | 22 | 9 | 11 | 60 | 39 | 75 |
| Emley | 42 | 22 | 8 | 12 | 81 | 61 | 74 |
| Winsford United | 42 | 19 | 12 | 11 | 54 | 43 | 69 |
| Altrincham | 42 | 18 | 11 | 13 | 76 | 44 | 65 |
| Guiseley | 42 | 16 | 16 | 10 | 61 | 53 | 64 |
| Bishop Auckland | 42 | 17 | 12 | 13 | 78 | 60 | 63 |
| Marine | 42 | 15 | 11 | 16 | 56 | 59 | 56 |
| Hyde United | 42 | 13 | 16 | 13 | 60 | 55 | 55 |
| Colwyn Bay | 42 | 15 | 9 | 18 | 53 | 57 | 54 |
| Spennymoor United | 42 | 14 | 11 | 17 | 58 | 72 | 52 |
| Chorley | 42 | 14 | 7 | 21 | 51 | 70 | 49 |
| Frickley Athletic | 42 | 12 | 12 | 18 | 45 | 62 | 48 |
| Lancaster City | 42 | 13 | 8 | 21 | 55 | 74 | 47 |
| Blyth Spartans | 42 | 12 | 13 | 17 | 52 | 63 | 39 |
| Bamber Bridge | 42 | 9 | 12 | 21 | 51 | 74 | 39 |
| Accrington Stanley | 42 | 8 | 14 | 20 | 49 | 68 | 38 |
| Radcliffe Borough | 42 | 6 | 12 | 24 | 39 | 70 | 30 |
| Alfreton Town | 42 | 3 | 13 | 26 | 32 | 86 | 22 |

Spennymoor United had 1 point deducted
Blyth Spartans had 10 points deducted

### First Division

| | | | | | | | |
|---|---|---|---|---|---|---|---|
| Whitby Town | 42 | 30 | 8 | 4 | 99 | 48 | 98 |
| Worksop Town | 42 | 28 | 7 | 7 | 93 | 44 | 91 |
| Ashton United | 42 | 26 | 9 | 7 | 93 | 43 | 87 |
| Droylsden | 42 | 24 | 8 | 10 | 70 | 49 | 80 |
| Lincoln United | 42 | 20 | 11 | 11 | 76 | 62 | 71 |
| Farsley Celtic | 42 | 20 | 10 | 12 | 72 | 66 | 70 |
| Witton Albion | 42 | 19 | 9 | 14 | 77 | 55 | 66 |
| Eastwood Town | 42 | 18 | 12 | 12 | 68 | 51 | 66 |
| Bradford Park Avenue | 42 | 18 | 11 | 13 | 62 | 46 | 65 |
| Belper Town | 42 | 18 | 7 | 17 | 68 | 66 | 61 |
| Stocksbridge Park Steels | 42 | 17 | 9 | 16 | 68 | 63 | 60 |
| Trafford | 42 | 16 | 6 | 20 | 59 | 61 | 54 |
| Whitley Bay | 42 | 14 | 12 | 16 | 60 | 63 | 54 |
| Matlock Town | 42 | 14 | 11 | 17 | 68 | 65 | 53 |
| Gretna | 42 | 13 | 9 | 20 | 58 | 64 | 48 |
| Netherfield | 42 | 12 | 11 | 19 | 55 | 75 | 47 |
| Flixton | 42 | 10 | 12 | 20 | 45 | 73 | 42 |
| Congleton Town | 42 | 11 | 8 | 23 | 65 | 101 | 41 |
| Harrogate Town | 42 | 8 | 14 | 20 | 57 | 80 | 38 |
| Great Harwood Town | 42 | 8 | 12 | 22 | 42 | 88 | 36 |
| Workington | 42 | 8 | 7 | 27 | 38 | 84 | 31 |
| Buxton | 42 | 7 | 3 | 32 | 41 | 87 | 24 |

## 1998-99

### Premier Division

| | | | | | | | |
|---|---|---|---|---|---|---|---|
| Altrincham | 42 | 23 | 11 | 8 | 67 | 33 | 80 |
| Worksop Town | 42 | 22 | 10 | 10 | 66 | 48 | 76 |
| Guiseley | 42 | 21 | 9 | 12 | 64 | 47 | 72 |
| Bamber Bridge | 42 | 18 | 15 | 9 | 63 | 48 | 69 |
| Gateshead | 42 | 18 | 11 | 13 | 69 | 58 | 65 |
| Gainsborough Trinity | 42 | 19 | 8 | 15 | 65 | 59 | 65 |
| Whitby Town | 42 | 17 | 13 | 12 | 77 | 62 | 64 |
| Leigh RMI | 42 | 16 | 15 | 11 | 63 | 54 | 63 |
| Hyde United | 42 | 16 | 11 | 15 | 61 | 48 | 59 |
| Stalybridge Celtic | 42 | 16 | 11 | 15 | 71 | 63 | 59 |
| Winsford United | 42 | 14 | 15 | 13 | 56 | 52 | 57 |
| Runcorn | 42 | 12 | 19 | 11 | 46 | 49 | 55 |
| Emley | 42 | 12 | 17 | 13 | 47 | 49 | 53 |
| Blyth Spartans | 42 | 14 | 9 | 19 | 56 | 64 | 51 |
| Colwyn Bay | 42 | 12 | 13 | 17 | 60 | 71 | 49 |
| Frickley Athletic | 42 | 11 | 15 | 16 | 55 | 71 | 48 |
| Marine | 42 | 10 | 17 | 15 | 61 | 69 | 47 |
| Spennymoor United | 42 | 12 | 11 | 19 | 52 | 71 | 47 |
| Lancaster City | 42 | 11 | 13 | 18 | 50 | 62 | 46 |
| Bishop Auckland | 42 | 10 | 17 | 15 | 49 | 67 | 45 |
| Chorley | 42 | 8 | 15 | 19 | 45 | 68 | 39 |
| Accrington Stanley | 42 | 9 | 9 | 24 | 47 | 77 | 36 |

### First Division

| | | | | | | | |
|---|---|---|---|---|---|---|---|
| Droylsden | 42 | 26 | 8 | 8 | 97 | 55 | 86 |
| Hucknall Town | 42 | 26 | 11 | 5 | 80 | 38 | 86 |
| Ashton United | 42 | 22 | 12 | 8 | 79 | 46 | 78 |
| Lincoln United | 42 | 20 | 12 | 10 | 94 | 65 | 72 |
| Eastwood Town | 42 | 20 | 8 | 14 | 65 | 69 | 68 |
| Radcliffe Borough | 42 | 19 | 8 | 15 | 78 | 62 | 65 |
| Burscough | 42 | 19 | 8 | 15 | 67 | 61 | 65 |
| Witton Albion | 42 | 18 | 9 | 15 | 70 | 63 | 63 |
| Bradford Park Avenue | 42 | 17 | 11 | 14 | 64 | 55 | 62 |
| Stocksbridge Park Steels | 42 | 16 | 13 | 13 | 64 | 60 | 61 |
| Harrogate Town | 42 | 17 | 7 | 18 | 75 | 77 | 58 |
| Gretna | 42 | 16 | 10 | 16 | 73 | 80 | 58 |
| Belper Town | 42 | 15 | 11 | 16 | 58 | 57 | 56 |
| Trafford | 42 | 14 | 11 | 17 | 50 | 58 | 53 |
| Netherfield Kendal | 42 | 13 | 10 | 19 | 51 | 64 | 49 |
| Flixton | 42 | 12 | 12 | 18 | 50 | 64 | 48 |
| Matlock Town | 42 | 14 | 6 | 22 | 53 | 72 | 48 |
| Farsley Celtic | 42 | 11 | 13 | 18 | 56 | 73 | 46 |
| Whitley Bay | 42 | 10 | 9 | 23 | 53 | 77 | 39 |
| Congleton Town | 42 | 8 | 15 | 19 | 65 | 91 | 39 |
| Great Harwood Town | 42 | 10 | 8 | 24 | 51 | 73 | 38 |
| Alfreton Town | 42 | 9 | 8 | 25 | 53 | 86 | 35 |

Hucknall Town had 3 points deducted

## 1999-2000

### Premier Division

| | | | | | | | |
|---|---|---|---|---|---|---|---|
| Leigh RMI | 44 | 28 | 8 | 8 | 91 | 45 | 92 |
| Hyde United | 44 | 24 | 13 | 7 | 77 | 44 | 85 |
| Gateshead | 44 | 23 | 13 | 8 | 79 | 41 | 82 |
| Marine | 44 | 21 | 16 | 7 | 78 | 46 | 79 |
| Emley | 44 | 20 | 12 | 12 | 54 | 41 | 72 |
| Lancaster City | 44 | 20 | 11 | 13 | 65 | 55 | 71 |
| Stalybridge Celtic | 44 | 18 | 12 | 14 | 64 | 54 | 66 |
| Bishop Auckland | 44 | 18 | 11 | 15 | 63 | 61 | 65 |
| Runcorn | 44 | 18 | 10 | 16 | 64 | 55 | 64 |
| Worksop Town | 44 | 19 | 6 | 19 | 78 | 65 | 63 |
| Gainsborough Trinity | 44 | 16 | 15 | 13 | 59 | 49 | 63 |
| Whitby Town | 44 | 15 | 13 | 16 | 66 | 66 | 58 |
| Barrow | 44 | 14 | 15 | 15 | 65 | 59 | 57 |
| Blyth Spartans | 44 | 15 | 9 | 20 | 62 | 67 | 54 |
| Droylsden | 44 | 14 | 12 | 18 | 53 | 60 | 54 |
| Frickley Athletic | 44 | 15 | 9 | 20 | 64 | 85 | 54 |
| Bamber Bridge | 44 | 14 | 11 | 19 | 70 | 67 | 53 |
| Hucknall Town | 44 | 14 | 11 | 19 | 55 | 61 | 53 |
| Leek Town | 44 | 14 | 10 | 20 | 58 | 79 | 52 |
| Colwyn Bay | 44 | 12 | 12 | 20 | 46 | 85 | 48 |
| Spennymoor United | 44 | 10 | 13 | 21 | 41 | 71 | 42 |
| Guiseley | 44 | 8 | 17 | 19 | 52 | 72 | 41 |
| Winsford United | 44 | 3 | 7 | 34 | 40 | 116 | 16 |

Spennymoor United had 1 point deducted

### First Division

| | | | | | | | |
|---|---|---|---|---|---|---|---|
| Accrington Stanley | 42 | 25 | 9 | 8 | 96 | 43 | 84 |
| Burscough | 42 | 22 | 18 | 2 | 81 | 35 | 84 |
| Witton Albion | 42 | 23 | 15 | 4 | 88 | 46 | 84 |
| Bradford Park Avenue | 42 | 23 | 9 | 10 | 77 | 48 | 78 |
| Radcliffe Borough | 42 | 22 | 12 | 8 | 71 | 48 | 78 |
| Farsley Celtic | 42 | 19 | 11 | 12 | 66 | 52 | 68 |
| Matlock Town | 42 | 17 | 16 | 9 | 72 | 55 | 67 |
| Ossett Town | 42 | 17 | 8 | 17 | 77 | 55 | 59 |
| Stocksbridge Park Steels | 42 | 16 | 8 | 18 | 55 | 70 | 56 |
| Eastwood Town | 42 | 15 | 11 | 16 | 64 | 65 | 55 |
| Harrogate Town | 42 | 14 | 12 | 16 | 65 | 67 | 54 |
| Congleton Town | 42 | 14 | 12 | 16 | 63 | 73 | 54 |
| Chorley | 42 | 13 | 15 | 14 | 53 | 64 | 54 |
| Ashton United | 42 | 12 | 16 | 14 | 65 | 67 | 52 |
| Workington | 42 | 13 | 13 | 16 | 49 | 55 | 52 |
| Lincoln United | 42 | 13 | 12 | 17 | 52 | 80 | 51 |
| Belper Town | 42 | 13 | 11 | 18 | 59 | 72 | 50 |
| Trafford | 42 | 11 | 12 | 19 | 55 | 63 | 45 |
| Gretna | 42 | 11 | 7 | 24 | 48 | 78 | 40 |
| Netherfield Kendal | 42 | 8 | 9 | 25 | 46 | 82 | 33 |
| Flixton | 42 | 7 | 9 | 26 | 47 | 85 | 30 |
| Whitley Bay | 42 | 7 | 9 | 26 | 41 | 87 | 30 |

Eastwood Town had 1 point deducted

## 2000-2001

### Premier Division

| | | | | | | | |
|---|---|---|---|---|---|---|---|
| Stalybridge Celtic | 44 | 31 | 9 | 4 | 96 | 32 | 102 |
| Emley | 44 | 31 | 8 | 5 | 87 | 42 | 101 |
| Bishop Auckland | 44 | 26 | 7 | 11 | 88 | 53 | 85 |
| Lancaster City | 44 | 24 | 9 | 11 | 84 | 60 | 81 |
| Worksop Town | 44 | 20 | 13 | 11 | 102 | 60 | 73 |
| Barrow | 44 | 21 | 9 | 14 | 83 | 63 | 72 |
| Altrincham | 44 | 20 | 10 | 14 | 80 | 58 | 70 |
| Gainsborough Trinity | 44 | 17 | 14 | 13 | 59 | 56 | 65 |
| Accrington Stanley | 44 | 18 | 10 | 16 | 72 | 67 | 64 |
| Hucknall Town | 44 | 17 | 12 | 15 | 57 | 63 | 63 |
| Gateshead | 44 | 16 | 12 | 16 | 68 | 61 | 60 |
| Bamber Bridge | 44 | 17 | 8 | 19 | 63 | 65 | 59 |
| Runcorn | 44 | 15 | 10 | 19 | 56 | 70 | 55 |
| Blyth Spartans | 44 | 15 | 9 | 20 | 61 | 64 | 54 |
| Burscough | 44 | 14 | 10 | 20 | 59 | 68 | 52 |
| Hyde United | 44 | 13 | 12 | 19 | 72 | 79 | 51 |
| Whitby Town | 44 | 13 | 11 | 20 | 60 | 76 | 50 |
| Marine | 44 | 12 | 13 | 19 | 62 | 78 | 49 |
| Colwyn Bay | 44 | 12 | 10 | 22 | 68 | 102 | 46 |
| Frickley Athletic | 44 | 10 | 15 | 19 | 50 | 79 | 45 |
| Droylsden | 44 | 13 | 6 | 25 | 50 | 80 | 45 |
| Leek Town | 44 | 12 | 8 | 24 | 45 | 70 | 44 |
| Spennymoor United | 44 | 4 | 5 | 35 | 32 | 108 | 17 |

### First Division

| | | | | | | | |
|---|---|---|---|---|---|---|---|
| Bradford Park Avenue | 42 | 28 | 5 | 9 | 83 | 40 | 89 |
| Vauxhall Motors | 42 | 23 | 10 | 9 | 95 | 50 | 79 |
| Ashton United | 42 | 23 | 9 | 10 | 91 | 49 | 78 |
| Stocksbridge Park Steels | 42 | 19 | 13 | 10 | 80 | 60 | 70 |
| Trafford | 42 | 20 | 9 | 13 | 70 | 62 | 68 |
| Belper Town | 42 | 18 | 11 | 13 | 71 | 62 | 65 |
| Witton Albion | 42 | 15 | 16 | 11 | 51 | 50 | 61 |
| Ossett Town | 42 | 16 | 12 | 14 | 66 | 58 | 60 |
| Radcliffe Borough | 42 | 17 | 8 | 17 | 72 | 71 | 59 |
| Chorley | 42 | 15 | 14 | 13 | 71 | 70 | 59 |
| Harrogate Town | 42 | 15 | 10 | 17 | 60 | 70 | 55 |
| Matlock Town | 42 | 14 | 10 | 18 | 70 | 74 | 52 |
| North Ferriby United | 42 | 14 | 10 | 18 | 64 | 73 | 52 |
| Workington | 42 | 13 | 12 | 17 | 53 | 60 | 51 |
| Lincoln United | 42 | 13 | 12 | 17 | 60 | 75 | 51 |
| Gretna | 42 | 12 | 12 | 18 | 72 | 82 | 48 |
| Guiseley | 42 | 11 | 15 | 16 | 37 | 50 | 48 |
| Kendal Town | 42 | 12 | 12 | 18 | 60 | 69 | 47 |
| Farsley Celtic | 42 | 12 | 11 | 19 | 53 | 71 | 47 |
| Eastwood Town | 42 | 13 | 8 | 21 | 40 | 63 | 47 |
| Winsford United | 42 | 13 | 11 | 18 | 61 | 70 | 44 |
| Congleton Town | 42 | 8 | 6 | 28 | 43 | 94 | 30 |

Trafford and Kendal Town both had 1 point deducted
Winsford United had 6 points deducted

# Northern Premier League 2001-2003

## 2001-2002

### Premier Division

| | | | | | | | |
|---|---|---|---|---|---|---|---|
| Burton Albion | 44 | 31 | 11 | 2 | 106 | 30 | 104 |
| Vauxhall Motors | 44 | 27 | 8 | 9 | 86 | 55 | 89 |
| Lancaster City | 44 | 23 | 9 | 12 | 80 | 57 | 78 |
| Worksop Town | 44 | 23 | 9 | 12 | 74 | 51 | 78 |
| Emley | 44 | 22 | 9 | 13 | 69 | 55 | 75 |
| Accrington Stanley | 44 | 21 | 9 | 14 | 89 | 64 | 72 |
| Runcorn FC Halton | 44 | 21 | 8 | 15 | 76 | 53 | 71 |
| Barrow | 44 | 19 | 10 | 15 | 75 | 59 | 67 |
| Altrincham | 44 | 19 | 9 | 16 | 66 | 58 | 66 |
| Bradford Park Avenue | 44 | 18 | 5 | 21 | 77 | 76 | 59 |
| Droylsden | 44 | 17 | 8 | 19 | 65 | 78 | 59 |
| Blyth Spartans | 44 | 14 | 16 | 14 | 59 | 62 | 58 |
| Frickley Athletic | 44 | 16 | 11 | 17 | 63 | 69 | 58 |
| Gateshead | 44 | 14 | 14 | 16 | 58 | 71 | 56 |
| Whitby Town | 44 | 15 | 8 | 21 | 61 | 76 | 53 |
| Hucknall Town | 44 | 14 | 9 | 21 | 50 | 68 | 51 |
| Marine | 44 | 11 | 17 | 16 | 62 | 71 | 50 |
| Burscough | 44 | 15 | 5 | 24 | 69 | 86 | 50 |
| Gainsborough Trinity | 44 | 13 | 10 | 21 | 61 | 76 | 49 |
| Colwyn Bay | 44 | 12 | 11 | 21 | 49 | 82 | 47 |
| Bishop Auckland | 44 | 12 | 8 | 24 | 46 | 68 | 44 |
| Hyde United | 44 | 10 | 10 | 24 | 61 | 87 | 40 |
| Bamber Bridge | 44 | 7 | 10 | 27 | 38 | 88 | 30 |

Frickley Athletic and Bamber Bridge both had 1 point deducted.

### First Division

| | | | | | | | |
|---|---|---|---|---|---|---|---|
| Harrogate Town | 42 | 25 | 11 | 6 | 80 | 35 | 86 |
| Ossett Town | 42 | 21 | 13 | 8 | 73 | 44 | 76 |
| Ashton United | 42 | 21 | 12 | 9 | 90 | 63 | 75 |
| Spennymoor United | 42 | 22 | 6 | 14 | 75 | 73 | 72 |
| Radcliffe Borough | 42 | 20 | 8 | 14 | 73 | 51 | 68 |
| Leek Town | 42 | 20 | 8 | 14 | 67 | 51 | 68 |
| Gretna | 42 | 19 | 7 | 16 | 66 | 66 | 63 |
| Eastwood Town | 42 | 17 | 11 | 14 | 61 | 59 | 62 |
| Rossendale United | 42 | 17 | 10 | 15 | 69 | 58 | 61 |
| Witton Albion | 42 | 17 | 10 | 15 | 72 | 68 | 61 |
| Guiseley | 42 | 18 | 7 | 17 | 60 | 67 | 61 |
| North Ferriby United | 42 | 14 | 16 | 12 | 71 | 60 | 58 |
| Chorley | 42 | 16 | 9 | 17 | 59 | 57 | 57 |
| Matlock Town | 42 | 15 | 9 | 18 | 49 | 48 | 51 |
| Trafford | 42 | 14 | 9 | 19 | 64 | 80 | 51 |
| Workington | 42 | 12 | 12 | 18 | 51 | 57 | 48 |
| Farsley Celtic | 42 | 12 | 11 | 19 | 64 | 78 | 47 |
| Belper Town | 42 | 12 | 11 | 19 | 49 | 66 | 47 |
| Lincoln United | 42 | 11 | 14 | 17 | 62 | 80 | 47 |
| Stocksbridge Park Steels | 42 | 12 | 9 | 21 | 55 | 76 | 45 |
| Kendal Town | 42 | 9 | 9 | 24 | 52 | 76 | 36 |
| Ossett Albion | 42 | 8 | 8 | 26 | 43 | 92 | 32 |

Gretna had 1 point deducted.
Matlock Town had 3 points deducted.

## 2002-2003

### Premier Division

| | | | | | | | |
|---|---|---|---|---|---|---|---|
| Accrington Stanley | 44 | 30 | 10 | 4 | 97 | 44 | 100 |
| Barrow | 44 | 24 | 12 | 8 | 84 | 52 | 84 |
| Vauxhall Motors | 44 | 22 | 10 | 12 | 81 | 46 | 76 |
| Stalybridge Celtic | 44 | 21 | 13 | 10 | 77 | 51 | 76 |
| Worksop Town | 44 | 21 | 9 | 14 | 82 | 67 | 72 |
| Harrogate Town | 44 | 21 | 8 | 15 | 75 | 63 | 71 |
| Bradford Park Avenue | 44 | 20 | 10 | 14 | 73 | 70 | 70 |
| Hucknall Town | 44 | 17 | 15 | 12 | 72 | 62 | 66 |
| Droylsden | 44 | 18 | 10 | 16 | 62 | 52 | 64 |
| Whitby Town | 44 | 17 | 12 | 15 | 80 | 69 | 63 |
| Marine | 44 | 17 | 10 | 17 | 63 | 60 | 61 |
| Wakefield & Emley | 44 | 14 | 18 | 12 | 46 | 49 | 60 |
| Runcorn FC Halton | 44 | 15 | 15 | 14 | 69 | 74 | 60 |
| Altrincham | 44 | 17 | 9 | 18 | 58 | 63 | 60 |
| Gainsborough Trinity | 44 | 16 | 11 | 17 | 67 | 66 | 59 |
| Ashton United | 44 | 15 | 13 | 16 | 71 | 79 | 58 |
| Lancaster City | 44 | 16 | 9 | 19 | 71 | 75 | 57 |
| Burscough | 44 | 14 | 9 | 21 | 44 | 51 | 51 |
| Blyth Spartans | 44 | 14 | 9 | 21 | 67 | 87 | 51 |
| Frickley Athletic | 44 | 13 | 8 | 23 | 45 | 78 | 47 |
| Gateshead | 44 | 10 | 11 | 23 | 60 | 81 | 41 |
| Colwyn Bay | 44 | 5 | 9 | 30 | 52 | 99 | 24 |
| Hyde United | 44 | 5 | 8 | 31 | 40 | 98 | 23 |

### Division One

| | | | | | | | |
|---|---|---|---|---|---|---|---|
| Alfreton Town | 42 | 26 | 9 | 7 | 106 | 59 | 87 |
| Spennymoor United | 42 | 27 | 6 | 9 | 81 | 42 | 87 |
| Radcliffe Borough | 42 | 25 | 10 | 7 | 90 | 46 | 85 |
| North Ferriby United | 42 | 23 | 9 | 10 | 78 | 45 | 78 |
| Chorley | 42 | 21 | 10 | 11 | 80 | 51 | 73 |
| Belper Town | 42 | 20 | 13 | 9 | 53 | 42 | 73 |
| Witton Albion | 42 | 19 | 15 | 8 | 67 | 50 | 72 |
| Matlock Town | 42 | 20 | 10 | 12 | 67 | 48 | 70 |
| Leek Town | 42 | 20 | 9 | 13 | 63 | 46 | 69 |
| Workington | 42 | 19 | 10 | 13 | 73 | 60 | 67 |
| Farsley Celtic | 42 | 17 | 11 | 14 | 66 | 67 | 62 |
| Kendal Town | 42 | 18 | 7 | 17 | 68 | 58 | 61 |
| Bamber Bridge | 42 | 15 | 9 | 18 | 55 | 59 | 54 |
| Guiseley | 42 | 14 | 11 | 17 | 68 | 63 | 53 |
| Bishop Auckland | 42 | 13 | 10 | 19 | 58 | 83 | 49 |
| Lincoln United | 42 | 12 | 9 | 21 | 67 | 77 | 45 |
| Stocksbridge PS | 42 | 11 | 9 | 22 | 54 | 81 | 42 |
| Rossendale United | 42 | 12 | 5 | 25 | 58 | 88 | 41 |
| Kidsgrove Athletic | 42 | 9 | 11 | 22 | 49 | 71 | 38 |
| Ossett Town | 42 | 8 | 9 | 25 | 39 | 80 | 33 |
| Eastwood Town | 42 | 5 | 8 | 29 | 33 | 92 | 23 |
| Trafford | 42 | 5 | 6 | 31 | 34 | 99 | 21 |

## 2003-2004

### Premier Division

| | | | | | | | |
|---|---|---|---|---|---|---|---|
| Hucknall Town | 44 | 29 | 8 | 7 | 83 | 38 | 95 |
| Droylsden | 44 | 26 | 8 | 10 | 96 | 64 | 86 |
| Barrow | 44 | 22 | 14 | 8 | 82 | 52 | 80 |
| Alfreton Town | 44 | 23 | 9 | 12 | 73 | 43 | 78 |
| Harrogate Town | 44 | 24 | 5 | 15 | 79 | 63 | 77 |
| Southport | 44 | 20 | 10 | 14 | 71 | 52 | 70 |
| Worksop Town | 44 | 19 | 13 | 12 | 69 | 50 | 70 |
| Lancaster City | 44 | 20 | 9 | 15 | 62 | 49 | 69 |
| Vauxhall Motors | 44 | 19 | 10 | 15 | 78 | 75 | 67 |
| Gainsborough Trinity | 44 | 17 | 13 | 14 | 70 | 52 | 64 |
| Stalybridge Celtic | 44 | 18 | 10 | 16 | 72 | 66 | 64 |
| Altrincham | 44 | 16 | 15 | 13 | 66 | 51 | 63 |
| Runcorn FC Halton | 44 | 16 | 13 | 15 | 67 | 63 | 61 |
| Ashton United | 44 | 17 | 8 | 19 | 59 | 79 | 59 |
| Whitby Town | 44 | 14 | 11 | 19 | 55 | 70 | 53 |
| Marine | 44 | 13 | 12 | 19 | 62 | 74 | 51 |
| Bradford Park Avenue | 44 | 12 | 14 | 18 | 48 | 62 | 50 |
| Spennymoor United | 44 | 14 | 6 | 24 | 55 | 93 | 48 |
| Burscough | 44 | 10 | 15 | 19 | 47 | 67 | 45 |
| Radcliffe Borough | 44 | 12 | 6 | 26 | 74 | 99 | 42 |
| Blyth Spartans | 44 | 10 | 10 | 24 | 54 | 74 | 40 |
| Frickley Athletic | 44 | 11 | 7 | 26 | 51 | 83 | 40 |
| Wakefield & Emley | 44 | 8 | 6 | 30 | 45 | 99 | 30 |

### Division One

| | | | | | | | |
|---|---|---|---|---|---|---|---|
| Hyde United | 42 | 24 | 8 | 10 | 79 | 49 | 80 |
| Matlock Town | 42 | 23 | 7 | 12 | 78 | 51 | 76 |
| Farsley Celtic | 42 | 20 | 14 | 8 | 78 | 56 | 74 |
| Lincoln United | 42 | 20 | 11 | 11 | 73 | 53 | 71 |
| Witton Albion | 42 | 17 | 12 | 13 | 61 | 56 | 63 |
| Gateshead | 42 | 21 | 4 | 17 | 65 | 68 | 63 |
| Workington | 42 | 17 | 11 | 14 | 70 | 58 | 62 |
| Leek Town | 42 | 16 | 13 | 13 | 56 | 47 | 61 |
| Guiseley | 42 | 16 | 12 | 14 | 66 | 54 | 60 |
| Bamber Bridge | 42 | 16 | 12 | 14 | 64 | 53 | 60 |
| Bridlington Town | 42 | 16 | 10 | 16 | 70 | 68 | 58 |
| Prescot Cables | 42 | 16 | 10 | 16 | 63 | 65 | 58 |
| Bishop Auckland | 42 | 14 | 13 | 15 | 61 | 64 | 55 |
| Ossett Town | 42 | 15 | 10 | 17 | 62 | 73 | 52 |
| Rossendale United | 42 | 13 | 12 | 17 | 53 | 62 | 51 |
| Colwyn Bay | 42 | 14 | 9 | 19 | 56 | 82 | 51 |
| North Ferriby United | 42 | 13 | 11 | 18 | 64 | 70 | 50 |
| Chorley | 42 | 13 | 10 | 19 | 54 | 70 | 49 |
| Stocksbridge Park Steels | 42 | 12 | 12 | 18 | 57 | 69 | 48 |
| Belper Town | 42 | 9 | 15 | 18 | 44 | 58 | 42 |
| Kendal Town | 42 | 11 | 7 | 24 | 53 | 79 | 40 |
| Kidsgrove Athletic | 42 | 10 | 9 | 23 | 45 | 67 | 39 |

Gateshead had 4 points deducted. Ossett Town had 3 points deducted

## 2004-2005

### Premier Division

| | | | | | | | |
|---|---|---|---|---|---|---|---|
| Hyde United | 42 | 25 | 13 | 4 | 80 | 43 | 88 |
| Workington | 42 | 26 | 7 | 9 | 73 | 30 | 85 |
| Farsley Celtic | 42 | 25 | 8 | 9 | 81 | 41 | 83 |
| Whitby Town | 42 | 23 | 11 | 8 | 65 | 49 | 80 |
| Prescot Cables | 42 | 21 | 8 | 13 | 63 | 54 | 71 |
| Burscough | 42 | 21 | 7 | 14 | 93 | 74 | 70 |
| Leek Town | 42 | 16 | 15 | 11 | 63 | 52 | 63 |
| Witton Albion | 42 | 15 | 17 | 10 | 56 | 44 | 62 |
| Radcliffe Borough | 42 | 16 | 14 | 12 | 60 | 60 | 62 |
| Guiseley | 42 | 16 | 13 | 13 | 70 | 64 | 61 |
| Matlock Town | 42 | 14 | 13 | 15 | 59 | 67 | 55 |
| Blyth Spartans | 42 | 13 | 13 | 16 | 53 | 55 | 52 |
| Wakefield & Emley | 42 | 14 | 10 | 18 | 60 | 67 | 52 |
| Lincoln United | 42 | 15 | 4 | 23 | 53 | 66 | 49 |
| Marine | 42 | 10 | 18 | 14 | 53 | 60 | 48 |
| Ossett Town | 42 | 11 | 13 | 18 | 53 | 62 | 46 |
| Gateshead | 42 | 11 | 12 | 19 | 61 | 84 | 45 |
| Frickley Athletic | 42 | 10 | 14 | 18 | 44 | 57 | 44 |
| Bishop Auckland | 42 | 11 | 7 | 24 | 51 | 74 | 40 |
| Bridlington Town | 42 | 7 | 14 | 21 | 43 | 66 | 35 |
| Bamber Bridge | 42 | 9 | 7 | 26 | 48 | 92 | 34 |
| Spennymoor United | 42 | 9 | 10 | 23 | 44 | 65 | 25 |

Spennymoor United had 12 points deducted.

### Division One

| | | | | | | | |
|---|---|---|---|---|---|---|---|
| North Ferriby United | 42 | 25 | 8 | 9 | 83 | 49 | 83 |
| Ilkeston Town | 42 | 24 | 9 | 9 | 64 | 40 | 81 |
| AFC Telford United | 42 | 23 | 11 | 8 | 78 | 44 | 80 |
| Willenhall Town | 42 | 22 | 12 | 8 | 71 | 46 | 78 |
| Kendal Town | 42 | 21 | 8 | 13 | 89 | 69 | 71 |
| Eastwood Town | 42 | 20 | 9 | 13 | 73 | 54 | 69 |
| Mossley | 42 | 20 | 6 | 16 | 81 | 56 | 66 |
| Brigg Town | 42 | 15 | 19 | 8 | 59 | 46 | 64 |
| Gresley Rovers | 42 | 17 | 12 | 13 | 57 | 53 | 63 |
| Kidsgrove Athletic | 42 | 15 | 15 | 12 | 60 | 55 | 60 |
| Woodley Sports | 42 | 16 | 11 | 15 | 68 | 74 | 59 |
| Ossett Albion | 42 | 15 | 13 | 14 | 83 | 74 | 58 |
| Colwyn Bay | 42 | 14 | 13 | 15 | 54 | 62 | 55 |
| Stocksbridge Park Steels | 42 | 15 | 9 | 18 | 58 | 58 | 51 |
| Shepshed Dynamo | 42 | 13 | 11 | 18 | 53 | 75 | 50 |
| Chorley | 42 | 13 | 9 | 20 | 62 | 69 | 48 |
| Belper Town | 42 | 13 | 8 | 21 | 57 | 66 | 47 |
| Spalding United | 42 | 13 | 8 | 21 | 57 | 69 | 47 |
| Clitheroe | 42 | 12 | 10 | 20 | 47 | 57 | 46 |
| Warrington Town | 42 | 11 | 13 | 18 | 45 | 59 | 46 |
| Rossendale United | 42 | 10 | 10 | 22 | 64 | 87 | 40 |
| Rocester | 42 | 0 | 6 | 36 | 31 | 132 | 6 |

Stocksbridge Park Steels had 3 points deducted.

# Northern Premier League 2005-2008

## 2005-2006 Premier Division

| | | | | | | | |
|---|---|---|---|---|---|---|---|
| Blyth Spartans | 42 | 26 | 11 | 5 | 79 | 32 | 89 |
| Frickley Athletic | 42 | 26 | 8 | 8 | 72 | 36 | 86 |
| Marine | 42 | 23 | 12 | 7 | 61 | 25 | 81 |
| Farsley Celtic | 42 | 23 | 10 | 9 | 84 | 34 | 79 |
| North Ferriby United | 42 | 21 | 10 | 11 | 77 | 54 | 73 |
| Whitby Town | 42 | 18 | 10 | 14 | 60 | 59 | 64 |
| Burscough | 42 | 19 | 6 | 17 | 64 | 64 | 63 |
| Witton Albion | 42 | 17 | 9 | 16 | 68 | 55 | 60 |
| Matlock Town | 42 | 16 | 11 | 15 | 60 | 55 | 59 |
| AFC Telford United | 42 | 14 | 17 | 11 | 54 | 52 | 59 |
| Ossett Town | 42 | 17 | 7 | 18 | 57 | 61 | 58 |
| Leek Town | 42 | 14 | 14 | 14 | 50 | 53 | 56 |
| Prescot Cables | 42 | 15 | 8 | 19 | 49 | 60 | 53 |
| Guiseley | 42 | 14 | 9 | 19 | 45 | 58 | 51 |
| Ashton United | 42 | 13 | 10 | 19 | 62 | 63 | 49 |
| Ilkeston Town | 42 | 12 | 13 | 17 | 48 | 51 | 49 |
| Gateshead | 42 | 12 | 10 | 20 | 52 | 77 | 46 |
| Radcliffe Borough | 42 | 12 | 8 | 22 | 54 | 62 | 44 |
| Lincoln United | 42 | 10 | 14 | 18 | 44 | 64 | 44 |
| Wakefield Emley | 42 | 11 | 9 | 22 | 38 | 69 | 42 |
| Bradford Park Avenue | 42 | 10 | 9 | 23 | 64 | 86 | 39 |
| Runcorn FC Halton | 42 | 6 | 11 | 25 | 36 | 108 | 29 |

### Division One

| | | | | | | | |
|---|---|---|---|---|---|---|---|
| Mossley | 42 | 23 | 9 | 10 | 83 | 55 | 78 |
| Fleetwood Town | 42 | 22 | 10 | 10 | 72 | 48 | 76 |
| Kendal Town | 42 | 22 | 10 | 10 | 81 | 58 | 76 |
| Woodley Sports | 42 | 22 | 8 | 12 | 85 | 53 | 74 |
| Gresley Rovers | 42 | 20 | 10 | 12 | 79 | 64 | 70 |
| Stocksbridge PS | 42 | 17 | 16 | 9 | 66 | 43 | 67 |
| Eastwood Town | 42 | 16 | 14 | 12 | 66 | 58 | 62 |
| Brigg Town | 42 | 16 | 14 | 12 | 70 | 64 | 62 |
| Belper Town | 42 | 17 | 8 | 17 | 53 | 56 | 59 |
| Shepshed Dynamo | 42 | 15 | 13 | 14 | 57 | 56 | 58 |
| Bridlington Town | 42 | 16 | 10 | 16 | 61 | 68 | 58 |
| Colwyn Bay | 42 | 15 | 11 | 16 | 56 | 53 | 56 |
| Bamber Bridge | 42 | 13 | 15 | 14 | 65 | 59 | 54 |
| Ossett Albion | 42 | 15 | 9 | 18 | 54 | 64 | 54 |
| Rossendale United | 42 | 12 | 17 | 13 | 58 | 61 | 53 |
| Clitheroe | 42 | 15 | 8 | 19 | 54 | 73 | 53 |
| Kidsgrove Athletic | 42 | 14 | 9 | 19 | 66 | 69 | 51 |
| Chorley | 42 | 14 | 8 | 20 | 58 | 59 | 50 |
| Warrington Town | 42 | 11 | 15 | 16 | 62 | 74 | 48 |
| Spalding United | 42 | 10 | 15 | 17 | 49 | 70 | 45 |
| Goole | 42 | 11 | 11 | 20 | 55 | 85 | 43 |
| Bishop Auckland | 42 | 3 | 6 | 33 | 39 | 99 | 15 |

Goole had 1 point deducted.

## 2006-2007 Premier Division

| | | | | | | | |
|---|---|---|---|---|---|---|---|
| Burscough | 42 | 23 | 12 | 7 | 80 | 37 | 80 |
| Witton Albion | 42 | 24 | 8 | 10 | 90 | 48 | 80 |
| AFC Telford United | 42 | 21 | 15 | 6 | 72 | 40 | 78 |
| Marine | 42 | 22 | 8 | 12 | 70 | 53 | 74 |
| Matlock Town | 42 | 21 | 9 | 12 | 70 | 43 | 72 |
| Guiseley | 42 | 19 | 12 | 11 | 71 | 49 | 69 |
| Hednesford Town | 42 | 18 | 14 | 10 | 49 | 41 | 68 |
| Fleetwood Town | 42 | 19 | 10 | 13 | 71 | 60 | 67 |
| Gateshead | 42 | 17 | 14 | 11 | 75 | 57 | 65 |
| Ossett Town | 42 | 18 | 10 | 14 | 61 | 52 | 64 |
| Whitby Town | 42 | 18 | 6 | 18 | 63 | 78 | 60 |
| Ilkeston Town | 42 | 16 | 11 | 15 | 66 | 62 | 59 |
| North Ferriby United | 42 | 15 | 9 | 18 | 54 | 61 | 54 |
| Prescot Cables | 42 | 13 | 14 | 15 | 52 | 56 | 53 |
| Lincoln United | 42 | 12 | 15 | 15 | 40 | 58 | 51 |
| Frickley Athletic | 42 | 13 | 10 | 19 | 50 | 69 | 49 |
| Leek Town | 42 | 13 | 9 | 20 | 49 | 61 | 48 |
| Ashton United | 42 | 13 | 9 | 20 | 52 | 72 | 48 |
| Kendal Town | 42 | 12 | 11 | 19 | 59 | 79 | 47 |
| Mossley | 42 | 10 | 5 | 27 | 48 | 79 | 35 |
| Radcliffe Borough | 42 | 7 | 11 | 24 | 39 | 71 | 32 |
| Grantham Town | 42 | 3 | 8 | 31 | 39 | 94 | 17 |

Burscough had one point deducted.

## Division One

| | | | | | | | |
|---|---|---|---|---|---|---|---|
| Buxton | 46 | 30 | 11 | 5 | 94 | 37 | 101 |
| Cammell Laird | 46 | 28 | 10 | 8 | 105 | 56 | 94 |
| Eastwood Town | 46 | 26 | 9 | 11 | 89 | 43 | 87 |
| Bradford Park Avenue | 46 | 24 | 10 | 12 | 77 | 47 | 82 |
| Colwyn Bay | 46 | 22 | 11 | 13 | 74 | 65 | 77 |
| Stocksbridge Park Steels | 46 | 22 | 10 | 14 | 82 | 49 | 76 |
| Goole | 46 | 21 | 9 | 16 | 80 | 84 | 72 |
| Kidsgrove Athletic | 46 | 21 | 7 | 18 | 91 | 80 | 70 |
| Rossendale United | 46 | 21 | 7 | 18 | 64 | 59 | 70 |
| Woodley Sports | 46 | 19 | 11 | 16 | 89 | 71 | 68 |
| Ossett Albion | 46 | 19 | 11 | 16 | 71 | 66 | 68 |
| Harrogate Railway | 46 | 21 | 5 | 20 | 72 | 78 | 68 |
| Bamber Bridge | 46 | 18 | 8 | 20 | 78 | 75 | 62 |
| Alsager Town | 46 | 18 | 7 | 21 | 72 | 75 | 61 |
| Skelmersdale United | 46 | 17 | 10 | 19 | 72 | 77 | 61 |
| Clitheroe | 46 | 18 | 6 | 22 | 78 | 75 | 60 |
| Brigg Town | 46 | 16 | 10 | 20 | 57 | 72 | 58 |
| Gresley Rovers | 46 | 16 | 7 | 23 | 59 | 75 | 55 |
| Belper Town | 46 | 14 | 4 | 25 | 58 | 86 | 55 |
| Shepshed Dynamo | 46 | 15 | 7 | 24 | 62 | 96 | 52 |
| Wakefield | 46 | 13 | 10 | 23 | 48 | 71 | 49 |
| Warrington Town | 46 | 13 | 8 | 25 | 64 | 84 | 47 |
| Chorley | 46 | 10 | 6 | 30 | 52 | 99 | 36 |
| Bridlington Town | 46 | 3 | 14 | 29 | 33 | 101 | 23 |

## 2007-2008

### Premier Division

| | | | | | | | |
|---|---|---|---|---|---|---|---|
| Fleetwood Town | 40 | 28 | 7 | 5 | 81 | 39 | 91 |
| Witton Albion | 40 | 27 | 8 | 5 | 84 | 28 | 89 |
| Gateshead | 40 | 26 | 7 | 7 | 93 | 42 | 85 |
| Eastwood Town | 40 | 20 | 9 | 11 | 61 | 45 | 69 |
| Buxton | 40 | 20 | 8 | 12 | 60 | 50 | 68 |
| Guiseley | 40 | 19 | 10 | 11 | 65 | 43 | 67 |
| Marine | 40 | 19 | 4 | 17 | 70 | 65 | 61 |
| Hednesford Town | 40 | 15 | 8 | 17 | 62 | 65 | 53 |
| Worksop Town | 40 | 13 | 12 | 15 | 59 | 62 | 51 |
| Ashton United | 40 | 11 | 15 | 14 | 63 | 73 | 48 |
| Kendal Town | 40 | 12 | 11 | 17 | 61 | 70 | 47 |
| Whitby Town | 40 | 13 | 7 | 20 | 68 | 75 | 46 |
| Prescot Cables | 40 | 13 | 8 | 19 | 48 | 62 | 46 |
| Frickley Athletic | 40 | 11 | 13 | 16 | 50 | 68 | 46 |
| North Ferriby United | 40 | 13 | 7 | 20 | 53 | 76 | 46 |
| Matlock Town | 40 | 12 | 9 | 19 | 55 | 68 | 45 |
| Ilkeston Town | 40 | 10 | 14 | 16 | 64 | 72 | 44 |
| Ossett Town | 40 | 12 | 8 | 20 | 48 | 60 | 44 |
| Leek Town | 40 | 11 | 11 | 18 | 54 | 68 | 44 |
| Stamford | 40 | 11 | 10 | 19 | 59 | 86 | 43 |
| Lincoln United | 40 | 7 | 8 | 25 | 44 | 85 | 29 |

Prescot Cables had one point deducted.

### Division One North

| | | | | | | | |
|---|---|---|---|---|---|---|---|
| Bradford Park Avenue | 42 | 25 | 7 | 10 | 91 | 43 | 82 |
| FC United of Manchester | 42 | 24 | 9 | 9 | 91 | 49 | 81 |
| Skelmersdale United | 42 | 23 | 9 | 10 | 94 | 46 | 78 |
| Curzon Ashton | 42 | 23 | 9 | 10 | 78 | 48 | 78 |
| Bamber Bridge | 42 | 22 | 8 | 12 | 70 | 54 | 74 |
| Ossett Albion | 42 | 20 | 10 | 12 | 77 | 65 | 70 |
| Wakefield | 42 | 19 | 7 | 16 | 58 | 49 | 64 |
| Newcastle Blue Star | 42 | 17 | 12 | 13 | 71 | 58 | 63 |
| Rossendale United | 42 | 16 | 11 | 15 | 66 | 74 | 59 |
| Garforth Town | 42 | 16 | 8 | 18 | 60 | 63 | 56 |
| Lancaster City | 42 | 15 | 9 | 18 | 54 | 70 | 54 |
| Harrogate Railway | 42 | 13 | 12 | 17 | 51 | 58 | 51 |
| Clitheroe | 42 | 13 | 11 | 18 | 63 | 77 | 50 |
| Chorley | 42 | 10 | 12 | 20 | 56 | 80 | 42 |
| Mossley | 42 | 12 | 6 | 24 | 60 | 100 | 42 |
| Radcliffe Borough | 42 | 9 | 12 | 53 | 75 | 38 | |
| Woodley Sports | 42 | 7 | 13 | 22 | 38 | 65 | 33 |
| Bridlington Town | 42 | 8 | 8 | 26 | 42 | 99 | 32 |

Woodley Sports had one point deducted.

## Division One South

| | | | | | | |
|---|---|---|---|---|---|---|
| Retford United | 42 | 31 | 6 | 5 | 93 | 35 | 99 |
| Cammell Laird | 42 | 27 | 5 | 10 | 82 | 54 | 86 |
| Nantwich Town | 42 | 25 | 4 | 13 | 90 | 45 | 79 |
| Sheffield | 42 | 22 | 10 | 10 | 82 | 53 | 76 |
| Stocksbridge Park Steels | 42 | 21 | 9 | 12 | 72 | 61 | 72 |
| Grantham Town | 42 | 22 | 4 | 16 | 74 | 58 | 70 |
| Colwyn Bay | 42 | 19 | 8 | 15 | 86 | 65 | 65 |
| Belper Town | 42 | 17 | 13 | 12 | 73 | 64 | 64 |
| Goole | 42 | 18 | 10 | 14 | 77 | 69 | 64 |
| Carlton Town | 42 | 16 | 11 | 15 | 86 | 82 | 59 |
| Gresley Rovers | 42 | 18 | 5 | 19 | 53 | 69 | 59 |
| Quorn | 42 | 15 | 8 | 19 | 69 | 76 | 53 |
| Warrington Town | 42 | 13 | 8 | 21 | 51 | 78 | 47 |
| Alsager Town | 42 | 12 | 7 | 23 | 58 | 88 | 43 |
| Shepshed Dynamo | 42 | 10 | 8 | 24 | 44 | 75 | 38 |
| Brigg Town | 42 | 8 | 12 | 22 | 56 | 86 | 36 |
| Kidsgrove Athletic | 42 | 7 | 10 | 25 | 61 | 90 | 31 |
| Spalding United | 42 | 3 | 10 | 29 | 46 | 105 | 19 |

## 2008-2009

### Premier Division

| | | | | | | |
|---|---|---|---|---|---|---|
| Eastwood Town | 42 | 25 | 12 | 5 | 82 | 37 | 87 |
| Ilkeston Town | 42 | 23 | 13 | 6 | 59 | 34 | 82 |
| Nantwich Town | 42 | 22 | 10 | 10 | 83 | 41 | 76 |
| Guiseley | 42 | 22 | 10 | 10 | 98 | 60 | 76 |
| Kendal Town | 42 | 21 | 11 | 10 | 85 | 63 | 74 |
| FC United of Manchester | 42 | 21 | 9 | 12 | 82 | 58 | 72 |
| Bradford Park Avenue | 42 | 20 | 12 | 10 | 74 | 52 | 72 |
| Hednesford Town | 42 | 21 | 6 | 15 | 78 | 52 | 69 |
| Ashton United | 42 | 16 | 10 | 16 | 71 | 75 | 58 |
| North Ferriby United | 42 | 16 | 6 | 20 | 67 | 65 | 54 |
| Frickley Athletic | 42 | 13 | 15 | 14 | 50 | 58 | 54 |
| Ossett Town | 42 | 15 | 8 | 19 | 71 | 74 | 53 |
| Marine | 42 | 15 | 6 | 21 | 54 | 75 | 51 |
| Buxton | 42 | 13 | 10 | 19 | 56 | 58 | 49 |
| Matlock Town | 42 | 12 | 13 | 17 | 65 | 74 | 49 |
| Boston United | 42 | 12 | 13 | 17 | 38 | 52 | 49 |
| Worksop Town | 42 | 12 | 12 | 18 | 48 | 87 | 48 |
| Cammell Laird | 42 | 12 | 11 | 19 | 58 | 70 | 47 |
| Whitby Town | 42 | 12 | 10 | 20 | 58 | 71 | 46 |
| Witton Albion | 42 | 12 | 6 | 24 | 53 | 73 | 42 |
| Leigh Genesis | 42 | 11 | 7 | 24 | 42 | 88 | 40 |
| Prescot Cables | 42 | 5 | 12 | 25 | 52 | 107 | 27 |

### Division One North

| | | | | | | |
|---|---|---|---|---|---|---|
| Durham City | 40 | 25 | 12 | 3 | 98 | 41 | 87 |
| Skelmersdale United | 40 | 26 | 8 | 6 | 96 | 51 | 86 |
| Newcastle Blue Star | 40 | 21 | 10 | 9 | 93 | 54 | 73 |
| Colwyn Bay | 40 | 23 | 7 | 10 | 72 | 49 | 73 |
| Curzon Ashton | 40 | 20 | 8 | 12 | 66 | 44 | 68 |
| Ossett Albion | 40 | 19 | 9 | 12 | 76 | 61 | 66 |
| Lancaster City | 40 | 19 | 8 | 13 | 69 | 64 | 65 |
| FC Halifax Town | 40 | 17 | 12 | 11 | 71 | 52 | 63 |
| Wakefield | 40 | 16 | 8 | 16 | 65 | 62 | 56 |
| Mossley | 40 | 16 | 6 | 18 | 63 | 70 | 54 |
| Bamber Bridge | 40 | 16 | 5 | 19 | 69 | 78 | 53 |
| Clitheroe | 40 | 15 | 7 | 18 | 64 | 76 | 52 |
| Woodley Sports | 40 | 16 | 3 | 21 | 57 | 74 | 51 |
| Chorley | 40 | 13 | 8 | 19 | 56 | 66 | 47 |
| Trafford | 40 | 13 | 7 | 20 | 72 | 83 | 46 |
| Garforth Town | 40 | 13 | 5 | 22 | 77 | 99 | 44 |
| Radcliffe Borough | 40 | 12 | 6 | 22 | 51 | 66 | 42 |
| Harrogate Railway | 40 | 13 | 3 | 24 | 58 | 82 | 42 |
| Warrington Town | 40 | 11 | 8 | 21 | 50 | 73 | 41 |
| Salford City | 40 | 10 | 6 | 24 | 59 | 107 | 36 |
| Rossendale United | 40 | 8 | 10 | 22 | 53 | 83 | 34 |

Colwyn Bay had 3 points deducted.

## Division One South

| | | | | | | |
|---|---|---|---|---|---|---|
| Retford United | 38 | 24 | 9 | 5 | 88 | 34 | 81 |
| Belper Town | 38 | 24 | 9 | 5 | 79 | 41 | 81 |
| Stocksbridge Park Steels | 38 | 23 | 6 | 9 | 92 | 44 | 75 |
| Carlton Town | 38 | 20 | 10 | 8 | 83 | 50 | 70 |
| Rushall Olympic | 38 | 20 | 8 | 10 | 63 | 42 | 68 |
| Glapwell | 38 | 21 | 5 | 12 | 78 | 58 | 68 |
| Stamford | 38 | 15 | 16 | 7 | 65 | 51 | 61 |
| Shepshed Dynamo | 38 | 16 | 8 | 14 | 61 | 61 | 56 |
| Leek Town | 38 | 14 | 12 | 12 | 63 | 60 | 54 |
| Lincoln United | 38 | 14 | 9 | 15 | 58 | 65 | 51 |
| Sheffield | 38 | 14 | 8 | 16 | 67 | 69 | 50 |
| Quorn | 38 | 13 | 9 | 16 | 54 | 63 | 48 |
| Grantham Town | 38 | 12 | 11 | 15 | 49 | 65 | 47 |
| Loughborough Dynamo | 38 | 11 | 13 | 14 | 45 | 58 | 46 |
| Kidsgrove Athletic | 38 | 12 | 5 | 21 | 49 | 62 | 41 |
| Willenhall Town | 38 | 10 | 8 | 20 | 55 | 74 | 38 |
| Spalding United | 38 | 10 | 7 | 21 | 41 | 82 | 37 |
| Goole | 38 | 13 | 5 | 20 | 62 | 85 | 33 |
| Gresley Rovers | 38 | 6 | 7 | 25 | 41 | 78 | 25 |
| Brigg Town | 38 | 3 | 5 | 30 | 41 | 92 | 14 |

Goole had 11 points deducted.

## 2009-2010

### Premier Division

| | | | | | | |
|---|---|---|---|---|---|---|
| Guiseley | 38 | 25 | 4 | 9 | 73 | 41 | 79 |
| Bradford Park Avenue | 38 | 24 | 6 | 8 | 94 | 51 | 78 |
| Boston United | 38 | 23 | 8 | 7 | 90 | 34 | 77 |
| North Ferriby United | 38 | 22 | 9 | 7 | 70 | 38 | 75 |
| Kendal Town | 38 | 21 | 8 | 9 | 75 | 47 | 71 |
| Retford United | 38 | 18 | 11 | 9 | 73 | 46 | 65 |
| Matlock Town | 38 | 17 | 9 | 12 | 72 | 49 | 60 |
| Buxton | 38 | 16 | 12 | 10 | 66 | 43 | 60 |
| Marine | 38 | 17 | 6 | 15 | 60 | 55 | 57 |
| Nantwich Town | 38 | 16 | 6 | 16 | 64 | 69 | 54 |
| Stocksbridge Park Steels | 38 | 15 | 7 | 16 | 80 | 68 | 52 |
| Ashton United | 38 | 15 | 6 | 17 | 48 | 63 | 51 |
| FC United of Manchester | 38 | 13 | 8 | 17 | 62 | 65 | 47 |
| Whitby Town | 38 | 12 | 10 | 16 | 50 | 62 | 46 |
| Frickley Athletic | 38 | 12 | 9 | 17 | 50 | 66 | 45 |
| Burscough | 38 | 13 | 5 | 20 | 55 | 65 | 44 |
| Hucknall Town | 38 | 12 | 8 | 18 | 65 | 81 | 44 |
| Worksop Town | 38 | 7 | 9 | 22 | 45 | 68 | 30 |
| Ossett Town | 38 | 6 | 7 | 25 | 46 | 92 | 25 |
| Durham City | 38 | 2 | 0 | 36 | 27 | 168 | 0 |

Durham City had 6 points deducted.
King's Lynn folded and their record was expunged.
Newcastle Blue Star folded and resigned from the League before the start of the season.

## 2010-2011

### Division One North

| | | | | | | | |
|---|---|---|---|---|---|---|---|
| FC Halifax Town | 42 | 30 | 10 | 2 | 108 | 38 | 100 |
| Lancaster City | 42 | 31 | 3 | 8 | 95 | 45 | 96 |
| Curzon Ashton | 42 | 23 | 12 | 7 | 93 | 50 | 75 |
| Colwyn Bay | 42 | 23 | 6 | 13 | 77 | 57 | 75 |
| Skelmersdale United | 42 | 22 | 8 | 12 | 80 | 56 | 74 |
| Leigh Genesis | 42 | 21 | 8 | 13 | 81 | 51 | 71 |
| Mossley | 42 | 18 | 11 | 13 | 73 | 67 | 65 |
| Clitheroe | 42 | 18 | 8 | 16 | 72 | 66 | 62 |
| Warrington Town | 42 | 18 | 6 | 18 | 65 | 69 | 60 |
| Radcliffe Borough | 42 | 17 | 6 | 19 | 65 | 78 | 57 |
| Salford City | 42 | 16 | 8 | 18 | 63 | 74 | 56 |
| Trafford | 42 | 15 | 8 | 19 | 79 | 73 | 53 |
| AFC Fylde | 42 | 15 | 8 | 19 | 67 | 79 | 53 |
| Bamber Bridge | 42 | 14 | 10 | 18 | 58 | 67 | 52 |
| Prescot Cables | 42 | 13 | 11 | 18 | 51 | 68 | 50 |
| Chorley | 42 | 13 | 10 | 19 | 56 | 76 | 49 |
| Harrogate Railway Athletic | 42 | 15 | 7 | 20 | 58 | 79 | 49 |
| Wakefield | 42 | 12 | 12 | 18 | 49 | 58 | 48 |
| Woodley Sports | 42 | 10 | 15 | 17 | 53 | 67 | 45 |
| Garforth Town | 42 | 11 | 7 | 24 | 64 | 94 | 40 |
| Ossett Albion | 42 | 7 | 7 | 28 | 52 | 91 | 28 |
| Rossendale United | 42 | 6 | 7 | 29 | 38 | 94 | 25 |

Harrogate Railway Athletic had 3 points deducted.
Curzon Ashton had 6 points deducted, 3 for fielding an ineligible player and 3 for a financial irregularity. Initially 10 points were deducted for the financial irregularity, with 5 points suspended, but on appeal this was reduced to 6 points deducted with 3 suspended.

### Premier Division

| | | | | | | | |
|---|---|---|---|---|---|---|---|
| FC Halifax Town | 42 | 30 | 8 | 4 | 108 | 36 | 98 |
| Colwyn Bay | 42 | 24 | 7 | 11 | 67 | 56 | 79 |
| Bradford Park Avenue | 42 | 23 | 8 | 11 | 84 | 55 | 77 |
| FC United of Manchester | 42 | 24 | 4 | 14 | 76 | 53 | 76 |
| North Ferriby United | 42 | 22 | 7 | 13 | 78 | 51 | 73 |
| Buxton | 42 | 20 | 10 | 12 | 71 | 52 | 70 |
| Kendal Town | 42 | 21 | 5 | 16 | 80 | 77 | 68 |
| Marine | 42 | 20 | 7 | 15 | 74 | 64 | 67 |
| Worksop Town | 42 | 21 | 6 | 15 | 72 | 54 | 66 |
| Chasetown | 42 | 20 | 6 | 16 | 76 | 59 | 66 |
| Matlock Town | 42 | 20 | 6 | 16 | 74 | 59 | 66 |
| Northwich Victoria | 42 | 18 | 9 | 15 | 66 | 55 | 63 |
| Stocksbridge Park Steels | 42 | 17 | 6 | 19 | 75 | 75 | 57 |
| Ashton United | 42 | 16 | 5 | 21 | 57 | 62 | 53 |
| Mickleover Sports | 42 | 15 | 7 | 20 | 70 | 76 | 52 |
| Whitby Town | 42 | 14 | 9 | 19 | 58 | 77 | 51 |
| Nantwich Town | 42 | 13 | 7 | 22 | 68 | 90 | 46 |
| Frickley Athletic | 42 | 11 | 11 | 20 | 43 | 68 | 44 |
| Burscough | 42 | 12 | 7 | 23 | 56 | 73 | 43 |
| Hucknall Town | 42 | 11 | 10 | 21 | 57 | 80 | 43 |
| Ossett Town | 42 | 9 | 5 | 28 | 45 | 103 | 32 |
| Retford United | 42 | 5 | 2 | 35 | 31 | 111 | 17 |

Worksop Town had 3 points deducted.
Burscough were reprieved from relegation due to Ilkeston Town folding earlier in the season.

### Division One South

| | | | | | | | |
|---|---|---|---|---|---|---|---|
| Mickleover Sports | 42 | 28 | 5 | 9 | 93 | 51 | 89 |
| Chasetown | 42 | 24 | 10 | 8 | 78 | 42 | 82 |
| Glapwell | 42 | 23 | 12 | 7 | 73 | 42 | 81 |
| Kidsgrove Athletic | 42 | 22 | 12 | 8 | 93 | 50 | 78 |
| Sheffield | 42 | 21 | 10 | 11 | 75 | 51 | 73 |
| Belper Town | 42 | 21 | 8 | 13 | 83 | 55 | 71 |
| Witton Albion | 42 | 20 | 7 | 15 | 76 | 53 | 67 |
| Leek Town | 42 | 18 | 13 | 11 | 68 | 61 | 67 |
| Carlton Town | 42 | 19 | 9 | 14 | 74 | 68 | 66 |
| Stamford | 42 | 18 | 10 | 14 | 77 | 54 | 64 |
| Grantham Town | 42 | 17 | 11 | 14 | 62 | 56 | 62 |
| Rushall Olympic | 42 | 16 | 11 | 15 | 68 | 61 | 59 |
| Market Drayton Town | 42 | 16 | 5 | 21 | 71 | 81 | 53 |
| Loughborough Dynamo | 42 | 15 | 8 | 19 | 70 | 80 | 53 |
| Brigg Town | 42 | 15 | 7 | 20 | 60 | 77 | 52 |
| Cammell Laird | 42 | 13 | 11 | 18 | 51 | 66 | 50 |
| Shepshed Dynamo | 42 | 10 | 18 | 14 | 44 | 55 | 48 |
| Goole | 42 | 12 | 10 | 20 | 70 | 84 | 46 |
| Lincoln United | 42 | 13 | 5 | 24 | 57 | 67 | 44 |
| Quorn | 42 | 9 | 13 | 20 | 55 | 78 | 40 |
| Spalding United | 42 | 5 | 5 | 32 | 33 | 111 | 20Ü |
| Willenhall Town | 42 | 5 | 4 | 33 | 21 | 109 | 9 |

Willenhall Town had 10 points deducted for entering administration.

### Division One North

| | | | | | | | |
|---|---|---|---|---|---|---|---|
| Chester | 44 | 29 | 10 | 5 | 107 | 36 | 97 |
| Skelmersdale United | 44 | 30 | 7 | 7 | 117 | 48 | 97 |
| Chorley | 44 | 25 | 11 | 8 | 87 | 43 | 86 |
| Curzon Ashton | 44 | 25 | 10 | 9 | 85 | 49 | 85 |
| AFC Fylde | 44 | 24 | 9 | 11 | 91 | 59 | 81 |
| Clitheroe | 44 | 19 | 13 | 12 | 82 | 72 | 70 |
| Bamber Bridge | 44 | 20 | 10 | 14 | 70 | 60 | 70 |
| Lancaster City | 44 | 21 | 5 | 18 | 80 | 61 | 68 |
| Warrington Town | 44 | 18 | 6 | 10 | 50 | 67 |  |
| Witton Albion | 44 | 15 | 17 | 12 | 75 | 63 | 62 |
| Woodley Sports | 44 | 17 | 11 | 16 | 71 | 75 | 62 |
| Salford City | 44 | 17 | 11 | 16 | 68 | 73 | 62 |
| Garforth Town | 44 | 13 | 13 | 18 | 67 | 71 | 52 |
| Trafford | 44 | 15 | 7 | 22 | 73 | 92 | 52 |
| Mossley | 44 | 14 | 9 | 21 | 75 | 77 | 51 |
| Wakefield | 44 | 14 | 8 | 22 | 55 | 74 | 50 |
| Durham City | 44 | 13 | 10 | 21 | 75 | 92 | 48 |
| Radcliffe Borough | 44 | 12 | 12 | 20 | 60 | 89 | 48 |
| Cammell Laird | 44 | 13 | 8 | 23 | 66 | 94 | 47 |
| Harrogate Railway Athletic | 44 | 13 | 7 | 24 | 82 | 103 | 46 |
| Prescot Cables | 44 | 13 | 5 | 26 | 52 | 79 | 42 |
| Ossett Albion | 44 | 6 | 11 | 27 | 60 | 134 | 26 |
| Leigh Genesis | 44 | 5 | 8 | 31 | 39 | 112 | 23 |

Warrington Town and Ossett Albion both had 3 points deducted.
Durham City had 1 point deducted.

## Division One South

| | | | | | | | |
|---|---|---|---|---|---|---|---|
| Barwell | 42 | 30 | 4 | 8 | 84 | 46 | 94 |
| Newcastle Town | 42 | 27 | 9 | 6 | 104 | 48 | 90 |
| Rushall Olympic | 42 | 26 | 3 | 13 | 78 | 45 | 81 |
| Brigg Town | 42 | 24 | 8 | 10 | 74 | 58 | 80 |
| Grantham Town | 42 | 23 | 10 | 9 | 69 | 48 | 79 |
| Sutton Coldfield Town | 42 | 23 | 6 | 13 | 89 | 60 | 75 |
| Kidsgrove Athletic | 42 | 23 | 6 | 13 | 88 | 59 | 75 |
| Carlton Town | 42 | 21 | 10 | 11 | 88 | 50 | 73 |
| Glapwell | 42 | 21 | 6 | 15 | 82 | 58 | 69 |
| Romulus | 42 | 20 | 7 | 15 | 71 | 65 | 67 |
| Sheffield | 42 | 15 | 10 | 17 | 73 | 86 | 55 |
| Lincoln United | 42 | 14 | 12 | 16 | 70 | 77 | 54 |
| Goole | 42 | 16 | 6 | 20 | 79 | 93 | 54 |
| Belper Town | 42 | 16 | 5 | 21 | 70 | 74 | 53 |
| Quorn | 42 | 11 | 14 | 17 | 57 | 61 | 47 |
| Leek Town | 42 | 14 | 5 | 23 | 64 | 74 | 47 |
| Loughborough Dynamo | 42 | 13 | 7 | 22 | 72 | 89 | 46 |
| Market Drayton Town | 42 | 13 | 5 | 24 | 67 | 91 | 44 |
| Stamford | 42 | 10 | 12 | 20 | 62 | 74 | 42 |
| Rainworth Miners Welfare | 42 | 11 | 7 | 24 | 53 | 85 | 40 |
| Shepshed Dynamo | 42 | 4 | 9 | 29 | 44 | 103 | 21 |
| Spalding United | 42 | 3 | 7 | 32 | 33 | 127 | 16 |

Glapwell resigned from the League at the end of the season.

## Division One North

| | | | | | | | |
|---|---|---|---|---|---|---|---|
| AFC Fylde | 42 | 31 | 6 | 5 | 90 | 29 | 99 |
| Curzon Ashton | 42 | 28 | 11 | 3 | 91 | 44 | 95 |
| Witton Albion | 42 | 28 | 6 | 8 | 101 | 44 | 90 |
| Farsley | 42 | 25 | 6 | 11 | 86 | 48 | 81 |
| Garforth Town | 42 | 24 | 7 | 11 | 95 | 63 | 79 |
| Lancaster City | 42 | 24 | 5 | 13 | 80 | 48 | 77 |
| Skelmersdale United | 42 | 21 | 12 | 9 | 94 | 60 | 75 |
| Woodley Sports | 42 | 22 | 5 | 15 | 71 | 51 | 71 |
| Durham City | 42 | 20 | 2 | 20 | 81 | 80 | 62 |
| Bamber Bridge | 42 | 17 | 9 | 16 | 69 | 68 | 60 |
| Warrington Town | 42 | 17 | 9 | 16 | 69 | 71 | 60 |
| Trafford | 42 | 15 | 11 | 16 | 70 | 66 | 56 |
| Salford City | 42 | 14 | 10 | 18 | 69 | 71 | 52 |
| Mossley | 42 | 10 | 15 | 17 | 66 | 75 | 45 |
| Radcliffe Borough | 42 | 13 | 6 | 23 | 54 | 75 | 45 |
| Prescot Cables | 42 | 10 | 12 | 20 | 53 | 71 | 42 |
| Ossett Town | 42 | 11 | 9 | 22 | 41 | 84 | 42 |
| Ossett Albion | 42 | 11 | 6 | 25 | 59 | 95 | 39 |
| Clitheroe | 42 | 10 | 8 | 24 | 51 | 76 | 38 |
| Wakefield | 42 | 7 | 12 | 23 | 38 | 77 | 33 |
| Harrogate Railway Athletic | 42 | 8 | 7 | 27 | 54 | 115 | 31 |
| Cammell Laird | 42 | 8 | 4 | 30 | 34 | 103 | 28 |

Woodley Sports were relegated from the League at the end of the season due to ground grading and security of tenure issues. The club subsequently changed their name to Stockport Sports and joined the North West Counties Football League.

Durham City resigned from the League at the end of the season and joined the Northern League.

# 2011-2012

## Premier Division

| | | | | | | | |
|---|---|---|---|---|---|---|---|
| Chester | 42 | 31 | 7 | 4 | 102 | 29 | 100 |
| Northwich Victoria | 42 | 26 | 8 | 8 | 73 | 43 | 83 |
| Chorley | 42 | 24 | 7 | 11 | 76 | 48 | 79 |
| Bradford Park Avenue | 42 | 24 | 6 | 12 | 77 | 49 | 78 |
| Hednesford Town | 42 | 21 | 10 | 11 | 67 | 49 | 73 |
| FC United of Manchester | 42 | 21 | 9 | 12 | 83 | 51 | 72 |
| Marine | 42 | 19 | 9 | 14 | 56 | 50 | 66 |
| Rushall Olympic | 42 | 17 | 10 | 15 | 52 | 51 | 61 |
| North Ferriby United | 42 | 16 | 10 | 16 | 56 | 70 | 58 |
| Nantwich Town | 42 | 15 | 13 | 14 | 65 | 61 | 57 |
| Kendal Town | 42 | 15 | 8 | 19 | 78 | 83 | 53 |
| Ashton United | 42 | 15 | 8 | 19 | 61 | 67 | 53 |
| Buxton | 42 | 15 | 8 | 19 | 64 | 77 | 53 |
| Matlock Town | 42 | 12 | 14 | 16 | 52 | 54 | 50 |
| Worksop Town | 42 | 13 | 10 | 19 | 56 | 76 | 49 |
| Stafford Rangers | 42 | 12 | 12 | 18 | 60 | 65 | 48 |
| Whitby Town | 42 | 12 | 11 | 19 | 57 | 80 | 47 |
| Stocksbridge Park Steels | 42 | 10 | 12 | 20 | 48 | 69 | 42 |
| Frickley Athletic | 42 | 10 | 12 | 20 | 48 | 69 | 42 |
| Chasetown | 42 | 10 | 11 | 21 | 50 | 75 | 41 |
| Mickleover Sports | 42 | 11 | 10 | 21 | 67 | 85 | 40 |
| Burscough | 42 | 5 | 11 | 26 | 54 | 104 | 26 |

Mickleover Sports had 3 points deducted for fielding an ineligible player.
Nantwich Town had 1 point deducted for fielding an ineligible player.
Northwich Victoria had 3 points deducted for fielding an ineligible player and were later expelled from the Northern Premier League after being found guilty of failing to comply with the League's financial rules.
On appeal this punishment was reduced to relegation from the League's Premier Division.

## Division One South

| | | | | | | | |
|---|---|---|---|---|---|---|---|
| Grantham Town | 42 | 29 | 7 | 6 | 92 | 44 | 93 |
| Carlton Town | 42 | 26 | 5 | 11 | 101 | 52 | 83 |
| Ilkeston | 42 | 26 | 5 | 11 | 93 | 44 | 83 |
| Sheffield | 42 | 22 | 9 | 11 | 93 | 62 | 75 |
| Leek Town | 42 | 22 | 8 | 12 | 77 | 60 | 74 |
| Belper Town | 42 | 23 | 5 | 14 | 74 | 57 | 74 |
| Stamford | 42 | 20 | 8 | 14 | 77 | 75 | 68 |
| Loughborough Dynamo | 42 | 18 | 11 | 13 | 80 | 61 | 65 |
| New Mills | 42 | 17 | 12 | 13 | 79 | 76 | 63 |
| Goole | 42 | 18 | 8 | 16 | 72 | 78 | 62 |
| Hucknall Town | 42 | 16 | 9 | 17 | 54 | 61 | 57 |
| Sutton Coldfield Town | 42 | 16 | 7 | 19 | 72 | 63 | 55 |
| Kidsgrove Athletic | 42 | 13 | 16 | 13 | 62 | 59 | 55 |
| Coalville Town | 42 | 15 | 10 | 17 | 69 | 72 | 55 |
| Newcastle Town | 42 | 14 | 10 | 18 | 59 | 70 | 52 |
| Market Drayton Town | 42 | 11 | 15 | 16 | 61 | 84 | 48 |
| Brigg Town | 42 | 11 | 12 | 19 | 52 | 76 | 45 |
| Lincoln United | 42 | 10 | 13 | 19 | 65 | 85 | 43 |
| Rainworth Miners Welfare | 42 | 10 | 11 | 21 | 38 | 55 | 41 |
| Romulus | 42 | 7 | 15 | 20 | 56 | 85 | 36 |
| Quorn | 42 | 6 | 9 | 27 | 48 | 85 | 27 |
| Shepshed Dynamo | 42 | 5 | 10 | 27 | 45 | 115 | 25 |

Grantham Town had 1 point deducted for fielding an ineligible player.

# Northern Premier League 2012-2014

## 2012-2013

### Premier Division

| | | | | | | | |
|---|---|---|---|---|---|---|---|
| North Ferriby United | 42 | 28 | 9 | 5 | 96 | 43 | 93 |
| Hednesford Town | 42 | 28 | 9 | 5 | 91 | 47 | 93 |
| FC United of Manchester | 42 | 25 | 8 | 9 | 86 | 48 | 83 |
| Witton Albion | 42 | 24 | 8 | 10 | 85 | 57 | 80 |
| AFC Fylde | 42 | 23 | 6 | 13 | 93 | 51 | 75 |
| Rushall Olympic | 42 | 20 | 10 | 12 | 69 | 55 | 70 |
| Buxton | 42 | 18 | 13 | 11 | 72 | 56 | 67 |
| Chorley | 42 | 20 | 7 | 15 | 63 | 52 | 67 |
| Worksop Town | 42 | 20 | 6 | 16 | 91 | 68 | 66 |
| Ashton United | 42 | 15 | 14 | 13 | 71 | 66 | 59 |
| Marine | 42 | 16 | 11 | 15 | 61 | 61 | 59 |
| Ilkeston | 42 | 15 | 13 | 14 | 67 | 55 | 58 |
| Whitby Town | 42 | 16 | 9 | 17 | 68 | 72 | 57 |
| Nantwich Town | 42 | 15 | 8 | 19 | 63 | 76 | 53 |
| Stafford Rangers | 42 | 12 | 15 | 15 | 54 | 60 | 51 |
| Blyth Spartans | 42 | 15 | 6 | 21 | 70 | 87 | 51 |
| Matlock Town | 42 | 12 | 9 | 21 | 54 | 80 | 45 |
| Frickley Athletic | 42 | 10 | 9 | 23 | 58 | 88 | 39 |
| Grantham Town | 42 | 9 | 9 | 24 | 56 | 75 | 36 |
| Stocksbridge Park Steels | 42 | 9 | 9 | 24 | 67 | 106 | 36 |
| Kendal Town | 42 | 9 | 6 | 27 | 65 | 112 | 33 |
| Eastwood Town | 42 | 3 | 6 | 33 | 36 | 121 | 15 |

### Division One North

| | | | | | | | |
|---|---|---|---|---|---|---|---|
| Skelmersdale United | 42 | 32 | 6 | 4 | 110 | 41 | 102 |
| Cammell Laird | 42 | 26 | 8 | 8 | 86 | 58 | 86 |
| New Mills | 42 | 26 | 7 | 9 | 107 | 69 | 85 |
| Trafford | 42 | 24 | 8 | 10 | 93 | 44 | 80 |
| Mossley | 42 | 24 | 8 | 10 | 83 | 48 | 80 |
| Ramsbottom United | 42 | 24 | 7 | 11 | 97 | 49 | 79 |
| Curzon Ashton | 42 | 22 | 7 | 13 | 98 | 67 | 73 |
| Clitheroe | 42 | 21 | 10 | 11 | 66 | 63 | 73 |
| Bamber Bridge | 42 | 21 | 7 | 14 | 86 | 58 | 70 |
| Warrington Town | 42 | 19 | 12 | 11 | 76 | 54 | 69 |
| Burscough | 42 | 14 | 17 | 11 | 81 | 64 | 59 |
| Ossett Town | 42 | 14 | 13 | 15 | 67 | 65 | 55 |
| Lancaster City | 42 | 15 | 8 | 19 | 70 | 73 | 50 |
| Farsley | 42 | 13 | 10 | 19 | 72 | 80 | 49 |
| Radcliffe Borough | 42 | 11 | 15 | 16 | 68 | 69 | 48 |
| Salford City | 42 | 11 | 13 | 18 | 65 | 79 | 46 |
| Prescot Cables | 42 | 12 | 10 | 20 | 51 | 67 | 46 |
| Harrogate Railway Athletic | 42 | 11 | 8 | 23 | 47 | 89 | 41 |
| Wakefield | 42 | 6 | 9 | 27 | 38 | 119 | 27 |
| Ossett Albion | 42 | 6 | 7 | 29 | 49 | 96 | 25 |
| Goole AFC | 42 | 5 | 8 | 29 | 44 | 89 | 23 |
| Garforth Town | 42 | 4 | 4 | 34 | 44 | 157 | 16 |

Lancaster City had 3 points deducted for fielding an ineligible player.

### Division One South

| | | | | | | | |
|---|---|---|---|---|---|---|---|
| King's Lynn Town | 42 | 28 | 8 | 6 | 86 | 46 | 92 |
| Coalville Town | 42 | 25 | 11 | 6 | 108 | 44 | 86 |
| Belper Town | 42 | 23 | 13 | 6 | 95 | 42 | 82 |
| Stamford | 42 | 23 | 7 | 12 | 97 | 58 | 76 |
| Chasetown | 42 | 21 | 11 | 10 | 83 | 51 | 74 |
| Sutton Coldfield Town | 42 | 22 | 8 | 12 | 81 | 61 | 74 |
| Halesowen Town | 42 | 23 | 5 | 14 | 79 | 65 | 74 |
| Northwich Victoria | 42 | 19 | 10 | 13 | 88 | 58 | 67 |
| Sheffield | 42 | 18 | 9 | 15 | 85 | 82 | 63 |
| Leek Town | 42 | 15 | 14 | 13 | 72 | 60 | 59 |
| Gresley | 42 | 16 | 10 | 16 | 75 | 77 | 58 |
| Carlton Town | 42 | 16 | 8 | 18 | 67 | 68 | 56 |
| Brigg Town | 42 | 14 | 11 | 17 | 62 | 76 | 53 |
| Rainworth Miners Welfare | 42 | 14 | 9 | 19 | 59 | 75 | 51 |
| Market Drayton Town | 42 | 13 | 11 | 18 | 68 | 78 | 50 |
| Loughborough Dynamo | 42 | 13 | 10 | 19 | 75 | 75 | 49 |
| Newcastle Town | 42 | 11 | 13 | 18 | 45 | 58 | 46 |
| Kidsgrove Athletic | 42 | 12 | 7 | 23 | 75 | 89 | 43 |
| Romulus | 42 | 11 | 9 | 22 | 52 | 78 | 42 |
| Lincoln United | 42 | 9 | 9 | 24 | 64 | 102 | 36 |
| Mickleover Sports | 42 | 7 | 13 | 22 | 51 | 92 | 34 |
| Hucknall Town | 42 | 4 | 4 | 34 | 39 | 171 | 16 |

## 2013-2014

### Premier Division

| | | | | | | | |
|---|---|---|---|---|---|---|---|
| Chorley | 46 | 29 | 10 | 7 | 107 | 39 | 97 |
| FC United of Manchester | 46 | 29 | 9 | 8 | 108 | 52 | 96 |
| AFC Fylde | 46 | 28 | 9 | 9 | 97 | 41 | 93 |
| Worksop Town | 46 | 27 | 7 | 12 | 120 | 87 | 88 |
| Ashton United | 46 | 24 | 8 | 14 | 92 | 62 | 80 |
| Skelmersdale United | 46 | 24 | 5 | 17 | 92 | 79 | 77 |
| Rushall Olympic | 46 | 21 | 12 | 13 | 79 | 65 | 75 |
| Blyth Spartans | 46 | 20 | 12 | 14 | 79 | 78 | 72 |
| Whitby Town | 46 | 18 | 16 | 12 | 82 | 64 | 70 |
| Trafford | 46 | 20 | 8 | 18 | 77 | 73 | 68 |
| King's Lynn Town | 46 | 20 | 8 | 18 | 76 | 77 | 68 |
| Matlock Town | 46 | 18 | 13 | 15 | 61 | 53 | 67 |
| Buxton | 46 | 16 | 14 | 16 | 63 | 60 | 62 |
| Barwell | 46 | 17 | 11 | 18 | 62 | 67 | 62 |
| Grantham Town | 46 | 17 | 10 | 19 | 77 | 78 | 61 |
| Witton Albion | 46 | 17 | 9 | 20 | 77 | 80 | 60 |
| Ilkeston | 46 | 17 | 8 | 21 | 81 | 77 | 59 |
| Stamford | 46 | 17 | 7 | 22 | 75 | 85 | 58 |
| Nantwich Town | 46 | 14 | 14 | 18 | 77 | 71 | 56 |
| Marine | 46 | 13 | 14 | 19 | 68 | 76 | 53 |
| Frickley Athletic | 46 | 12 | 13 | 21 | 62 | 80 | 49 |
| Stafford Rangers | 46 | 9 | 8 | 29 | 56 | 112 | 35 |
| Stocksbridge Park Steels | 46 | 5 | 8 | 33 | 60 | 130 | 23 |
| Droylsden | 46 | 2 | 3 | 41 | 40 | 182 | 9 |

### Division One North

| | | | | | | | |
|---|---|---|---|---|---|---|---|
| Curzon Ashton | 42 | 31 | 6 | 5 | 92 | 36 | 99 |
| Darlington 1883 | 42 | 28 | 6 | 8 | 101 | 37 | 90 |
| Warrington Town | 42 | 27 | 6 | 9 | 86 | 47 | 87 |
| Bamber Bridge | 42 | 26 | 5 | 11 | 81 | 45 | 83 |
| Ramsbottom United | 42 | 25 | 8 | 9 | 112 | 57 | 80 |
| Lancaster City | 42 | 24 | 8 | 10 | 75 | 52 | 80 |
| Farsley | 42 | 21 | 12 | 9 | 76 | 51 | 75 |
| Ossett Town | 42 | 19 | 8 | 15 | 66 | 63 | 65 |
| Northwich Victoria | 42 | 16 | 15 | 11 | 73 | 52 | 63 |
| Kendal Town | 42 | 17 | 5 | 20 | 83 | 84 | 56 |
| Cammell Laird | 42 | 15 | 9 | 18 | 65 | 64 | 54 |
| Salford City | 42 | 15 | 7 | 20 | 68 | 80 | 52 |
| Harrogate Railway Athletic | 42 | 14 | 6 | 22 | 52 | 66 | 48 |
| Burscough | 42 | 13 | 9 | 20 | 58 | 82 | 48 |
| Mossley | 42 | 13 | 8 | 21 | 73 | 90 | 47 |
| New Mills | 42 | 12 | 9 | 21 | 68 | 95 | 45 |
| Clitheroe | 42 | 12 | 7 | 23 | 55 | 81 | 43 |
| Radcliffe Borough | 42 | 12 | 7 | 23 | 57 | 93 | 43 |
| Padiham | 42 | 12 | 6 | 24 | 61 | 92 | 42 |
| Prescot Cables | 42 | 10 | 10 | 22 | 63 | 86 | 40 |
| Ossett Albion | 42 | 7 | 8 | 27 | 40 | 80 | 29 |
| Wakefield | 42 | 7 | 7 | 28 | 55 | 127 | 28 |

Ramsbottom United had 3 points deducted for fielding an ineligible player.
Cammell Laird resigned from the League at the end of the season.

# Northern Premier League 2014-2015

## Division One South

| | P | W | D | L | F | A | Pts |
|---|---|---|---|---|---|---|---|
| Halesowen Town | 40 | 29 | 4 | 7 | 80 | 38 | 91 |
| Coalville Town | 40 | 27 | 8 | 5 | 101 | 35 | 89 |
| Leek Town | 40 | 28 | 4 | 8 | 85 | 35 | 88 |
| Belper Town | 40 | 24 | 9 | 7 | 98 | 50 | 81 |
| Mickleover Sports | 40 | 22 | 7 | 11 | 82 | 62 | 73 |
| Sutton Coldfield Town | 40 | 19 | 7 | 14 | 74 | 53 | 64 |
| Scarborough Athletic | 40 | 18 | 7 | 15 | 73 | 57 | 61 |
| Newcastle Town | 40 | 18 | 5 | 17 | 66 | 65 | 59 |
| Gresley | 40 | 17 | 5 | 18 | 66 | 67 | 56 |
| Carlton Town | 40 | 15 | 10 | 15 | 58 | 55 | 55 |
| Romulus | 40 | 16 | 7 | 17 | 66 | 64 | 55 |
| Chasetown | 40 | 14 | 10 | 16 | 52 | 59 | 52 |
| Goole | 40 | 15 | 6 | 19 | 60 | 75 | 51 |
| Loughborough Dynamo | 40 | 13 | 8 | 19 | 62 | 77 | 47 |
| Rainworth Miners Welfare | 40 | 12 | 10 | 18 | 52 | 72 | 46 |
| Sheffield | 40 | 12 | 8 | 20 | 69 | 80 | 44 |
| Lincoln United | 40 | 10 | 6 | 24 | 55 | 88 | 36 |
| Brigg Town | 40 | 9 | 8 | 23 | 49 | 94 | 35 |
| Market Drayton Town | 40 | 8 | 11 | 21 | 56 | 105 | 35 |
| Bedworth United | 40 | 9 | 7 | 24 | 48 | 83 | 34 |
| Kidsgrove Athletic | 40 | 7 | 9 | 24 | 41 | 80 | 30 |

Eastwood Town resigned from the League on 9th March 2014 and their playing record (Played 27, Won 2, Drawn 5, Lost 20) was expunged. Leek Town had 3 points deducted for fielding an ineligible player in a fixture against Eastwood Town. However, as Eastwood Town's record was expunged this has no effect on their points total in the above table.

## Division One North

| | P | W | D | L | F | A | Pts |
|---|---|---|---|---|---|---|---|
| Salford City | 42 | 30 | 5 | 7 | 92 | 42 | 95 |
| Darlington 1883 | 42 | 28 | 7 | 7 | 99 | 37 | 91 |
| Bamber Bridge | 42 | 25 | 8 | 9 | 88 | 58 | 83 |
| Northwich Victoria | 42 | 25 | 7 | 10 | 75 | 39 | 82 |
| Spennymoor Town | 42 | 22 | 11 | 9 | 76 | 45 | 77 |
| Scarborough Athletic | 42 | 23 | 6 | 13 | 80 | 61 | 75 |
| Mossley | 42 | 23 | 6 | 13 | 79 | 63 | 75 |
| Harrogate Railway Athletic | 42 | 19 | 10 | 13 | 85 | 75 | 67 |
| Warrington Town | 42 | 19 | 8 | 15 | 65 | 55 | 65 |
| Droylsden | 42 | 20 | 3 | 19 | 98 | 84 | 63 |
| Lancaster City | 42 | 18 | 8 | 16 | 65 | 53 | 62 |
| Farsley | 42 | 18 | 7 | 17 | 73 | 64 | 61 |
| Clitheroe | 42 | 14 | 10 | 18 | 73 | 81 | 52 |
| Brighouse Town | 42 | 14 | 9 | 19 | 64 | 81 | 51 |
| Burscough | 42 | 12 | 12 | 18 | 62 | 73 | 48 |
| Kendal Town | 42 | 12 | 10 | 20 | 81 | 92 | 46 |
| Ossett Albion | 42 | 13 | 7 | 22 | 49 | 72 | 43 |
| Ossett Town | 42 | 12 | 6 | 24 | 48 | 89 | 42 |
| Radcliffe Borough | 42 | 8 | 11 | 23 | 49 | 91 | 35 |
| Prescot Cables | 42 | 7 | 12 | 23 | 45 | 84 | 33 |
| New Mills | 42 | 6 | 7 | 29 | 56 | 107 | 25 |
| Padiham | 42 | 6 | 6 | 30 | 50 | 112 | 24 |

Ossett Albion were deducted 3 points.

## Division One South

| | P | W | D | L | F | A | Pts |
|---|---|---|---|---|---|---|---|
| Mickleover Sports | 42 | 31 | 5 | 6 | 105 | 40 | 98 |
| Leek Town | 42 | 28 | 5 | 9 | 90 | 38 | 89 |
| Newcastle Town | 42 | 27 | 6 | 9 | 92 | 46 | 87 |
| Sutton Coldfield Town | 42 | 25 | 8 | 9 | 75 | 41 | 83 |
| Gresley | 42 | 25 | 6 | 11 | 96 | 51 | 81 |
| Stafford Rangers | 42 | 23 | 12 | 7 | 68 | 33 | 81 |
| Spalding United | 42 | 23 | 10 | 9 | 84 | 41 | 79 |
| Tividale | 42 | 20 | 11 | 11 | 65 | 43 | 71 |
| Lincoln United | 42 | 19 | 9 | 14 | 72 | 55 | 66 |
| Coalville Town | 42 | 19 | 4 | 19 | 76 | 71 | 61 |
| Norton United | 42 | 19 | 4 | 19 | 79 | 75 | 61 |
| Romulus | 42 | 18 | 7 | 17 | 69 | 65 | 61 |
| Chasetown | 42 | 14 | 9 | 19 | 60 | 64 | 51 |
| Loughborough Dynamo | 42 | 13 | 9 | 20 | 71 | 87 | 48 |
| Sheffield | 42 | 14 | 6 | 22 | 74 | 93 | 48 |
| Goole | 42 | 12 | 10 | 20 | 53 | 66 | 46 |
| Stocksbridge Park Steels | 42 | 10 | 11 | 21 | 53 | 84 | 41 |
| Carlton Town | 42 | 11 | 6 | 25 | 52 | 79 | 39 |
| Market Drayton Town | 42 | 11 | 4 | 27 | 66 | 109 | 37 |
| Kidsgrove Athletic | 42 | 9 | 9 | 24 | 48 | 96 | 36 |
| Rainworth Miners Welfare | 42 | 8 | 6 | 28 | 46 | 91 | 30 |
| Brigg Town | 42 | 3 | 3 | 36 | 26 | 153 | 12 |

Norton United folded at the end of the season.
Rainworth Miners Welfare and Brigg Town both resigned from the League at the end of the season and asked to be relegated to Step 5 of the National League System.

## 2014-2015

### Premier Division

| | P | W | D | L | F | A | Pts |
|---|---|---|---|---|---|---|---|
| FC United of Manchester | 46 | 26 | 14 | 6 | 78 | 37 | 92 |
| Workington | 46 | 27 | 9 | 10 | 63 | 39 | 90 |
| Ashton United | 46 | 24 | 12 | 10 | 75 | 54 | 84 |
| Curzon Ashton | 46 | 23 | 14 | 9 | 79 | 46 | 83 |
| Ilkeston | 46 | 22 | 15 | 9 | 79 | 56 | 81 |
| Blyth Spartans | 46 | 21 | 16 | 9 | 84 | 54 | 79 |
| Skelmersdale United | 46 | 21 | 10 | 15 | 58 | 48 | 73 |
| Barwell | 46 | 21 | 10 | 15 | 69 | 63 | 73 |
| Rushall Olympic | 46 | 21 | 9 | 16 | 76 | 64 | 72 |
| Buxton | 46 | 18 | 17 | 11 | 70 | 57 | 71 |
| Halesowen Town | 46 | 13 | 20 | 13 | 56 | 48 | 59 |
| Grantham Town | 46 | 15 | 14 | 17 | 64 | 72 | 59 |
| Whitby Town | 46 | 14 | 16 | 16 | 56 | 63 | 58 |
| Matlock Town | 46 | 15 | 11 | 20 | 57 | 60 | 56 |
| Nantwich Town | 46 | 16 | 7 | 23 | 61 | 76 | 55 |
| Stourbridge | 46 | 14 | 11 | 21 | 59 | 72 | 53 |
| Ramsbottom United | 46 | 15 | 8 | 23 | 66 | 80 | 53 |
| King's Lynn Town | 46 | 14 | 10 | 22 | 60 | 81 | 52 |
| Frickley Athletic | 46 | 12 | 14 | 20 | 60 | 73 | 50 |
| Stamford | 46 | 13 | 11 | 22 | 56 | 75 | 50 |
| Marine | 46 | 11 | 16 | 19 | 58 | 69 | 49 |
| Witton Albion | 46 | 14 | 7 | 25 | 58 | 86 | 49 |
| Trafford | 46 | 6 | 15 | 25 | 58 | 93 | 33 |
| Belper Town | 46 | 6 | 14 | 26 | 62 | 96 | 32 |

# Northern Premier League 2015-2016

## 2015-2016

### Premier Division

| | | | | | | | |
|---|---|---|---|---|---|---|---|
| Darlington 1883 | 46 | 33 | 5 | 8 | 106 | 42 | 104 |
| Blyth Spartans | 46 | 32 | 3 | 11 | 89 | 41 | 99 |
| Salford City | 46 | 27 | 9 | 10 | 94 | 48 | 90 |
| Ashton United | 46 | 26 | 9 | 11 | 90 | 52 | 87 |
| Workington | 46 | 25 | 11 | 10 | 78 | 50 | 86 |
| Stourbridge | 46 | 25 | 9 | 12 | 90 | 63 | 84 |
| Frickley Athletic | 46 | 22 | 11 | 13 | 69 | 46 | 77 |
| Nantwich Town | 46 | 20 | 15 | 11 | 94 | 62 | 75 |
| Barwell | 46 | 23 | 4 | 19 | 82 | 66 | 73 |
| Rushall Olympic | 46 | 19 | 12 | 15 | 74 | 61 | 69 |
| Buxton | 46 | 21 | 4 | 21 | 71 | 74 | 67 |
| Sutton Coldfield Town | 46 | 17 | 11 | 18 | 59 | 66 | 62 |
| Halesowen Town | 46 | 17 | 11 | 18 | 53 | 63 | 62 |
| Ilkeston | 46 | 15 | 9 | 22 | 61 | 79 | 54 |
| Marine | 46 | 12 | 17 | 17 | 53 | 61 | 53 |
| Skelmersdale United | 46 | 14 | 11 | 21 | 66 | 82 | 53 |
| Matlock Town | 46 | 14 | 10 | 22 | 59 | 79 | 52 |
| Grantham Town | 46 | 13 | 12 | 21 | 51 | 85 | 51 |
| Whitby Town | 46 | 12 | 11 | 23 | 60 | 79 | 47 |
| Mickleover Sports | 46 | 11 | 13 | 22 | 50 | 74 | 46 |
| Stamford | 46 | 12 | 9 | 25 | 71 | 97 | 45 |
| Hyde United | 46 | 11 | 7 | 28 | 53 | 90 | 40 |
| Colwyn Bay | 46 | 10 | 8 | 28 | 51 | 95 | 38 |
| Ramsbottom United | 46 | 5 | 11 | 30 | 43 | 112 | 26 |

### Division One South

| | | | | | | | |
|---|---|---|---|---|---|---|---|
| Stafford Rangers | 42 | 29 | 8 | 5 | 79 | 31 | 95 |
| Shaw Lane Aquaforce | 42 | 28 | 10 | 4 | 95 | 40 | 94 |
| Coalville Town | 42 | 25 | 10 | 7 | 81 | 46 | 85 |
| Basford United | 42 | 22 | 10 | 10 | 67 | 42 | 76 |
| Lincoln United | 42 | 21 | 11 | 10 | 70 | 46 | 74 |
| Stocksbridge Park Steels | 42 | 20 | 9 | 13 | 72 | 53 | 69 |
| Chasetown | 42 | 19 | 11 | 12 | 68 | 49 | 68 |
| Leek Town | 42 | 18 | 9 | 15 | 61 | 56 | 63 |
| Rugby Town | 42 | 17 | 9 | 16 | 73 | 68 | 60 |
| Romulus | 42 | 18 | 6 | 18 | 76 | 74 | 60 |
| Market Drayton Town | 42 | 16 | 10 | 16 | 65 | 65 | 58 |
| Spalding United | 42 | 14 | 14 | 14 | 52 | 54 | 56 |
| Belper Town | 42 | 15 | 9 | 18 | 66 | 65 | 54 |
| Newcastle Town | 42 | 15 | 8 | 19 | 65 | 68 | 53 |
| Kidsgrove Athletic | 42 | 12 | 14 | 16 | 81 | 78 | 50 |
| Gresley | 42 | 16 | 2 | 24 | 58 | 75 | 50 |
| Sheffield | 42 | 13 | 8 | 21 | 61 | 71 | 47 |
| Carlton Town | 42 | 14 | 5 | 23 | 60 | 72 | 47 |
| Goole | 42 | 10 | 8 | 24 | 51 | 87 | 38 |
| Loughborough Dynamo | 42 | 10 | 5 | 27 | 60 | 108 | 35 |
| Daventry Town | 42 | 10 | 3 | 29 | 43 | 112 | 33 |
| Tividale | 42 | 5 | 11 | 26 | 52 | 95 | 26 |

### Division One North

| | | | | | | | |
|---|---|---|---|---|---|---|---|
| Warrington Town | 42 | 34 | 4 | 4 | 121 | 36 | 106 |
| Spennymoor Town | 42 | 27 | 10 | 5 | 113 | 35 | 91 |
| Northwich Victoria | 42 | 29 | 5 | 8 | 102 | 41 | 83 |
| Glossop North End | 42 | 24 | 9 | 9 | 78 | 41 | 81 |
| Burscough | 42 | 25 | 5 | 12 | 81 | 50 | 80 |
| Lancaster City | 42 | 18 | 15 | 9 | 74 | 57 | 69 |
| Clitheroe | 42 | 22 | 3 | 17 | 90 | 86 | 69 |
| Trafford | 42 | 19 | 8 | 15 | 78 | 51 | 65 |
| Farsley Celtic | 42 | 18 | 9 | 15 | 82 | 50 | 63 |
| Ossett Albion | 42 | 20 | 3 | 19 | 56 | 63 | 63 |
| Witton Albion | 42 | 18 | 7 | 17 | 85 | 72 | 61 |
| Bamber Bridge | 42 | 16 | 12 | 14 | 73 | 55 | 60 |
| Mossley | 42 | 18 | 6 | 18 | 80 | 76 | 60 |
| Brighouse Town | 42 | 17 | 8 | 17 | 75 | 72 | 59 |
| Kendal Town | 42 | 14 | 10 | 18 | 62 | 80 | 52 |
| Prescot Cables | 42 | 13 | 7 | 22 | 66 | 99 | 46 |
| Ossett Town | 42 | 12 | 7 | 23 | 51 | 94 | 43 |
| Radcliffe Borough | 42 | 11 | 7 | 24 | 54 | 75 | 40 |
| Droylsden | 42 | 11 | 6 | 25 | 68 | 139 | 39 |
| Scarborough Athletic | 42 | 10 | 8 | 24 | 40 | 64 | 38 |
| Harrogate Railway Athletic | 42 | 6 | 8 | 28 | 52 | 115 | 26 |
| New Mills | 42 | 0 | 3 | 39 | 26 | 156 | 3 |

Northwich Victoria had 9 points deducted for fielding an ineligible player

# EASTERN COUNTIES LEAGUE

In 1934, Norwich City won promotion to the old Second Division for the first time and, with the better class of football then available, they began to attract more and more fans from all over East Anglia, including an estimated 2,000 from Ipswich for every home game. Hardly surprisingly, Ipswich Town and other leading clubs in the region had to think hard about how they could hold on to their fan-base and the conclusion was that they too needed to offer a better class of football.

The initiative for a new league came principally from Ipswich and from Harwich, who wanted the new league to include all the best clubs from Norfolk, Suffolk and Essex and be ready to start in the 1935-36 season. Cambridge Town (now known as Cambridge City) also attended the initial meeting but in the end, they decided to join the Spartan League instead.

The final 12 clubs selected for the new Eastern Counties League came from 5 different existing leagues. They were:

Norfolk & Suffolk League (6 clubs):  Bury Town, Gorleston, Great Yarmouth Town, Kings Lynn, Lowestoft Town and Thetford Town

Spartan League (2 clubs):  Colchester Town and Crittall Athletic

Southern Amateur League (2 clubs):  Harwich & Parkeston and Ipswich Town

London League (1 club):  Chelmsford

Ipswich & District League (1 club):  Clacton Town

## 1935-36

| | | | | | | | |
|---|---|---|---|---|---|---|---|
| Lowestoft Town | 22 | 17 | 2 | 3 | 78 | 27 | 36 |
| 6 Harwich & Parkeston | 22 | 16 | 4 | 2 | 71 | 27 | 36 |
| Crittall Athletic | 22 | 13 | 5 | 4 | 56 | 20 | 31 |
| Great Yarmouth Town | 22 | 12 | 3 | 7 | 50 | 30 | 27 |
| Chelmsford | 22 | 12 | 1 | 9 | 65 | 46 | 25 |
| Ipswich Town | 22 | 10 | 5 | 7 | 60 | 49 | 25 |
| Bury Town | 22 | 10 | 2 | 10 | 54 | 74 | 22 |
| Kings Lynn | 22 | 7 | 4 | 11 | 51 | 62 | 18 |
| Gorleston | 22 | 7 | 1 | 14 | 44 | 61 | 15 |
| Clacton Town | 22 | 6 | 1 | 15 | 37 | 57 | 13 |
| Colchester Town | 22 | 5 | 2 | 15 | 46 | 77 | 12 |
| Thetford Town | 22 | 1 | 2 | 19 | 28 | 110 | 4 |

**Championship Play-Off**

29th August 1936, played at Layer Road, Colchester
Lowestoft Town vs Harwich & Parkeston                           3-3
The clubs were declared joint champions, each to hold the trophy for 6 months.

At the end of the season, Ipswich Town became the second East Anglian club (after Norwich City) to turn professional. They joined the Southern League and moved their reserves from the Essex & Suffolk Border League to the Eastern Counties League.

## 1936-37

| | | | | | | | |
|---|---|---|---|---|---|---|---|
| Crittall Athletic | 22 | 18 | 2 | 2 | 81 | 27 | 38 |
| Clacton Town | 22 | 17 | 2 | 3 | 65 | 35 | 36 |
| Lowestoft Town | 22 | 12 | 3 | 7 | 69 | 43 | 27 |
| Chelmsford | 22 | 13 | 1 | 8 | 62 | 43 | 27 |
| Harwich & Parkeston | 19 | 11 | 2 | 6 | 66 | 34 | 24 |
| Bury Town | 22 | 10 | 3 | 9 | 48 | 53 | 23 |
| Ipswich Town Reserves | 22 | 10 | 2 | 10 | 55 | 44 | 22 |
| Kings Lynn | 22 | 8 | 2 | 12 | 55 | 56 | 18 |
| Great Yarmouth Town | 22 | 7 | 4 | 11 | 34 | 53 | 18 |
| Gorleston | 21 | 6 | 3 | 12 | 38 | 47 | 15 |
| Colchester Town | 21 | 3 | 1 | 17 | 33 | 85 | 7 |
| Thetford Town | 19 | 0 | 1 | 18 | 18 | 104 | 1 |

Four games were left unplayed.

All 5 Essex clubs – Crittall Athletic, Clacton Town, Chelmsford, Harwich & Parkeston and Colchester Town – left to form their own competition, the Essex County League. Thetford Town also resigned from the league to rejoin the Norfolk & Suffolk League.
Norwich CEYMS and Cromer joined from the Norfolk & Suffolk League and Newmarket Town joined from the United Counties League.
Colchester United had been formed as a new professional club in March 1937 and were elected to the Southern League. They formed a reserve side in December 1937 which included many Colchester Town players. This forced Colchester Town to resign from the Essex County League and disband while Colchester United Reserves immediately joined the Eastern Counties League. The Eastern Counties League thus began the 1937-38 season with 9 members but finished with 10.

## 1937-38

| | | | | | | | |
|---|---|---|---|---|---|---|---|
| Lowestoft Town | 18 | 11 | 5 | 2 | 55 | 23 | 27 |
| Bury Town | 18 | 13 | 1 | 4 | 54 | 24 | 27 |
| Ipswich Town Reserves | 18 | 12 | 1 | 5 | 59 | 37 | 25 |
| Colchester United Reserves | 18 | 9 | 5 | 4 | 55 | 30 | 23 |
| Kings Lynn | 18 | 9 | 1 | 8 | 35 | 33 | 19 |
| Gorleston | 18 | 7 | 2 | 9 | 29 | 36 | 16 |
| Great Yarmouth Town | 18 | 6 | 0 | 12 | 43 | 38 | 12 |
| Norwich CEYMS | 18 | 5 | 2 | 11 | 27 | 57 | 12 |
| Cromer | 18 | 5 | 2 | 11 | 25 | 60 | 12 |
| Newmarket | 18 | 3 | 1 | 14 | 19 | 63 | 7 |

**Championship Play-Off**

27th August 1938 at Kings Road, Bury St. Edmunds
Bury Town vs Lowestoft Town                           0-2
Lowestoft Town were declared champions

Ipswich Town Reserves moved to the Southern League, replacing their first team who had been elected to the Football League. Clacton Town, Crittall Athletic and Harwich & Parkeston rejoined from the Essex County League which closed down after just one season while the newly-formed professional Chelmsford City entered their reserves into the Eastern Counties League.

# Eastern Counties League 1938-1951

## 1938-39

| | | | | | | | |
|---|---|---|---|---|---|---|---|
| Colchester United Reserves | 24 | 17 | 3 | 4 | 92 | 41 | 37 |
| Chelmsford City Reserves | 24 | 14 | 3 | 7 | 51 | 46 | 31 |
| Bury Town | 24 | 14 | 2 | 8 | 64 | 42 | 30 |
| Crittall Athletic | 24 | 13 | 3 | 8 | 61 | 39 | 29 |
| Harwich & Parkeston | 24 | 13 | 3 | 8 | 62 | 41 | 29 |
| Clacton Town | 24 | 13 | 3 | 8 | 63 | 46 | 29 |
| Lowestoft Town | 24 | 11 | 2 | 11 | 54 | 51 | 24 |
| Kings Lynn | 24 | 8 | 6 | 10 | 54 | 55 | 22 |
| Cromer | 24 | 8 | 3 | 13 | 46 | 76 | 19 |
| Gorleston | 24 | 7 | 4 | 13 | 41 | 63 | 18 |
| Newmarket Town | 24 | 7 | 2 | 15 | 44 | 85 | 16 |
| Norwich CEYMS | 24 | 7 | 1 | 16 | 50 | 66 | 15 |
| Great Yarmouth Town | 24 | 6 | 1 | 17 | 40 | 71 | 13 |

## 1939-46

There were no changes in the league constitution for the 1939-40 season but only 1 game was played before the league closed down upon the outbreak of war. The result of that game was:

King's Lynn vs Chelmsford City Reserves      4-5

The league then closed down until 1946.

When it resumed, Norwich CEYMS and Cromer both resigned from the league to rejoin the Norfolk & Suffolk League while Kings Lynn resigned and joined the United Counties League. Crittall Athletic and Chelmsford City Reserves had both played in the London League in the 1945-46 season and decided to continue in that league for 1946-47. However, while Crittall resigned from the Eastern Counties League, Chelmsford City Reserves did not and so played in both leagues during 1946-47. Norwich City formed a third ("A") team and they also joined.

## 1946-47

| | | | | | | | |
|---|---|---|---|---|---|---|---|
| Chelmsford City Reserves | 18 | 16 | 2 | 0 | 95 | 23 | 34 |
| Harwich & Parkeston | 18 | 13 | 2 | 3 | 64 | 30 | 28 |
| Great Yarmouth Town | 18 | 11 | 1 | 6 | 55 | 43 | 23 |
| Colchester United Reserves | 18 | 6 | 5 | 7 | 40 | 47 | 17 |
| Norwich City "A" | 18 | 7 | 2 | 9 | 51 | 49 | 16 |
| Lowestoft Town | 18 | 7 | 2 | 9 | 53 | 53 | 16 |
| Newmarket Town | 18 | 5 | 4 | 9 | 41 | 63 | 14 |
| Gorleston | 18 | 6 | 1 | 11 | 30 | 55 | 13 |
| Bury Town | 18 | 4 | 2 | 12 | 26 | 54 | 10 |
| Clacton Town | 18 | 4 | 1 | 13 | 33 | 71 | 9 |

## 1947-48

| | | | | | | | |
|---|---|---|---|---|---|---|---|
| Chelmsford City Reserves | 18 | 15 | 1 | 2 | 65 | 18 | 31 |
| Norwich City "A" | 18 | 9 | 4 | 5 | 36 | 24 | 22 |
| Great Yarmouth Town | 18 | 9 | 3 | 6 | 47 | 41 | 21 |
| Colchester United Reserves | 18 | 8 | 4 | 6 | 40 | 28 | 20 |
| Harwich & Parkeston | 18 | 8 | 3 | 7 | 34 | 37 | 19 |
| Bury Town | 18 | 7 | 4 | 7 | 37 | 43 | 18 |
| Lowestoft Town | 18 | 7 | 2 | 9 | 50 | 61 | 16 |
| Gorleston | 18 | 6 | 4 | 8 | 32 | 46 | 16 |
| Clacton Town | 18 | 5 | 0 | 13 | 29 | 50 | 10 |
| Newmarket Town | 18 | 2 | 3 | 13 | 26 | 48 | 7 |

The league was successful in persuading 5 Football league clubs to form new "A" sides that joined the league. Those 5 were Arsenal "A", Chelsea "A", Ipswich Town "A", Tottenham Hotspur "A" and West Ham United "A".

Kings Lynn rejoined from the United Counties League and turned professional.

## 1948-49

| | | | | | | | |
|---|---|---|---|---|---|---|---|
| Chelmsford City Reserves | 30 | 24 | 1 | 5 | 109 | 40 | 49 |
| Tottenham Hotspur "A" | 30 | 20 | 4 | 6 | 83 | 43 | 44 |
| Harwich & Parkeston | 30 | 20 | 1 | 9 | 70 | 40 | 41 |
| Chelsea "A" | 30 | 17 | 3 | 10 | 70 | 34 | 37 |
| Clacton Town | 30 | 15 | 5 | 10 | 64 | 49 | 35 |
| Colchester United Reserves | 30 | 15 | 3 | 12 | 63 | 52 | 33 |
| Great Yarmouth Town | 30 | 15 | 3 | 12 | 59 | 53 | 33 |
| Bury Town | 30 | 12 | 5 | 13 | 57 | 62 | 29 |
| Arsenal "A" | 30 | 11 | 4 | 15 | 55 | 50 | 26 |
| West Ham United "A" | 30 | 11 | 4 | 15 | 58 | 69 | 26 |
| Kings Lynn | 30 | 12 | 2 | 16 | 65 | 80 | 26 |
| Lowestoft Town | 30 | 11 | 4 | 15 | 64 | 101 | 26 |
| Ipswich Town "A" | 30 | 10 | 3 | 17 | 54 | 80 | 23 |
| Norwich City "A" | 30 | 7 | 7 | 16 | 53 | 72 | 21 |
| Gorleston | 30 | 8 | 3 | 19 | 67 | 99 | 19 |
| Newmarket Town | 30 | 4 | 4 | 22 | 43 | 110 | 12 |

Gillingham Reserves joined from the Kent League.

## 1949-50

| | | | | | | | |
|---|---|---|---|---|---|---|---|
| Tottenham Hotspur "A" | 32 | 22 | 6 | 4 | 93 | 42 | 50 |
| Kings Lynn | 32 | 20 | 6 | 6 | 97 | 41 | 46 |
| Gillingham Reserves | 32 | 22 | 2 | 8 | 85 | 42 | 46 |
| Lowestoft Town | 32 | 17 | 6 | 9 | 74 | 65 | 40 |
| Great Yarmouth Town | 32 | 16 | 5 | 11 | 62 | 46 | 37 |
| Arsenal "A" | 32 | 15 | 5 | 12 | 52 | 50 | 35 |
| Bury Town | 32 | 12 | 8 | 12 | 51 | 54 | 32 |
| Chelsea "A" | 32 | 12 | 7 | 13 | 57 | 56 | 31 |
| Chelmsford City Reserves | 32 | 13 | 5 | 14 | 59 | 70 | 31 |
| Colchester United Reserves | 32 | 12 | 6 | 14 | 68 | 58 | 30 |
| Clacton Town | 32 | 12 | 6 | 14 | 63 | 76 | 30 |
| Harwich & Parkeston | 32 | 10 | 7 | 15 | 60 | 57 | 27 |
| Norwich City "A" | 32 | 10 | 5 | 17 | 54 | 72 | 25 |
| West Ham United "A" | 32 | 9 | 4 | 19 | 48 | 72 | 22 |
| Gorleston | 32 | 7 | 7 | 18 | 51 | 75 | 21 |
| Ipswich Town "A" | 32 | 9 | 3 | 20 | 40 | 85 | 21 |
| Newmarket Town | 32 | 9 | 2 | 21 | 42 | 95 | 20 |

Wisbech Town joined from the United Counties League.

## 1950-51

| | | | | | | | |
|---|---|---|---|---|---|---|---|
| Gillingham Reserves | 34 | 25 | 4 | 5 | 103 | 44 | 54 |
| Tottenham Hotspur "A" | 34 | 20 | 6 | 8 | 74 | 33 | 46 |
| Kings Lynn | 34 | 20 | 4 | 10 | 97 | 54 | 44 |
| Chelsea "A" | 34 | 15 | 9 | 10 | 66 | 50 | 39 |
| Clacton Town | 34 | 17 | 5 | 12 | 68 | 60 | 39 |
| Colchester United Reserves | 34 | 18 | 2 | 14 | 97 | 59 | 38 |
| Ipswich Town "A" | 34 | 16 | 6 | 12 | 76 | 60 | 38 |
| Gorleston | 34 | 16 | 6 | 12 | 66 | 58 | 38 |
| Wisbech Town | 34 | 14 | 9 | 11 | 63 | 45 | 37 |
| Arsenal "A" | 34 | 14 | 9 | 11 | 60 | 48 | 37 |
| Bury Town | 34 | 16 | 3 | 15 | 68 | 74 | 35 |
| Harwich & Parkeston | 34 | 12 | 9 | 13 | 51 | 67 | 33 |
| Chelmsford City Reserves | 34 | 12 | 7 | 15 | 71 | 69 | 31 |
| Lowestoft Town | 34 | 10 | 7 | 17 | 53 | 72 | 27 |
| Great Yarmouth Town | 34 | 8 | 8 | 18 | 43 | 92 | 24 |
| West Ham United "A" | 34 | 9 | 5 | 20 | 48 | 78 | 23 |
| Norwich City "A" | 34 | 8 | 5 | 21 | 32 | 85 | 21 |
| Newmarket Town | 34 | 3 | 2 | 29 | 36 | 124 | 8 |

Ipswich Town "A" moved to the Essex & Suffolk Border League. Cambridge United joined from the United Counties League, having changed their name from Abbey United.

# Eastern Counties League 1951-1956

## 1951-52

| | | | | | | | |
|---|---|---|---|---|---|---|---|
| Gillingham Reserves | 34 | 22 | 9 | 3 | 84 | 31 | 53 |
| Colchester United Reserves | 34 | 19 | 7 | 8 | 70 | 41 | 45 |
| Gorleston | 34 | 18 | 8 | 8 | 90 | 47 | 44 |
| Cambridge United | 34 | 20 | 3 | 11 | 72 | 41 | 43 |
| Arsenal "A" | 34 | 17 | 8 | 9 | 72 | 46 | 42 |
| Kings Lynn | 34 | 19 | 3 | 12 | 103 | 61 | 41 |
| Chelmsford City Reserves | 34 | 15 | 10 | 9 | 67 | 52 | 40 |
| West Ham United "A" | 34 | 18 | 3 | 13 | 69 | 57 | 39 |
| Harwich & Parkeston | 34 | 17 | 4 | 13 | 76 | 72 | 38 |
| Tottenham Hotspur "A" | 34 | 15 | 3 | 16 | 67 | 50 | 33 |
| Lowestoft Town | 34 | 13 | 6 | 15 | 65 | 63 | 32 |
| Bury Town | 34 | 13 | 4 | 17 | 69 | 78 | 30 |
| Chelsea "A" | 34 | 11 | 7 | 16 | 54 | 64 | 29 |
| Wisbech Town | 34 | 12 | 5 | 17 | 56 | 68 | 29 |
| Clacton Town | 34 | 12 | 4 | 18 | 58 | 68 | 28 |
| Great Yarmouth Town | 34 | 11 | 4 | 19 | 51 | 80 | 26 |
| Norwich City "A" | 34 | 9 | 2 | 23 | 44 | 96 | 20 |
| Newmarket Town | 34 | 0 | 0 | 34 | 19 | 171 | 0 |

Newmarket Town moved to the Essex & Suffolk Border League and Wisbech Town moved to the Midland League. Eynesbury Rovers joined from the United Counties League, Crittall Athletic joined from the London League and Stowmarket joined from the Essex & Suffolk Border League.

## 1952-53

| | | | | | | | |
|---|---|---|---|---|---|---|---|
| Gorleston | 36 | 23 | 6 | 7 | 114 | 48 | 52 |
| Kings Lynn | 36 | 22 | 5 | 9 | 94 | 51 | 49 |
| Arsenal "A" | 36 | 21 | 5 | 10 | 78 | 48 | 47 |
| Cambridge United | 36 | 19 | 8 | 9 | 80 | 49 | 46 |
| Great Yarmouth Town | 36 | 18 | 8 | 10 | 70 | 44 | 44 |
| Tottenham Hotspur "A" | 36 | 13 | 16 | 7 | 60 | 43 | 42 |
| Eynesbury Rovers | 36 | 18 | 5 | 13 | 99 | 79 | 41 |
| Gillingham Reserves | 36 | 17 | 7 | 12 | 70 | 63 | 41 |
| West Ham United "A" | 36 | 16 | 7 | 13 | 63 | 68 | 39 |
| Norwich City "A" | 36 | 13 | 9 | 14 | 71 | 71 | 35 |
| Colchester United Reserves | 36 | 14 | 7 | 15 | 59 | 62 | 35 |
| Harwich & Parkeston | 36 | 11 | 13 | 12 | 71 | 82 | 35 |
| Bury Town | 36 | 12 | 8 | 16 | 61 | 76 | 32 |
| Clacton Town | 36 | 12 | 7 | 17 | 55 | 82 | 31 |
| Lowestoft Town | 36 | 11 | 5 | 20 | 34 | 79 | 27 |
| Crittall Athletic | 36 | 9 | 8 | 19 | 52 | 81 | 26 |
| Stowmarket | 36 | 9 | 7 | 20 | 55 | 86 | 25 |
| Chelmsford City Reserves | 36 | 8 | 6 | 22 | 42 | 78 | 22 |
| Chelsea "A" | 36 | 5 | 5 | 26 | 44 | 82 | 15 |

Chelsea "A" moved to the Metropolitan League.

## 1953-54

| | | | | | | | |
|---|---|---|---|---|---|---|---|
| Kings Lynn | 34 | 22 | 8 | 4 | 108 | 41 | 52 |
| Clacton Town | 34 | 20 | 9 | 5 | 62 | 28 | 49 |
| Cambridge United | 34 | 18 | 10 | 6 | 88 | 44 | 46 |
| Eynesbury Rovers | 34 | 18 | 6 | 10 | 86 | 58 | 42 |
| Great Yarmouth Town | 34 | 18 | 6 | 10 | 58 | 46 | 42 |
| Gorleston | 34 | 15 | 11 | 8 | 70 | 41 | 41 |
| Lowestoft Town | 34 | 14 | 7 | 13 | 64 | 59 | 35 |
| Tottenham Hotspur "A" | 34 | 11 | 11 | 12 | 49 | 47 | 33 |
| Gillingham Reserves | 34 | 12 | 9 | 13 | 56 | 58 | 33 |
| Colchester United Reserves | 34 | 13 | 7 | 14 | 60 | 69 | 33 |
| West Ham United "A" | 34 | 13 | 7 | 14 | 56 | 75 | 33 |
| Arsenal "A" | 34 | 11 | 9 | 14 | 44 | 57 | 31 |
| Chelmsford City Reserves | 34 | 12 | 6 | 16 | 51 | 66 | 30 |
| Stowmarket | 34 | 9 | 10 | 15 | 42 | 61 | 28 |
| Harwich & Parkeston | 34 | 8 | 7 | 19 | 49 | 73 | 23 |
| Crittall Athletic | 34 | 9 | 5 | 20 | 48 | 87 | 23 |
| Norwich City "A" | 34 | 7 | 7 | 20 | 43 | 91 | 21 |
| Bury Town | 34 | 5 | 7 | 22 | 33 | 66 | 17 |

Kings Lynn moved to the Midland League and Gillingham Reserves moved to the Kent League. March Town United and Peterborough United Reserves both joined from the United Counties League.

## 1954-55

| | | | | | | | |
|---|---|---|---|---|---|---|---|
| Arsenal "A" | 34 | 19 | 10 | 5 | 68 | 38 | 48 |
| Colchester United Reserves | 34 | 18 | 7 | 9 | 72 | 45 | 43 |
| March Town United | 34 | 19 | 4 | 11 | 80 | 45 | 42 |
| Cambridge United | 34 | 17 | 7 | 10 | 80 | 58 | 41 |
| Eynesbury Rovers | 34 | 16 | 9 | 9 | 66 | 58 | 41 |
| Crittall Athletic | 34 | 18 | 4 | 12 | 61 | 60 | 40 |
| Clacton Town | 34 | 17 | 5 | 12 | 61 | 48 | 39 |
| Peterborough United Reserves | 34 | 16 | 6 | 12 | 65 | 52 | 38 |
| Gorleston | 34 | 14 | 10 | 10 | 60 | 54 | 38 |
| Tottenham Hotspur "A" | 34 | 15 | 6 | 13 | 60 | 48 | 36 |
| Great Yarmouth Town | 34 | 15 | 5 | 14 | 55 | 52 | 35 |
| Lowestoft Town | 34 | 13 | 6 | 15 | 56 | 61 | 32 |
| West Ham United "A" | 34 | 11 | 8 | 15 | 50 | 57 | 30 |
| Chelmsford City Reserves | 34 | 8 | 10 | 16 | 63 | 68 | 26 |
| Stowmarket | 34 | 10 | 6 | 18 | 48 | 78 | 26 |
| Bury Town | 34 | 9 | 6 | 19 | 45 | 76 | 24 |
| Norwich City "A" | 34 | 8 | 4 | 22 | 36 | 75 | 20 |
| Harwich & Parkeston | 34 | 2 | 9 | 23 | 24 | 77 | 13 |

Arsenal "A" resigned and concentrated on an expanded programme for their reserves in the Football Combination. There was therefore no "A" team equivalent for Arsenal in 1955-56. Crittall Athletic abandoned professionalism and moved to the Essex & Suffolk Border League. Spalding United, Holbeach United and Biggleswade Town all joined from the United Counties League and Sudbury Town joined from the Essex & Suffolk Border League.

## 1955-56

| | | | | | | | |
|---|---|---|---|---|---|---|---|
| Peterborough United Reserves | 38 | 27 | 7 | 4 | 115 | 33 | 61 |
| March Town United | 38 | 28 | 3 | 7 | 90 | 42 | 59 |
| Spalding United | 38 | 24 | 7 | 7 | 90 | 57 | 55 |
| Colchester United Reserves | 38 | 22 | 5 | 11 | 118 | 61 | 49 |
| Clacton Town | 38 | 23 | 2 | 13 | 90 | 55 | 48 |
| Sudbury Town | 38 | 20 | 4 | 14 | 85 | 76 | 44 |
| Tottenham Hotspur "A" | 38 | 18 | 7 | 13 | 64 | 48 | 43 |
| Lowestoft Town | 38 | 20 | 3 | 15 | 99 | 82 | 43 |
| Great Yarmouth Town | 38 | 18 | 6 | 14 | 65 | 57 | 42 |
| Cambridge United | 38 | 16 | 9 | 13 | 71 | 67 | 41 |
| Holbeach United | 38 | 18 | 4 | 16 | 74 | 70 | 40 |
| Gorleston | 38 | 17 | 3 | 18 | 69 | 69 | 37 |
| Stowmarket | 38 | 15 | 5 | 18 | 68 | 77 | 35 |
| Bury Town | 38 | 11 | 7 | 20 | 66 | 89 | 29 |
| Harwich & Parkeston | 38 | 9 | 10 | 19 | 57 | 79 | 28 |
| West Ham United "A" | 38 | 10 | 6 | 22 | 49 | 85 | 26 |
| Biggleswade Town | 38 | 9 | 7 | 22 | 75 | 124 | 25 |
| Eynesbury Rovers | 38 | 8 | 6 | 24 | 48 | 117 | 22 |
| Norwich City "A" | 38 | 4 | 10 | 24 | 46 | 93 | 18 |
| Chelmsford City Reserves | 38 | 4 | 7 | 27 | 48 | 106 | 15 |

Since 1952, West Ham United had also fielded an "A" side in the Metropolitan League and they decided to concentrate on that competition and resign from the Eastern Counties League.

# Eastern Counties League 1956-1962

## 1956-57

| | P | W | D | L | F | A | Pts |
|---|---|---|---|---|---|---|---|
| Colchester United Reserves | 36 | 25 | 2 | 9 | 119 | 54 | 52 |
| Great Yarmouth Town | 36 | 24 | 3 | 9 | 82 | 53 | 51 |
| Clacton Town | 36 | 21 | 7 | 8 | 74 | 43 | 49 |
| Peterborough United Reserves | 36 | 21 | 5 | 10 | 92 | 55 | 47 |
| Tottenham Hotspur "A" | 36 | 20 | 6 | 10 | 86 | 46 | 46 |
| Cambridge United | 36 | 19 | 7 | 10 | 76 | 56 | 45 |
| Holbeach United | 36 | 20 | 4 | 12 | 70 | 55 | 44 |
| Sudbury Town | 36 | 19 | 5 | 12 | 76 | 56 | 43 |
| Spalding United | 36 | 19 | 4 | 13 | 76 | 60 | 42 |
| Stowmarket | 36 | 15 | 1 | 20 | 85 | 74 | 31 |
| Harwich & Parkeston | 36 | 13 | 5 | 18 | 54 | 75 | 31 |
| March Town United | 36 | 12 | 6 | 18 | 84 | 86 | 30 |
| Lowestoft Town | 36 | 11 | 8 | 17 | 66 | 82 | 30 |
| Chelmsford City Reserves | 36 | 11 | 7 | 18 | 61 | 84 | 29 |
| Bury Town | 36 | 10 | 7 | 19 | 59 | 94 | 27 |
| Eynesbury Rovers | 36 | 8 | 9 | 19 | 54 | 98 | 25 |
| Biggleswade Town | 36 | 9 | 5 | 22 | 50 | 87 | 23 |
| Norwich City "A" | 36 | 7 | 8 | 21 | 41 | 90 | 22 |
| Gorleston | 36 | 5 | 7 | 24 | 36 | 93 | 17 |

## 1957-58

| | P | W | D | L | F | A | Pts |
|---|---|---|---|---|---|---|---|
| Tottenham Hotspur "A" | 36 | 29 | 3 | 4 | 129 | 49 | 61 |
| Cambridge United | 36 | 21 | 9 | 6 | 108 | 59 | 51 |
| Spalding United | 36 | 23 | 3 | 10 | 113 | 62 | 49 |
| Peterborough United Reserves | 36 | 19 | 5 | 12 | 82 | 54 | 43 |
| Clacton Town | 36 | 17 | 9 | 10 | 84 | 60 | 43 |
| Colchester United Reserves | 36 | 18 | 6 | 12 | 88 | 59 | 42 |
| Holbeach United | 36 | 15 | 11 | 10 | 94 | 62 | 41 |
| Lowestoft Town | 36 | 15 | 8 | 13 | 80 | 67 | 38 |
| Chelmsford City Reserves | 36 | 15 | 7 | 14 | 72 | 70 | 37 |
| Harwich & Parkeston | 36 | 13 | 10 | 13 | 69 | 69 | 36 |
| Great Yarmouth Town | 36 | 15 | 5 | 16 | 80 | 80 | 35 |
| Sudbury Town | 36 | 14 | 6 | 16 | 87 | 84 | 34 |
| March Town United | 36 | 13 | 7 | 16 | 87 | 89 | 33 |
| Stowmarket | 36 | 12 | 6 | 18 | 67 | 85 | 30 |
| Gorleston | 36 | 12 | 5 | 19 | 72 | 99 | 29 |
| Norwich City "A" | 36 | 10 | 5 | 21 | 63 | 92 | 25 |
| Biggleswade Town | 36 | 8 | 6 | 22 | 63 | 122 | 22 |
| Eynesbury Rovers | 36 | 8 | 3 | 25 | 44 | 134 | 19 |
| Bury Town | 36 | 5 | 6 | 25 | 51 | 137 | 16 |

Cambridge United and Clacton Town both moved to the expanding Southern League and Norwich City withdrew their "A" team. Norwich's former "B" team, playing in the East Anglian League, then became the "A" team.

## 1958-59

| | P | W | D | L | F | A | Pts |
|---|---|---|---|---|---|---|---|
| Colchester United Reserves | 30 | 21 | 4 | 5 | 101 | 59 | 46 |
| Tottenham Hotspur "A" | 30 | 22 | 1 | 7 | 98 | 36 | 45 |
| Harwich & Parkeston | 30 | 14 | 8 | 8 | 79 | 54 | 36 |
| Spalding United | 30 | 16 | 3 | 11 | 96 | 61 | 35 |
| Peterborough United Reserves | 30 | 15 | 5 | 10 | 76 | 55 | 35 |
| March Town United | 30 | 15 | 3 | 12 | 69 | 73 | 33 |
| Bury Town | 30 | 12 | 7 | 11 | 65 | 71 | 31 |
| Holbeach United | 30 | 11 | 8 | 11 | 60 | 49 | 30 |
| Stowmarket | 30 | 12 | 4 | 14 | 53 | 62 | 28 |
| Lowestoft Town | 30 | 12 | 3 | 15 | 67 | 69 | 27 |
| Sudbury Town | 30 | 11 | 4 | 15 | 56 | 66 | 26 |
| Gorleston | 30 | 9 | 8 | 13 | 45 | 67 | 26 |
| Chelmsford City Reserves | 30 | 8 | 6 | 16 | 59 | 78 | 22 |
| Eynesbury Rovers | 30 | 9 | 4 | 17 | 48 | 86 | 22 |
| Biggleswade Town | 30 | 7 | 6 | 17 | 56 | 94 | 20 |
| Great Yarmouth Town | 30 | 7 | 4 | 19 | 48 | 96 | 18 |

Colchester United Reserves moved to the Football Combination. Cambridge City Reserves and Kings Lynn Reserves both joined from the Central Alliance, Romford Reserves joined from the Isthmian League – Reserve Division (because the club had turned professional) and Newmarket Town and Cambridge United Reserves both joined from the Peterborough & District League.

## 1959-60

| | P | W | D | L | F | A | Pts |
|---|---|---|---|---|---|---|---|
| Tottenham Hotspur "A" | 38 | 27 | 5 | 6 | 86 | 32 | 59 |
| Chelmsford City Reserves | 38 | 24 | 6 | 8 | 114 | 59 | 54 |
| Bury Town | 38 | 23 | 3 | 12 | 94 | 49 | 49 |
| March Town United | 38 | 22 | 5 | 11 | 103 | 64 | 49 |
| Holbeach United | 38 | 21 | 6 | 11 | 91 | 49 | 48 |
| Peterborough United Reserves | 38 | 21 | 4 | 13 | 101 | 68 | 46 |
| Sudbury Town | 38 | 18 | 9 | 11 | 63 | 44 | 45 |
| Great Yarmouth Town | 38 | 18 | 5 | 15 | 82 | 84 | 41 |
| Stowmarket | 38 | 18 | 5 | 15 | 67 | 77 | 41 |
| Cambridge City Reserves | 38 | 14 | 11 | 13 | 63 | 63 | 39 |
| Harwich & Parkeston | 38 | 15 | 9 | 14 | 66 | 68 | 39 |
| Kings Lynn Reserves | 38 | 13 | 11 | 14 | 72 | 60 | 37 |
| Romford Reserves | 38 | 12 | 11 | 15 | 75 | 75 | 35 |
| Newmarket Town | 38 | 12 | 7 | 19 | 71 | 88 | 31 |
| Lowestoft Town | 38 | 12 | 6 | 20 | 61 | 86 | 30 |
| Biggleswade Town | 38 | 11 | 7 | 20 | 60 | 97 | 29 |
| Spalding United | 38 | 12 | 3 | 23 | 64 | 101 | 27 |
| Eynesbury Rovers | 38 | 10 | 5 | 23 | 58 | 91 | 25 |
| Gorleston | 38 | 7 | 6 | 25 | 45 | 106 | 20 |
| Cambridge United Reserves | 38 | 6 | 4 | 28 | 50 | 125 | 16 |

Peterborough United were elected to the Football League and so their Reserves moved to the Football Combination. Spalding United moved to the Central Alliance, Gorleston moved to the Norfolk & Suffolk League and Cambridge United Reserves moved to the Peterborough & District League. Ely City joined from the Central Alliance.

## 1960-61

| | P | W | D | L | F | A | Pts |
|---|---|---|---|---|---|---|---|
| Tottenham Hotspur "A" | 32 | 25 | 3 | 4 | 114 | 27 | 53 |
| March Town United | 32 | 21 | 3 | 8 | 84 | 45 | 45 |
| Bury Town | 32 | 18 | 7 | 7 | 94 | 53 | 43 |
| Cambridge City Reserves | 32 | 20 | 3 | 9 | 88 | 58 | 43 |
| Chelmsford City Reserves | 32 | 17 | 3 | 12 | 82 | 56 | 37 |
| Lowestoft Town | 32 | 15 | 5 | 12 | 87 | 70 | 35 |
| Sudbury Town | 32 | 13 | 9 | 10 | 64 | 66 | 35 |
| Harwich & Parkeston | 32 | 13 | 8 | 11 | 68 | 60 | 34 |
| Holbeach United | 32 | 11 | 9 | 12 | 55 | 58 | 31 |
| Great Yarmouth Town | 32 | 11 | 7 | 14 | 54 | 76 | 29 |
| Biggleswade Town | 32 | 11 | 6 | 15 | 66 | 73 | 28 |
| Newmarket Town | 32 | 12 | 4 | 16 | 63 | 72 | 28 |
| Stowmarket | 32 | 11 | 6 | 15 | 52 | 65 | 28 |
| Romford Reserves | 32 | 10 | 5 | 17 | 68 | 87 | 25 |
| Kings Lynn Reserves | 32 | 8 | 9 | 15 | 48 | 76 | 25 |
| Ely City | 32 | 8 | 6 | 18 | 49 | 89 | 22 |
| Eynesbury Rovers | 32 | 0 | 3 | 29 | 30 | 135 | 3 |

Southend United formed an "A" team for the first time and this team joined the League.

## 1961-62

| | P | W | D | L | F | A | Pts |
|---|---|---|---|---|---|---|---|
| Tottenham Hotspur "A" | 34 | 26 | 3 | 5 | 106 | 44 | 55 |
| Cambridge City Reserves | 34 | 22 | 3 | 9 | 88 | 55 | 47 |
| Kings Lynn Reserves | 34 | 21 | 4 | 9 | 77 | 50 | 46 |
| Bury Town | 34 | 20 | 5 | 9 | 99 | 60 | 45 |
| Southend United "A" | 34 | 18 | 7 | 9 | 88 | 66 | 43 |
| Lowestoft Town | 34 | 15 | 10 | 9 | 86 | 66 | 40 |
| Stowmarket | 34 | 15 | 7 | 12 | 70 | 64 | 37 |
| Harwich & Parkeston | 34 | 16 | 4 | 14 | 101 | 70 | 36 |
| Biggleswade Town | 34 | 15 | 6 | 13 | 77 | 61 | 36 |
| Sudbury Town | 34 | 14 | 7 | 13 | 77 | 58 | 35 |
| Romford Reserves | 34 | 13 | 7 | 14 | 69 | 66 | 33 |
| Chelmsford City Reserves | 34 | 13 | 5 | 16 | 73 | 69 | 31 |
| Great Yarmouth Town | 34 | 11 | 6 | 17 | 49 | 62 | 28 |
| Holbeach United | 34 | 8 | 10 | 16 | 46 | 69 | 26 |
| March Town United | 34 | 7 | 7 | 20 | 49 | 93 | 21 |
| Eynesbury Rovers | 34 | 7 | 6 | 21 | 57 | 100 | 20 |
| Newmarket Town | 34 | 7 | 4 | 23 | 44 | 126 | 18 |
| Ely City | 34 | 4 | 7 | 23 | 43 | 100 | 15 |

Holbeach United moved to the Midland League and Southend United's "A" team were disbanded.

# Eastern Counties League 1962-1968

## 1962-63

| | P | W | D | L | F | A | Pts |
|---|---|---|---|---|---|---|---|
| Lowestoft Town | 30 | 19 | 4 | 7 | 81 | 46 | 42 |
| Chelmsford City Reserves | 30 | 18 | 6 | 6 | 63 | 38 | 42 |
| Tottenham Hotspur "A" | 30 | 18 | 2 | 10 | 81 | 45 | 38 |
| Stowmarket | 30 | 17 | 4 | 9 | 63 | 41 | 38 |
| Kings Lynn Reserves | 30 | 15 | 6 | 9 | 69 | 47 | 36 |
| Bury Town | 30 | 15 | 6 | 9 | 59 | 52 | 36 |
| Harwich & Parkeston | 30 | 15 | 3 | 12 | 87 | 79 | 33 |
| Sudbury Town | 30 | 13 | 5 | 12 | 53 | 53 | 31 |
| Romford Reserves | 30 | 13 | 5 | 12 | 62 | 64 | 31 |
| March Town United | 30 | 13 | 1 | 16 | 55 | 70 | 27 |
| Newmarket Town | 30 | 11 | 3 | 16 | 70 | 69 | 25 |
| Cambridge City Reserves | 30 | 9 | 7 | 14 | 52 | 52 | 25 |
| Great Yarmouth Town | 30 | 9 | 6 | 15 | 49 | 65 | 24 |
| Biggleswade Town | 30 | 8 | 7 | 15 | 54 | 95 | 23 |
| Ely City | 30 | 5 | 5 | 20 | 36 | 84 | 15 |
| Eynesbury Rovers | 30 | 6 | 2 | 22 | 39 | 73 | 14 |

Cambridge City Reserves, Chelmsford City Reserves, Romford Reserves and Tottenham Hotspur "A" all moved to the Metropolitan League. Biggleswade Town and Eynesbury Rovers both moved to the United Counties League. Bungay Town, Gothic and Thetford Town all joined from the Norfolk & Suffolk League, Soham Town Rangers joined from the Peterborough & District League and Norwich City "A" joined from the East Anglian League.

## 1963-64

| | P | W | D | L | F | A | Pts |
|---|---|---|---|---|---|---|---|
| Bury Town | 28 | 23 | 4 | 1 | 103 | 26 | 50 |
| Lowestoft Town | 28 | 20 | 2 | 6 | 101 | 51 | 42 |
| Harwich & Parkeston | 28 | 19 | 2 | 7 | 95 | 48 | 40 |
| Sudbury Town | 28 | 17 | 2 | 9 | 74 | 49 | 36 |
| Stowmarket | 28 | 15 | 5 | 8 | 67 | 31 | 35 |
| Kings Lynn Reserves | 28 | 15 | 2 | 11 | 59 | 57 | 32 |
| Newmarket Town | 28 | 12 | 4 | 12 | 71 | 65 | 28 |
| Soham Town Rangers | 28 | 13 | 1 | 14 | 63 | 61 | 27 |
| Great Yarmouth Town | 28 | 11 | 3 | 14 | 60 | 51 | 25 |
| Ely City | 28 | 10 | 3 | 15 | 47 | 62 | 23 |
| Gothic | 28 | 9 | 3 | 16 | 53 | 75 | 21 |
| March Town United | 28 | 8 | 5 | 15 | 52 | 76 | 21 |
| Norwich City "A" | 28 | 6 | 5 | 17 | 33 | 71 | 17 |
| Thetford Town | 28 | 6 | 2 | 20 | 43 | 103 | 14 |
| Bungay Town | 28 | 3 | 3 | 22 | 32 | 127 | 9 |

Bury Town moved to the Metropolitan League, Harwich & Parkeston moved to the Athenian League and Bungay Town moved to the Anglian Combination. Clacton Town joined from the Southern League and Haverhill Rovers joined from the Essex & Suffolk Border League.

## 1964-65

| | P | W | D | L | F | A | Pts |
|---|---|---|---|---|---|---|---|
| Lowestoft Town | 26 | 20 | 2 | 4 | 119 | 50 | 42 |
| Clacton Town | 26 | 18 | 2 | 6 | 70 | 40 | 38 |
| Great Yarmouth Town | 26 | 13 | 6 | 7 | 53 | 38 | 32 |
| Kings Lynn Reserves | 26 | 14 | 2 | 10 | 77 | 62 | 30 |
| Stowmarket | 26 | 13 | 4 | 9 | 49 | 45 | 30 |
| Haverhill Rovers | 26 | 14 | 1 | 11 | 69 | 57 | 29 |
| Thetford Town | 26 | 13 | 3 | 10 | 75 | 64 | 29 |
| Sudbury Town | 26 | 11 | 5 | 10 | 49 | 45 | 27 |
| March Town United | 26 | 11 | 5 | 10 | 56 | 52 | 27 |
| Soham Town Rangers | 26 | 9 | 1 | 16 | 44 | 57 | 19 |
| Newmarket Town | 26 | 7 | 4 | 15 | 42 | 70 | 18 |
| Gothic | 26 | 6 | 4 | 16 | 44 | 73 | 16 |
| Norwich City "A" | 26 | 5 | 4 | 17 | 35 | 71 | 14 |
| Ely City | 26 | 5 | 3 | 18 | 46 | 104 | 13 |

Histon joined from the Athenian League and Cambridge City Reserves joined from the Metropolitan League.

## 1965-66

| | P | W | D | L | F | A | Pts |
|---|---|---|---|---|---|---|---|
| Lowestoft Town | 30 | 23 | 3 | 4 | 125 | 47 | 49 |
| Sudbury Town | 30 | 20 | 6 | 4 | 77 | 42 | 46 |
| Newmarket Town | 30 | 16 | 6 | 8 | 87 | 64 | 38 |
| Stowmarket | 30 | 14 | 8 | 8 | 81 | 46 | 36 |
| Great Yarmouth Town | 30 | 15 | 5 | 10 | 71 | 54 | 35 |
| Haverhill Rovers | 30 | 13 | 7 | 10 | 57 | 54 | 33 |
| Cambridge City Reserves | 30 | 15 | 2 | 13 | 70 | 70 | 32 |
| Soham Town Rangers | 30 | 13 | 4 | 13 | 44 | 53 | 30 |
| Ely City | 30 | 11 | 7 | 12 | 66 | 61 | 29 |
| Clacton Town | 30 | 12 | 5 | 13 | 47 | 49 | 29 |
| Kings Lynn Reserves | 30 | 11 | 5 | 14 | 56 | 71 | 27 |
| Gothic | 30 | 11 | 4 | 15 | 54 | 63 | 26 |
| March Town United | 30 | 9 | 6 | 15 | 62 | 100 | 24 |
| Norwich City "A" | 30 | 9 | 3 | 18 | 52 | 63 | 21 |
| Histon | 30 | 5 | 5 | 20 | 28 | 84 | 15 |
| Thetford Town | 30 | 3 | 4 | 23 | 39 | 95 | 10 |

Cambridge City disbanded their reserve side in order to reduce costs. Chatteris Town joined from the Peterborough & District League, Maldon Town joined from the Essex & Suffolk Border League and Boston joined from the Central Alliance.

## 1966-67

| | P | W | D | L | F | A | Pts |
|---|---|---|---|---|---|---|---|
| Lowestoft Town | 34 | 29 | 3 | 2 | 157 | 53 | 61 |
| Newmarket Town | 34 | 23 | 6 | 5 | 92 | 56 | 52 |
| Great Yarmouth Town | 34 | 22 | 5 | 7 | 92 | 50 | 49 |
| Stowmarket | 34 | 19 | 3 | 12 | 71 | 55 | 41 |
| Sudbury Town | 34 | 18 | 4 | 12 | 87 | 53 | 40 |
| Boston | 34 | 17 | 6 | 11 | 72 | 58 | 40 |
| Haverhill Rovers | 34 | 14 | 9 | 11 | 90 | 74 | 37 |
| Ely City | 34 | 17 | 3 | 14 | 77 | 86 | 37 |
| Soham Town Rangers | 34 | 14 | 3 | 17 | 70 | 87 | 31 |
| Norwich City "A" | 34 | 11 | 7 | 16 | 54 | 78 | 29 |
| Maldon Town | 34 | 10 | 8 | 16 | 51 | 58 | 28 |
| Gothic | 34 | 11 | 6 | 17 | 61 | 82 | 28 |
| Histon | 34 | 11 | 5 | 18 | 58 | 81 | 27 |
| Chatteris Town | 34 | 9 | 8 | 17 | 72 | 80 | 26 |
| Clacton Town | 34 | 9 | 8 | 17 | 71 | 81 | 26 |
| March Town United | 34 | 10 | 5 | 19 | 70 | 101 | 25 |
| Kings Lynn Reserves | 34 | 6 | 10 | 18 | 57 | 99 | 22 |
| Thetford Town | 34 | 3 | 7 | 24 | 34 | 104 | 13 |

## 1967-68

| | P | W | D | L | F | A | Pts |
|---|---|---|---|---|---|---|---|
| Lowestoft Town | 34 | 28 | 3 | 3 | 117 | 44 | 59 |
| Great Yarmouth Town | 34 | 25 | 3 | 6 | 106 | 55 | 53 |
| Chatteris Town | 34 | 18 | 4 | 12 | 74 | 59 | 40 |
| Clacton Town | 34 | 18 | 4 | 12 | 94 | 82 | 40 |
| Sudbury Town | 34 | 17 | 5 | 12 | 81 | 57 | 39 |
| Haverhill Rovers | 34 | 17 | 5 | 12 | 91 | 66 | 39 |
| Stowmarket | 34 | 18 | 3 | 13 | 82 | 62 | 39 |
| Gothic | 34 | 17 | 5 | 12 | 85 | 72 | 39 |
| Newmarket Town | 34 | 13 | 11 | 10 | 92 | 74 | 37 |
| Histon | 34 | 14 | 5 | 15 | 62 | 65 | 33 |
| Ely City | 34 | 14 | 3 | 17 | 66 | 86 | 31 |
| Kings Lynn Reserves | 34 | 11 | 6 | 17 | 64 | 70 | 28 |
| Thetford Town | 34 | 12 | 4 | 18 | 54 | 86 | 28 |
| Soham Town Rangers | 34 | 12 | 2 | 20 | 67 | 91 | 26 |
| Maldon Town | 34 | 9 | 8 | 17 | 50 | 76 | 26 |
| Norwich City "A" | 34 | 10 | 5 | 19 | 53 | 85 | 25 |
| Boston | 34 | 6 | 5 | 23 | 54 | 115 | 17 |
| March Town United | 34 | 6 | 1 | 27 | 61 | 108 | 13 |

Boston moved to the Midland League.

# Eastern Counties League 1968-1973

## 1968-69

| | | | | | | | |
|---|---|---|---|---|---|---|---|
| Great Yarmouth Town | 32 | 24 | 3 | 5 | 82 | 35 | 51 |
| Lowestoft Town | 32 | 22 | 6 | 4 | 94 | 28 | 50 |
| Sudbury Town | 32 | 19 | 3 | 10 | 78 | 44 | 41 |
| Ely City | 32 | 17 | 6 | 9 | 80 | 57 | 40 |
| Haverhill Rovers | 32 | 17 | 4 | 11 | 80 | 64 | 38 |
| Kings Lynn Reserves | 32 | 15 | 7 | 10 | 71 | 63 | 37 |
| Thetford Town | 32 | 14 | 7 | 11 | 71 | 61 | 35 |
| Newmarket Town | 32 | 14 | 6 | 12 | 73 | 66 | 34 |
| Gothic | 32 | 14 | 6 | 12 | 61 | 65 | 34 |
| Chatteris Town | 32 | 14 | 5 | 13 | 90 | 74 | 33 |
| Stowmarket | 32 | 10 | 7 | 15 | 73 | 78 | 27 |
| Histon | 32 | 9 | 7 | 16 | 49 | 63 | 25 |
| Soham Town Rangers | 32 | 7 | 8 | 17 | 44 | 78 | 22 |
| Clacton Town | 32 | 7 | 7 | 18 | 68 | 93 | 21 |
| Norwich City "A" | 32 | 8 | 4 | 20 | 39 | 101 | 20 |
| Maldon Town | 32 | 7 | 5 | 20 | 35 | 81 | 19 |
| March Town United | 32 | 5 | 7 | 20 | 55 | 92 | 17 |

Gorleston joined from the Anglian Combination and St. Neots Town joined from the United Counties League.

## 1969-70

| | | | | | | | |
|---|---|---|---|---|---|---|---|
| Lowestoft Town | 36 | 25 | 3 | 8 | 108 | 48 | 53 |
| Ely City | 36 | 21 | 5 | 10 | 96 | 67 | 47 |
| Sudbury Town | 36 | 20 | 5 | 11 | 91 | 61 | 45 |
| Gorleston | 36 | 18 | 8 | 10 | 63 | 47 | 44 |
| Clacton Town | 36 | 14 | 15 | 7 | 101 | 70 | 43 |
| March Town United | 36 | 19 | 5 | 12 | 94 | 77 | 43 |
| Stowmarket | 36 | 17 | 8 | 11 | 79 | 62 | 42 |
| Norwich City "A" | 36 | 19 | 3 | 14 | 54 | 56 | 41 |
| Newmarket Town | 36 | 13 | 14 | 9 | 75 | 63 | 40 |
| St. Neots Town | 36 | 14 | 8 | 14 | 80 | 64 | 36 |
| Thetford Town | 36 | 14 | 8 | 14 | 61 | 60 | 36 |
| Soham Town Rangers | 36 | 13 | 9 | 14 | 81 | 75 | 35 |
| Great Yarmouth Town | 36 | 11 | 10 | 15 | 65 | 78 | 32 |
| Kings Lynn Reserves | 36 | 11 | 8 | 17 | 71 | 95 | 30 |
| Chatteris Town | 36 | 10 | 6 | 20 | 82 | 102 | 26 |
| Maldon Town | 36 | 7 | 10 | 19 | 50 | 98 | 24 |
| Haverhill Rovers | 36 | 8 | 7 | 21 | 57 | 99 | 23 |
| Histon | 36 | 9 | 5 | 22 | 58 | 105 | 23 |
| Gothic | 36 | 8 | 5 | 23 | 54 | 93 | 21 |

Wisbech Town joined from the Southern League and Braintree & Crittall Athletic joined from the Metropolitan League.

## 1970-71

| | | | | | | | |
|---|---|---|---|---|---|---|---|
| Lowestoft Town | 40 | 30 | 6 | 4 | 114 | 37 | 66 |
| Wisbech Town | 40 | 26 | 6 | 8 | 97 | 58 | 58 |
| Ely City | 40 | 24 | 6 | 10 | 109 | 71 | 54 |
| Gorleston | 40 | 22 | 6 | 12 | 81 | 49 | 50 |
| Sudbury Town | 40 | 22 | 5 | 13 | 96 | 62 | 49 |
| Norwich City "A" | 40 | 20 | 9 | 11 | 70 | 55 | 49 |
| March Town United | 40 | 17 | 11 | 12 | 82 | 67 | 45 |
| Braintree & Crittall Athletic | 40 | 15 | 14 | 11 | 58 | 44 | 44 |
| Thetford Town | 40 | 19 | 6 | 15 | 73 | 58 | 44 |
| St. Neots Town | 40 | 18 | 8 | 14 | 82 | 77 | 44 |
| Chatteris Town | 40 | 18 | 6 | 16 | 70 | 71 | 42 |
| Newmarket Town | 40 | 15 | 7 | 18 | 66 | 73 | 37 |
| Clacton Town | 40 | 15 | 6 | 19 | 77 | 83 | 36 |
| Kings Lynn Reserves | 40 | 14 | 8 | 18 | 70 | 91 | 36 |
| Maldon Town | 40 | 13 | 9 | 18 | 61 | 68 | 35 |
| Gothic | 40 | 12 | 10 | 18 | 68 | 88 | 34 |
| Great Yarmouth Town | 40 | 14 | 3 | 23 | 68 | 91 | 31 |
| Stowmarket | 40 | 11 | 9 | 20 | 64 | 88 | 31 |
| Soham Town Rangers | 40 | 8 | 7 | 25 | 55 | 88 | 23 |
| Histon | 40 | 6 | 9 | 25 | 56 | 104 | 21 |
| Haverhill Rovers | 40 | 3 | 5 | 32 | 36 | 130 | 11 |

Kings Lynn Reserves moved to the Peterborough & District League.

## 1971-72

| | | | | | | | |
|---|---|---|---|---|---|---|---|
| Wisbech Town | 38 | 30 | 3 | 5 | 98 | 34 | 63 |
| Lowestoft Town | 38 | 25 | 7 | 6 | 106 | 47 | 57 |
| Gorleston | 38 | 22 | 9 | 7 | 65 | 35 | 53 |
| Chatteris Town | 38 | 20 | 4 | 14 | 87 | 65 | 44 |
| Thetford Town | 38 | 17 | 8 | 13 | 81 | 65 | 42 |
| St. Neots Town | 38 | 17 | 8 | 13 | 71 | 60 | 42 |
| Ely City | 38 | 15 | 9 | 14 | 77 | 67 | 39 |
| Great Yarmouth Town | 38 | 13 | 13 | 12 | 59 | 57 | 39 |
| Clacton Town | 38 | 15 | 9 | 14 | 80 | 79 | 39 |
| Norwich City "A" | 38 | 16 | 7 | 15 | 66 | 68 | 39 |
| Stowmarket | 38 | 14 | 11 | 13 | 61 | 65 | 39 |
| Sudbury Town | 38 | 14 | 10 | 14 | 58 | 51 | 38 |
| Gothic | 38 | 15 | 7 | 16 | 71 | 68 | 37 |
| Braintree & Crittall Athletic | 38 | 14 | 8 | 16 | 47 | 56 | 36 |
| March Town United | 38 | 13 | 9 | 16 | 79 | 88 | 35 |
| Histon | 38 | 11 | 8 | 19 | 64 | 76 | 30 |
| Soham Town Rangers | 38 | 8 | 13 | 17 | 64 | 88 | 29 |
| Haverhill Rovers | 38 | 6 | 10 | 22 | 49 | 81 | 22 |
| Maldon Town | 38 | 4 | 12 | 22 | 34 | 97 | 20 |
| Newmarket Town | 38 | 5 | 7 | 26 | 39 | 109 | 17 |

Maldon Town moved to the Essex Senior League. Hertford Town joined from the Athenian League and Peterborough United Reserves joined from the Midweek Football League.

## 1972-73

| | | | | | | | |
|---|---|---|---|---|---|---|---|
| Gorleston | 40 | 27 | 8 | 5 | 93 | 41 | 62 |
| Sudbury Town | 40 | 22 | 10 | 8 | 54 | 40 | 54 |
| Hertford Town | 40 | 22 | 8 | 10 | 85 | 42 | 52 |
| Lowestoft Town | 40 | 19 | 11 | 10 | 70 | 48 | 49 |
| Ely City | 40 | 21 | 5 | 14 | 91 | 62 | 47 |
| Chatteris Town | 40 | 19 | 9 | 12 | 88 | 75 | 47 |
| Peterborough United Reserves | 40 | 20 | 4 | 16 | 94 | 54 | 44 |
| Wisbech Town | 40 | 18 | 8 | 14 | 63 | 50 | 44 |
| Stowmarket | 40 | 16 | 11 | 13 | 57 | 49 | 43 |
| Newmarket Town | 40 | 17 | 8 | 15 | 59 | 64 | 42 |
| March Town United | 40 | 16 | 8 | 16 | 76 | 67 | 40 |
| Norwich City "A" | 40 | 16 | 8 | 16 | 58 | 61 | 40 |
| Great Yarmouth Town | 40 | 13 | 14 | 13 | 51 | 61 | 40 |
| Braintree & Crittall Athletic | 40 | 13 | 12 | 15 | 52 | 57 | 38 |
| Clacton Town | 40 | 10 | 14 | 16 | 60 | 89 | 34 |
| Thetford Town | 40 | 10 | 12 | 18 | 68 | 87 | 32 |
| St. Neots Town | 40 | 11 | 10 | 19 | 48 | 62 | 32 |
| Histon | 40 | 10 | 7 | 23 | 48 | 86 | 27 |
| Gothic | 40 | 9 | 8 | 23 | 54 | 88 | 26 |
| Haverhill Rovers | 40 | 7 | 10 | 23 | 56 | 96 | 24 |
| Soham Town Rangers | 40 | 6 | 11 | 23 | 52 | 98 | 23 |

Hertford Town moved to the Athenian League, Peterborough United Reserves moved to the Midweek Football League and St. Neots Town moved to the United Counties League. Cambridge City Reserves joined from the Southern League, Reserve Section.

## 1973-74

| Team | P | W | D | L | F | A | Pts |
|---|---|---|---|---|---|---|---|
| Sudbury Town | 36 | 22 | 8 | 6 | 81 | 33 | 52 |
| Wisbech Town | 36 | 18 | 13 | 5 | 71 | 37 | 49 |
| Clacton Town | 36 | 20 | 9 | 7 | 66 | 35 | 49 |
| Gorleston | 36 | 19 | 7 | 10 | 69 | 45 | 45 |
| Lowestoft Town | 36 | 16 | 13 | 7 | 64 | 44 | 45 |
| Thetford Town | 36 | 18 | 7 | 11 | 74 | 64 | 43 |
| Norwich City "A" | 36 | 14 | 13 | 9 | 62 | 50 | 41 |
| Braintree & Crittall Athletic | 36 | 14 | 10 | 12 | 60 | 54 | 38 |
| Newmarket Town | 36 | 13 | 12 | 11 | 50 | 48 | 38 |
| Ely City | 36 | 12 | 10 | 14 | 66 | 61 | 34 |
| Cambridge City Reserves | 36 | 14 | 6 | 16 | 49 | 68 | 34 |
| Histon | 36 | 11 | 10 | 15 | 59 | 66 | 32 |
| Great Yarmouth Town | 36 | 10 | 11 | 15 | 48 | 52 | 31 |
| Soham Town Rangers | 36 | 11 | 7 | 18 | 47 | 48 | 29 |
| March Town United | 36 | 6 | 17 | 13 | 37 | 49 | 29 |
| Stowmarket | 36 | 8 | 10 | 18 | 50 | 70 | 26 |
| Chatteris Town | 36 | 7 | 11 | 18 | 53 | 77 | 25 |
| Gothic | 36 | 9 | 4 | 23 | 35 | 80 | 22 |
| Haverhill Rovers | 36 | 8 | 6 | 22 | 44 | 104 | 22 |

Saffron Walden Town joined from the Essex Senior League.

## 1974-75

| Team | P | W | D | L | F | A | Pts |
|---|---|---|---|---|---|---|---|
| Sudbury Town | 38 | 26 | 8 | 4 | 82 | 32 | 60 |
| Clacton Town | 38 | 27 | 4 | 7 | 110 | 44 | 58 |
| Lowestoft Town | 38 | 23 | 7 | 8 | 93 | 39 | 53 |
| Histon | 38 | 20 | 10 | 8 | 80 | 43 | 50 |
| Gorleston | 38 | 22 | 6 | 10 | 74 | 45 | 50 |
| Braintree & Crittall Athletic | 38 | 19 | 9 | 10 | 65 | 38 | 47 |
| Wisbech Town | 38 | 18 | 10 | 10 | 80 | 57 | 46 |
| Great Yarmouth Town | 38 | 19 | 7 | 12 | 83 | 46 | 45 |
| Saffron Walden Town | 38 | 18 | 7 | 13 | 82 | 60 | 43 |
| Chatteris Town | 38 | 17 | 6 | 15 | 65 | 67 | 40 |
| Stowmarket | 38 | 17 | 6 | 15 | 57 | 61 | 40 |
| Ely City | 38 | 15 | 8 | 15 | 66 | 76 | 38 |
| Newmarket Town | 38 | 13 | 11 | 14 | 49 | 49 | 37 |
| Cambridge City Reserves | 38 | 12 | 9 | 17 | 53 | 77 | 33 |
| Soham Town Rangers | 38 | 9 | 8 | 21 | 58 | 88 | 26 |
| March Town United | 38 | 8 | 8 | 22 | 44 | 92 | 24 |
| Thetford Town | 38 | 8 | 6 | 24 | 44 | 76 | 22 |
| Norwich City "A" | 38 | 5 | 8 | 25 | 31 | 106 | 18 |
| Haverhill Rovers | 38 | 5 | 5 | 28 | 47 | 99 | 15 |
| Gothic | 38 | 6 | 3 | 29 | 30 | 98 | 15 |

Norwich City "A" moved to the South-East Counties League.

## 1975-76

| Team | P | W | D | L | F | A | Pts |
|---|---|---|---|---|---|---|---|
| Sudbury Town | 36 | 29 | 4 | 3 | 108 | 27 | 62 |
| Lowestoft Town | 36 | 21 | 9 | 6 | 86 | 30 | 51 |
| Wisbech Town | 36 | 22 | 7 | 7 | 84 | 39 | 51 |
| Braintree & Crittall Athletic | 36 | 21 | 8 | 7 | 63 | 23 | 50 |
| Histon | 36 | 18 | 12 | 6 | 77 | 46 | 48 |
| Great Yarmouth Town | 36 | 19 | 8 | 9 | 65 | 38 | 46 |
| Clacton Town | 36 | 18 | 8 | 10 | 66 | 43 | 44 |
| Gorleston | 36 | 20 | 3 | 13 | 86 | 65 | 43 |
| Chatteris Town | 36 | 18 | 4 | 14 | 69 | 73 | 40 |
| Stowmarket | 36 | 12 | 10 | 14 | 56 | 53 | 34 |
| Saffron Walden Town | 36 | 11 | 11 | 14 | 57 | 63 | 33 |
| Soham Town Rangers | 36 | 12 | 6 | 18 | 52 | 75 | 30 |
| Newmarket Town | 36 | 11 | 6 | 19 | 54 | 61 | 28 |
| Cambridge City Reserves | 36 | 10 | 5 | 21 | 48 | 77 | 25 |
| Thetford Town | 36 | 9 | 6 | 21 | 49 | 76 | 24 |
| Gothic | 36 | 9 | 6 | 21 | 44 | 91 | 24 |
| March Town United | 36 | 5 | 12 | 19 | 41 | 91 | 22 |
| Ely City | 36 | 9 | 4 | 23 | 37 | 84 | 22 |
| Haverhill Rovers | 36 | 1 | 5 | 30 | 18 | 105 | 7 |

Cambridge City disbanded their reserve side. Colchester United Reserves joined from the Midweek Football League, Felixstowe Town joined from the Essex & Suffolk Border League and Bury Town joined from the Southern League.

A new points system was introduced for the next season:
Away win = 5 points
Home win = 4 points
Draw = 2 points

## 1976-77

| Team | P | AW | HW | D | L | F | A | Pts |
|---|---|---|---|---|---|---|---|---|
| Wisbech Town | 40 | 11 | 15 | 11 | 3 | 79 | 30 | 137 |
| Sudbury Town | 40 | 10 | 13 | 9 | 8 | 75 | 36 | 120 |
| Gorleston | 40 | 10 | 12 | 7 | 11 | 80 | 53 | 112 |
| Saffron Walden Town | 40 | 7 | 13 | 11 | 9 | 65 | 49 | 109 |
| Great Yarmouth Town | 40 | 9 | 9 | 13 | 9 | 67 | 45 | 107 |
| Lowestoft Town | 40 | 8 | 11 | 9 | 12 | 64 | 45 | 102 |
| Thetford Town | 40 | 6 | 12 | 8 | 14 | 76 | 64 | 94 |
| Ely City | 40 | 7 | 10 | 9 | 14 | 57 | 46 | 93 |
| Histon | 40 | 5 | 11 | 11 | 13 | 59 | 54 | 91 |
| Haverhill Rovers | 40 | 4 | 8 | 15 | 13 | 46 | 49 | 82 |
| Stowmarket | 40 | 5 | 8 | 12 | 15 | 51 | 54 | 81 |
| Clacton Town | 40 | 4 | 10 | 10 | 16 | 58 | 66 | 80 |
| Colchester United Reserves | 40 | 6 | 8 | 8 | 18 | 57 | 59 | 78 |
| Braintree & Crittall Athletic | 40 | 4 | 9 | 11 | 16 | 53 | 64 | 78 |
| Newmarket Town | 40 | 6 | 7 | 9 | 18 | 44 | 60 | 76 |
| Soham Town Rangers | 40 | 3 | 8 | 12 | 17 | 62 | 73 | 71 |
| Bury Town | 40 | 2 | 9 | 12 | 17 | 48 | 55 | 70 |
| Gothic | 40 | 4 | 6 | 8 | 22 | 53 | 79 | 60 |
| Felixstowe Town | 40 | 2 | 7 | 9 | 22 | 42 | 76 | 56 |
| Chatteris Town | 40 | 4 | 5 | 6 | 25 | 61 | 103 | 52 |
| March Town United | 40 | 0 | 7 | 10 | 23 | 40 | 77 | 48 |

The points system reverted to 2 points for a win and 1 point for a draw for the next season.

## 1977-78

| Team | P | W | D | L | F | A | Pts |
|---|---|---|---|---|---|---|---|
| Lowestoft Town | 40 | 30 | 7 | 3 | 108 | 28 | 67 |
| Great Yarmouth Town | 40 | 27 | 7 | 6 | 95 | 45 | 61 |
| Bury Town | 40 | 23 | 11 | 6 | 74 | 41 | 57 |
| Gorleston | 40 | 22 | 12 | 6 | 99 | 38 | 56 |
| Wisbech Town | 40 | 20 | 8 | 12 | 74 | 55 | 48 |
| Thetford Town | 40 | 20 | 8 | 12 | 93 | 76 | 48 |
| Haverhill Rovers | 40 | 21 | 5 | 14 | 88 | 54 | 47 |
| Colchester United Reserves | 40 | 19 | 7 | 14 | 68 | 49 | 45 |
| Clacton Town | 40 | 17 | 10 | 13 | 69 | 66 | 44 |
| Saffron Walden Town | 40 | 19 | 6 | 15 | 71 | 70 | 44 |
| Sudbury Town | 40 | 17 | 7 | 16 | 70 | 59 | 41 |
| Ely City | 40 | 18 | 5 | 17 | 75 | 72 | 41 |
| Braintree & Crittall Athletic | 40 | 14 | 9 | 17 | 53 | 57 | 37 |
| Stowmarket | 40 | 12 | 8 | 20 | 43 | 59 | 32 |
| Histon | 40 | 12 | 8 | 20 | 46 | 67 | 32 |
| March Town United | 40 | 12 | 7 | 21 | 65 | 89 | 31 |
| Felixstowe Town | 40 | 11 | 7 | 22 | 44 | 74 | 29 |
| Gothic | 40 | 10 | 3 | 27 | 60 | 108 | 23 |
| Chatteris Town | 40 | 8 | 5 | 27 | 60 | 117 | 21 |
| Newmarket Town | 40 | 9 | 2 | 29 | 44 | 104 | 20 |
| Soham Town Rangers | 40 | 4 | 8 | 28 | 39 | 110 | 16 |

Gothic moved to the Norwich Business House League. Brantham Athletic joined from the Ipswich & District League and Cambridge United Reserves joined but also continued to play in the Midweek Football League.

# Eastern Counties League 1978-1983

## 1978-79

| | | | | | | | |
|---|---|---|---|---|---|---|---|
| Haverhill Rovers | 42 | 29 | 9 | 4 | 90 | 36 | 67 |
| Great Yarmouth Town | 42 | 28 | 10 | 4 | 107 | 44 | 66 |
| Lowestoft Town | 42 | 24 | 15 | 3 | 89 | 40 | 63 |
| Bury Town | 42 | 27 | 7 | 8 | 99 | 56 | 61 |
| Sudbury Town | 42 | 19 | 11 | 12 | 78 | 50 | 49 |
| Ely City | 42 | 18 | 11 | 13 | 51 | 57 | 47 |
| Gorleston | 42 | 21 | 4 | 17 | 74 | 67 | 46 |
| Braintree & Crittall Athletic | 42 | 18 | 9 | 15 | 79 | 72 | 45 |
| Wisbech Town | 42 | 17 | 11 | 14 | 70 | 69 | 45 |
| Brantham Athletic | 42 | 16 | 11 | 15 | 62 | 61 | 43 |
| Cambridge United Reserves | 42 | 17 | 9 | 16 | 59 | 64 | 43 |
| March Town United | 42 | 16 | 9 | 17 | 65 | 69 | 41 |
| Soham Town Rangers | 42 | 18 | 4 | 20 | 71 | 75 | 40 |
| Thetford Town | 42 | 14 | 9 | 19 | 73 | 78 | 37 |
| Histon | 42 | 15 | 7 | 20 | 61 | 73 | 37 |
| Saffron Walden Town | 42 | 13 | 9 | 20 | 64 | 68 | 35 |
| Colchester United Reserves | 42 | 11 | 8 | 23 | 54 | 78 | 30 |
| Felixstowe Town | 42 | 10 | 10 | 22 | 40 | 67 | 30 |
| Stowmarket | 42 | 10 | 9 | 23 | 62 | 84 | 29 |
| Clacton Town | 42 | 8 | 13 | 21 | 38 | 62 | 29 |
| Chatteris Town | 42 | 10 | 7 | 25 | 79 | 121 | 27 |
| Newmarket Town | 42 | 5 | 4 | 33 | 33 | 107 | 14 |

Cambridge United Reserves resigned from the league and reverted to playing just in the Midweek Football League. Tiptree United joined from the Essex Senior League.

## 1979-80

| | | | | | | | |
|---|---|---|---|---|---|---|---|
| Gorleston | 42 | 25 | 13 | 4 | 86 | 31 | 63 |
| Tiptree United | 42 | 27 | 8 | 7 | 69 | 35 | 62 |
| Wisbech Town | 42 | 26 | 5 | 11 | 88 | 53 | 57 |
| Sudbury Town | 42 | 23 | 11 | 8 | 70 | 46 | 57 |
| Bury Town | 42 | 19 | 13 | 10 | 92 | 65 | 51 |
| Brantham Athletic | 42 | 17 | 14 | 11 | 52 | 47 | 48 |
| Lowestoft Town | 42 | 19 | 9 | 14 | 73 | 55 | 47 |
| Newmarket Town | 42 | 17 | 13 | 12 | 72 | 68 | 47 |
| Great Yarmouth Town | 42 | 15 | 13 | 14 | 69 | 55 | 43 |
| Soham Town Rangers | 42 | 16 | 10 | 16 | 71 | 72 | 42 |
| Thetford Town | 42 | 14 | 14 | 14 | 66 | 78 | 42 |
| Ely City | 42 | 12 | 17 | 13 | 60 | 51 | 41 |
| Histon | 42 | 14 | 13 | 15 | 45 | 57 | 41 |
| March Town United | 42 | 13 | 13 | 16 | 70 | 75 | 39 |
| Colchester United Reserves | 42 | 13 | 12 | 17 | 80 | 82 | 38 |
| Clacton Town | 42 | 13 | 12 | 17 | 47 | 51 | 38 |
| Haverhill Rovers | 42 | 13 | 11 | 18 | 60 | 68 | 37 |
| Felixstowe Town | 42 | 12 | 10 | 20 | 52 | 68 | 34 |
| Stowmarket | 42 | 8 | 17 | 17 | 49 | 71 | 33 |
| Saffron Walden Town | 42 | 7 | 11 | 24 | 41 | 67 | 25 |
| Chatteris Town | 42 | 7 | 9 | 26 | 47 | 96 | 23 |
| Braintree & Crittall Athletic | 42 | 5 | 6 | 31 | 39 | 107 | 16 |

## 1980-81

| | | | | | | | |
|---|---|---|---|---|---|---|---|
| Gorleston | 42 | 32 | 7 | 3 | 98 | 33 | 71 |
| Sudbury Town | 42 | 28 | 8 | 6 | 99 | 37 | 64 |
| Tiptree United | 42 | 23 | 10 | 9 | 80 | 52 | 56 |
| Ely City | 42 | 21 | 13 | 8 | 100 | 48 | 55 |
| Great Yarmouth Town | 42 | 22 | 9 | 11 | 95 | 59 | 53 |
| March Town United | 42 | 20 | 12 | 10 | 63 | 47 | 52 |
| Saffron Walden Town | 42 | 17 | 14 | 11 | 70 | 56 | 48 |
| Lowestoft Town | 42 | 15 | 15 | 12 | 69 | 60 | 45 |
| Bury Town | 42 | 16 | 11 | 15 | 66 | 62 | 43 |
| Newmarket Town | 42 | 17 | 8 | 17 | 64 | 76 | 42 |
| Wisbech Town | 42 | 16 | 9 | 17 | 73 | 74 | 41 |
| Stowmarket | 42 | 14 | 11 | 17 | 63 | 79 | 39 |
| Colchester United Reserves | 42 | 15 | 8 | 19 | 85 | 72 | 38 |
| Brantham Athletic | 42 | 12 | 14 | 16 | 61 | 61 | 38 |
| Clacton Town | 42 | 13 | 12 | 17 | 50 | 60 | 38 |
| Felixstowe Town | 42 | 13 | 8 | 21 | 56 | 81 | 34 |
| Braintree & Crittall Athletic | 42 | 12 | 10 | 20 | 43 | 74 | 34 |
| Soham Town Rangers | 42 | 8 | 17 | 17 | 39 | 67 | 33 |
| Thetford Town | 42 | 9 | 13 | 20 | 54 | 91 | 31 |
| Haverhill Rovers | 42 | 9 | 12 | 21 | 44 | 55 | 30 |
| Chatteris Town | 42 | 7 | 7 | 28 | 50 | 117 | 21 |
| Histon | 42 | 3 | 12 | 27 | 35 | 96 | 18 |

Braintree & Crittall Athletic changed their name to Braintree.

## 1981-82

| | | | | | | | |
|---|---|---|---|---|---|---|---|
| Tiptree United | 42 | 28 | 9 | 5 | 78 | 32 | 65 |
| Sudbury Town | 42 | 25 | 10 | 7 | 82 | 38 | 60 |
| Gorleston | 42 | 24 | 8 | 10 | 91 | 44 | 56 |
| Great Yarmouth Town | 42 | 22 | 11 | 9 | 84 | 44 | 55 |
| Wisbech Town | 42 | 21 | 9 | 12 | 67 | 40 | 51 |
| Saffron Walden Town | 42 | 21 | 9 | 12 | 75 | 57 | 51 |
| Newmarket Town | 42 | 19 | 11 | 12 | 72 | 56 | 49 |
| Brantham Athletic | 42 | 18 | 13 | 11 | 59 | 50 | 49 |
| Chatteris Town | 42 | 17 | 15 | 10 | 58 | 49 | 49 |
| Colchester United Reserves | 42 | 15 | 14 | 13 | 67 | 63 | 44 |
| Haverhill Rovers | 42 | 12 | 17 | 13 | 52 | 53 | 41 |
| March Town United | 42 | 13 | 15 | 14 | 58 | 62 | 41 |
| Lowestoft Town | 42 | 15 | 9 | 18 | 68 | 63 | 39 |
| Felixstowe Town | 42 | 14 | 10 | 18 | 66 | 81 | 38 |
| Ely City | 42 | 12 | 13 | 17 | 55 | 78 | 37 |
| Thetford Town | 42 | 9 | 18 | 15 | 51 | 70 | 36 |
| Histon | 42 | 12 | 12 | 18 | 48 | 74 | 36 |
| Bury Town | 42 | 12 | 10 | 20 | 52 | 77 | 34 |
| Braintree | 42 | 10 | 8 | 24 | 44 | 86 | 28 |
| Clacton Town | 42 | 7 | 9 | 26 | 43 | 74 | 23 |
| Soham Town Rangers | 42 | 6 | 9 | 27 | 37 | 75 | 21 |
| Stowmarket | 42 | 5 | 11 | 26 | 42 | 83 | 21 |

Braintree changed their name to Braintree Town.

## 1982-83

| | | | | | | | |
|---|---|---|---|---|---|---|---|
| Saffron Walden Town | 42 | 31 | 6 | 5 | 107 | 40 | 68 |
| Gorleston | 42 | 27 | 9 | 6 | 97 | 50 | 63 |
| Great Yarmouth Town | 42 | 26 | 9 | 7 | 101 | 52 | 61 |
| Brantham Athletic | 42 | 25 | 8 | 9 | 96 | 46 | 58 |
| Sudbury Town | 42 | 21 | 15 | 6 | 101 | 57 | 57 |
| Colchester United Reserves | 42 | 24 | 8 | 10 | 104 | 42 | 56 |
| Lowestoft Town | 42 | 22 | 9 | 11 | 85 | 49 | 53 |
| Felixstowe Town | 42 | 19 | 8 | 15 | 70 | 50 | 53 |
| Wisbech Town | 42 | 22 | 7 | 13 | 83 | 67 | 51 |
| Newmarket Town | 42 | 16 | 14 | 12 | 70 | 60 | 46 |
| March Town United | 42 | 16 | 12 | 14 | 63 | 53 | 44 |
| Bury Town | 42 | 16 | 11 | 15 | 68 | 57 | 43 |
| Tiptree United | 42 | 13 | 10 | 19 | 61 | 71 | 36 |
| Stowmarket | 42 | 13 | 10 | 19 | 60 | 84 | 36 |
| Haverhill Rovers | 42 | 13 | 9 | 20 | 64 | 71 | 35 |
| Chatteris Town | 42 | 11 | 10 | 21 | 65 | 86 | 32 |
| Soham Town Rangers | 42 | 11 | 9 | 22 | 54 | 75 | 31 |
| Braintree Town | 42 | 9 | 8 | 25 | 48 | 102 | 26 |
| Histon | 42 | 9 | 6 | 27 | 53 | 101 | 24 |
| Clacton Town | 42 | 8 | 8 | 26 | 44 | 100 | 24 |
| Thetford Town | 42 | 7 | 6 | 29 | 36 | 109 | 20 |
| Ely City | 42 | 2 | 3 | 37 | 21 | 129 | 7 |

## 1983-84

| | P | W | D | L | F | A | Pts |
|---|---|---|---|---|---|---|---|
| Braintree Town | 42 | 29 | 9 | 4 | 125 | 45 | 67 |
| Wisbech Town | 42 | 29 | 9 | 4 | 91 | 37 | 67 |
| Colchester United Reserves | 42 | 26 | 7 | 9 | 94 | 41 | 59 |
| Lowestoft Town | 42 | 24 | 7 | 11 | 77 | 46 | 55 |
| Sudbury Town | 42 | 21 | 11 | 10 | 87 | 56 | 53 |
| Saffron Walden Town | 42 | 22 | 8 | 12 | 88 | 47 | 52 |
| Gorleston | 42 | 18 | 16 | 8 | 73 | 47 | 52 |
| Tiptree United | 42 | 20 | 9 | 13 | 83 | 64 | 49 |
| Great Yarmouth Town | 42 | 19 | 10 | 13 | 75 | 51 | 48 |
| Chatteris Town | 42 | 17 | 10 | 15 | 57 | 58 | 44 |
| Brantham Athletic | 42 | 16 | 9 | 17 | 66 | 68 | 41 |
| Newmarket Town | 42 | 16 | 9 | 17 | 62 | 73 | 41 |
| Bury Town | 42 | 16 | 8 | 18 | 69 | 73 | 40 |
| Felixstowe Town | 42 | 13 | 13 | 16 | 53 | 57 | 39 |
| March Town United | 42 | 13 | 11 | 18 | 57 | 63 | 37 |
| Histon | 42 | 12 | 11 | 19 | 53 | 60 | 35 |
| Haverhill Rovers | 42 | 16 | 3 | 23 | 68 | 91 | 35 |
| Soham Town Rangers | 42 | 11 | 7 | 24 | 49 | 90 | 29 |
| Stowmarket | 42 | 10 | 8 | 24 | 57 | 99 | 28 |
| Ely City | 42 | 7 | 8 | 27 | 45 | 108 | 22 |
| Clacton Town | 42 | 6 | 4 | 32 | 47 | 120 | 16 |
| Thetford Town | 42 | 6 | 3 | 33 | 43 | 125 | 15 |

Saffron Walden Town moved to the Isthmian League and Harwich & Parkeston joined from the same competition.

## 1984-85

| | P | W | D | L | F | A | Pts |
|---|---|---|---|---|---|---|---|
| Braintree Town | 42 | 26 | 10 | 6 | 100 | 45 | 62 |
| Sudbury Town | 42 | 24 | 9 | 9 | 96 | 51 | 57 |
| Great Yarmouth Town | 42 | 19 | 14 | 9 | 70 | 39 | 52 |
| Lowestoft Town | 42 | 23 | 6 | 13 | 73 | 43 | 52 |
| Wisbech Town | 42 | 18 | 15 | 9 | 69 | 42 | 51 |
| March Town United | 42 | 20 | 11 | 11 | 78 | 55 | 51 |
| Colchester United Reserves | 42 | 22 | 5 | 15 | 80 | 65 | 49 |
| Histon | 42 | 20 | 8 | 14 | 62 | 50 | 48 |
| Bury Town | 42 | 20 | 7 | 15 | 77 | 59 | 47 |
| Stowmarket Town | 42 | 20 | 7 | 15 | 71 | 53 | 47 |
| Gorleston | 42 | 17 | 9 | 16 | 64 | 61 | 43 |
| Soham Town Rangers | 42 | 18 | 6 | 18 | 55 | 60 | 42 |
| Tiptree United | 42 | 16 | 9 | 17 | 69 | 59 | 41 |
| Felixstowe Town | 42 | 12 | 16 | 14 | 57 | 67 | 40 |
| Chatteris Town | 42 | 12 | 12 | 18 | 51 | 75 | 36 |
| Brantham Athletic | 42 | 12 | 8 | 22 | 51 | 79 | 32 |
| Clacton Town | 42 | 10 | 11 | 21 | 50 | 72 | 31 |
| Ely City | 42 | 9 | 13 | 20 | 34 | 64 | 31 |
| Newmarket Town | 42 | 13 | 5 | 24 | 46 | 84 | 31 |
| Haverhill Rovers | 42 | 9 | 12 | 21 | 52 | 87 | 30 |
| Harwich & Parkeston | 42 | 11 | 8 | 23 | 47 | 88 | 30 |
| Thetford Town | 42 | 7 | 7 | 28 | 49 | 103 | 21 |

## 1985-86

| | P | W | D | L | F | A | Pts |
|---|---|---|---|---|---|---|---|
| Sudbury Town | 42 | 30 | 6 | 6 | 107 | 45 | 66 |
| Colchester United Reserves | 42 | 29 | 6 | 7 | 109 | 49 | 64 |
| Great Yarmouth Town | 42 | 29 | 5 | 8 | 95 | 46 | 63 |
| Bury Town | 42 | 23 | 10 | 9 | 93 | 54 | 56 |
| Tiptree United | 42 | 24 | 7 | 11 | 78 | 54 | 55 |
| Braintree Town | 42 | 22 | 11 | 9 | 91 | 53 | 53 |
| March Town United | 42 | 22 | 8 | 12 | 74 | 62 | 52 |
| Stowmarket Town | 42 | 19 | 13 | 10 | 79 | 62 | 51 |
| Wisbech Town | 42 | 22 | 5 | 15 | 79 | 55 | 49 |
| Histon | 42 | 20 | 7 | 15 | 75 | 58 | 47 |
| Lowestoft Town | 42 | 16 | 12 | 14 | 75 | 50 | 44 |
| Felixstowe Town | 42 | 19 | 6 | 17 | 62 | 54 | 44 |
| Gorleston | 42 | 15 | 9 | 18 | 74 | 64 | 39 |
| Haverhill Rovers | 42 | 16 | 6 | 20 | 61 | 59 | 38 |
| Thetford Town | 42 | 10 | 10 | 22 | 48 | 87 | 30 |
| Brantham Athletic | 42 | 13 | 4 | 25 | 57 | 108 | 30 |
| Harwich & Parkeston | 42 | 10 | 9 | 23 | 52 | 72 | 29 |
| Soham Town Rangers | 42 | 11 | 7 | 24 | 55 | 92 | 29 |
| Chatteris Town | 42 | 10 | 6 | 26 | 37 | 79 | 26 |
| Ely City | 42 | 8 | 9 | 25 | 46 | 82 | 25 |
| Newmarket Town | 42 | 9 | 5 | 28 | 59 | 119 | 23 |
| Clacton Town | 42 | 2 | 5 | 35 | 28 | 130 | 9 |

Braintree Town had 2 points deducted for fielding an ineligible player. Watton United joined from the Anglian Combination.

## 1986-87

| | P | W | D | L | F | A | Pts |
|---|---|---|---|---|---|---|---|
| Sudbury Town | 44 | 29 | 9 | 6 | 113 | 43 | 67 |
| Braintree Town | 44 | 28 | 9 | 7 | 106 | 49 | 65 |
| Bury Town | 44 | 26 | 10 | 8 | 114 | 52 | 62 |
| March Town United | 44 | 28 | 6 | 10 | 80 | 45 | 62 |
| Tiptree United | 44 | 24 | 12 | 8 | 82 | 50 | 60 |
| Great Yarmouth Town | 44 | 22 | 13 | 9 | 70 | 33 | 57 |
| Colchester United Reserves | 44 | 19 | 11 | 14 | 82 | 58 | 49 |
| Watton United | 44 | 18 | 12 | 14 | 77 | 70 | 48 |
| Lowestoft Town | 44 | 15 | 17 | 12 | 53 | 53 | 47 |
| Stowmarket Town | 44 | 18 | 10 | 16 | 84 | 66 | 46 |
| Wisbech Town | 44 | 17 | 12 | 15 | 72 | 60 | 46 |
| Clacton Town | 44 | 14 | 18 | 12 | 60 | 61 | 46 |
| Haverhill Rovers | 44 | 13 | 15 | 16 | 60 | 57 | 41 |
| Harwich & Parkeston | 44 | 15 | 9 | 20 | 70 | 76 | 39 |
| Chatteris Town | 44 | 16 | 7 | 21 | 61 | 82 | 39 |
| Newmarket Town | 44 | 12 | 13 | 19 | 43 | 62 | 37 |
| Felixstowe Town | 44 | 11 | 11 | 21 | 56 | 92 | 35 |
| Gorleston | 44 | 11 | 11 | 22 | 73 | 101 | 33 |
| Brantham Athletic | 44 | 10 | 10 | 24 | 59 | 92 | 30 |
| Soham Town Rangers | 44 | 11 | 7 | 26 | 62 | 112 | 29 |
| Histon | 44 | 8 | 11 | 25 | 48 | 88 | 27 |
| Ely City | 44 | 11 | 4 | 29 | 44 | 103 | 26 |
| Thetford Town | 44 | 4 | 13 | 27 | 33 | 97 | 21 |

Bury Town moved to the Southern League.

# Eastern Counties League 1987-1990

## 1987-88

| | | | | | | | |
|---|---|---|---|---|---|---|---|
| March Town United | 42 | 28 | 11 | 3 | 92 | 33 | 67 |
| Braintree Town | 42 | 27 | 10 | 5 | 96 | 34 | 64 |
| Sudbury Town | 42 | 26 | 11 | 5 | 94 | 44 | 63 |
| Great Yarmouth Town | 42 | 22 | 10 | 10 | 53 | 31 | 54 |
| Histon | 42 | 21 | 9 | 12 | 63 | 52 | 51 |
| Wisbech Town | 42 | 18 | 13 | 11 | 62 | 41 | 49 |
| Chatteris Town | 42 | 18 | 9 | 15 | 64 | 60 | 45 |
| Lowestoft Town | 42 | 16 | 12 | 14 | 71 | 67 | 44 |
| Watton United | 42 | 18 | 7 | 17 | 52 | 62 | 43 |
| Haverhill Rovers | 42 | 16 | 10 | 16 | 58 | 51 | 42 |
| Tiptree United | 42 | 13 | 15 | 14 | 50 | 49 | 39 |
| Clacton Town | 42 | 15 | 8 | 19 | 54 | 66 | 38 |
| Harwich & Parkeston | 42 | 14 | 10 | 18 | 47 | 61 | 38 |
| Colchester United Reserves | 42 | 12 | 13 | 17 | 61 | 52 | 37 |
| Newmarket Town | 42 | 12 | 13 | 17 | 49 | 58 | 37 |
| Thetford Town | 42 | 14 | 7 | 21 | 70 | 82 | 35 |
| Felixstowe Town | 42 | 12 | 11 | 19 | 64 | 76 | 35 |
| Gorleston | 42 | 13 | 7 | 22 | 56 | 95 | 31 |
| Stowmarket Town | 42 | 10 | 10 | 22 | 44 | 67 | 30 |
| Brantham Athletic | 42 | 11 | 6 | 25 | 50 | 93 | 28 |
| Soham Town Rangers | 42 | 8 | 10 | 24 | 42 | 78 | 26 |
| Ely City | 42 | 7 | 10 | 25 | 34 | 74 | 24 |

Tiptree United and Gorleston each had 2 points deducted for fielding ineligible players.
Colchester United Reserves moved to the Capital Midweek League and also entered a team in the South-East Counties League.

A new division was formed with 14 founder members. They were:

Bury Town Reserves from the Essex & Suffolk Border League,
Coalite Yaxley from the Peterborough & District League,
Diss Town from the Anglian Combination,
Downham Town from the Peterborough & District League,
Fakenham Town from the Anglian Combination,
Halstead Town from the Essex Senior League,
Huntingdon United from the Peterborough & District League,
Kings Lynn Reserves from the Peterborough & District League,
Loadwell Ipswich from Sunday football,
Long Sutton Athletic from the Peterborough & District League,
Mildenhall Town from the Cambridgeshire League,
Somersham Town from the Peterborough & District League,
Warboys Town from the Peterborough & District League,
Wroxham from the Anglian Combination.

The new division was named the First Division and the existing division was renamed the Premier Division. There was automatic promotion and relegation between the two divisions for two clubs.

Promoted clubs are shown in bold type, with relegated clubs shown in bold italics.

## 1988-89

### Premier Division

| | | | | | | | |
|---|---|---|---|---|---|---|---|
| Sudbury Town | 40 | 29 | 6 | 5 | 117 | 46 | 93 |
| Braintree Town | 40 | 26 | 7 | 7 | 106 | 41 | 85 |
| Wisbech Town | 40 | 24 | 12 | 4 | 84 | 40 | 84 |
| March Town United | 40 | 22 | 9 | 9 | 76 | 49 | 72 |
| Great Yarmouth Town | 40 | 21 | 9 | 10 | 75 | 50 | 72 |
| Histon | 40 | 19 | 7 | 14 | 87 | 57 | 64 |
| Haverhill Rovers | 40 | 18 | 8 | 14 | 63 | 63 | 62 |
| Stowmarket Town | 40 | 17 | 9 | 14 | 69 | 51 | 60 |
| Thetford Town | 40 | 17 | 8 | 15 | 79 | 74 | 59 |
| Felixstowe Town | 40 | 15 | 11 | 14 | 82 | 67 | 56 |
| Gorleston | 40 | 15 | 10 | 15 | 58 | 69 | 55 |
| Lowestoft Town | 40 | 15 | 8 | 17 | 68 | 71 | 53 |
| Watton United | 40 | 14 | 7 | 19 | 70 | 82 | 49 |
| Harwich & Parkeston | 40 | 12 | 11 | 17 | 60 | 64 | 47 |
| Tiptree United | 40 | 13 | 6 | 21 | 60 | 70 | 45 |
| Newmarket Town | 40 | 10 | 12 | 18 | 39 | 63 | 42 |
| Brantham Athletic | 40 | 11 | 8 | 21 | 57 | 90 | 41 |
| Clacton Town | 40 | 9 | 13 | 18 | 42 | 65 | 40 |
| Chatteris Town | 40 | 9 | 9 | 22 | 44 | 75 | 36 |
| *Ely City* | 40 | 8 | 6 | 26 | 48 | 108 | 30 |
| *Soham Town Rangers* | 40 | 6 | 4 | 30 | 36 | 125 | 22 |

March Town United had 3 points deducted for failing to fulfil a fixture.

### First Division

| | | | | | | | |
|---|---|---|---|---|---|---|---|
| **Wroxham** | 26 | 20 | 2 | 4 | 90 | 22 | 62 |
| **Halstead Town** | 26 | 20 | 2 | 4 | 88 | 31 | 62 |
| Diss Town | 26 | 18 | 5 | 3 | 65 | 31 | 59 |
| Fakenham Town | 26 | 13 | 5 | 8 | 42 | 31 | 44 |
| Downham Town | 26 | 10 | 8 | 8 | 49 | 47 | 38 |
| Loadwell Ipswich | 26 | 10 | 7 | 9 | 58 | 47 | 37 |
| Long Sutton Athletic | 26 | 8 | 7 | 11 | 40 | 44 | 31 |
| Bury Town Reserves | 26 | 9 | 4 | 13 | 38 | 53 | 31 |
| Huntingdon United | 26 | 8 | 7 | 11 | 31 | 47 | 31 |
| Coalite Yaxley | 26 | 8 | 5 | 13 | 38 | 42 | 29 |
| Kings Lynn Reserves | 26 | 7 | 8 | 11 | 32 | 39 | 29 |
| Warboys Town | 26 | 7 | 5 | 14 | 31 | 57 | 26 |
| Mildenhall Town | 26 | 2 | 8 | 16 | 23 | 72 | 14 |
| Somersham Town | 26 | 3 | 5 | 18 | 24 | 86 | 14 |

Cornard United joined from the Essex & Suffolk Border League, Norwich United joined from the Anglian Combination and Woodbridge Town joined from the Suffolk & Ipswich League. Loadwell Ipswich changed their name to Ipswich Wanderers.

## 1989-90

### Premier Division

| | | | | | | | |
|---|---|---|---|---|---|---|---|
| Sudbury Town | 40 | 28 | 4 | 8 | 130 | 52 | 88 |
| Thetford Town | 40 | 23 | 7 | 10 | 86 | 56 | 76 |
| Braintree Town | 40 | 22 | 9 | 9 | 94 | 49 | 75 |
| Harwich & Parkeston | 40 | 20 | 13 | 7 | 77 | 42 | 73 |
| Gorleston | 40 | 20 | 9 | 11 | 61 | 46 | 69 |
| Great Yarmouth Town | 40 | 19 | 10 | 11 | 80 | 62 | 67 |
| Histon | 40 | 19 | 8 | 13 | 85 | 60 | 65 |
| Brantham Athletic | 40 | 19 | 8 | 13 | 78 | 63 | 65 |
| March Town United | 40 | 18 | 11 | 11 | 67 | 57 | 65 |
| Wisbech Town | 40 | 18 | 9 | 13 | 73 | 46 | 63 |
| Stowmarket Town | 40 | 17 | 9 | 14 | 54 | 51 | 60 |
| Wroxham | 40 | 16 | 9 | 15 | 71 | 76 | 57 |
| Felixstowe Town | 40 | 13 | 12 | 15 | 59 | 61 | 51 |
| Halstead Town | 40 | 14 | 7 | 19 | 82 | 99 | 49 |
| Haverhill Rovers | 40 | 12 | 8 | 20 | 64 | 69 | 44 |
| Watton United | 40 | 8 | 19 | 13 | 62 | 61 | 43 |
| Newmarket Town | 40 | 10 | 13 | 17 | 42 | 54 | 43 |
| Lowestoft Town | 40 | 11 | 8 | 21 | 65 | 77 | 41 |
| Tiptree United | 40 | 9 | 10 | 21 | 46 | 68 | 37 |
| Clacton Town | 40 | 7 | 8 | 25 | 48 | 89 | 29 |
| Chatteris Town | 40 | 0 | 3 | 37 | 22 | 208 | 3 |

Sudbury Town moved to the Southern League.

## First Division

| | | | | | | | |
|---|---|---|---|---|---|---|---|
| Cornard United | 32 | 22 | 5 | 5 | 88 | 32 | 71 |
| Norwich United | 32 | 21 | 6 | 5 | 91 | 26 | 69 |
| Soham Town Rangers | 32 | 21 | 5 | 6 | 58 | 28 | 68 |
| Fakenham Town | 32 | 18 | 9 | 5 | 60 | 30 | 63 |
| Ely City | 32 | 17 | 6 | 9 | 59 | 44 | 57 |
| Diss Town | 32 | 16 | 7 | 9 | 63 | 37 | 55 |
| Kings Lynn Reserves | 32 | 16 | 7 | 9 | 50 | 40 | 55 |
| Downham Town | 32 | 16 | 4 | 12 | 64 | 46 | 52 |
| Woodbridge Town | 32 | 12 | 7 | 13 | 53 | 43 | 43 |
| Mildenhall Town | 32 | 12 | 7 | 13 | 48 | 55 | 43 |
| Long Sutton Athletic | 32 | 11 | 4 | 17 | 43 | 49 | 37 |
| Ipswich Wanderers | 32 | 9 | 8 | 15 | 53 | 72 | 35 |
| Somersham Town | 32 | 9 | 3 | 20 | 36 | 67 | 30 |
| Huntingdon United | 32 | 7 | 8 | 17 | 36 | 57 | 29 |
| Coalite Yaxley | 32 | 7 | 6 | 19 | 29 | 66 | 27 |
| Bury Town Reserves | 32 | 6 | 4 | 22 | 36 | 82 | 22 |
| Warboys Town | 32 | 3 | 2 | 27 | 20 | 113 | 11 |

Swaffham Town joined from the Anglian Combination, Brightlingsea United joined from the Essex Senior League and Sudbury Town Reserves joined from the Essex & Suffolk Border League. Coalite Yaxley changed their name to Clarksteel Yaxley.

## 1990-91

### Premier Division

| | | | | | | | |
|---|---|---|---|---|---|---|---|
| Wisbech Town | 40 | 27 | 10 | 3 | 97 | 39 | 91 |
| Braintree Town | 40 | 25 | 10 | 5 | 85 | 38 | 85 |
| Halstead Town | 40 | 26 | 4 | 10 | 105 | 52 | 82 |
| Haverhill Rovers | 40 | 24 | 8 | 8 | 82 | 45 | 80 |
| Harwich & Parkeston | 40 | 23 | 4 | 13 | 85 | 51 | 73 |
| Watton United | 40 | 20 | 10 | 10 | 62 | 50 | 70 |
| Wroxham | 40 | 17 | 13 | 10 | 63 | 64 | 64 |
| Cornard United | 40 | 16 | 12 | 12 | 73 | 59 | 60 |
| Lowestoft Town | 40 | 16 | 12 | 12 | 56 | 51 | 60 |
| Histon | 40 | 17 | 7 | 16 | 55 | 53 | 58 |
| Stowmarket Town | 40 | 15 | 11 | 14 | 51 | 52 | 56 |
| Clacton Town | 40 | 15 | 9 | 16 | 64 | 56 | 54 |
| Felixstowe Town | 40 | 14 | 11 | 15 | 59 | 58 | 53 |
| Thetford Town | 40 | 14 | 10 | 16 | 65 | 81 | 52 |
| March Town United | 40 | 12 | 9 | 19 | 48 | 62 | 45 |
| Tiptree United | 40 | 12 | 6 | 22 | 45 | 65 | 42 |
| Gorleston | 40 | 11 | 5 | 24 | 53 | 74 | 38 |
| Great Yarmouth Town | 40 | 9 | 6 | 25 | 43 | 90 | 32 |
| Brantham Athletic | 40 | 6 | 9 | 25 | 41 | 74 | 27 |
| Newmarket Town | 40 | 6 | 8 | 26 | 32 | 87 | 26 |
| Chatteris Town | 40 | 5 | 6 | 29 | 29 | 92 | 21 |

Great Yarmouth Town had 1 point deducted for fielding an ineligible player.
Braintree Town moved to the Southern League.

### First Division

| | | | | | | | |
|---|---|---|---|---|---|---|---|
| Norwich United | 36 | 26 | 6 | 4 | 65 | 19 | 84 |
| Brightlingsea United | 36 | 24 | 5 | 7 | 77 | 38 | 77 |
| Fakenham Town | 36 | 22 | 8 | 6 | 70 | 35 | 74 |
| Diss Town | 36 | 19 | 11 | 6 | 74 | 32 | 68 |
| Downham Town | 36 | 21 | 5 | 10 | 89 | 52 | 68 |
| Soham Town Rangers | 36 | 20 | 7 | 9 | 66 | 46 | 67 |
| Long Sutton Athletic | 36 | 16 | 9 | 11 | 54 | 43 | 57 |
| Woodbridge Town | 36 | 17 | 6 | 13 | 54 | 45 | 57 |
| Ely City | 36 | 16 | 7 | 13 | 54 | 44 | 55 |
| Clarksteel Yaxley | 36 | 15 | 7 | 14 | 46 | 51 | 52 |
| Somersham Town | 36 | 14 | 4 | 18 | 64 | 59 | 46 |
| Sudbury Town Reserves | 36 | 10 | 14 | 12 | 61 | 57 | 44 |
| Ipswich Wanderers | 36 | 11 | 10 | 15 | 56 | 57 | 43 |
| Kings Lynn Reserves | 36 | 13 | 4 | 19 | 59 | 74 | 43 |
| Swaffham Town | 36 | 10 | 6 | 20 | 42 | 65 | 35 |
| Huntingdon United | 36 | 8 | 9 | 19 | 42 | 70 | 33 |
| Mildenhall Town | 36 | 5 | 7 | 24 | 39 | 100 | 22 |
| Bury Town Reserves | 36 | 3 | 8 | 25 | 25 | 78 | 17 |
| Warboys Town | 36 | 4 | 3 | 29 | 39 | 111 | 15 |

Swaffham Town had 1 point deducted for fielding an ineligible player.

Sudbury Wanderers joined from the Essex & Suffolk Border League, Hadleigh United joined from the Suffolk & Ipswich League and Cambridge City Reserves joined from the Essex & Hertfordshire Border Combination.

## 1991-92

### Premier Division

| | | | | | | | |
|---|---|---|---|---|---|---|---|
| Wroxham | 42 | 31 | 6 | 5 | 113 | 41 | 99 |
| Stowmarket Town | 42 | 26 | 9 | 7 | 86 | 50 | 87 |
| Cornard United | 42 | 24 | 8 | 10 | 85 | 47 | 80 |
| Norwich United | 42 | 23 | 7 | 12 | 72 | 53 | 76 |
| Wisbech Town | 42 | 23 | 6 | 13 | 86 | 62 | 75 |
| Harwich & Parkeston | 42 | 24 | 2 | 16 | 106 | 61 | 74 |
| Newmarket Town | 42 | 19 | 14 | 9 | 66 | 50 | 71 |
| Haverhill Rovers | 42 | 18 | 11 | 13 | 70 | 61 | 65 |
| Halstead Town | 42 | 18 | 6 | 18 | 79 | 72 | 60 |
| March Town United | 42 | 15 | 12 | 15 | 64 | 49 | 57 |
| Lowestoft Town | 42 | 16 | 9 | 17 | 67 | 64 | 57 |
| Gorleston | 42 | 16 | 8 | 18 | 62 | 64 | 56 |
| Felixstowe Town | 42 | 14 | 11 | 17 | 55 | 61 | 53 |
| Great Yarmouth Town | 42 | 15 | 6 | 21 | 60 | 71 | 51 |
| Histon | 42 | 15 | 5 | 22 | 61 | 89 | 50 |
| Tiptree United | 42 | 11 | 16 | 15 | 54 | 70 | 49 |
| Brantham Athletic | 42 | 12 | 12 | 18 | 51 | 69 | 48 |
| Watton United | 42 | 12 | 9 | 21 | 57 | 70 | 45 |
| Chatteris Town | 42 | 12 | 7 | 23 | 49 | 72 | 43 |
| Brightlingsea United | 42 | 11 | 9 | 22 | 60 | 83 | 42 |
| *Clacton Town* | 42 | 11 | 9 | 22 | 50 | 90 | 42 |
| *Thetford Town* | 42 | 3 | 4 | 35 | 31 | 135 | 13 |

### First Division

| | | | | | | | |
|---|---|---|---|---|---|---|---|
| Diss Town | 38 | 28 | 6 | 4 | 105 | 28 | 90 |
| Fakenham Town | 38 | 25 | 7 | 6 | 80 | 35 | 82 |
| Woodbridge Town | 38 | 19 | 10 | 9 | 70 | 34 | 67 |
| Ely City | 38 | 20 | 6 | 12 | 66 | 52 | 66 |
| Downham Town | 38 | 19 | 5 | 14 | 68 | 61 | 62 |
| Long Sutton Athletic | 38 | 18 | 7 | 13 | 70 | 58 | 61 |
| Sudbury Town Reserves | 38 | 17 | 8 | 13 | 72 | 55 | 59 |
| Soham Town Rangers | 38 | 16 | 11 | 11 | 70 | 58 | 59 |
| Cambridge City Reserves | 38 | 17 | 7 | 14 | 84 | 74 | 58 |
| Somersham Town | 38 | 16 | 9 | 13 | 75 | 56 | 57 |
| Hadleigh United | 38 | 17 | 6 | 15 | 59 | 61 | 57 |
| Sudbury Wanderers | 38 | 16 | 6 | 16 | 63 | 62 | 54 |
| Kings Lynn Reserves | 38 | 12 | 11 | 15 | 58 | 61 | 47 |
| Warboys Town | 38 | 13 | 8 | 17 | 60 | 69 | 47 |
| Ipswich Wanderers | 38 | 10 | 9 | 19 | 47 | 70 | 39 |
| Bury Town Reserves | 38 | 10 | 9 | 19 | 45 | 74 | 39 |
| Clarksteel Yaxley | 38 | 11 | 6 | 21 | 49 | 79 | 39 |
| Swaffham Town | 38 | 11 | 5 | 22 | 53 | 80 | 38 |
| Huntingdon United | 38 | 7 | 7 | 24 | 34 | 90 | 28 |
| Mildenhall Town | 38 | 2 | 9 | 27 | 31 | 102 | 15 |

Clarksteel Yaxley and Huntingdon United both moved to the Huntingdonshire League. Stanway Rovers joined from the Essex & Suffolk Border League.

# Eastern Counties League 1992-1994

## 1992-93
### Premier Division

| | | | | | | | |
|---|---|---|---|---|---|---|---|
| Wroxham | 42 | 32 | 4 | 6 | 106 | 36 | 100 |
| Wisbech Town | 42 | 28 | 6 | 8 | 109 | 48 | 90 |
| Newmarket Town | 42 | 27 | 9 | 6 | 87 | 37 | 90 |
| Cornard United | 42 | 22 | 9 | 11 | 99 | 68 | 75 |
| Diss Town | 42 | 24 | 2 | 16 | 65 | 52 | 74 |
| Harwich & Parkeston | 42 | 20 | 10 | 12 | 75 | 51 | 70 |
| Fakenham Town | 42 | 19 | 10 | 13 | 68 | 50 | 67 |
| Norwich United | 42 | 16 | 14 | 12 | 66 | 57 | 62 |
| Felixstowe Town | 42 | 15 | 12 | 15 | 66 | 62 | 57 |
| Gorleston | 42 | 16 | 9 | 17 | 64 | 89 | 57 |
| Great Yarmouth Town | 42 | 16 | 8 | 18 | 41 | 62 | 56 |
| Tiptree United | 42 | 15 | 8 | 19 | 64 | 76 | 53 |
| Stowmarket Town | 42 | 14 | 9 | 19 | 55 | 60 | 51 |
| Haverhill Rovers | 42 | 14 | 8 | 20 | 65 | 80 | 50 |
| Halstead Town | 42 | 14 | 8 | 20 | 60 | 83 | 50 |
| Chatteris Town | 42 | 15 | 4 | 23 | 64 | 73 | 49 |
| Lowestoft Town | 42 | 12 | 12 | 18 | 55 | 56 | 48 |
| March Town United | 42 | 13 | 9 | 20 | 56 | 67 | 48 |
| Watton United | 42 | 12 | 8 | 22 | 51 | 84 | 44 |
| Histon | 42 | 10 | 13 | 19 | 60 | 90 | 42 |
| **Brantham Athletic** | **42** | **8** | **12** | **22** | **47** | **73** | **36** |
| **Brightlingsea United** | **42** | **2** | **12** | **28** | **35** | **104** | **18** |

Histon had 1 point deducted for fielding an ineligible player.

### First Division

| | | | | | | | |
|---|---|---|---|---|---|---|---|
| **Sudbury Wanderers** | **36** | **26** | **5** | **5** | **96** | **37** | **83** |
| **Soham Town Rangers** | **36** | **24** | **4** | **8** | **119** | **45** | **76** |
| Woodbridge Town | 36 | 24 | 4 | 8 | 82 | 40 | 76 |
| Hadleigh United | 36 | 19 | 9 | 8 | 95 | 59 | 66 |
| Clacton Town | 36 | 20 | 6 | 10 | 78 | 53 | 66 |
| Somersham Town | 36 | 21 | 3 | 12 | 68 | 52 | 66 |
| Cambridge City Reserves | 36 | 16 | 7 | 13 | 106 | 79 | 55 |
| Ely City | 36 | 14 | 11 | 11 | 59 | 48 | 53 |
| Long Sutton Athletic | 36 | 15 | 8 | 13 | 69 | 75 | 53 |
| Stanway Rovers | 36 | 15 | 6 | 15 | 73 | 76 | 51 |
| Ipswich Wanderers | 36 | 14 | 6 | 16 | 63 | 72 | 48 |
| Mildenhall Town | 36 | 14 | 5 | 17 | 76 | 98 | 47 |
| Sudbury Town Reserves | 36 | 13 | 7 | 16 | 70 | 72 | 46 |
| Warboys Town | 36 | 10 | 12 | 14 | 63 | 72 | 42 |
| Kings Lynn Reserves | 36 | 11 | 5 | 20 | 49 | 63 | 38 |
| Downham Town | 36 | 11 | 4 | 21 | 64 | 84 | 37 |
| Swaffham Town | 36 | 12 | 4 | 20 | 58 | 97 | 34 |
| Bury Town Reserves | 36 | 6 | 1 | 29 | 46 | 122 | 19 |
| Thetford Town | 36 | 2 | 3 | 31 | 24 | 114 | 9 |

Swaffham Town had 6 points deducted for failing to fulfil two fixtures.
Kings Lynn disbanded their reserve side.

## 1993-94
### Premier Division

| | | | | | | | |
|---|---|---|---|---|---|---|---|
| Wroxham | 42 | 28 | 7 | 7 | 92 | 41 | 91 |
| Halstead Town | 42 | 28 | 6 | 8 | 112 | 49 | 90 |
| Newmarket Town | 42 | 26 | 8 | 8 | 82 | 48 | 86 |
| Diss Town | 42 | 24 | 10 | 8 | 95 | 48 | 82 |
| Stowmarket Town | 42 | 21 | 6 | 15 | 70 | 59 | 69 |
| Wisbech Town | 42 | 19 | 11 | 12 | 61 | 44 | 68 |
| Sudbury Wanderers | 42 | 19 | 10 | 13 | 75 | 59 | 67 |
| Felixstowe Town | 42 | 18 | 12 | 12 | 65 | 47 | 66 |
| Lowestoft Town | 42 | 19 | 7 | 16 | 62 | 62 | 64 |
| Haverhill Rovers | 42 | 18 | 9 | 15 | 71 | 61 | 63 |
| Harwich & Parkeston | 42 | 16 | 13 | 13 | 72 | 63 | 61 |
| Chatteris Town | 42 | 16 | 9 | 17 | 52 | 65 | 57 |
| Cornard United | 42 | 15 | 10 | 17 | 68 | 72 | 55 |
| Tiptree United | 42 | 14 | 9 | 19 | 64 | 72 | 51 |
| Watton United | 42 | 13 | 8 | 21 | 47 | 75 | 47 |
| Great Yarmouth Town | 42 | 12 | 9 | 21 | 50 | 60 | 45 |
| Fakenham Town | 42 | 10 | 13 | 19 | 51 | 81 | 43 |
| Soham Town Rangers | 42 | 10 | 10 | 22 | 69 | 103 | 40 |
| March Town United | 42 | 9 | 11 | 22 | 39 | 70 | 38 |
| Histon | 42 | 8 | 12 | 22 | 48 | 87 | 36 |
| **Gorleston** | **42** | **8** | **9** | **25** | **43** | **77** | **33** |
| **Norwich United** | **42** | **8** | **7** | **27** | **49** | **94** | **31** |

### First Division

| | | | | | | | |
|---|---|---|---|---|---|---|---|
| **Hadleigh United** | **34** | **27** | **4** | **3** | **96** | **30** | **85** |
| **Woodbridge Town** | **34** | **25** | **5** | **4** | **100** | **31** | **80** |
| Warboys Town | 34 | 22 | 5 | 7 | 56 | 31 | 71 |
| Sudbury Town Reserves | 34 | 22 | 3 | 9 | 102 | 49 | 69 |
| Mildenhall Town | 34 | 16 | 4 | 14 | 69 | 59 | 52 |
| Downham Town | 34 | 15 | 7 | 12 | 52 | 43 | 52 |
| Somersham Town | 34 | 14 | 8 | 12 | 65 | 57 | 50 |
| Brightlingsea United | 34 | 15 | 5 | 14 | 54 | 53 | 50 |
| Stanway Rovers | 34 | 14 | 6 | 14 | 59 | 57 | 48 |
| Ipswich Wanderers | 34 | 14 | 5 | 15 | 66 | 57 | 47 |
| Ely City | 34 | 11 | 12 | 11 | 49 | 51 | 45 |
| Cambridge City Reserves | 34 | 12 | 4 | 18 | 61 | 68 | 40 |
| Clacton Town | 34 | 10 | 9 | 15 | 46 | 61 | 39 |
| Bury Town Reserves | 34 | 10 | 7 | 17 | 58 | 93 | 37 |
| Brantham Athletic | 34 | 9 | 6 | 19 | 59 | 90 | 33 |
| Long Sutton Athletic | 34 | 6 | 10 | 18 | 46 | 76 | 28 |
| Swaffham Town | 34 | 6 | 5 | 23 | 33 | 91 | 23 |
| Thetford Town | 34 | 3 | 5 | 26 | 28 | 102 | 14 |

Kings Lynn Reserves rejoined after one season of inactivity.

## 1994-95
### Premier Division

| | | | | | | | |
|---|---|---|---|---|---|---|---|
| Halstead Town | 42 | 31 | 8 | 3 | 129 | 35 | 101 |
| Wroxham | 42 | 29 | 7 | 6 | 96 | 44 | 94 |
| Wisbech Town | 42 | 28 | 7 | 7 | 108 | 46 | 91 |
| Diss Town | 42 | 27 | 6 | 9 | 114 | 49 | 87 |
| Harwich & Parkeston | 42 | 24 | 8 | 10 | 130 | 77 | 80 |
| Fakenham Town | 42 | 22 | 7 | 13 | 80 | 53 | 73 |
| Lowestoft Town | 42 | 20 | 12 | 10 | 77 | 56 | 72 |
| Newmarket Town | 42 | 20 | 8 | 14 | 69 | 57 | 68 |
| Sudbury Wanderers | 42 | 19 | 10 | 13 | 77 | 63 | 67 |
| Woodbridge Town | 42 | 17 | 11 | 14 | 66 | 58 | 62 |
| Stowmarket Town | 42 | 15 | 11 | 16 | 77 | 72 | 56 |
| Tiptree United | 42 | 17 | 5 | 20 | 75 | 86 | 56 |
| Felixstowe Town | 42 | 17 | 4 | 21 | 54 | 69 | 55 |
| March Town United | 42 | 13 | 14 | 15 | 51 | 56 | 53 |
| Hadleigh United | 42 | 12 | 10 | 20 | 64 | 80 | 46 |
| Great Yarmouth Town | 42 | 11 | 8 | 23 | 44 | 69 | 41 |
| Haverhill Rovers | 42 | 11 | 7 | 24 | 52 | 82 | 40 |
| Soham Town Rangers | 42 | 9 | 11 | 22 | 60 | 99 | 38 |
| Watton United | 42 | 10 | 6 | 26 | 44 | 87 | 36 |
| Cornard United | 42 | 8 | 10 | 24 | 46 | 99 | 34 |
| *Histon* | *42* | *10* | *3* | *29* | *54* | *127* | *33* |
| *Chatteris Town* | *42* | *2* | *7* | *33* | *30* | *133* | *13* |

Felixstowe Town changed their name to Felixstowe Port & Town.

## 1995-96
### Premier Division

| | | | | | | | |
|---|---|---|---|---|---|---|---|
| Halstead Town | 42 | 31 | 8 | 3 | 110 | 50 | 101 |
| Diss Town | 42 | 29 | 9 | 4 | 94 | 32 | 96 |
| Wroxham | 42 | 26 | 10 | 6 | 97 | 39 | 88 |
| Stowmarket Town | 42 | 23 | 7 | 12 | 69 | 47 | 76 |
| Woodbridge Town | 42 | 22 | 5 | 15 | 73 | 50 | 71 |
| Newmarket Town | 42 | 18 | 13 | 11 | 78 | 58 | 67 |
| Harwich & Parkeston | 42 | 25 | 8 | 9 | 102 | 55 | 64 |
| Felixstowe Port & Town | 42 | 16 | 11 | 15 | 60 | 57 | 59 |
| Sudbury Wanderers | 42 | 17 | 8 | 17 | 53 | 58 | 59 |
| Tiptree United | 42 | 17 | 8 | 17 | 56 | 67 | 59 |
| Wisbech Town | 42 | 16 | 9 | 17 | 76 | 67 | 57 |
| Soham Town Rangers | 42 | 16 | 9 | 17 | 76 | 78 | 57 |
| Fakenham Town | 42 | 17 | 5 | 20 | 67 | 67 | 56 |
| Lowestoft Town | 42 | 13 | 14 | 15 | 73 | 59 | 53 |
| Clacton Town | 42 | 14 | 10 | 18 | 72 | 84 | 52 |
| Great Yarmouth Town | 42 | 11 | 11 | 20 | 34 | 61 | 44 |
| Hadleigh United | 42 | 10 | 9 | 23 | 33 | 85 | 39 |
| Sudbury Town Reserves | 42 | 9 | 11 | 22 | 49 | 86 | 38 |
| March Town United | 42 | 10 | 7 | 25 | 39 | 67 | 37 |
| Watton United | 42 | 8 | 13 | 21 | 41 | 73 | 37 |
| *Haverhill Rovers* | *42* | *8* | *10* | *24* | *36* | *78* | *34* |
| *Cornard United* | *42* | *5* | *7* | *30* | *38* | *108* | *22* |

Harwich & Parkeston had 19 points deducted for irregularities in player registration.
Bury Town joined from the Southern League.

### First Division

| | | | | | | | |
|---|---|---|---|---|---|---|---|
| Clacton Town | 36 | 25 | 5 | 6 | 85 | 38 | 80 |
| Sudbury Town Reserves | 36 | 23 | 6 | 7 | 102 | 49 | 75 |
| Warboys Town | 36 | 23 | 5 | 8 | 82 | 45 | 74 |
| Gorleston | 36 | 21 | 10 | 5 | 101 | 44 | 73 |
| Downham Town | 36 | 20 | 9 | 7 | 99 | 43 | 69 |
| Ely City | 36 | 21 | 5 | 10 | 88 | 46 | 68 |
| Brightlingsea United | 36 | 20 | 5 | 11 | 69 | 46 | 65 |
| Ipswich Wanderers | 36 | 18 | 8 | 10 | 85 | 61 | 62 |
| Somersham Town | 36 | 16 | 5 | 15 | 61 | 61 | 53 |
| Swaffham Town | 36 | 15 | 7 | 14 | 69 | 59 | 52 |
| Mildenhall Town | 36 | 15 | 5 | 16 | 57 | 60 | 50 |
| Kings Lynn Reserves | 36 | 14 | 6 | 16 | 66 | 67 | 48 |
| Norwich United | 36 | 8 | 13 | 15 | 48 | 59 | 37 |
| Stanway Rovers | 36 | 11 | 4 | 21 | 61 | 90 | 37 |
| Thetford Town | 36 | 9 | 7 | 20 | 38 | 76 | 34 |
| Long Sutton Athletic | 36 | 9 | 3 | 24 | 47 | 91 | 30 |
| Cambridge City Reserves | 36 | 7 | 9 | 20 | 37 | 83 | 30 |
| Brantham Athletic | 36 | 6 | 5 | 25 | 44 | 82 | 23 |
| Bury Town Reserves | 36 | 2 | 1 | 33 | 33 | 172 | 7 |

Brantham Athletic were having financial difficulties and merged with Stutton of the Suffolk & Ipswich League to form Brantham & Stutton United. The merged club continued playing at Brantham's Athletic & Social Ground but could not afford to run a side in the Eastern Counties League and so they resigned from the league and moved to the Suffolk & Ipswich League. Long Sutton Athletic left and replaced their reserves in the Peterborough & District League and Cambridge City disbanded their reserve side. Whitton United joined from the Suffolk & Ipswich League.

### First Division

| | | | | | | | |
|---|---|---|---|---|---|---|---|
| Gorleston | 32 | 26 | 4 | 2 | 100 | 30 | 82 |
| Warboys Town | 32 | 22 | 7 | 3 | 79 | 33 | 73 |
| Ely City | 32 | 19 | 6 | 7 | 82 | 40 | 63 |
| Thetford Town | 32 | 20 | 2 | 10 | 72 | 52 | 62 |
| Ipswich Wanderers | 32 | 17 | 8 | 7 | 87 | 41 | 59 |
| Whitton United | 32 | 15 | 10 | 7 | 67 | 43 | 55 |
| Norwich United | 32 | 14 | 7 | 11 | 58 | 46 | 49 |
| Mildenhall Town | 32 | 14 | 5 | 13 | 53 | 61 | 47 |
| Swaffham Town | 32 | 10 | 8 | 14 | 53 | 54 | 38 |
| Brightlingsea United | 32 | 8 | 11 | 13 | 44 | 61 | 35 |
| Somersham Town | 32 | 10 | 5 | 17 | 41 | 62 | 35 |
| Downham Town | 32 | 9 | 7 | 16 | 46 | 80 | 34 |
| Histon | 32 | 8 | 4 | 20 | 54 | 73 | 28 |
| Kings Lynn Reserves | 32 | 8 | 4 | 20 | 46 | 91 | 28 |
| Stanway Rovers | 32 | 6 | 9 | 17 | 35 | 67 | 27 |
| Chatteris Town | 32 | 7 | 4 | 21 | 41 | 82 | 25 |
| Bury Town Reserves | 32 | 6 | 5 | 21 | 54 | 96 | 23 |

Bury Town Reserves moved to the Essex & Suffolk Border League.
Needham Market joined from the Suffolk & Ipswich League, Maldon Town joined from the Essex Senior League and Cambridge City Reserves rejoined after a season of inactivity. Kings Lynn disbanded their reserve side but they were re-instated soon afterwards and joined the United Counties League – Reserve Division.

# Eastern Counties League 1996-1998

## 1996-97

### Premier Division

| | | | | | | | |
|---|---|---|---|---|---|---|---|
| Wroxham | 44 | 34 | 7 | 3 | 122 | 25 | 109 |
| Wisbech Town | 44 | 32 | 8 | 4 | 141 | 37 | 104 |
| Harwich & Parkeston | 44 | 32 | 8 | 4 | 133 | 34 | 104 |
| Diss Town | 44 | 29 | 4 | 11 | 81 | 41 | 91 |
| Great Yarmouth Town | 44 | 26 | 7 | 11 | 87 | 51 | 85 |
| Gorleston | 44 | 26 | 5 | 13 | 86 | 54 | 83 |
| Bury Town | 44 | 23 | 10 | 11 | 101 | 54 | 79 |
| Newmarket Town | 44 | 23 | 8 | 13 | 97 | 75 | 77 |
| Lowestoft Town | 44 | 22 | 9 | 13 | 84 | 56 | 75 |
| Stowmarket Town | 44 | 22 | 4 | 18 | 74 | 62 | 70 |
| Tiptree United | 44 | 19 | 8 | 17 | 64 | 59 | 65 |
| Halstead Town | 44 | 19 | 6 | 19 | 87 | 79 | 63 |
| Soham Town Rangers | 44 | 17 | 7 | 20 | 82 | 87 | 58 |
| Fakenham Town | 44 | 15 | 11 | 18 | 78 | 80 | 56 |
| Warboys Town | 44 | 15 | 10 | 19 | 62 | 72 | 55 |
| Woodbridge Town | 44 | 12 | 12 | 20 | 51 | 63 | 48 |
| Sudbury Wanderers | 44 | 13 | 5 | 26 | 61 | 100 | 44 |
| Felixstowe Port & Town | 44 | 11 | 6 | 27 | 56 | 103 | 39 |
| Watton United | 44 | 10 | 6 | 28 | 49 | 106 | 36 |
| Sudbury Town Reserves | 44 | 7 | 7 | 30 | 46 | 96 | 28 |
| Clacton Town | 44 | 7 | 5 | 32 | 43 | 156 | 26 |
| *Hadleigh United* | *44* | *5* | *8* | *31* | *41* | *128* | *23* |
| *March Town United* | *44* | *5* | *3* | *36* | *25* | *133* | *18* |

Wisbech Town moved to the Southern League. Sudbury Town joined from the Southern League and disbanded their reserve side.

### First Division

| | | | | | | | |
|---|---|---|---|---|---|---|---|
| Ely City | 34 | 27 | 5 | 2 | 93 | 36 | 86 |
| Histon | 34 | 21 | 8 | 5 | 80 | 32 | 71 |
| Ipswich Wanderers | 34 | 21 | 6 | 7 | 86 | 35 | 69 |
| Maldon Town | 34 | 21 | 6 | 7 | 89 | 44 | 69 |
| Needham Market | 34 | 19 | 11 | 4 | 67 | 24 | 68 |
| Swaffham Town | 34 | 13 | 14 | 7 | 63 | 43 | 53 |
| Brightlingsea United | 34 | 13 | 14 | 7 | 50 | 39 | 53 |
| Haverhill Rovers | 34 | 15 | 7 | 12 | 54 | 46 | 52 |
| Stanway Rovers | 34 | 15 | 7 | 12 | 55 | 49 | 52 |
| Whitton United | 34 | 10 | 9 | 15 | 45 | 58 | 39 |
| Norwich United | 34 | 10 | 8 | 16 | 48 | 61 | 38 |
| Cambridge City Reserves | 34 | 10 | 7 | 17 | 51 | 68 | 37 |
| Downham Town | 34 | 9 | 4 | 21 | 45 | 88 | 31 |
| Thetford Town | 34 | 7 | 9 | 18 | 34 | 66 | 30 |
| Mildenhall Town | 34 | 7 | 8 | 19 | 35 | 61 | 29 |
| Cornard United | 34 | 6 | 8 | 20 | 40 | 70 | 26 |
| Somersham Town | 34 | 5 | 10 | 19 | 23 | 69 | 25 |
| Chatteris Town | 34 | 2 | 9 | 23 | 27 | 96 | 15 |

## 1997-98

### Premier Division

| | | | | | | | |
|---|---|---|---|---|---|---|---|
| Wroxham | 42 | 30 | 7 | 5 | 80 | 26 | 97 |
| Ely City | 42 | 29 | 8 | 5 | 91 | 43 | 95 |
| Histon | 42 | 27 | 7 | 8 | 102 | 46 | 88 |
| Sudbury Wanderers | 42 | 25 | 4 | 13 | 100 | 55 | 79 |
| Great Yarmouth Town | 42 | 21 | 8 | 13 | 80 | 60 | 71 |
| Sudbury Town | 42 | 19 | 13 | 10 | 81 | 43 | 70 |
| Halstead Town | 42 | 19 | 8 | 15 | 80 | 64 | 65 |
| Felixstowe Port & Town | 42 | 20 | 4 | 18 | 58 | 43 | 64 |
| Lowestoft Town | 42 | 18 | 10 | 14 | 82 | 70 | 64 |
| Fakenham Town | 42 | 18 | 9 | 15 | 68 | 61 | 63 |
| Newmarket Town | 42 | 18 | 7 | 17 | 68 | 52 | 61 |
| Woodbridge Town | 42 | 15 | 14 | 13 | 74 | 71 | 59 |
| Stowmarket Town | 42 | 17 | 4 | 21 | 63 | 81 | 55 |
| Gorleston | 42 | 14 | 12 | 16 | 62 | 63 | 54 |
| Soham Town Rangers | 42 | 16 | 5 | 21 | 86 | 88 | 52 |
| Warboys Town | 42 | 16 | 4 | 22 | 71 | 78 | 52 |
| Diss Town | 42 | 13 | 10 | 19 | 64 | 76 | 49 |
| Bury Town | 42 | 13 | 8 | 21 | 58 | 71 | 47 |
| Harwich & Parkeston | 42 | 12 | 7 | 23 | 61 | 85 | 43 |
| Watton United | 42 | 7 | 7 | 28 | 44 | 126 | 28 |
| *Clacton Town* | *42* | *6* | *8* | *28* | *46* | *140* | *26* |
| *Tiptree United* | *42* | *3* | *8* | *31* | *46* | *123* | *17* |

Soham Town Rangers had 1 point deducted.

### First Division

| | | | | | | | |
|---|---|---|---|---|---|---|---|
| Ipswich Wanderers | 34 | 29 | 2 | 3 | 100 | 35 | 89 |
| Maldon Town | 34 | 26 | 2 | 6 | 84 | 29 | 80 |
| Swaffham Town | 34 | 21 | 7 | 6 | 67 | 26 | 70 |
| Needham Market | 34 | 17 | 7 | 10 | 53 | 39 | 58 |
| Stanway Rovers | 34 | 16 | 9 | 9 | 64 | 37 | 57 |
| Cambridge City Reserves | 34 | 16 | 8 | 10 | 63 | 44 | 56 |
| Chatteris Town | 34 | 16 | 8 | 10 | 56 | 53 | 56 |
| Norwich United | 34 | 16 | 3 | 15 | 51 | 46 | 51 |
| Whitton United | 34 | 14 | 8 | 12 | 66 | 55 | 50 |
| Haverhill Rovers | 34 | 14 | 7 | 13 | 54 | 56 | 49 |
| Mildenhall Town | 34 | 10 | 12 | 12 | 46 | 57 | 42 |
| Downham Town | 34 | 10 | 7 | 17 | 50 | 72 | 37 |
| Thetford Town | 34 | 9 | 5 | 20 | 47 | 74 | 32 |
| Cornard United | 34 | 8 | 8 | 18 | 41 | 71 | 32 |
| March Town United | 34 | 7 | 7 | 20 | 34 | 75 | 28 |
| Hadleigh United | 34 | 6 | 8 | 20 | 32 | 60 | 26 |
| Brightlingsea United | 34 | 5 | 7 | 22 | 30 | 67 | 22 |
| Somersham Town | 34 | 4 | 9 | 21 | 46 | 88 | 21 |

Cambridge City disbanded their reserve side. Dereham Town joined from the Anglian Combination.

## 1998-99

### Premier Division

| | | | | | | | |
|---|---|---|---|---|---|---|---|
| Wroxham | 42 | 27 | 10 | 5 | 88 | 36 | 91 |
| Fakenham Town | 42 | 25 | 10 | 7 | 96 | 50 | 85 |
| Great Yarmouth Town | 42 | 23 | 9 | 10 | 69 | 36 | 78 |
| Histon | 42 | 19 | 17 | 6 | 80 | 53 | 74 |
| Lowestoft Town | 42 | 19 | 12 | 11 | 78 | 53 | 69 |
| Felixstowe Port & Town | 42 | 20 | 9 | 13 | 78 | 56 | 69 |
| Soham Town Rangers | 42 | 19 | 12 | 11 | 77 | 73 | 69 |
| Newmarket Town | 42 | 19 | 11 | 12 | 68 | 55 | 68 |
| Sudbury Town | 42 | 20 | 8 | 14 | 75 | 67 | 68 |
| Sudbury Wanderers | 42 | 17 | 8 | 17 | 72 | 62 | 59 |
| Bury Town | 42 | 15 | 14 | 13 | 47 | 46 | 59 |
| Diss Town | 42 | 14 | 15 | 13 | 54 | 59 | 57 |
| Maldon Town | 42 | 16 | 8 | 18 | 69 | 69 | 56 |
| Halstead Town | 42 | 14 | 11 | 17 | 59 | 71 | 53 |
| Warboys Town | 42 | 14 | 10 | 18 | 70 | 86 | 52 |
| Stowmarket Town | 42 | 12 | 11 | 19 | 59 | 72 | 47 |
| Gorleston | 42 | 12 | 10 | 20 | 52 | 78 | 46 |
| Harwich & Parkeston | 42 | 9 | 14 | 19 | 42 | 63 | 41 |
| Woodbridge Town | 42 | 9 | 11 | 22 | 49 | 73 | 38 |
| Watton United | 42 | 9 | 10 | 23 | 53 | 83 | 37 |
| Ipswich Wanderers | 42 | 5 | 13 | 24 | 49 | 82 | 28 |
| *Ely City* | *42* | *3* | *11* | *28* | *39* | *100* | *20* |

Sudbury Town merged with Sudbury Wanderers, forming AFC Sudbury who continued in the Premier Division, playing at Wanderers' Brundon Lane ground.

### First Division

| | | | | | | | |
|---|---|---|---|---|---|---|---|
| **Clacton Town** | **34** | **22** | **9** | **3** | **93** | **26** | **75** |
| **Mildenhall Town** | **34** | **21** | **8** | **5** | **79** | **26** | **71** |
| Downham Town | 34 | 21 | 4 | 9 | 65 | 47 | 67 |
| Tiptree United | 34 | 20 | 5 | 9 | 76 | 47 | 65 |
| Needham Market | 34 | 18 | 7 | 9 | 76 | 43 | 61 |
| Swaffham Town | 34 | 18 | 7 | 9 | 56 | 35 | 61 |
| Dereham Town | 34 | 17 | 7 | 10 | 62 | 41 | 58 |
| Chatteris Town | 34 | 16 | 6 | 12 | 51 | 51 | 54 |
| Cornard United | 34 | 14 | 11 | 9 | 49 | 42 | 53 |
| Whitton United | 34 | 13 | 9 | 12 | 52 | 57 | 48 |
| Stanway Rovers | 34 | 11 | 10 | 13 | 43 | 48 | 43 |
| Haverhill Rovers | 34 | 9 | 11 | 14 | 38 | 54 | 38 |
| Norwich United | 34 | 10 | 6 | 18 | 38 | 59 | 36 |
| Brightlingsea United | 34 | 7 | 11 | 16 | 53 | 68 | 32 |
| March Town United | 34 | 8 | 6 | 20 | 43 | 71 | 30 |
| Hadleigh United | 34 | 7 | 3 | 24 | 34 | 78 | 24 |
| Somersham Town | 34 | 5 | 8 | 21 | 33 | 86 | 23 |
| Thetford Town | 34 | 3 | 4 | 27 | 32 | 94 | 13 |

Cambridge City Reserves rejoined after a season of inactivity.

## 1999-2000

### Premier Division

| | | | | | | | |
|---|---|---|---|---|---|---|---|
| Histon | 40 | 29 | 6 | 5 | 95 | 42 | 93 |
| Wroxham | 40 | 28 | 8 | 4 | 86 | 39 | 92 |
| AFC Sudbury | 40 | 28 | 6 | 6 | 106 | 48 | 90 |
| Clacton Town | 40 | 22 | 9 | 9 | 92 | 59 | 75 |
| Lowestoft Town | 40 | 20 | 10 | 10 | 58 | 36 | 70 |
| Mildenhall Town | 40 | 18 | 9 | 13 | 62 | 52 | 63 |
| Woodbridge Town | 40 | 17 | 9 | 14 | 63 | 51 | 60 |
| Diss Town | 40 | 17 | 9 | 14 | 69 | 62 | 60 |
| Maldon Town | 40 | 18 | 6 | 16 | 61 | 63 | 60 |
| Ipswich Wanderers | 40 | 16 | 8 | 16 | 59 | 60 | 56 |
| Fakenham Town | 40 | 14 | 12 | 14 | 55 | 55 | 54 |
| Great Yarmouth Town | 40 | 14 | 10 | 16 | 50 | 52 | 52 |
| Gorleston | 40 | 14 | 9 | 17 | 76 | 69 | 51 |
| Newmarket Town | 40 | 14 | 8 | 18 | 60 | 69 | 50 |
| Warboys Town | 40 | 13 | 9 | 18 | 55 | 65 | 48 |
| Soham Town Rangers | 40 | 12 | 5 | 23 | 52 | 76 | 41 |
| Bury Town | 40 | 8 | 12 | 20 | 38 | 65 | 36 |
| Halstead Town | 40 | 8 | 8 | 24 | 52 | 89 | 32 |
| Stowmarket Town | 40 | 8 | 8 | 24 | 40 | 83 | 32 |
| Harwich & Parkeston | 40 | 7 | 8 | 25 | 42 | 84 | 29 |
| Felixstowe Port & Town | 40 | 7 | 7 | 26 | 32 | 84 | 28 |

Watton United resigned on 10th April 2000 and their record was deleted when it stood as follows:   35   9   9   17   33   59   36

Histon moved to the Southern League. Felixstowe Port & Town merged with Walton United of the Suffolk & Ipswich League to form Felixstowe & Walton United who continued in the Premier Division playing at Felixstowe's Dellwood Avenue ground.

### First Division

| | | | | | | | |
|---|---|---|---|---|---|---|---|
| **Tiptree United** | **34** | **23** | **9** | **2** | **89** | **19** | **78** |
| **Ely City** | **34** | **23** | **4** | **7** | **89** | **33** | **73** |
| Stanway Rovers | 34 | 21 | 8 | 5 | 68 | 31 | 71 |
| Downham Town | 34 | 22 | 4 | 8 | 77 | 36 | 70 |
| Needham Market | 34 | 20 | 5 | 9 | 76 | 46 | 64 |
| Cambridge City Reserves | 34 | 18 | 6 | 10 | 70 | 44 | 60 |
| Dereham Town | 34 | 16 | 5 | 13 | 53 | 36 | 53 |
| Hadleigh United | 34 | 15 | 7 | 12 | 52 | 44 | 52 |
| Swaffham Town | 34 | 14 | 6 | 14 | 47 | 42 | 52 |
| Cornard United | 34 | 14 | 10 | 10 | 42 | 44 | 52 |
| Whitton United | 34 | 14 | 6 | 14 | 65 | 58 | 48 |
| Somersham Town | 34 | 14 | 6 | 14 | 55 | 58 | 48 |
| March Town United | 34 | 10 | 7 | 17 | 48 | 78 | 37 |
| Haverhill Rovers | 34 | 9 | 7 | 18 | 40 | 71 | 34 |
| Norwich United | 34 | 6 | 3 | 25 | 44 | 99 | 21 |
| Chatteris Town | 34 | 4 | 7 | 23 | 30 | 75 | 19 |
| Brightlingsea United | 34 | 5 | 4 | 25 | 31 | 84 | 19 |
| Thetford Town | 34 | 3 | 4 | 27 | 27 | 105 | 13 |

Needham Market had 1 point deducted for fielding an ineligible player. Wisbech Town Reserves joined from the Midland Combination – Reserve Division.

# Eastern Counties League 2000-2002

## 2000-01

### Premier Division

| | | | | | | | |
|---|---|---|---|---|---|---|---|
| AFC Sudbury | 42 | 32 | 7 | 3 | 134 | 37 | 103 |
| Gorleston | 42 | 29 | 8 | 5 | 99 | 41 | 95 |
| Lowestoft Town | 42 | 26 | 10 | 6 | 99 | 41 | 88 |
| Maldon Town | 42 | 20 | 10 | 12 | 68 | 52 | 70 |
| Clacton Town | 42 | 19 | 11 | 12 | 79 | 58 | 68 |
| Wroxham | 42 | 18 | 9 | 15 | 88 | 66 | 63 |
| Woodbridge Town | 42 | 17 | 12 | 13 | 62 | 67 | 63 |
| Great Yarmouth Town | 42 | 18 | 8 | 16 | 64 | 59 | 62 |
| Soham Town Rangers | 42 | 18 | 6 | 18 | 68 | 70 | 60 |
| Stowmarket Town | 42 | 16 | 12 | 14 | 55 | 58 | 60 |
| Diss Town | 42 | 16 | 10 | 16 | 69 | 66 | 58 |
| Ipswich Wanderers | 42 | 16 | 8 | 18 | 54 | 52 | 56 |
| Fakenham Town | 42 | 17 | 5 | 20 | 60 | 68 | 56 |
| Tiptree United | 42 | 15 | 10 | 17 | 70 | 64 | 55 |
| Mildenhall Town | 42 | 15 | 9 | 18 | 59 | 58 | 54 |
| Bury Town | 42 | 15 | 9 | 18 | 56 | 73 | 54 |
| Ely City | 42 | 12 | 10 | 20 | 61 | 74 | 46 |
| Felixstowe & Walton United | 42 | 12 | 9 | 21 | 45 | 75 | 45 |
| Harwich & Parkeston | 42 | 11 | 6 | 25 | 51 | 98 | 39 |
| Newmarket Town | 42 | 9 | 9 | 24 | 50 | 83 | 36 |
| **Warboys Town** | **42** | **7** | **9** | **26** | **38** | **105** | **30** |
| **Halstead Town** | **42** | **7** | **7** | **28** | **42** | **106** | **28** |

### First Division

| | | | | | | | |
|---|---|---|---|---|---|---|---|
| **Swaffham Town** | **32** | **24** | **5** | **3** | **83** | **27** | **77** |
| **Dereham Town** | **32** | **22** | **5** | **5** | **83** | **23** | **71** |
| Stanway Rovers | 32 | 22 | 5 | 5 | 86 | 29 | 71 |
| Needham Market | 32 | 20 | 5 | 7 | 70 | 33 | 65 |
| Chatteris Town | 32 | 17 | 6 | 9 | 73 | 46 | 57 |
| Hadleigh United | 32 | 16 | 5 | 11 | 51 | 46 | 53 |
| Haverhill Rovers | 32 | 15 | 7 | 10 | 67 | 39 | 52 |
| Cambridge City Reserves | 32 | 14 | 9 | 9 | 62 | 47 | 51 |
| Downham Town | 32 | 14 | 7 | 11 | 71 | 60 | 49 |
| Norwich United | 32 | 12 | 5 | 15 | 53 | 46 | 41 |
| Cornard United | 32 | 10 | 3 | 19 | 37 | 85 | 33 |
| Whitton United | 32 | 8 | 6 | 18 | 41 | 64 | 30 |
| Somersham Town | 32 | 7 | 8 | 17 | 42 | 69 | 29 |
| Wisbech Town Reserves | 32 | 8 | 4 | 20 | 42 | 72 | 28 |
| Thetford Town | 32 | 7 | 4 | 21 | 37 | 81 | 25 |
| Brightlingsea United | 32 | 4 | 7 | 21 | 32 | 88 | 19 |
| March Town United | 32 | 3 | 7 | 22 | 18 | 93 | 15 |

March Town United had 1 point deducted for fielding an ineligible player. Chatteris Town moved to the Peterborough & District League. Kings Lynn Reserves joined from the United Counties League – Reserve Division, Histon Reserves joined from the Cambridgeshire League and Leiston joined from the Suffolk & Ipswich League.

## 2001-02

### Premier Division

| | | | | | | | |
|---|---|---|---|---|---|---|---|
| AFC Sudbury | 42 | 32 | 4 | 6 | 139 | 54 | 100 |
| Wroxham | 42 | 29 | 6 | 7 | 114 | 47 | 93 |
| Lowestoft Town | 42 | 24 | 8 | 10 | 106 | 55 | 80 |
| Clacton Town | 42 | 20 | 16 | 6 | 83 | 41 | 76 |
| Gorleston | 42 | 21 | 8 | 13 | 78 | 69 | 71 |
| Stowmarket Town | 42 | 20 | 10 | 12 | 75 | 64 | 70 |
| Bury Town | 42 | 19 | 7 | 16 | 70 | 53 | 64 |
| Woodbridge Town | 42 | 16 | 14 | 12 | 62 | 61 | 62 |
| Ely City | 42 | 19 | 5 | 18 | 71 | 73 | 62 |
| Maldon Town | 42 | 17 | 10 | 15 | 78 | 78 | 61 |
| Mildenhall Town | 42 | 18 | 7 | 17 | 68 | 68 | 61 |
| Dereham Town | 42 | 16 | 7 | 19 | 59 | 64 | 55 |
| Soham Town Rangers | 42 | 16 | 8 | 18 | 68 | 80 | 55 |
| Fakenham Town | 42 | 13 | 13 | 16 | 59 | 66 | 52 |
| Tiptree United | 42 | 13 | 10 | 19 | 53 | 69 | 49 |
| Diss Town | 42 | 14 | 7 | 21 | 66 | 84 | 49 |
| Great Yarmouth Town | 42 | 13 | 9 | 20 | 41 | 65 | 48 |
| Harwich & Parkeston | 42 | 13 | 5 | 24 | 46 | 81 | 44 |
| Newmarket Town | 42 | 10 | 13 | 19 | 65 | 89 | 43 |
| Ipswich Wanderers | 42 | 11 | 8 | 23 | 53 | 69 | 41 |
| **Felixstowe & Walton United** | **42** | **7** | **9** | **26** | **38** | **88** | **30** |
| **Swaffham Town** | **42** | **7** | **4** | **31** | **39** | **113** | **25** |

Soham Town Rangers had one point deducted for fielding an ineligible player.
Wisbech Town joined from the Southern League.

### First Division

| | | | | | | | |
|---|---|---|---|---|---|---|---|
| Norwich United | 36 | 25 | 7 | 4 | 83 | 22 | 82 |
| Histon Reserves | 36 | 25 | 4 | 7 | 99 | 34 | 79 |
| Haverhill Rovers | 36 | 23 | 7 | 6 | 85 | 31 | 76 |
| Leiston | 36 | 24 | 4 | 8 | 74 | 36 | 76 |
| Needham Market | 36 | 22 | 5 | 9 | 79 | 42 | 71 |
| Kings Lynn Reserves | 36 | 19 | 8 | 9 | 85 | 44 | 65 |
| Stanway Rovers | 36 | 18 | 5 | 13 | 72 | 52 | 59 |
| Somersham Town | 36 | 15 | 8 | 13 | 51 | 60 | 53 |
| Wisbech Town Reserves | 36 | 15 | 5 | 16 | 58 | 64 | 50 |
| Cambridge City Reserves | 36 | 13 | 7 | 16 | 79 | 68 | 46 |
| Cornard United | 36 | 14 | 3 | 19 | 60 | 73 | 45 |
| Whitton United | 36 | 12 | 6 | 18 | 49 | 58 | 42 |
| Halstead Town | 36 | 11 | 8 | 17 | 52 | 68 | 41 |
| Hadleigh United | 36 | 11 | 8 | 17 | 51 | 72 | 41 |
| Downham Town | 36 | 11 | 5 | 20 | 60 | 82 | 38 |
| Warboys Town | 36 | 9 | 7 | 20 | 38 | 75 | 34 |
| Brightlingsea United | 36 | 9 | 4 | 23 | 49 | 104 | 31 |
| Thetford Town | 36 | 7 | 6 | 23 | 37 | 97 | 27 |
| March Town United | 36 | 3 | 5 | 28 | 45 | 124 | 11 |

March Town United had 3 points deducted at the end of the season for fielding an ineligible player.
Wisbech Town Reserves moved to the Cambridgeshire Premier League and Brightlingsea United moved to the Essex & Suffolk Border League.
Long Melford joined from the Essex & Suffolk Border League and Godmanchester Rovers joined from the Cambridgeshire League.

## 2002-03
### Premier Division

| Team | P | W | D | L | F | A | Pts |
|---|---|---|---|---|---|---|---|
| AFC Sudbury | 44 | 31 | 10 | 3 | 122 | 37 | 103 |
| Wroxham | 44 | 29 | 6 | 9 | 121 | 53 | 93 |
| Soham Town Rangers | 44 | 25 | 11 | 8 | 91 | 62 | 86 |
| Lowestoft Town | 44 | 25 | 7 | 12 | 108 | 65 | 82 |
| Diss Town | 44 | 26 | 3 | 15 | 98 | 62 | 81 |
| Wisbech Town | 44 | 23 | 9 | 12 | 101 | 73 | 78 |
| Stowmarket Town | 44 | 22 | 9 | 13 | 65 | 56 | 75 |
| Great Yarmouth Town | 44 | 19 | 11 | 14 | 67 | 57 | 68 |
| Bury Town | 44 | 18 | 11 | 15 | 75 | 66 | 65 |
| Mildenhall Town | 44 | 18 | 11 | 15 | 69 | 65 | 64 |
| Clacton Town | 44 | 17 | 10 | 17 | 62 | 61 | 61 |
| Tiptree United | 44 | 17 | 7 | 20 | 73 | 90 | 58 |
| Histon Reserves | 44 | 15 | 11 | 18 | 80 | 84 | 56 |
| Fakenham Town | 44 | 13 | 16 | 15 | 61 | 61 | 55 |
| Gorleston | 44 | 13 | 10 | 21 | 79 | 91 | 49 |
| Norwich United | 44 | 13 | 10 | 21 | 44 | 63 | 49 |
| Maldon Town | 44 | 13 | 8 | 23 | 57 | 63 | 47 |
| Newmarket Town | 44 | 11 | 13 | 20 | 58 | 76 | 46 |
| Dereham Town | 44 | 12 | 9 | 23 | 55 | 86 | 45 |
| Woodbridge Town | 44 | 11 | 12 | 21 | 55 | 96 | 45 |
| Ipswich Wanderers | 44 | 11 | 8 | 25 | 59 | 92 | 41 |
| **Harwich & Parkeston** | **44** | **10** | **6** | **28** | **58** | **126** | **36** |
| **Ely City** | **44** | **5** | **10** | **29** | **38** | **111** | **21** |

Mildenhall Town had 1 point deducted for fielding an ineligible player.
Ely City had 4 points deducted for fielding an ineligible player.

## 2003-04
### Premier Division

| Team | P | W | D | L | F | A | Pts |
|---|---|---|---|---|---|---|---|
| AFC Sudbury | 42 | 32 | 5 | 5 | 123 | 30 | 101 |
| Maldon Town | 42 | 30 | 6 | 6 | 107 | 35 | 96 |
| Wroxham | 42 | 29 | 8 | 5 | 108 | 36 | 95 |
| Diss Town | 42 | 27 | 5 | 10 | 104 | 54 | 86 |
| Soham Town Rangers | 42 | 24 | 8 | 10 | 88 | 62 | 80 |
| Clacton Town | 42 | 19 | 14 | 9 | 65 | 54 | 71 |
| Halstead Town | 42 | 19 | 9 | 14 | 77 | 54 | 66 |
| Lowestoft Town | 42 | 19 | 8 | 15 | 66 | 68 | 65 |
| Bury Town | 42 | 17 | 11 | 14 | 86 | 82 | 62 |
| Newmarket Town | 42 | 18 | 7 | 17 | 76 | 78 | 61 |
| Norwich United | 42 | 17 | 10 | 15 | 51 | 58 | 61 |
| Mildenhall Town | 42 | 16 | 12 | 14 | 72 | 61 | 60 |
| Histon Reserves | 42 | 14 | 10 | 18 | 70 | 77 | 52 |
| Wisbech Town | 42 | 13 | 8 | 21 | 64 | 82 | 47 |
| Kings Lynn Reserves | 42 | 11 | 11 | 20 | 63 | 71 | 44 |
| Great Yarmouth Town | 42 | 10 | 13 | 19 | 59 | 67 | 43 |
| Woodbridge Town | 42 | 12 | 6 | 24 | 52 | 78 | 42 |
| Dereham Town | 42 | 10 | 9 | 23 | 42 | 85 | 39 |
| Stowmarket Town | 42 | 11 | 6 | 25 | 42 | 88 | 39 |
| Gorleston | 42 | 9 | 10 | 23 | 56 | 86 | 37 |
| **Tiptree United** | **42** | **9** | **7** | **26** | **40** | **95** | **34** |
| **Fakenham Town** | **42** | **2** | **5** | **35** | **30** | **140** | **11** |

Wisbech Town had 1 point deducted for fielding an ineligible player.
Maldon Town moved to the Southern League.

### First Division (2002-03)

| Team | P | W | D | L | F | A | Pts |
|---|---|---|---|---|---|---|---|
| **Halstead Town** | **36** | **24** | **7** | **5** | **76** | **37** | **79** |
| **Kings Lynn Reserves** | **36** | **24** | **4** | **8** | **108** | **56** | **76** |
| Whitton United | 36 | 21 | 8 | 7 | 93 | 44 | 71 |
| Hadleigh United | 36 | 20 | 9 | 7 | 65 | 40 | 69 |
| Stanway Rovers | 36 | 19 | 10 | 7 | 78 | 39 | 67 |
| Long Melford | 36 | 18 | 10 | 8 | 69 | 38 | 64 |
| Leiston | 36 | 18 | 9 | 9 | 76 | 51 | 63 |
| Swaffham Town | 36 | 18 | 3 | 15 | 62 | 62 | 57 |
| Cambridge City Reserves | 36 | 16 | 7 | 13 | 67 | 49 | 55 |
| Haverhill Rovers | 36 | 16 | 6 | 14 | 67 | 55 | 54 |
| Needham Market | 36 | 15 | 8 | 13 | 71 | 59 | 53 |
| Godmanchester Rovers | 36 | 10 | 13 | 13 | 53 | 53 | 43 |
| Cornard United | 36 | 11 | 5 | 20 | 44 | 70 | 38 |
| Somersham Town | 36 | 11 | 5 | 20 | 59 | 87 | 38 |
| March Town United | 36 | 9 | 10 | 17 | 54 | 86 | 37 |
| Felixstowe & Walton United | 36 | 10 | 6 | 20 | 51 | 71 | 36 |
| Thetford Town | 36 | 9 | 5 | 22 | 38 | 74 | 32 |
| Downham Town | 36 | 4 | 6 | 26 | 33 | 88 | 18 |
| Warboys Town | 36 | 2 | 3 | 31 | 18 | 123 | 11 |

Kirkley joined from the Anglian Combination.

### First Division (2003-04)

| Team | P | W | D | L | F | A | Pts |
|---|---|---|---|---|---|---|---|
| **Cambridge City Reserves** | **38** | **25** | **8** | **5** | **76** | **40** | **83** |
| **Harwich & Parkeston** | **38** | **24** | **8** | **6** | **89** | **48** | **80** |
| **Leiston** | **38** | **22** | **8** | **8** | **74** | **40** | **74** |
| Stanway Rovers | 38 | 20 | 10 | 8 | 69 | 43 | 70 |
| Kirkley | 38 | 18 | 10 | 10 | 84 | 60 | 64 |
| Whitton United | 38 | 19 | 5 | 14 | 85 | 57 | 62 |
| Godmanchester Rovers | 38 | 17 | 8 | 13 | 54 | 52 | 59 |
| Ipswich Wanderers | 38 | 17 | 9 | 12 | 51 | 36 | 58 |
| Swaffham Town | 38 | 15 | 13 | 10 | 62 | 54 | 58 |
| Ely City | 38 | 19 | 1 | 18 | 60 | 58 | 58 |
| Haverhill Rovers | 38 | 17 | 5 | 16 | 73 | 66 | 56 |
| Cornard United | 38 | 15 | 7 | 16 | 53 | 60 | 52 |
| Long Melford | 38 | 14 | 8 | 16 | 62 | 66 | 50 |
| Needham Market | 38 | 14 | 5 | 19 | 67 | 73 | 47 |
| Felixstowe & Walton United | 38 | 12 | 9 | 17 | 52 | 63 | 45 |
| March Town United | 38 | 12 | 5 | 21 | 70 | 99 | 41 |
| Downham Town | 38 | 9 | 7 | 22 | 43 | 79 | 34 |
| Hadleigh United | 38 | 6 | 13 | 19 | 42 | 57 | 31 |
| Thetford Town | 38 | 6 | 6 | 26 | 38 | 85 | 24 |
| Somersham Town | 38 | 4 | 5 | 29 | 34 | 102 | 17 |

Ipswich Wanderers had 2 points deducted.
Warboys Town resigned from the league on 15th November 2003 because of difficulty finding enough officials and players. Their record was deleted when it stood as follows: 10 1 0 9 12 48 3
They subsequently joined the Cambridgeshire League in 2004-05.
Somersham Town also moved to the Cambridgeshire League.
Walsham-le-Willows joined from the Suffolk & Ipswich League and Saffron Walden Town joined after a season of playing just friendlies. They had been playing in the Essex Senior League up to 2003.

# Eastern Counties League 2004-2006

## 2004-05
### Premier Division

| | | | | | | | |
|---|---|---|---|---|---|---|---|
| AFC Sudbury | 42 | 31 | 7 | 4 | 105 | 30 | 100 |
| Bury Town | 42 | 27 | 9 | 6 | 83 | 43 | 90 |
| Halstead Town | 42 | 24 | 10 | 8 | 83 | 53 | 82 |
| Lowestoft Town | 42 | 24 | 8 | 10 | 94 | 57 | 80 |
| Wroxham | 42 | 22 | 9 | 11 | 106 | 59 | 75 |
| Mildenhall Town | 42 | 20 | 11 | 11 | 68 | 54 | 71 |
| Soham Town Rangers | 42 | 20 | 10 | 12 | 88 | 58 | 70 |
| Clacton Town | 42 | 19 | 12 | 11 | 78 | 61 | 68 |
| Cambridge City Reserves | 42 | 19 | 8 | 15 | 78 | 75 | 65 |
| Leiston | 42 | 17 | 8 | 17 | 66 | 74 | 59 |
| Harwich & Parkeston | 42 | 17 | 4 | 21 | 72 | 85 | 55 |
| Diss Town | 42 | 15 | 8 | 19 | 77 | 71 | 53 |
| Newmarket Town | 42 | 14 | 9 | 19 | 67 | 76 | 51 |
| Norwich United | 42 | 12 | 11 | 19 | 50 | 63 | 47 |
| Dereham Town | 42 | 12 | 10 | 20 | 69 | 89 | 46 |
| Wisbech Town | 42 | 12 | 10 | 20 | 59 | 84 | 46 |
| Woodbridge Town | 42 | 12 | 8 | 22 | 62 | 85 | 44 |
| Kings Lynn Reserves | 42 | 13 | 5 | 24 | 58 | 92 | 44 |
| Histon Reserves | 42 | 13 | 7 | 22 | 61 | 82 | 43 |
| **Stowmarket Town** | **42** | **11** | **5** | **26** | **66** | **88** | **38** |
| **Gorleston** | **42** | **8** | **10** | **24** | **57** | **112** | **34** |
| **Great Yarmouth Town** | **42** | **7** | **7** | **28** | **31** | **87** | **28** |

Clacton Town had 1 point deducted for fielding an ineligible player.
Histon Reserves had 3 points deducted for fielding an ineligible player.

### First Division

| | | | | | | | |
|---|---|---|---|---|---|---|---|
| Ipswich Wanderers | 38 | 27 | 8 | 3 | 103 | 29 | 89 |
| Needham Market | 38 | 26 | 7 | 5 | 103 | 50 | 85 |
| Kirkley | 38 | 25 | 6 | 7 | 99 | 34 | 81 |
| Walsham-le-Willows | 38 | 24 | 4 | 10 | 97 | 49 | 76 |
| Haverhill Rovers | 38 | 22 | 10 | 6 | 77 | 41 | 76 |
| Stanway Rovers | 38 | 23 | 4 | 11 | 89 | 57 | 73 |
| March Town United | 38 | 21 | 8 | 9 | 74 | 54 | 71 |
| Tiptree United | 38 | 19 | 6 | 13 | 75 | 70 | 63 |
| Ely City | 38 | 17 | 2 | 19 | 72 | 66 | 53 |
| Fakenham Town | 38 | 15 | 6 | 17 | 62 | 78 | 51 |
| Cornard United | 38 | 15 | 5 | 18 | 43 | 62 | 50 |
| Swaffham Town | 38 | 14 | 4 | 20 | 51 | 86 | 46 |
| Long Melford | 38 | 13 | 6 | 19 | 62 | 68 | 45 |
| Whitton United | 38 | 10 | 10 | 18 | 51 | 67 | 40 |
| Saffron Walden Town | 38 | 10 | 6 | 22 | 55 | 83 | 36 |
| Hadleigh United | 38 | 9 | 7 | 22 | 46 | 83 | 34 |
| Felixstowe & Walton United | 38 | 9 | 6 | 23 | 46 | 74 | 33 |
| Downham Town | 38 | 10 | 3 | 25 | 45 | 94 | 33 |
| Thetford Town | 38 | 6 | 6 | 26 | 41 | 98 | 24 |
| Godmanchester Rovers | 38 | 5 | 6 | 27 | 35 | 83 | 21 |

AFC Debenham joined from the Suffolk & Ipswich League and Fulbourn Institute joined from the Cambridgeshire League.

## 2005-06
### Premier Division

| | | | | | | | |
|---|---|---|---|---|---|---|---|
| Lowestoft Town | 42 | 30 | 4 | 8 | 121 | 43 | 94 |
| Bury Town | 42 | 29 | 5 | 8 | 100 | 32 | 92 |
| AFC Sudbury | 42 | 28 | 5 | 9 | 114 | 56 | 89 |
| Wisbech Town | 42 | 25 | 7 | 10 | 98 | 55 | 82 |
| Mildenhall Town | 42 | 23 | 9 | 10 | 100 | 68 | 78 |
| Needham Market | 42 | 22 | 9 | 11 | 79 | 41 | 75 |
| Ipswich Wanderers | 42 | 23 | 6 | 13 | 69 | 38 | 75 |
| Wroxham | 42 | 21 | 6 | 15 | 77 | 62 | 69 |
| Leiston | 42 | 21 | 5 | 16 | 89 | 69 | 68 |
| Soham Town Rangers | 42 | 18 | 11 | 13 | 75 | 51 | 65 |
| Diss Town | 42 | 20 | 5 | 17 | 89 | 78 | 65 |
| Dereham Town | 42 | 18 | 10 | 14 | 99 | 64 | 64 |
| Histon Reserves | 42 | 15 | 11 | 16 | 71 | 84 | 56 |
| Kirkley | 42 | 15 | 6 | 21 | 60 | 76 | 51 |
| Kings Lynn Reserves | 42 | 12 | 13 | 17 | 68 | 78 | 49 |
| Woodbridge Town | 42 | 14 | 6 | 22 | 64 | 83 | 48 |
| Newmarket Town | 42 | 13 | 6 | 23 | 53 | 91 | 45 |
| Halstead Town | 42 | 11 | 7 | 24 | 67 | 124 | 40 |
| Cambridge City Reserves | 42 | 10 | 8 | 24 | 60 | 107 | 38 |
| Norwich United | 42 | 10 | 6 | 26 | 47 | 82 | 36 |
| Harwich & Parkeston | 42 | 10 | 2 | 30 | 41 | 100 | 32 |
| Clacton Town | 42 | 0 | 1 | 41 | 20 | 179 | 1 |

Bury Town and AFC Sudbury both moved to the Isthmian League.
Cambridge City transferred their Youth Development Scheme to a new, independent club called CRC (Cambridge Regional College). The new club took Cambridge City Reserves' place in the Premier Division and played home games at Cambridge United's Abbey Stadium, acting as a feeder club for Cambridge United.

### First Division

| | | | | | | | |
|---|---|---|---|---|---|---|---|
| Stanway Rovers | 42 | 33 | 4 | 5 | 106 | 29 | 103 |
| Felixstowe & Walton United | 42 | 30 | 5 | 7 | 107 | 48 | 95 |
| Fulbourn Institute | 42 | 30 | 4 | 8 | 109 | 60 | 94 |
| Tiptree United | 42 | 29 | 3 | 10 | 125 | 56 | 90 |
| Walsham-le-Willows | 42 | 23 | 10 | 9 | 91 | 46 | 79 |
| Whitton United | 42 | 22 | 7 | 13 | 83 | 63 | 73 |
| Ely City | 42 | 20 | 10 | 12 | 88 | 68 | 70 |
| Haverhill Rovers | 42 | 21 | 7 | 14 | 77 | 60 | 70 |
| Swaffham Town | 42 | 19 | 12 | 11 | 90 | 71 | 69 |
| Debenham LC | 42 | 17 | 10 | 15 | 60 | 70 | 61 |
| Fakenham Town | 42 | 15 | 11 | 16 | 64 | 69 | 56 |
| Saffron Walden Town | 42 | 14 | 12 | 16 | 56 | 62 | 54 |
| Great Yarmouth Town | 42 | 14 | 10 | 18 | 54 | 60 | 52 |
| Godmanchester Rovers | 42 | 12 | 10 | 20 | 53 | 73 | 46 |
| Long Melford | 42 | 9 | 11 | 22 | 59 | 84 | 38 |
| Stowmarket Town | 42 | 10 | 8 | 24 | 63 | 95 | 38 |
| Cornard United | 42 | 11 | 4 | 27 | 59 | 96 | 37 |
| Gorleston | 42 | 9 | 12 | 21 | 50 | 74 | 35 |
| March Town United | 42 | 9 | 6 | 27 | 46 | 91 | 33 |
| Downham Town | 42 | 8 | 9 | 25 | 41 | 99 | 33 |
| Hadleigh United | 42 | 6 | 13 | 23 | 38 | 78 | 31 |
| Thetford Town | 42 | 7 | 10 | 25 | 47 | 114 | 31 |

Gorleston had 4 points deducted for fielding ineligible players.
Fulbourn Institute were unable to get planning permission for a new ground that would meet the league's standards and so resigned and moved to the Cambridgeshire League.

## 2006-07

### Premier Division

| | | | | | | | |
|---|---|---|---|---|---|---|---|
| Wroxham | 42 | 31 | 9 | 2 | 107 | 27 | 102 |
| Mildenhall Town | 42 | 31 | 4 | 7 | 105 | 56 | 97 |
| Lowestoft Town | 42 | 26 | 10 | 6 | 103 | 51 | 88 |
| Needham Market | 42 | 25 | 6 | 11 | 85 | 51 | 81 |
| Leiston | 42 | 24 | 7 | 11 | 98 | 71 | 79 |
| Dereham Town | 42 | 22 | 8 | 12 | 97 | 73 | 74 |
| Kirkley | 42 | 21 | 11 | 10 | 65 | 46 | 74 |
| Soham Town Rangers | 42 | 21 | 6 | 15 | 81 | 62 | 69 |
| Woodbridge Town | 42 | 17 | 11 | 14 | 83 | 80 | 62 |
| Ipswich Wanderers | 42 | 17 | 7 | 18 | 71 | 58 | 58 |
| Wisbech Town | 42 | 14 | 9 | 19 | 71 | 77 | 51 |
| Newmarket Town | 42 | 14 | 4 | 24 | 57 | 82 | 46 |
| Felixstowe & Walton United | 42 | 14 | 4 | 24 | 61 | 99 | 46 |
| Stanway Rovers | 42 | 12 | 9 | 21 | 56 | 76 | 45 |
| Histon Reserves | 42 | 12 | 9 | 21 | 61 | 82 | 45 |
| Norwich United | 42 | 10 | 14 | 18 | 44 | 72 | 44 |
| CRC | 42 | 12 | 6 | 24 | 60 | 79 | 42 |
| Harwich & Parkeston | 42 | 12 | 6 | 24 | 67 | 96 | 42 |
| Kings Lynn Reserves | 42 | 10 | 11 | 21 | 60 | 76 | 41 |
| *Diss Town* | *42* | *11* | *6* | *25* | *58* | *87* | *39* |
| *Clacton Town* | *42* | *11* | *5* | *26* | *60* | *119* | *38* |
| *Halstead Town* | *42* | *9* | *10* | *23* | *53* | *83* | *37* |

Kirkley merged with a local youth team called Pakefield and continued as Kirkley & Pakefield.
Clacton Town was liquidated and re-formed as FC Clacton.

## 2007-08

### Premier Division

| | | | | | | | |
|---|---|---|---|---|---|---|---|
| Soham Town Rangers | 42 | 31 | 6 | 5 | 108 | 34 | 99 |
| Needham Market | 42 | 29 | 7 | 6 | 114 | 56 | 94 |
| Wroxham | 42 | 27 | 6 | 9 | 103 | 44 | 87 |
| Dereham Town | 42 | 23 | 7 | 12 | 92 | 59 | 76 |
| Mildenhall Town | 42 | 22 | 10 | 10 | 75 | 47 | 76 |
| Kirkley & Pakefield | 42 | 21 | 10 | 11 | 82 | 54 | 73 |
| Stanway Rovers | 42 | 20 | 10 | 12 | 82 | 62 | 70 |
| Felixstowe & Walton United | 42 | 20 | 7 | 15 | 82 | 74 | 67 |
| Leiston | 42 | 17 | 11 | 14 | 65 | 57 | 62 |
| Haverhill Rovers | 42 | 19 | 5 | 18 | 72 | 66 | 62 |
| Lowestoft Town | 42 | 18 | 4 | 20 | 88 | 91 | 58 |
| Wisbech Town | 42 | 18 | 4 | 20 | 60 | 83 | 58 |
| CRC | 42 | 16 | 9 | 17 | 77 | 63 | 57 |
| Kings Lynn Reserves | 42 | 15 | 9 | 18 | 66 | 64 | 54 |
| Norwich United | 42 | 13 | 8 | 21 | 49 | 75 | 47 |
| Walsham-le-Willows | 42 | 14 | 5 | 23 | 54 | 98 | 47 |
| Woodbridge Town | 42 | 13 | 7 | 22 | 67 | 96 | 46 |
| Harwich & Parkeston | 42 | 13 | 4 | 25 | 62 | 98 | 43 |
| Histon Reserves | 42 | 12 | 4 | 26 | 67 | 84 | 40 |
| *Swaffham Town* | *42* | *10* | *9* | *23* | *59* | *99* | *38* |
| *Newmarket Town* | *42* | *8* | *6* | *28* | *62* | *107* | *30* |
| *Ipswich Wanderers* | *42* | *7* | *4* | *31* | *44* | *119* | *25* |

Swaffham Town had 1 point deducted for fielding an ineligible player.
Soham Town Rangers moved to the Southern League. Wivenhoe Town joined from the Isthmian League.

### First Division

| | | | | | | | |
|---|---|---|---|---|---|---|---|
| Walsham-le-Willows | 36 | 25 | 5 | 6 | 68 | 26 | 80 |
| Haverhill Rovers | 36 | 22 | 11 | 3 | 86 | 27 | 77 |
| Swaffham Town | 36 | 23 | 8 | 5 | 80 | 34 | 77 |
| Ely City | 36 | 23 | 7 | 6 | 90 | 36 | 76 |
| Debenham LC | 36 | 20 | 10 | 6 | 89 | 50 | 70 |
| Saffron Walden Town | 36 | 20 | 10 | 6 | 59 | 32 | 70 |
| Tiptree United | 36 | 20 | 9 | 7 | 97 | 52 | 69 |
| Whitton United | 36 | 20 | 7 | 9 | 76 | 45 | 67 |
| Hadleigh United | 36 | 15 | 9 | 12 | 46 | 47 | 54 |
| Fakenham Town | 36 | 14 | 8 | 14 | 58 | 54 | 50 |
| Thetford Town | 36 | 12 | 4 | 20 | 40 | 57 | 40 |
| Stowmarket Town | 36 | 11 | 7 | 18 | 52 | 72 | 40 |
| Great Yarmouth Town | 36 | 11 | 5 | 20 | 40 | 67 | 38 |
| Gorleston | 36 | 10 | 4 | 22 | 53 | 96 | 34 |
| Cornard United | 36 | 8 | 6 | 22 | 42 | 80 | 30 |
| Long Melford | 36 | 7 | 5 | 24 | 51 | 101 | 26 |
| Godmanchester Rovers | 36 | 6 | 4 | 26 | 29 | 85 | 22 |
| Downham Town | 36 | 4 | 8 | 24 | 33 | 85 | 20 |
| March Town United | 36 | 4 | 7 | 25 | 35 | 78 | 19 |

### First Division

| | | | | | | | |
|---|---|---|---|---|---|---|---|
| Tiptree United | 36 | 28 | 2 | 6 | 88 | 39 | 86 |
| Ely City | 36 | 22 | 8 | 6 | 81 | 42 | 74 |
| Whitton United | 36 | 18 | 10 | 8 | 94 | 42 | 64 |
| Diss Town | 36 | 19 | 6 | 11 | 86 | 47 | 63 |
| Hadleigh United | 36 | 18 | 9 | 9 | 71 | 42 | 63 |
| Halstead Town | 36 | 18 | 10 | 8 | 72 | 45 | 63 |
| Saffron Walden Town | 36 | 17 | 10 | 9 | 49 | 36 | 61 |
| Gorleston | 36 | 17 | 9 | 10 | 87 | 62 | 60 |
| Debenham LC | 36 | 17 | 10 | 9 | 66 | 38 | 58 |
| FC Clacton | 36 | 16 | 10 | 10 | 73 | 59 | 58 |
| Great Yarmouth Town | 36 | 12 | 8 | 16 | 58 | 71 | 44 |
| Downham Town | 36 | 11 | 10 | 15 | 42 | 67 | 43 |
| Thetford Town | 36 | 9 | 12 | 15 | 59 | 71 | 39 |
| Stowmarket Town | 36 | 10 | 9 | 17 | 61 | 76 | 39 |
| March Town United | 36 | 6 | 14 | 16 | 54 | 82 | 32 |
| Godmanchester Rovers | 36 | 8 | 6 | 22 | 36 | 76 | 30 |
| Fakenham Town | 36 | 6 | 6 | 24 | 40 | 112 | 24 |
| Cornard United | 36 | 4 | 9 | 23 | 36 | 94 | 21 |
| Long Melford | 36 | 5 | 4 | 27 | 35 | 87 | 19 |

Halstead Town had 1 point deducted for fielding an ineligible player.
Debenham LC had 3 points deducted for fielding an ineligible player.
Brantham Athletic joined from the Suffolk & Ipswich League.

# Eastern Counties League 2008-2010

## 2008-09
### Premier Division

| | | | | | | | |
|---|---|---|---|---|---|---|---|
| Lowestoft Town | 40 | 32 | 4 | 4 | 114 | 46 | 100 |
| CRC | 40 | 26 | 5 | 9 | 86 | 54 | 83 |
| Needham Market | 40 | 26 | 3 | 11 | 94 | 64 | 81 |
| Dereham Town | 40 | 25 | 4 | 11 | 108 | 67 | 79 |
| Wroxham | 40 | 24 | 6 | 10 | 86 | 52 | 78 |
| Kirkley & Pakefield | 40 | 23 | 7 | 10 | 78 | 44 | 76 |
| Leiston | 40 | 22 | 9 | 9 | 90 | 41 | 75 |
| Tiptree United | 40 | 20 | 5 | 15 | 90 | 72 | 65 |
| Stanway Rovers | 40 | 19 | 7 | 14 | 81 | 65 | 64 |
| Walsham-le-Willows | 40 | 15 | 9 | 16 | 60 | 62 | 54 |
| Mildenhall Town | 40 | 16 | 5 | 19 | 75 | 81 | 53 |
| Felixstowe & Walton United | 40 | 16 | 1 | 23 | 75 | 110 | 49 |
| Histon Reserves | 40 | 14 | 6 | 20 | 77 | 88 | 48 |
| Ely City | 40 | 12 | 6 | 22 | 59 | 82 | 42 |
| Kings Lynn Reserves | 40 | 11 | 8 | 21 | 57 | 81 | 41 |
| Wisbech Town | 40 | 11 | 6 | 23 | 59 | 82 | 39 |
| Wivenhoe Town | 40 | 12 | 2 | 26 | 65 | 105 | 38 |
| Woodbridge Town | 40 | 9 | 10 | 21 | 52 | 77 | 37 |
| Norwich United | 40 | 8 | 10 | 22 | 46 | 74 | 34 |
| Harwich & Parkeston | 40 | 9 | 6 | 25 | 47 | 98 | 33 |
| Haverhill Rovers | 40 | 7 | 7 | 26 | 42 | 96 | 28 |

Whitton United resigned from the league on 15th January 2009 because they had lost their first team manager, supporting staff and many players. Their record deleted: 25 5 6 14 43 84 21
Whitton rejoined the First Division of the league for the 2009-10 season.
Lowestoft Town moved to the Isthmian League and Tiptree United moved to the Essex Senior League.

### First Division

| | | | | | | | |
|---|---|---|---|---|---|---|---|
| **Newmarket Town** | 38 | 29 | 4 | 5 | 85 | 29 | 91 |
| **Hadleigh United** | 38 | 26 | 4 | 8 | 79 | 40 | 82 |
| **Debenham LC** | 38 | 25 | 3 | 10 | 91 | 36 | 78 |
| Halstead Town | 38 | 23 | 9 | 6 | 97 | 47 | 78 |
| Great Yarmouth Town | 38 | 22 | 7 | 9 | 79 | 46 | 73 |
| Gorleston | 38 | 21 | 8 | 9 | 87 | 59 | 71 |
| FC Clacton | 38 | 22 | 4 | 12 | 97 | 58 | 70 |
| Brantham Athletic | 38 | 20 | 6 | 12 | 81 | 57 | 66 |
| Diss Town | 38 | 17 | 8 | 13 | 78 | 63 | 59 |
| Godmanchester Rovers | 38 | 15 | 7 | 16 | 58 | 57 | 52 |
| Cornard United | 38 | 14 | 8 | 16 | 62 | 63 | 50 |
| Stowmarket Town | 38 | 13 | 11 | 14 | 52 | 67 | 50 |
| March Town United | 38 | 13 | 6 | 19 | 62 | 74 | 45 |
| Saffron Walden Town | 38 | 10 | 14 | 14 | 48 | 51 | 44 |
| Downham Town | 38 | 9 | 7 | 22 | 48 | 95 | 34 |
| Thetford Town | 38 | 9 | 6 | 23 | 55 | 84 | 33 |
| Ipswich Wanderers | 38 | 7 | 8 | 23 | 57 | 84 | 29 |
| Swaffham Town | 38 | 7 | 6 | 25 | 38 | 102 | 27 |
| Long Melford | 38 | 6 | 5 | 27 | 33 | 104 | 23 |
| Fakenham Town | 38 | 4 | 5 | 29 | 39 | 110 | 17 |

Team Bury joined from the Essex & Suffolk Border League.

## 2009-10
### Premier Division

| | | | | | | | |
|---|---|---|---|---|---|---|---|
| Needham Market | 38 | 27 | 7 | 4 | 83 | 32 | 88 |
| CRC | 38 | 27 | 6 | 5 | 96 | 29 | 87 |
| Leiston | 38 | 26 | 4 | 8 | 87 | 38 | 82 |
| Kirkley & Pakefield | 38 | 22 | 5 | 11 | 76 | 47 | 71 |
| Stanway Rovers | 38 | 20 | 8 | 10 | 74 | 47 | 68 |
| Mildenhall Town | 38 | 20 | 6 | 12 | 80 | 59 | 66 |
| Felixstowe & Walton United | 38 | 18 | 10 | 10 | 55 | 51 | 64 |
| Wroxham | 38 | 17 | 8 | 13 | 55 | 51 | 59 |
| Ely City | 38 | 17 | 6 | 15 | 54 | 55 | 57 |
| Dereham Town | 38 | 16 | 8 | 14 | 70 | 58 | 56 |
| Wisbech Town | 38 | 16 | 8 | 14 | 61 | 55 | 54 |
| Haverhill Rovers | 38 | 12 | 11 | 15 | 55 | 61 | 47 |
| Walsham-le-Willows | 38 | 13 | 7 | 18 | 53 | 65 | 46 |
| Debenham LC | 38 | 14 | 4 | 20 | 49 | 62 | 46 |
| Norwich United | 38 | 11 | 10 | 17 | 61 | 67 | 43 |
| Newmarket Town | 38 | 11 | 6 | 21 | 55 | 67 | 39 |
| Histon Reserves | 38 | 10 | 5 | 23 | 54 | 84 | 35 |
| Hadleigh United | 38 | 8 | 10 | 20 | 42 | 76 | 34 |
| Woodbridge Town | 38 | 6 | 2 | 30 | 40 | 102 | 20 |
| Wivenhoe Town | 38 | 1 | 5 | 32 | 30 | 124 | 8 |

Histon Reserves fielded an ineligible player in their 1-1 draw at Wisbech and the league changed the result to a 1-0 win for Wisbech but did not award Wisbech the extra 2 points.
Kings Lynn were wound up by the High Court on 25th November 2009 for non-payment of debts and their Reserves' record was deleted when it stood as follows: 21 3 1 17 16 56 10
Harwich & Parkeston resigned on 9th February 2010 as they could not afford to pay players of sufficient calibre to compete in the league and their record at the time was deleted: 23 0 1 22 12 81 1
They subsequently joined the Essex & Suffolk Border League in 2010-11.
Needham Market moved to the Isthmian League.

### First Division

| | | | | | | | |
|---|---|---|---|---|---|---|---|
| **Great Yarmouth Town** | 36 | 28 | 6 | 2 | 96 | 28 | 90 |
| **FC Clacton** | 36 | 27 | 7 | 2 | 117 | 40 | 88 |
| **Brantham Athletic** | 36 | 26 | 6 | 4 | 112 | 34 | 84 |
| Gorleston | 36 | 25 | 4 | 7 | 67 | 33 | 79 |
| Diss Town | 36 | 20 | 9 | 7 | 83 | 50 | 69 |
| Halstead Town | 36 | 20 | 7 | 9 | 91 | 47 | 67 |
| March Town United | 36 | 20 | 5 | 11 | 71 | 51 | 65 |
| Saffron Walden Town | 36 | 16 | 8 | 12 | 66 | 40 | 56 |
| Team Bury | 36 | 15 | 4 | 17 | 59 | 69 | 49 |
| Whitton United | 36 | 13 | 8 | 15 | 51 | 59 | 46 |
| Thetford Town | 36 | 11 | 10 | 15 | 51 | 63 | 43 |
| Godmanchester Rovers | 36 | 11 | 9 | 16 | 55 | 70 | 42 |
| Cornard United | 36 | 10 | 6 | 20 | 51 | 72 | 36 |
| Swaffham Town | 36 | 10 | 5 | 21 | 43 | 84 | 35 |
| Stowmarket Town | 36 | 9 | 6 | 21 | 46 | 64 | 33 |
| Long Melford | 36 | 6 | 8 | 22 | 37 | 86 | 26 |
| Ipswich Wanderers | 36 | 7 | 3 | 26 | 39 | 92 | 24 |
| Downham Town | 36 | 6 | 4 | 26 | 33 | 130 | 22 |
| Fakenham Town | 36 | 2 | 9 | 25 | 28 | 84 | 11 |

Whitton United had 1 point deducted for fielding an ineligible player.
Cambridge University Press joined from the Cambridgeshire League.

## 2010-11

### Premier Division

| | | | | | | | |
|---|---|---|---|---|---|---|---|
| Leiston | 42 | 29 | 8 | 5 | 97 | 39 | 95 |
| Dereham Town | 42 | 25 | 9 | 8 | 88 | 42 | 84 |
| Wroxham | 42 | 24 | 8 | 10 | 85 | 52 | 80 |
| Wisbech Town | 42 | 21 | 13 | 8 | 77 | 49 | 76 |
| Mildenhall Town | 42 | 22 | 7 | 13 | 66 | 50 | 73 |
| Norwich United | 42 | 20 | 10 | 12 | 85 | 49 | 70 |
| Stanway Rovers | 42 | 18 | 13 | 11 | 83 | 52 | 67 |
| Haverhill Rovers | 42 | 18 | 11 | 13 | 58 | 55 | 65 |
| Hadleigh United | 42 | 18 | 9 | 15 | 83 | 72 | 63 |
| Woodbridge Town | 42 | 18 | 8 | 16 | 70 | 84 | 62 |
| CRC | 42 | 15 | 12 | 15 | 73 | 59 | 57 |
| Kirkley & Pakefield | 42 | 16 | 9 | 17 | 59 | 62 | 57 |
| Brantham Athletic | 42 | 15 | 6 | 21 | 86 | 79 | 51 |
| Great Yarmouth Town | 42 | 13 | 12 | 17 | 73 | 80 | 51 |
| Ely City | 42 | 13 | 10 | 19 | 58 | 62 | 49 |
| FC Clacton | 42 | 13 | 10 | 19 | 57 | 71 | 49 |
| Walsham-le-Willows | 42 | 9 | 19 | 14 | 65 | 72 | 46 |
| Felixstowe & Walton United | 42 | 11 | 11 | 20 | 55 | 84 | 44 |
| Newmarket Town | 42 | 10 | 11 | 21 | 45 | 89 | 41 |
| Wivenhoe Town | 42 | 6 | 14 | 22 | 48 | 76 | 32 |
| Histon Reserves | 42 | 7 | 10 | 25 | 50 | 132 | 30 |
| **Debenham LC** | **42** | **7** | **8** | **27** | **56** | **107** | **29** |

Histon Reserves had 1 point deducted for fielding an ineligible player.
Leiston moved to the Isthmian League and Histon Reserves moved to the Cambridgeshire League but resigned from it and disbanded before the start of the 2011-12 season.

## 2011-12

### Premier Division

| | | | | | | | |
|---|---|---|---|---|---|---|---|
| Wroxham | 40 | 28 | 6 | 6 | 94 | 34 | 90 |
| Ely City | 40 | 25 | 7 | 8 | 81 | 60 | 82 |
| Brantham Athletic | 40 | 23 | 7 | 10 | 86 | 49 | 76 |
| Wisbech Town | 40 | 23 | 6 | 11 | 84 | 55 | 75 |
| Stanway Rovers | 40 | 21 | 7 | 12 | 86 | 57 | 70 |
| Woodbridge Town | 40 | 19 | 8 | 13 | 86 | 61 | 65 |
| Mildenhall Town | 40 | 19 | 7 | 14 | 76 | 60 | 64 |
| CRC | 40 | 18 | 9 | 13 | 79 | 62 | 63 |
| Norwich United | 40 | 18 | 9 | 13 | 57 | 50 | 63 |
| Dereham Town | 40 | 19 | 4 | 17 | 72 | 65 | 61 |
| Hadleigh United | 40 | 18 | 6 | 16 | 76 | 72 | 60 |
| Gorleston | 40 | 16 | 9 | 15 | 63 | 69 | 57 |
| Kirkley & Pakefield | 40 | 14 | 10 | 16 | 66 | 60 | 52 |
| Haverhill Rovers | 40 | 15 | 7 | 18 | 70 | 73 | 52 |
| FC Clacton | 40 | 16 | 4 | 20 | 69 | 78 | 52 |
| Diss Town | 40 | 14 | 8 | 18 | 37 | 48 | 50 |
| Walsham-le-Willows | 40 | 12 | 9 | 19 | 68 | 73 | 45 |
| Felixstowe & Walton United | 40 | 12 | 8 | 20 | 64 | 67 | 44 |
| Wivenhoe Town | 40 | 11 | 6 | 23 | 44 | 71 | 39 |
| **Newmarket Town** | **40** | **3** | **7** | **30** | **36** | **117** | **16** |
| **Great Yarmouth Town** | **40** | **2** | **4** | **34** | **32** | **145** | **10** |

Wroxham moved to the Isthmian League.

### First Division

| | | | | | | | |
|---|---|---|---|---|---|---|---|
| Gorleston | 32 | 22 | 4 | 6 | 85 | 32 | 70 |
| Whitton United | 32 | 20 | 9 | 3 | 79 | 33 | 69 |
| **Diss Town** | **32** | **20** | **5** | **7** | **75** | **27** | **65** |
| Cambridge University Press | 32 | 18 | 8 | 6 | 82 | 44 | 62 |
| Thetford Town | 32 | 16 | 7 | 9 | 70 | 47 | 55 |
| Saffron Walden Town | 32 | 15 | 8 | 9 | 68 | 41 | 53 |
| Stowmarket Town | 32 | 16 | 5 | 11 | 67 | 44 | 53 |
| March Town United | 32 | 15 | 4 | 13 | 53 | 53 | 49 |
| Godmanchester Rovers | 32 | 12 | 9 | 11 | 61 | 41 | 45 |
| Ipswich Wanderers | 32 | 12 | 6 | 14 | 60 | 67 | 42 |
| Halstead Town | 32 | 12 | 5 | 15 | 44 | 59 | 41 |
| Long Melford | 32 | 11 | 4 | 17 | 44 | 64 | 37 |
| Team Bury | 32 | 9 | 8 | 15 | 48 | 65 | 35 |
| Fakenham Town | 32 | 8 | 9 | 15 | 37 | 53 | 33 |
| Swaffham Town | 32 | 9 | 5 | 18 | 53 | 78 | 32 |
| Downham Town | 32 | 4 | 5 | 23 | 37 | 91 | 17 |
| Cornard United | 32 | 2 | 1 | 29 | 17 | 141 | 7 |

Brightlingsea Regent joined from the Essex & Suffolk Border League.
Saffron Walden Town resigned from the league shortly before the start of the 2011-12 season because financial problems meant that they might not be able to complete their fixtures.
They intended to apply to rejoin for the 2012-13 season.

### First Division

| | | | | | | | |
|---|---|---|---|---|---|---|---|
| Godmanchester Rovers | 30 | 24 | 4 | 2 | 94 | 26 | 76 |
| Thetford Town | 30 | 25 | 1 | 4 | 86 | 24 | 76 |
| Whitton United | 30 | 20 | 6 | 4 | 67 | 29 | 66 |
| March Town United | 30 | 16 | 4 | 10 | 58 | 30 | 52 |
| Brightlingsea Regent | 30 | 17 | 1 | 12 | 55 | 47 | 52 |
| Halstead Town | 30 | 15 | 5 | 10 | 65 | 46 | 50 |
| Debenham LC | 30 | 15 | 3 | 12 | 54 | 48 | 48 |
| Cambridge University Press | 30 | 12 | 6 | 12 | 46 | 42 | 42 |
| Long Melford | 30 | 12 | 2 | 16 | 46 | 60 | 38 |
| Team Bury | 30 | 11 | 3 | 16 | 46 | 45 | 36 |
| Fakenham Town | 30 | 10 | 6 | 14 | 44 | 48 | 36 |
| Ipswich Wanderers | 30 | 11 | 2 | 17 | 47 | 78 | 35 |
| Swaffham Town | 30 | 10 | 2 | 18 | 45 | 75 | 32 |
| Downham Town | 30 | 6 | 6 | 18 | 32 | 66 | 24 |
| Stowmarket Town | 30 | 5 | 3 | 22 | 42 | 76 | 18 |
| Cornard United | 30 | 2 | 4 | 24 | 23 | 110 | 10 |

Saffron Walden Town rejoined after not running a senior side during the 2011-12 season. Braintree Town Reserves joined from the Eastern Counties League – Reserve League.

# Eastern Counties League 2012-2014

## 2012-13
### Premier Division

| | | | | | | | |
|---|---|---|---|---|---|---|---|
| Dereham Town | 38 | 28 | 3 | 7 | 85 | 35 | 87 |
| Wisbech Town | 38 | 25 | 8 | 5 | 85 | 40 | 83 |
| Gorleston | 38 | 23 | 8 | 7 | 91 | 37 | 77 |
| Brantham Athletic | 38 | 22 | 7 | 9 | 85 | 50 | 73 |
| Godmanchester Rovers | 38 | 19 | 10 | 9 | 76 | 49 | 67 |
| Walsham-le-Willows | 38 | 19 | 8 | 11 | 71 | 59 | 65 |
| Mildenhall Town | 38 | 19 | 7 | 12 | 66 | 54 | 64 |
| Hadleigh United | 38 | 18 | 7 | 13 | 67 | 52 | 61 |
| Stanway Rovers | 38 | 17 | 10 | 11 | 49 | 39 | 61 |
| Haverhill Rovers | 38 | 16 | 7 | 15 | 73 | 59 | 55 |
| Ely City | 38 | 15 | 7 | 16 | 71 | 63 | 52 |
| Kirkley & Pakefield | 38 | 13 | 13 | 12 | 57 | 68 | 52 |
| Norwich United | 38 | 14 | 6 | 18 | 55 | 52 | 48 |
| Felixstowe & Walton United | 38 | 13 | 6 | 19 | 54 | 69 | 45 |
| Woodbridge Town | 38 | 11 | 8 | 19 | 52 | 72 | 41 |
| CRC | 38 | 9 | 8 | 21 | 56 | 83 | 35 |
| Diss Town | 38 | 7 | 10 | 21 | 43 | 82 | 31 |
| Wivenhoe Town | 38 | 8 | 6 | 24 | 30 | 85 | 26 |
| Thetford Town | 38 | 6 | 6 | 26 | 41 | 85 | 24 |
| FC Clacton | 38 | 4 | 5 | 29 | 44 | 118 | 17 |

Dereham Town moved to the Isthmian League and Wisbech Town moved to the United Counties League.

## 2013-14
### Premier Division

| | | | | | | | |
|---|---|---|---|---|---|---|---|
| Hadleigh United | 38 | 26 | 5 | 7 | 105 | 48 | 83 |
| Brightlingsea Regent | 38 | 25 | 8 | 5 | 87 | 41 | 83 |
| Felixstowe & Walton United | 38 | 24 | 9 | 5 | 85 | 45 | 81 |
| Gorleston | 38 | 23 | 9 | 6 | 90 | 63 | 78 |
| Godmanchester Rovers | 38 | 24 | 5 | 9 | 82 | 43 | 77 |
| Norwich United | 38 | 22 | 7 | 9 | 63 | 42 | 73 |
| Haverhill Rovers | 38 | 20 | 3 | 15 | 66 | 55 | 63 |
| Walsham-le-Willows | 38 | 17 | 10 | 11 | 79 | 54 | 61 |
| Newmarket Town | 38 | 15 | 13 | 10 | 76 | 66 | 58 |
| Mildenhall Town | 38 | 16 | 9 | 13 | 74 | 54 | 57 |
| Brantham Athletic | 38 | 15 | 8 | 15 | 71 | 75 | 53 |
| Kirkley & Pakefield | 38 | 14 | 8 | 16 | 67 | 72 | 50 |
| Stanway Rovers | 38 | 12 | 8 | 18 | 66 | 65 | 44 |
| CRC | 38 | 12 | 3 | 23 | 66 | 70 | 39 |
| FC Clacton | 38 | 7 | 12 | 19 | 55 | 84 | 33 |
| Thetford Town | 38 | 7 | 9 | 22 | 48 | 83 | 30 |
| Ely City | 38 | 8 | 6 | 24 | 49 | 85 | 30 |
| Diss Town | 38 | 8 | 5 | 25 | 47 | 102 | 29 |
| Wivenhoe Town | 38 | 6 | 7 | 25 | 33 | 79 | 25 |
| **Woodbridge Town** | **38** | **5** | **4** | **29** | **40** | **123** | **19** |

Brightlingsea Regent moved to the Isthmian League and CRC disbanded.

### First Division (2012-13)

| | | | | | | | |
|---|---|---|---|---|---|---|---|
| Cambridge University Press | 34 | 25 | 7 | 2 | 94 | 32 | 82 |
| **Newmarket Town** | **34** | **24** | **4** | **6** | **84** | **34** | **76** |
| **Brightlingsea Regent** | **34** | **22** | **6** | **6** | **90** | **29** | **72** |
| Ipswich Wanderers | 34 | 18 | 9 | 7 | 67 | 38 | 63 |
| Fakenham Town | 34 | 19 | 6 | 9 | 62 | 37 | 63 |
| Saffron Walden Town | 34 | 17 | 11 | 6 | 73 | 32 | 62 |
| Whitton United | 34 | 17 | 6 | 11 | 87 | 46 | 57 |
| Braintree Town Reserves | 34 | 18 | 3 | 13 | 86 | 65 | 57 |
| Swaffham Town | 34 | 17 | 3 | 14 | 76 | 55 | 54 |
| Great Yarmouth Town | 34 | 15 | 7 | 12 | 70 | 64 | 52 |
| Halstead Town | 34 | 15 | 4 | 15 | 70 | 63 | 49 |
| Team Bury | 34 | 13 | 6 | 15 | 62 | 72 | 45 |
| Long Melford | 34 | 8 | 8 | 18 | 46 | 81 | 31 |
| March Town United | 34 | 8 | 5 | 21 | 38 | 84 | 28 |
| Debenham LC | 34 | 8 | 3 | 23 | 57 | 91 | 27 |
| Downham Town | 34 | 8 | 3 | 23 | 41 | 84 | 27 |
| Stowmarket Town | 34 | 5 | 4 | 25 | 41 | 100 | 19 |
| Cornard United | 34 | 1 | 1 | 32 | 17 | 154 | 4 |

Long Melford and March Town United each had 1 point deducted for fielding an ineligible player.
Cambridge University Press moved to the Cambridgeshire League.
Haverhill Borough joined from the Essex & Suffolk Border League having changed their name from Haverhill Sports Association. Dereham Town Reserves, AFC Sudbury Reserves and Needham Market Reserves all joined from the Eastern Counties League – Reserve League.

### First Division (2013-14)

| | | | | | | | |
|---|---|---|---|---|---|---|---|
| **Whitton United** | **36** | **25** | **8** | **3** | **79** | **36** | **83** |
| **Fakenham Town** | **36** | **23** | **8** | **5** | **94** | **33** | **77** |
| **Ipswich Wanderers** | **36** | **23** | **6** | **7** | **97** | **37** | **75** |
| Haverhill Borough | 36 | 23 | 5 | 8 | 65 | 37 | 74 |
| Saffron Walden Town | 36 | 20 | 10 | 6 | 91 | 45 | 70 |
| Halstead Town | 36 | 21 | 7 | 8 | 80 | 39 | 70 |
| Swaffham Town | 36 | 21 | 5 | 10 | 94 | 47 | 68 |
| Great Yarmouth Town | 36 | 19 | 8 | 9 | 82 | 50 | 65 |
| Braintree Town Reserves | 36 | 17 | 7 | 12 | 65 | 54 | 58 |
| Team Bury | 36 | 16 | 6 | 14 | 58 | 53 | 54 |
| Long Melford | 36 | 14 | 2 | 20 | 51 | 68 | 44 |
| Debenham LC | 36 | 11 | 7 | 18 | 58 | 63 | 40 |
| Dereham Town Reserves | 36 | 9 | 8 | 19 | 57 | 67 | 35 |
| Stowmarket Town | 36 | 11 | 1 | 24 | 53 | 94 | 34 |
| Needham Market Reserves | 36 | 10 | 2 | 24 | 52 | 98 | 32 |
| AFC Sudbury Reserves | 36 | 10 | 2 | 24 | 49 | 114 | 32 |
| Downham Town | 36 | 6 | 5 | 25 | 47 | 120 | 23 |
| Cornard United | 36 | 6 | 3 | 27 | 41 | 96 | 21 |
| March Town United | 36 | 4 | 6 | 26 | 31 | 93 | 18 |

Kings Lynn Town Reserves joined from the Peterborough & District League and Leiston Reserves joined from the Isthmian League – Under-21 League.

## 2014-15

### Premier Division

| | | | | | | | |
|---|---|---|---|---|---|---|---|
| Norwich United | 38 | 33 | 2 | 3 | 103 | 24 | 101 |
| Godmanchester Rovers | 38 | 24 | 3 | 11 | 89 | 37 | 75 |
| Stanway Rovers | 38 | 21 | 11 | 6 | 82 | 40 | 74 |
| Kirkley & Pakefield | 38 | 21 | 7 | 10 | 78 | 44 | 70 |
| Felixstowe & Walton United | 38 | 19 | 10 | 9 | 71 | 50 | 67 |
| Newmarket Town | 38 | 16 | 14 | 8 | 68 | 55 | 62 |
| Hadleigh United | 38 | 17 | 9 | 12 | 71 | 61 | 60 |
| Brantham Athletic | 38 | 17 | 4 | 17 | 71 | 66 | 55 |
| Ipswich Wanderers | 38 | 14 | 11 | 13 | 77 | 61 | 53 |
| Mildenhall Town | 38 | 16 | 4 | 18 | 62 | 62 | 52 |
| Whitton United | 38 | 14 | 9 | 15 | 72 | 69 | 51 |
| Gorleston | 38 | 12 | 11 | 15 | 65 | 68 | 47 |
| Fakenham Town | 38 | 12 | 9 | 17 | 43 | 61 | 45 |
| Thetford Town | 38 | 11 | 9 | 18 | 53 | 76 | 42 |
| Walsham-le-Willows | 38 | 12 | 4 | 22 | 57 | 74 | 40 |
| FC Clacton | 38 | 12 | 4 | 22 | 56 | 76 | 40 |
| Haverhill Rovers | 38 | 9 | 13 | 16 | 44 | 83 | 40 |
| ***Wivenhoe Town*** | ***38*** | ***8*** | ***13*** | ***17*** | ***40*** | ***60*** | ***37*** |
| ***Diss Town*** | ***38*** | ***6*** | ***8*** | ***24*** | ***32*** | ***103*** | ***26*** |
| ***Ely City*** | ***38*** | ***5*** | ***7*** | ***26*** | ***42*** | ***106*** | ***22*** |

### First Division

| | | | | | | | |
|---|---|---|---|---|---|---|---|
| ***Long Melford*** | ***36*** | ***27*** | ***5*** | ***4*** | ***101*** | ***33*** | ***86*** |
| ***Swaffham Town*** | ***36*** | ***26*** | ***5*** | ***5*** | ***98*** | ***40*** | ***83*** |
| ***Saffron Walden Town*** | ***36*** | ***23*** | ***9*** | ***4*** | ***61*** | ***31*** | ***78*** |
| Great Yarmouth Town | 36 | 23 | 7 | 6 | 68 | 34 | 76 |
| Kings Lynn Town Reserves | 36 | 20 | 5 | 11 | 76 | 38 | 65 |
| Haverhill Borough | 36 | 19 | 7 | 10 | 55 | 28 | 64 |
| Debenham LC | 36 | 18 | 8 | 10 | 65 | 46 | 62 |
| March Town United | 36 | 19 | 5 | 12 | 63 | 47 | 62 |
| Downham Town | 36 | 15 | 9 | 12 | 63 | 55 | 54 |
| Halstead Town | 36 | 15 | 9 | 12 | 60 | 52 | 54 |
| Stowmarket Town | 36 | 12 | 7 | 17 | 66 | 72 | 43 |
| Team Bury | 36 | 12 | 7 | 17 | 43 | 56 | 43 |
| Braintree Town Reserves | 36 | 11 | 6 | 19 | 54 | 78 | 39 |
| AFC Sudbury Reserves | 36 | 10 | 6 | 20 | 55 | 72 | 36 |
| Dereham Town Reserves | 36 | 7 | 8 | 21 | 50 | 90 | 29 |
| Needham Market Reserves | 36 | 7 | 5 | 24 | 37 | 95 | 26 |
| Woodbridge Town | 36 | 6 | 7 | 23 | 38 | 81 | 25 |
| Cornard United | 36 | 5 | 5 | 26 | 44 | 84 | 20 |
| Leiston Reserves | 36 | 4 | 6 | 26 | 29 | 94 | 18 |

## 2015-16

### Premier Division

| | | | | | | | |
|---|---|---|---|---|---|---|---|
| Norwich United | 38 | 32 | 2 | 4 | 90 | 30 | 98 |
| Godmanchester Rovers | 38 | 30 | 4 | 4 | 130 | 38 | 94 |
| Stanway Rovers | 38 | 28 | 6 | 4 | 102 | 38 | 90 |
| Felixstowe & Walton United | 38 | 25 | 7 | 6 | 73 | 26 | 82 |
| Kirkley & Pakefield | 38 | 22 | 7 | 9 | 78 | 44 | 73 |
| Mildenhall Town | 38 | 18 | 10 | 10 | 76 | 42 | 64 |
| Hadleigh United | 38 | 16 | 7 | 15 | 62 | 58 | 55 |
| Saffron Walden Town | 38 | 17 | 3 | 18 | 50 | 48 | 54 |
| Long Melford | 38 | 16 | 5 | 17 | 63 | 58 | 53 |
| FC Clacton | 38 | 15 | 4 | 19 | 65 | 79 | 49 |
| Brantham Athletic | 38 | 14 | 5 | 19 | 56 | 62 | 47 |
| Haverhill Rovers | 38 | 11 | 8 | 19 | 40 | 73 | 41 |
| Newmarket Town | 38 | 11 | 6 | 21 | 58 | 90 | 39 |
| Walsham-le-Willows | 38 | 10 | 8 | 20 | 62 | 75 | 38 |
| Ipswich Wanderers | 38 | 9 | 11 | 18 | 54 | 76 | 38 |
| Gorleston | 38 | 10 | 7 | 21 | 43 | 79 | 37 |
| Fakenham Town | 38 | 10 | 6 | 22 | 45 | 84 | 36 |
| Swaffham Town | 38 | 9 | 8 | 21 | 55 | 92 | 35 |
| Thetford Town | 38 | 9 | 6 | 23 | 57 | 98 | 33 |
| ***Whitton United*** | ***38*** | ***6*** | ***4*** | ***28*** | ***39*** | ***108*** | ***22*** |

### First Division

| | | | | | | | |
|---|---|---|---|---|---|---|---|
| ***Wivenhoe Town*** | ***36*** | ***28*** | ***5*** | ***3*** | ***101*** | ***34*** | ***89*** |
| ***Ely City*** | ***36*** | ***28*** | ***2*** | ***6*** | ***87*** | ***38*** | ***86*** |
| ***Great Yarmouth Town*** | ***36*** | ***26*** | ***2*** | ***8*** | ***98*** | ***37*** | ***80*** |
| Halstead Town | 36 | 24 | 3 | 9 | 78 | 49 | 75 |
| Kings Lynn Town Reserves | 36 | 21 | 7 | 8 | 85 | 42 | 70 |
| Leiston Reserves | 36 | 19 | 2 | 15 | 86 | 69 | 59 |
| Diss Town | 36 | 15 | 9 | 12 | 72 | 55 | 54 |
| Haverhill Borough | 36 | 15 | 7 | 14 | 65 | 55 | 52 |
| Woodbridge Town | 36 | 14 | 10 | 12 | 53 | 52 | 52 |
| AFC Sudbury Reserves | 36 | 15 | 7 | 14 | 55 | 55 | 52 |
| March Town United | 36 | 16 | 2 | 18 | 68 | 65 | 50 |
| Braintree Town Reserves | 36 | 15 | 4 | 17 | 76 | 89 | 49 |
| Debenham LC | 36 | 11 | 8 | 17 | 56 | 73 | 41 |
| Stowmarket Town | 36 | 11 | 7 | 18 | 60 | 69 | 40 |
| Cornard United | 36 | 9 | 5 | 22 | 42 | 73 | 32 |
| Downham Town | 36 | 8 | 7 | 21 | 35 | 81 | 31 |
| Dereham Town Reserves | 35 | 7 | 4 | 24 | 40 | 85 | 25 |
| Team Bury | 35 | 5 | 5 | 25 | 32 | 90 | 20 |
| Needham Market Reserves | 36 | 5 | 2 | 29 | 42 | 120 | 17 |

Team Bury v Dereham Town Reserves was not played.

# SPARTAN SOUTH MIDLANDS LEAGUE

The Spartan South Midlands League was formed in 1997 by a merger of the London Spartan League and the South Midlands League. (For tables of these earlier leagues, see Non-League Tables 2015).

The new league had 5 divisions:

Premier Division North was formed by the 15 clubs from the South Midlands League – Premier League

Premier Division South was formed by 15 of the 16 clubs from the Spartan League – Premier Division. The exception was Croydon Athletic who joined the Isthmian League – Division Three.

Senior Division was made up of 16 clubs, which included 13 of the 14 clubs from the South Midlands League – Senior Division. The exception was A.C.D. Tridon who left the league. The other 3 were Biggleswade United and Caddington from the South Midlands League – Division One and one new member, Shillington.

Division One (North) was formed of the remaining 16 clubs from the South Midlands League – Division One and one new member, Greenacres Hemel.

Division One (South) was made up of 14 clubs which included 6 of the 8 from the Spartan League – Division One. These were Leyton County, Old Roan, Trojan (who changed their name to Chestnut Trojan), Cray Valley Paper Mills, Bridon Ropes and Classic Inter. The 2 who did not join were Catford Wanderers who moved to the South London Football Federation and Craven who left the league. There were also 6 clubs from the Spartan League – Division Two. These were Odua United, Holland Park, Long Lane, Leyton Sports, Doddinghurst and Chingford United (who changed their name to Chingford Town). The other 2 clubs who joined were Crown & Manor and Leyton Youth.

## 1997-98

### Premier Division – North

| | | | | | | | |
|---|---|---|---|---|---|---|---|
| Brache Sparta | 28 | 23 | 2 | 3 | 75 | 17 | 71 |
| Potters Bar Town | 28 | 20 | 7 | 1 | 62 | 21 | 67 |
| London Colney | 28 | 16 | 4 | 8 | 67 | 46 | 52 |
| Royston Town | 28 | 14 | 5 | 9 | 52 | 34 | 47 |
| Hoddesdon Town | 28 | 15 | 2 | 11 | 50 | 36 | 47 |
| Welwyn Garden City | 28 | 12 | 10 | 6 | 47 | 42 | 46 |
| Arlesey Town | 28 | 13 | 5 | 10 | 51 | 41 | 44 |
| Harpenden Town | 28 | 12 | 5 | 11 | 46 | 45 | 41 |
| Toddington Rovers | 28 | 10 | 5 | 13 | 39 | 52 | 35 |
| Buckingham Athletic | 28 | 9 | 6 | 13 | 46 | 55 | 33 |
| Letchworth | 28 | 8 | 5 | 15 | 50 | 63 | 29 |
| Biggleswade Town | 28 | 7 | 7 | 14 | 41 | 53 | 28 |
| Milton Keynes | 28 | 8 | 5 | 15 | 40 | 52 | 28 |
| Bedford United | 28 | 3 | 8 | 17 | 25 | 67 | 14 |
| Langford | 28 | 1 | 2 | 25 | 23 | 90 | 5 |

Milton Keynes had 1 point deducted.
Bedford United had 3 points deducted.

### Premier Division – South

| | | | | | | | |
|---|---|---|---|---|---|---|---|
| Brook House | 28 | 18 | 6 | 4 | 66 | 27 | 60 |
| Beaconsfield SYCOB | 28 | 16 | 8 | 4 | 59 | 27 | 56 |
| Ruislip Manor | 28 | 17 | 4 | 7 | 61 | 29 | 55 |
| Hillingdon Borough | 28 | 15 | 7 | 6 | 73 | 35 | 52 |
| Barkingside | 28 | 12 | 7 | 9 | 44 | 34 | 43 |
| Waltham Abbey | 28 | 12 | 6 | 10 | 54 | 42 | 42 |
| Haringey Borough | 28 | 12 | 4 | 12 | 42 | 44 | 40 |
| Brimsdown Rovers | 28 | 11 | 4 | 13 | 46 | 58 | 37 |
| St. Margaretsbury | 28 | 11 | 4 | 13 | 46 | 58 | 36 |
| Islington St. Mary's | 28 | 10 | 4 | 14 | 42 | 52 | 33 |
| Woodford Town | 28 | 7 | 9 | 12 | 48 | 59 | 30 |
| Hanwell Town | 28 | 8 | 4 | 16 | 45 | 76 | 28 |
| Harefield United | 28 | 7 | 6 | 15 | 27 | 67 | 27 |
| Amersham Town | 28 | 8 | 2 | 18 | 26 | 45 | 26 |
| Cockfosters | 28 | 5 | 7 | 16 | 35 | 61 | 22 |

Islington St. Mary's and St. Margaretsbury each had 1 point deducted.

### Senior Division

| | | | | | | | |
|---|---|---|---|---|---|---|---|
| New Bradwell St. Peter | 30 | 21 | 5 | 4 | 86 | 30 | 68 |
| Tring Athletic | 30 | 21 | 5 | 4 | 84 | 30 | 68 |
| Mercedes-Benz | 30 | 21 | 2 | 7 | 84 | 51 | 65 |
| Holmer Green | 30 | 20 | 3 | 7 | 94 | 41 | 63 |
| Biggleswade United | 30 | 16 | 8 | 6 | 74 | 40 | 56 |
| Houghton Town | 30 | 16 | 6 | 8 | 69 | 51 | 54 |
| Leverstock Green | 30 | 15 | 7 | 8 | 66 | 43 | 52 |
| Caddington | 30 | 15 | 4 | 11 | 57 | 61 | 49 |
| Shillington | 30 | 12 | 5 | 13 | 56 | 61 | 41 |
| Risborough Rangers | 30 | 8 | 9 | 13 | 50 | 65 | 33 |
| Winslow United | 30 | 10 | 2 | 18 | 55 | 78 | 32 |
| Totternhoe | 30 | 8 | 3 | 19 | 53 | 78 | 27 |
| Stony Stratford Town | 30 | 7 | 2 | 21 | 46 | 78 | 23 |
| The 61 FC (Luton) | 30 | 5 | 3 | 22 | 35 | 99 | 18 |
| Kent Athletic | 30 | 5 | 4 | 21 | 44 | 88 | 16 |
| Ampthill Town | 30 | 4 | 4 | 22 | 33 | 92 | 16 |

Kent Athletic had 3 points deducted.

### Division One (North)

| | | | | | | | |
|---|---|---|---|---|---|---|---|
| Luton Old Boys | 30 | 21 | 3 | 6 | 72 | 30 | 66 |
| Greenacres (Hemel) | 30 | 19 | 8 | 3 | 71 | 27 | 65 |
| Pitstone & Ivinghoe | 30 | 17 | 3 | 10 | 66 | 55 | 54 |
| Crawley Green Sports & Social | 30 | 14 | 8 | 8 | 76 | 41 | 50 |
| De Havilland | 30 | 14 | 8 | 8 | 60 | 51 | 50 |
| Bedford Eagles | 30 | 15 | 5 | 10 | 60 | 42 | 49 |
| Bridger Packaging | 30 | 14 | 6 | 10 | 64 | 49 | 48 |
| Leighton Athletic | 30 | 13 | 3 | 14 | 69 | 66 | 42 |
| Walden Rangers | 30 | 12 | 6 | 12 | 60 | 61 | 42 |
| Abbey National (MK) | 30 | 10 | 8 | 12 | 44 | 57 | 38 |
| Mursley United | 30 | 10 | 7 | 13 | 48 | 63 | 37 |
| Old Dunstablians | 30 | 9 | 8 | 13 | 41 | 68 | 35 |
| Scot | 30 | 9 | 6 | 15 | 76 | 75 | 33 |
| Old Bradwell United | 30 | 7 | 4 | 19 | 44 | 82 | 25 |
| Flamstead | 30 | 5 | 7 | 16 | 32 | 60 | 24 |
| Emberton | 30 | 3 | 4 | 23 | 29 | 85 | 12 |

Bedford Eagles and Emberton each had 1 point deducted.
Buckingham United resigned from the league and their record was deleted.

## Division One (South)

| | | | | | | | |
|---|---|---|---|---|---|---|---|
| Old Roan | 24 | 18 | 2 | 4 | 111 | 29 | 56 |
| Cray Valley Paper Mills | 24 | 16 | 4 | 4 | 74 | 22 | 52 |
| Crown and Manor | 24 | 16 | 3 | 5 | 74 | 22 | 51 |
| Leyton County | 24 | 15 | 5 | 4 | 72 | 24 | 47 |
| Bridon Ropes | 24 | 13 | 4 | 7 | 72 | 39 | 43 |
| Chestnut Trojan | 23 | 11 | 6 | 6 | 66 | 42 | 39 |
| Odua United | 24 | 11 | 4 | 9 | 62 | 41 | 37 |
| Holland Park | 24 | 9 | 5 | 10 | 57 | 61 | 32 |
| Long Lane | 24 | 9 | 1 | 14 | 51 | 42 | 28 |
| Leyton Sports | 23 | 7 | 7 | 9 | 54 | 49 | 28 |
| Doddinghurst | 24 | 4 | 2 | 18 | 34 | 97 | 14 |
| Leyton Youth | 24 | 2 | 1 | 21 | 32 | 136 | 7 |
| Chingford Town | 24 | 2 | 0 | 22 | 19 | 174 | 6 |

One game was not played.
Leyton County had 3 points deducted.
Classic Inter resigned from the league and their record was deleted.

The league was then re-organised into 3 divisions: Premier Division, Senior Division and Division One.

The new Premier Division consisted of 23 clubs, made up of the top 10 clubs from the Premier Division – North and the top 10 clubs from the Premier Division – South, plus New Bradwell St. Peter and Mercedes-Benz (both promoted from the Senior Division) and Somersett Ambury V & E, who joined from the Hertfordshire Senior County League – Premier Division. Mercedes-Benz changed their name to Milton Keynes City.

The Senior Division consisted of 22 clubs, 9 of which were those from the Premier Division – North and Premier Division – South who did not qualify for the new Premier Division. The 10th of those who failed to qualify for the new Premier Division was Woodford Town who left to become founder members of the new London Intermediate League. 11 of the top 13 clubs in the 1997-98 Senior Division continued in that division, the 2 exceptions being New Bradwell St. Peter and Mercedes-Benz who had been promoted to the new Premier Division. The remaining 2 clubs who formed the 1998-99 Senior Division were Luton Old Boys and Greenacres (Hemel) who were promoted from Division One (North).

The new Division One consisted of 17 clubs. This was made up of 3 clubs from the 1997-98 Senior Division: The 61 FC (Luton), Kent Athletic and Ampthill Town; 11 clubs from Division One (North): Pitstone & Ivinghoe, De Havilland, Bridger Packaging, Leighton Athletic, Walden Rangers, Abbey National (MK), Mursley United, Old Dunstablians, Scot, Old Bradwell United and Flamstead; Plus 3 other new clubs: Newport Athletic, Markyate and Dunstable Town '98, who were a newly formed club.

Crawley Green Sports & Social, Bedford Eagles and Emberton from Division One (North) all left the league.

Of the 13 clubs in Division One (South), Old Roan, Cray Valley Paper Mills, Crown and Manor, Leyton County, Bridon Ropes, Chestnut Trojan, Odua United, Long Lane, Leyton Youth and Chingford Town all moved to the London Intermediate League. Odua United changed their name to London City Athletic and Leyton Youth changed their name to Leyton Paragons. Holland Park, Leyton Sports and Doddinghurst all left the league.

## 1998-99

### Premier Division

| | | | | | | | |
|---|---|---|---|---|---|---|---|
| Barkingside | 44 | 30 | 6 | 8 | 97 | 44 | 96 |
| Potters Bar Town | 44 | 29 | 7 | 8 | 109 | 30 | 94 |
| London Colney | 44 | 29 | 5 | 10 | 98 | 28 | 92 |
| Beaconsfield SYCOB | 44 | 25 | 9 | 10 | 85 | 40 | 84 |
| Brook House | 44 | 24 | 11 | 9 | 74 | 42 | 83 |
| Hoddesdon Town | 44 | 24 | 7 | 13 | 80 | 60 | 79 |
| Toddington Rovers | 44 | 22 | 12 | 10 | 72 | 48 | 78 |
| Ruislip Manor | 44 | 22 | 10 | 12 | 89 | 60 | 76 |
| Royston Town | 44 | 19 | 11 | 14 | 73 | 62 | 68 |
| Hillingdon Borough | 44 | 20 | 9 | 15 | 72 | 61 | 65 |
| Waltham Abbey | 44 | 16 | 13 | 15 | 79 | 64 | 61 |
| Brache Sparta | 44 | 17 | 6 | 21 | 80 | 74 | 57 |
| Arlesey Town | 44 | 16 | 8 | 20 | 61 | 70 | 56 |
| New Bradwell St. Peter | 44 | 15 | 11 | 18 | 56 | 70 | 56 |
| **Buckingham Athletic** | **44** | **15** | **9** | **20** | **65** | **101** | **54** |
| Milton Keynes City | 44 | 13 | 10 | 21 | 68 | 88 | 49 |
| Islington St. Mary's | 44 | 11 | 14 | 19 | 55 | 85 | 47 |
| Somersett Ambury V & E | 44 | 13 | 6 | 25 | 50 | 103 | 45 |
| St. Margaretsbury | 44 | 12 | 10 | 22 | 75 | 98 | 43 |
| Haringey Borough | 44 | 9 | 11 | 24 | 49 | 87 | 38 |
| Welwyn Garden City | 44 | 10 | 6 | 28 | 63 | 95 | 36 |
| Harpenden Town | 44 | 9 | 9 | 26 | 47 | 86 | 36 |
| **Brimsdown Rovers** | **44** | **3** | **6** | **35** | **35** | **136** | **15** |

Hillingdon Borough had 4 points deducted.
St. Margaretsbury had 3 points deducted.
Barkingside moved to the Essex & Hertfordshire Border Combination.
Brimsdown Rovers were relegated to the Senior Division and Buckingham Athletic were relegated to Division One. Toddington Rovers and Islington St. Mary's also left the league.

### Senior Division

| | | | | | | | |
|---|---|---|---|---|---|---|---|
| **Holmer Green** | **42** | **30** | **6** | **6** | **121** | **42** | **96** |
| **Hanwell Town** | **42** | **30** | **6** | **6** | **105** | **44** | **96** |
| Tring Athletic | 42 | 28 | 8 | 6 | 109 | 35 | 92 |
| Milton Keynes | 42 | 28 | 6 | 8 | 104 | 47 | 90 |
| **Biggleswade Town** | **42** | **25** | **6** | **11** | **99** | **62** | **81** |
| Bedford United | 42 | 23 | 8 | 11 | 65 | 52 | 77 |
| Letchworth | 42 | 18 | 13 | 11 | 83 | 54 | 67 |
| Biggleswade United | 42 | 19 | 7 | 16 | 86 | 66 | 64 |
| Leverstock Green | 42 | 17 | 13 | 12 | 73 | 63 | 64 |
| Cockfosters | 42 | 17 | 11 | 14 | 76 | 62 | 62 |
| Greenacres (Hemel) | 42 | 19 | 4 | 19 | 71 | 61 | 61 |
| Langford | 42 | 18 | 7 | 17 | 71 | 80 | 61 |
| Shillington | 42 | 16 | 9 | 17 | 72 | 73 | 57 |
| Amersham Town | 42 | 14 | 10 | 18 | 71 | 82 | 52 |
| Caddington | 42 | 14 | 10 | 18 | 75 | 93 | 52 |
| Totternhoe | 42 | 12 | 10 | 20 | 56 | 71 | 46 |
| Luton Old Boys | 42 | 10 | 9 | 23 | 39 | 78 | 39 |
| Stony Stratford Town | 42 | 8 | 11 | 23 | 58 | 98 | 35 |
| Risborough Rangers | 42 | 8 | 6 | 28 | 41 | 97 | 30 |
| Harefield United | 42 | 8 | 5 | 29 | 48 | 112 | 29 |
| **Winslow United** | **42** | **7** | **5** | **30** | **42** | **104** | **26** |
| Houghton Town | 42 | 6 | 4 | 32 | 43 | 132 | 22 |

Milton Keynes changed their name to Bletchley Town. Houghton Town left.

# Spartan South Midlands League 1999-2001

### Division One

| | | | | | | | |
|---|---|---|---|---|---|---|---|
| Bridger Packaging | 32 | 27 | 3 | 2 | 92 | 21 | 84 |
| Ampthill Town | 32 | 26 | 3 | 3 | 106 | 33 | 81 |
| De Havilland | 32 | 26 | 2 | 4 | 102 | 23 | 80 |
| Mursley United | 32 | 21 | 5 | 6 | 72 | 26 | 68 |
| Dunstable Town '98 | 32 | 19 | 6 | 7 | 72 | 42 | 63 |
| Scot | 32 | 16 | 3 | 13 | 60 | 58 | 51 |
| Pitstone & Ivinghoe | 32 | 14 | 4 | 14 | 80 | 65 | 46 |
| Walden Rangers | 32 | 14 | 4 | 14 | 61 | 47 | 46 |
| Old Dunstablians | 32 | 14 | 4 | 14 | 65 | 59 | 46 |
| Kent Athletic | 32 | 12 | 8 | 12 | 58 | 44 | 44 |
| The 61 FC (Luton) | 32 | 10 | 7 | 15 | 57 | 87 | 37 |
| Flamstead | 32 | 10 | 4 | 18 | 63 | 84 | 33 |
| Leighton Athletic | 32 | 7 | 6 | 19 | 39 | 76 | 27 |
| Old Bradwell United | 32 | 9 | 3 | 20 | 49 | 96 | 27 |
| Abbey National (MK) | 32 | 4 | 8 | 20 | 41 | 75 | 20 |
| Newport Athletic | 32 | 4 | 2 | 26 | 37 | 123 | 14 |
| Markyate | 32 | 2 | 2 | 28 | 25 | 120 | 8 |

Flamstead had 1 point deducted.
Old Bradwell United had 3 points deducted.
Dunstable Town '98 changed their name to Dunstable Town.
Walden Rangers left the league.

## 1999-2000

### Premier Division

| | | | | | | | |
|---|---|---|---|---|---|---|---|
| Arlesey Town | 40 | 30 | 3 | 7 | 98 | 45 | 93 |
| Brook House | 40 | 27 | 6 | 7 | 102 | 33 | 89 |
| Beaconsfield SYCOB | 40 | 26 | 4 | 10 | 87 | 42 | 81 |
| Potters Bar Town | 40 | 26 | 2 | 12 | 105 | 66 | 80 |
| London Colney | 40 | 22 | 12 | 6 | 87 | 38 | 78 |
| Waltham Abbey | 40 | 23 | 4 | 13 | 78 | 64 | 73 |
| Brache Sparta | 40 | 19 | 13 | 8 | 85 | 48 | 70 |
| Hoddesdon Town | 40 | 21 | 7 | 12 | 85 | 55 | 70 |
| Milton Keynes City | 40 | 21 | 5 | 14 | 80 | 53 | 68 |
| Hanwell Town | 40 | 20 | 6 | 14 | 73 | 52 | 66 |
| Royston Town | 40 | 15 | 8 | 17 | 53 | 54 | 53 |
| Ruislip Manor | 40 | 16 | 4 | 20 | 61 | 81 | 52 |
| New Bradwell St. Peter | 40 | 12 | 13 | 15 | 65 | 75 | 49 |
| Hillingdon Borough | 40 | 14 | 6 | 20 | 56 | 63 | 48 |
| Holmer Green | 40 | 12 | 10 | 18 | 56 | 92 | 46 |
| St. Margaretsbury | 40 | 10 | 9 | 21 | 67 | 93 | 39 |
| Biggleswade Town | 40 | 9 | 7 | 24 | 49 | 73 | 34 |
| Haringey Borough | 40 | 10 | 2 | 28 | 56 | 99 | 32 |
| Welwyn Garden City | 40 | 6 | 11 | 23 | 49 | 98 | 29 |
| Somersett Ambury V & E | 40 | 7 | 5 | 28 | 48 | 102 | 26 |
| **Harpenden Town** | **40** | **4** | **3** | **33** | **41** | **155** | **15** |

Brook House had 2 points added and Beaconsfield SYCOB had 1 point deducted.
Arlesey Town were promoted to the Isthmian League – Division Three.

### Senior Division

| | | | | | | | |
|---|---|---|---|---|---|---|---|
| Tring Athletic | 36 | 27 | 5 | 4 | 103 | 29 | 86 |
| Ampthill Town | 36 | 23 | 6 | 7 | 86 | 46 | 75 |
| **Bedford United** | **36** | **22** | **5** | **9** | **106** | **48** | **71** |
| Biggleswade United | 36 | 18 | 10 | 8 | 71 | 55 | 64 |
| Letchworth | 36 | 17 | 10 | 9 | 74 | 57 | 61 |
| Cockfosters | 36 | 17 | 9 | 10 | 79 | 55 | 60 |
| Bridger Packaging | 36 | 19 | 3 | 14 | 74 | 63 | 60 |
| Brimsdown Rovers | 36 | 17 | 5 | 14 | 74 | 52 | 58 |
| Amersham Town | 36 | 15 | 11 | 10 | 63 | 48 | 56 |
| Totternhoe | 36 | 15 | 11 | 10 | 56 | 46 | 56 |
| Langford | 36 | 14 | 9 | 13 | 59 | 60 | 51 |
| Leverstock Green | 36 | 12 | 10 | 14 | 61 | 59 | 46 |
| Greenacres (Hemel) | 36 | 11 | 9 | 16 | 56 | 66 | 42 |
| Stony Stratford Town | 36 | 11 | 6 | 19 | 60 | 86 | 39 |
| Harefield United | 36 | 8 | 13 | 15 | 40 | 49 | 36 |
| Risborough Rangers | 36 | 6 | 7 | 23 | 44 | 73 | 25 |
| **Caddington** | **36** | **6** | **6** | **24** | **40** | **127** | **24** |
| Luton Old Boys | 36 | 5 | 7 | 24 | 35 | 89 | 22 |
| **Shillington** | **36** | **6** | **4** | **26** | **46** | **119** | **22** |

Brimsdown Rovers had 2 points added and Harefield United had 1 point deducted.
Bletchley Town resigned during the season and their record was deleted when it stood as follows: 12 2 1 9 14 48 7
Colney Heath joined from the Hertfordshire Senior County League.
Bridger Packaging changed their name to Letchworth Bridger.

### Division One

| | | | | | | | |
|---|---|---|---|---|---|---|---|
| Dunstable Town | 32 | 26 | 6 | 0 | 115 | 17 | 84 |
| De Havilland | 32 | 24 | 4 | 4 | 113 | 31 | 76 |
| Pitstone & Ivinghoe | 32 | 22 | 7 | 3 | 97 | 28 | 73 |
| Winslow United | 32 | 21 | 5 | 6 | 84 | 34 | 68 |
| Scot | 32 | 19 | 1 | 12 | 92 | 64 | 55 |
| Mursley United | 32 | 16 | 6 | 10 | 62 | 42 | 54 |
| Old Dunstablians | 32 | 15 | 3 | 14 | 51 | 53 | 48 |
| Crawley Green | 32 | 14 | 5 | 13 | 67 | 47 | 47 |
| Kent Athletic | 32 | 14 | 1 | 17 | 55 | 60 | 43 |
| Buckingham Athletic | 32 | 12 | 5 | 15 | 50 | 55 | 41 |
| Flamstead | 32 | 12 | 5 | 15 | 53 | 59 | 41 |
| Abbey National (MK) | 32 | 10 | 6 | 16 | 46 | 75 | 36 |
| The 61 FC (Luton) | 32 | 9 | 7 | 16 | 52 | 72 | 34 |
| Newport Athletic | 32 | 8 | 5 | 19 | 49 | 91 | 29 |
| Leighton Athletic | 32 | 6 | 7 | 19 | 45 | 98 | 25 |
| Old Bradwell United | 32 | 3 | 4 | 25 | 26 | 101 | 16 |
| Markyate | 32 | 1 | 3 | 28 | 18 | 148 | 6 |

Scot had 3 points deducted and Old Bradwell United had 3 points added.
Stocklake joined from the Chiltern League and changed their name to Haywood United. Newport Athletic changed their name to North Crawley United. Leighton Athletic left the league and Millcutt Rovers joined.

## 2000-01

### Premier Division

| | | | | | | | |
|---|---|---|---|---|---|---|---|
| Beaconsfield SYCOB | 36 | 28 | 4 | 4 | 80 | 36 | 88 |
| London Colney | 36 | 25 | 6 | 5 | 91 | 36 | 81 |
| Potters Bar Town | 36 | 25 | 6 | 5 | 82 | 39 | 78 |
| Brook House | 36 | 22 | 6 | 8 | 64 | 36 | 72 |
| Somersett Ambury V & E | 36 | 17 | 9 | 10 | 67 | 47 | 60 |
| Holmer Green | 36 | 18 | 2 | 16 | 58 | 58 | 56 |
| Hanwell Town | 36 | 16 | 6 | 14 | 67 | 52 | 54 |
| Hillingdon Borough | 36 | 14 | 12 | 10 | 63 | 61 | 54 |
| Brache Sparta | 36 | 14 | 7 | 15 | 70 | 78 | 49 |
| New Bradwell St. Peter | 36 | 11 | 12 | 13 | 49 | 52 | 45 |
| Hoddesdon Town | 36 | 13 | 5 | 18 | 54 | 60 | 44 |
| Bedford United | 36 | 11 | 10 | 15 | 49 | 50 | 43 |
| St. Margaretsbury | 36 | 9 | 8 | 19 | 45 | 68 | 38 |
| Biggleswade Town | 36 | 9 | 9 | 18 | 40 | 55 | 36 |
| Ruislip Manor | 36 | 10 | 6 | 20 | 44 | 60 | 36 |
| Milton Keynes City | 36 | 9 | 7 | 20 | 50 | 79 | 34 |
| Royston Town | 36 | 8 | 9 | 19 | 31 | 60 | 33 |
| Haringey Borough | 36 | 6 | 11 | 19 | 33 | 78 | 29 |
| **Welwyn Garden City** | **36** | **6** | **7** | **23** | **25** | **57** | **25** |

Potters Bar Town had 3 points deducted and St. Margaretsbury had 3 points added.
Waltham Abbey resigned from the league and their record was deleted when it stood as follows: 17 1 2 14 19 43 5
They subsequently joined the Essex & Hertfordshire Border Combination in 2001-02.

## Senior Division

| | | | | | | | |
|---|---|---|---|---|---|---|---|
| Letchworth | 36 | 28 | 5 | 3 | 94 | 32 | 89 |
| Dunstable Town | 36 | 27 | 6 | 3 | 94 | 25 | 87 |
| Biggleswade United | 36 | 21 | 6 | 9 | 82 | 46 | 69 |
| Tring Athletic | 36 | 19 | 10 | 7 | 74 | 27 | 67 |
| Colney Heath | 36 | 19 | 7 | 10 | 86 | 44 | 64 |
| Cockfosters | 36 | 18 | 8 | 10 | 67 | 62 | 62 |
| Langford | 36 | 17 | 7 | 12 | 72 | 57 | 58 |
| Ampthill Town | 36 | 17 | 5 | 14 | 76 | 54 | 56 |
| Stony Stratford Town | 36 | 14 | 8 | 14 | 65 | 68 | 50 |
| Leverstock Green | 36 | 14 | 4 | 18 | 38 | 57 | 46 |
| Risborough Rangers | 36 | 12 | 6 | 18 | 57 | 73 | 42 |
| Letchworth Bridger | 36 | 11 | 6 | 19 | 59 | 82 | 42 |
| Greenacres (Hemel) | 36 | 10 | 12 | 14 | 46 | 66 | 41 |
| Brimsdown Rovers | 36 | 12 | 4 | 20 | 53 | 64 | 40 |
| Harefield United | 36 | 10 | 9 | 17 | 53 | 59 | 39 |
| Amersham Town | 36 | 10 | 8 | 18 | 34 | 55 | 38 |
| Harpenden Town | 36 | 7 | 10 | 19 | 51 | 76 | 31 |
| *Luton Old Boys* | *36* | *6* | *8* | *22* | *38* | *77* | *26* |
| Totternhoe | 36 | 3 | 5 | 28 | 25 | 140 | 14 |

Letchworth Bridger had 3 points added and Greenacres (Hemel) had 1 point deducted.
De Havilland resigned from the league and their record was deleted when it stood as follows: 23 8 3 12 42 66 27
Kings Langley joined from the Hertfordshire Senior County League.

## Division One

| | | | | | | | |
|---|---|---|---|---|---|---|---|
| Pitstone & Ivinghoe | 34 | 26 | 4 | 4 | 91 | 34 | 82 |
| Flamstead | 34 | 22 | 5 | 7 | 96 | 46 | 71 |
| The 61 FC (Luton) | 34 | 19 | 8 | 7 | 79 | 54 | 65 |
| Winslow United | 34 | 20 | 7 | 7 | 81 | 41 | 64 |
| Kent Athletic | 34 | 18 | 9 | 7 | 83 | 54 | 63 |
| Old Dunstablians | 34 | 17 | 7 | 10 | 88 | 58 | 58 |
| Mursley United | 34 | 16 | 8 | 10 | 93 | 46 | 56 |
| Scot | 34 | 15 | 7 | 12 | 98 | 76 | 52 |
| Haywood United | 34 | 13 | 8 | 13 | 75 | 50 | 47 |
| Buckingham Athletic | 34 | 11 | 11 | 12 | 61 | 58 | 44 |
| Millcutt Rovers | 34 | 12 | 8 | 14 | 62 | 73 | 44 |
| Crawley Green | 34 | 12 | 7 | 15 | 58 | 48 | 43 |
| Abbey National (MK) | 34 | 12 | 4 | 18 | 54 | 58 | 43 |
| Shillington | 34 | 11 | 4 | 19 | 54 | 74 | 37 |
| Caddington | 34 | 10 | 5 | 19 | 44 | 90 | 35 |
| Markyate | 34 | 6 | 8 | 20 | 36 | 78 | 26 |
| Old Bradwell United | 34 | 6 | 6 | 22 | 37 | 95 | 24 |
| North Crawley United | 34 | 2 | 0 | 32 | 21 | 178 | 6 |

Winslow United had 3 points deducted and Abbey National (MK) had 3 points added.
Padbury United joined from the North Buckinghamshire & District League and Cranfield United joined from the Bedford & District League. Markyate left.

Senior Division renamed Division One, Division One renamed Division Two for the next season.

## 2001-02

### Premier Division

| | | | | | | | |
|---|---|---|---|---|---|---|---|
| London Colney | 38 | 28 | 8 | 2 | 119 | 32 | 92 |
| Letchworth | 38 | 25 | 7 | 6 | 105 | 45 | 82 |
| Hanwell Town | 38 | 25 | 6 | 7 | 114 | 64 | 81 |
| Milton Keynes City | 38 | 22 | 9 | 7 | 76 | 39 | 75 |
| St. Margaretsbury | 38 | 20 | 8 | 10 | 74 | 55 | 68 |
| Brook House | 38 | 19 | 7 | 12 | 89 | 63 | 64 |
| Dunstable Town | 38 | 18 | 8 | 12 | 74 | 54 | 62 |
| Royston Town | 38 | 15 | 13 | 10 | 82 | 58 | 58 |
| Biggleswade Town | 38 | 16 | 9 | 13 | 74 | 64 | 57 |
| Beaconsfield SYCOB | 38 | 15 | 10 | 13 | 84 | 52 | 55 |
| Somersett Ambury V & E | 38 | 16 | 5 | 17 | 75 | 61 | 53 |
| Haringey Borough | 38 | 13 | 9 | 16 | 53 | 74 | 48 |
| Potters Bar Town | 38 | 14 | 5 | 19 | 71 | 77 | 47 |
| Hoddesdon Town | 38 | 12 | 8 | 18 | 50 | 56 | 44 |
| Holmer Green | 38 | 12 | 6 | 20 | 59 | 98 | 42 |
| Hillingdon Borough | 38 | 11 | 6 | 21 | 63 | 76 | 39 |
| Ruislip Manor | 38 | 9 | 6 | 23 | 47 | 82 | 33 |
| Bedford United | 38 | 8 | 7 | 23 | 38 | 114 | 31 |
| *Brache Sparta* | *38* | *7* | *4* | *27* | *45* | *109* | *25* |
| *New Bradwell St. Peter* | *38* | *3* | *3* | *32* | *25* | *144* | *12* |

Somersett Ambury V & E changed their name to Broxbourne Borough V & E. Bedford United merged with U.S. Valerio of the Bedford & District League to form Bedford United & Valerio.

### Division One

| | | | | | | | |
|---|---|---|---|---|---|---|---|
| Greenacres (Hemel) | 38 | 24 | 10 | 4 | 101 | 40 | 82 |
| Harefield United | 38 | 25 | 6 | 7 | 85 | 36 | 81 |
| Colney Heath | 38 | 21 | 10 | 7 | 86 | 47 | 73 |
| Biggleswade United | 38 | 21 | 8 | 9 | 89 | 45 | 71 |
| Tring Athletic | 38 | 19 | 12 | 7 | 63 | 38 | 69 |
| Langford | 38 | 19 | 6 | 13 | 65 | 46 | 63 |
| Pitstone & Ivinghoe | 38 | 16 | 9 | 13 | 70 | 65 | 57 |
| Leverstock Green | 38 | 15 | 10 | 13 | 86 | 58 | 55 |
| Stony Stratford Town | 38 | 15 | 8 | 15 | 78 | 70 | 53 |
| The 61 FC (Luton) | 38 | 14 | 10 | 14 | 59 | 65 | 52 |
| Risborough Rangers | 38 | 14 | 9 | 15 | 70 | 62 | 51 |
| Kings Langley | 38 | 14 | 8 | 16 | 58 | 69 | 50 |
| Cockfosters | 38 | 13 | 9 | 16 | 67 | 71 | 48 |
| Ampthill Town | 38 | 12 | 10 | 16 | 58 | 91 | 46 |
| Harpenden Town | 38 | 12 | 9 | 17 | 72 | 83 | 45 |
| Welwyn Garden City | 38 | 9 | 11 | 18 | 33 | 54 | 38 |
| Brimsdown Rovers | 38 | 9 | 10 | 19 | 55 | 79 | 37 |
| Letchworth Bridger | 38 | 8 | 9 | 21 | 55 | 103 | 33 |
| *Winslow United* | *38* | *7* | *3* | *28* | *30* | *86* | *24* |
| *Amersham Town* | *38* | *4* | *11* | *23* | *46* | *118* | *23* |

### Division Two

| | | | | | | | |
|---|---|---|---|---|---|---|---|
| Mursley United | 30 | 21 | 6 | 3 | 111 | 35 | 69 |
| Haywood United | 30 | 21 | 5 | 4 | 117 | 47 | 68 |
| Shillington | 30 | 20 | 3 | 7 | 83 | 34 | 63 |
| Old Dunstablians | 30 | 20 | 2 | 8 | 100 | 39 | 62 |
| Padbury United | 30 | 18 | 6 | 6 | 76 | 42 | 60 |
| Crawley Green | 30 | 16 | 6 | 8 | 76 | 51 | 54 |
| Cranfield United | 30 | 14 | 5 | 11 | 55 | 51 | 47 |
| Abbey National (Milton Keynes) | 30 | 13 | 7 | 10 | 55 | 53 | 46 |
| Buckingham Athletic | 30 | 11 | 3 | 16 | 60 | 57 | 36 |
| Caddington | 30 | 10 | 4 | 16 | 58 | 64 | 34 |
| Kent Athletic | 30 | 9 | 7 | 14 | 53 | 61 | 34 |
| Millcutt Rovers | 30 | 11 | 2 | 17 | 57 | 77 | 32 |
| Old Bradwell United | 30 | 8 | 6 | 16 | 53 | 69 | 30 |
| Flamstead | 30 | 8 | 3 | 19 | 51 | 94 | 27 |
| Totternhoe | 30 | 5 | 3 | 22 | 47 | 105 | 18 |
| Scot | 30 | 1 | 0 | 29 | 23 | 196 | 3 |

Millcutt Rovers had 3 points deducted. They subsequently left the league at the end of the season.
North Crawley United resigned from the league and their record was deleted when it stood as follows:  5  0  1  4  3  29  1
Luton Old Boys resigned from the league and their record was deleted when it stood as follows:  31  18  5  8  62  41  59

# 2002-03
## Premier Division

| | P | W | D | L | F | A | Pts |
|---|---|---|---|---|---|---|---|
| **Dunstable Town** | 36 | 26 | 6 | 4 | 104 | 32 | 84 |
| Beaconsfield SYCOB | 36 | 24 | 7 | 5 | 66 | 30 | 79 |
| Potters Bar Town | 36 | 23 | 6 | 7 | 80 | 42 | 75 |
| Harefield United | 36 | 21 | 7 | 8 | 79 | 45 | 70 |
| St. Margaretsbury | 36 | 18 | 6 | 12 | 79 | 60 | 60 |
| London Colney | 36 | 15 | 10 | 11 | 65 | 57 | 55 |
| Ruislip Manor | 36 | 15 | 8 | 13 | 47 | 56 | 53 |
| Hanwell Town | 36 | 16 | 4 | 16 | 94 | 82 | 52 |
| Milton Keynes City | 36 | 15 | 7 | 14 | 58 | 57 | 52 |
| Hoddesdon Town | 36 | 14 | 9 | 13 | 54 | 48 | 51 |
| Biggleswade Town | 36 | 13 | 6 | 17 | 59 | 67 | 45 |
| Hillingdon Borough | 36 | 12 | 6 | 18 | 44 | 57 | 42 |
| Broxbourne Borough V & E | 36 | 13 | 5 | 18 | 49 | 64 | 41 |
| Greenacres (Hemel) | 36 | 11 | 6 | 19 | 66 | 77 | 39 |
| Haringey Borough | 36 | 10 | 8 | 18 | 50 | 70 | 38 |
| Royston Town | 36 | 10 | 7 | 19 | 46 | 63 | 37 |
| Brook House | 36 | 10 | 9 | 17 | 36 | 67 | 36 |
| Bedford United & Valerio | 36 | 7 | 8 | 21 | 40 | 74 | 29 |
| Holmer Green | 36 | 5 | 3 | 28 | 40 | 108 | 18 |

Letchworth resigned from the league and their record was deleted when it stood as follows: 7  2  3  2  19  18  9

Broxbourne Borough V & E and Brook House each had 3 points deducted.
Dunstable Town were promoted to the Isthmian League – Division One (North).

## Division One

| | P | W | D | L | F | A | Pts |
|---|---|---|---|---|---|---|---|
| Pitstone & Ivinghoe | 36 | 30 | 2 | 4 | 107 | 33 | 92 |
| **Harpenden Town** | 36 | 26 | 4 | 6 | 122 | 35 | 82 |
| Tring Athletic | 36 | 24 | 9 | 3 | 89 | 31 | 81 |
| **Leverstock Green** | 36 | 21 | 8 | 7 | 82 | 37 | 71 |
| Colney Heath | 36 | 23 | 1 | 12 | 85 | 42 | 70 |
| Welwyn Garden City | 36 | 18 | 7 | 11 | 76 | 46 | 61 |
| Cockfosters | 36 | 19 | 3 | 14 | 89 | 66 | 60 |
| Biggleswade United | 36 | 17 | 6 | 13 | 68 | 55 | 57 |
| Haywood United | 36 | 16 | 6 | 14 | 78 | 68 | 54 |
| Brache Sparta | 36 | 17 | 3 | 16 | 67 | 61 | 54 |
| Brimsdown Rovers | 36 | 14 | 7 | 15 | 51 | 58 | 49 |
| Stony Stratford Town | 36 | 11 | 10 | 15 | 51 | 66 | 43 |
| Langford | 36 | 9 | 6 | 21 | 62 | 90 | 33 |
| Kings Langley | 36 | 8 | 9 | 19 | 50 | 89 | 33 |
| The 61 FC (Luton) | 36 | 9 | 5 | 22 | 37 | 79 | 32 |
| Shillington | 36 | 9 | 4 | 23 | 45 | 94 | 31 |
| New Bradwell St. Peter | 36 | 6 | 11 | 19 | 47 | 88 | 29 |
| Ampthill Town | 36 | 8 | 1 | 27 | 38 | 102 | 25 |
| **Risborough Rangers** | 36 | 4 | 4 | 28 | 35 | 139 | 16 |

Letchworth Bridger resigned from the league before the start of the season.
Sun Postal Sports joined from the Hertfordshire Senior County League.

## Division Two

| | P | W | D | L | F | A | Pts |
|---|---|---|---|---|---|---|---|
| **Buckingham Athletic** | 28 | 24 | 1 | 3 | 113 | 21 | 73 |
| Old Dunstablians | 28 | 23 | 2 | 3 | 113 | 29 | 71 |
| Kent Athletic | 28 | 18 | 3 | 7 | 79 | 30 | 57 |
| Crawley Green | 28 | 17 | 4 | 7 | 79 | 45 | 55 |
| Amersham Town | 28 | 16 | 6 | 6 | 80 | 54 | 54 |
| Winslow United | 28 | 15 | 6 | 7 | 62 | 49 | 51 |
| Abbey National (MK) | 28 | 14 | 3 | 11 | 67 | 58 | 45 |
| Mursley United | 28 | 12 | 4 | 12 | 61 | 56 | 40 |
| Cranfield United | 28 | 12 | 4 | 12 | 46 | 55 | 40 |
| Flamstead | 28 | 8 | 2 | 18 | 38 | 99 | 26 |
| Old Bradwell United | 28 | 6 | 7 | 15 | 50 | 83 | 25 |
| Totternhoe | 28 | 6 | 5 | 17 | 40 | 88 | 23 |
| Caddington | 28 | 6 | 3 | 19 | 38 | 80 | 21 |
| Scot | 28 | 5 | 0 | 23 | 46 | 107 | 15 |
| Padbury United | 28 | 2 | 2 | 24 | 38 | 96 | 5 |

Padbury United had 3 points deducted. At the end of the season, they changed their name to Padbury BTFC.
Arlesey Athletic, Kentish Town and Markyate joined the league.

# 2003-04 Premier Division

| | P | W | D | L | F | A | Pts |
|---|---|---|---|---|---|---|---|
| Beaconsfield SYCOB | 36 | 27 | 7 | 2 | 95 | 21 | 88 |
| **Brook House** | 36 | 26 | 2 | 8 | 82 | 35 | 80 |
| St. Margaretsbury | 36 | 24 | 5 | 7 | 66 | 29 | 77 |
| Potters Bar Town | 36 | 22 | 8 | 6 | 86 | 35 | 74 |
| Harefield United | 36 | 22 | 5 | 9 | 87 | 50 | 71 |
| Hanwell Town | 36 | 22 | 4 | 10 | 86 | 49 | 70 |
| London Colney | 36 | 18 | 6 | 12 | 76 | 49 | 60 |
| Greenacres (Hemel) | 36 | 16 | 6 | 14 | 77 | 78 | 54 |
| Leverstock Green | 36 | 14 | 7 | 15 | 54 | 55 | 49 |
| Ruislip Manor | 36 | 14 | 6 | 16 | 60 | 62 | 48 |
| Hoddesdon Town | 36 | 13 | 7 | 16 | 53 | 53 | 46 |
| Hillingdon Borough | 36 | 13 | 7 | 16 | 56 | 67 | 46 |
| Royston Town | 36 | 11 | 7 | 18 | 63 | 78 | 40 |
| Harpenden Town | 36 | 9 | 9 | 18 | 47 | 81 | 36 |
| Biggleswade Town | 36 | 8 | 8 | 19 | 57 | 82 | 35 |
| Broxbourne Borough V & E | 36 | 9 | 3 | 24 | 36 | 93 | 30 |
| Bedford United & Valerio | 36 | 6 | 6 | 24 | 32 | 84 | 24 |
| Haringey Borough | 36 | 5 | 7 | 24 | 43 | 90 | 22 |
| Holmer Green | 36 | 5 | 4 | 27 | 41 | 106 | 19 |

Milton Keynes City resigned before the start of the season.
Beaconsfield SYCOB were promoted to the Southern League – Division One (East) and Brook House were promoted to the Isthmian League – Division Two. Greenacres (Hemel) left the league.

## Division One

| | P | W | D | L | F | A | Pts |
|---|---|---|---|---|---|---|---|
| **Haywood United** | 34 | 23 | 7 | 4 | 91 | 32 | 76 |
| Langford | 34 | 21 | 6 | 7 | 92 | 43 | 69 |
| Welwyn Garden City | 34 | 19 | 9 | 6 | 63 | 26 | 66 |
| Tring Athletic | 34 | 19 | 6 | 9 | 67 | 37 | 63 |
| Buckingham Athletic | 34 | 18 | 7 | 9 | 67 | 38 | 61 |
| Colney Heath | 34 | 17 | 6 | 11 | 66 | 54 | 57 |
| Cockfosters | 34 | 17 | 5 | 12 | 63 | 57 | 56 |
| Biggleswade United | 34 | 16 | 7 | 11 | 55 | 50 | 55 |
| Sun Postal Sports | 34 | 14 | 5 | 15 | 64 | 62 | 47 |
| Brimsdown Rovers | 34 | 13 | 8 | 13 | 54 | 56 | 47 |
| Stony Stratford Town | 34 | 13 | 5 | 17 | 65 | 64 | 44 |
| *Kings Langley* | 34 | 8 | 14 | 12 | 42 | 64 | 38 |
| Brache Sparta | 34 | 9 | 8 | 17 | 52 | 69 | 35 |
| *Pitstone & Ivinghoe* | 34 | 9 | 6 | 19 | 39 | 60 | 33 |
| *The 61 FC (Luton)* | 34 | 8 | 8 | 18 | 32 | 58 | 32 |
| New Bradwell St. Peter | 34 | 8 | 6 | 20 | 41 | 79 | 30 |
| Shillington | 34 | 8 | 2 | 24 | 40 | 84 | 26 |
| Ampthill Town | 34 | 7 | 3 | 24 | 34 | 85 | 24 |

Kings Langley, Pitstone & Ivinghoe and The 61 FC (Luton) were relegated due to ground grading issues.
Oxhey Jets joined from the Hertfordshire Senior County League.

## Division Two

| | P | W | D | L | F | A | Pts |
|---|---|---|---|---|---|---|---|
| Old Dunstablians | 32 | 27 | 3 | 2 | 108 | 23 | 84 |
| **Winslow United** | 32 | 23 | 3 | 6 | 90 | 43 | 72 |
| **Arlesey Athletic** | 32 | 21 | 2 | 9 | 84 | 48 | 65 |
| Risborough Rangers | 32 | 19 | 7 | 6 | 75 | 28 | 64 |
| Abbey National (MK) | 32 | 16 | 4 | 12 | 69 | 56 | 52 |
| Crawley Green | 32 | 15 | 4 | 13 | 75 | 60 | 49 |
| **Cranfield United** | 32 | 14 | 4 | 14 | 61 | 59 | 46 |
| Kent Athletic | 32 | 13 | 6 | 13 | 55 | 46 | 45 |
| Padbury BTFC | 32 | 13 | 6 | 13 | 63 | 56 | 45 |
| **Kentish Town** | 32 | 13 | 6 | 13 | 68 | 68 | 45 |
| Mursley United | 32 | 13 | 4 | 15 | 60 | 73 | 43 |
| Caddington | 32 | 8 | 11 | 13 | 53 | 72 | 35 |
| Tottemhoe | 32 | 9 | 6 | 17 | 42 | 73 | 33 |
| Markyate | 32 | 6 | 10 | 16 | 35 | 54 | 28 |
| Flamstead | 32 | 6 | 6 | 20 | 42 | 78 | 24 |
| **Amersham Town** | 32 | 9 | 1 | 22 | 47 | 94 | 16 |
| Old Bradwell United | 32 | 3 | 5 | 24 | 37 | 133 | 14 |

Amersham Town had 12 points deducted.
Scot resigned from the league before the start of the season.
Old Dunstablians changed their name to AFC Dunstable and Abbey National (MK) changed their name to Loughton Orient. Dunstable Town Reserves of the Spartan South Midlands League – Reserve Division One re-formed as Dunstable Town '98 and joined the division, becoming a feeder club for Dunstable Town.

## 2004-05

### Premier Division

| | | | | | | | |
|---|---|---|---|---|---|---|---|
| Potters Bar Town | 38 | 29 | 5 | 4 | 95 | 32 | 92 |
| Hanwell Town | 38 | 22 | 10 | 6 | 91 | 52 | 76 |
| Haywood United | 38 | 19 | 10 | 9 | 72 | 48 | 67 |
| Tring Athletic | 38 | 18 | 11 | 9 | 53 | 43 | 65 |
| Harefield United | 38 | 15 | 17 | 6 | 48 | 33 | 62 |
| Hillingdon Borough | 38 | 18 | 6 | 14 | 76 | 55 | 60 |
| St. Margaretsbury | 38 | 15 | 11 | 12 | 65 | 49 | 56 |
| Welwyn Garden City | 38 | 16 | 8 | 14 | 61 | 52 | 56 |
| Broxbourne Borough V & E | 38 | 15 | 9 | 14 | 64 | 63 | 54 |
| Biggleswade Town | 38 | 15 | 5 | 18 | 61 | 72 | 50 |
| London Colney | 38 | 14 | 8 | 16 | 56 | 67 | 50 |
| Ruislip Manor | 38 | 13 | 10 | 15 | 54 | 61 | 49 |
| Holmer Green | 38 | 14 | 7 | 17 | 47 | 58 | 49 |
| Leverstock Green | 38 | 10 | 15 | 13 | 62 | 61 | 45 |
| Harpenden Town | 38 | 11 | 11 | 16 | 43 | 60 | 44 |
| Royston Town | 38 | 10 | 11 | 17 | 55 | 76 | 41 |
| Langford | 38 | 11 | 6 | 21 | 56 | 82 | 39 |
| Haringey Borough | 38 | 10 | 6 | 22 | 43 | 72 | 36 |
| *Bedford United & Valerio* | *38* | *7* | *10* | *21* | *43* | *77* | *31* |
| *Hoddesdon Town* | *38* | *7* | *6* | *25* | *49* | *81* | *27* |

Potters Bar Town were promoted to the Southern League – Division One (East). They were replaced by Oxford City who were relegated from the Southern League – Division (West).
Haywood United changed their name to Aylesbury Vale.

### Division One

| | | | | | | | |
|---|---|---|---|---|---|---|---|
| Oxhey Jets | 32 | 25 | 4 | 3 | 101 | 28 | 79 |
| Buckingham Athletic | 32 | 23 | 3 | 6 | 66 | 28 | 72 |
| **Biggleswade United** | **32** | **22** | **3** | **7** | **110** | **41** | **69** |
| New Bradwell St. Peter | 32 | 22 | 3 | 7 | 72 | 56 | 69 |
| Colney Heath | 32 | 18 | 9 | 5 | 72 | 40 | 63 |
| Winslow United | 32 | 17 | 5 | 10 | 80 | 56 | 56 |
| Brache Sparta | 32 | 16 | 5 | 11 | 68 | 54 | 53 |
| Cockfosters | 32 | 16 | 4 | 12 | 60 | 53 | 52 |
| Kentish Town | 32 | 12 | 6 | 14 | 52 | 58 | 42 |
| Arlesey Athletic | 32 | 11 | 5 | 16 | 53 | 63 | 38 |
| Brimsdown Rovers | 32 | 11 | 3 | 18 | 48 | 63 | 36 |
| Stony Stratford Town | 32 | 10 | 6 | 16 | 52 | 76 | 36 |
| Sun Postal Sports | 32 | 8 | 3 | 21 | 46 | 79 | 27 |
| Shillington | 32 | 6 | 7 | 19 | 52 | 84 | 25 |
| Cranfield United | 32 | 5 | 9 | 18 | 54 | 88 | 24 |
| Amersham Town | 32 | 7 | 2 | 23 | 37 | 98 | 23 |
| Ampthill Town | 32 | 2 | 5 | 25 | 36 | 94 | 11 |

Shillington left.

### Division Two

| | | | | | | | |
|---|---|---|---|---|---|---|---|
| Crawley Green | 30 | 24 | 3 | 3 | 107 | 34 | 75 |
| **Dunstable Town '98** | **30** | **19** | **7** | **4** | **89** | **40** | **64** |
| Totternhoe | 30 | 19 | 6 | 5 | 79 | 45 | 63 |
| Risborough Rangers | 30 | 18 | 8 | 4 | 63 | 33 | 62 |
| Padbury BTFC | 30 | 15 | 7 | 8 | 65 | 46 | 52 |
| AFC Dunstable | 30 | 12 | 10 | 8 | 68 | 54 | 46 |
| Pitstone & Ivinghoe | 30 | 12 | 9 | 9 | 63 | 62 | 45 |
| Kent Athletic | 30 | 10 | 8 | 12 | 42 | 48 | 38 |
| Caddington | 30 | 11 | 5 | 14 | 47 | 71 | 38 |
| Kings Langley | 30 | 9 | 7 | 14 | 49 | 61 | 34 |
| Mursley United | 30 | 8 | 8 | 14 | 47 | 62 | 32 |
| Loughton Orient | 30 | 8 | 6 | 16 | 46 | 71 | 30 |
| The 61 FC (Luton) | 30 | 7 | 7 | 16 | 38 | 52 | 28 |
| Flamstead | 30 | 7 | 7 | 16 | 50 | 71 | 28 |
| Old Bradwell United | 30 | 3 | 10 | 17 | 36 | 67 | 19 |
| Markyate | 30 | 4 | 2 | 24 | 34 | 106 | 10 |

Padbury BTFC changed their name to Padbury United. Aston Clinton and Tring Corinthians both joined from the Aylesbury & District League and MK Scot joined from the North Buckinghamshire & District League.

## 2005-06

### Premier Division

| | | | | | | | |
|---|---|---|---|---|---|---|---|
| Oxford City | 38 | 27 | 7 | 4 | 91 | 41 | 88 |
| Hillingdon Borough | 38 | 28 | 4 | 6 | 80 | 41 | 88 |
| Hanwell Town | 38 | 24 | 6 | 8 | 95 | 45 | 78 |
| Harefield United | 38 | 23 | 9 | 6 | 81 | 38 | 78 |
| Aylesbury Vale | 38 | 23 | 5 | 10 | 79 | 52 | 74 |
| Leverstock Green | 38 | 18 | 9 | 11 | 64 | 51 | 63 |
| Holmer Green | 38 | 18 | 7 | 13 | 69 | 59 | 61 |
| Welwyn Garden City | 38 | 16 | 10 | 12 | 59 | 45 | 58 |
| Biggleswade United | 38 | 16 | 7 | 15 | 60 | 54 | 55 |
| Tring Athletic | 38 | 12 | 12 | 14 | 40 | 39 | 48 |
| Broxbourne Borough V & E | 38 | 14 | 5 | 19 | 66 | 63 | 47 |
| St. Margaretsbury | 38 | 13 | 7 | 18 | 61 | 57 | 46 |
| Oxhey Jets | 38 | 12 | 8 | 18 | 54 | 60 | 44 |
| London Colney | 38 | 11 | 8 | 19 | 49 | 68 | 41 |
| Biggleswade Town | 38 | 11 | 8 | 19 | 52 | 74 | 41 |
| Ruislip Manor | 38 | 10 | 8 | 20 | 44 | 56 | 38 |
| Langford | 38 | 11 | 3 | 24 | 51 | 102 | 36 |
| Royston Town | 38 | 10 | 5 | 23 | 39 | 86 | 35 |
| Haringey Borough | 38 | 8 | 4 | 26 | 34 | 86 | 28 |
| *Harpenden Town* | *38* | *6* | *6* | *26* | *33* | *84* | *24* |

Oxford City, Hillingdon Borough and Hanwell Town were all promoted to the Southern League – Division One (South & West). Edgware Town, Hertford Town and Chalfont St. Peter all joined after being relegated from the Isthmian League – Division Two. Kingsbury London Tigers joined as a new club. Kingsbury Town of the Isthmian League – Division Two had merged with London Tigers of the Middlesex Premier League to form the new club who played at Kingsbury Town's ground, Silver Jubilee Park, Townsend Lane, Kingsbury.

### Division One

| | | | | | | | |
|---|---|---|---|---|---|---|---|
| Colney Heath | 32 | 26 | 3 | 3 | 106 | 27 | 81 |
| Brache Sparta | 32 | 23 | 3 | 6 | 76 | 38 | 72 |
| Stony Stratford Town | 32 | 20 | 6 | 6 | 90 | 42 | 66 |
| New Bradwell St. Peter | 32 | 16 | 4 | 12 | 60 | 54 | 52 |
| Brimsdown Rovers | 32 | 15 | 6 | 11 | 52 | 50 | 51 |
| Arlesey Athletic | 32 | 15 | 5 | 12 | 71 | 57 | 50 |
| Hoddesdon Town | 32 | 14 | 6 | 12 | 64 | 50 | 48 |
| Cockfosters | 32 | 14 | 6 | 12 | 63 | 61 | 48 |
| Sun Postal Sports | 32 | 13 | 5 | 14 | 58 | 61 | 44 |
| Bedford United & Valerio | 32 | 15 | 2 | 15 | 52 | 86 | 44 |
| Kentish Town | 32 | 11 | 8 | 13 | 65 | 68 | 41 |
| Dunstable Town 98 | 32 | 12 | 5 | 15 | 58 | 62 | 41 |
| Buckingham Athletic | 32 | 12 | 4 | 16 | 46 | 54 | 40 |
| Winslow United | 32 | 9 | 6 | 17 | 48 | 73 | 33 |
| Cranfield United | 32 | 7 | 4 | 21 | 36 | 68 | 25 |
| Ampthill Town | 32 | 6 | 3 | 23 | 43 | 90 | 21 |
| Amersham Town | 32 | 4 | 4 | 24 | 30 | 77 | 16 |

Bedford United & Valerio had 3 points deducted.
Dunstable Town '98 disbanded.

### Division Two

| | | | | | | | |
|---|---|---|---|---|---|---|---|
| Aston Clinton | 34 | 29 | 3 | 2 | 142 | 30 | 90 |
| AFC Dunstable | 34 | 27 | 2 | 5 | 159 | 35 | 83 |
| Kent Athletic | 34 | 25 | 4 | 5 | 79 | 31 | 79 |
| Tring Corinthians | 34 | 20 | 7 | 7 | 106 | 47 | 67 |
| Crawley Green | 34 | 20 | 5 | 9 | 77 | 47 | 65 |
| Kings Langley | 34 | 19 | 5 | 10 | 70 | 45 | 62 |
| Old Bradwell United | 34 | 18 | 2 | 14 | 71 | 63 | 56 |
| Totternhoe | 34 | 15 | 7 | 12 | 70 | 63 | 52 |
| MK Scot | 34 | 14 | 8 | 12 | 76 | 60 | 50 |
| Flamstead | 34 | 13 | 7 | 14 | 65 | 69 | 46 |
| The 61 FC (Luton) | 34 | 13 | 6 | 15 | 58 | 54 | 45 |
| Risborough Rangers | 34 | 11 | 8 | 15 | 70 | 72 | 41 |
| Caddington | 34 | 12 | 5 | 17 | 62 | 64 | 41 |
| Pitstone & Ivinghoe | 34 | 7 | 8 | 19 | 39 | 84 | 29 |
| Mursley United | 34 | 7 | 6 | 21 | 41 | 72 | 27 |
| Markyate | 34 | 3 | 4 | 27 | 29 | 117 | 13 |
| Padbury United | 34 | 3 | 4 | 27 | 43 | 137 | 13 |
| Loughton Orient | 34 | 4 | 1 | 29 | 33 | 200 | 13 |

## 2006-07

### Premier Division

| | | | | | | | |
|---|---|---|---|---|---|---|---|
| Edgware Town | 40 | 32 | 6 | 2 | 118 | 35 | 102 |
| Harefield United | 40 | 29 | 5 | 6 | 95 | 35 | 92 |
| Hertford Town | 40 | 26 | 8 | 6 | 122 | 50 | 86 |
| Welwyn Garden City | 40 | 22 | 9 | 9 | 90 | 53 | 75 |
| Leverstock Green | 40 | 20 | 8 | 12 | 73 | 66 | 68 |
| Chalfont St. Peter | 40 | 19 | 10 | 11 | 79 | 50 | 67 |
| Oxhey Jets | 40 | 20 | 7 | 13 | 73 | 56 | 67 |
| Broxbourne Borough V & E | 40 | 17 | 11 | 12 | 86 | 64 | 62 |
| Aylesbury Vale | 40 | 15 | 8 | 17 | 71 | 75 | 53 |
| London Colney | 40 | 13 | 10 | 17 | 58 | 72 | 49 |
| Tring Athletic | 40 | 14 | 7 | 19 | 53 | 81 | 49 |
| Ruislip Manor | 40 | 14 | 6 | 20 | 71 | 81 | 48 |
| Kingsbury London Tigers | 40 | 14 | 5 | 21 | 64 | 69 | 47 |
| Biggleswade United | 40 | 11 | 11 | 18 | 68 | 89 | 44 |
| St. Margaretsbury | 40 | 10 | 10 | 20 | 52 | 64 | 40 |
| Colney Heath | 40 | 11 | 7 | 22 | 51 | 85 | 40 |
| Langford | 40 | 11 | 7 | 22 | 69 | 107 | 40 |
| Biggleswade Town | 40 | 11 | 6 | 23 | 47 | 73 | 39 |
| Holmer Green | 40 | 9 | 9 | 22 | 49 | 91 | 36 |
| **Royston Town** | **40** | **9** | **9** | **22** | **59** | **117** | **36** |
| **Haringey Borough** | **40** | **8** | **11** | **21** | **59** | **94** | **35** |

Edgware Town were promoted to the Isthmian League – Division One (North). Beaconsfield SYCOB and Hanwell Town both joined after relegation from the Southern League – Division One (South & West).

### Division One

| | | | | | | | |
|---|---|---|---|---|---|---|---|
| **Brimsdown Rovers** | **30** | **25** | **4** | **1** | **109** | **15** | **79** |
| **Cockfosters** | **30** | **22** | **2** | **6** | **62** | **25** | **68** |
| Stony Stratford Town | 30 | 22 | 2 | 6 | 67 | 33 | 68 |
| Ampthill Town | 30 | 21 | 4 | 5 | 76 | 33 | 67 |
| Hoddesdon Town | 30 | 16 | 4 | 10 | 55 | 38 | 52 |
| Kentish Town | 30 | 15 | 6 | 9 | 65 | 45 | 51 |
| Brache Sparta | 30 | 14 | 5 | 11 | 61 | 49 | 47 |
| Buckingham Athletic | 30 | 11 | 6 | 13 | 60 | 57 | 39 |
| Amersham Town | 30 | 10 | 3 | 17 | 49 | 61 | 33 |
| Bedford United & Valerio | 30 | 9 | 5 | 16 | 53 | 86 | 32 |
| Arlesey Athletic | 30 | 9 | 4 | 17 | 50 | 82 | 31 |
| Harpenden Town | 30 | 9 | 3 | 18 | 44 | 57 | 30 |
| Sun Postal Sports | 30 | 9 | 3 | 18 | 51 | 74 | 30 |
| New Bradwell St. Peter | 30 | 9 | 2 | 19 | 44 | 76 | 29 |
| Winslow United | 30 | 5 | 7 | 18 | 40 | 76 | 22 |
| Cranfield United | 30 | 3 | 2 | 25 | 24 | 103 | 11 |

Sport London E Benfica joined from the Middlesex County League – Premier Division, Cheshunt Reserves joined from the Spartan South Midlands League – Reserve Division One and Bedford Town Reserves joined as a newly constituted team. Bedford United & Valerio changed their name to Bedford.

### Division Two

| | | | | | | | |
|---|---|---|---|---|---|---|---|
| AFC Dunstable | 30 | 23 | 1 | 6 | 124 | 38 | 70 |
| Kings Langley | 30 | 21 | 3 | 6 | 78 | 34 | 66 |
| Crawley Green | 30 | 21 | 4 | 5 | 81 | 33 | 61 |
| Tring Corinthians | 30 | 18 | 2 | 10 | 71 | 46 | 56 |
| Aston Clinton | 30 | 16 | 7 | 7 | 87 | 49 | 55 |
| Risborough Rangers | 30 | 16 | 4 | 10 | 62 | 51 | 52 |
| Kent Athletic | 30 | 15 | 6 | 9 | 82 | 40 | 51 |
| The 61 FC (Luton) | 30 | 15 | 5 | 10 | 77 | 51 | 50 |
| Caddington | 30 | 14 | 4 | 12 | 96 | 62 | 46 |
| Totternhoe | 30 | 14 | 2 | 14 | 57 | 52 | 44 |
| Mursley United | 30 | 9 | 8 | 13 | 61 | 56 | 35 |
| Loughton Orient | 30 | 8 | 6 | 16 | 45 | 70 | 30 |
| Pitstone & Ivinghoe | 30 | 8 | 4 | 18 | 37 | 69 | 28 |
| Padbury United | 30 | 4 | 5 | 21 | 33 | 97 | 17 |
| Markyate | 30 | 2 | 4 | 24 | 22 | 146 | 10 |
| Old Bradwell United | 30 | 2 | 3 | 25 | 25 | 144 | 9 |

Crawley Green had 6 points deducted.
MK Scot resigned from the league and their record was deleted when it stood as follows: 22 7 5 10 30 42 26
Flamstead resigned from the league and their record was deleted when it stood as follows: 30 7 5 18 57 111 26
Loughton Orient moved to the North Buckinghamshire & District League.

## 2007-08

### Premier Division

| | | | | | | | |
|---|---|---|---|---|---|---|---|
| **Beaconsfield SYCOB** | **42** | **31** | **5** | **6** | **102** | **36** | **98** |
| Chalfont St. Peter | 42 | 26 | 11 | 5 | 104 | 45 | 89 |
| Biggleswade Town | 42 | 28 | 5 | 9 | 93 | 51 | 89 |
| Hertford Town | 42 | 25 | 6 | 11 | 95 | 45 | 81 |
| Harefield United | 42 | 25 | 5 | 12 | 86 | 52 | 80 |
| Langford | 42 | 23 | 4 | 15 | 97 | 67 | 73 |
| Leverstock Green | 42 | 21 | 10 | 11 | 85 | 57 | 73 |
| Brimsdown Rovers | 42 | 21 | 7 | 14 | 85 | 51 | 70 |
| Hanwell Town | 42 | 21 | 7 | 14 | 79 | 65 | 70 |
| Tring Athletic | 42 | 19 | 6 | 17 | 77 | 76 | 63 |
| St. Margaretsbury | 42 | 18 | 8 | 16 | 66 | 51 | 62 |
| Broxbourne Borough V & E | 42 | 20 | 9 | 13 | 81 | 73 | 59 |
| Aylesbury Vale | 42 | 16 | 8 | 18 | 64 | 73 | 56 |
| Kingsbury London Tigers | 42 | 15 | 8 | 19 | 57 | 73 | 53 |
| Colney Heath | 42 | 14 | 6 | 22 | 47 | 82 | 48 |
| Welwyn Garden City | 42 | 14 | 3 | 25 | 64 | 95 | 45 |
| Cockfosters | 42 | 11 | 9 | 22 | 61 | 92 | 42 |
| Biggleswade United | 42 | 11 | 8 | 23 | 60 | 97 | 41 |
| Oxhey Jets | 42 | 9 | 10 | 23 | 64 | 87 | 37 |
| Holmer Green | 42 | 8 | 9 | 25 | 49 | 99 | 33 |
| **Ruislip Manor** | **42** | **6** | **6** | **30** | **43** | **105** | **24** |
| **London Colney** | **42** | **3** | **4** | **35** | **27** | **114** | **13** |

Broxbourne Borough V & E had 10 points deducted.
Beaconsfield SYCOB were promoted to the Southern League – Division One (South & West). Berkhamsted Town joined after being relegated from the Southern League – Division One (Midlands).
Ruislip Manor changed their name to Tokyngton Manor.

### Division One

| | | | | | | | |
|---|---|---|---|---|---|---|---|
| **Kentish Town** | **36** | **23** | **6** | **7** | **92** | **52** | **75** |
| **Haringey Borough** | **36** | **22** | **7** | **7** | **87** | **55** | **73** |
| Hoddesdon Town | 36 | 20 | 9 | 7 | 77 | 49 | 69 |
| Stony Stratford Town | 36 | 20 | 7 | 9 | 89 | 58 | 67 |
| Royston Town | 36 | 19 | 8 | 9 | 92 | 44 | 65 |
| New Bradwell St. Peter | 36 | 17 | 11 | 8 | 63 | 43 | 62 |
| Ampthill Town | 36 | 18 | 6 | 12 | 90 | 64 | 60 |
| Sport London E Benfica | 36 | 16 | 8 | 12 | 67 | 50 | 56 |
| Bedford | 36 | 16 | 2 | 18 | 69 | 82 | 50 |
| Cheshunt Reserves | 36 | 13 | 10 | 13 | 59 | 55 | 49 |
| Amersham Town | 36 | 14 | 5 | 17 | 66 | 72 | 47 |
| Brache Sparta | 36 | 12 | 6 | 18 | 55 | 81 | 42 |
| Buckingham Athletic | 36 | 10 | 11 | 15 | 45 | 56 | 41 |
| Bedford Town Reserves | 36 | 10 | 8 | 18 | 49 | 74 | 38 |
| Arlesey Athletic | 36 | 10 | 7 | 19 | 52 | 79 | 37 |
| Harpenden Town | 36 | 8 | 10 | 18 | 44 | 66 | 34 |
| Sun Postal Sports | 36 | 9 | 7 | 20 | 49 | 81 | 34 |
| Winslow United | 36 | 8 | 7 | 21 | 64 | 107 | 31 |
| Cranfield United | 36 | 8 | 3 | 25 | 58 | 99 | 27 |

Hatfield Town joined from the Hertfordshire Senior County League – Premier Division and Cheshunt Reserves left.

## Spartan South Midlands League 2008-2009

### Division Two

| Team | P | W | D | L | F | A | Pts |
|---|---|---|---|---|---|---|---|
| Kings Langley | 28 | 22 | 5 | 1 | 62 | 24 | 71 |
| Crawley Green | 28 | 19 | 6 | 3 | 88 | 20 | 63 |
| The 61 FC (Luton) | 28 | 16 | 5 | 7 | 65 | 27 | 53 |
| AFC Dunstable | 28 | 16 | 5 | 7 | 76 | 42 | 53 |
| Aston Clinton | 28 | 16 | 3 | 9 | 66 | 36 | 51 |
| Caddington | 28 | 16 | 2 | 10 | 68 | 37 | 50 |
| Pitstone & Ivinghoe | 28 | 14 | 5 | 9 | 54 | 38 | 47 |
| Tring Corinthians | 28 | 13 | 4 | 11 | 67 | 52 | 43 |
| Kent Athletic | 28 | 12 | 5 | 11 | 68 | 38 | 41 |
| Mursley United | 28 | 11 | 4 | 13 | 51 | 52 | 37 |
| Risborough Rangers | 28 | 7 | 10 | 11 | 34 | 43 | 31 |
| Totternhoe | 28 | 9 | 2 | 17 | 49 | 80 | 29 |
| Padbury United | 28 | 3 | 6 | 19 | 27 | 108 | 15 |
| Old Bradwell United | 28 | 2 | 2 | 24 | 24 | 87 | 8 |
| Markyate | 28 | 1 | 2 | 25 | 20 | 135 | 5 |

Wodson Park joined from the Hertfordshire Senior County League, Hadley joined from the West Hertfordshire League – Premier Division, Bletchley Town and MK Wanderers both joined from the North Buckinghamshire & District League – Division One and Bucks Students Union joined as a newly formed club.

### Division One

| Team | P | W | D | L | F | A | Pts |
|---|---|---|---|---|---|---|---|
| Royston Town | 40 | 33 | 4 | 3 | 138 | 30 | 103 |
| Kings Langley | 40 | 26 | 9 | 5 | 93 | 34 | 87 |
| Hatfield Town | 40 | 26 | 4 | 10 | 97 | 55 | 82 |
| Bedford Town Reserves | 40 | 20 | 12 | 8 | 68 | 39 | 72 |
| Hoddesdon Town | 40 | 21 | 8 | 11 | 73 | 41 | 71 |
| New Bradwell St. Peter | 40 | 20 | 10 | 10 | 80 | 56 | 70 |
| Amersham Town | 40 | 20 | 10 | 10 | 88 | 66 | 70 |
| Harpenden Town | 40 | 20 | 7 | 13 | 95 | 60 | 67 |
| London Colney | 40 | 19 | 8 | 13 | 94 | 57 | 65 |
| Cranfield United | 40 | 20 | 4 | 16 | 84 | 65 | 64 |
| Tokyngton Manor | 40 | 17 | 7 | 16 | 71 | 84 | 58 |
| Winslow United | 40 | 16 | 8 | 16 | 71 | 88 | 56 |
| Stony Stratford Town | 40 | 15 | 6 | 19 | 83 | 91 | 51 |
| Bedford | 40 | 12 | 8 | 20 | 61 | 95 | 44 |
| Ampthill Town | 40 | 12 | 6 | 22 | 63 | 74 | 42 |
| Crawley Green | 40 | 10 | 9 | 21 | 60 | 70 | 39 |
| Arlesey Athletic | 40 | 10 | 6 | 24 | 57 | 114 | 36 |
| Sport London E Benfica | 40 | 9 | 8 | 23 | 64 | 99 | 35 |
| Buckingham Athletic | 40 | 7 | 6 | 27 | 45 | 78 | 27 |
| Sun Postal Sports | 40 | 7 | 7 | 26 | 51 | 106 | 25 |
| Brache Sparta | 40 | 5 | 3 | 32 | 48 | 182 | 18 |

Sun Postal Sports had 3 points deducted.
Arlesey Athletic left the league.

## 2008-09

### Premier Division

| Team | P | W | D | L | F | A | Pts |
|---|---|---|---|---|---|---|---|
| Biggleswade Town | 40 | 27 | 4 | 9 | 100 | 41 | 85 |
| Harefield United | 40 | 26 | 7 | 7 | 103 | 45 | 85 |
| Chalfont St. Peter | 40 | 23 | 9 | 8 | 99 | 56 | 78 |
| Broxbourne Borough V & E | 40 | 20 | 8 | 12 | 76 | 63 | 68 |
| Kingsbury London Tigers | 40 | 18 | 12 | 10 | 68 | 52 | 66 |
| Leverstock Green | 40 | 18 | 10 | 12 | 90 | 60 | 64 |
| Hanwell Town | 40 | 17 | 11 | 12 | 81 | 53 | 62 |
| Tring Athletic | 40 | 18 | 8 | 14 | 81 | 67 | 62 |
| Welwyn Garden City | 40 | 18 | 7 | 15 | 69 | 75 | 61 |
| Hertford Town | 40 | 15 | 13 | 12 | 61 | 46 | 58 |
| Langford | 40 | 16 | 9 | 15 | 81 | 82 | 57 |
| Colney Heath | 40 | 16 | 8 | 16 | 67 | 71 | 56 |
| Oxhey Jets | 40 | 15 | 10 | 15 | 77 | 82 | 55 |
| St. Margaretsbury | 40 | 15 | 8 | 17 | 54 | 62 | 53 |
| Aylesbury Vale | 40 | 14 | 7 | 19 | 56 | 74 | 49 |
| Biggleswade United | 40 | 13 | 6 | 21 | 52 | 82 | 45 |
| Brimsdown Rovers | 40 | 10 | 11 | 19 | 59 | 77 | 41 |
| Haringey Borough | 40 | 10 | 7 | 23 | 50 | 83 | 37 |
| **Cockfosters** | **40** | **9** | **6** | **25** | **62** | **101** | **33** |
| **Holmer Green** | **40** | **6** | **10** | **24** | **36** | **80** | **28** |
| Kentish Town | 40 | 7 | 7 | 26 | 58 | 128 | 17 |

Kentish Town had 11 points deducted.
Berkhamsted Town resigned from the league and disbanded in January and their record was deleted: 22 7 1 14 40 61 22
A new club was formed called Berkhamsted who took over the previous club's Broadwater ground in Lower Kings Road and joined Division Two.
Biggleswade Town were promoted to the Southern League – Division One (Midlands) from where Dunstable Town were relegated. Hillingdon Borough joined after being relegated from the Isthmian League – Division One (North). Aylesbury Vale changed their name to Aylesbury.

### Division Two

| Team | P | W | D | L | F | A | Pts |
|---|---|---|---|---|---|---|---|
| The 61 FC (Luton) | 32 | 25 | 6 | 1 | 89 | 25 | 81 |
| **Hadley** | **32** | **25** | **5** | **2** | **90** | **22** | **80** |
| **AFC Dunstable** | **32** | **21** | **5** | **6** | **102** | **50** | **68** |
| Tring Corinthians | 32 | 18 | 5 | 9 | 84 | 57 | 59 |
| Padbury United | 32 | 19 | 2 | 11 | 71 | 55 | 59 |
| Wodson Park | 32 | 16 | 5 | 11 | 65 | 40 | 53 |
| Bucks Students Union | 32 | 15 | 4 | 13 | 72 | 54 | 49 |
| Mursley United | 32 | 13 | 8 | 11 | 56 | 67 | 47 |
| Pitstone & Ivinghoe | 32 | 13 | 4 | 15 | 73 | 67 | 43 |
| Risborough Rangers | 32 | 13 | 3 | 16 | 48 | 58 | 42 |
| Markyate | 32 | 12 | 3 | 17 | 55 | 64 | 39 |
| Caddington | 32 | 9 | 3 | 20 | 62 | 82 | 30 |
| Totternhoe | 32 | 7 | 8 | 17 | 45 | 75 | 29 |
| Kent Athletic | 32 | 7 | 6 | 19 | 43 | 79 | 27 |
| Aston Clinton | 32 | 8 | 5 | 19 | 44 | 83 | 26 |
| Old Bradwell United | 32 | 4 | 7 | 21 | 33 | 79 | 19 |
| Bletchley Town | 32 | 3 | 9 | 20 | 46 | 121 | 18 |

Aston Clinton had 3 points deducted.
MK Wanderers resigned from the league and their record was deleted when it stood as follows: 0 0 5 5 8 28 0
They were subsequently re-admitted to the league in 2009-10.
Markyate also left.

# Spartan South Midlands League 2009-2011

## 2009-10

### Premier Division

| | | | | | | | |
|---|---|---|---|---|---|---|---|
| Aylesbury | 42 | 28 | 8 | 6 | 109 | 41 | 92 |
| Chalfont St. Peter | 42 | 28 | 4 | 10 | 121 | 52 | 88 |
| Tring Athletic | 42 | 27 | 3 | 12 | 107 | 49 | 84 |
| Royston Town | 42 | 27 | 3 | 12 | 118 | 67 | 84 |
| Colney Heath | 42 | 23 | 7 | 12 | 87 | 68 | 76 |
| Harefield United | 42 | 23 | 4 | 15 | 81 | 67 | 73 |
| Dunstable Town | 42 | 22 | 6 | 14 | 90 | 58 | 72 |
| Kingsbury London Tigers | 42 | 21 | 7 | 14 | 86 | 67 | 70 |
| Broxbourne Borough V & E | 42 | 21 | 6 | 15 | 84 | 54 | 69 |
| Leverstock Green | 42 | 17 | 10 | 15 | 74 | 64 | 61 |
| Oxhey Jets | 42 | 17 | 7 | 18 | 83 | 81 | 58 |
| Hatfield Town | 42 | 18 | 4 | 20 | 69 | 71 | 58 |
| Hanwell Town | 42 | 16 | 9 | 17 | 84 | 71 | 57 |
| St. Margaretsbury | 42 | 12 | 13 | 17 | 57 | 76 | 49 |
| Haringey Borough | 42 | 13 | 7 | 22 | 67 | 84 | 46 |
| Hertford Town | 42 | 13 | 7 | 22 | 53 | 80 | 46 |
| Kentish Town | 42 | 12 | 6 | 24 | 60 | 124 | 42 |
| Hillingdon Borough | 42 | 10 | 10 | 22 | 53 | 106 | 40 |
| Langford | 42 | 11 | 6 | 25 | 66 | 111 | 39 |
| Biggleswade United | 42 | 11 | 6 | 25 | 48 | 93 | 39 |
| Brimsdown Rovers | 42 | 10 | 8 | 24 | 50 | 84 | 38 |
| *Welwyn Garden City* | *42* | *9* | *5* | *28* | *51* | *130* | *29* |

Welwyn Garden City had 3 points deducted.
Aylesbury were promoted to the Southern League – Division One (Central).
Aylesbury United joined after being relegated from the Southern League – Division One (Midlands). Stotfold joined from the United Counties League – Premier Division. Brimsdown Rovers merged with Enfield 1893 of the Essex Senior League. The merged club continued in the Essex Senior League as Enfield 1893, playing at Brimsdown's Goldsdown Road ground.

### Division One

| | | | | | | | |
|---|---|---|---|---|---|---|---|
| Holmer Green | 40 | 28 | 9 | 3 | 95 | 31 | 93 |
| Hadley | 40 | 28 | 6 | 6 | 90 | 34 | 90 |
| London Colney | 40 | 28 | 5 | 7 | 107 | 40 | 89 |
| Hoddesdon Town | 40 | 23 | 9 | 8 | 98 | 46 | 78 |
| AFC Dunstable | 40 | 24 | 5 | 11 | 108 | 69 | 77 |
| New Bradwell St. Peter | 40 | 22 | 6 | 12 | 96 | 70 | 72 |
| Kings Langley | 40 | 21 | 7 | 12 | 84 | 60 | 70 |
| Crawley Green | 40 | 21 | 5 | 14 | 80 | 59 | 68 |
| Bedford | 40 | 19 | 8 | 13 | 90 | 72 | 65 |
| Bedford Town Reserves | 40 | 19 | 4 | 17 | 84 | 65 | 61 |
| Cockfosters | 40 | 17 | 9 | 14 | 82 | 75 | 60 |
| Harpenden Town | 40 | 15 | 6 | 19 | 65 | 73 | 51 |
| Ampthill Town | 40 | 15 | 4 | 21 | 61 | 85 | 46 |
| Sun Postal Sports | 40 | 12 | 9 | 19 | 70 | 84 | 45 |
| Stony Stratford Town | 40 | 11 | 12 | 17 | 67 | 82 | 45 |
| Buckingham Athletic | 40 | 12 | 5 | 23 | 58 | 78 | 41 |
| Amersham Town | 40 | 10 | 7 | 23 | 49 | 100 | 37 |
| Tokyngton Manor | 40 | 12 | 3 | 25 | 61 | 94 | 36 |
| Cranfield United | 40 | 7 | 8 | 25 | 29 | 103 | 29 |
| Sport London E Benfica | 40 | 6 | 5 | 29 | 42 | 121 | 23 |
| *Brache Sparta* | *40* | *1* | *6* | *33* | *27* | *102* | *9* |

Tokyngton Manor and Ampthill Town each had 3 points deducted.
London Lions joined from the Hertfordshire Senior County League and St. Albans City Reserves joined from the Capital League – Central Division. Tokyngton Manor moved to the Middlesex Sunday League – Premier Division. Brache Sparta changed their name to Brache Sparta Community. Winslow United resigned from the league before the start of the season but subsequently joined Division Two in 2010-11.

### Division Two

| | | | | | | | |
|---|---|---|---|---|---|---|---|
| Berkhamsted | 30 | 25 | 3 | 2 | 121 | 34 | 78 |
| Aston Clinton | 30 | 23 | 2 | 5 | 100 | 37 | 71 |
| Padbury United | 30 | 23 | 2 | 5 | 88 | 33 | 71 |
| Wodson Park | 30 | 21 | 2 | 7 | 77 | 43 | 65 |
| MK Wanderers | 30 | 14 | 3 | 13 | 69 | 52 | 45 |
| Tring Corinthians | 30 | 13 | 5 | 12 | 57 | 49 | 44 |
| Pitstone & Ivinghoe | 30 | 12 | 4 | 14 | 57 | 55 | 40 |
| Totternhoe | 30 | 10 | 9 | 11 | 62 | 50 | 39 |
| The 61 FC (Luton) | 30 | 11 | 6 | 13 | 50 | 52 | 39 |
| Risborough Rangers | 30 | 10 | 7 | 13 | 53 | 52 | 37 |
| Bucks Students Union | 30 | 9 | 4 | 17 | 56 | 97 | 31 |
| Caddington | 30 | 6 | 8 | 16 | 53 | 98 | 26 |
| Mursley United | 30 | 7 | 3 | 20 | 60 | 94 | 24 |
| Kent Athletic | 30 | 5 | 8 | 17 | 37 | 83 | 23 |
| Old Bradwell United | 30 | 6 | 5 | 19 | 37 | 89 | 23 |
| Bletchley Town | 30 | 7 | 5 | 18 | 49 | 108 | 23 |

Bletchley Town had 3 points deducted.

## 2010-11

### Premier Division

| | | | | | | | |
|---|---|---|---|---|---|---|---|
| Chalfont St. Peter | 44 | 33 | 4 | 7 | 99 | 34 | 103 |
| Tring Athletic | 44 | 28 | 7 | 9 | 95 | 45 | 91 |
| Royston Town | 44 | 28 | 6 | 10 | 102 | 52 | 90 |
| Leverstock Green | 44 | 27 | 7 | 10 | 100 | 57 | 88 |
| Colney Heath | 44 | 28 | 4 | 12 | 93 | 70 | 88 |
| Aylesbury United | 44 | 23 | 8 | 13 | 94 | 71 | 77 |
| Dunstable Town | 44 | 22 | 4 | 18 | 82 | 75 | 70 |
| Haringey Borough | 44 | 19 | 10 | 15 | 80 | 67 | 67 |
| Hertford Town | 44 | 19 | 7 | 18 | 88 | 87 | 64 |
| Broxbourne Borough V & E | 44 | 18 | 6 | 20 | 85 | 84 | 60 |
| Hatfield Town | 44 | 19 | 3 | 22 | 75 | 91 | 60 |
| Kingsbury London Tigers | 44 | 17 | 8 | 19 | 90 | 93 | 59 |
| Stotfold | 44 | 15 | 12 | 17 | 72 | 68 | 57 |
| Hadley | 44 | 16 | 9 | 19 | 58 | 66 | 57 |
| Hanwell Town | 44 | 16 | 8 | 20 | 77 | 79 | 56 |
| Hillingdon Borough | 44 | 15 | 10 | 19 | 84 | 80 | 55 |
| Holmer Green | 44 | 14 | 11 | 19 | 74 | 75 | 53 |
| St. Margaretsbury | 44 | 15 | 6 | 23 | 53 | 65 | 51 |
| Oxhey Jets | 44 | 13 | 9 | 22 | 76 | 91 | 48 |
| Biggleswade United | 44 | 11 | 11 | 22 | 56 | 96 | 44 |
| Harefield United | 44 | 10 | 8 | 26 | 61 | 109 | 38 |
| *Kentish Town* | *44* | *7* | *8* | *29* | *51* | *117* | *29* |
| *Langford* | *44* | *7* | *6* | *31* | *53* | *126* | *27* |

Kingsbury London Tigers changed their name to London Tigers.

### Division One

| | | | | | | | |
|---|---|---|---|---|---|---|---|
| Berkhamsted | 40 | 34 | 5 | 1 | 122 | 36 | 107 |
| **AFC Dunstable** | **40** | **29** | **5** | **6** | **118** | **48** | **92** |
| Kings Langley | 40 | 28 | 3 | 9 | 113 | 56 | 87 |
| Crawley Green | 40 | 27 | 5 | 8 | 95 | 44 | 86 |
| London Colney | 40 | 21 | 7 | 12 | 82 | 47 | 70 |
| Bedford Town Reserves | 40 | 22 | 4 | 14 | 76 | 63 | 70 |
| Harpenden Town | 40 | 19 | 10 | 11 | 86 | 58 | 67 |
| London Lions | 40 | 19 | 7 | 14 | 94 | 71 | 64 |
| New Bradwell St. Peter | 40 | 17 | 6 | 17 | 81 | 67 | 57 |
| Hoddesdon Town | 40 | 16 | 12 | 12 | 75 | 62 | 60 |
| Sun Postal Sports | 40 | 17 | 4 | 19 | 71 | 97 | 55 |
| St. Albans City Reserves | 40 | 14 | 10 | 16 | 74 | 76 | 52 |
| Bedford | 40 | 14 | 6 | 20 | 86 | 105 | 48 |
| Wodson Park | 40 | 12 | 10 | 18 | 71 | 78 | 46 |
| Cockfosters | 40 | 13 | 6 | 21 | 63 | 72 | 45 |
| Ampthill Town | 40 | 13 | 5 | 22 | 67 | 114 | 44 |
| Welwyn Garden City | 40 | 10 | 4 | 26 | 54 | 91 | 34 |
| Buckingham Athletic | 40 | 8 | 9 | 23 | 51 | 93 | 33 |
| Cranfield United | 40 | 7 | 11 | 22 | 51 | 92 | 32 |
| Amersham Town | 40 | 6 | 4 | 30 | 43 | 103 | 22 |
| Stony Stratford Town | 40 | 6 | 3 | 31 | 38 | 138 | 21 |

Sport London E Benfica resigned and their record was deleted. Bedford Town Reserves left the league. Tokyngton Manor joined from the Middlesex Sunday League – Premier Division and Chesham United Reserves joined from the Suburban League – Division One (North).

# Spartan South Midlands League 2011-2012

### Division Two

| | | | | | | | |
|---|---|---|---|---|---|---|---|
| Padbury United | 28 | 23 | 3 | 2 | 84 | 27 | 72 |
| Totternhoe | 28 | 17 | 9 | 2 | 82 | 38 | 60 |
| Aston Clinton | 28 | 18 | 3 | 7 | 80 | 30 | 57 |
| Winslow United | 28 | 17 | 4 | 7 | 76 | 34 | 55 |
| Risborough Rangers | 28 | 16 | 5 | 7 | 49 | 21 | 53 |
| The 61 FC (Luton) | 28 | 14 | 8 | 6 | 86 | 42 | 50 |
| Tring Corinthians | 28 | 13 | 4 | 11 | 61 | 50 | 43 |
| Mursley United | 28 | 12 | 6 | 10 | 53 | 47 | 42 |
| Kent Athletic | 28 | 11 | 7 | 10 | 71 | 56 | 40 |
| Pitstone & Ivinghoe | 28 | 8 | 5 | 15 | 47 | 63 | 29 |
| Bletchley Town | 28 | 7 | 5 | 16 | 53 | 81 | 26 |
| Old Bradwell United | 28 | 7 | 5 | 16 | 45 | 86 | 26 |
| Caddington | 28 | 5 | 4 | 19 | 40 | 86 | 19 |
| Brache Sparta Community | 28 | 4 | 3 | 21 | 37 | 95 | 15 |
| MK Wanderers | 28 | 0 | 5 | 23 | 24 | 132 | 5 |

Bucks Students Union resigned from the league and their record was deleted. Brache Sparta Community disbanded and Padbury United left. Hale Leys United joined from the Aylesbury & District League – Premier Division.

### Division One

| | | | | | | | |
|---|---|---|---|---|---|---|---|
| London Colney | 42 | 33 | 3 | 6 | 94 | 31 | 102 |
| Ampthill Town | 42 | 26 | 9 | 7 | 95 | 43 | 87 |
| Hoddesdon Town | 42 | 26 | 4 | 12 | 121 | 60 | 82 |
| Kings Langley | 42 | 25 | 5 | 12 | 114 | 77 | 80 |
| Harpenden Town | 42 | 21 | 14 | 7 | 89 | 57 | 77 |
| Crawley Green | 42 | 22 | 8 | 12 | 96 | 68 | 74 |
| London Lions | 42 | 22 | 8 | 12 | 91 | 77 | 74 |
| Cranfield United | 42 | 22 | 3 | 17 | 119 | 74 | 69 |
| Cockfosters | 42 | 19 | 11 | 12 | 87 | 67 | 68 |
| Langford | 42 | 19 | 9 | 14 | 107 | 88 | 66 |
| Tokyngton Manor | 42 | 19 | 6 | 17 | 92 | 80 | 62 |
| Bedford | 42 | 18 | 8 | 16 | 88 | 87 | 62 |
| St. Albans City Reserves | 42 | 18 | 7 | 17 | 92 | 68 | 61 |
| Chesham United Reserves | 42 | 17 | 7 | 18 | 78 | 72 | 58 |
| New Bradwell St. Peter | 42 | 14 | 10 | 18 | 64 | 79 | 52 |
| Wodson Park | 42 | 15 | 7 | 20 | 62 | 77 | 52 |
| Welwyn Garden City | 42 | 13 | 6 | 23 | 62 | 100 | 45 |
| Buckingham Athletic | 42 | 9 | 8 | 25 | 55 | 83 | 35 |
| Kentish Town | 42 | 9 | 5 | 28 | 44 | 129 | 32 |
| Amersham Town | 42 | 7 | 6 | 29 | 65 | 121 | 27 |
| Stony Stratford Town | 42 | 8 | 2 | 32 | 52 | 135 | 26 |
| Sun Postal Sports | 42 | 5 | 4 | 33 | 55 | 149 | 19 |

Tokyngton Manor had 1 point deducted. They left the league at the end of the season and after one season without a league, joined the Middlesex County League – Division Two in 2013-14. St. Albans City Reserves also left. Southall joined from the Middlesex County League and Codicote joined from the Hertfordshire Senior County League.

## 2011-12

### Premier Division

| | | | | | | | |
|---|---|---|---|---|---|---|---|
| Royston Town | 42 | 34 | 2 | 6 | 125 | 44 | 104 |
| Dunstable Town | 42 | 31 | 6 | 5 | 132 | 51 | 99 |
| AFC Dunstable | 42 | 29 | 5 | 8 | 103 | 43 | 92 |
| Aylesbury United | 42 | 25 | 5 | 12 | 96 | 58 | 80 |
| Haringey Borough | 42 | 24 | 7 | 11 | 103 | 68 | 79 |
| Tring Athletic | 42 | 22 | 9 | 11 | 75 | 54 | 75 |
| Berkhamsted | 42 | 20 | 6 | 16 | 87 | 71 | 66 |
| Colney Heath | 42 | 20 | 6 | 16 | 79 | 70 | 66 |
| Stotfold | 42 | 17 | 10 | 15 | 60 | 63 | 61 |
| Hillingdon Borough | 42 | 16 | 11 | 15 | 63 | 53 | 59 |
| Leverstock Green | 42 | 18 | 3 | 21 | 59 | 65 | 57 |
| St. Margaretsbury | 42 | 16 | 7 | 19 | 83 | 88 | 55 |
| Broxbourne Borough V & E | 42 | 15 | 9 | 18 | 69 | 75 | 54 |
| London Tigers | 42 | 15 | 6 | 21 | 57 | 74 | 51 |
| Hadley | 42 | 13 | 9 | 20 | 63 | 76 | 48 |
| Hertford Town | 42 | 14 | 6 | 22 | 70 | 107 | 48 |
| Oxhey Jets | 42 | 12 | 9 | 21 | 69 | 88 | 45 |
| Harefield United | 42 | 11 | 7 | 24 | 51 | 92 | 40 |
| Biggleswade United | 42 | 10 | 8 | 24 | 59 | 89 | 38 |
| Holmer Green | 42 | 9 | 8 | 25 | 66 | 106 | 35 |
| Hanwell Town | 42 | 8 | 7 | 27 | 57 | 112 | 31 |
| Hatfield Town | 42 | 8 | 4 | 30 | 50 | 129 | 28 |

Royston Town were promoted to the Southern League – Division One (Central). Broxbourne Borough V & E were liquidated, re-formed as Broxbourne Borough and joined Division Two in 2012-13.

### Division Two

| | | | | | | | |
|---|---|---|---|---|---|---|---|
| Aston Clinton | 26 | 20 | 4 | 2 | 87 | 28 | 64 |
| Risborough Rangers | 26 | 19 | 2 | 5 | 80 | 26 | 59 |
| Totternhoe | 26 | 15 | 5 | 6 | 57 | 41 | 50 |
| Mursley United | 26 | 15 | 3 | 8 | 46 | 34 | 48 |
| The 61 FC (Luton) | 26 | 14 | 4 | 8 | 52 | 40 | 46 |
| Kent Athletic | 26 | 14 | 1 | 11 | 40 | 41 | 43 |
| **Winslow United** | **26** | **11** | **8** | **7** | **59** | **43** | **41** |
| Bletchley Town | 26 | 8 | 7 | 11 | 56 | 59 | 31 |
| Pitstone & Ivinghoe | 26 | 8 | 5 | 13 | 41 | 56 | 29 |
| Old Bradwell United | 26 | 7 | 7 | 12 | 38 | 55 | 28 |
| Hale Leys United | 26 | 7 | 3 | 16 | 43 | 77 | 24 |
| Caddington | 26 | 6 | 3 | 17 | 52 | 75 | 21 |
| Tring Corinthians | 26 | 4 | 4 | 18 | 41 | 74 | 16 |
| MK Wanderers | 26 | 4 | 4 | 18 | 43 | 86 | 16 |

MK Wanderers resigned from the league but continued to play in the North Buckinghamshire & District League. Bletchley Town disbanded. Wolverton Town joined from the North Buckinghamshire & District League and Aylesbury Reserves also joined.

# Spartan South Midlands League 2012-2014

## 2012-13

### Premier Division

| | | | | | | |
|---|---|---|---|---|---|---|
| Dunstable Town | 42 | 36 | 6 | 0 | 143 | 33 | 114 |
| Aylesbury United | 42 | 28 | 10 | 4 | 105 | 42 | 94 |
| Oxhey Jets | 42 | 28 | 7 | 7 | 125 | 50 | 91 |
| St. Margaretsbury | 42 | 26 | 5 | 11 | 102 | 72 | 83 |
| Ampthill Town | 42 | 22 | 11 | 9 | 103 | 65 | 77 |
| Hanwell Town | 42 | 22 | 7 | 13 | 89 | 50 | 73 |
| London Colney | 42 | 20 | 9 | 13 | 76 | 73 | 69 |
| AFC Dunstable | 42 | 20 | 5 | 17 | 92 | 70 | 65 |
| Haringey Borough | 42 | 18 | 9 | 15 | 75 | 55 | 63 |
| Harefield United | 42 | 17 | 12 | 13 | 77 | 67 | 63 |
| Berkhamsted | 42 | 16 | 12 | 14 | 76 | 77 | 60 |
| Hadley | 42 | 18 | 5 | 19 | 86 | 84 | 59 |
| Colney Heath | 42 | 16 | 9 | 17 | 75 | 83 | 57 |
| Stotfold | 42 | 14 | 10 | 18 | 80 | 90 | 52 |
| Leverstock Green | 42 | 13 | 5 | 24 | 54 | 95 | 44 |
| Tring Athletic | 42 | 12 | 7 | 23 | 57 | 82 | 43 |
| Hertford Town | 42 | 10 | 10 | 22 | 63 | 93 | 40 |
| Biggleswade United | 42 | 10 | 9 | 23 | 49 | 73 | 39 |
| Hillingdon Borough | 42 | 9 | 11 | 22 | 63 | 102 | 38 |
| London Tigers | 42 | 10 | 5 | 27 | 56 | 111 | 35 |
| Hatfield Town | 42 | 6 | 3 | 33 | 54 | 133 | 21 |
| Holmer Green | 42 | 5 | 5 | 32 | 55 | 155 | 20 |

Dunstable Town and Aylesbury United were both promoted to the Southern League – Division One (Central). Haringey Borough moved to the Essex Senior League.

### Division One

| | | | | | | |
|---|---|---|---|---|---|---|
| London Lions | 40 | 31 | 5 | 4 | 120 | 31 | 98 |
| Cockfosters | 40 | 28 | 7 | 5 | 124 | 37 | 91 |
| Hoddesdon Town | 40 | 29 | 4 | 7 | 112 | 51 | 91 |
| Crawley Green | 40 | 25 | 6 | 9 | 98 | 58 | 81 |
| Bedford | 40 | 25 | 3 | 12 | 113 | 61 | 78 |
| Kings Langley | 40 | 22 | 8 | 10 | 109 | 56 | 74 |
| Harpenden Town | 40 | 21 | 9 | 10 | 83 | 47 | 72 |
| Codicote | 40 | 20 | 7 | 13 | 100 | 58 | 67 |
| Southall | 40 | 19 | 7 | 14 | 101 | 55 | 64 |
| Chesham United Reserves | 40 | 15 | 9 | 16 | 69 | 80 | 54 |
| Buckingham Athletic | 40 | 15 | 6 | 19 | 71 | 71 | 51 |
| Stony Stratford Town | 40 | 14 | 7 | 19 | 62 | 93 | 49 |
| Welwyn Garden City | 40 | 11 | 10 | 19 | 66 | 85 | 43 |
| Winslow United | 40 | 12 | 7 | 21 | 65 | 113 | 43 |
| Cranfield United | 40 | 11 | 7 | 22 | 53 | 104 | 40 |
| Langford | 40 | 9 | 12 | 19 | 68 | 103 | 39 |
| Sun Postal Sports | 40 | 10 | 8 | 22 | 55 | 110 | 38 |
| Wodson Park | 40 | 7 | 12 | 21 | 46 | 94 | 33 |
| Kentish Town | 40 | 9 | 6 | 25 | 46 | 109 | 33 |
| Amersham Town | 40 | 10 | 8 | 22 | 68 | 99 | 31 |
| **New Bradwell St. Peter** | **40** | **0** | **6** | **34** | **53** | **167** | **6** |

Amersham Town had 7 points deducted.
Baldock Town joined from the Hertfordshire Senior County League and Arlesey Town Reserves joined from the Bedfordshire County League.
Cranfield United moved to the Bedfordshire County League – Division Two where they replaced their reserve side.

### Division Two

| | | | | | | |
|---|---|---|---|---|---|---|
| Kent Athletic | 26 | 17 | 4 | 5 | 51 | 24 | 55 |
| Aston Clinton | 26 | 17 | 4 | 5 | 75 | 38 | 54 |
| **Broxbourne Borough** | **26** | **15** | **4** | **7** | **42** | **26** | **49** |
| **Risborough Rangers** | **26** | **12** | **8** | **6** | **63** | **36** | **44** |
| The 61 FC (Luton) | 26 | 12 | 7 | 7 | 62 | 37 | 43 |
| Tring Corinthians | 26 | 11 | 5 | 10 | 57 | 45 | 38 |
| Totternhoe | 26 | 11 | 5 | 10 | 55 | 62 | 38 |
| Hale Leys United | 26 | 12 | 1 | 13 | 67 | 76 | 37 |
| Mursley United | 26 | 9 | 7 | 10 | 46 | 47 | 34 |
| Old Bradwell United | 26 | 10 | 4 | 12 | 44 | 50 | 34 |
| Pitstone & Ivinghoe | 26 | 9 | 5 | 12 | 47 | 56 | 32 |
| Wolverton Town | 26 | 8 | 3 | 15 | 58 | 76 | 27 |
| Aylesbury Reserves | 26 | 7 | 1 | 18 | 45 | 76 | 22 |
| Caddington | 26 | 3 | 0 | 23 | 30 | 95 | 9 |

Aston Clinton had 1 point deducted.

Caddington resigned from the league early in the season after being unable to field a team for two successive games. They joined the West Hertfordshire League in 2014-15. Aylesbury Reserves also left the league. Grendon Rangers and Willen both joined from the North Buckinghamshire County League and Brimsdown joined as a newly formed club.

## 2013-14

### Premier Division

| | | | | | | |
|---|---|---|---|---|---|---|
| Hanwell Town | 42 | 35 | 6 | 1 | 127 | 36 | 111 |
| Ampthill Town | 42 | 31 | 4 | 7 | 124 | 46 | 97 |
| Colney Heath | 42 | 26 | 10 | 6 | 92 | 36 | 88 |
| St. Margaretsbury | 42 | 26 | 7 | 9 | 86 | 50 | 85 |
| Berkhamsted | 42 | 26 | 6 | 10 | 111 | 58 | 84 |
| Hoddesdon Town | 42 | 24 | 6 | 12 | 88 | 62 | 78 |
| London Colney | 42 | 22 | 6 | 14 | 88 | 64 | 72 |
| Cockfosters | 42 | 16 | 10 | 16 | 69 | 62 | 58 |
| AFC Dunstable | 42 | 15 | 13 | 14 | 74 | 69 | 58 |
| Tring Athletic | 42 | 16 | 10 | 16 | 71 | 70 | 58 |
| Hillingdon Borough | 42 | 17 | 7 | 18 | 90 | 91 | 58 |
| Holmer Green | 42 | 16 | 8 | 18 | 85 | 87 | 56 |
| Hadley | 42 | 14 | 10 | 18 | 52 | 67 | 52 |
| Harefield United | 42 | 14 | 8 | 20 | 85 | 82 | 50 |
| London Tigers | 42 | 14 | 7 | 21 | 70 | 75 | 49 |
| Hertford Town | 42 | 15 | 4 | 23 | 76 | 94 | 49 |
| Biggleswade United | 42 | 11 | 14 | 17 | 65 | 76 | 47 |
| Oxhey Jets | 42 | 13 | 8 | 21 | 74 | 99 | 47 |
| Stotfold | 42 | 14 | 5 | 23 | 49 | 91 | 47 |
| Leverstock Green | 42 | 10 | 4 | 28 | 57 | 117 | 34 |
| *Hatfield Town* | *42* | *3* | *5* | *34* | *42* | *152* | *14* |
| *London Lions* | *42* | *3* | *4* | *35* | *38* | *129* | *13* |

Hanwell Town were promoted to the Southern League – Division One (Central). Wembley joined from the Combined Counties League – Premier League.

### Division One

| | | | | | | |
|---|---|---|---|---|---|---|
| Sun Postal Sports | 38 | 30 | 3 | 5 | 120 | 39 | 93 |
| **Kings Langley** | **38** | **27** | **5** | **6** | **133** | **31** | **86** |
| Bedford | 38 | 26 | 8 | 4 | 108 | 32 | 86 |
| Welwyn Garden City | 38 | 24 | 3 | 11 | 118 | 52 | 75 |
| Crawley Green | 38 | 22 | 7 | 9 | 79 | 48 | 73 |
| Broxbourne Borough | 38 | 20 | 7 | 11 | 65 | 48 | 67 |
| Baldock Town | 38 | 19 | 8 | 11 | 82 | 54 | 65 |
| Harpenden Town | 38 | 17 | 9 | 12 | 88 | 79 | 60 |
| Winslow United | 38 | 18 | 5 | 15 | 85 | 55 | 59 |
| Codicote | 38 | 16 | 11 | 11 | 75 | 59 | 59 |
| Southall | 38 | 16 | 11 | 11 | 66 | 53 | 59 |
| Chesham United Reserves | 38 | 14 | 10 | 14 | 67 | 74 | 52 |
| Buckingham Athletic | 38 | 16 | 3 | 19 | 67 | 77 | 51 |
| Risborough Rangers | 38 | 11 | 10 | 17 | 53 | 59 | 43 |
| Kentish Town | 38 | 10 | 5 | 23 | 49 | 99 | 35 |
| Amersham Town | 38 | 8 | 4 | 26 | 41 | 88 | 28 |
| Wodson Park | 38 | 6 | 8 | 24 | 41 | 107 | 26 |
| Stony Stratford Town | 38 | 7 | 1 | 30 | 41 | 146 | 22 |
| Langford | 38 | 5 | 4 | 29 | 41 | 140 | 19 |
| Arlesey Town Reserves | 38 | 2 | 10 | 26 | 38 | 117 | 16 |

Bush Hill Rangers joined from the Hertfordshire Senior County League and Edgware Town joined as a newly formed club. Kentish Town left the league.
Sun Postal Sports changed their name to Sun Sports.

# Spartan South Midlands League 2014-2016

### Division Two

| | | | | | | |
|---|---|---|---|---|---|---|
| Hale Leys United | 26 | 22 | 2 | 2 | 93 | 26 | 68 |
| Kent Athletic | 26 | 17 | 5 | 4 | 69 | 32 | 56 |
| Mursley United | 26 | 17 | 5 | 4 | 60 | 28 | 56 |
| The 61 FC (Luton) | 26 | 15 | 4 | 7 | 55 | 39 | 49 |
| Pitstone & Ivinghoe | 26 | 11 | 5 | 10 | 51 | 50 | 38 |
| Totternhoe | 26 | 10 | 6 | 10 | 45 | 41 | 36 |
| Aston Clinton | 26 | 11 | 2 | 13 | 45 | 54 | 35 |
| Old Bradwell United | 26 | 10 | 3 | 13 | 57 | 57 | 33 |
| Grendon Rangers | 26 | 9 | 3 | 14 | 30 | 51 | 30 |
| Wolverton Town | 26 | 8 | 5 | 13 | 47 | 60 | 29 |
| Tring Corinthians | 26 | 7 | 7 | 12 | 36 | 54 | 28 |
| New Bradwell St. Peter | 26 | 7 | 4 | 15 | 45 | 70 | 25 |
| Brimsdown | 26 | 4 | 5 | 17 | 35 | 58 | 17 |
| Willen | 26 | 4 | 4 | 18 | 37 | 85 | 16 |

Ealing Town joined as a new club, formed by a merger of AFC Hillgate and Aym Higher, both from the Middlesex County League – Division Two. Clean Slate also joined.

## 2014-15

### Premier Division

| | | | | | | |
|---|---|---|---|---|---|---|
| Kings Langley | 42 | 33 | 4 | 5 | 127 | 37 | 103 |
| London Colney | 42 | 29 | 6 | 7 | 78 | 26 | 93 |
| AFC Dunstable | 42 | 25 | 10 | 7 | 94 | 52 | 84 |
| Harefield United | 42 | 25 | 6 | 11 | 96 | 64 | 81 |
| Sun Sports | 42 | 25 | 3 | 14 | 84 | 60 | 78 |
| Berkhamsted | 42 | 24 | 4 | 14 | 105 | 64 | 76 |
| Wembley | 42 | 23 | 6 | 13 | 80 | 60 | 75 |
| St. Margaretsbury | 42 | 21 | 10 | 11 | 88 | 51 | 73 |
| Hadley | 42 | 23 | 4 | 15 | 79 | 65 | 73 |
| Tring Athletic | 42 | 21 | 7 | 14 | 78 | 53 | 70 |
| Hertford Town | 42 | 19 | 8 | 15 | 86 | 71 | 65 |
| Oxhey Jets | 42 | 17 | 6 | 19 | 82 | 81 | 57 |
| Biggleswade United | 42 | 15 | 7 | 20 | 73 | 81 | 52 |
| Colney Heath | 42 | 12 | 10 | 20 | 69 | 75 | 46 |
| Leverstock Green | 42 | 13 | 6 | 23 | 63 | 94 | 45 |
| Stotfold | 42 | 11 | 11 | 20 | 65 | 94 | 44 |
| London Tigers | 42 | 9 | 10 | 23 | 62 | 96 | 37 |
| Cockfosters | 42 | 11 | 4 | 27 | 41 | 91 | 37 |
| Hoddesdon Town | 42 | 10 | 6 | 26 | 59 | 103 | 36 |
| Holmer Green | 42 | 10 | 4 | 28 | 56 | 114 | 34 |
| *Ampthill Town* | *42* | *8* | *7* | *27* | *44* | *120* | *31* |
| *Hillingdon Borough* | *42* | *4* | *9* | *29* | *64* | *121* | *21* |

AFC Dunstable had 1 point deducted.
Kings Langley were promoted to the Southern League – Division One (Central).

### Division One

| | | | | | | |
|---|---|---|---|---|---|---|
| Welwyn Garden City | 40 | 29 | 5 | 6 | 108 | 28 | 92 |
| Broxbourne Borough | 40 | 26 | 7 | 7 | 100 | 55 | 85 |
| Bedford | 40 | 26 | 6 | 8 | 102 | 37 | 84 |
| Hatfield Town | 40 | 25 | 8 | 7 | 95 | 54 | 83 |
| Risborough Rangers | 40 | 21 | 9 | 10 | 78 | 51 | 72 |
| Harpenden Town | 40 | 20 | 10 | 10 | 84 | 50 | 70 |
| Crawley Green | 40 | 23 | 3 | 14 | 92 | 69 | 69 |
| Codicote | 40 | 20 | 8 | 12 | 94 | 59 | 68 |
| Edgware Town | 40 | 18 | 9 | 13 | 89 | 86 | 63 |
| Baldock Town | 40 | 18 | 6 | 16 | 76 | 53 | 60 |
| Bush Hill Rangers | 40 | 16 | 8 | 16 | 69 | 63 | 56 |
| Southall | 40 | 13 | 14 | 13 | 78 | 78 | 53 |
| Langford | 40 | 15 | 6 | 19 | 69 | 92 | 51 |
| Winslow United | 40 | 12 | 10 | 18 | 54 | 101 | 46 |
| Buckingham Athletic | 40 | 11 | 8 | 21 | 75 | 93 | 41 |
| Wodson Park | 40 | 10 | 9 | 21 | 61 | 95 | 39 |
| London Lions | 40 | 10 | 6 | 24 | 69 | 100 | 36 |
| *Stony Stratford Town* | *40* | *10* | *6* | *24* | *64* | *101* | *36* |
| Chesham United Reserves | 40 | 8 | 8 | 24 | 68 | 102 | 32 |
| Arlesey Town Reserves | 40 | 7 | 6 | 27 | 51 | 111 | 27 |
| *Amersham Town* | *40* | *3* | *6* | *31* | *39* | *137* | *14* |

Amersham Town had 1 point deducted.
Crawley Green had 3 points deducted.

Broadfields United joined from the Middlesex County League. London Lions moved to the Hertfordshire Senior County League. Bush Hill Rangers changed their name to Woodford Town.

### Division Two

| | | | | | | |
|---|---|---|---|---|---|---|
| Hale Leys United | 28 | 22 | 4 | 2 | 109 | 29 | 70 |
| Kent Athletic | 28 | 20 | 7 | 1 | 80 | 27 | 67 |
| **New Bradwell St. Peter** | **28** | **17** | **6** | **5** | **74** | **35** | **57** |
| Brimsdown | 28 | 17 | 5 | 6 | 92 | 39 | 56 |
| Old Bradwell United | 28 | 16 | 4 | 8 | 79 | 41 | 52 |
| Pitstone & Ivinghoe | 28 | 15 | 6 | 7 | 67 | 45 | 51 |
| Totternhoe | 28 | 15 | 5 | 8 | 71 | 43 | 50 |
| The 61 FC (Luton) | 28 | 12 | 3 | 13 | 50 | 41 | 39 |
| Mursley United | 28 | 11 | 6 | 11 | 46 | 48 | 39 |
| Grendon Rangers | 28 | 7 | 4 | 17 | 45 | 103 | 25 |
| Tring Corinthians | 28 | 6 | 5 | 17 | 29 | 69 | 23 |
| Wolverton Town | 28 | 6 | 5 | 17 | 39 | 89 | 23 |
| Aston Clinton | 28 | 4 | 5 | 19 | 34 | 70 | 17 |
| Willen | 28 | 3 | 4 | 21 | 36 | 102 | 13 |
| Clean Slate | 28 | 3 | 3 | 22 | 38 | 108 | 12 |

Ealing Town resigned from the league and their record was deleted.
Loughton Manor joined from the North Buckinghamshire & District League and AFC Hillgate, Aylesbury United Reserves and St. Albans City Reserves also joined. Willen left the league.

## 2015-16

### Premier Division

| | | | | | | |
|---|---|---|---|---|---|---|
| AFC Dunstable | 42 | 32 | 6 | 4 | 118 | 33 | 102 |
| London Colney | 42 | 27 | 8 | 7 | 93 | 37 | 89 |
| Hoddesdon Town | 42 | 27 | 8 | 7 | 82 | 36 | 89 |
| Welwyn Garden City | 42 | 22 | 8 | 12 | 88 | 49 | 74 |
| Berkhamsted | 42 | 22 | 8 | 12 | 93 | 63 | 74 |
| Hadley | 42 | 22 | 5 | 15 | 82 | 55 | 71 |
| Holmer Green | 42 | 22 | 4 | 16 | 86 | 82 | 70 |
| Hertford Town | 42 | 20 | 8 | 14 | 112 | 82 | 68 |
| Cockfosters | 42 | 18 | 13 | 11 | 82 | 62 | 67 |
| Biggleswade United | 42 | 20 | 7 | 15 | 64 | 54 | 67 |
| Wembley | 42 | 19 | 6 | 17 | 77 | 61 | 63 |
| Tring Athletic | 42 | 17 | 12 | 13 | 66 | 56 | 63 |
| London Tigers | 42 | 17 | 9 | 16 | 64 | 79 | 60 |
| Sun Sports | 42 | 16 | 7 | 19 | 76 | 83 | 55 |
| Stotfold | 42 | 14 | 9 | 19 | 68 | 83 | 51 |
| Broxbourne Borough | 42 | 11 | 8 | 23 | 58 | 96 | 41 |
| Oxhey Jets | 42 | 11 | 3 | 28 | 59 | 128 | 36 |
| Leverstock Green | 42 | 9 | 8 | 25 | 76 | 107 | 35 |
| St. Margaretsbury | 42 | 8 | 9 | 25 | 56 | 96 | 33 |
| Colney Heath | 42 | 9 | 6 | 27 | 38 | 87 | 33 |
| *Harefield United* | *42* | *9* | *4* | *29* | *42* | *106* | *31* |
| *Bedford* | *42* | *9* | *6* | *27* | *58* | *107* | *30* |

Bedford had 3 points deducted.

# Spartan South Midlands League 2015-2016

## Division One

| | | | | | | | |
|---|---|---|---|---|---|---|---|
| **Edgware Town** | 38 | 30 | 6 | 2 | 130 | 45 | 96 |
| **Crawley Green** | 38 | 27 | 5 | 6 | 83 | 41 | 86 |
| Baldock Town | 38 | 26 | 4 | 8 | 93 | 41 | 82 |
| Harpenden Town | 38 | 22 | 5 | 11 | 87 | 50 | 71 |
| Chesham United Reserves | 38 | 21 | 5 | 12 | 77 | 55 | 65 |
| Wodson Park | 38 | 19 | 5 | 14 | 79 | 59 | 62 |
| Risborough Rangers | 37 | 17 | 8 | 12 | 68 | 60 | 59 |
| Buckingham Athletic | 38 | 16 | 10 | 12 | 57 | 44 | 58 |
| New Bradwell St. Peter | 38 | 17 | 7 | 14 | 62 | 66 | 58 |
| Codicote | 37 | 17 | 3 | 17 | 61 | 73 | 54 |
| Broadfields United | 38 | 14 | 7 | 17 | 74 | 81 | 49 |
| Woodford Town | 37 | 13 | 5 | 19 | 71 | 67 | 44 |
| Southall | 37 | 12 | 8 | 17 | 68 | 77 | 44 |
| Brimsdown | 38 | 12 | 7 | 19 | 62 | 93 | 42 |
| Ampthill Town | 36 | 13 | 2 | 21 | 60 | 77 | 41 |
| Hillingdon Borough | 38 | 11 | 6 | 21 | 56 | 83 | 39 |
| Hatfield Town | 38 | 10 | 7 | 21 | 49 | 70 | 37 |
| Langford | 38 | 9 | 9 | 20 | 62 | 97 | 36 |
| Winslow United | 38 | 9 | 7 | 22 | 51 | 82 | 34 |
| **Arlesey Town Reserves** | **38** | **2** | **4** | **32** | **31** | **120** | **10** |

Chesham United Reserves had 3 points deducted.
Brimsdown had 1 point deducted.
The matches between Southall and Ampthill Town, Risborough Rangers and Codicote and Woodford Town and Ampthill Town were not played.

## Division Two

| | | | | | | | |
|---|---|---|---|---|---|---|---|
| Kent Athletic | 30 | 27 | 1 | 2 | 138 | 37 | 82 |
| Hale Leys United | 30 | 24 | 4 | 2 | 124 | 34 | 76 |
| Old Bradwell United | 29 | 23 | 1 | 5 | 79 | 36 | 70 |
| Pitstone & Ivinghoe | 29 | 18 | 4 | 7 | 98 | 66 | 58 |
| AFC Hilgate | 30 | 17 | 2 | 11 | 68 | 47 | 53 |
| Loughton Manor | 30 | 14 | 5 | 11 | 62 | 56 | 47 |
| Aston Clinton | 30 | 13 | 5 | 12 | 65 | 61 | 44 |
| Totternhoe | 30 | 12 | 6 | 12 | 65 | 64 | 42 |
| Tring Corinthians | 30 | 10 | 5 | 15 | 52 | 50 | 35 |
| Stony Stratford Town | 30 | 11 | 4 | 15 | 60 | 64 | 34 |
| Mursley United | 30 | 10 | 3 | 17 | 47 | 83 | 33 |
| Amersham Town | 30 | 9 | 4 | 17 | 57 | 81 | 31 |
| Wolverton Town | 30 | 8 | 6 | 16 | 49 | 79 | 30 |
| Grendon Rangers | 30 | 4 | 5 | 21 | 33 | 102 | 17 |
| Clean Slate | 30 | 4 | 3 | 23 | 45 | 121 | 15 |
| The 61 FC (Luton) | 30 | 2 | 8 | 20 | 30 | 91 | 14 |

Aylesbury United Reserves resigned from the league and their record was deleted when it stood as follows: 8  1  1  6  9  29  4
St. Albans City Reserves resigned from the league and their record was deleted when it stood as follows: 18  7  5  6  45  50  26
Stony Stratford Town had 3 points deducted.
Old Bradwell United versus Pitstone & Ivinghoe was not played.